Planungsbuch Microsoft-Netzwerke

net.com
networking & communications

Netzwerke, Betriebssysteme, Sicherheit ... hierzu bietet Ihnen die Reihe net.com umfassende, praxisnahe Information. Neben Fragen der Systemverwaltung greift sie auch Themen wie Protokolle, Technologien und Tools auf. Profitieren Sie bei Ihrer täglichen Arbeit vom Praxiswissen unserer erfahrenen Autoren.

SQL Server 2005 - Der schnelle Einstieg

Klemens Konopasek, Ernst Tiemeyer
400 Seiten, € 29,95 [D]
ISBN 3-8273-2349-5

Ziel dieses Buches ist es, den einfachen und schnellen Einstieg in SQL Server 2005 zu bieten. Dabei ist es sowohl für Neueinsteiger als auch für Umsteiger von SQL Server 2000 gleichermaßen geeignet.
Hervorgehoben werden besonders jene Themen, die in der täglichen Datenbankpraxis am häufigsten benötigt werden sowie wichtige Neuerungen der Version, wie vor allem die .NET-Integration. Beleuchtet werden sowohl Administration als auch Entwicklung, wobei ein Schwerpunkt auf die Arbeit mit der kostenlosen Express-Version gelegt wird.

ISA Server 2004

Stephanie Knecht-Thumann
500 Seiten, € 44,95 [D]
ISBN 3-8273-2330-4

Grundlage des Buches sind die verschiedenen Einsatzszenarien des ISA Servers 2004 sowie dessen Features. Von der Erstinstallation oder Migration geht es dann über in die umfangreiche, aber recht intuitive Verwaltung. Von zentraler Bedeutung ist dabei die Konfiguration von Regeln und Richtlinien für den Benutzerzugriff auf die geschützten Ressourcen. Weitere Schwerpunkte sind das Veröffentlichen von Servern, z.B. E-Mail- oder Webserver hinter der Firewall, Filter und Filtermethoden sowie der optimierte Einsatz von VPNs. Auch ISA Tools von Microsoft und anderen Anbietern sowie die Cache-Funktion des ISA Servers werden behandelt.

Thomas Joos

Planungsbuch Microsoft-Netzwerke

Der Praxisleitfaden für Unternehmen

An imprint of Pearson Education

München • Boston • San Francisco • Harlow, England
Don Mills, Ontario • Sydney • Mexico City
Madrid • Amsterdam

Bibliografische Information Der Deutschen Bibliothek

Die Deutsche Bibliothek verzeichnet diese Publikation in der Deutschen Nationalbibliografie;
detaillierte bibliografische Daten sind im Internet über *http://dnb.ddb.de* abrufbar.

Die Informationen in diesem Produkt werden ohne Rücksicht auf einen eventuellen Patentschutz
veröffentlicht. Warennamen werden ohne Gewährleistung der freien Verwendbarkeit benutzt.
Bei der Zusammenstellung von Texten und Abbildungen wurde mit größter Sorgfalt vorgegangen.
Trotzdem können Fehler nicht vollständig ausgeschlossen werden. Verlag, Herausgeber und Autoren
können für fehlerhafte Angaben und deren Folgen weder eine juristische Verantwortung noch
irgendeine Haftung übernehmen.
Für Verbesserungsvorschläge und Hinweise auf Fehler sind Verlag und Herausgeber dankbar.

Alle Rechte vorbehalten, auch die der fotomechanischen Wiedergabe und der Speicherung in
elektronischen Medien. Die gewerbliche Nutzung der in diesem Produkt gezeigten Modelle und
Arbeiten ist nicht zulässig.

Fast alle Hard- und Softwarebezeichnungen und weitere Stichworte und sonstige Angaben,
die in diesem Buch verwendet werden, sind als eingetragene Marken geschützt.
Da es nicht möglich ist, in allen Fällen zeitnah zu ermitteln, ob ein Markenschutz besteht,
wird das ®-Symbol in diesem Buch nicht verwendet.

Umwelthinweis:
Dieses Buch wurde auf chlorfrei gebleichtem Papier gedruckt.

10 9 8 7 6 5 4 3 2 1

08 07 06

ISBN-13: 978-3-8273-2386-6
ISBN-10: 3-8273-2386-X

© 2006 by Addison-Wesley Verlag,
ein Imprint der Pearson Education Deutschland GmbH,
Martin-Kollar-Straße 10–12, D-81829 München/Germany
Alle Rechte vorbehalten
Einbandgestaltung: Marco Lindenbeck, mlindenbeck@webwo.de
Fachlektorat: Jochen Ruhland, München
Lektorat: Sylvia Hasselbach, shasselbach@pearson.de
Korrektorat: Marita Böhm, München
Herstellung: Claudia Bäurle, cbaeurle@pearson.de
Satz: mediaService, Siegen, www.media-service.tv
Druck und Verarbeitung: Bercker, Kevelaer
Printed in Germany

Inhaltsverzeichnis

1	**Grundsätzliche Überlegungen**		**15**
	1.1 Generelle Vorgehensweise bei der Planung		16
		1.1.1 Ist-Analyse	16
		1.1.2 Risikoeinschätzungen und Priorisierungen	16
		1.1.3 Soll-Zustand	17
		1.1.4 Konzeption	17
		1.1.5 Zieldefinition von IT-Projekten	19
		1.1.6 Vorgehensweise bei der Projektplanung	21
		1.1.7 Projektmanagement	21
	1.2 Generelle Überlegungen zur IT-Infrastruktur		22
		1.2.1 Server-Hardware	22
		1.2.2 Netzwerk-Infrastruktur	30
		1.2.3 Unterbrechungsfreie Stromversorgung (USV)	30
		1.2.4 KVM(Keyboard, Video, Mouse)-Switch	32
		1.2.5 Serverschrank	32
		1.2.6 Planung des Serverraums	33
2	**Microsoft-Betriebssysteme**		**37**
	2.1 Microsoft Support-Lifecycle		37
		2.1.1 Microsoft Mainstream Support	38
		2.1.2 Microsoft Extended Support	38
		2.1.3 Microsoft Online-Support	38
		2.1.4 Service Pack Support Policy	39
		2.1.5 Microsoft Security Update Policy	39
	2.2 Windows-Server-Betriebssysteme		39
		2.2.1 Windows NT 4 Server	39
		2.2.2 Windows 2000 Server	40
		2.2.3 Windows Server 2003 und Windows Server 2003 R2	40
	2.3 Windows-Client-Betriebssysteme		50
	2.4 Lizenzierung von Microsoft-Produkten		51
		2.4.1 Grundsätzliche Überlegungen zur Lizenzierung in Microsoft-Netzwerken	52
		2.4.2 Lizenzierungsmodelle	52
		2.4.3 Lizenzierung von Cold-Backups	56
		2.4.4 Downgrade-Lizenzen	56
		2.4.5 Cross-Language-Lizenzierung	57
		2.4.6 Lizenzprogramme	57

Inhaltsverzeichnis

	2.5	Planung zur Einführung von Windows Server 2003	60
		2.5.1 Grundlagen zur Planung eines Windows 2003-Netzwerkes	60
		2.5.2 Dedizierte Server – für jeden Serverdienst ein eigener Server	62
		2.5.3 Die Planung der Installation	63
		2.5.4 Fallback-Strategie	64
		2.5.5 In-Place-Update oder neue Systeme	65
		2.5.6 Reihenfolge der Migration	66
	2.6	Small Business Server vs. Standard Server	69
		2.6.1 Versionen des Small Business Server 2003	69
		2.6.2 Entscheidungsgrundlagen für Small Business Server 2003	70
		2.6.3 Lizenzierung von Small Business Server	72
3	**Planen eines Active Directorys**		**73**
	3.1	Was sind Verzeichnisse?	73
	3.2	Aufbau von Verzeichnisdiensten	74
		3.2.1 X.500	74
		3.2.2 Lightweight Directory Access Protocol (LDAP)	75
		3.2.3 Das Schema eines Verzeichnisdienstes	76
		3.2.4 Adressierung in Verzeichnisdiensten	78
	3.3	Das Active Directory	79
		3.3.1 Aufbau eines Active Directorys	80
		3.3.2 Vertrauensstellungen	87
		3.3.3 Multimaster-Domänencontroller im Active Directory	90
		3.3.4 Standorte – physische Trennung im Active Directory	100
		3.3.5 Authentifizierungsverfahren im Active Directory	109
		3.3.6 Sicherheit im Active Directory	112
		3.3.7 Überprüfung des Active Directorys	119
		3.3.8 Betriebsmodus eines Active Directorys	128
		3.3.9 Server-Sizing für Domänencontroller	132
	3.4	Vorgehensweise bei der Planung eines Active Directorys	133
		3.4.1 Planung von Gesamtstrukturen	134
		3.4.2 Mehrere Strukturen in einer Gesamtstruktur	135
		3.4.3 Planung der Domänen	136
		3.4.4 Planung der Standorte im Unternehmen	137
		3.4.5 Planung der Organisationseinheiten	138
		3.4.6 Zusammenfassung	139
4	**Migration**		**141**
	4.1	Migration bei gleich bleibenden Strukturen	142
		4.1.1 Die Auswirkungen der Aktualisierung auf Zugriffsberechtigungen	143
		4.1.2 Das Upgrade von Ressourcendomänen	143
		4.1.3 Die Umstellung der Dateireplikation auf den File Replication Service (FRS)	145

	4.2	Neustrukturierung bei der Migration	146
		4.2.1 Planung der Berechtigungen bei einer Migration	147
		4.2.2 Das Active Directory Migration Tool (ADMT) 3.0	148
	4.3	Update von Windows 2000 auf Windows Server 2003 SP1	158
	4.4	Migration zu Windows Server 2003 R2	159
5	**Gruppenrichtlinien**		**161**
	5.1	Verwaltung von Gruppenrichtlinien	163
		5.1.1 Delegation und Erstellung von Gruppenrichtlinien	164
	5.2	Skripts in Gruppenrichtlinien	167
	5.3	Planen und Simulieren von Gruppenrichtlinien	168
	5.4	Optimale Planung von Gruppenrichtlinien	169
	5.5	Vererbung von Gruppenrichtlinien	171
	5.6	Problembehandlung bei Gruppenrichtlinien	172
	5.7	Softwareverteilung mit dem Active Directory und Gruppenrichtlinien	175
		5.7.1 Weitere Lösungen zur Softwareverteilung	176
6	**DNS, WINS, DHCP**		**179**
	6.1	DNS unter Windows Server 2003	179
		6.1.1 Forward- und Reverse-Zonen im Active Directory	181
		6.1.2 WINS und DNS	183
		6.1.3 Delegation von DNS-Zonen	184
		6.1.4 Weiterleitungen auf einem DNS-Server	186
		6.1.5 Anzahl der DNS-Server	187
		6.1.6 Lastverteilung durch DNS-Round-Robin	187
	6.2	WINS	188
		6.2.1 Verwenden einer lokalen Namensauflösung	189
	6.3	DHCP	190
		6.3.1 DHCP im Einsatz	192
		6.3.2 Reservierungen bei DCHP	193
		6.3.3 Dynamische DNS-Aktualisierung durch den DHCP-Server	193
		6.3.4 Optimale Vorgehensweise beim Einsatz von DHCP	193
7	**Dateiserver planen**		**197**
	7.1	Server-Hardware	197
		7.1.1 Dateiserver mit integriertem Datenträger	197
		7.1.2 Externer Datenspeicher	198
		7.1.3 NAS (Network Attached Storage)	199
		7.1.4 SAN (Storage Area Network)	200
		7.1.5 Auswahl des besten Systems zur Datenspeicherung	202
	7.2	Planen von Dateiservern	203
		7.2.1 Datenträger in Windows 2003 verwalten	204
		7.2.2 Dateisysteme und ihre Möglichkeiten	205
		7.2.3 FAT16, FAT32 vs. NTFS und WinFS	206

	7.2.4	Die Freigabe von Verzeichnissen	208
	7.2.5	Überwachung von Ordnern	213
	7.2.6	Das DFS bei Windows Server 2003	215
	7.2.7	Ressourcen-Manager für Dateiserver in Windows 2003 R2	219
	7.2.8	Dateiserververwaltung in Windows Server 2003 R2	223
7.3		Migration von Dateiservern mit dem Dateiserver-Migrationstoolkit	223
	7.3.1	Die Remotespeicherdienste	225

8 Planen einer Exchange Server-Infrastruktur 227

8.1		Erste Planungsschritte	227
	8.1.1	Definition der Unternehmensanforderungen	227
	8.1.2	Definition der Administrationsanforderungen	229
	8.1.3	Planen der administrativen Gruppen und des Sicherheitskontextes von Exchange	230
	8.1.4	Planung des Verwaltungsmodells	244
	8.1.5	Anforderungen der Benutzer planen	244
	8.1.6	Anforderungen an die Netzwerkstruktur	252
	8.1.7	Anforderungen an das Active Directory	253
	8.1.8	Anforderungen an die Software	254
8.2		Exchange Server 2003-Versionen	254
	8.2.1	Exchange Server 2003 Standard Server	255
	8.2.2	Exchange Server 2003 Enterprise Server	255
8.3		Neuerungen in Exchange 2003	255
	8.3.1	Neues Outlook Web Access	256
	8.3.2	Anbindung mobiler Mitarbeiter	257
	8.3.3	Optimierte Datenübertragung	257
	8.3.4	Optimierte Sicherheit und Überwachung	258
	8.3.5	Verbesserte Administration	258
	8.3.6	Verbesserte Datensicherung – Volume Shadow Copy Service	260
	8.3.7	Verbessertes Clustering	261
	8.3.8	Koexistenz mit anderen Mailsystemen	261
	8.3.9	Entfallene Features	261
	8.3.10	Neuerungen in Exchange 2003 Service Pack 2	262
	8.3.11	Spamschutz in Exchange 2003 SP2	263
	8.3.12	Datenbankgröße des Exchange Standard Servers	263
	8.3.13	Verbesserte Administration der Öffentlichen Ordner	263
	8.3.14	Koexistenz mit Novell GroupWise	264
	8.3.15	Verbesserter Cache-Modus mit Outlook 2003	264
	8.3.16	Designänderungen und Fixes in Exchange 2003 SP2	264
8.4		Neuerungen in Outlook 2003 mit SP2	266
	8.4.1	Verbesserungen bei der Bandbreitennutzung	266
	8.4.2	Funktionsneuerungen in Outlook 2003	267
8.5		Exchange-Organisationen über mehrere Gesamtstrukturen	268
	8.5.1	Nachteile und Einschränkungen von Exchange-Organisationen über mehrere Gesamtstrukturen	268
	8.5.2	Exchange 2003 über mehrere Gesamtstrukturen verteilen	269

8.6		Planung der Exchange-Infrastruktur	279
	8.6.1	Topologischer Aufbau – Routinggruppen	279
	8.6.2	Planung der Routingtopologie	281
8.7		Standortplanung der Exchange Server	285
	8.7.1	Active Directory und Exchange 2003	285
	8.7.2	Platzierung der Exchange Server	286
	8.7.3	Planung einer Front-End-/Back-End-Architektur	289
	8.7.4	Anbindung von mobilen Mitarbeitern	298
	8.7.5	Anbindung mobiler Mitarbeiter per Outlook 2003 über das Internet mit RPC über HTTP	301
8.8		Planung der Namensstruktur	304
	8.8.1	Bezeichnung der Organisation	304
	8.8.2	Namen der administrativen Gruppen und Routinggruppen	305
	8.8.3	Servernamen planen	305
8.9		Serverplanung und -Sizing	305
	8.9.1	Microsoft System Center Capactiy Planner 2006	306
	8.9.2	Jetstress	307
	8.9.3	Exchange Server Load Simulator 2003 (LoadSim)	309
	8.9.4	Exchange Server Performance Troubleshooting Analyzer (ExPTA)	312
	8.9.5	Empfohlenes Server-Sizing	312
8.10		Planung der Exchange-Datenbanken	315
	8.10.1	Informationsspeicher planen	315
	8.10.2	Speicherort der Transaktionsprotokolle planen	318
	8.10.3	Umlaufprotokollierung bei Exchange 2003 vermeiden	319
8.11		Sicherheitsplanung	320
	8.11.1	Grundsicherung der Exchange-Infrastruktur	320
	8.11.2	Virenschutz und Spamabwehr	320
8.12		Lizenzierung von Exchange Server 2003	322
	8.12.1	Lizenzierung Betriebssystem	323
	8.12.2	Exchange Server-Lizenzen	323
	8.12.3	Exchange Server CAL	323
8.13		Migration zu Exchange 2003	324
	8.13.1	Exchange 2000 und Exchange 2003	324
	8.13.2	Exchange 2003 und Exchange 5.5	327
	8.13.3	Betriebsmodus einer Exchange-Organisation	339
8.14		Exchange-Hochverfügbarkeitslösungen	341
	8.14.1	Notwendige Maßnahmen für Hochverfügbarkeitslösungen	342
	8.14.2	Cluster für Exchange	345

9 Internetzugang mit dem Microsoft ISA Server 2004 — 355

9.1		Allgemeine Informationen zum ISA Server	356
	9.1.1	Warum ISA Server einsetzen?	356
	9.1.2	Geschichte des ISA Servers	359
	9.1.3	Lizenzierung des ISA Servers	360
	9.1.4	ISA Server-Versionen	361

9.2		ISA Server als Proxy und Firewall	362
	9.2.1	Konzept für optimale Internetabsicherung	362
	9.2.2	DNS-Namensauflösung für den Internetverkehr	367
	9.2.3	Virenschutz für den ISA Server	368
	9.2.4	Inhaltsfilterung auf dem ISA Server	370
	9.2.5	Internetzugriff der Benutzer planen	371
	9.2.6	Benutzerüberwachung und Logfile-Auswertung	375
	9.2.7	Verschiedene Clientvarianten des ISA Servers	376
9.3		ISA 2004 und Exchange 2003	381
	9.3.1	Planung mit DynDNS	383
	9.3.2	ISA 2004 als Mail-Relay	386
	9.3.3	Zugriff von POP3 oder IMAP über das Internet	388
	9.3.4	RPC über HTTP(s)	389
	9.3.5	Outlook Web Access	393
	9.3.6	Exchange ActiveSync (EAS) über einen ISA veröffentlichen	399
9.4		ISA-Server als VPN-Server	400
	9.4.1	ISA Server als Benutzer-zu-Router-VPN-Server	400
	9.4.2	ISA Server als Standort-zu-Standort-VPN-Gateway	404
9.5		Sonstige Planungspunkte beim Einsatz eines ISA Servers	405
	9.5.1	Auswahl der richtigen Hardware	405
	9.5.2	Virenschutz	405
	9.5.3	Überwachung eines ISA Servers	406

10 SharePoint — 407

10.1		SharePoint Services 2.0	408
	10.1.1	Dokument- und Bild-Bibliotheken	408
	10.1.2	Listen und Diskussionen	408
	10.1.3	Voraussetzungen für die SharePoint Services	409
	10.1.4	Verwaltungsoberfläche der SharePoint Services	410
	10.1.5	Planen der Websites für SharePoint Services	411
	10.1.6	Benutzerberechtigungen in den SharePoint Services	414
	10.1.7	Interaktives Arbeiten mit den SharePoint Services	419
	10.1.8	Weitere Funktionen der SharePoint Services 2.0	423
	10.1.9	Empfehlungen zu den SharePoint Services	423
10.2		SharePoint Portal Server	424
	10.2.1	Vorteile des SharePoint Servers gegenüber den SharePoint Services	424

11 Datensicherung — 425

11.1		Hardware für die Datensicherung	425
	11.1.1	Einbauart und Schnittstellen	426
	11.1.2	Bandtechnologien – DAT, DLT, SDLT und LTO	427
	11.1.3	Autoloader und Libraries	432
	11.1.4	Backup-Server planen	434
	11.1.5	Standort des Servers und des Bandlaufwerks	435

Inhaltsverzeichnis

11.2	Software zur Datensicherung		435
11.3	Sicherungsstrategien		437
	11.3.1	Schattenkopie-Dienst (Volume Shadow Service, VSS)	437
	11.3.2	Backup über das Netzwerk auf Band	440
	11.3.3	Medienrotation	440
	11.3.4	Backup-Zeitfenster planen	445
	11.3.5	Backup-to-Disk	447
	11.3.6	Microsoft System Center Data Protection Manager (DPM) 2006	451
11.4	Backup von Exchange Servern		451
	11.4.1	Transaktionsprotokolldateien sichern	452
	11.4.2	Sicherungsarten von Exchange	455
	11.4.3	Volume Shadow Service (VSS) und Exchange 2003	460
	11.4.4	Sicherung von speziellen Diensten von Exchange 2003	460
	11.4.5	Wiederherstellung von Exchange	462
11.5	Backup mit Imaging		466
	11.5.1	Optimale Vorgehensweise zur Sicherung per Image	466
11.6	Fazit		467

12 Terminalserver 471

12.1	Vorteile von Terminalservern		471
	12.1.1	Wer profitiert von den Terminaldiensten?	473
12.2	Planung der Clients		475
12.3	Geschichte der Terminaldienste		476
12.4	Funktionsprinzip der Terminaldienste		476
12.5	Planen der notwendigen Hardware und Software		478
	12.5.1	Konzeption eines Terminalservers	478
	12.5.2	Optimale Hardware für einen Terminalserver	479
	12.5.3	Notwendige Lizenzen für einen Terminalserver	479
12.6	Verbesserungen der Terminaldienste in Windows Server 2003		482
	12.6.1	Remotedesktop für die Administration	482
	12.6.2	Druckerverwaltung bei Terminalservern unter Windows Server 2003	483
	12.6.3	Richtlinien und Verschlüsselung	484
12.7	Planung der Installation von Terminalservern		484
	12.7.1	Lizenzierungsserver für die Terminaldienste	485
	12.7.2	Planung der Anmeldungsberechtigung für Benutzer	490
12.8	Installation von Software auf einem Terminalserver		492
12.9	Remotedesktopverbindung(RDC)-Client		493
12.10	Benutzerverwaltung eines Terminalservers		494
	12.10.1	Konzeption der Benutzerprofile auf einem Terminalserver	495
	12.10.2	Anmeldeskripts auf Terminalservern	497
12.11	Gruppenrichtlinien für Terminalserver planen		498

Inhaltsverzeichnis

12.12	Citrix Presentation Server vs. Windows 2003 Terminaldienste	500
	12.12.1 Citrix-Serverfarmen vs. Windows 2003 NLB-Cluster	502
	12.12.2 Das Citrix ICA-Protokoll	503
	12.12.3 Anwendungsveröffentlichungen bei Citrix Metaframe	503
12.13	Multi User Interface Technology (MUI)	503
	12.13.1 Vorteile der MUI	504
	12.13.2 Einschränkungen der MUI	505
	12.13.3 Verwenden der MUI	505

13 Sicherheit in Microsoft-Netzwerken 507

13.1	Sensibilisierung der Verantwortungsträger	508
	13.1.1 Strukturiertes Vorgehen bei der Planung der Sicherheit	509
	13.1.2 Gesetzliche Vorschriften für die IT-Sicherheit	509
13.2	Die häufigsten Mängel in der Sicherheit	510
	13.2.1 Mangelhafte Sicherheitsstrategie	510
	13.2.2 Falsch konfigurierte Systeme	510
	13.2.3 Mangelhafte Wartung	511
	13.2.4 Kein Schutz vor physikalischen Schäden	511
13.3	Physikalischer Schutz der Server	511
13.4	WLANs absichern	512
	13.4.1 Die Folgen unerwünschter Zugriffe per WLAN	512
	13.4.2 Schutz von WLANs planen	512
	13.4.3 Empfehlungen zu WLANs	514
13.5	Berechtigungen im Netzwerk	514
13.6	Sichere Kennwörter planen	515
13.7	Ganzheitliche Sicherheit im Unternehmen	515
13.8	Planen des optimalen Virenschutzes	516
	13.8.1 Virenschutz im Internet	516
	13.8.2 Virenschutz auf den Arbeitsstationen und Servern	518
	13.8.3 Viren- und Spamschutz für Exchange oder Lotus Notes	522
	13.8.4 Empfehlungen für ein Antiviruskonzept	528
13.9	Patchmanagement – Windows Server Update Services (WSUS)	529
	13.9.1 Voraussetzungen zum Einsatz des WSUS	530
	13.9.2 Einführung des WSUS	531
	13.9.3 Planung der Internetverbindung für den WSUS	532
	13.9.4 Planung der Patchverteilung	532
13.10	Absichern von mobilen Benutzern	535
	13.10.1 Virenschutz für mobile Mitarbeiter	535
	13.10.2 Schutz der Daten bei Diebstahl	535
13.11	Security Hardening von Servern	536
	13.11.1 Absichern der Infrastruktur	537
	13.11.2 Absichern eines Servers	537
13.12	Aufbau einer Public Key Infrastructure (PKI)	539
	13.12.1 Verschlüsselungsverfahren	540
	13.12.2 Implementation einer Zertifikatsstelle	544

14 Ausfallkonzepte — 547

- 14.1 Grundlagen für ein Ausfallkonzept — 547
- 14.2 Dokumentationen für das Ausfallkonzept — 548
  - 14.2.1 Dokumentation der Server — 548
  - 14.2.2 Archivierung der notwendigen Software — 550
  - 14.2.3 Dokumentation der Netzwerkinfrastruktur — 551
- 14.3 Workflow für Änderungen auf den Servern — 552
- 14.4 Welche Ausfälle kann es geben? — 554
  - 14.4.1 Ausfall der Netzwerkinfrastruktur — 554
  - 14.4.2 Ausfall einzelner Server einplanen — 555
- 14.5 Folgen für das Unternehmen abschätzen — 556
  - 14.5.1 Auswirkungen auf die einzelnen Abteilungen — 556
- 14.6 Maximale Ausfalldauer festlegen — 556
- 14.7 Erstellen eines Ausfallkonzepts — 558
  - 14.7.1 Festlegen der Ausfallzeiten für einzelne Komponenten und Server — 558
  - 14.7.2 Erstellen des Ausfallkonzepts für die einzelnen Komponenten — 560
  - 14.7.3 Genehmigung und Umsetzung des Konzepts — 564

15 Servervirtualisierung — 567

- 15.1 Ausfallsicherheit und Serverkonsolidierung – die Vorteile von virtuellen Servern — 568
- 15.2 Welche Produkte zur Virtualisierung gibt es? — 569
- 15.3 Funktionsweise von virtuellen Servern — 570
  - 15.3.1 Optimale Einsatzmöglichkeiten — 575
- 15.4 Weiterführende Informationen — 579

16 Überwachen, Verwalten, Inventarisieren — 581

- 16.1 Überwachen eines Microsoft-Netzwerks — 581
  - 16.1.1 Microsoft Operations Manager (MOM) 2005 — 582
  - 16.1.2 Planen der MOM-Infrastruktur — 587
  - 16.1.3 Planung mit dem System Center Capacity Planner 2006 — 590
- 16.2 Clients verwalten mit dem Systems Management Server (SMS) — 591
  - 16.2.1 Softwareverteilung mit dem SMS — 592
  - 16.2.2 Hard- und Softwareinventur mit dem SMS — 592
  - 16.2.3 Softwaremessung mit dem SMS — 593
  - 16.2.4 Administration der Clients-PCs mit den SMS-Remotetools — 593
  - 16.2.5 Serverrollen des SMS — 593
  - 16.2.6 Standortkonzepte des SMS — 595
- 16.3 Inventarisierung in kleineren Unternehmen — 598

Stichwortverzeichnis — 599

1 Grundsätzliche Überlegungen

Dieses Buch soll Sie bei der Planung und Konzeption eines Netzwerkes mit Microsoft-Serverprodukten unterstützen. Der Schwerpunkt liegt in der Planung und Konzeption der wichtigsten Belange in Unternehmen, wie dem Verzeichnisdienst (Active Directory), Exchange, Datenablage, Anbindung mobiler Mitarbeiter an firmeninterne Ressourcen, Sicherheit und die allgemeine Planung der Infrastruktur. Ziel ist, dass Sie in der Lage sind, die Möglichkeiten einer modernen IT-Infrastruktur optimal an Ihr Unternehmen anzupassen. Dabei berücksichtige ich auch die finanzielle Seite in Unternehmen. Auch wenn Berater gerne für jedes System einen eigenen gut ausgestatteten Server vorschlagen, können sich das viele Unternehmen gar nicht leisten. Viele Unternehmen werden z.B. keine komplette neue Infrastruktur benötigen, sondern nur Teile ihrer Serverlandschaft modernisieren wollen. Auch dies ist Thema des vorliegenden Buches.

Das Buch ist modular aufgebaut und ich gehe nicht zwingend davon aus, dass ein neues Netzwerk auf der grünen Wiese geplant wird. Häufig sind schon Strukturen vorhanden, mit denen man leben muss und die nicht sofort ausgewechselt werden sollen und können. Den Schwerpunkt bilden Lösungen von Microsoft, da diese in Unternehmen häufig eingesetzt werden. Einzelne Produkte wie der Windows Server 2003, Exchange Server 2003 oder der ISA-Server bieten Unternehmen Lösungen für ihre jeweiligen Ansprüche und Bedürfnisse. Aber erst im Zusammenspiel miteinander entfalten diese Produkte ihre ganzen Möglichkeiten. Es ist daher sehr wichtig, bereits frühzeitig zu planen, welche Aspekte aktuell und mittelfristig für einen Zeitraum von drei bis fünf Jahren berücksichtigt werden müssen. Ich gehe Kapitel für Kapitel alle relevanten Themen durch und gebe Empfehlungen aus meiner Erfahrung als Berater. Dadurch, dass die jeweiligen Vor- und Nachteile der einzelnen Vorschläge erläutert werden, erhalten Sie eine fundierte Grundlage, um zu entscheiden, welche Produkte Sie einführen sollten und welche nicht. Verstehen Sie dieses Buch daher als Lösungsbuch, welches Ihnen unabhängig von den einzelnen Produkten zur Seite stehen soll.

1.1 Generelle Vorgehensweise bei der Planung

Als Praktiker halte ich wenig von Fachbegriffen, mit denen nur eine Hand voll IT-Spezialisten etwas anfangen kann. Ich verwende Fachbegriffe, wo es nicht anders geht, drücke mich aber auch mit verständlichen Worten aus, wo das möglich ist. Dieses Kapitel setzt sich mit der IT-Planung eines Unternehmens im Allgemeinen auseinander. Ab dem nächsten Kapitel beschäftigen wir uns dann mit spezifischen Themen wie Active Directory, DNS, DHCP, Dateiserver, Exchange, ISA und dergleichen.

1.1.1 Ist-Analyse

Vor jede Beratung und Empfehlung gehört eine Ist-Analyse. Um eine fundierte Planung durchzuführen, sollte daher zunächst untersucht werden, was modernisiert werden soll und warum. Wenn ein Unternehmen zum Beispiel ein Active Directory einführen will, muss zuerst genau dokumentiert werden, wie viele Benutzer es gibt, wie viele Daten, wie viele Server, wie die Datensicherung läuft und so weiter.

Bereits aus dem Ist-Zustand eines Unternehmens, der auch skizziert werden sollte, kann geschlossen werden, an welchen Stellen Verbesserungen notwendig sind. Wenn aus der Ist-Analyse ersichtlich wird, dass im Unternehmen zum Beispiel keine zentrale Datenablage stattfindet oder kein ordentlicher Virenschutz vorhanden ist, sollte in der Analyse gezielt auf diese Punkte eingegangen werden. Sobald eine Analyse Schwachstellen im Unternehmen aufzeigt, ist es wichtig, sich diese Bereiche genauer anzusehen und eine noch detailliertere Analyse durchzuführen. In die Ist-Analyse sollen keinerlei Bewertungen oder Empfehlungen einfließen. Sie dient der objektiven Dokumentation des Zustandes. Natürlich sollte sich der Aufwand in Grenzen halten, aber ohne eine vernünftige Basis ist keine fundierte Konzeption möglich.

1.1.2 Risikoeinschätzungen und Priorisierungen

Nach der Ist-Analyse ist es wichtig, eine Priorisierung durchzuführen. Auch wenn es in einem Unternehmen mehrere Schwachstellen in der IT gibt, kann immer nur ein Projekt nach dem anderen durchgeführt werden. Für IT-Spezialisten ist es daher unerlässlich, zunächst eine Priorisierung der Gefahren und Probleme festzulegen. Dadurch wird für die Entscheidungsträger im Unternehmen ersichtlich, wo Schwachpunkte liegen und welches Gefahrenpotenzial daraus entstehen kann. Natürlich ist es schwierig zu sagen, welche Probleme und welche Sicherheitslücken wichtiger sind als andere. Es ist allerdings auch die Aufgabe von Beratern oder IT-Spezialisten, genau diese Priorisierung festzulegen. Wenn bei der Ist-Analyse keine Gefahren entdeckt werden, dann aber sicherlich Verbesserungsmöglichkeiten in der IT-Struktur, die dem Unternehmen deutliche Vorteile verschaffen. Zu der Priorisierung und der Risikoeinschätzung gehört daher eine fundierte, gut dokumentierte und anschauliche Ausarbeitung, die schnell verdeutlicht, an welchen Stellen ein Unternehmen dringend Verbesserungsbedarf hat.

1.1.3 Soll-Zustand

Nach der Analyse des Ist-Zustandes wird der Soll-Zustand festgelegt. Der Soll-Zustand muss nicht auf Basis von speziellen Produkten definiert werden, sondern es genügt, grob zu skizzieren, wie die Verbesserung gegenüber dem Ist-Zustand aussehen soll. Wenn z.B. die Anwender bisher ihre Daten lokal abgespeichert haben und keine Domänenanmeldung stattfindet, wäre ein anzustrebender Soll-Zustand die Anmeldung an der Domäne und eine zentrale Datenablage mit Datensicherung. Dies ist nur einer von möglichen Soll-Zuständen, die nach der Ist-Analyse festgelegt werden können. Aufgrund der Risikoeinschätzungen und der Priorisierungen aus der Ist-Analyse kann ein Berater ableiten, wie der Idealzustand aussehen könnte, ohne bereits an dieser Stelle eine genaue Konzeption erarbeiten zu müssen.

1.1.4 Konzeption

Nachdem alle Beteiligten und Entscheidungsträger dem Soll-Zustand zugestimmt haben, muss ein Konzept erstellt werden. Ein gutes Konzept beinhaltet immer einen Idealzustand, einen Minimalzustand und einen Kompromiss dazwischen. Es liegt am Berater (egal ob firmenintern oder extern), sein Konzept so zu präsentieren, dass die Entscheidungsträger möglichst den Idealzustand wählen. In der Realität wird in Unternehmen meistens ein Kompromiss eingegangen, da der Idealzustand nur selten bezahlbar ist. Ein Konzept muss eine umfassende Abhandlung und Vorschläge liefern, wie ausgehend vom Ist-Zustand der Soll-Zustand hergestellt werden kann. Ein Konzept sollte klar gegliedert sein und genau den verantwortlichen Personenkreis festlegen. Auch die Aufgabenverteilung des Projektteams sollte idealerweise im Konzept enthalten sein. Ein Konzept kann folgendermaßen aufgebaut werden:

▶ *Einleitung und Rahmenbedingungen.* Zunächst muss festgelegt werden, worum es in dem Konzept geht. Auch die Rahmenbedingungen, die aus der Ist-Analyse, der Priorisierung und dem Soll-Zustand definiert wurden, spielen eine Rolle. Gleich wichtig ist auch die Festschreibung, was nicht Gegenstand des Projektes ist, um ein Ausufern zu vermeiden.

- *Auftrag.* Im nächsten Schritt sollten die Beteiligten eines Projekts benannt werden. Wer vergibt den Auftrag und wer führt ihn durch? Wer erledigt die abschließende Endkontrolle, wer prüft Zwischenschritte?
- *Planungshorizont.* Natürlich ist festzulegen, in welchem Zeitraum das Konzept realisiert werden soll.
- *Quellen.* Eine wichtige Information zu Beginn eines Konzeptes ist die Erläuterung von Quellen. Hier sollten alle Dokumente erläutert werden, auf denen das Konzept aufbaut. Das können interne Dokumente wie die Ist-Analyse oder der Soll-Zustand, aber auch White Papers, Fachbücher oder Fachartikel sein, auf die sich das Konzept beruft.
- *Ausgangslage.* Bevor mit der Konzeptionierung begonnen wird, sollte der Ausgangszustand, der Ist-Zustand, ganz klar definiert werden.
- *Rechtliche Situation.* Bei Projekten, die die IT-Sicherheit betreffen, aber auch bei anderen Projekten, sollte die rechtliche Situation erläutert werden. Vor allem im Hinblick auf die IT-Sicherheit haften IT-Leiter und Geschäftsführer bei mangelnder Umsetzung teilweise persönlich.
- *Finanzen.* Wenn ein Auftrag vergeben wird, sollten die Manntage und die finanziellen Rahmenbedingungen des Projektes erfasst werden.
- *Vergleiche, Referenzen.* In einem Konzept sollten auch Vergleiche einfließen, wie andere Unternehmen die Zielsetzung des Projektes umgesetzt haben und wie die Erfahrung dieser Unternehmen sind. Bei größeren Unternehmen können auch Vergleiche zwischen Niederlassungen berücksichtigt werden, falls dort bereits ähnliche oder gleiche Projekte durchgeführt wurden.
- *Ziele.* Es muss klar definiert werden, was erreicht werden muss (siehe auch nächster *Abschnitt 1.1.5* »*Zieldefinition*«). Auch die beteiligten Gruppen und Personen sollten Bestandteil des Konzeptes sein.
- *Strategie.* Dies ist der wichtigste Punkt des Konzeptes. Die Strategie sollte in wenigen Punkten darlegen, mit welchen Mitteln man vom Ist-Zustand den Soll-Zustand erreichen kann.
- *Maßnahmen.* In diesem Abschnitt sollten die einzelnen Maßnahmen genau definiert und gegliedert werden, mit denen die Strategie umgesetzt werden soll. Jede Maßnahme hat ein eigenes Ziel, welches genau beschrieben werden sollte ebenso wie die Vorteile, die aus diesem Zwischenziel entstehen. Wenn zum Beispiel eine Maßnahme bei der Migration von Windows NT4 zu Windows 2003 das Umstellen der Arbeitsplätze auf die neue Domäne wäre, ist das Ziel

die erfolgreiche Umstellung aller Arbeitsplätze, damit Gruppenrichtlinien bereits frühzeitig angewendet werden können. Es ist extrem wichtig zu koordinieren, wer für die einzelnen Maßnahmen zuständig ist.

- *Voraussetzungen.* Es muss auch definiert werden, welche Voraussetzungen geschaffen werden müssen, damit einzelne Maßnahmen überhaupt sinnvoll sind. Viele Maßnahmen bauen aufeinander auf. Dabei sollte nicht vergessen werden, zu dokumentieren, wer diese Voraussetzungen schaffen muss.
- *Termine.* Eine konsistente Terminplanung, die auch eingehalten wird, ist eine Grundvoraussetzung für ein gutes Konzept.
- *Organisation.* Hier sollten alle Themen des Projektmanagements einfließen und die Zielerreichung der einzelnen Maßnahmen überprüft werden. Wie werden die einzelnen Schritte kommuniziert und wer wird informiert? Die Organisation stellt den Rahmen des Projektes und stellt sicher, dass die festgelegten Abläufe und Ziele regelmäßig überprüft und überwacht werden.

1.1.5 Zieldefinition von IT-Projekten

Zunächst haben Sie bei der Analyse des Ist-Zustandes festgestellt, wo Schwachpunkte oder Verbesserungspotenziale liegen. Bei der Risikoeinschätzung und Priorisierung wurde daraufhin geklärt, welche der Gefahren oder Verbesserungen für ein Unternehmen zunächst Priorität haben sollen. Erst danach werden die entsprechenden Konzepte erstellt. Wenn ein Berater zum Beispiel feststellt, dass es in einem Unternehmen noch kein Active Directory gibt, aber auch keinen Virenschutz und keine Firewall, wird sehr schnell klar, dass anhand der Priorisierung zunächst die Sicherheit erhöht werden muss. In diesem Fall wird der Soll-Zustand sicherlich sein, alle Arbeitsplätze mit einem ausreichenden Virenschutz zu versorgen und eine Firewall zu installieren. Dieser Soll-Zustand wird zusammen mit Entscheidungsträgern festgelegt. Die Zieldefinition soll diese festgelegten Punkte etwas genauer erfassen. Wenn z.B. in einem Unternehmen alle Daten auf einem Server liegen, wäre eine Verbesserung sicherlich die Schaffung einer Ausfallsicherheit durch den Einsatz von zwei Servern sowie eine effiziente Datensicherung. Projekte müssen so kostengünstig wie möglich sein, da der Idealzustand eher selten angestrebt werden kann. Es muss auch im Vorfeld geklärt werden, wie die Verfügbarkeit der Systeme sein soll.

Bei der Definition von IT-Projekten spielen in so gut wie allen Unternehmen fünf Faktoren eine wesentliche Rolle, die bei allen Projekten mit eingeplant werden sollten. Wenn ein neues IT-Produkt eingeführt oder die Infrastruktur verbessert wird, muss mindestens einer der folgenden fünf Faktoren erfüllt werden:

- Optimierung der Kostenstruktur
- Verbesserung und Beschleunigung der Arbeitsprozesse im Unternehmen
- Erhöhung der Verfügbarkeit der Serversysteme
- Gesteigerte Sicherheit der IT-Infrastruktur
- Verbesserung der Zufriedenheit der einzelnen Kunden des Unternehmens

Bei IT-Projekten in Unternehmen sollte mindestens einer dieser Punkte erfüllt werden, besser mehrere. Vor allem die Kostenoptimierung überzeugt Führungspersonen davon, ein neues Produkt einzuführen. Bei der Konzeption von neuen Lösungen und Produkten ist es daher unerlässlich, gezielt auf diese fünf Punkte einzugehen. Manchmal müssen Projekte auch infolge externer Einflüsse gestartet werden, zum Beispiel das Auslaufen der Wartungsverträge für ein bestimmtes Release einer Software kann den Update auf eine neue Version erzwingen, auch wenn die obigen fünf Punkte nur indirekt erreicht werden.

Beispiel: Wenn in einem Unternehmen ein neuer Virenschutz sowie eine Firewall eingeführt werden sollen, findet für das Unternehmen keine Kostenoptimierung statt. Es muss Geld für ein Produkt ausgegeben werden, das zunächst nichts bringt. Es wird zwar die Sicherheit erhöht, wenn aber im Unternehmen bisher keine Angriffe über das Internet bekannt geworden sind, hält sich dieser Vorteil eher in Grenzen. Ein Geschäftsführer ist daher nur sehr schwer von einer Sicherheitslösung zu überzeugen, wenn nicht sehr gut argumentiert wird. Ein neuer Virenschutz erhöht die Sicherheit im Unternehmen und kann auch die Zufriedenheit der Kunden verbessern. Das hat einen einfachen Grund: Wenn Unternehmen in ihre Infrastruktur investieren, zeigt dies, dass dem Unternehmen die Sicherheit seiner Daten und die der Kunden wichtig ist. Wenn IT-Spezialisten oder Berater eines Unternehmens sich für ein bestimmtes Produkt entscheiden, muss diese Entscheidung auf Basis der gleichen Argumente erfolgen, die für das gesamte Konzept gelten. Das ausgewählte Produkt muss gewisse Merkmale erfüllen:

- Es muss im Vergleich günstiger sein als Konkurrenzprodukte (Vorteil der Kostenoptimierung).
- Es sollte einfach zu verwalten und zu bedienen sein (Verbesserung der Arbeitsprozesse der IT-Abteilung oder weniger Kosten für externe Berater).
- Es sollte eine möglichst höhere Verfügbarkeit haben.
- Die Sicherheit des Unternehmens sollte deutlich und messbar erhöht werden.

Jedes neue Produkt im Unternehmen soll messbaren Vorteil bringen und in allen Bereichen die beste Wahl sein. Es muss begründet werden, warum sich das Unternehmen für die gewünschte Lösung entscheiden soll und nicht für eine andere.

1.1.6 Vorgehensweise bei der Projektplanung

Nach der Festlegung des Soll-Zustandes sollte als Nächstes geplant werden, wie dieser zu erreichen ist. Außerdem muss der Projekt verantwortliche Personenkreis noch festgelegt werden. Zusätzlich spielt es eine große Rolle, dass dem Management ein Weg gezeigt wird, der leicht nachvollziehbar ist und klarstellt, dass während der Umstellung die Mitarbeiter des Unternehmens so wenig wie möglich beeinträchtigt werden. Im Hinblick auf die Phasen des Projekts, in denen es zu einer Beeinträchtigung kommt, sollten die Verantwortlichen rechtzeitig informiert und in die Zeitplanung eingebunden werden. Es ist auch wichtig, zu definieren, um was für Beeinträchtigungen es sich genau handelt, und zu begründen, warum kein anderer Weg möglich ist. Viele IT-Projekte werden nicht erfolgreich durchgeführt, weil die Planung unzureichend war oder auf falschen Tatsachen aufgebaut wurde.

1.1.7 Projektmanagement

Die folgenden Links zum Thema Projektmanagement bieten Ihnen kostenlose Informationen sowie zahlreiche Vorlagen und Tools:

- *http://www.pmqs.de* – Auf dieser Seite erhalten Sie sehr gute Informationen darüber, wie man Projekte optimal plant und für Qualitätssicherung sorgt.
- *http://www.pm-handbuch.com* – Hier finden Sie zahlreiche Tools und Vorlagen für den optimalen Aufbau eines Projektes. Diese Seite ist Pflichtprogramm für jeden IT-Manager.
- *http://www.projektmanagementkatalog.de* – Auf dieser Seite finden Sie eine spezielle Suchmaschine für Projektmanagementinformationen und Tools.
- *http://www.projekt-und-management.de* – Sehr gutes Portal zum Thema Projektmanagement.
- *http://checkliste.de/unternehmen/projektplanung-projektcontrolling/* – Hier finden Sie zahlreiche Vorlagen für Dokumente, die man im Bereich Projektmanagement benötigt.
- *http://www.competence-site.de/projektmanagement.nsf* – Auch hier finden Sie zahlreiche wichtige Informationen für ein effizientes Projektmanagement.

1 Grundsätzliche Überlegungen

1.2 Generelle Überlegungen zur IT-Infrastruktur

Bevor neue Server oder andere Hardware angeschafft wird, gilt es einige grundlegende Aspekte zu berücksichtigen.

1.2.1 Server-Hardware

Unabhängig vom Server-Sizing sollten Sie zunächst entscheiden, welche Art von Server für das Projekt gekauft oder geleast werden soll. Als erstes muss entschieden werden, ob kostspieligere, aber auch stabilere Markenserver gekauft oder selbst gebaute Server verwendet werden sollen. Vor allem der Service für die Hardware ist von Bedeutung. Bereits frühzeitig sollte daher festgelegt werden, in welchem Umfang Servicepakete für einzelne Server dazugekauft werden sollen. Es gibt verschiedene Angebote der Anbieter. Diese gehen von 24 x 7 (24 Stunden für 7 Tage) bis zu 12 x 5 (12 Stunden für 5 Tage), es gibt 4 Stunden Reaktionszeit oder Reaktionszeit am nächsten Arbeitstag usw. Auch die Bauart der Server spielt eine Rolle. Sollen 19-Zoll-Rackserver gekauft werden oder Standgeräte? Ebenfalls müssen die Lieferzeiten der Server berücksichtigt werden.

Marke oder Eigenbau – was ist besser?

Der Großteil der deutschen Unternehmen setzt auf Server von Fujitsu-Siemens, HP/Compaq, IBM oder Dell. Bei der Planung der Serverhardware spielen daher neben Präferenzen für eine bestimmte Marke auch andere Aspekte eine Rolle, die ich an dieser Stelle näher betrachten werde:

- *Kompatibilität der Komponenten.* Auch wenn Sie sich die besten Hardwareteile zusammenkaufen und einen vermeintlich stabilen Server selbst bauen, wissen Sie nicht, wie sich die einzelnen Komponenten untereinander verstehen. Die großen Markenhersteller betreiben Testzentren, um sicherzustellen, dass die Komponenten eines Servers fehlerfrei zueinander passen. Einen solchen Test können sich weder kleinere IT-Unternehmen noch Unternehmen leisten, die selbst Server zusammenbauen. Sie gehen beim Eigenbau in dieser Beziehung ein ziemlich großes Risiko ein.

- *Kompatibilität mit dem Betriebssystem.* Größere Unternehmen lassen ihre Serverhardware bei Microsoft und anderen Herstellern zertifizieren. Dadurch ist sichergestellt, dass nicht nur die Komponenten untereinander fehlerfrei harmonieren, sondern auch die Hardware fehlerfrei mit dem Betriebssystem zusammenarbeitet. Auch in dieser Hinsicht ist es ein Lotteriespiel, wenn Sie aus einzelnen Komponenten einen Server zusammenbauen. In Einzelfällen müssen Sie bei den zusammengebauten Servern unzertifizierte Treiber installieren, bei denen der Hersteller nicht garantiert, dass sie im Betrieb stabil funktionieren.

- *Ersatzteile*. Wenn Sie aus Einzelteilen einen Server zusammenbauen, müssen Sie bei Ausfall einer Komponente selbst für Ersatzteile sorgen. Da unter normalen Umständen die gleiche Hardware nicht mehr verfügbar ist, können Sie nicht gewährleisten, dass die neue Hardware mit den anderen Komponenten harmoniert. Unter Umständen gibt es für das einzelne Bauteil überhaupt keine Ersatzteile mehr. Markenhersteller führen auch noch für ältere Modelle einen Ersatzteilservice durch.

- *Service*. Bei Markenherstellern erhalten Sie verschiedene Supportverträge. Diese garantieren eine Fehlerbehebung der Hardware innerhalb eines gewissen Zeitraums durch einen spezialisierten Servicetechniker. Dadurch ist bis zu 24 Stunden pro Tag sichergestellt, dass bei Ausfall innerhalb weniger Stunden eine kompetente Servicekraft dafür sorgen kann, dass der Server wieder funktioniert.

Sie sollten aus diesen Gründen nur in Ausnahmefällen auf selbst gebaute Systeme zurückgreifen. Die Preisunterschiede sind mittlerweile so gut wie nicht mehr vorhanden. In vielen Fällen sind die großen Vier (Fujitsu-Siemens, HP/Compaq, IBM und Dell) oft sogar günstiger.

RAID-Systeme

Sie sollten keine Hardware kaufen, deren Datenträger nicht mit einem RAID (Redundant Array of Inexpensive Disks) ausgestattet ist. Sie können unter Windows 2003 auch ein Software-RAID aufbauen, wenn zwei identische Festplatten eingebaut sind. Hardware-RAIDs sind aber immer die bessere Wahl, da diese getrennt vom Betriebssystem durch einen speziellen Controller verwaltet werden. Sie sollten Server immer abhängig vom Einsatz mit einem passenden RAID-System ausstatten. Es gibt mittlerweile zahlreiche RAID-Level. Am meisten verbreitet sind RAID 1 und RAID 5.

Unabhängig vom RAID-System und der Anzahl der Festplatten, die das RAID-System bilden, wird ein einzelnes RAID-System immer als ein einzelner logischer Datenträger betrachtet. Das Betriebssystem weiß nicht, wie viele Festplatten an einem RAID-System angeschlossen sind, da die Verwaltung durch den RAID-Controller durchgeführt wird.

RAID 1 Ein RAID 1 ist einfach aufgebaut. Im Server befinden sich zwei Festplatten. Der Inhalt der ersten Festplatte wird ständig auf die zweite Festplatte kopiert, sie wird gespiegelt. Dadurch kann der Ausfall einer Festplatte auf einem Server immer sehr schnell behoben werden. Auf allen Servern sollte das Betriebssystem immer auf einem RAID 1-System installiert werden. Dadurch ist sichergestellt, dass der Server auch bei Ausfall einer Festplatte noch funktioniert.

Abbildung 1.1: RAID 1 mit zwei Festplatten

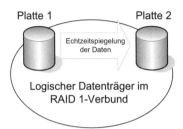

RAID 5 RAID 5-Systeme werden meistens zum Speichern von Daten genutzt. Daher finden diese Systeme oft auf Datenbank- oder Dateiservern Einsatz. Ein RAID 5-System muss aus mindestens drei identischen Festplatten bestehen, wobei der Einsatz von vier Platten sicherer ist. Bei RAID 5 werden die Daten gleichmäßig auf alle Platten verteilt. Zusätzlich werden auf allen Platten noch Informationen verteilt, welche Daten auf welcher Platte gespeichert sind. RAID 5 ist vom Preis-Leistungs-Verhältnis das beste und daher beliebteste RAID-System für Daten. Allerdings ist die Performance eines RAID 5-Systems im Vergleich deutlicher langsamer. Sobald bei einem RAID 5-System zwei Festplatten gleichzeitig ausfallen, bestehen erhebliche Gefahren eines Datenverlustes, beim Ausfall einer Platte kann deren Inhalt aus dem Inhalt der anderen Platten ohne Datenverlust restauriert werden. Bei einem RAID 5-System können Sie beim Festplattenplatz immer die Kapazität einer Festplatte abziehen. Dieser Plattenplatz wird benötigt, da die Informationen, welche Daten auf welchen Platten abgelegt sind (die so genannte Parität), insgesamt die Kapazität beeinflussen. Wenn Sie ein RAID 5-System mit 3 Festplatten à 146 Gbyte aufbauen, stehen Ihnen 2 x 146 Gbyte = 292 Gbyte Plattenplatz zur Verfügung. Die restlichen 146 Gbyte werden für die Parität verwendet.

Generelle Überlegungen zur IT-Infrastruktur

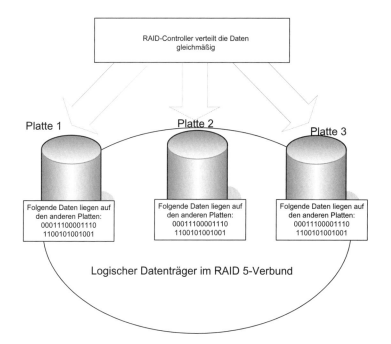

Abbildung 1.2: RAID 5-System auf einem Server

RAID 0

RAID 0 erhöht nicht die Systemsicherheit eines Servers, sondern dessen Performance. Bei RAID 0 werden zwei Festplatten in den Server eingebaut, die zu einem so genannten Stripeset (aus dem englischen Stripe für Streifen) zusammengefasst werden. Ein Stripeset ermöglicht es, dass Daten gleichzeitig auf zwei Festplatten geschrieben werden. Die Daten eines Stripesets werden daher fast doppelt so schnell geschrieben wie auf normale Festplatten. Die Daten sind bei dieser Technik allerdings auch auf beide Festplatten verteilt. Der Ausfall eines Datenträgers innerhalb eines Stripsets bewirkt daher den Datenverlust des kompletten Stripesets. RAID 0-Systeme kommen in Servern selten zum Einsatz. Oft werden sie auf PCs verwendet, die über schnelle Festplattenzugriffe verfügen müssen. Viele PCs für Spiele profitieren dadurch von der schnelleren Geschwindigkeit. Auch Bereiche, die zur temporären Datensicherung auf Festplatten dienen, können mit einem RAID 0 arbeiten.

Abbildung 1.3:
RAID 0-System

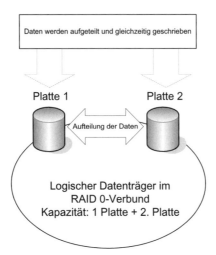

Die Kapazität eines RAID 0-Systems entspricht genau der Summe der Festplatten, da die Daten auf beide Platten gleichmäßig verteilt werden.

RAID 10 Als RAID 10-Systeme werden RAID-Systeme bezeichnet, welche die beiden Systeme RAID 1 und 0 miteinander verbinden. Aus diesem Grund werden RAID 10-Systeme auch oft als RAID 1+0 bezeichnet. Bei RAID 10 wird die Sicherheit eines RAID 1 mit der Performance von RAID 0 verbunden. Durch diese Technik ist RAID 10 deutlich schneller als RAID 1 und RAID 5 und sicherer als ein RAID 5. Bei RAID 10 können ohne weiteres zwei Festplatten gleichzeitig ausfallen, solange es nicht die gleichen Platten eines Stripesets sind. Da ein RAID 10-System ein gespiegeltes Stripeset ist, werden mindestens vier Platten benötigt. Ein RAID 10-System hat den größten Platzverlust der hier beschriebenen RAID-Systeme, da die Hälfte der Festplatten nicht zur Verfügung steht, weil sie für die Spiegelung verwendet wird. RAID 10-Systeme werden vor allem häufig bei Datenbankservern verwendet, da sich Geschwindigkeit optimal mit Datensicherheit vereint. Auch Dateiserver oder andere Server, bei denen häufig zahlreiche Schreibvorgänge ausgeführt werden müssen, aber die Daten dennoch sicher gespeichert werden sollen, profitieren von RAID 10.

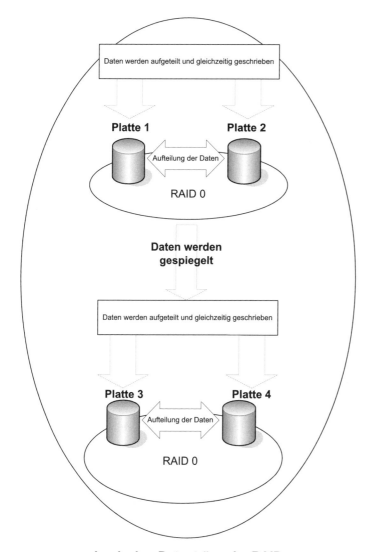

Abbildung 1.4:
RAID 10-System
für Performance
und Sicherheit

Bei allen RAID-Systemen sollte mit zusätzlichen *HotSpare*-Festplatten gearbeitet werden. *HotSpare*-Festplatten werden als zusätzliche Festplatten in das System integriert und übernehmen bei Ausfall einer Platte des RAID-Systems automatisch deren Funktion.

HotSpare und HotPlug

Abbildung 1.5:
RAID mit
HotSpare-Festplatte

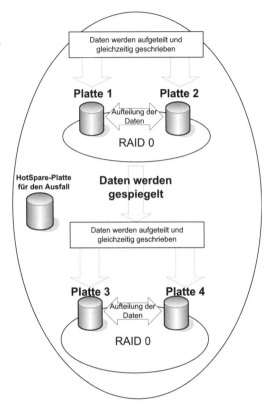

**Logischer Datenträger
im RAID 10-Verbund**

Zusätzlich zu der Funktion von HotSpare-Platten, die aus Ausfallgründen immer verwendet werden sollten, können Server noch mit der HotPlug-Funktion ausgestattet werden. Bei dieser Funktion können defekte Festplatten im laufenden Betrieb ausgewechselt werden, sodass der Ausfall und notwendige Austausch einer defekten Festplatte kein Ausschalten des Servers notwendig macht. In ausfallsicheren Umgebungen sollten daher zu jedem RAID 5-System eine HotPlug-Funktionalität und eine HotSpare-Platte dazukommen.

Dual-Channel-RAID-Controller Die meisten RAID-Controller bestehen aus einem Dual-Channel-System. Bei diesem System kann ein RAID-Controller zwei unterschiedliche RAID-Systeme verwalten.

Generelle Überlegungen zur IT-Infrastruktur

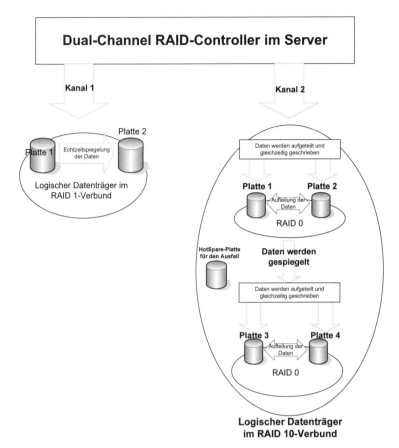

Abbildung 1.6: Dual-Channel-RAID-Controller mit sieben Festplatten

Diese Technik ist sinnvoll, wenn Sie einen Server betreiben, der Daten speichert, wie zum Beispiel einen Dateiserver oder einen Datenbankserver. Der erste Kanal des RAID-Controllers bedient das Betriebssystem, welches idealerweise auf einem RAID 1-System liegen sollte. Der zweite Kanal steuert das RAID für die Daten, welches hauptsächlich aus einem RAID 5- oder RAID 10-System besteht.

Sie sollten unter gar keinen Umständen das Betriebssystem auf dem gleichen RAID-System installieren wie die Daten. Wenn Sie beim Ausfall des Betriebssystems mit Tools auf dem Datenträger arbeiten müssen, besteht die Gefahr, dass die Konsistenz der Daten verloren geht. Bei einem eigenen RAID für das Betriebssystem müssen Sie schlimmstenfalls einfach das RAID des Betriebssystems neu aufbauen und das Betriebssystem neu installieren. Das RAID-System mit den Daten können Sie danach problemlos wieder integrieren.

1.2.2 Netzwerk-Infrastruktur

Der Bereich Netzwerkverkabelung und Switches ist zwar eher Sache eines Elektrikers, aber auch IT-Berater oder Administratoren müssen genau Bescheid wissen, wie die Verkabelung durchgeführt wurde. Ist an jedem Arbeitsplatz eine Netzwerkdose oder mehrere vorhanden? Sind im Serverraum genügend Anschlüsse gelegt? Sollen die Server mit Gigabit oder nur mit 100 Mbit an das Netzwerk angebunden werden? Welche Switches werden verwendet? Allein das Thema Netzwerkswitches würde ein ganzes Buch füllen. Vor jedem IT-Projekt sollte daher sichergestellt werden, dass die Netzwerkverkabelung und die Verteilung des Netzwerkverkehrs optimal durchgeführt wurden. Im Zweifelsfall sollte eine Erweiterung der Infrastruktur geplant und ein Elektriker hinzugezogen werden.

1.2.3 Unterbrechungsfreie Stromversorgung (USV)

Der Kauf einer USV muss unter technischen und betriebswirtschaftlichen Aspekten durchgeführt werden. Eine USV schützt Server und Komponenten nicht nur vor Stromausfall, sondern auch vor Spannungsspitzen, Blitzschlägen und Stromschwankungen. In einem Rechenzentrum darf niemals eine USV fehlen.

Welche Arten von USV gibt es?

Es gibt verschiedene Arten von USV, die sich auch im Preis deutlich unterscheiden:

VFD (Voltage and Frequency Dependent from main supply) oder Offline-USV
Diese USV-Systeme leiten den Strom direkt vom Stromnetz zu den Geräten, die an ihnen angeschlossen sind. Erst bei einem Stromausfall schalten diese Geräte auf die interne Batterie um. Diese Umschaltung dauert allerdings ein paar Millisekunden, die bei vielen Endgeräten schon für einen Ausfall ausreichen. Diese Geräte bieten zusätzlich einen Schutz vor Spannungsschwankungen, da sie in einem solchen Fall ebenfalls auf die Batterie umschalten.

VI (Voltage Independent from main supply) oder Line-Interactive-USV
Diese Variante ist eine Weiterentwicklung der VFD-USV. Sie misst ständig die Ein- und Ausgangsspannung. Auch das Laden der internen Akkus wurde bei diesem Typ verbessert. Die Umschaltzeit ist deutlich schneller als bei der VFD-USV, wodurch die Endgeräte nicht in Mitleidenschaft gezogen werden. Auch dieses USV-System bietet einen Schutz bei Spannungsschwankungen.

VFI (Voltage and Frequency Independent) oder Online-USV
Diese Form der USV versorgt auch im Normalbetrieb die angeschlossenen Geräte über die Batterie. Sie sind teurer als die VFD oder VI-USV. Bei einem Stromausfall gibt es daher bei diesem USV-Typ keinerlei Umschaltzeit. Oft werden die VFI-USV-Systeme auch als Dauerwandler bezeichnet. Sie sind die hochwertigsten von allen USV-Arten und sollten vor allem für empfindliche Endgeräte und kritische Server verwendet werden.

Generelle Überlegungen zur IT-Infrastruktur

Was muss beim Kauf einer USV beachtet werden?

Sie sollten bereits vor dem Kauf den Leistungsbedarf der Server und der Netzwerkkomponenten berücksichtigen. Es muss festgelegt werden, wie lange eine USV die Server aktiv halten soll, bevor die Batterie erschöpft ist. Oft wird vergessen, dass bei einem Stromausfall auch Netzwerkkomponenten und Monitore versorgt werden müssen, da ohne diese Geräte ein Administrator keine Tätigkeiten auf dem Server mehr ausführen kann, zum Beispiel eine Datensicherung oder das kontrollierte Herunterfahren von Anwendungen oder Datenbanken. Beim Kauf einer USV sollten folgende Aspekte berücksichtigt werden:

- *Anwendungen.* Sie sollten genau berücksichtigen, welche Geräte unternehmenskritisch sind und von hochwertigen USV-Geräten abgesichert werden müssen. Manche Geräte können auch mit einer günstigeren USV abgesichert werden. Bei einem Stromausfall sollten Peripheriegeräte teilweise abgesichert werden, zum Beispiel der PC des Administrators, des Geschäftsführers oder Kritische Server sollten idealerweise mit den teureren VFI-USV-Systemen versorgt werden, wobei unkritischere Geräte auch mit der kostengünstigeren VFD- oder VI-USV versorgt werden können.

- *Lastbedarf.* Lassen Sie sich den Lastbedarf von allen Geräten ausrechnen, die Sie an die USV anschließen wollen. Eine USV sollte möglichst noch „etwas Luft" nach oben haben und nicht gleich schon zu Beginn voll ausgelastet sein. Ein Endgerät mit 20 kVA lässt sich mit einer USV von 20 kVA absichern. Sie können diese Angaben auf den Typenschildern der Endgeräte addieren. Diese Angaben beziehen sich auf die Spitzenlast, für die Sie keine Reserve aufschlagen müssen. Angaben in W oder kW werden durch den jeweiligen Leistungsfaktor einer USV dividiert. Das Ergebnis entspricht der Scheinleistung, die in VA angegeben wird. Im Normalbetrieb wird die USV je nach Art des Verbrauchers mit 20 bis 50 % weniger Leistung als beim Einschalten belastet.

- *Skalierbarkeit.* Sie sollten USV-Geräte immer ausreichend dimensioniert erwerben. Beim Kauf von zusätzlichen Endgeräten sollten noch genügend Reserven zur Verfügung stehen.

- *Laufzeit.* Einer der wichtigsten Punkte beim Kauf ist die Laufzeit der USV bei Batteriebetrieb. Meistens reichen 5 bis 10 Minuten aus, um kurze Stromausfälle zu überbrücken. Längere Ausfälle sollten mit einem Stromaggregat überbrückt oder die Server sollten per Skript heruntergefahren werden.

- *Überwachung.* Eine gute USV muss überwacht werden können, damit Administratoren einen Überblick über Notfälle und Zustand der Akkus erhalten. Viele Anbieter liefern dazu spezielle Überwachungsprogramme mit der USV aus.

▸ *Signalisierung.* Die USV sollte ein Signal an einen oder mehrere Computer senden können, die dort dann automatische Abschaltprozeduren auslösen können. So ist auch eine Reaktion auf einen Stromausfall möglich, falls kein Administrator verfügbar ist.

1.2.4 KVM(Keyboard, Video, Mouse)-Switch

Wenn Sie mehrere Server anschaffen, benötigen Sie einen KVM(Keyboard, Video, Mouse)-Switch. Es ist nicht effizient, für jeden Server einen eigenen Monitor, eine eigene Tastatur und eine eigene Maus zu kaufen. Es gibt günstige KVM-Switches, die alle Server an einen Monitor, eine Maus und eine Tastatur anschließen, und es gibt hochwertige Geräte, die sogar über das Netzwerk an die Server angebunden werden können. Mit diesen Geräten, zum Beispiel vom Hersteller Raritan, können die Server über das Netzwerk gesteuert werden. Bei einem solchen KVM-Switch over TCP/IP werden Tastatur, Monitor und Maus nicht direkt an den KVM-Switch angeschlossen. Die Bildschirmausgaben der angeschlossenen Computer werden über das Netzwerk mit Hilfe von TCP/IP weitergeleitet und können je nach Modell mit einer speziellen Anschlussbox oder über einen Webbrowser abgerufen werden. KVM over TCP/IP erlaubt die Steuerung der angeschlossenen Rechner ohne physikalischen Zugriff auf dem KVM-Switch und damit die Fernsteuerung von einem beliebigen Arbeitsplatz oder über das Internet. Der Preis ist abhängig von der Anzahl von Anschlüssen und Arten der Steuerung. Achten Sie beim Kauf eines KVM-Switch auf die Erweiterbarkeit. Bei manchen KVM-Switches sind bereits im Lieferumfang genügend Kabel dabei. Meistens müssen diese Kabel jedoch extra gekauft werden.

1.2.5 Serverschrank

Wenn Sie 19-Zoll-Server (*rack-mount*) kaufen, muss natürlich auch ein entsprechender Schrank (*Rack*) erworben werden. Achten Sie darauf, ob die Server auch in die Schränke passen. Hier gibt es verschiedene Größen und Schienensysteme. Wichtig ist auch, dass Sie beim Kauf eines Serverschranks auf die verfügbaren Höheneinheiten (HE) achten. Die meisten modernen 19-Zoll-Server haben eine Höheneinheit von 1 HE, es gibt aber auch Server, die deutlich höher sind. Berücksichtigen Sie auch die Stabilität des Serverschranks. Zusätzliche Hardwaregeräte wie KVM-Switch oder auch Bandlaufwerk sollten ebenfalls in den Serverschrank passen. Sofern Sie Geräte einsetzen wollen oder müssen, die keine Befestigungsmöglichkeit im Schrank haben, verwenden Sie Fachböden des Herstellers. Vermeiden Sie es, Geräte übereinander zu stellen. Achten Sie beim frühzeitigen Kauf eines Serverschranks auf die korrekte Verkabelung durch den Elektriker.

> Die Kabel sollten nie direkt in das Patchfeld im Schrank führen, sondern immer zunächst nach unten und dann wieder nach oben. Dadurch wird verhindert, dass Spritzwasser von den Kabeln in das Patchfeld fließen kann. Überlegen Sie sich frühzeitig ein konsistentes Farbschema für die Kabel, es gibt nicht nur Mausgrau.

1.2.6 Planung des Serverraums

Eine zentrale Rolle spielt der Serverraum in einem Unternehmen. Vor allem mittelständische Unternehmen haben oft keinen eigenen Serverraum, sondern verwenden meistens Lagerkammern oder Abstellräume. Der Standplatz eines Servers spielt eine zentrale Rolle. Selbst wenn Sie ein noch so perfektes Ausfall- und Sicherheitskonzept erstellen, bringt das nichts, wenn die Server für jedermann zugänglich in einer Besenkammer stehen. Wenn in dieser Kammer noch die Drucker untergebracht sind, besteht die Gefahr, dass versehentlich jemand am Server hängen bleibt, ihn aus Versehen ausschaltet oder die Putzfrau mit dem Besen dagegen stößt oder eine Steckdose für ihren Staubsauger benötigt. Server sollten in sicheren Räumen stehen, die nicht für jedermann zugänglich sind. Der Raum sollte, wenn er ein Fenster hat, von außen geschützt sein. Fensterbauer bieten dazu spezielle Erweiterungen an, damit ein von außen geworfener Stein nicht die Scheibe zerstört. Auch das Thema Klimatisierung in Serverräumen spielt eine wichtige Rolle. Wenn es im Sommer 40 Grad im Serverraum hat, ist es nur eine Frage der Zeit, wann die Server ausfallen. Der Raum sollte frei von Erschütterungen sein. Ein Serverraum direkt neben einem Lager, in dem Paletten manövriert werden, ist sicherlich nicht ideal, weil die Erschütterungen auf Dauer die Festplatten zerstören. Auch die ausreichende Verkabelung eines Serverraums spielt eine wichtige Rolle. Die Netzwerkanschlüsse müssen auch für zukünftige Server ausreichen. Die Stromsicherung muss für die Stromversorgung der Server ausreichend dimensioniert sein. Ein optimaler Serverraum verfügt über folgende Ausstattungsmerkmale:

- Feuerfeste abgeschlossene Tür, damit ein Feuer von außen nicht die Server vernichten kann. Die meisten Brände in Serverräumen rühren von Nebenräumen her.
- Im Serverraum sollte sich kein permanenter Arbeitsplatz eines Mitarbeiters befinden.
- Klimaanlage für dauerhaft stabile 20 bis 22 Grad Celsius und 40 % Luftfeuchtigkeit.
- Kein Durchgangsverkehr durch Lagerung von Papier oder das Aufstellen von Druckern. In den Serverraum darf nur ausgesuchtes Personal.

- Ausreichende Stromverkabelung und genügend Steckdosen, am besten eine integrierte Stromversorgung oder ein Notstromaggregat für den Notfall. Der Stromkreis sollte unabhängig vom Hausnetz verlaufen, damit eine Kaffeemaschine mit defektem Kabel in der Küche nicht die Sicherung des Serverraums auslösen kann.
- Am besten hat der Serverraum einen doppelten Boden, damit die Kabel leicht verlegt werden können.
- Wenn der Raum ein Fenster nach draußen hat, unbedingt für Einbruchschutz sorgen und das Fenster ständig geschlossen lassen.
- Keine Wasserleitungen über dem Serverraum verlegen, damit ein Wasserrohrbruch oder Kondenswasser nicht die Server zerstört. Am besten Feuchteschutz von oben installieren, damit auch im Brandfall kein Wasser durch die Decke in den Serverraum sickern kann, wenn die Feuerwehr löschen muss.
- Ein Telefon, mit dem notfalls auch ausländische Supportlines erreicht werden können. Bedingt durch die Computersysteme und Metallstrukturen der Schränke ist ein Mobilempfang oftmals nicht möglich.
- Ausreichend Platz vor und hinter den Servern sollte vorhanden sein. Um ein Gerät aus einem Schrank zu entfernen oder einzusetzen, muss vor dem Schrank so viel Platz sein, wie der Schrank tief ist.
- Idealerweise verfügt ein Serverraum über ein spezielles Löschsystem, auf jeden Fall einen Handfeuerlöscher.
- Unter Umständen ist eine Videoüberwachung sinnvoll.
- Statt Schlüsseln besser ein Zugangssystem mit Schlüsselkarten installieren, damit nachvollzogen werden kann, wer wann den Raum betreten hat.
- Bei größeren Unternehmen sollten mehrere Serverräume in getrennten Gebäuden geplant werden.
- Eine Alarmanlage mit direkter Anbindung an Polizei oder Wachschutz schützt vor Diebstahl.
- Server und Hardware für die Datensicherung sollten in einem speziellen Safe stehen, damit die Daten im Extremfall nicht verloren gehen können. Dieser Safe sollte nicht im Serverraum untergebracht sein, sondern im Keller des Gebäudes. Die beschriebenen Sicherungsmedien sollten nach Möglichkeit in einem anderen Gebäude oder extern gelagert werden.
- Rauchverbot im Serverraum ist selbstverständlich. Dies sollte auch mit entsprechenden Schildern kenntlich gemacht werden. Gleiches gilt für Essen und Getränke.

Vor allem die Planung von Serverräumen sollte auch bei kleineren Unternehmen nicht unberücksichtigt gelassen werden.

Gefahren für den Serverraum

Spezialfirmen unterscheiden vier verschiedene Gefahren, vor denen ein Serverraum dringend geschützt werden muss:

- *Höhere Gewalt* – Feuer, Wasser, unzulässige Temperaturen, Luftfeuchtigkeit. Wasser kann durch eine Vielzahl von Möglichkeiten in einen Serverraum und damit in die Server gelangen, zum Beispiel durch Regen, Hochwasser, Überschwemmung, Probleme in der Wasserversorgung oder Abwasserentsorgung, defekte Heizungsanlage oder Klimaanlagen mit Wasseranschluss und Löschwasser. Auch die Sabotage durch Öffnen der Wasserhähne und Verstopfen der Abflüsse ist eine potenzielle Gefahr für einen Serverraum. Hitze entsteht in einem Serverraum nicht nur im Sommer. Die Netzteile der Server produzieren Wärme, die abgeführt werden muss. Auch Temperaturschwankungen durch das Öffnen von Fenstern können für empfindliche Geräte schnell gefährlich werden.

- *Organisatorische Mängel* – Zutritt von unberechtigten Personen, unzureichende Regelungen für den Zutritt. Auch eine Schlüsselverwaltung ist äußerst wichtig. Wenn es in einem Raum über dem Serverraum brennt und gelöscht werden muss, kommt niemand in den Serverraum, wenn der IT-Leiter als Einziger einen Schlüssel hat. An der Tür sollte ein Zettel mit den wichtigsten Telefonnummern angebracht werden. Ausgesuchtes Personal sollte über einen Schlüssel für den Serverraum verfügen.

- *Technisches Versagen* – Ausfall der Stromversorgungen, Spannungsspitzen, Spannungsschwankungen.

- *Vorsätzliches Handeln* – Manipulation und Zerstörung von Hardware oder Daten, Vandalismus, Einbruch, Diebstahl.

IT-Leiter und Berater sollten frühzeitig diesen Gefahren entgegenwirken. Bei der Planung eines Serverraums sollte ein Elektriker hinzugezogen werden, der mit der Ausstattung von Serverräumen Erfahrung hat. Regelmäßige Messungen der Stromkreise gehören ebenfalls zu den Aufgaben die an das entsprechende Fachpersonal delegiert werden sollten.

2 Microsoft-Betriebssysteme

Bevor Sie mit einer effizienten Planung eines Microsoft-Netzwerkes beginnen können, unabhängig davon, ob Sie Exchange, ISA oder SQL einführen, benötigen Sie einen Windows-Server als Basissystem. Mittlerweile gibt es von Microsoft zahlreiche Betriebssysteme, die vor allem bei Migrationen oder der Verwaltung eines Active Directorys eine Rolle spielen. Die Ausstattungsmerkmale und Support-Lifecycles dieser Produkte sind sehr verschieden. Allein von der aktuellen Version Windows Server 2003 sind zahlreiche Varianten verfügbar. In diesem Kapitel gehe ich auf die Ausstattungsmerkmale der einzelnen Microsoft-Betriebssysteme ein, die Sie bei der Planung berücksichtigen sollten. Der Preisunterschied zwischen Windows Server 2003 Standard Edition und Windows Server 2003 Enterprise Edition ist teilweise erheblich. In vielen Fällen ist es nicht notwendig, die Enterprise Edition einzusetzen, da die Standard Edition vollkommen ausreichend ist. Auch die Vorteile der 64-Bit-Versionen sowie der Versionen für Itanium-Prozessoren werden in diesem Kapitel behandelt. Im Anschluss gehe ich auf die Lizenzierung der einzelnen Windows-Server ein und darauf, was Sie bei der optimalen Lizenzierung berücksichtigen müssen.

2.1 Microsoft Support-Lifecycle

IT-Consultants und -Leiter sollten den Support-Lifecycle der eingesetzten Produkte im Unternehmen genau kennen. Microsoft hat in den letzten Jahren den Support-Lifecycle seiner Produkte stark angepasst und teilweise auch extrem verlängert. Das soll Unternehmen den Vorteil verschaffen, genügend Spielraum für Migrationen zu haben. Wenn der Support eines Microsoft-Produkts ausgelaufen ist, können unter Umständen keine Support-Anfragen mehr an Microsoft gestellt werden. Darüber hinaus werden keine Sicherheitslücken oder Stabilitätsprobleme mehr behoben. Für kritische Systeme ist es daher wichtig, auf Produkte zu setzen, die durch den Support noch abgedeckt werden. Microsoft untergliedert den Support seiner Produkte in drei Bereiche:

- Mainstream Support
- Extended Support
- Online-Support

Den Lifecycle Ihrer Microsoft-Produkte finden Sie unter:

http://support.microsoft.com/gp/lifeselect

Auf dem Sicherheitsportal erhalten Sie Informationen über aktuelle Sicherheitspatches und können auch entsprechende Newsletter bestellen, die Sie über die Veröffentlichung von Sicherheitspatches informieren:

http://www.microsoft.com/security

2.1.1 Microsoft Mainstream Support

Diese Support-Variante beinhaltet die Bearbeitung technischer Anfragen. Teilweise sind diese Anfragen kostenlos, teilweise kostenpflichtig. Bei einer technischen Anfrage können Unternehmen zusammen mit Microsoft an einem Problem arbeiten und erhalten für sehr geringe Kosten kompetenten Service. Während des Mainstream Supports erweitert Microsoft die Sicherheit der einzelnen Softwaretitel und veröffentlicht regelmäßige Updates. Auch Hotfixes werden regelmäßig veröffentlicht. Der Mainstream Support läuft derzeit 5 Jahre lang nach Veröffentlichung des Produktes.

2.1.2 Microsoft Extended Support

Nach Ablauf des Mainstream Supports tritt der Extended Support in Kraft. Dieser beinhaltet keine kostenlosen Support-Anfragen mehr, d. h., diese werden nur noch kostenpflichtig bearbeitet. Sicherheitsupdates werden weiterhin entwickelt und bereitgestellt. Zusätzlich können Unternehmen kostenpflichtige Hotfixes entwickeln lassen. Es gibt keinerlei kostenfreie Garantieanfragen mehr. Zusätzliche Features oder Designänderungen werden nicht mehr durchgeführt. Der Extended Support wird nur für Produkte in Unternehmen gewährt, Consumerprodukte von Microsoft werden durch den Extended Support nicht abgedeckt. Der Microsoft Extended Support wird derzeit 5 Jahre lang gewährt, nachdem der Mainstream Support ausgelaufen ist.

2.1.3 Microsoft Online-Support

Nach Beendigung des Extended Supports bietet Microsoft nur noch Online-Support. Dieser Support besteht darin, dass noch in der Microsoft Knowledge Base (*http://support.microsoft.com/search/*) und den Newsgroups (*http://support.microsoft.com/newsgroups/*) nach Problemen recherchiert werden kann. Darüber hinaus gewährt Microsoft keinerlei Mithilfe und Support.

2.1.4 Service Pack Support Policy

Auch auf die regelmäßig erscheinenden Service Packs seiner Produkte gewährt Microsoft Support. Microsoft bietet noch 12 Monate Support für ein Service Pack an, nachdem das nächste Service Pack erschienen ist. Dieser Support kann teilweise auch auf 24 Monate verlängert werden, allerdings nur in Ausnahmefällen. Sobald der Support für ein Produkt beendet wird, endet auch die Unterstützung für die Service Packs dieses Produktes. Die aktuellen Support-Laufzeiten für Service Packs finden Sie auf folgender Internetseite bei Microsoft:

http://support.microsoft.com/gp/lifesupsps

2.1.5 Microsoft Security Update Policy

Dieser Support dient dazu, für Businessprodukte regelmäßige Sicherheitsupdates zu veröffentlichen. Für professionell eingesetzte Produkte entwickelt Microsoft 10 Jahre lang noch Sicherheitsupdates, danach nur in Ausnahmefällen.

2.2 Windows-Server-Betriebssysteme

In Unternehmen spielen derzeit hauptsächlich vier verschiedene Generationen von Servern eine Rolle. Das sind:
- Windows NT 4 Server
- Windows 2000 Server
- Windows Server 2003
- Windows Server 2003 R2

Der Longhorn Server wird im Frühjahr 2007 erwartet und die meisten Unternehmen werden sicherlich nicht gleich auf diese neue Variante umstellen.

2.2.1 Windows NT 4 Server

Viele Unternehmen setzen noch Windows NT 4 Server ein bzw. in Terminalserverumgebungen Windows NT 4 Terminal Server Edition. Wenn noch NT 4 Server im Netzwerk betrieben werden, sollten diese unbedingt mit dem SP6a ausgestattet werden. Windows NT 4 mit SP6a kann ohne Probleme in einem Active Directory betrieben werden. Einige Firmen setzen neben dem Windows NT 4 Server Standard Edition auch noch die Enterprise Edition ein.

> Für alle NT 4-Produkte ist der Extended Support zum 31.12.2004 abgelaufen. Sie erhalten für diese Produkte nur noch Online-Support in der Microsoft Knowledgebase.

2.2.2 Windows 2000 Server

Viele Unternehmen setzen noch Windows 2000 Server ein. Windows 2000 Server gibt es in folgenden Versionen:

- Windows 2000 Server
- Windows 2000 Advanced Server
- Windows 2000 Datacenter Server

Der Mainstream Support für Windows 2000 Server ist zum 30.06.2005 ausgelaufen. Bis Sommer 2010 gewährt Microsoft für dieses Produkt noch den Extended Support. Das aktuelle Service Pack für Windows 2000 ist das SP4. Für das SP4 gibt es mittlerweile zahlreiche Updates. Das Service Pack 5 für Windows 2000 wird es definitiv nicht mehr geben, stattdessen hat Microsoft einen Updaterollout Patch herausgebracht, der eine ganze Reihe von Updates, die nach Erscheinen von SP4 veröffentlicht wurden, zusammenfasst.

Ob sich derzeit eine Migration zu Windows Server 2003 lohnt oder ob Unternehmen noch bis Longhorn Server im Frühjahr 2007 warten sollen, ist schwer zu beantworten. Hier spielen oft wirtschaftliche Entscheidungen eine Rolle. Zu den Vorteilen und Nachteilen einer Migration komme ich in den einzelnen Kapiteln dieses Buches.

2.2.3 Windows Server 2003 und Windows Server 2003 R2

Windows Server 2003 ist der Nachfolger von Windows 2000 Server. Die Funktionen wurden deutlich verbessert.

Neuerungen in Windows Server 2003 gegenüber Windows 2000 Server

Der Umgang mit der MMC-Konsole wurde optimaler gestaltet. In Windows 2003 R2 wurden neue Werkzeuge zur Verwaltung von Print- und Druckservern integriert. Die Sharepoint Services 2.0 sind in Windows 2003 R2 integraler Bestandteil des Betriebssystems und ermöglichen einen schnellen und effizienten Aufbau eines Unternehmensintranets. Die Verwaltung des Active Directorys und der DNS-Funktionalität wurden stark optimiert. Die Cluster-Unterstützung ist in Windows Server 2003 deutlich ausgebaut worden. Die Unterstützung von Clustern mit mehr als zwei Knoten erlaubt die Realisierung so genannter N+1-Konfigurationen. Dabei werden in einem Cluster aus mehreren Knoten N aktive Knoten und 1 passiver Knoten verwendet. In einem 8-Knoten-Cluster können sieben aktive Knoten und zusätzlich ein passiver Knoten eingesetzt werden. Dieser übernimmt das Failover, wenn ein anderer Knoten ausfällt oder aus Wartungsgründen außer Betrieb gesetzt wird.

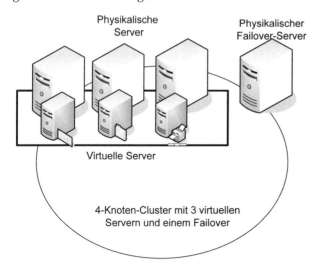

Abbildung 2.1: Cluster mit passiven Standby-Knoten

Im Zusammenspiel mit entsprechend erweiterten Clients können Anwender mit Hilfe von Schattenkopien versehentlich gelöschte Dateien wiederherstellen. Eine Schattenkopie oder Shadow Copy ist eine Kopie von Informationen auf einem freigegebenen Ordner, die zu einem bestimmten Zeitpunkt erstellt wird. Die Schattenkopien speichern nur die Änderungen, indem sie veränderte Teile der Dateien in einen gesonderten Speicherbereich kopieren. Eine wesentliche Verbesserung ist die Gruppenrichtlinien-Managementkonsole (Group Policy Management Console, GPMC). Die GPMC ist ein neues Werkzeug, mit dem sich alle Gruppenrichtlinien zentralisiert verwalten lassen. Weitere Neuerungen in Windows Server 2003 sind:

- *Microsoft File Server Migration Toolkit.* Mit dieser Programmsammlung können Daten von Dateiservern sehr leicht auf Windows Server 2003 migriert werden. Auch die Migration von Druckern unterstützt Microsoft mit speziellen Tools, die Sie auf der Microsoft-Homepage herunterladen können.

- *ADAM, Active Directory Application Mode.* ADAM ist eine Low End-Variante des Active Directorys. Er basiert auf der gleichen Technologie und unterstützt ebenfalls Replikation. Im Gegensatz zum Active Directory wird aber beispielsweise kein Kerberos für die Authentifizierung unterstützt. Mit ADAM können LDAP-Verzeichnisse für Anwendungen erstellt werden, die wiederum mit dem Active Directory synchronisiert werden können. Es können mehrere ADAM-Instanzen parallel auf einem Server betrieben werden.

2 Microsoft-Betriebssysteme

- *Identity Integration Feature Pack for Active Directory.* Diese Basisversion des MIIS 2003 (Microsoft Identity Integration Server) ist ein Meta-Directory-Dienst, mit dessen Hilfe Informationen in verschiedenen Verzeichnissen abgeglichen werden können. Der Dienst ist nur in der Enterprise Edition verfügbar. Mit ihm können Informationen aus ADAM, dem Active Directory und verschiedenen Exchange-Versionen synchronisiert werden. Für umfassendere Anforderungen werden viele zusätzliche Connectoren über die Vollversion des MIIS 2003 angeboten.
- *ADS, Automated Deployment Services.* Die Automated Deployment Services (ADS) erlauben eine über Skripts gesteuerte Installation des Windows Server 2003. Dabei können alle Phasen der Installation gesteuert werden. Für diesen Zweck werden Management Agents auf den neu installierten Systemen eingerichtet. Da die Agents auch nach der Installation verfügbar sind, können damit auch Anpassungen an bereits vorhandenen Servern und die Installation zusätzlicher Komponenten abgewickelt werden.
- *ADMT 3.0, Active Directory Migration Tool.* Das Active Directory Migration Tool ist in einer ersten Version bereits mit Windows 2000 auf den Markt gekommen. Die neue Version 3 unterstützt Migrationsprozesse zwischen allen Windows-Versionen ab Windows NT 4.0 bis zum Windows Server 2003. Sie erlaubt auch die Restrukturierung von Domänen.
- *Domain Rename Tools.* Diese Werkzeuge erlauben eine Umbenennung von Domänen. Durch diese Tools können beispielsweise nach Fusionen oder anderen organisatorischen Änderungen ganze Domänen umbenannt werden.

Verbesserte Sicherheit in Windows Server 2003

Vor allem bezüglich der Sicherheit hat Microsoft den Windows Server 2003 extrem verbessert. Der sehr unsichere Webserver IIS (Internet Information Services) wurde stark verbessert und abgesichert. Bei der Standardinstallation eines Servers wird der IIS nicht mehr automatisch installiert.

Sicherheit im IIS 6.0 Der IIS ist der Hauptangriffspunkt eines Windows-Servers. Die neue IIS-Version 6.0 des Windows Server 2003 wurde daher extrem verbessert:

- Der IIS wird bei der Standardinstallation von Windows Server 2003 nicht mitinstalliert, sondern muss manuell ausgewählt werden. Dadurch wird vermieden, dass Server über den IIS angegriffen werden, die keine Weberweiterung benötigen.
- Die Installation des IIS kann mit Hilfe von Windows Server 2003-Gruppenrichtlinien unterbunden werden.
- Nach der Installation läuft der IIS nur minimal und absolut sicher. Einzelne Funktionen müssen erst aktiviert werden. Standardmäßig unterstützt der IIS 6 nach der Installation nur statische HTML-Seiten. ASP und XML müssen erst aktiviert werden.

- Der IIS läuft mit einem Benutzerkonto mit eingeschränkten Rechten.
- Die Unterstützung von SSL wurde stark verbessert.
- Der IIS 5.0 von Windows 2000 war noch durch den Prozess *inetinfo.exe* abhängig. IIS 6 baut auf zwei neuen Prozessen auf. Ein Prozess, *http.sys*, steuert den Kernel, der Prozess *WWW Service Administration and Monitoring component* dient zur Verwaltung der Benutzerzugriffe. Durch diese Trennung wurde die Stabilität deutlich erhöht, da fehlerhafter Code den Kernel nicht beeinträchtigen kann.
- Webapplikationen laufen jetzt in so genannten *Application Pools*. Jede Anwendung läuft in einem logisch getrennten Pool, sodass eine Anwendung eine andere nicht beeinträchtigen kann. Selbst der Kernel und *http.sys* können nicht beeinträchtigt werden, da der Code immer in den Application Pools ausgeführt wird, niemals im Kernel.
- IIS 6 führt keine Kommandozeilenprogramme auf dem Webserver aus. Mit Kommandozeilenprogrammen wurden der IIS 5 (Windows 2000) und der IIS 4 (Windows NT 4) oft attackiert.
- Anonyme Benutzer dürfen nur lesend auf Webseiten zugreifen. Viele Hacker verbinden sich mit einem Webserver und verändern die Seiten, dieser Angriff ist mit dem IIS 6 nicht mehr möglich.
- Administratoren können steuern, wie viele Daten auf den Server hochgeladen werden.
- Buffer Overflows können nur in Ausnahmefällen auftreten.
- Die Authentifizierung wurde stark verbessert und weiter abgesichert.

Die WSUS (Windows Server Update Services) sind ein weiterer wesentlicher Dienst von Windows Server 2003. Mit WSUS wird das Patchmanagement in Windows 2003-Netzwerken wesentlich verbessert. WSUS gehört nicht zum Lieferumfang, sondern kann von der Microsoft-Homepage kostenlos heruntergeladen werden. Nach der Installation auf einem Windows 2003 oder Windows 2000 Server können Patches von Microsoft heruntergeladen und auf die PCs und Server im Unternehmen verteilt werden. Der WSUS unterstützt im Gegensatz zum Vorgänger SUS nicht nur kritische Updates des Betriebssystems, sondern auch Patches für Office, SQL Server und Exchange.

Patchmanagement mit Windows Server Update Services (WSUS)

Windows 2003 Service Pack 1

Wenn Sie einen Server auf Windows 2003 R2 aktualisieren wollen, muss auf diesem Server zunächst das SP1 für Windows Server 2003 installiert werden. Neben den hunderten Updates erweitert das Service Pack 1 Windows Server 2003 um zahlreiche Sicherheitsfeatures. Die Installation macht daher auch auf Windows 2003-Servern Sinn, die nicht auf Windows 2003 R2 aktualisiert werden sollen.

2 Microsoft-Betriebssysteme

Rechteeinschränkung von Systemdiensten Durch die Installation von Service Pack 1 für Windows 2003 werden viele Systemdienste in ihren Rechten eingeschränkt. Dadurch wird es Angreifern schwerer gemacht, einen Windows-Server über seine Dienste zu hacken. Die kritischen Systemdienste *RPC* und *DCOM* wurden in ihren Rechten deutlich beschnitten. Der RPC-Dienst hat die Aufgabe, auf anderen Systemen Prozeduren und Befehle aufzurufen, und war daher in der Vergangenheit oft Opfer von Hackerangriffen.

VPN-Quarantäne Mit dem Service Pack 1 besteht die Möglichkeit, VPN-Clients bei der Einwahl in einen speziellen Quarantänebereich zu verschieben. Nur Clients, die bestimmte Bedingungen erfüllen, beispielsweise einen aktuellen Virenscanner oder einen aktuellen Patchstand haben, dürfen sich im Netzwerk einwählen.

Post-Setup Security Updates (PSSU) Nach der Installation eines Servers verfügt dieser noch nicht über alle aktuellen Sicherheitspatches und ist daher angreifbar. Seit dem SP1 für Windows 2003 kann durch die Windows-Firewall jede eingehende Netzwerkverbindung automatisch blockiert werden, bis der Server alle aktuellen Patches installiert hat. Diese Option wird allerdings nur aktiviert, wenn ein Server mit einer Windows 2003-CD installiert wird, die bereits das SP1 enthält.

Sicherheitskonfigurations-Assistent (Security Configuration Wizard, SCW) Mit Windows 2003 SP1 hat Microsoft den SCW in Windows 2003 eingeführt. Mit diesem Dienst ist es möglich, nicht benötigte Dienste des Servers zu beenden und abzusichern. Mithilfe eines Assistenten kann ein Administrator einen Server für spezielle Funktionen, zum Beispiel als Dateiserver, aktivieren. Alle anderen Dienste werden durch den SCW deaktiviert. Dazu aktiviert der SCW die Windows-Firewall, die bereits mit Windows XP SP2 eingeführt und in Windows Server 2003 übernommen wurde. Außerdem werden Änderungen in der Registry vorgenommen, Berechtigungen gesetzt und Ports geschlossen. Mehr zur Absicherung von Windows-Servern erfahren Sie in *Kapitel 13 »Sicherheit in Microsoft-Netzwerken«*.

Dateiausführungsverhinderung (Data Execution Protection, DEP) Die DEP wurde ebenfalls mit dem Service Pack 1 für Windows 2003 eingeführt. Bei entsprechend passender Hardware kann schädlicher Programmcode unter Windows 2003 an der Ausführung gehindert werden. Die DEP markiert innerhalb des RAM den gefährlichen Programmcode und hindert den Server an der Ausführung. Diese Funktion muss allerdings durch den Prozessor unterstützt werden. AMD und Intel bieten entsprechende Prozessoren bereits an die unterschiedliche Bezeichnungen haben:

- Bei AMD wird dieses Feature als NX-Prozessor-Feature bezeichnet (No Execute Page Protection).
- Bei Intel trägt dieses Feature die Bezeichnung XD-Feature (Execute Disable Bit).

Damit diese Funktionen verwendet werden, müssen die Prozessoren eines Servers im PAE-Modus laufen (Physical Address Extension Mode).

Neuerungen in Windows Server 2003 R2

Die neueste Variante von Windows 2003 steht für die Standard, Enterprise und Datacenter Edition zur Verfügung. Für Windows 2003 Web Edition wird es keine R2-Version geben. R2 baut auf Windows Server 2003 Service Pack 1 auf. Bevor Sie einen Server auf R2 updaten können, muss Service Pack 1 für Windows 2003 installiert werden. R2 wird als Zusatz-CD nach der Installation von Service Pack 1 auf dem Server installiert. Zum Lieferumfang von Windows 2003 R2 gehören zwei CDs. Mit der ersten CD wird Windows Server 2003 inklusive dem Service Pack 1 installiert. Nach der Installation können Sie mit der zweiten CD die R2-Funktionalitäten nachträglich installieren

Windows 2003 R2 erweitert den Server um zusätzliche Funktionen, es werden aber keinerlei Änderungen an der Sicherheit oder an Berechtigungen vorgenommen. R2 installiert nur neue Komponenten. Client-Lizenzen für Windows 2003 sind auch für Server mit Windows 2003 SP1 und Windows 2003 R2 gültig. Es müssen keine neuen Lizenzen gekauft werden.

Alle Applikationen, die für Windows 2003 SP1 kompatibel sind, können auch unter Windows 2003 R2 betrieben werden. Alle Sicherheitspatches, die auf Windows 2003 SP1-Servern installiert werden können, sind auch für Windows 2003 R2 kompatibel. Es wird zukünftig keine speziellen Patches oder Updates für Windows 2003 R2 geben

Im Lieferumfang von Windows 2003 R2 sind die Sharepoint Services in Version 2.0 SP2 enthalten. Sie müssen für den Einsatz der Sharepoint Services keinen Download mehr durchführen. Durch die Installation der Sharepoint Services wird der IIS des Servers erweitert. Nach der Installation steht Ihnen ein vollwertiges Intranet zur Verfügung, mit dem Sie schnell und effizient Daten zwischen Ihren Teams austauschen können. Mehr zu diesem Thema erfahren Sie in *Kapitel 10 »Sharepoint«*.

Sharepoint Services 2.0 Service Pack 2

Microsoft hat in Windows 2003 R2 hauptsächlich Funktionen für Unternehmen eingebaut, die Niederlassungen an das Active Directory angebunden haben. Das DFS wird durch die Installation von Windows 2003 R2 stark erweitert. Vor allem die Replikation von DFS-Dateien in Niederlassungen wurde stark optimiert. Dazu steht die neue Replikationsmethode *Remote Differential Compression (RDC)* zur Verfügung. Mit der RDC werden nicht mehr komplette Dateien repli-

Distributed File System (DFS)

2 Microsoft-Betriebssysteme

ziert, sondern nur die veränderten Daten. Durch diese Komprimierung wird der Datenverkehr des DFS deutlich reduziert.

Neue Verwaltungstools in Windows Server 2003 R2
Eine weitere Verbesserung in Windows 2003 betrifft die neuen Verwaltungstools. Die Management Console (MMC) steht seit Windows 2003 R2 in der neuen Version 3.0 zur Verfügung. Zur effizienteren Verwaltung von Druckservern hat Microsoft die *Print Management Console (PMC)* eingeführt, mit der an zentraler Stelle alle Druckserver eines Unternehmens verwaltet werden können. Mit dem neuen *File Server Resource Manager (FSRM)* können Administratoren sehr leicht Plattenquotas und Berichte erstellen und verwalten. Der FSRM kann Freigaben verwalten und überwachen. Für die Unterstützung von SANs hat Microsoft den *Storage Manager für SANs* in Windows 2003 R2 integriert.

Active Directory Federation Services (ADFS)
Mit ADFS kann die Authentifizierung für Applikationen an zentraler Stelle durchgeführt werden. Durch die ADFS können externe Nutzer sich an zentraler Stelle authentifizieren, auch wenn sie über kein Konto im Active Directory verfügen. Durch diese Methode können Unternehmen mit vielen Applikationen *single sign on (SSO)* unterstützen. Ein Anwender muss sich nur noch einmal authentifizieren und kann verschiedene Applikationen nutzen.

Network Information Service (NIS)
Mit dem NIS kann Windows 2003 besser mit Unix-Systemen verbunden werden. Der NIS unterstützt eine Passwortsynchronisierung zwischen Unix und dem Active Directory. Domänencontroller, auf denen Windows 2003 R2 installiert ist, können als NIS-Master-Server unter Unix eingesetzt werden.

Lizenzierung von virtuellen Servern
Die Virtualisierung von Servern spielt eine immer größere Rolle. Microsoft führt mit Windows 2003 R2 eine neue Art der Lizenzierung für virtuelle Server ein. Sie können auf einem Server Windows 2003 Enterprise Edition R2 installieren und weitere 4 virtuelle Maschinen auf diesem Server erstellen. Insgesamt können Sie durch diese neue Lizenzierung auf einem Server 5 Lizenzen von Windows 2003 Enterprise Edition R2 installieren. Diese Lizenzierung gilt nicht für Windows 2003 Standard Edition R2.

Windows 2003-Versionsvergleich

Windows Server 2003 gibt es mittlerweile in zahlreichen Versionen. Auf Windows Server 2003 wird in diesem Abschnitt genauer eingegangen, da dieses Betriebssystem bei der Planung von IT-Projekten im Microsoft-Umfeld eine extrem wichtige Rolle spielt. Für alle Windows 2003 Server-Versionen existiert inzwischen eine R2-Version, mit Ausnahme der Windows Server 2003 Web Edition. Für Windows Server 2003 stehen folgende Versionen zur Verfügung:

- Windows Server 2003 Standard Edition (R2)
- Windows Server 2003 Enterprise Edition (R2)

- Windows Server 2003 Datacenter Edition (R2)
- Windows Server 2003 Web Edition
- Windows Storage Server 2003 (R2)

Hauptsächlich werden in Unternehmen die Standard Edition und die Enterprise Edition eingesetzt. Die Datacenter Edition wird nur gebündelt mit extrem leistungsstarker Hardware geliefert und kann nicht gesondert erworben werden. Die Web Edition ist stark eingeschränkt und wird fast nur als Webserver verwendet.

Durch die immer stärkere Verbreitung von 64-Bit-Prozessoren bietet Microsoft auch die verschiedenen Windows-Versionen mit 64-Bit-Unterstützung an. Beachten Sie jedoch, dass auch die Applikationen und Anwendungen, die auf dem Server installiert werden sollen, 64 Bit unterstützen müssen. Exchange 2003 unterstützt zum Beispiel noch keine 64-Bit-Betriebssysteme, Exchange 2007 dagegen schon. Von folgenden Versionen gibt es eine 64-Bit-Variante: **64-Bit-Versionen**

- Windows Server 2003 Standard Edition 64 Bit
- Windows Server 2003 Enterprise Edition 64 Bit
- Windows Server 2003 Datacenter Edition 64 Bit

64-Bit-Prozessoren sind allerdings nicht doppelt so schnell wie ihre 32-Bit-Brüder, können aber deutlich mehr Arbeitsspeicher adressieren. Auch bei Active Directory-Umgebungen mit mehreren tausend Benutzern und einer Active Directory-Datenbank ab 2 Gbyte sind 64-Bit-Prozessoren sinnvoll. Vor allem Datenbankserver profitieren von der höheren Geschwindigkeit. Zu den Merkmalen und Vergleichen komme ich später in diesem Abschnitt. Derzeit unterstützen die 64-Bit-Versionen folgende Prozessoren:

- AMD Opteron
- AMD Athlon 64
- Intel Xeon mit Intel EM64T
- Intel Pentium 4 mit Intel EM64T

Der Itanium-Prozessor ist ein 64-Bit-Highperformance-Prozessor, der von Intel zusammen mit HP entwickelt wurde. Itanium ist eine Weiterentwicklung von Risc-Prozessoren und deutlich schneller als x86-Prozessoren wie Intel Xeon, AMD Opteron und Co. Für Unternehmen, die Itanium-Prozessoren einsetzen wollen, hat Microsoft spezielle Versionen von Windows Server 2003 zur Verfügung gestellt. Windows 2003 Server Standard Edition unterstützt keine Itanium-Prozessoren. Nur folgende Betriebssysteme unterstützen Itanium: **Unterstützung für Itanium-Prozessoren**

- Windows 2003 Enterprise Edition mit SP1 für Itanium
- Windows 2003 Datacenter Edition mit SP1 für Itanium

Windows 2003 Storage Server (R2)

Auch für den Windows 2003 Storage Server existiert eine R2-Version. Diese Version wird hauptsächlich auf NAS-Systemen von großen Herstellern bereitgestellt. Windows 2003 Storage Server ist eigentlich kein extra Serverprodukt, sondern eine spezielle Datenspeicherversion, die Dateidienste zur Verfügung stellt. Die Verwaltung dieses Servers erfolgt über eine spezielle Weboberfläche. Normalerweise wird ein Windows 2003 Storage Server bereits fertig installiert zusammen mit dem Datenspeicher geliefert. Da Windows 2003 Storage Server zusammen mit NAS-Systemen geliefert wird und nicht unbedingt ein SAN voraussetzt, können durchaus auch mittelständische oder kleinere Unternehmen auf dieses Produkt setzen.

Es gibt für Windows 2003 Storage Server ein Feature Pack, mit dessen Hilfe Exchange 2003 konsolidiert werden kann.

Windows 2003 Storage Server unterstützt alle Funktionen im Bereich der Datei- und Druckdienste, die auch die normalen Windows 2003 Server-Versionen unterstützen. Ein Windows 2003 Storage Server kann jedoch nur als Ergänzung innerhalb eines Windows-Server-Netzwerkes eingesetzt werden, nicht als eigenständiges Produkt. Er kann nicht gesondert gekauft werden, sondern wird durch die OEM-Hersteller von NAS-Systemen vertrieben. Windows 2003 Storage Server kann nicht als Domänencontroller eingesetzt werden.

Es werden keine CALs (Client Access License) zur Lizenzierung des Zugriffs auf den Storage Server benötigt. Darin liegt auch der größte Vorteil des Servers. Wenn 500 Benutzer auf ein NAS zugreifen, das mit Windows 2003 Storage Server betrieben wird, muss keine einzige CAL-Lizenz für dieses NAS erworben werden.

Leistungsmerkmale der Windows 2003 Server-Versionen

Alle verschiedenen Windows 2003-Versionen sind zwar von der Bedienung weitgehend identisch, haben allerdings verschiedene Leistungsmerkmale. Bereits frühzeitig bei der Planung muss fundiert entschieden werden, für welche Server welche Windows 2003 Server-Version verwendet werden soll. Auch große Konzerne müssen nicht unbedingt auf jedem Server eine Windows 2003 Server Enterprise Edition installieren. Entscheiden Sie auf Basis der eingesetzten Hardware und des Verwendungszwecks, welchen Server Sie einsetzen.

Tabelle 2.1:
Leistungsmerkmale der einzelnen Windows Server 2003-Editionen

Leistungs-merkmal	Windows 2003 Standard Edition (R2)	Windows 2003 Enterprise Edition (R2)	Windows 2003 Datacenter Edition (R2)	Windows 2003 Web Edition
Maximale Anzahl unterstützter 32-Bit-Prozessoren	4	8	32	2
Maximale Anzahl 64-Bit-Prozessoren	4 (64-Bit-Version)	8 (64-Bit-Version)	64 (64-Bit-Version)	-
Maximale Anzahl für Itanium-64-Bit-Prozessoren bei Itanium-Version mit SP1	–	8	64	–
Maximaler Arbeitsspeicher	4 Gbyte	32 Gbyte	64 Gbyte	2 Gbyte
Maximaler Arbeitsspeicher der 64-Bit-Version	32 Gbyte	1 Tbyte	1 Tbyte	–
Maximaler Arbeitsspeicher der Itanium-64-Bit-Version	–	1 Tbyte	1 Tbyte	–
Gleichzeitige SMB-Verbindungen für Datei- und Druckfreigabe	Unbegrenzt	Unbegrenzt	Unbegrenzt	Max. 10
Einsatz als Printserver	Ja	Ja	Ja	Nein
Active Directory-Unterstützung als Domänencontroller	Ja	Ja	Ja	Nein
Terminal Server	Ja	Ja	Ja	Nein
Cluster-Unterstützung	Nein	8 Knoten	8 Knoten	Nein
Maximale eingehende VPN-Verbindungen	1000	Unbegrenzt	Unbegrenzt	1
Zertifikatsdienste	Eingeschränkt	Ja	Ja	Nein

Wie Sie sehen, haben die verschiedenen Windows-Varianten durchaus verschiedene Leistungsmerkmale. Abhängig vom Einsatz eines neuen Servers sollten Sie auf dieser Basis entscheiden, welche Serverversion Sie einsetzen wollen und ob sich ein Update für Sie lohnt.

2.3 Windows-Client-Betriebssysteme

Auch wenn die Client-Betriebssysteme bei der Planung einer Infrastruktur eine untergeordnete Rolle gegenüber den Server-Betriebssystemen einnehmen, sollten diese bei der Planung berücksichtigt werden. Nicht jedes Unternehmen kann alle Betriebssysteme auf den Clients anpassen, auch wenn das optimal wäre. Derzeit sind noch folgende Betriebssysteme von Microsoft in Unternehmen im Einsatz:

- Windows 95, 98, 98 Second Edition, Millenium Edition
- Windows NT4 Workstation
- Windows 2000 Professional
- Windows XP Professional
- Windows Mobile 5 (neue Mobile-Version für PDAs und Smartphones)
- Windows Mobile 2003 (ältere Version für PDAs und Smartphones)
- Windows XP Tablet PC Edition

Zum Jahresende 2006 kommen die neuen Windows Vista-Versionen dazu, wobei nicht alle Versionen das Active Directory unterstützen und somit für den Firmeneinsatz geeignet sind.

- Windows Starter 2007 – sehr eingeschränkte Version für Entwicklungsländer in Asien und Afrika
- Windows Vista Home Basic – eingeschränkte Home-Version für den Privatgebrauch
- Windows Vista Home Basic N – ohne Media Player für den europäischen Markt, auf Anforderung der EU eingeführt
- Windows Vista Home Premium – erweiterte Home-Version mit den Funktionen der bisherigen Windows XP Media Center Edition
- Windows Vista Business – Unterstützung für kleinere Unternehmen, entspricht Windows XP Professional
- Windows Vista Business N – gleiche Version wie Business, nur ohne Media Player für den europäischen Markt
- Windows Vista Enterprise – große Version der Business-Variante mit integrierter Multi-Language-Unterstützung, nur in Volumenlizenz erhältlich
- Windows Vista Ultimate – alle Optionen aller Vista-Versionen

Sobald ein Active Directory eingesetzt wird, sollten Unternehmen Windows 95, 98 oder ME nicht mehr einsetzen. Ausnahme bilden natürlich die Arbeitsplätze, an denen kein Update möglich ist. Optimal ist beim Einsatz von Windows Server 2003 als Client-Betriebssystem Windows 2000 Professional, besser Windows XP Professional zu verwenden. Windows XP Home hat keine Unterstützung für Domänen und kann nicht in einer Domäne aufgenommen werden. Windows NT4 Workstation unterstützt nicht alle Möglichkeiten eines Active Directorys.

Windows Vista Home-Versionen können nicht in eine Domäne eingebunden werden. Die Tablet PC Edition von Windows XP wird nicht in Vista übernommen. Die Funktionen der Tablet PC Edition werden in die Business-, Enterprise- und Ultimate-Variante eingebunden. Alle Vista-Versionen werden in 32-Bit- und 64-Bit-Versionen ausgeliefert. Unternehmen werden hauptsächlich die Business-Variante nutzen, da diese der Windows XP Professional-Variante entspricht und zahlreiche Hersteller diese Version auf Business-PCs vorinstallieren werden.

Die Windows Mobile-Varianten spielen vor allem bei der Synchronisierung von Pocket-PCs und Smartphones eine Rolle. Die neue Windows Mobile 5-Variante enthält das neue ActiveSync 4.0. Die neuen Geräte werden zukünftig speziell mit dem neueren, schnelleren und vor allem deutlich sicheren Windows Mobile 5 ausgestattet. Aktuelle Geräte verwenden derzeit hauptsächlich noch die ältere Windows Mobile 2003-Version.

2.4 Lizenzierung von Microsoft-Produkten

Die richtige Lizenzierung von Microsoft-Netzwerken beginnt bei der Lizenzierung der Clients und Server.

Microsoft führt vor allem bei Unternehmen, die einen Volumenlizenzvertrag abgeschlossen haben, regelmäßige Kontrollen durch Drittfirmen durch. Ich kann Ihnen daher nur empfehlen, rechtzeitig für eine korrekte Lizenzierung zu sorgen und die Unterlagen sorgfältig aufzubewahren. Wenn das Unternehmen, welches die Kontrollen durchführt, eine fehlerhafte Lizenzpolitik feststellt, müssen Sie zwar beim ersten Mal nicht mit Strafen rechnen, aber alle Produkte nachträglich lizenzieren. Hierbei können Kosten entstehen, die zu diesem Zeitpunkt und in dieser Höhe sicherlich nicht geplant waren.

2.4.1 Grundsätzliche Überlegungen zur Lizenzierung in Microsoft-Netzwerken

Es bietet sich an, vor jedem Projekt eine detaillierte Planung durchzuführen, die auch die Lizenzierung beinhaltet. Die Microsoft-Lizenzierung ist nicht gerade einfach. Wenn Sie sich mit dem Thema auseinander setzen, werden Sie feststellen, dass noch nicht einmal IT-Spezialisten und teilweise Microsoft-Mitarbeiter wissen, wie man optimal Produkte lizenziert. Gehen Sie hier sehr sorgfältig vor, da für Unternehmen an dieser Stelle deutliches Einsparpotenzial verborgen liegt. Aus diesem Grund werden auch separate Schulungen zum *Certified Microsoft Licensing Professional* am Markt angeboten. Die Planung der Lizenzierung untergliedert sich in vier Bereiche, die Sie berücksichtigen müssen:

- Lizenzierung des Betriebssystems für die Server
- Lizenzierung der Backoffice-Server (SQL-Server, Exchange, ISA, usw.)
- Lizenzierung des Betriebssystems und der Applikationsprogramme für die Client-PCs
- Ggf. zusätzliche Lizenzierung der Zugriffe auf die Serversysteme
- Abschluss eines passenden Lizenzierungsvertrags (OEM, Volumenlizenz usw.)

Bevor Sie einen Lizenzvertrag abschließen oder irgendwelche Lizenzen kaufen, sollten Sie eine detaillierte Aufstellung aller Produkte machen, die Sie bei Microsoft erworben haben. Erst durch eine solche Ist-Analyse ist es möglich, eine effiziente Lizenzierungspolitik zu planen. Mithilfe der genauen Anzahl von benötigten Lizenzen können Sie sich Vergleichsangebote einholen und fundiert die beste Lizenzlösung für Ihr Unternehmen finden.

2.4.2 Lizenzierungsmodelle

Als Basis der Lizenzierung müssen Sie zunächst die notwendigen Grundlagen schaffen. Jedes aktuelle Microsoft-Netzwerk basiert auf Windows Server 2003 bzw. Windows Server 2003 R2. Der erste Schritt zur optimalen Lizenzierung besteht darin, dass Sie das Betriebssystem der Server lizenzieren müssen. Zusätzlich zu der Servervariante, die Sie kaufen müssen, benötigen Sie noch Zugriffslizenzen für die Arbeitsplätze (Client Access Licenses, CALs). Vor allem an dieser Stelle verschwenden viele Unternehmen einige tausend Euro, da die Lizenzierung nicht ganzheitlich durchgeführt wurde. Für die Microsoft-Server-Produkte gibt es fünf verschiedene Lizenzmodelle, die bei der Planung berücksichtigt werden müssen:

Lizenzierung von Microsoft-Produkten

- Betriebssystem (zum Beispiel Windows Server 2003 oder Small Business Server)
- Server oder CAL (zum Beispiel SQL Server [bei authentisierten Zugriffen] oder Exchange Server)
- Pro Prozessor (betrifft die Produkte Application Center 2000, BizTalk Server 2004, Commerce Server 2002, Content Management Server 2002, Host Integration Server 2004, ISA-Server und SQL Server 2005 [bei unauthentisierten Zugriffen über das Internet])
- Management Server (Operations Manager 2005, Systems Management Server 2003, System Center Data Protection Manager 2006)
- Sonstige Server (Operations Manager 2005 Workgroup Edition, Virtual Server 2005 R2, Windows Server 2003 Web Edition)

Außer für den Small Business Server 2003 benötigen Sie als Grundlage für diese Serverprodukte immer eine Serverlizenz für Windows Server 2003. Weitere Serverprodukte, die auf einem Server installiert werden, müssen zusätzlich lizenziert werden.

Clientzugriffslizenzen (Client Access Licenses, CALs)

Außer der entsprechenden Serverlizenz müssen Sie bei Produkten, die mit CALs lizenziert werden (zum Beispiel Windows Server 2003, Exchange Server 2003), für jeden Benutzer bzw. jeden Computer eine zusätzliche Lizenz erwerben. Eine CAL ist nur eine Lizenz, keine Software. Sie gestattet es Benutzern oder PCs, auf einen Server zuzugreifen und dessen Dienste zu nutzen, zum Beispiel Datei- und Druckdienste oder das Exchange-Postfach. Seit Windows 2003 gibt es zwei verschiedene CAL-Versionen:

- Geräte-CALs (Device-CALs)
- Benutzer-CALs (User-CALs)

Wenn Sie einen Server mit Geräte-CALs lizenzieren, müssen Sie für jeden PC, der auf diesen Server zugreift, eine Lizenz kaufen, unabhängig davon, wie viele Benutzer an diesem PC arbeiten. (Achtung, dies gilt nicht für Terminal Server, dazu komme ich in *Kapitel 12 »Terminal Server«!*) Wenn Sie PCs betreiben, zum Beispiel im Schichtbetrieb, an denen zu unterschiedlichen Zeiten unterschiedliche Benutzer arbeiten, benötigen Sie für diese PCs nur jeweils eine Geräte-CAL. Im umgekehrten Fall, wenn also ein Benutzer mit mehreren PCs auf den Server zugreift, zum Beispiel PC und Notebook, benötigen Sie für diesen Benutzer zwei Geräte-CALs, da dieser Benutzer mit mehreren PCs auf den Server zugreift. Alternativ können Sie auch eine Benutzer-CAL kaufen. Jeder Benutzer mit einer Benutzer-CAL kann an beliebig vielen PCs eine Verbindung mit einem Server aufbauen.

2 Microsoft-Betriebssysteme

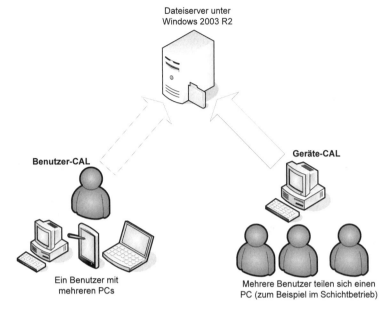

Abbildung 2.2:
Lizenzierung mit
Benutzer-CALs oder
Geräte-CALs

Sie können nach Absprache mit Microsoft die Benutzer-CALs auf Geräte-CALs umstellen. Der Preis für beide Varianten ist in etwa identisch.

External Connector-Lizenz

Wenn Kunden oder Lieferanten zum Beispiel durch ein Extranet auf Microsoft-Server zugreifen, werden auch für diese Zugriffe CALs benötigt. Da es für Unternehmen teilweise sehr schwer ist, die Anzahl dieser Zugriffe zu messen, bietet Microsoft eine *External Connector-Lizenz* an. Wenn Unternehmen für einen Server diese Lizenz kaufen, müssen die Zugriffe von externen Benutzern nicht durch einzelne CALs lizenziert werden. Eine External Connector-Lizenz ist direkt einem Server zugewiesen. Wenn Sie in Ihrem Unternehmen Lieferanten oder Kunden Zugriff auf mehrere Server gewähren, muss für jeden dieser Server eine solche Lizenz erworben werden.

 Microsoft bezeichnet in diesem Umfeld externe Benutzer als Benutzer, die in keinem Angestellten- oder Subunternehmerverhältnis stehen, sondern ausschließlich Lieferanten, Kunden oder andere Dritte. Sie können Ihre mobilen Benutzer nicht mit einer External Connector-Lizenz anbinden.

Lizenzierung von Microsoft-Produkten

Lizenzierung pro Server und pro Arbeitsplatz

Microsoft verwendet im Rahmen der Lizenzierung oft den Begriff *pro Server* (auf englischen Servern *per server*) und *pro Arbeitsplatz* (auf englischen Server *per seat*).

Wenn Sie bei einem Server die Lizenzierung auf Pro Arbeitsplatz aktivieren, müssen Sie jeden zugreifenden Arbeitsplatz lizenzieren. Sie haben dabei die Wahl zwischen einer Geräte-CAL und einer Benutzer-CAL, wie bereits weiter vorne beschrieben. Diese Variante wird am häufigsten verwendet.

Lizenzierung im Pro Arbeitsplatz(per seat)-Modus

Bei dieser Variante können Sie wählen, wie viele Benutzer gleichzeitig auf diesen Server zugreifen können. Bei mittelständischen Unternehmen macht diese Lizenzierung nur wenig Sinn. Wenn Sie alle Server im per server-Modus lizenzieren, benötigen Sie für alle Server eigene Lizenzen. Diese Lizenzierung würde nur sinnvoll sein, wenn in einem Unternehmen fast ausschließlich externe Mitarbeiter beschäftigt sind, die teilweise oft außer Haus sind und dann nicht auf die Server zugreifen. Wenn Sie einen Server in Ihrem Unternehmen *per server* lizenzieren, dürfen auch Arbeitsplätze auf diesen Server zugreifen, die eine *per seat*-Lizenz haben, solange die maximale Anzahl der lizenzierten Verbindungen auf diesem Server nicht erreicht ist. Wie bereits erwähnt, wird dieser Lizenzierungsmodus eher selten verwendet, da die meisten Firmen viele interne Mitarbeiter haben und mehrere Server. In diesem Fall kommt die Lizenzierung pro Arbeitsplatz deutlich günstiger.

Lizenzierung im Pro Server(per server)-Modus

Lizenzierung pro Prozessor

Diese Lizenzierung ist für einige Backoffice-Server wie den ISA-Server oder auch den SQL Server erhältlich. Bei dieser Lizenzierungsvariante müssen Sie nur den Zugriff auf den Server generell lizenzieren. Bei einem ISA-Server benötigen Sie eine Prozessor-Lizenz für jeden eingebauten Prozessor, unabhängig davon, wie viele Benutzer auf diesen Server zugreifen. Auch für den SQL Server ist diese Lizenzierungsvariante erhältlich. Für Windows Server 2003-Funktionen, also zum Beispiel Datei- und Druckdienste, sind keine Prozessor-Lizenzen verfügbar.

Auch bei Multi-Core-Prozessoren oder Prozessoren mit Hyperthreading, also Prozessoren, die auf die eine oder andere Weise aus einem physikalischen Prozessor zwei logische machen, um es einfach auszudrücken, benötigen Sie nur eine Prozessor-Lizenz. Nur bei „echten" Mehr-Prozessor-Systemen benötigen Sie für jeden Prozessor eine Lizenz.

Geräteverwaltungslizenz

Auf bestimmte Server greifen keine Benutzer oder PCs zu. Diese Server dienen der Verwaltung von Microsoft-Netzwerken. Die prominentesten Beispiele sind der Microsoft Operations Manager (MOM) 2005, der zur Überwachung von Servern dient, oder der Microsoft Systems Management Server (SMS) 2003. Diese beiden Servervarianten werden mit Geräteverwaltungslizenzen lizenziert. Für jeden Server, den der MOM überwacht, und jeden PC, der durch den SMS verwaltet wird, benötigen Sie eine Geräteverwaltungslizenz.

2.4.3 Lizenzierung von Cold-Backups

Ein Cold-Backup-Desaster-Recovery-Konzept dient dazu, einen ausgefallenen Server auf einem Ersatzgerät wiederherzustellen. Solange der Ersatzserver, auch *Cold-Backup-Server* genannt, im laufenden Betrieb nicht eingeschaltet wird, können Sie alle Softwaretitel, die Sie lizenziert haben, auf diesem Server installieren. Bei einem Ausfall des produktiven Servers kann der Cold-Backup-Server zur Wiederherstellung genutzt werden

2.4.4 Downgrade-Lizenzen

Als Downgrade wird die Installation einer Softwarevariante bezeichnet, die älter ist als die lizenzierte. Ab einem gewissen Zeitpunkt macht es zum Beispiel keinen Sinn mehr, eine ältere Serverversion zu kaufen, wenn bereits die neuere verfügbar ist. Wenn zum Beispiel Unternehmen noch einen Windows 2000 Server mit Exchange 2000 einsetzen und einen zusätzlichen Server integrieren wollen, macht der Erwerb einer alten Lizenz keinen Sinn mehr. Ein solches Unternehmen kann den aktuellen Exchange 2003 Server sowie eine Windows Server 2003 R2-Lizenz erwerben und darf dennoch Windows 2000 und Exchange 2000 installieren. Diese Möglichkeit besteht jedoch nicht für alle Produkte. Bevor Sie eine solche Lizenzierung abschließen, sollten Sie sich bei Microsoft informieren, ob das Downgrade für diese Softwareart möglich ist. Wenn Sie eine Volumenlizenz abschließen, haben Sie grundsätzlich immer das Recht, ältere Versionen der Software zu installieren, die im Rahmen dieses Vertrages abgedeckt ist. Wenn Sie ältere Versionen installieren, benötigen Sie auch keine CALs für das aktuelle Produkt. Wenn Sie zum Beispiel Windows Server 2003 R2 lizenzieren, aber Windows Server 2000 installieren, brauchen Sie Windows 2000-CALs und keine Windows 2003-CALs.

2.4.5 Cross-Language-Lizenzierung

Bei dieser Lizenzierungsvariante können Sie mit deutschen Lizenzen auch zum Beispiel englische Server lizenzieren und umgekehrt. Solange die Gesamtzahl der Lizenzen mit den installierten Systemen übereinstimmt, können auch verschiedene Lizenzen unterschiedlicher Sprachen miteinander vermischt werden.

2.4.6 Lizenzprogramme

Microsoft ändert ständig die Möglichkeiten der Lizenzierung. Für Unternehmen aller Art gibt es spezielle Lizenzierungsprogramme. Für kleinere Unternehmen lohnt es sich oft nicht, an einem Lizenzprogramm teilzunehmen. In vielen Fällen sind OEM-Versionen der Programme deutlich günstiger als der Erwerb über ein Lizenzprogramm. Ab einer gewissen Größenordnung kann sich ein Lizenzvertrag jedoch lohnen, weil sich die Lizenzen in einem Lizenzprogramm flexibler einsetzen lassen als OEM-Lizenzen. Sie sollten auf jeden Fall einen Preisvergleich durchführen, wenn in Ihrem Unternehmen mehr als 30 Client-PCs eingesetzt werden, die mit verschiedenen Microsoft-Serverprodukten Verbindung aufbauen, zum Beispiel Exchange-Server oder ISA.

Volumenlizenzprogramme

Für mittelständische Unternehmen bieten sich oft die Optionen des Volumenlizenzprogramms an. Sie sollten auf jeden Fall einen Preisvergleich durchführen, um festzustellen, ob Sie mit OEM-Versionen günstiger fahren. Je mehr Benutzer und PCs Sie einsetzen und je mehr Microsoft-Produkte Sie verwenden, desto ausführlicher sollten Sie sich mit diesem Thema auseinander setzen. Unternehmen mit internationalen Niederlassungen profitieren von dem Vorteil, dass Lizenzen in allen Ländern gültig sind. Eine französische Windows XP Professional-Lizenz darf daher ohne weiteres als deutsche Windows XP Professional-Version installiert werden. Im Volumenlizenzprogramm stehen Ihnen drei verschiedene Optionen zur Verfügung:

- License
- Software Assurance
- License mit Software Assurance Package

Mittelstandsunternehmen – Software kaufen, mieten oder leasen?

Das Volumenlizenzprogramm ist außer in den drei beschriebenen Lizenzvarianten etwas feiner untergliedert. In den verschiedenen Versionen stehen unterschiedliche Varianten zur Verfügung. Sie können entscheiden, ob Sie Software kaufen oder mieten wollen.

Software kaufen oder leasen Wenn Sie sich zu einem Volumenlizenzprogramm entschließen, bei dem Sie die Lizenzen kaufen wollen, stehen Ihnen zwei Varianten zur Verfügung. Die günstigere Variante ist oft *Open License*. Wenn Sie Ratenzahlung bevorzugen und immer die aktuellen Versionen einsetzen wollen, ist *Multi-Year Open License* die bessere Wahl.

Sie können Microsoft-Produkte über Open License-Verträge auch leasen. Sie schließen dazu den Verkaufsvertrag ab und Microsoft wickelt mit einer speziellen Leasinggesellschaft das Leasing ab. Der Vertragsinhalt ist beim Leasing und Kaufen der gleiche. Nach Ablauf des Leasingvertrags haben Sie die Wahl, diesen zu verlängern, die Softwarelizenzen günstig zu erwerben oder die Lizenzen zurückzugeben. Der Ablauf entspricht genau dem beim Leasing von Autos.

▶ *Open License* (eher für den Mittelstand, der 20-300 PCs einsetzt). Bei Open License erwerben Sie die Lizenzen für die Produkte und können diese so lange nutzen, wie Sie wollen. Bei dieser Variante dürfen Sie nur die Version einsetzen, die Sie lizenziert haben, also keine aktuelleren Versionen installieren. Sie müssen die komplette Summe der Lizenzen bei Vertragsabschluss bezahlen. Sie können allerdings zusätzlich zu der Open License-Variante eine *Software Assurance* abschließen.

▶ *Multi-Year Open License* (ebenfalls eher für den Mittelstand. Diese Variante ähnelt der Open License mit Software Assurance. Sie müssen aber die Lizenzen nicht auf einmal bezahlen, sondern können dies über mehrere Raten und Jahre tun. Wenn neue Mitarbeiter und damit Lizenzen dazukommen, müssen diese gleich gemeldet, brauchen aber erst bei der nächsten Rate bezahlt zu werden (teilweise ein Jahr später). Nach der Vertragslaufzeit dürfen Sie die lizenzierten Produkte kostenlos weiterverwenden. Alternativ können Sie im Anschluss einen weiteren Vertrag abschließen.

Software mieten Für mittelständische Unternehmen, die Software lieber mieten wollen, steht die *Open Subscription License* zur Verfügung. Bei dieser Variante dürfen Sie über den Zeitraum von drei Jahren immer die aktuellste Software einsetzen, die durch den Vertrag abgedeckt ist. Sie müssen dabei jeden PC lizenzieren, der die abgedeckten Programme einsetzt. In der *Open Subscription License* sind auch Elemente der *Software Assurance* enthalten, also außer dem Einsetzen der aktuellsten Versionen auch erweiterter Support und teilweise andere Optionen, die verhandelt werden können. Sie zahlen die Software in drei Raten. Nach Ablauf des Vertrages müssen Sie einen weiteren Vertrag abschließen, da dieser Vertrag das anschließende Nutzungsrecht nicht mit einschließt. Wenn sich die Anzahl der lizenzierten PCs ändert, wird die Ratenzahlung angepasst.

Großkunden

Großkunden ab mindestens 300 PCs (eher mehr) haben zusätzlich zu den genannten Verträgen die Wahl zwischen weiteren Verträgen:

- Select License (entspricht Open License)
- Enterprise Agreement (entspricht Multi-Year Open License)
- Enterprise Agreement Subscription (entspricht Open Subscription License)

Microsoft ist in den letzten Jahren stark in Verruf geraten, da vor allem die bei Großkonzernen verbreiteten Enterprise Agreements nicht gerade günstig sind. Wie überall sollten Sie genau vergleichen und auch mit Microsoft verhandeln.

Der erste Preis, der Ihnen von Microsoft für eine solche Volumenlizenz genannt wird, ist bei guten Einkäufern noch einiges vom letztendlichen Preis entfernt. Microsoft gibt zwar nicht gerne Rabatt, aber schenkt noch das eine oder andere Produkt zu der Volumenlizenz dazu, das eigentlich nicht im Vertrag enthalten ist. Auch die Drohung, bei den einzelnen Servern auf Linux zu wechseln, soll dem einen oder anderen Unternehmen schon deutliche Rabatte beschert haben.

Die *Software Assurance* ist vor allem für solche Unternehmen sinnvoll, die immer die aktuellste Version der Microsoft-Produkte einsetzen wollen. Die Software Assurance hat eine gewisse Laufzeit, in der Sie immer die aktuellsten Produkte einsetzen können und zusätzlichen Support genießen, der im Volumenlizenzvertrag nicht enthalten ist. Unternehmen, die schnell wachsen oder bei denen sich die Anzahl der Mitarbeiter schnell ändert, können die im Vertrag integrierten Produkte immer sofort installieren und müssen nachträglich nur melden, wie viele Lizenzen verwendet werden. Ein weiterer Vorteil entsteht durch die kalkulierbaren Kosten, da die Lizenzzahlungen nicht auf einmal durchgeführt werden müssen, sondern in einzelne Raten aufgeteilt werden. Bei der Einführung von neuen Produkten, die in der Software Assurance enthalten sind, bekommen Sie außerdem kostenlose Hilfe durch Berater von Microsoft. Für die Mitarbeiter bietet Microsoft kostenlose Workshops an, damit die gekauften Produkte auch von den Nutzern optimal verwendet werden können. Diese Workshops erstrecken sich oft über mehrere Tage.

Die Anzahl der Trainingsgutscheine, Workshops und Manntage zur Unterstützung sollten Sie in die Vertragsverhandlungen mit einfließen lassen. Die unterschiedlichen Lizenzprogramme beinhalten unterschiedliche Support-Leistungen, die allerdings jedes Unternehmen weitgehend durch gute Verhandlungen steuern kann.

2.5 Planung zur Einführung von Windows Server 2003

Vor der Installation sollte die Konzeption stehen. Eine Herausforderung bei Windows Server 2003 ist, dass nicht nur von Windows 2000 umgestellt wird. Es gibt immer noch eine sehr große Zahl von Netzwerken, die auf Windows NT-Servern und ihrem Domänenkonzept basieren. Hier sind die Überlegungen zur Umstellung wesentlich komplexer. Im nächsten Kapitel gehe ich detaillierter auf die Planung eines Active Directorys ein. Bevor Sie mit der Planung eines Active Directorys beginnen, ist es allerdings unerlässlich, bereits die Einführung von Windows 2003 auf Memberservern exakt zu planen. Zu Beginn dieses Kapitels wurden Sie bereits mit den neuen Funktionen sowie der erweiterten Sicherheit in Windows Server 2003 bekannt gemacht, die eine optimale Planung voraussetzen.

2.5.1 Grundlagen zur Planung eines Windows 2003-Netzwerkes

Bei der Umstellung auf Windows Server 2003 müssen Sie sich darüber bewusst sein, dass dieses Betriebssystem komplexer ist als Windows 2000. Die zusätzliche Komplexität der neuen Dienste, zum Beispiel im Bereich Sicherheit und Web Services, und die neuen Funktionen wie zum Beispiel der *File Server Resource Manager* oder der *Security Configuration Wizard* sollten bereits bei der Planung berücksichtigt werden. Viele Assistenten zur Einrichtung sind bei Windows Server 2003 verbessert worden, wie beispielsweise die zentrale Serververwaltung.

Ganzheitliche Planung – Berücksichtigung des kompletten Netzwerkes

Die Planung für Windows Server 2003 und das Active Directory muss ganzheitlich erfolgen und die Abhängigkeiten zwischen verschiedenen Planungsbereichen einbeziehen. Das setzt voraus, dass alle Änderungen und Neuerungen sowie ihre Implikationen und Einflüsse auf andere Planungsbereiche wie die Sicherheit oder Clientadministration verstanden werden. Nur wenn während des Planungsprozesses unterschiedliche Teams eng miteinander kommunizieren und Klarheit über alle Planungsbereiche besteht, wird eine Migration zu Windows Server 2003 erfolgreich.

Konzeption der Sicherheit in Windows Server 2003

Die Sicherheitskonzepte müssen vollständig neu geplant werden, da fundamentale Änderungen und Verbesserungen vorgenommen wurden. Der Schritt von Windows 2000 zu Windows Server 2003 sollte Anlass sein, sehr gründlich zu planen. Die Konzeption der Sicherheit ist in Anbetracht der permanenten Sicherheitsbedrohung aus dem Internet unerlässlich. Zu beachten sind die Sicherheitseinstellungen in den Gruppenrichtlinien, die Operatorenkonzepte, die Delegation von Berechtigungen sowie die Zugriffsberechtigungen auf die Dateisysteme. Windows Server 2003 erleichtert vieles, indem beispielsweise die Ermittlung effektiver Berechtigungen angezeigt werden. Bei Windows Server 2003 sind viele der sicherheitskritischen Funktionen standardmäßig deaktiviert oder es werden andere Standardeinstellungen für Parameter verwendet, die eine größere Sicherheit bieten. Beim Umstieg von Windows 2000 auf Windows Server 2003 ist zu beachten, dass es in einzelnen Fällen vorkommen kann, dass Dienste nicht standardmäßig installiert oder Teilfunktionen deaktiviert sind, zum Beispiel der IIS 6.0 Webserver. Wichtig ist darüber hinaus in jedem Fall eine kontinuierliche Aktualisierung des Systems über Sicherheitsupdates, da immer wieder Fehler entdeckt werden. Hier sollte WSUS (Windows Server Update Services) als Element in die Planung einer Windows Server 2003-Umgebung mit aufgenommen werden.

Unternehmensweites Projekt planen

Die Planung kann nur als unternehmensweites Projekt erfolgreich sein. Hier sollte nicht jeder Bereich eigene Projekte durchführen. Auch wenn Microsoft eine Reihe von Werkzeugen für eine einfache Umstellung von Windows NT-Netzwerken zu Windows 2003 bereitstellt und ein Upgrade propagiert: Faktisch wird zumindest in mittleren und größeren Netzwerken eine Migration erforderlich sein, wenn das Ergebnis eine optimale Windows 2003-Umgebung mit einem optimal strukturierten Active Directory sein soll. In kleinen Netzwerken, die mit einem Single-Domänen-Modell arbeiten, stellt sich diese Problematik nicht in diesem Maße. Sobald ein Single-Domänen-Modell mit einigen hundert Benutzern vorhanden ist, sollte man die Strukturen nach dem Upgrade optimieren.

Optimale Zeitplanung für die Migration planen

Das Migrationsprojekt zu Windows Server 2003 sollte mit ausreichendem zeitlichen Vorlauf begonnen werden. Planungsfehler lassen sich nur unter erheblichem Zeitaufwand und hohen Kosten wieder beseitigen. Das gilt auch für die Umstellung von Windows 2000 auf Windows Server 2003. Hier ist der Aufwand sicherlich geringer und es liegen Erfahrungswerte vor. Der Ansatz, Windows Server 2003 zu installieren und weiterzuarbeiten wie bisher, funktioniert nicht immer. Die Vorteile der neuen Version werden Sie in diesen Fällen nur in Ansätzen nutzen können. Windows Server 2003 erfordert in vielen Bereichen eine Neukonzeption bestehender Ansätze. Unter dem zeitlichen Aspekt lassen sich drei Bereiche der Planung unterscheiden:

- Die erste Phase hat den Wissensaufbau bezüglich Windows Server 2003 und dessen Evaluation zum Gegenstand. Nur mit einem umfassenden Wissen über Windows Server 2003 und einer genauen Evaluation des neuen Betriebssystems sind Planungsfehler, die beispielsweise durch übersehene Abhängigkeiten zwischen verschiedenen Planungsbereichen entstehen, zu vermeiden.
- Die zweite Phase ist die Zeit der konkreten Planung. Hier geht es darum, die Konzepte für die Umstellung und den Einsatz des Windows Server 2003 zu entwickeln.
- Der nächste Schritt ist die Migrationsvorbereitung und der Test der ausgewählten Migrationsverfahren.

Diese Phasen überlappen sich zum Teil. So werden der Wissensaufbau und die Evaluation während der eigentlichen Planungsphase fortgesetzt werden. Über eines muss man sich in jedem Fall im Klaren sein: Der gesamte Prozess ist nicht immer in wenigen Tagen oder Wochen zu bewerkstelligen. In größeren Netzwerken muss man davon ausgehen, dass das Migrationsprojekt zu Windows Server 2003 durchaus einen Zeitraum von deutlich über einem Jahr beanspruchen kann.

2.5.2 Dedizierte Server – für jeden Serverdienst ein eigener Server

Eine grundsätzliche Frage, die es in diesem Zusammenhang zu klären gilt, ist, ob es sinnvoll ist, für unterschiedliche Aufgaben im System physisch getrennte Server einzusetzen. Server auf Basis von Windows Server 2003 gibt es in verschiedenen Versionen.

- Windows Server 2003 Standard Edition, der bis auf die Cluster-Funktionalität alle wichtigen Funktionen bereits beinhaltet. Er unterstützt bis zu vier Prozessoren.
- Windows Server 2003 Enterprise Edition unterscheidet sich zum einen durch die Cluster-Funktionalität und zum anderen dadurch, dass er physischen Speicher oberhalb der 4-Gbyte-Grenze, adressieren kann. Zudem unterstützt er bis zu acht Prozessoren.
- Windows Server 2003 Datacenter Edition bedient die ganz hohen Anforderungen an das Betriebssystem. Er ist für den Einsatz in zentralen Anwendungsservern beispielsweise für Data Warehouses ausgelegt.
- Windows Server 2003 Web Edition, der speziell als Webserver und für die Bereitstellung von Anwendungen im Internet und Intranet ausgelegt ist.

Es gibt schon allein hier vier verschiedene Serverversionen. Hinzu kommt, dass Windows Server 2003 wie schon seine Vorläufer eine Serverplattform ist, die ihre Stärken in einer ganzen Reihe unterschiedlicher Bereiche entfalten kann. Windows Server 2003 kann grundsätzlich verschiedene Funktionen auf einem System ausführen. So sind beispielsweise Datenbankserver und die Terminaldienste sehr anspruchsvoll in Bezug auf den verfügbaren Hauptspeicher. Andere Dienste belasten wiederum die Netzwerkadapter oder das Festplatten-Subsystem sehr stark. Daher muss gut überlegt werden, welche Funktionen miteinander kombiniert werden. Wie hoch die Belastung im jeweiligen Einzelfall ist, hängt von der konkreten Nutzung des Servers und seiner Leistungsfähigkeit ab. Eine pauschale Aussage, ob mehr oder weniger Server Sinn machen, ist daher schwer möglich. Wenn die Entscheidung fällt, eine größere Zahl von Serverfunktionen auf einer physischen Maschine zu kombinieren, muss diese entsprechend ausgelegt werden. Sie benötigt entsprechend schnelle Festplatten, leistungsfähige interne Bussysteme und andere Komponenten, um den hohen Anforderungen zu genügen. In vielen Fällen wird es die bessere Lösung sein, Teilfunktionen auf verschiedene Serversysteme zu verteilen, weil sich Engpässe eher vermeiden lassen. Die Verteilung der Funktionen auf mehrere Server hat den Vorteil, dass bei Wartungsarbeiten an einer Komponente die anderen Systeme ungestört bleiben.

2.5.3 Die Planung der Installation

Nach einer Entscheidung über die verschiedenen Serversysteme, die eingesetzt werden sollen, muss der eigentliche Installations- beziehungsweise Migrationsprozess geplant werden. Es gilt eine Reihe von Fragen zu beantworten und Konzepte zu entwickeln. Die wichtigsten Aspekte sind:

▶ Die zeitliche Planung
▶ Datensicherung und Entwicklung einer Fallback-Strategie, um im Problemfall beispielsweise wieder zur alten Umgebung zurückkehren zu können
▶ In-Place-Migration auf bestehende Hardware oder eine Migration auf neu zu kaufende Systeme
▶ Soll eine Neustrukturierung des Netzwerkes durchgeführt werden?

Wenn ein produktiver Server auf eine neue Betriebssystemversion aktualisiert wird, sollte das immer geschehen, ohne den laufenden Betrieb zu beeinflussen. In Netzwerken bieten sich für Umstellungsprozesse vor allem Wochenenden, eventuell sogar durch Feiertage verlängert, an. Bei Servern im Internet gestaltet sich die Situation etwas schwieriger, da die Server dort an 7 Tagen pro Woche und 24 Stunden pro Tag verfügbar sein müssen. Gegebenenfalls muss für die Umstellungszeit ein temporärer Ersatzserver bereitgestellt werden.

In jedem Fall ist es wichtig, den Umstellungsprozess zu planen, sodass sichergestellt werden kann, dass die Server, wenn sie wieder gebraucht werden, verfügbar sind. Das setzt zunächst voraus, dass der Umstellungsprozess gründlich getestet wurde. Nur dadurch lassen sich die potenziellen Probleme in diesem Bereich minimieren. Der beste Ansatz für einen Test ist es, Server in einer Testumgebung aufzubauen, die weitgehend identisch mit produktiven Systemen sind, und den Migrationsprozess mehrfach durchzuspielen. Das wird sich nicht immer machen lassen, vor allem, wenn High-End-Server mit entsprechend teurer Hardware eingesetzt werden. In jedem Fall ist neben den Tests eine Fallback-Strategie erforderlich, mit der auf einen stabilen Systemzustand zurückgekehrt werden kann. Darüber hinaus gilt es, die Zeit für die Migration zu minimieren. Der beste Ansatz dafür ist es, bestehende Systeme unter Windows NT oder Windows 2000 durch neue Systeme unter Windows Server 2003 zu ersetzen. Diese können in vielen Situationen weitgehend vorbereitet werden, bevor die eigentliche Umstellung erfolgt. Allerdings funktioniert dieser Ansatz nicht immer reibungslos. Das Kernproblem liegt darin, dass die neuen Systeme während der Aufbauphase nicht mit dem gleichen Namen und der gleichen IP-Adresse im Netzwerk präsent sein dürfen wie die derzeit produktiven Systeme. Wird dieser Ansatz vorbereitet, lässt sich die Zeit für die eigentliche Umstellung im Idealfall auf wenige Minuten reduzieren. Das Problem stellt sich mehr beim Schritt von Windows NT nach Windows 2003, weil die Unterschiede zwischen den Betriebssystemen größer sind.

2.5.4 Fallback-Strategie

Eine Fallback-Strategie ist von elementarer Bedeutung. Wenn es Probleme beim Migrationsprozess gibt, muss eine Lösung vorbereitet worden sein, mit der man den ursprünglichen Zustand wiederherstellen kann. Der einfachste Ansatz dafür ist eine auf Fehlerfreiheit überprüfte Komplettsicherung des Systems. Dadurch lässt sich der ursprüngliche Systemzustand im Regelfall innerhalb sehr kurzer Zeit wiederherstellen, ohne dass eine manuelle Installation von Windows NT oder Windows 2000 erforderlich wäre. Es ist nicht immer so, dass die Probleme bei einer Migration direkt im Umstellungsprozess sichtbar werden. In vielen Situationen treten sie erst zu einem späteren Zeitpunkt auf.

Wenn es erforderlich werden sollte, wieder von Windows Server 2003 zu Windows 2000 oder Windows NT zurückzukehren, werden Sie sich nicht allein auf eine Datensicherung stützen können. Hier muss das Betriebssystem neu eingerichtet werden, bevor unter Windows Server 2003 die gesicherten Daten zurückgespielt werden können. Außerdem muss genau analysiert werden, ob die Zugriffsberechtigungen stimmen. Letztlich wird sich ein solcher Schritt nur dann durchführen lassen, wenn bestehende Verzeichnisstrukturen weitgehend unverändert zu Windows Server 2003 umgesetzt wurden und danach kein grundlegender Umbau der Verzeichnisstrukturen erfolgt ist.

Bei Windows Server 2003 und Windows 2000-Domänencontrollern kann der Schritt zurück zu Windows NT grundsätzlich so lange erfolgen, wie nicht in den einheitlichen (nativen) Modus umgeschaltet wurde. Bis zu diesem Zeitpunkt werden Windows NT-Domänencontroller unterstützt. Dadurch kann ein Sicherungsdomänencontroller unter Windows NT gegebenenfalls neu eingerichtet werden. Daher sollte die Zeit für den Migrationsprozess ausreichend bemessen sein, sodass die neue Systemumgebung vor dem Wiederanlauf des produktiven Betriebs intensiv getestet werden kann. Das wiederum setzt voraus, dass Testprozeduren definiert worden sind. Dazu gehören Tests

- der Systemverfügbarkeit über IP
- der Systemverfügbarkeit über andere Netzwerkprotokolle und Zugriffsmechanismen
- der Funktionalität von Anwendungen, die auf den Servern laufen
- der Integrität von Daten
- der Performance im Vergleich mit dem bisherigen System. Das setzt wiederum voraus, dass entsprechende Vergleichsdaten vorliegen.
- der neuen Funktionalitäten des Windows Server 2003, soweit diese genutzt werden
- der Kommunikation zwischen Servern

Dadurch lässt sich erkennen, ob das neu installierte System den Ansprüchen genügt oder ob es Schwierigkeiten gibt, die eine Rückkehr zur vorherigen Betriebssystemversion erforderlich machen.

2.5.5 In-Place-Update oder neue Systeme

Eine weitere wichtige Frage ist, ob die Migration zu Windows Server 2003 auf der gleichen Hardware oder einem neuen System erfolgen soll. Die Antwort darauf wird in vielen Fällen natürlich davon bestimmt, ob eine neue Hardware erforderlich ist oder nicht. Sie ist stark davon beeinflusst, ob von Windows NT oder von Windows 2000 zu Windows Server 2003 migriert wird. Es ist einfacher, eine Migration auf Basis eines In-Place-Updates durchzuführen. In diesem Fall wird die Maschine auf das aktuelle Betriebssystem aktualisiert. So werden alle erforderlichen Statusinformationen wie Computername, IP-Adresse und Systemkonfiguration übernommen. Auch die Daten werden unverändert übernommen.

Eine Migration auf neue Hardware schafft dagegen in diesem Bereich eine Menge Probleme, zumindest wenn die Zeit, in der die Systeme nicht verfügbar sind, kurz gehalten werden soll. Bei der Umstellung von Windows 2000 sind diese Probleme signifikant geringer, wobei hier der erforderliche Zeitaufwand größer ist als bei der Verwendung neuer, bereits vorinstallierter Hardware. Dafür hat sie den grundsätzlichen Vorteil, dass man mit einem sauberen, von Grund auf neu aufgebauten System beginnen kann. Man übernimmt keine Altlasten, sondern kann das System in optimaler Weise gestalten. Für einen solchen Schritt gibt es letztlich keinen besseren Anlass als einen Migrationsprozess, in dem ohnehin eine grundlegende Umstellung des Systems erfolgt. Allerdings müssen Sie sich generell die Frage stellen, wann eine Restrukturierung und Optimierung von Systemen erfolgen soll. Das kann sowohl im Rahmen der eigentlichen Migration als auch im Anschluss erfolgen. In jedem Fall sollte die Chance genutzt werden, die Windows Server 2003 optimal zu konfigurieren. Eine Anpassung von Systemen während des eigentlichen Migrationsprozesses sollte grundsätzlich nur erfolgen, wenn dieser Schritt optimal vorbereitet ist. Das Problem ist, dass die meisten Umstellungen relativ zeitintensiv sind, wenn sie manuell durchgeführt werden. Dadurch würde sich das Problem einer zu langen Ausfallzeit ergeben. Gelöst werden kann dies durch den gezielten und intensiven Einsatz von Skripts, mit denen die Umstellung automatisiert werden kann. So können Dateien verschoben, Registry-Parameter verändert oder Zugriffsrechte gesetzt werden. Das Problem ist, dass der Aufwand für die Erstellung und den Test solcher Skripts sehr hoch ist. Skripts müssen intensiv getestet werden, um sicherzustellen, dass es nicht zu Fehlern kommt, die aufwendig korrigiert werden müssen.

2.5.6 Reihenfolge der Migration

Eine wichtige Frage im gesamten Planungsprozess ist die Reihenfolge der Migration. Für die Beantwortung dieser Frage können drei Gruppen von Systemen unterschieden werden:

- Clients
- Anwendungsserver
- Domänencontroller

Die Entscheidung, wann welche Systeme umgestellt werden sollen, wird von einer ganzen Reihe von Faktoren beeinflusst. Einige der Funktionen von Windows XP können nur optimal mit Windows Server 2003 genutzt werden. Neue Clients werden überwiegend bereits mit vorinstalliertem Windows XP ausgeliefert. Ein weiterer Grund, der die Umstellung auf Windows Server 2003 erzwingen kann, ist Anwendungsserver-Software, die dieses Betriebssystem voraussetzt oder zumindest sinnvoll macht. Exchange Server 2003 kann auf Windows 2000 eingesetzt werden. Einige seiner Funktionen stehen aber nur im Zusammenspiel mit Windows Server 2003 zur Verfügung. MIIS 2003 (Microsoft Identity Integration Server) setzt sogar zwingend die Einrichtung des Windows Server 2003 voraus. In vielen Fällen wird es Sinn machen, neue Anwendungen auf Basis von Windows Server 2003 einzuführen, um ein weiteres Upgrade zu vermeiden. Selbst wenn die Anwendung unter Windows 2000 voll lauffähig ist, erfordert die Umstellung des Betriebssystems wieder einen Migrationsprozess und führt zu Ausfallzeiten, die vermieden werden können, wenn neue Systeme gleich auf Basis des Windows Server 2003 eingerichtet werden.

In vielen Unternehmen gibt es einen über geraume Zeit nicht weiterentwickelten Status quo beispielsweise bei den Domänenkonzepten, weil man keine hohen Investitionen in Windows NT Server und deren Administration mehr leisten wollte. Die generell höhere Leistungsfähigkeit von Windows Server 2003 und die nach den ersten vorliegenden Performance-Werten deutlich verbesserte Skalierbarkeit sind ebenfalls ein Argument für einen schnellen Umstieg.

Windows Server 2003 als Domänencontroller

Hier ist in einem Migrationsprozess praktisch zwangsläufig die Situation gegeben, dass es zeitweise einen gemischten Betrieb von Windows Server 2003 mit Windows 2000-Domänencontrollern oder mit Windows NT-Domänencontrollern geben muss. Ein Ansatz bei der Migration von Windows NT ist die Kombination von Windows Server 2003-Domänencontrollern und Sicherungsdomänencontrollern unter Windows NT. Diese Lösung ist vor allem in einer Übergangsphase sinnvoll. Letztlich ist eine schnellstmögliche Migration zu Windows Server 2003 bei den Domänencontrollern unbedingt sinnvoll. Das gilt bei der Umstellung von Windows 2000 zu Windows Server 2003, weil sich eben nur in einer homogenen Struktur die volle Leistungsfähigkeit der Domänencontroller nutzen lässt. Die Migration der Domänencontroller von Windows NT 4.0 zu Windows Server 2003 muss immer beim primären Domänencontroller beginnen. Hintergrund dafür sind die SIDs. SIDs sind Sicherheits-IDs, die jedem Benutzer und jedem System vergeben werden. Bei Windows NT ist dafür keine spezielle Verwaltung erforderlich, da neue Benutzer nur auf dem primären Domänencontroller angelegt werden können. Aus Sicht des Clients ist die Umstellung auf Windows Server 2003 weitgehend transparent. Windows Server 2003 ist so konzipiert, dass es aktuelle wie ältere Clients bedienen kann. Aus Sicht von Administratoren stellt sich diese Situation allerdings vollkommen anders dar.

Windows Server 2003 als Anwendungsserver

Während Clients bereits durch ihre hohe Anzahl am aufwendigsten in der Umstellung sind, sind Anwendungsserver oftmals das komplexeste Feld. Wenn unternehmenskritische Funktionen wie etwa der Betrieb von SAP R/3 abgedeckt werden, muss sich die Planung der Migration an den Erfordernissen orientieren, die sich aus der Funktionalität des Systems ergeben. Es kann Situationen geben, in denen die Anwendungsserver deutlich vor den Domänencontrollern migriert werden sollten. Falls die Software das Active Directory in der Version des Windows Server 2003 voraussetzt, muss die Umstellung bei den Domänencontrollern beginnen. Diese müssen nicht unbedingt vollständig umgestellt werden. Das Active Directory muss eingerichtet werden. Eine Situation findet sich beispielsweise beim MIIS 2003. Hintergrund für diese Flexibilität ist, dass Windows Server 2003 abwärtskompatibel zu Windows 2000 und Windows 2000 abwärtskompatibel zu Windows NT ist. Die Systeme unterstützen weitgehend die gleichen Kommunikationsprotokolle, wenn man von wenigen Ausnahmen wie der aufgegebenen Unterstützung für NetBEUI und in Zusammenhang stehende Kommunikationsprotokolle absieht, die bei aktuellen Anwendungen ohnehin keine Rolle mehr spielen. Ebenso kann ein Anwendungsserver unter Windows Server 2003 in eine Windows NT-Domäne integriert werden. Solange er keine speziellen Funktionen des Active Directorys nutzt, spricht nichts gegen diesen Ansatz. Der in der Praxis wahrscheinlich weitaus häufigere Fall dürfte der Einsatz von Anwendungsservern unter Windows NT und Windows 2000 in Verbindung mit Domänencontrollern unter Windows Server 2003 sein. Windows NT, Windows 2000 und der Windows Server 2003 können in verschiedenster Weise miteinander kombiniert werden, ebenso wie die unterschiedlichen Clients mit den verschiedenen Serverversionen zusammenarbeiten. Dass es einige Einschränkungen gibt, weil viele Funktionen nur im Zusammenspiel mit Windows 2000- und Windows XP-Clients funktionieren, ist klar. Es sollte wohl überlegt werden, in welcher Reihenfolge die Migration erfolgt. Der beste Startpunkt sind ohne Zweifel die Domänencontroller.

Empfehlung für die Migration

Wie oben schon aufgezeigt, sind grundsätzlich alle Wege denkbar. Windows NT-Domänencontroller können ebenso mit Windows 2000-Clients und Windows XP-Clients koexistieren wie anders herum Windows Server 2003-Domänencontroller mit Clients unter Windows NT. Nach meinen Erfahrungen spricht alles in allem sehr viel dafür, die Systeme in der Reihenfolge

- Domänencontroller
- Clients
- Anwendungsserver

umzustellen. Die Begründung dafür ist, dass Windows Server 2003 ohne das Active Directory und ohne die Migration der Domänencontroller seinen Nutzen nur in Teilen entfalten kann. Nur nach einer vollständigen Migration stehen alle Dienste des Active Directorys zur Verfügung. Zusätzlich können Windows 2000- und Windows XP-Clients sowie Windows 2000- und Windows Server 2003-Anwendungsserver in reinen Windows NT-Domänen genutzt werden. Fraglich ist, ob man Anwendungsserver umstellt, bevor spezielle Windows Server 2003-Versionen der darauf ausgeführten Software verfügbar werden oder zumindest die vorhandenen Versionen für den Windows Server 2003 freigegeben sind. Daher macht es Sinn, den Weg zu Windows Server 2003 mit der Umstellung der Domänencontroller zu beginnen. So kann das Active Directory eingerichtet und konfiguriert werden. Es stehen alle Funktionen dieses Verzeichnisdienstes zur Verfügung. Windows 2000- und Windows XP-Clients sowie Anwendungsserver auf allen Plattformen lassen sich optimal nutzen. Es ist keine Neukonfiguration oder Konfigurationsanpassung bei diesen Systemen mehr erforderlich. Weniger kritisch ist der Umstieg von Windows 2000. Dort macht es Sinn, bei den Domänencontrollern zu beginnen und die anderen Systeme später folgen zu lassen.

2.6 Small Business Server vs. Standard Server

Vor allem kleinere Unternehmen bis 75 Mitarbeiter stehen bei der Planung eines Netzwerkes vor der Entscheidung, ob die einzelnen Microsoft-Produkte lizenziert werden sollen oder ein Small Business Server gekauft werden soll. Microsoft Small Business Server enthält Produkte, die auch einzeln gekauft werden können. Die Produkte sind nicht in irgendeiner Art und Weise eingeschränkt, sondern mit den Standardversionen fast identisch.

Im Gegensatz zu einem Windows Server 2003 können bei einem Small Business Server 2003 die Terminaldienste nicht im Anwendungsmodus installiert werden.

2.6.1 Versionen des Small Business Server 2003

Small Business Server 2003 ist ebenfalls als R2-Version mit der Bezeichnung Small Business Server 2003 R2 erhältlich. Auch vom Small Business Server 2003 R2 gibt es zwei Versionen:
- Small Business 2003 R2 Premium Edition
- Small Business 2003 R2 Standard Edition

2 Microsoft-Betriebssysteme

Die CALs sind für beide Produkte identisch. Der Preis beider Produkte unterscheidet sich lediglich im Grundpreis. Der hauptsächliche Unterschied besteht darin, dass die Premium Edition Microsoft SQL Server 2005 und den ISA-Server 2004 beinhaltet, der in der Standard Edition fehlt. Im Lieferumfang der Premium Edition ist darüber hinaus auch Frontpage enthalten. Die Standard Edition besteht aus dem Betriebssystem Windows Server 2003 und Exchange 2003 und umfasst folgende Funktionen:

- Betriebssystem Windows Server 2003 ohne Terminaldienste
- Exchange 2003 mit Outlook 2003 für lizenzierte Benutzer
- Sharepoint Services
- Shared Fax Services

Neuerungen bei Small Business Server 2003 R2

Die R2-Version des Small Business Server enthält einige Neuerungen, die bei der Grundinstallation eines Small Business Server 2003 noch nicht enthalten waren, aber teilweise nachinstalliert werden konnten. Damit nach der Installation nicht zusätzliche Produkte aus dem Internet heruntergeladen und implementiert werden müssen, wurden diese von Microsoft in den Lieferumfang integriert. Kunden, die Small Business Server 2003 einsetzen, können nicht kostenlos auf Small Business Server 2003 R2 aktualisieren. Folgende Produkte sind neu bei Small Business Server 2003 R2:

- Exchange 2003 SP2 mit 75 Gbyte Datenbankgröße (vorher 16 Gbyte)
- SQL 2005 Workgroup Edition (nur bei der Premium Edition dabei)
- ISA Server 2004 (nur bei der Premium Edition dabei)
- Integrierte Windows-Firewall des Windows 2003 SP1
- Neue Verwaltungstools für die Verwaltung von Freigaben und Druckern
- Integration einer speziellen Version der Windows Server Update Services (WSUS)

Es wird keine 64-Bit-Version des Small Business Server 2003 R2 geben. 64-Bit-Prozessoren werden erst in der neuen Small Business Server-Version unterstützt, die 2007 veröffentlicht wird.

2.6.2 Entscheidungsgrundlagen für Small Business Server 2003

Small Business Server 2003 kann für Unternehmen bis maximal 75 Mitarbeiter eingesetzt werden, zumindest theoretisch. Nach meinen Erfahrungen macht der Einsatz bei Unternehmen mit mehr als 20 bis 30 Mitarbeitern nur begrenzt Sinn. Das liegt zunächst an der Prämisse, dass alle Produkte des Servers auf einer einzelnen Hardware installiert werden müssen. Bei der Premium Edition müssen daher neben Windows Server 2003 und Exchange 2003 auch noch der SQL Server und der ISA-Server auf einem Server installiert werden. Hier entsteht ein deutlicher Single Point of Failure. Wenn dieser Server steht, kann das komplette Unternehmen nicht mehr arbeiten. Vor allem die Installation von ISA 2004 und SQL auf einem Server ist sehr schwierig. Wenn Sie alle Funktionen von ISA 2004 nutzen wollen, sind quasi Ihr Domänencontroller, Mailserver und Datenbankserver gleichzeitig Firewall. IT-Experten sträuben sich bei dieser Vorstellung die Haare. Ein großer Vorteil des SBS ist der Preis, der deutlich günstiger ist als bei den Einzelversionen. Da es, außer bei den Terminaldiensten, keine Einschränkungen gibt, sind die Preisunterschiede im Vergleich zur Leistung schon exorbitant.

Natürlich lässt sich der primäre SBS-Server mit zusätzlichen Servern ergänzen, aber wie bereits erwähnt, die Produkte, die im SBS enthalten sind, müssen auf einem Server installiert werden. Wenn Sie einen zusätzlichen Datenbankserver kaufen, können Sie die Lizenz des SQL Server im SBS nicht verwenden. Sie müssen den neuen Server komplett neu lizenzieren.

Active Directory und Small Business Server 2003

Ein Active Directory auf Basis des SBS kann nicht mit einer Vertrauensstellung mit einer anderen Domäne verbunden werden, der SBS-Server muss immer der primäre Domänencontroller bleiben. Es gibt auch keinen Trick, um die Erstellung der Vertrauensstellungen irgendwie durch eine Hintertür zu erreichen. Wenn eine Firma von NT oder Windows 2000 auf den SBS migrieren will, können daher nur sehr schwer die Benutzer auf SMS migriert werden. Die meisten Funktionen müssen neu eingerichtet werden und die Benutzer werden ebenfalls neu angelegt. Es gibt mittlerweile im Internet Anleitungen, wie sich die Benutzerübernahme auf einen SBS 2003 mit dem Active Directory Migrationstool (ADMT) durchführen lässt. Dieser Vorgang ist allerdings nicht ganz trivial. In ein SBS Active Directory können zusätzliche Domänencontroller installiert werden. Hier gibt es keine Einschränkungen. Sie müssen allerdings für die zusätzlichen Domänencontroller eine Zusatzlizenz kaufen, da auf diesen die normale Version von Windows Server 2003 installiert wird, nicht der SBS. Die einzige Voraussetzung ist, dass der SBS 2003 der erste Domänencontroller der Active Directory-Gesamtstruktur bleibt. Im Bereich des Active Directorys ist SBS daher deutlich weniger flexibel als die normale Version von Windows Server 2003.

Durch die mangelnde Flexibilität des SBS ist für größere Unternehmen keine Integration des SBS in ein größeres Active Directory möglich, um zum Beispiel kleinere Niederlassungen anzubinden. Ein Active Directory unter SBS 2003 kann nicht Bestandteil einer Gesamtstruktur mit mehreren Domänen sein. Daher eignet sich ein SBS auch nicht zur Erweiterung eines Active Directorys, da durch die Grundinstallation des SBS immer ein neues Active Directory aufgebaut werden muss.

Die Funktionen der enthaltenen Einzelprodukte lassen sich für Unternehmen aller Größenordnungen einsetzen, da verschiedene Versionen zur Verfügung stehen. Die Funktionen des SBS 2003 können nur für Unternehmen bis maximal 75 Mitarbeiter eingesetzt werden. Da sich die Lizenzierung von SBS 2003 von der Lizenzierung der jeweiligen Einzelprodukte unterscheidet, geraten Sie in Schwierigkeiten, sobald die Anzahl der vorhandenen Benutzer die mögliche Maximalzahl an Lizenzen übersteigt. Der SBS lässt die Anmeldung nur für so viele Mitarbeiter zu, für die Lizenzen vorhanden sind. Jeder weitere Benutzer kann sich nicht mehr anmelden.

2.6.3 Lizenzierung von Small Business Server

Um einen Small Business Server zu lizenzieren, müssen Sie zunächst die Grundlizenz der Standard oder der Premium Edition erwerben. Zusätzlich benötigen Sie für jeden Arbeitsplatz, der sich an der Domäne anmeldet, eine spezielle SBS-CAL. Sie brauchen keine zusätzlichen Lizenzen für die einzelnen Produkte. In der SBS-CAL sind die Lizenzen für alle in den SBS integrierten Funktionen bereits enthalten.

Lizenzierung von zusätzlichen Servern

Wenn Sie in einem SBS-Netzwerk zusätzliche Server installieren, benötigen Sie nur die Lizenz des Betriebssystems. Sie benötigen keine CALs für diese zusätzlichen Server. Die Voraussetzung ist, dass Sie für alle Mitarbeiter, die sich an der Domäne anmelden, genügend SBS-CALs verwenden. Diese Lizenzierung gilt unabhängig davon, ob Sie den zusätzlichen Server als zusätzlichen Domänencontroller oder als Dateiserver verwenden. Sie dürfen allerdings nur auf einem Server Small Business Server 2003 installieren. Wenn Sie jedoch parallel zusätzliche Exchange Server, Terminal Server oder SQL Server installieren, benötigen Sie für diese Server die CALs der Serverversion. Sie müssen zwar auch für diese Server keine CALs des Betriebssystems kaufen, aber CALs für Exchange, SQL oder die Terminaldienste.

3 Planen eines Active Directorys

Ohne ein Active Directory ist ein Microsoft-Netzwerk nicht denkbar. Durch die Komplexität, die zahlreichen Möglichkeiten und die Vorteile eines Active Directorys ist es für jeden IT-Spezialisten, der ein Active Directory aufbauen oder planen muss, extrem wichtig, die notwendigen technischen Grundlagen zu kennen. Auf der Basis dieser Grundlagen lässt sich ein Active Directory effizient und optimal planen. In *Kapitel 1* wurde die allgemeine Vorgehensweise bei der Planung von IT-Projekten besprochen. In diesem Kapitel geht es um den Neuaufbau eines Active Directorys, während *Kapitel 4 »Migration«* die Umstellung von einem älteren Domänenmodell auf Windows 2003 Active Directory behandelt. In *Kapitel 5 »Gruppenrichtlinien«* werden die Möglichkeiten der Steuerung von Sicherheitseinstellungen und Automatismen in einem Active Directory aufgezeigt.

3.1 Was sind Verzeichnisse?

Wie der Name „Active Directory", also „aktives Verzeichnis", schon besagt, handelt es sich bei dem Microsoft Active Directory um ein Verzeichnis. Ein Verzeichnis enthält Informationen über verschiedene Objekte. Im Falle eines Verzeichnisdienstes wie dem Active Directory sind das zum Beispiel Informationen über

- Benutzer
- Benutzergruppen
- Computer

Verzeichnisdienste können sehr unterschiedliche Strukturen haben und unterschiedlich leistungsfähig sein. Im Active Directory können beliebige Informationen gespeichert werden. Dazu gehören nicht nur Benutzer, Benutzergruppen und Computer. Kontakte, Informationen zur Konfiguration von Anwendungen wie dem Exchange Server oder dem *Internet Security and Acceleration (ISA)* Server und viele weitere Informationen können ebenfalls gespeichert werden. Alle notwendigen Informationen werden dazu in *Attributen* gespeichert, die einem *Objekt* zugeordnet werden können. Mithilfe eines Verzeichnisdienstes können

Unternehmen Berechtigungen auf Freigaben vergeben, Anmeldungen an PCs ermöglichen und ihre Infrastruktur verwalten. Außer dem verbreiteten Active Directory existieren noch andere Verzeichnisdienste, von denen das *eDirectory* von Novell der Hauptkonkurrent des Active Directorys ist. Für Linux-Netzwerke gibt es *openLDAP*, ebenfalls ein Verzeichnisdienst, um Benutzer- und Computerinformationen zu speichern.

Verzeichnisse in Netzwerken speichern Informationen in einer Datenbank. Diese Informationen beziehen sich auf Objekte, die im Netzwerk verwaltet werden, also hauptsächlich Benutzerinformationen, Computerinformationen sowie Drucker und Freigaben. Das Ziel von Verzeichnissen ist es, die Informationen in einer einheitlichen Struktur zu speichern und den Anwendern zugänglich zu machen. Verzeichnisse sind meistens hierarchisch aufgebaute Konstruktionen, die notwendige Informationen effizient speichern sollen. Verzeichnisse im Allgemeinen und das Active Directory im Speziellen sind durch verschiedene Standards definiert. Genauere Informationen über die einzelnen Standards finden Sie auf der Webseite *http://verzeichnisdienst.de*. Der Sinn dieser Verzeichnisse besteht darin, dass Informationen gesucht, verwendet, angelegt, modifiziert und gelöscht werden können. Diese Vorgänge sind durch Berechtigungen genau geregelt und es stehen Mechanismen im Hintergrund, die ich im Laufe dieses Kapitels am Beispiel des Active Directory erklären werde.

3.2 Aufbau von Verzeichnisdiensten

Wenn Sie mit dem Active Directory arbeiten, ist das Wissen über einzelne wichtige Begriffe und die Grundstruktur unerlässlich. Alle Verzeichnisdienste, auch das Active Directory, arbeiten nach Standards. Innerhalb dieser Standards wurden Protokolle und technische Begriffe definiert, die auch zur Planung eines Active Directorys notwendig sind.

3.2.1 X.500

Außer dem Begriff Verzeichnis sollten Sie auch die beiden Begriffe *X.500* und *LDAP* kennen. Wenn Sie ein Active Directory planen oder administrieren, werden Sie ständig auf diese beiden Begriffe stoßen. X.500 beschreibt einen Standard, wie Verzeichnisse aufgebaut sein müssen. Damit ein Verzeichnis, oft auch Verzeichnisdienst genannt, funktioniert und global Zugriffe erfolgen können, ist es extrem wichtig, einen gemeinsamen Standard zu verwenden, der den Aufbau des

Verzeichnisdienstes vorgibt. Das Active Directory arbeitet nach dem X.500-Standard. Auch hierüber finden Sie genauere Informationen unter *http://verzeichnisdienst.de*. Da X.500 ein sehr komplexer Standard ist, halten sich die meisten Hersteller von Verzeichnisdiensten nicht ganz genau an diesen Standard. X.500 gibt vor, wie das Verzeichnis aufgebaut sein muss. Alle Verzeichnisse, die sich nach dem X.500-Standard richten, sind in etwa gleich aufgebaut.

X.500-Verzeichnisse sind hierarchisch in einer Baumstruktur aufgebaut. Aus diesem Grund werden die einzelnen Komponenten eines solchen Verzeichnisses oft mit Bezeichnungen belegt, die mit Bäumen zu tun haben. Man liest von der bereits erwähnten Baumstruktur, welche die Verästelung der Datenbank verdeutlichen soll. Es gibt *Äste* und es gibt *Blätter*. Auch Microsoft verwendet im Active Directory Begriffe wie *Forest* (im Deutschen etwas unpassend *Gesamtstruktur* genannt) und *Tree* (ebenfalls etwas unpassend als *Struktur* übersetzt). Auch der Begriff *Wurzel* (im Englischen *root* genannt) wird verwendet. Die *Root* ist die Grundlage, die Basis eines Verzeichnisses. Im Gegensatz zur Natur wachsen Verzeichnisbäume allerdings nach unten, die Wurzel steht somit an oberster Stelle.

Wenn Sie im Zusammenhang mit dem Active Directory von einer *Root-Domäne* lesen, ist damit die Ursprungsdomäne des Active Directorys gemeint. Hierbei handelt es sich um die erste installierte Domäne. Ein Verzeichnis wird meistens durch mehrere Server verwaltet. Diese Verwaltung übernehmen im Active Directory die Domänencontroller. Da das Active Directory recht kompliziert aufgebaut sein kann, können einzelne Domänencontroller für verschiedene Bereiche des Active Directorys zuständig sein. Diese untergliederten Bereiche werden *Partitionen* genannt. Ein Active Directory kann aus mehreren Domänen bestehen. Jede dieser Domänen hat eigene Domänencontroller und ist eine eigene Partition.

3.2.2 Lightweight Directory Access Protocol (LDAP)

Außer einem Standard, wie der Verzeichnisdienst aufgebaut sein muss, muss es auch Netzwerkprotokolle geben, die definieren, wie auf ein solches Verzeichnis zugegriffen werden kann. Das Protokoll *LDAP* regelt die Abfrage von Verzeichnisdiensten. Auch das Active Directory arbeitet mit LDAP. Der Zugriff auf Verzeichnisdienste ist ebenfalls im X.500-Standard definiert.

Abbildung 3.1: Informationen zu einem Benutzer im Verzeichnisdienst Active Directory

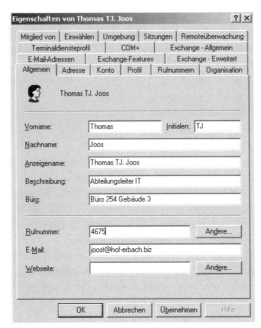

3.2.3 Das Schema eines Verzeichnisdienstes

Die Struktur eines Verzeichnisses wird *Schema* genannt. In einem Schema ist genau definiert, welche Informationen auf welche Art gespeichert werden sollen. Jede relationale Datenbank hat ein solches Schema. Da ein Verzeichnisdienst wie das Active Directory möglichst viele Informationen speichern soll, ist es unerlässlich, dass definiert wird, welche Informationen wo im Verzeichnis gespeichert werden können. Es muss festgelegt werden, ob manche Informationen zwingend eingegeben werden müssen und ob andere Informationen nur optional sind. Sie können sich das Active Directory als große leere Lagerhalle vorstellen. Damit diese gefüllt werden kann, muss es Regale (Regeln) und Anweisungen (Definitionen) geben, wo Waren gelagert werden sollen und wie die Arbeitsprozesse für diese Lagerung definiert sind. Das Active Directory speichert die Daten, das Schema definiert, wie sie gespeichert werden. Der Aufbau des Schemas ist recht einfach. Es gibt *Objekte* und es gibt *Attribute*. Die Attribute sind Objekten zugeordnet. Jeder Verzeichniseintrag ist ein Objekt. Am Beispiel des Active Directorys sind Objekte also Benutzer, Computer, Freigaben oder Drucker. Das Active Directory verfügt über ein erweiterbares Schema. Dieses gibt die Möglichkeit, flexibel zusätzliche Informationen im Verzeichnis zu speichern. Dadurch können neue Anwendungen wie zum Beispiel der Exchange Server ihre speziellen Informationen im Verzeichnis ablegen. Jeder Benutzer, jeder Computer und Drucker und jede Freigabe ist ein Objekt. Die Informationen, die für einzelne Benutzer hinterlegt werden können,

Aufbau von Verzeichnisdiensten

zum Beispiel Vornamen, Nachnamen, Anmeldenamen, Telefonnummer usw. werden als Attribute bezeichnet. Das Schema definiert genau, welche Objekte mit welchen Attributen im Active Directory angelegt werden können.

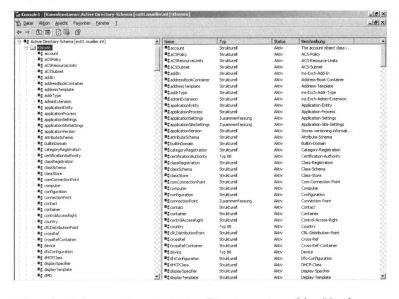

Abbildung 3.2:
Das Schema des Active Directorys in der Verwaltungskonsole von Windows Server 2003

Ohne das Schema wäre ein Active Directory ein wilder Haufen von Informationen, die unmöglich abgefragt werden könnten. Durch das erweiterbare Schema lassen sich jederzeit zusätzliche Objekteigenschaften hinzufügen. Diese Funktion wird beispielsweise von Exchange 2003 genutzt. Alle notwendigen Informationen zu einem E-Mail-Postfach werden im Active Directory abgelegt. Bei der Installation von Exchange 2003 wird das Schema des Active Directorys um die notwendigen Attribute und Klassen erweitert.

Das Active Directory kennt schon Hunderte von Objektklassen und Attributtypen. Zu den wichtigsten gehören:

▷ Das Objekt *User*. Dieses Objekt definiert einen bestimmten Benutzer in einer Domäne. Zu den Attributen, die für das Objekt definiert werden können, gehören beispielsweise der Benutzername, der Vor- und Nachname des Benutzers, seine Adresse und Telefonnummer, ein Bild des Benutzers.

▷ Das Objekt *Computer*. Dieses Objekt identifiziert Systeme, die zu einer Domäne gehören. Zu den Attributen gehören Betriebssystem und installierte Service Packs, DNS-Name und die Rolle des Systems in der Domäne.

▷ Das Objekt *Druckerwarteschlange*. Dieses Objekt wird verwendet, um Drucker lokalisieren zu können. Zu seinen Attributen gehören der Ort, der Status und die Seitenbeschreibungssprache, die vom Drucker verwendet wird.

Für jedes Objekt, das im Active Directory gespeichert ist, gibt es eine *Zugriffskontrollliste (Access Control List, ACL)*, mit der differenziert angegeben werden kann, wer in welcher Form mit diesem Objekt umgehen darf. Es werden genaue Berechtigungen definiert, die vorgeben, wer ein Objekt verändern, löschen oder neu anlegen darf. Objekte werden in *Klassen* unterschieden. Ein Objekt kann durchaus mehreren Klassen zugeordnet werden, muss aber mindestens einer Klasse zugehörig sein. In allen Verzeichnisdiensten, auch dem Active Directory, gibt es Objekte, die andere Objekte beinhalten können. Diese Objekte werden *Container* genannt. Im Active Directory sind Container zum Beispiel Domänen oder *Organisationseinheiten (organizational units, OUs)*. Objekte, die ausschließlich aus Informationen, den Attributen, bestehen, wie zum Beispiel Benutzer oder Computer, werden auch als *Blattobjekte* bezeichnet.

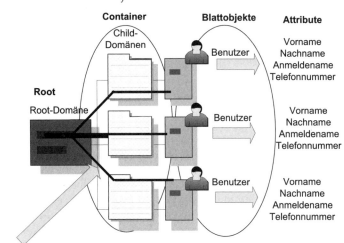

Abbildung 3.3: Aufbau eines LDAP-Verzeichnisses und der dazugehörigen Baumstruktur

Ein LDAP-Verzeichnis kann aus mehreren Containern hierarchisch angeordnet werden, bis am Ende der Äste die Blattobjekte, in diesem Beispiel die Benutzer, kommen.

3.2.4 Adressierung in Verzeichnisdiensten

Damit die Objekte innerhalb eines Verzeichnisdienstes nicht nur korrekt gespeichert, sondern auch gefunden werden können, gibt es Protokolle, wie das bereits beschriebene LDAP-Protokoll. Damit LDAP die Daten im Verzeichnis finden kann, muss ein Standard zur Adressierung dieser Objekte verfügbar sein. Jedes Objekt in einem Verzeichnis erhält eine eindeutige Adressierung. Diese Adressierung wird *Distinguished Name (DN)* genannt. Die Adressierung gibt nicht nur die Bezeichnung eines Objektes im Verzeichnis wieder, sondern auch dessen Speicherort. Ein Beispiel für einen solchen *Distinguished Name* im Active Directory ist folgender:

cn=Thomas Joos, ou=muenchen, dc=vertrieb, dc=microsoft, dc=com

Die Bezeichnung eines Objektes, in diesem Fall im Active Directory, wird immer vom Ursprungsort, der Root, bis zur eigentlichen Bezeichnung fortgeführt. Domänen werden dazu als *dc* abgekürzt, Organisationseinheiten als *ou* und die Blattobjekte schließlich als *cn* für *common name*.

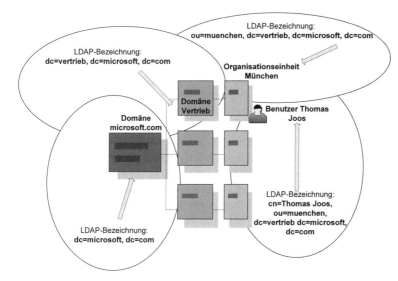

Abbildung 3.4: Beispiel von Distinguished Names in einem Verzeichnis

Jedes Objekt im Active Directory hat einen solchen eindeutigen Namen, der durch entsprechende LDAP-kompatible Programme gesucht werden kann.

3.3 Das Active Directory

Das Active Directory ist von Anfang an als ein zentraler Verzeichnisdienst entwickelt worden, während es dabei zugleich noch eine gewisse Kompatibilität mit dem alten NT-Domänensystem bewahrt hat. Es arbeitet verteilt über Server und Standorte und kann Informationen zwischen den verschiedenen Servern replizieren. Mit der LDAP-Unterstützung und der Integration von DNS (Domain Name System) werden die beiden zentralen Standards für die Informationssuche in offenen Systemen unterstützt. Die Zielrichtung ist es, in einem Unternehmensnetzwerk möglichst wenig unterschiedliche Verzeichnisdienste einzusetzen. In Umgebungen, in denen mehrere Verzeichnisdienste parallel eingesetzt werden, sind wiederum Mechanismen sinnvoll und wünschenswert, mit denen Informationen zwischen Verzeichnisdiensten repliziert und synchronisiert werden können. Microsoft hat als wichtige Erweiterung zum Active Directory mit dem *Microsoft Identity Integration Server (MIIS 2003)* einen Meta Directory-

Dienst im Programm. Mithilfe des MIIS können Informationen aus verschiedenen Verzeichnissen synchronisiert werden. Die Basisfunktionen des MIIS werden als *Identity Integration Feature Pack* für Windows Server 2003 Enterprise Edition bereitgestellt. Allerdings wird nur die Integration verschiedener Verzeichnisse im Microsoft-Umfeld, nicht aber in einem heterogenen Umfeld unterstützt. Bevor Sie mit der Planung eines Active Directorys beginnen, sollten Sie sich zunächst mit den technischen Grundlagen vertraut machen.

3.3.1 Aufbau eines Active Directorys

Zwei Begriffe aus dem klassischen Domänenmodell finden sich im Active Directory wieder: Es gibt Active Directory-Domänen und Domänencontroller. Die Domäne ist weiterhin die grundlegende Strukturierungseinheit. Allerdings kann sie in eine komplexere Struktur eingebunden werden. Domänencontroller finden sich ebenfalls im Active Directory. Die Domänencontroller übernehmen die Verwaltung der Verzeichnisinformationen innerhalb einer Domäne. Die Benutzer-, Computer-, Freigaben-, und Druckerinformationen werden in einer Datenbank gespeichert. Diese Datenbank ist eine JET-Datenbank (Joint-Engine-Technologie), die Microsoft auch bei Exchange einsetzt. Das Active Directory arbeitet mit den Technologien, die weiter vorne in diesem Kapitel beschrieben sind.

Windows NT-Domänenmodell

Das Active Directory hat im Gegensatz zum alten Windows NT-Domänenmodell einige Änderungen erfahren.

Abbildung 3.5: PDC-BDC-Modell Windows NT 4.0

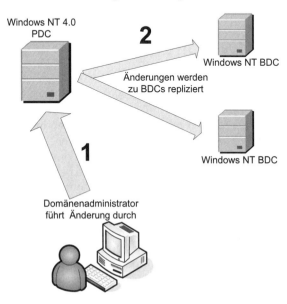

Bei Windows NT wurden alle Benutzer- und Computerinformationen nicht in einer Datenbank, sondern in der Registry der Domänencontroller gespeichert. Die Daten einer Domäne wurden auf dem *primären Domänencontroller,* dem *PDC,* im so genannten *Security Account Manager (SAM)* gespeichert. Dieser SAM enthielt alle Informationen über den Benutzer und die Computer einer Windows-Domäne. Wenn ein Administrator Änderungen durchführt, zum Beispiel das Anlegen eines neuen Benutzers, wird er immer zum PDC verbunden. Damit eine NT-Domäne ausfallsicher gestaltet werden kann, gab es noch *Backup-Domänencontroller (BDC).* Die Änderungen werden in regelmäßigen Abständen auf die BDCs repliziert. Eine Änderung auf den BDC ist nicht möglich, da diese nur Replikate der Änderungen erhalten, aber selbst keine weitergeben können. Weitere Untergliederungen oder Container gab es nicht. Es war möglich, Vertrauensstellungen zwischen Domänen herzustellen. Beide Domänen hatten danach aber immer noch getrennte Benutzerdatenbanken. Der einzige Vorteil war, dass durch Vertrauensstellungen Berechtigungen zwischen verschiedenen Domänen verteilt werden. Wenn der PDC ausfällt, können keinerlei Änderungen in der Windows-Domäne mehr vorgenommen werden und die Domäne steht auch den Benutzern nicht mehr zur Verfügung.

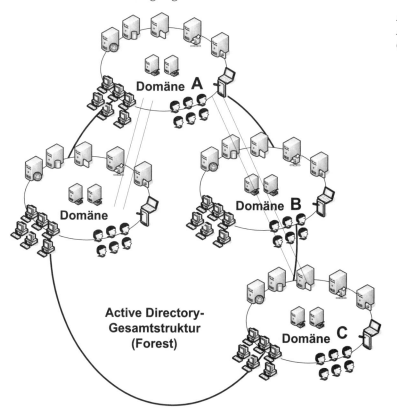

Abbildung 3.6: Active Directory-Gesamtstruktur

Active Directory-Gesamtstruktur (Forest)

Im Active Directory werden die Benutzerdaten und Computerinformationen nicht mehr in der Registry des PDC durch den SAM gespeichert, sondern in der Datenbank des Active Directorys. Eine Active Directory-Umgebung kann im Gegensatz zu Windows NT mehrere Domänen zu einer Einheit zusammenfassen. Das Domänenmodell ist immer noch vorhanden, wird aber extrem erweitert. Ein Active Directory kann aus mehreren selbstständigen Domänen bestehen, die dennoch zu einer großen gemeinsamen Organisation gehören. Alle verbundenen Domänen eines Active Directorys teilen sich eine Datenbank und ein Schema. Diese Domänen bilden eine Gesamtstruktur, im Englischen auch Forest genannt (siehe *Abbildung 3.6*). Ein Forest ist die Grenze des Verzeichnisdienstes eines Unternehmens, in dem einheitliche Berechtigungen vergeben und delegiert werden können.

Abbildung 3.7: Auch im Active Directory gibt es Domänen

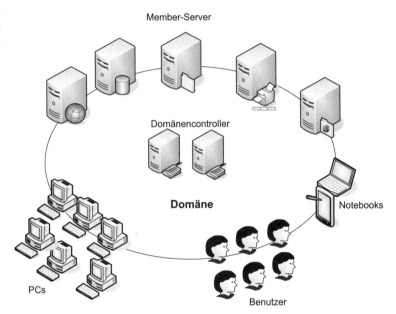

In den einzelnen Domänen eines Active Directorys existieren, wie bei Windows NT auch, Domänencontroller und Domänenadministratoren. Für Anwender ändert sich beim Umgang mit der Domäne so gut wie nichts. Sie können mehrere Domänen in einer Gesamtstruktur hierarchisch aufbauen. Jede Domäne in einem Active Directory ist eine eigene Partition im Verzeichnis. Jede Partition wird von unterschiedlichen Domänencontrollern verwaltet. Diese Partitionierung erfolgt automatisch. Zusätzlich gibt es die Möglichkeit mit Zusatztools, wie *ldp.exe*, das zum Lieferumfang von Windows Server 2003 gehört, zusätzliche Partitionen zu erstellen.

Active Directory-Struktur (Tree)

Das Namensmodell von Active Directory orientiert sich stark am DNS. Domänen werden im Active Directory zu *Strukturen (Trees)* zusammengefasst. Eine Struktur muss über einen einheitlichen Namensraum verfügen. Hier wird mit DNS-Namen gearbeitet. Wenn eine Struktur beispielsweise *contoso.com* heißt, kann es innerhalb dieser Struktur weitere Einheiten geben, die beispielsweise *sales.contoso.com*, *marketing.contoso.com* und *dallas.marketing.contoso.com* heißen.

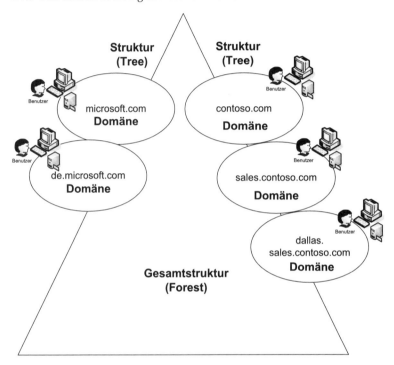

Abbildung 3.8: Active Directory-Strukturen (Trees)

In einer Struktur (Tree) werden gegenseitige Vertrauensstellungen zwischen den beteiligten Domänen automatisch erzeugt. Darüber hinaus kann in einer Struktur eine Suche über mehrere Domänen hinweg erfolgen. Ein Globaler Katalog-Server enthält die Informationen der Gesamtstruktur und kann Anfragen an die verantwortlichen Domänencontroller der jeweiligen Domäne weiterleiten. Eine Active Directory-Gesamtstruktur (Forest) kann aus mehreren Strukturen (Trees) zusammengesetzt sein, oftmals besteht sie allerdings aus nur einer Struktur.

Jedes Active Directory muss aus mindestens einer Struktur bestehen. Der ersten Domäne eines Active Directorys kommt eine besondere Bedeutung zu, denn sie bildet zugleich die erste Struktur des Active Directorys und ist gleichzeitig die Root-Domäne der Gesamtstruktur. Wenn Sie ein Active Directory mit nur einer Domäne planen, bildet diese Domäne die Gesamtstruktur, die erste und einzige Struktur und die Root-Domäne des Active Directorys.

Die Domänen einer Struktur (Tree) teilen sich einen so genannten Namensraum. Unter Windows NT hatten Domänen lediglich einen NetBIOS-Namen mit bis zu 15 Zeichen. Beim Active Directory gibt es diese NetBIOS-Namen auch noch. Wichtiger sind jedoch die DNS-Namen, die jede Domäne eindeutig einem DNS-Namensraum zuweist. Als Struktur wird ein Namensraum bezeichnet, der vollkommen eigenständig ist. In *Abbildung 3.8* sind zum Beispiel die Domänen *microsoft.com* und *de.microsoft.com* eine eigene Struktur (Tree). Auch die Domänen *contoso.com*, *sales.contoso.com*, und *dallas.sales.com* bilden eine eigene Struktur. Im Beispiel von *Abbildung 3.8* sind die beiden Strukturen *contoso.com* und *microsoft.com* trotz ihrer vollständig eigenständigen Namensräume Teil einer gemeinsamen Active Directory-Gesamtstruktur. Jede Domäne kann beliebige untergeordnete Domänen (Child-Domänen genannt) haben, die wiederum wieder Child-Domänen beinhalten können. Alle Domänen eines Namensraums werden als eigenständige Struktur bezeichnet. Child-Domänen sind wie die übergeordneten Domänen vollkommen eigenständig, teilen sich jedoch einen Namensraum und eine Active Directory-Gesamtstruktur. Sie bilden jeweils eigene Partitionen im Active Directory, die durch getrennte Domänencontroller verwaltet werden.

Organisationseinheiten (Organizational Units, OUs)

Jede Domäne kann unterschiedliche Organisationseinheiten beinhalten. Organisationseinheiten können Sie sich wie Ordner im Windows-Explorer, in denen Dateien liegen, vorstellen.

Durch Organisationseinheiten können Sie Objekte innerhalb von Domänen ordnen. Organisationseinheiten sind Container, in denen Objekte des Active Directorys liegen können. Innerhalb von Organisationseinheiten können Berechtigungen delegiert und Richtlinien definiert werden, die für alle Objekte eines solchen Containers Gültigkeit haben. Diese Richtlinien, auch Gruppenrichtlinien, werden in *Kapitel 5 »Gruppenrichtlinien«* näher behandelt. Organisationseinheiten sind die kleinsten Container im Active Directory. Eine Organisationseinheit kann mehrere Unterorganisationseinheiten beinhalten.

Das Active Directory

Abbildung 3.9:
Organisationseinheiten innerhalb des Active Directorys

Die Container des Active Directorys im Vergleich

Wie Sie bereits zu Beginn des Kapitels gelesen haben, werden Objekte in einem Verzeichnis, die andere Objekte beinhalten können, als *Container* bezeichnet. Der Begriff Container kann durchaus wörtlich verstanden werden. In einem Container lassen sich Objekte lagern. Dabei kann es sich um Informationen über Benutzer, über Computer oder Drucker handeln. Außerdem können in einen großen Container kleine Container eingelagert werden. Im Active Directory gibt es durch diese Definition vier verschiedene Container:

- *Gesamtstruktur (Forest)*. Dieser Container kann Strukturen (Trees) beinhalten.
- *Struktur (Tree)*. Dieser Container beinhaltet die einzelnen Domänen eines Active Directorys.

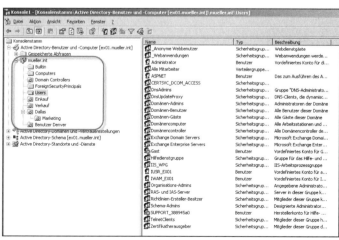

Abbildung 3.10:
Organisationseinheiten in der Verwaltungskonsole

▶ *Domänen.* Dieser Containertyp beinhaltet Organisationseinheiten.

▶ *Organisationseinheiten (organizational units, OUs).* Dieser Container beinhaltet Benutzer- und Computerkonten, kann aber auch weitere OUs beinhalten (siehe *Abbildung 3.10*). Vor allem die Organisationseinheiten, welche dafür zuständig sind, die einzelnen Objekte der Domäne zu ordnen, sollten frühzeitig geplant werden. Auch wenn jederzeit weitere OUs erstellt werden können, sollten sie bereits bei der Planung des Active Directorys berücksichtigt werden.

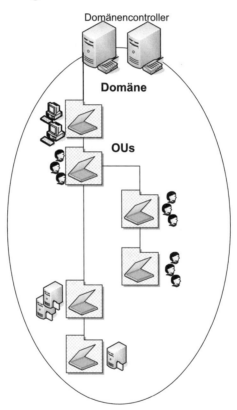

Abbildung 3.11: Organisationseinheiten im Active Directory

Der wichtigste Container im Active Directory ist die Domäne. Sie ist die logische Struktur, in der das Unternehmen abgebildet wird. Gleichzeitig hat eine Domäne Auswirkung auf die physische Speicherung von Informationen: Die Domäne stellt die Grenze dar, innerhalb der Informationen gemeinsam verwaltet werden. Der erste Schritt in der Planung des Active Directorys ist daher die Gestaltung von Domänen. Bestehende Domänen von Windows NT 4.0 können in Domänen des Active Directorys umgestellt oder über explizite Vertrauensstellungen angebunden werden. Domänen dienen zur Gruppierung gleichartiger Systeme. Sie müssen bei der Implementierung des Active Directorys vor allem unter logischen Gesichtspunkten

Das Active Directory

betrachtet werden. Im Grunde genommen kann jede Domäne Organisationseinheiten darstellen, in denen die einzelnen Computer und Benutzer, die Mitglied der Domäne sind, geordnet werden. Genau an dieser Stelle liegt der Kernpunkt einer ordentlichen Active Directory-Planung.

Abbildung 3.12: Gesamtstruktur mit mehreren Unterdomänen

Wie viele Gesamtstrukturen, Strukturen, Domänen mit Child-Domänen, Organisationseinheiten mit Unterorganisationseinheiten in Ihrem Active Directory angelegt werden, muss genau geplant werden. Es gibt keinen Königsweg, der vorgibt, welche Planung die effizienteste ist. Im Verlauf dieses Kapitels erhalten Sie Empfehlungen, wie Sie am besten vorgehen können. Aus diesen Informationen können Sie dann eine für Ihre Organisation optimal angepasste Planung durchführen.

3.3.2 Vertrauensstellungen

Die Domänen in einem Active Directory verhalten sich wie Domänen unter Windows NT 4.

Vertrauensstellungen unter Windows NT

Wenn Sie unter Windows NT 4 mehrere Domänen parallel betreiben, können Sie standardmäßig Benutzern der einen Domäne keine Berechtigungen in einer anderen Domäne zuweisen.

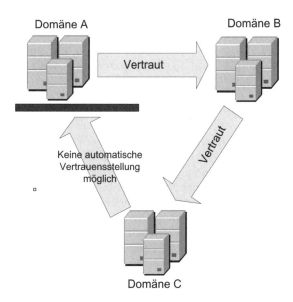

Abbildung 3.13: Vertrauensstellungen unter Windows NT 4

Damit Sie diese Einschränkung aufheben können, müssen Sie zunächst manuell Vertrauensstellungen zwischen den verschiedenen Domänen einrichten. Wenn Sie viele Windows NT 4-Domänen haben, wird das schnell kompliziert, da Sie für jede Domäne eine Vertrauensstellung zu jeder anderen Domäne einrichten müssen. Wenn Sie eine Domäne A haben und eine Vertrauensstellung zu Domäne B einrichten, können Benutzer von Domäne B Berechtigungen in der Domäne A, zum Beispiel auf gewisse Freigaben, erhalten. Wenn Sie noch eine dritte Domäne C haben und die Domäne B der Domäne C vertraut, können Benutzer der Domäne C auf Freigaben der Domäne B zugreifen, sofern sie dazu berechtigt werden. In dieser Konstellation, in der die Domäne A der Domäne B und die Domäne B der Domäne C vertraut, besteht aber kein automatischer Zusammenhang zwischen Domäne A und C (siehe dazu *Abbildung 3.13*). Wenn die Benutzer aus der Domäne C Berechtigungen auf Domäne A bekommen sollen, müssen Sie zwischen Domäne A und Domäne C eine eigene Vertrauensstellung einrichten.

Was das bei vier, fünf oder zwanzig solcher Domänen heißt, können Sie sich leicht ausrechnen. Unter Windows NT war aus diesem Grund eine Zusammenarbeit zwischen verschiedenen Domänen nur sehr ineffizient möglich. Vertrauensstellungen zwischen NT 4-Domänen können unidirektional oder bidirektional sein. Bei unidirektionalen Vertrauensstellungen vertraut die Domäne A der Domäne B und Anwendern aus Domäne B können Berechtigungen in der Domäne A zugewiesen werden. Umgekehrt können in diesem Fall jedoch den Benutzern der Domäne A keine Berechtigungen in Domäne B zugewiesen werden, solange die Vertrauensstellung unidirektional bleibt. Bei einer bidirektionalen Vertrauensstellung vertraut nicht nur Domäne A Domäne B, sondern auch Domäne B der Domäne A.

Transitive Vertrauensstellungen im Active Directory

Wenn Sie Domänen in einem Active Directory anlegen und diese Domänen zu einer Gesamtstruktur gehören, werden automatisch Vertrauensstellungen zwischen diesen Domänen angelegt. Wenn auf diese Weise die Domäne A der Domäne B vertraut und Domäne B der Domäne C, vertraut automatisch auch Domäne A der Domäne C. Dieser Automatismus der Vertrauensstellungen, die auf der Logik aufbauen, dass Domänen untereinander vertrauen, wenn eine Domäne der anderen vertraut, werden im Active Directory *transitive Vertrauensstellungen* genannt. Diese automatisch eingerichteten Vertrauensstellungen im Active Directory sind immer bidirektional. Das heißt, alle Domänen in einer Gesamtstruktur können für alle Anwender Berechtigungen verwalten, ohne dass dazu spezielle Maßnahmen, wie das Einrichten von Vertrauensstellungen, durchgeführt werden müssen. Es können ohne weiteres Benutzer aus den unterschiedlichsten Domänen der Welt auf Freigaben anderer Domänen zugreifen, sofern diese dazu berechtigt werden. Es besteht somit ein durchgehendes Sicherheitskonzept, aufgrund dessen einem Benutzer Zugriffsrechte an beliebigen anderen Stellen innerhalb der Gesamtstruktur erteilt werden können. Der Vorteil von Gesamtstrukturen (Forests) liegt darin, dass bestehende Strukturen mit unterschiedlichen Namenskonventionen, wie sie sich beispielsweise in größeren Konzernen oftmals finden, zu einer einheitlichen Struktur integriert werden können. Aus Sicht des Anwenders ist eine Gesamtstruktur weitgehend transparent. Er sieht letztlich nur Freigaben, auf die er zugreifen kann. Mit den dahinter liegenden Konzepten muss er sich nicht auseinander setzen.

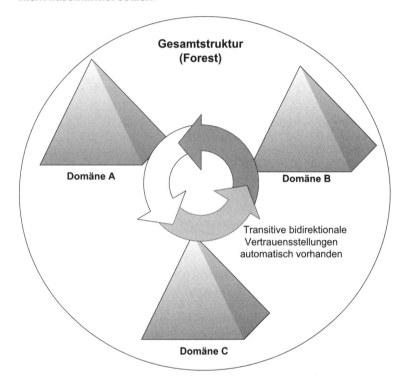

Abbildung 3.14: Transitive bidirektionale Vertrauensstellungen im Active Directory

Eine der gravierendsten Einschränkungen des Gesamtstrukturenmodells wurde bei Windows Server 2003 beseitigt. Dort lassen sich so genannte *Gesamtstruktur-übergreifende Vertrauensstellungen* erstellen. Dadurch können Informationen aus verschiedenen Gesamtstrukturen zusammengefasst werden. Bei diesen Vertrauensstellungen können zwei unterschiedliche Gesamtstrukturen durch Vertrauensstellungen zusammengefasst werden. Trotz dieser *Gesamtstruktur-übergreifenden Vertrauensstellungen* haben die beiden Gesamtstrukturen weiterhin verschiedene Schematas und Datenbanken, was den Einsatz von Exchange zum Beispiel stark einschränkt.

*Abbildung 3.15:
Transitive Vertrauensstellungen im
Active Directory*

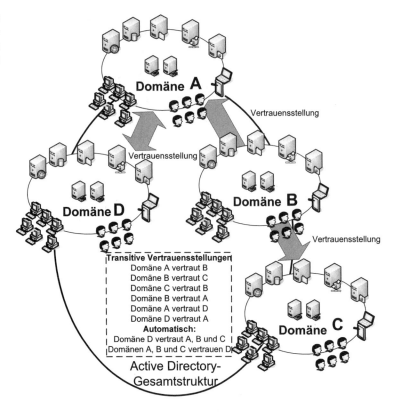

3.3.3 Multimaster-Domänencontroller im Active Directory

Die nächste grundlegende technische Änderung von Domänen im Active Directory ist das so genannte *Multimaster-Modell* für die Domänencontroller. Es gibt kein PDC/BDC-Modell mehr im Active Directory. Alle Domänencontroller in einem Active Directory sind gleichwertig. Es können sich unterschiedliche Administratoren an verschiedenen Domänencontroller anmelden und Änderungen durchführen. Die jeweiligen Änderungen werden automatisch an die anderen Domänencontroller repliziert. Durch diese neue Technik ist eine Domäne nicht mehr anfällig für den Ausfall des PDC. Alle Domänencontroller im Active Directory sind berechtigt, Änderungen an Objekten oder Attributen durchzuführen. Jeder einzelne Domänencontroller im Active Directory hat eine Kopie seiner Partition des Active Directorys, also der Domäne, die er verwaltet.

Das Active Directory

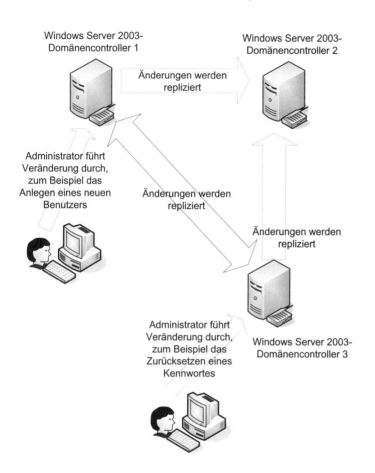

Abbildung 3.16:
Multimaster-Modell
in *Active Directory*

FSMO-Rollen der Domänencontroller

Auch wenn Änderungen auf allen Domänencontrollern durchgeführt werden, können diese unterschiedliche Rollen einnehmen. Im Active Directory stehen sechs Rollen zur Verfügung. Diese Rollen werden als *Floating Single Master Operations(FSMO)*-Rollen bezeichnet. Es gibt fünf FSMO-Rollen und zusätzlich noch globale Katalogserver. Der Server, der für eine bestimmte dieser Rollen zuständig ist, wird als *Master* bezeichnet. Der Globale Katalog-Server ist keine FSMO-Rolle, aber genauso flexibel und ebenso wichtig wie die fünf FSMO-Rollen. Zur genauen Definition des Globalen Katalog-Servers komme ich später in diesem Abschnitt. An dieser Stelle sollten Sie zunächst nur wissen, dass es Globale Katalog-Server gibt. Wenn Sie ein Active Directory mit den Standorten und Lagen von Domänencontrollern planen, sollten Sie diese sechs Rollen in- und auswendig kennen. Der größte Vorteil dieser Rollen liegt in der Flexibilität. Selbst im laufenden Betrieb kann jede dieser Rolle ohne weiteres auf einen anderen Domänencontroller verschoben werden, ohne dass Anwender bei ihrer Arbeit beeinträchtigt werden.

Bei Windows NT wurde bereits bei der Installation des Betriebssystems festgelegt, ob ein Server PDC, BDC oder Mitgliedsserver werden soll. Nachträglich war keine Änderung mehr möglich. Im Active Directory werden Server immer als allein stehende Server installiert. Nach der Installation kann ein Server zum Domänencontroller *hochgestuft* (*promoted*) oder zu einem Mitgliedsserver eines Active Directorys werden. Diese Hochstufung kann jederzeit wieder rückgängig gemacht und andere Server können zum Domänencontroller befördert werden. Auch die FSMO-Rollen sowie der Globale Katalog-Server können jederzeit verschoben werden.

Auch wenn das Verschieben von FSMO-Rollen und des Globalen Katalog-Servers jederzeit durchgeführt werden kann, gehört das Festlegen dieser Rollen und der Standorte der Domänencontroller zu den wichtigsten Punkten der Planung des Active Directorys. Die einzelnen Rollen und der Globale Katalog-Server sollten nur in absoluten Ausnahmefällen auf andere Server verschoben werden, um Ausfälle zu verhindern. Bereits frühzeitig sollte in der Planung des Active Directorys die Anzahl der Gesamtstrukturen (Forests), Strukturen (Trees) und Domänen festgelegt werden. Dies gilt auch für die Standorte und Rollen der Domänencontroller.

Welche FSMO-Rollen gibt es?

▶ Ein Domänencontroller kann eine, mehrere oder keine Rolle annehmen. Auch ohne eine dieser Rollen sind sie gleichwertige Domänencontroller, an denen Änderungen am Active Directory vorgenommen werden. Jede FSMO-Rolle kann nur einmal vergeben werden, während Globale Katalog-Server auf mehrere Domänencontroller verteilt werden sollten. Folgende FSMO-Rollen stehen zur Verfügung:

▶ Schemamaster

▶ Domänennamenmaster

▶ PDC-Emulator

▶ RID-Master

▶ Infrastrukturmaster

Den Schemamaster und Domänennamenmaster gibt es in jeder Gesamtstruktur einmal. PDC-Emulator, RID-Master und Infrastrukturmaster kommen in jeder Domäne des Active Directorys jeweils einmal vor. Mithilfe einer Formel können Sie schnell ausrechnen, wie viele Betriebsmaster in Ihrer Gesamtstruktur (Forest) insgesamt überwacht werden müssen:

```
Anzahl an FSMO-Server = (Domänenanzahl x 3) + 2
```

Schemamaster

Der Domänencontroller, der die Rolle Schemamaster einnimmt, ist für die Verwaltung des Active Directory-Schemas zuständig. In jeder Gesamtstruktur (Forest) kann immer nur ein Domänencontroller der Schemamaster sein, unabhängig von der Anzahl von Strukturen (Trees) oder Domänen. Das Schema des Active Directorys verwaltet die Klassen, Objekte und Attribute, die im Active Directory existieren. Nach der Installation des ersten Domänencontrollers in einem Active Directory ist dieser automatisch der Schemamaster. Nur auf dem Schemamaster kann das Schema verändert werden. Wenn Sie eine Schema-Änderung auf einem anderen Domänencontroller durchführen, werden Sie auf den Schemamaster verbunden. Wenn der Schemamaster aus irgendwelchen Gründen nicht zur Verfügung steht, ist der laufende Betrieb des Active Directorys nicht beeinträchtigt. Der Schemamaster wird nur zur Erweiterung des Schemas benötigt. Damit ein Administrator Änderungen am Schema vornehmen kann, muss er Mitglied in der speziellen Gruppe *Schema-Administratoren* sein.

Domänennamenmaster

Der Domänencontroller mit der Funktion Domänennamenmaster steuert das Hinzufügen und Entfernen von Domänen und Strukturen (Trees) in der Gesamtstruktur (Forests). Es darf nur ein Domänennamenmaster in der Gesamtstruktur vorhanden sein. Die Funktion Domain Naming Master sollte immer einem Domänencontroller zugewiesen werden, der auch Globaler Katalog-Server ist. Die Rolle des Domänennamenmasters erhält automatisch der erste installierte Domänencontroller einer Gesamtstruktur. Wenn der Domänennamenmaster nicht zur Verfügung steht, können keine zusätzlichen Domänen dem Active Directory hinzugefügt werden. Für den laufenden Betrieb hat der Domänennamenmaster darüber hinaus keine Funktion.

PDC-Emulator

Wenn die Domäne Computer umfasst, auf denen nicht Windows 2000, Windows XP oder Windows Vista ausgeführt wird oder wenn die Domäne noch Windows NT 4.0-Sicherheitsdomänencontroller (BDCs) enthält, fungiert der PDC-Emulator als Windows NT PDC. Dieser verarbeitet Kennwortänderungen der Clients und repliziert Aktualisierungen auf die BDCs. In einer Windows Server 2003-Domäne, die im einheitlichen Modus betrieben wird, empfängt der PDC-Emulator bevorzugt Replikationen von Kennwortänderungen, die von anderen Domänencontrollern der Domäne durchgeführt wurden. Wird ein Kennwort geändert, vergeht etwas Zeit, bevor das Kennwort auf allen Domänencontrollern in der Domäne repliziert wird. Schlägt in dieser Zeit ein Anmeldevorgang auf einem anderen

3 Planen eines Active Directorys

Domänencontroller aufgrund eines falschen Kennwortes fehl, leitet der entsprechende Domänencontroller die Authentifizierungsanfrage an den PDC-Emulator weiter, bevor die Anmeldung verweigert wird. Er ist auch für die Verwaltung und Durchsetzung der Gruppenrichtlinien verantwortlich.

Wenn der PDC-Emulator nicht zur Verfügung steht, bestehen keine größeren Einschränkungen für den produktiven Betrieb, aber deutlich mehr als wenn Domänennamen- oder Schemamaster ausfallen würden. Steht der Domänencontroller, der die Rolle des PDC-Emulators hat, nicht zur Verfügung, gibt es unter Umständen Probleme bei der Anwendung von Gruppenrichtlinien, dem Ändern von Kennwörtern und bei Vertrauensstellungen zu NT 4.0-Domänen. Der erste installierte Domänencontroller einer Domäne im Active Directory wird automatisch zum PDC-Emulator. Zusätzlich kommt dem PDC-Emulator die Aufgabe des Zeitservers im Active Directory zu. Alle Mitgliedsserver und Domänencontroller in einer Domäne gleichen die Zeit mit dem PDC-Emulator ab.

RID-Master

Der RID-Master weist jedem Domänencontroller in der zugehörigen Domäne relative Kennungen *(Relative IDs, RIDs)* zu. Sobald ein Domänencontroller ein Benutzer-, Gruppen- oder Computerobjekt erstellt, weist er diesem Object eine eindeutige *Sicherheits-ID* (bzw. Security Identifier, abgekürzt SID) zu. Die Sicherheits-ID enthält eine Domänenkennung (die für sämtliche Sicherheits-IDs einer bestimmten Domäne verwendet wird) sowie einen relativen Bezeichner (RID), der für jede in der Domäne erstellte SID eindeutig ist. Wenn der RID-Master nicht zur Verfügung steht, können Domänencontroller so lange neue Objekte in die Domäne aufnehmen, bis deren RID-Pool erschöpft ist. Wenn der RID-Pool eines Domänencontrollers erschöpft ist und er den RID-Master seiner Domäne nicht erreicht, bekommen Administratoren eine Fehlermeldung, wenn sie neue Objekte in der Domäne anlegen wollen. Der erste installierte Domänencontroller in einer Domäne im Active Directory wird automatisch RID-Master.

Infrastrukturmaster

Der Infrastrukturmaster ist für die Aktualisierung der Sicherheitskennungen und definierten Namen von domänenübergreifenden Objektverweisen zuständig. In jeder Domäne darf nur ein Domänencontroller als Infrastrukturmaster fungieren. Der Infrastrukturmaster sollte niemals mit dem Globalen Katalog-Server zusammen auf einem Domänencontroller laufen. Nur so wird gewährleistet, dass die Informationen vom Infrastrukturmaster in die Globalen Katalog-Server korrekt repliziert werden. Er ist zuständig für das Anlegen von Infrastrukturobjekten, wie zum Beispiel Gruppen, die Mitglieder aus verschiedenen Domänen enthalten. Außerdem ist er in Strukturen, die über mehrere Domänen verfügen, in jeder Domäne dafür zuständig, Informationen darüber zu speichern, welche Benutzer der jeweiligen Domäne in welcher Gruppe der verschiedenen Domänen Mitglied sind. Diese Informationen werden benötigt, wenn in der Domäne A ein Ordner freigegeben wird, auf den Benutzer der verschiedenen anderen Domänen zugreifen können. Damit der Zugriff einzelner Benutzer schneller durchgeführt wird, speichert der Infrastrukturmaster die Gruppenmitgliedschaften. Bei Active Directorys mit nur einer Domäne spielt er so gut wie keine Rolle, da keine komplizierte Infrastruktur zu verwalten ist. In diesem Fall kann er ohne weiteres auf einem Domänencontroller installiert werden, der auch Globaler Katalog-Server ist.

Globaler Katalog (Global Catalog, GC)

Der Globale Katalog speichert Teilinformationen des gesamten Active Directorys. Er hat darüber hinaus einen Index, in dem hinterlegt ist, auf welchem Domänencontroller die verschiedenen Objekte des Active Directorys jeweils liegen. Er kennt daher alle Partitionen (Domänen) eines Active Directorys, deren Domänencontroller sowie deren Lage. Wenn Client-PCs in ihrem Standort, der im Active Directory definiert wurde, keinen Globalen Katalog-Server finden, ist keine Anmeldung an der Domäne möglich, egal wie viele andere Domänencontroller an diesem Standort noch stehen. Seit Windows Server 2003 können die Client-PCs über das WAN eines Unternehmens auch auf Globale Katalog-Server anderer Standorte zugreifen. In diesem Fall dauert die Anmeldung unnötig lange und belastet den Netzwerkverkehr über die WAN-Leitung, vor allem bei vielen PCs, erheblich. Der Globale Katalog ist eine Informationssammlung, die eine Teilmenge aller Objekte des Active Directorys enthält. Der erste Domänencontroller, den Sie erstellen, wird automatisch zum Server für den Globalen Katalog. Wenn Sie weitere hinzufügen wollen, müssen Sie dies manuell nachholen. Der Globale Katalog enthält außerdem die Zugriffsberechtigungen für jedes Objekt und jedes Attribut, das im Globalen Katalog gespeichert ist. Wenn Sie ein Objekt suchen, aber nicht über die erforderlichen Berechtigungen zum Anzeigen des Objekts verfügen, wird das betreffende Objekt nicht in der Liste mit den Suchergebnissen angezeigt. Dadurch wird sichergestellt, dass Benutzer nur die Objekte finden, für die ihnen eine Zugriffsberechtigung erteilt wurde. Der Globale Katalog ist eines der zentralen Elemente im Active Directory.

*Abbildung 3.17:
Active Directory mit
verschiedenen Standorten und Globalen
Katalog-Servern*

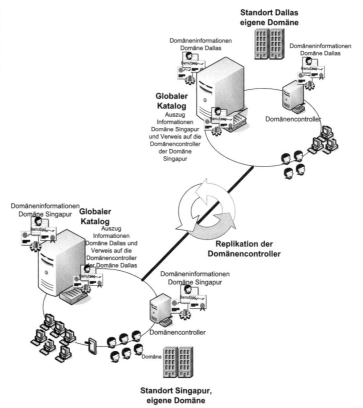

Der Globale Katalog ist ein Serverdienst, der auf beliebigen Domänencontrollern ausgeführt werden kann. Im Gegensatz zu dem Domänencontroller-Dienst ist er eine Funktion, die sich auf die Gesamtstruktur und nicht nur auf eine Domäne bezieht. Ein gutes Beispiel dafür sind E-Mail-Adressen von Benutzern. Der Zugriff auf den Globalen Katalog erfolgt für Anwender transparent. Wenn eine Suche durchgeführt wird, hängt es vom Bereich der Suche ab, wie gearbeitet wird. Eine Suche nach Personen über die Suchfunktion des Windows-Explorers, bei der als Suchbereich *Active Directory* ausgewählt wird, verwendet den Globalen Katalog. Zugriffe, bei denen eine konkrete Domäne angegeben wird, arbeiten dagegen über die lokal vorhandenen Domänencontroller. Außerdem wird der Globale Katalog während der Anmeldung benötigt, um Gruppenmitgliedschaften in universellen Gruppen aufzulösen. Diese Gruppen könnten in anderen Domänen definiert sein, was bedeutet, dass der lokale Domänencontroller von diesen Gruppen keine Kenntnis hat, sondern nur der Globale Katalog-Server. Die Globalen Katalog-Server sind für die Effizienz des Active Directory-Netzwerks von eminenter Bedeutung. Auf der einen Seite bedeutet die Verwendung eines Globalen Katalog-Servers, dass Informationen aus allen Domänen in der Gesamtstruktur zu diesem Server repliziert werden müssen. Auf der anderen Seite werden dadurch viele Vorgänge deutlich vereinfacht:

▸ Suchoperationen, die sich auf das gesamte Active Directory beziehen, können in den meisten Fällen über den Globalen Katalog-Server durchgeführt werden. Es ist nicht erforderlich, auf Domänencontroller der verschiedenen Domänen zuzugreifen. An den meisten Standorten sind nicht für alle Domänen Domänencontroller vorhanden, sodass ein Zugriff auf diese Domänen über WAN-Verbindungen erfolgen müsste. Das hätte die Konsequenz, dass auf diesen eine unnötig hohe Last entstünde. Zudem würden sehr viele verschiedene Server durch Anfragen belastet. Durch die Verwendung des GC können die meisten dieser Anfragen lokal abgearbeitet werden.

▸ Falls Informationen benötigt werden, die lokal nicht vorhanden sind, kann über den Globalen Katalog-Server effizient analysiert werden, auf welchem Domänencontroller diese vorhanden sind.

Da der Globale Katalog-Server als LDAP-Server arbeitet, kann seine Funktionalität von allen LDAP-Clients genutzt werden. Das sind nicht nur Windows XP- und Windows 2000-Clients, sondern auch E-Mail-Programme. Auch manche externen Geräte können per LDAP auf diese Informationen zugreifen, beispielsweise Kombikopiergeräte, die bei ihrer Scannerfunktion auf E-Mail-Informationen zum Versenden der gescannten Dokumente zugreifen.

Der erste installierte Domänencontroller in einem Active Directory ist gleichzeitig automatisch der erste Domänencontroller der Gesamtstruktur (Forest). Außerdem ist er automatisch der erste Domänencontroller der ersten Struktur (Tree) der Gesamtstruktur. Er ist auch der erste Domänencontroller der ersten Domäne in der neuen Struktur. Zu guter Letzt ist er auch der erste Globale Katalog-Server im Active Directory. Der erste installierte Domänencontroller hat alle fünf Masterrollen inne.

Die optimale Verteilung von Globalen Katalog-Servern

An jedem physikalischen Standort sollte es mindestens einen Globalen Katalog-Server geben. In Standorten ohne Globale Katalog-Server müssen viele Aktionen über das WAN ausgeführt werden. Das setzt ein WAN mit ausreichender Bandbreite und hoher Stabilität voraus. An größeren Standorten ist es überlegenswert, mehr als einen Globalen Katalog-Server einzusetzen. Hier spielen die Anforderungen an die Verfügbarkeit und an die Performance eine wichtige Rolle. Sie sollten aber nicht alle Domänencontroller zum Globalen Katalog-Server konfigurieren. Die Datenmenge, die zu Globalen Katalog-Servern repliziert werden muss, ist deutlich höher als die normale Datenmenge. Ideal sind maximal zwei bis drei Globale Katalog-Server pro Standort. Bei einer größeren Anzahl von Benutzern können Sie auch

3 Planen eines Active Directorys

mehr Server definieren. Beobachten Sie zu Zeiten, an denen sich viele Anwender anmelden (vorzugsweise morgens zwischen 7:00 und 9:00 Uhr), die Last der Globalen Katalog-Server. Wenn die Server überlastet werden, sollten noch zusätzliche Server konfiguriert werden. Drei Globale Katalog-Server können aber ohne weiteres ein paar hundert Benutzer bedienen, wenn sie mit aktueller Hardware ausgestattet sind (aktueller Prozessor, 1 bis 2 Gbyte RAM).

Alle Globalen Katalog-Server außer dem ersten müssen manuell konfiguriert werden. Dazu wird das Programm *Active Directory-Standorte und -Dienste* verwendet. Unterhalb des Ordners *Standorte* finden sich die verschiedenen Standorte. Bei den Standorten kann im Container *Servers* der Server ausgewählt werden, bei dem die Funktionalität des GC aktiviert oder deaktiviert werden kann. Im Container *NTDS Settings* kann die Rolle über die Eigenschaften des Serverobjekts konfiguriert werden. Hier findet sich die Option *Globaler Katalog*, mit der definiert wird, ob ein Domänencontroller diese Rolle hat.

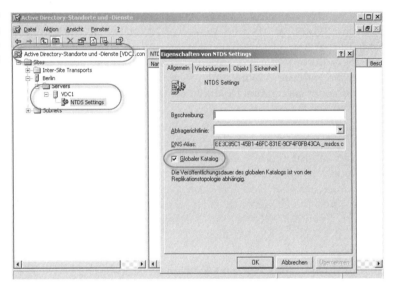

Abbildung 3.18: Definition eines Globalen Katalog-Servers

Die optimale Verteilung der FSMO-Rollen

Ein wichtiger Planungspunkt für das Active Directory ist die Verteilung der FSMO-Rollen. Wenn sich das Netzwerk über mehrere Standorte erstreckt, kann eine falsche Verteilung der Rollen auf die Domänencontroller zu unnötig hoher Netzlast führen. Es kann bewirken, dass in einigen Situationen zu viel Verkehr über WAN-Verbindungen entsteht. Dadurch können Probleme entstehen, wenn Standortverbindungen unterbrochen sind, sodass nicht mit einem entfernt lokalisierten Betriebsmaster kommuniziert werden kann. Standardmäßig hat der erste installierte Domänencontroller einer Gesamtstruktur alle FSMO-Rollen. Wenn diese nicht sofort verteilt werden, sollte zumin-

Das Active Directory

dest in der Dokumentation des Active Directorys dieser Umstand berücksichtigt werden. Jeder erste installierte Domänencontroller einer weiteren Active Directory-Domäne erhält die drei Betriebsmaster der Domäne (RID, PDC, Infrastructure).

Microsoft empfiehlt bei einem Active Directory mit mehreren Domänen, den Infrastrukturmaster nicht auf einen Globalen Katalog-Server zu legen. Domänennamenmaster und Schemamaster sollten hingegen auf einem GC-Server liegen. Beim RID- und PDC-Master gibt es keine definitive Empfehlung. Nach meinen Erfahrungen sind diese beiden Rollen aber auch gut auf einem Globalen Katalog-Server aufgehoben.

Verlegen von FSMO-Rollen auf andere Domänencontroller

Solange der Betriebsmaster aktiv ist, kann die FSMO-Rolle sehr leicht verschoben werden.

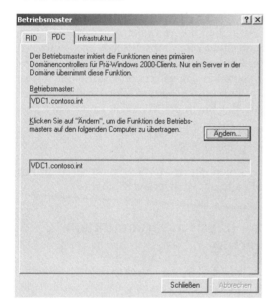

Abbildung 3.19: Betriebsmaster einer Active Directory-Domäne

Die Rollen von Betriebsmastern in den Domänen können über den Befehl *Betriebsmaster* im Kontextmenü der Domäne in *Active Directory-Benutzer und -Computer* angepasst werden. Dort kann ein Wechsel durch Auswahl der Schaltfläche *Ändern* erfolgen.

Bei den Betriebsmastern, die für die Gesamtstruktur zuständig sind, müssen dagegen folgende Werkzeuge verwendet werden: Der Schemamaster kann über das *Active Directory Schema*-Snap-In verschoben werden. Dieses Snap-In muss manuell in eine MMC-Anwendung aufgenommen werden. Der Domain Naming (DNS) Master kann über

Active Directory-Domänen und -Vertrauensstellungen modifiziert werden. In jedem Fall kann ein grafisches Administrationswerkzeug für den Transfer der Betriebsmaster-Rolle verwendet werden, falls die Betriebsmaster online sind.

Ausfall eines FSMO-Betriebsmasters

Komplexer ist der Rollenwechsel, wenn der bisherige Betriebsmaster nicht mehr aktiv ist. Bei Ausfall eines Betriebsmasters ist es erforderlich, die Rolle zu verschieben. Andernfalls können nach einiger Zeit keine neuen Objekte im Active Directory mehr definiert werden (RID-Master), keine Schema-Änderungen vorgenommen werden (Schemamaster) und so weiter. Beim RID-Betriebsmaster hat Microsoft Vorkehrungen getroffen, um das System möglichst stabil gegen einen Ausfall des Betriebsmasters zu machen. Die RID-Pools, die an Windows Server 2003-Domänencontroller vergeben werden, umfassen jeweils 500 RIDs. Nach 400 verbrauchten RIDs fordert der Domänencontroller einen neuen Pool beim Betriebsmaster an. Damit stehen selbst im schlechtesten Fall immer 100 RIDs zur Verfügung, wenn der Betriebsmaster ausfällt. Wenn die Rolle eines Betriebsmasters im Fehlerfall geändert werden soll, steht kein grafisches Werkzeug zur Verfügung. Hier sollten die Administratoren eine Befehlszeile öffnen. Zum Verschieben bzw. manuellen Anpassen von FSMO-Rollen über die Befehlszeile steht das Programm *ntdsutil.exe* zur Verfügung. Weitere Informationen dazu finden Sie in der Microsoft Knowledge Base unter:

http://support.microsoft.com/?kbid=255504

Die Anpassung sollte nur vorgenommen werden, wenn der ursprüngliche Betriebsmaster nicht mehr im Netzwerk verfügbar ist.

3.3.4 Standorte – physische Trennung im Active Directory

Bisher haben Sie erfahren, wie das Active Directory logisch unterteilt werden kann. Sie können ein Active Directory nach verschiedenen Gesamtstrukturen aufsplitten, Sie können Strukturen mit beliebig vielen Domänen und Child-Domänen anlegen und Sie können in einzelnen Domänen Organisationseinheiten anlegen, um darin die verschiedenen Benutzer- und Computerkonten einer Domäne zu ordnen. Diese Untergliederung können Sie rein nach logischen Gesichtspunkten vornehmen. Sie müssen bei der Planung bisher noch nicht auf physikalisch getrennte Standorte eingehen. Standorte sind einer der wichtigsten Aspekte bei der Gestaltung des Active Directorys. Standorte sind die physische Trennung von Domänen. Die Domänencontroller eines Standorts sind Bestandteil eines LANs. Liegt ein Domänencontroller außerhalb dieses LANs, zum Beispiel in einer Niederlassung, wird er

Das Active Directory

im Active Directory in der gleichen Domäne, aber in einem anderen Standort definiert. Das Active Directory kann in diesem Bereich sehr flexibel konfiguriert werden. Unternehmen mit Niederlassungen können eine Domäne betreiben und diese in verschiedene Standorte untergliedern. Durch diese Möglichkeiten wird die Verwaltung eines Active Directorys enorm vereinfacht.

Unter Windows NT 4 musste in jedem Standort eines Unternehmens eine eigene Domäne angelegt werden. Die Replikation von Domänencontrollern unter Windows NT 4 zwischen Standorten war so gut wie nicht möglich. Windows NT 4 konnte bei der Replikation der Domäneninformationen noch nicht zwischen breitbandigen Netzwerken in LANs und den eher schmalbandigen Verbindungen im WAN unterscheiden. Außerdem konnte es pro Domäne nur einen PDC geben, der für die Steuerung und Anmeldung der Benutzer wichtig ist.

Replikation von Domänencontrollern im Active Directory

Es besteht die Möglichkeit, eine Domäne zwischen verschiedenen Standorten aufzuteilen. Im Active Directory können Sie konfigurieren, wie diese Standorte angebunden sind. Bei der Replikation zwischen Domänencontrollern in verschiedenen Standorten wird nur der notwendigste Datenverkehr repliziert. Sie können Zeitpläne definieren, wann zwischen verschiedenen Standorten Daten repliziert werden. Zu guter Letzt wird der Datenverkehr zwischen Niederlassungen komprimiert, sodass die Daten schneller repliziert werden können. Durch das Multimaster-Modell mit der Möglichkeit, beliebig viele Globale Katalog-Server anzulegen, spielt bei der Planung eines Active Directorys die räumliche Strukturierung eines Unternehmens für die logische Aufteilung keine Rolle mehr. Die Untergliederung der Active Directory-Standorte erfolgt mithilfe von IP-Subnetzen. Sie können jedem Standort verschiedene Subnetze zuweisen. Der Replikationsmechanismus des Active Directorys erkennt automatisch, zu welchem Standort ein Domänencontroller zugewiesen werden soll, und stellt die Replikation entsprechend ein. Eine Domäne kann sich daher auch global auf unterschiedliche Länder erstrecken. An jedem Standort stehen Domänencontroller dieser Domäne sowie Globale Katalog-Server, mit deren Hilfe Anwender sich anmelden können. Wenn Sie Niederlassungen haben, sind Sie nicht mehr gezwungen, für jede Niederlassung eine eigene Domäne anzulegen. Sie können beliebige Domänen anlegen, zum Beispiel auch nur eine, und die Niederlassungen in verschiedene Active Directory-Standorte aufteilen.

Abbildung 3.20: Standorte-Konzept im Active Directory

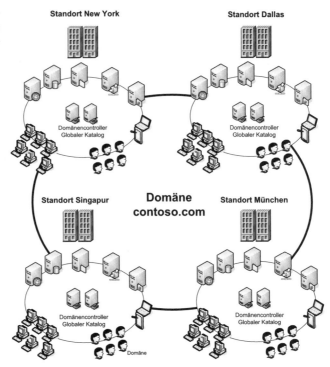

Replikation über Bridgeheadserver steuern

Sie können an jedem Standort so genannte *Bridgeheadserver* (Brückenkopf) konfigurieren. Die Aufgabe dieser Bridgeheadserver besteht darin, die Informationen von Bridgeheadservern der anderen Standorte zu replizieren und die Änderungen an die internen Domänencontroller weiterzuleiten. Bridgeheadserver können zwar auch manuell vergeben werden, aber das ist nicht notwendig. Der *Intersite Topology Generator (ISTG)* wählt für jeden Standort automatisch die am besten geeigneten Bridgeheadserver aus. Microsoft empfiehlt, die Bridgeheadserver nicht manuell zu konfigurieren, sondern den ISTG zu verwenden. Wenn Sie Bridgeheadserver manuell auswählen und einzelne Server zu bevorzugten Bridgeheadservern konfigurieren, kann der KCC nur zwischen diesen Servern auswählen, nicht zwischen allen Domänencontrollern eines Standorts. Außerdem besteht darüber hinaus noch die Gefahr, dass bei Ausfall von allen bevorzugten Bridgeheadservern keine Replikation zu und von diesem Standort durchgeführt werden kann. Wenn Sie an einem Standort fünf Domänencontroller stehen haben, müssen nicht alle fünf Domänencontroller mit allen anderen Standorten replizieren. Es reicht ein Bridgeheadserver, der sich mit den anderen Niederlassungen repliziert. Dadurch entsteht nur Datenverkehr zwischen den Bridgeheadservern der Niederlassungen, aber nicht zwischen allen Domänencontrollern des Unternehmens untereinander. In einem Szenario mit verschiedenen physikalischen Niederlassungen können an einem Standort Domänencontroller die Sonderfunktion von einer der fünf FSMO-Rollen einnehmen, Globale Katalog-Server und auch noch Bridgeheadserver werden. Diese sieben Rollen müssen daher in Domänen genau geplant und auch dokumentiert werden. Die anschließende Konfiguration ist nicht Bestandteil dieses Buches, hierzu gibt es genügend Praxisbücher, die sich ausgiebig mit dem Thema auseinander setzen.

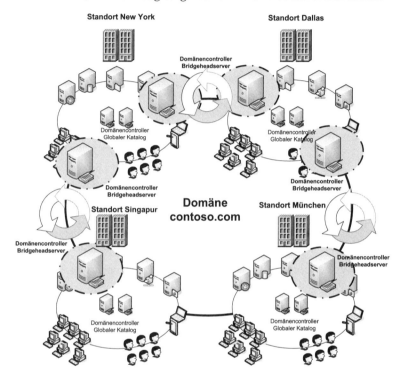

Abbildung 3.21: Bridgeheadserver im Active Directory

Um festzulegen, welcher Server an einem Standort als Bridgeheadserver eingesetzt werden soll, müssen Sie die Eigenschaften des Servers im Snap-In *Active Directory-Standorte und -Dienste* bearbeiten. Dort stehen in einer Liste die Transporte für die standortübergreifende Datenübermittlung. Sie können einen oder mehrere Transporte auswählen und mit der Schaltfläche *Hinzufügen* in die Liste *Server für Transporte* übernehmen. Der Server ist bevorzugter Server für diese Transporte und fungiert als Bridgeheadserver. Er hat daher die höchste Replikationslast zu tragen. Je nach Art der Standortverbindungen kann die physische Lokation des Servers eine wichtige Rolle spielen, wenn sich Server in unterschiedlichen Subnetzen eines Standorts befinden.

Abbildung 3.22: Definition eines Bridgeheadservers im Active Directory

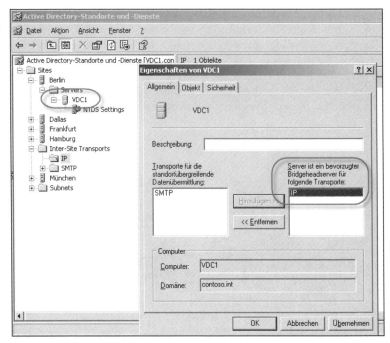

Planung der Verbindung zwischen verschiedenen Standorten

Für die Verbindung zwischen zwei Standorten stehen zwei Alternativen zur Verfügung:

▸ Standortverknüpfung

▸ Standortverknüpfungsbrücke

Wenn zwischen zwei Standorten eine WAN-Verbindung zur Verfügung steht, kann die Replikation mit einer Standortverknüpfung durchgeführt werden. Standortverknüpfungen sind generell transitiv. Sollte es zwischen zwei Standorten keine Verbindung geben, wählt das System automatisch einen Weg über andere Standorte. Um mehr Kontrolle über den Datenfluss im WAN zu bekommen, kann die automatische Erstellung von Standortverknüpfungen ausgeschaltet werden. In diesem Fall wird die Replikation mit *Standortverknüpfungsbrücken* durchgeführt. Dieser Verbindungstyp wird eingesetzt, wenn es mindestens drei Standorte gibt und zwischen zwei dieser Standorte keine Verbindung besteht. Dadurch kann die Verbindung zwischen Standort A und Standort C durch eine Verbindung zunächst von Standort A mit Standort B und von Standort B mit Standort C hergestellt werden. Die Häufigkeit der Replikation zwischen den Standorten kann konfiguriert werden. Der Standardwert für die Replikation zwischen Standorten beträgt 180 Minuten. Er sollte nur reduziert werden, wenn Änderungen schneller zwischen Standorten verteilt werden müssen.

Das Active Directory

Standortbrücken spielen bei der Konfiguration des Replikationsintervalls keine Rolle, da sie nur ein Konstrukt zur Verknüpfung mehrerer Standortverknüpfungen darstellen. Der zulässige Wertebereich liegt zwischen 15 Minuten und 10 080 Minuten (entsprechend einer Woche).

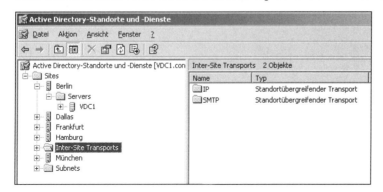

Abbildung 3.23: Standorte im Active Directory

Der automatisch definierten Standortverbindung werden alle Standorte automatisch zugefügt. Solange die Replikation nach dem Standardschema von Windows Server 2003 erfolgen soll und keine Besonderheiten beachtet werden müssen, ist keine Anpassung erforderlich. Bei den Einstellungen für eine Standortverknüpfung können die zugehörigen Standorte angepasst werden. Neben der Beschreibung sind die Kosten und die Festlegung für den Zeitabstand der Replikation zu konfigurieren. Die Werte können jederzeit verringert oder erhöht werden. So kann über die Schaltfläche *Zeitplan ändern* ein Replikationszeitplan erstellt werden, um die Belastung einer schmalbandigen WAN-Leitung zu besonders lastintensiven Zeiten durch die Replikation von Verzeichnisinformationen zu verringern oder zu verhindern. Die Kosten sind relevant, wenn es mehrere alternative Verbindungen zwischen zwei Standorten gibt. Windows Server 2003 verwendet bei Verfügbarkeit die Verbindung mit den niedrigeren Kosten.

Definition von IP-Subnetzen zur Trennung von Standorten

Ein weiterer wichtiger Schritt in der Planung eines neuen Standorts ist die Definition von IP-Subnetzen. Im Ordner *Subnets* müssen alle im Netzwerk vorhandenen IP-Subnetze konfiguriert und den verschiedenen Standorten zugewiesen werden. Die IP-Subnetze bilden die Basis dafür, dass Windows Server 2003 beim Hinzufügen weiterer Domänencontroller automatisch erkennen kann, an welchem Standort diese stehen.

Das Subnetz wird durch Angabe der IP-Adresse des Netzwerks und der zugehörigen Subnetzmaske definiert. Die Umsetzung in den Namen wird von Windows Server 2003 automatisch vorgenommen. Zusätzlich muss ein Standort ausgewählt werden, dem das Subnetz zugeordnet werden soll.

*Abbildung 3.24:
Definition von
Subnetzen im
Active Directory*

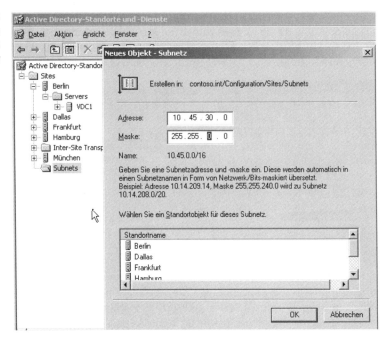

Verschieben von Domänencontrollern zwischen Standorten

Nachdem die Standorte mit den Subnetzen erstellt wurden, müssen gegebenenfalls bereits vorhandene Domänencontroller in die Standorte verschoben werden, zu denen sie gehören. Das kann über den Befehl *Verschieben* im Kontextmenü des jeweiligen Domänencontrollers geschehen. Im angezeigten Dialogfeld kann der Standort, zu dem der Domänencontroller verschoben werden soll, ausgewählt werden.

*Abbildung 3.25:
Verschieben von
Domänencontrollern zwischen
Standorten*

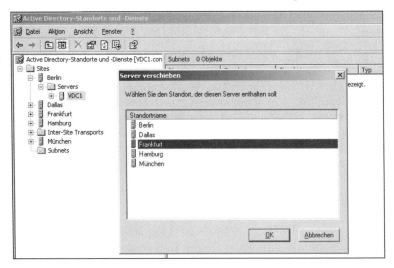

Das Active Directory

Lizenzierungscomputer in den einzelnen Standorten

Die Definition eines Lizenzierungscomputers im Standort muss ebenfalls gut geplant werden. Im Container für den Standort wird automatisch ein Eintrag *Licensing Site Settings* angelegt. Bei den Eigenschaften dieses Eintrags kann auf der Registerkarte *Lizenzierungseinstellungen* über die Schaltfläche *Ändern* ein Computer ausgewählt werden, der als Lizenzierungscomputer für diesen Standort fungieren soll. Hier muss es sich nicht unbedingt um einen Computer handeln, der lokal an diesem Standort steht. Unter dem Aspekt der Netzlast ist dies jedoch in jedem Fall sinnvoll. Es muss sich beim Lizenzierungscomputer nicht zwingend um einen Domänencontroller handeln. Dieser Computer ist für den konfigurierten Standort für die Verwaltung der einzelnen Lizenzen und CALs zuständig.

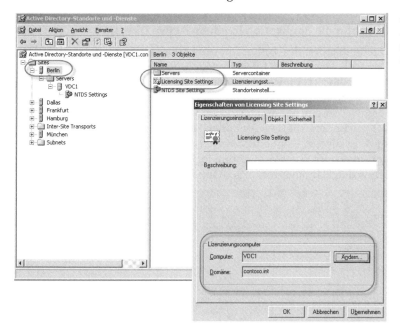

Abbildung 3.26: Lizenzierungscomputer eines Standorts

Knowledge Consistency Checker (KCC)

Der KCC (Knowledge Consistency Checker) ist ein automatischer Mechanismus im Active Directory. Dieser läuft auf jedem Domänencontroller und erstellt und pflegt die Topologie des Netzwerks, um die optimalen Replikationspartner zu finden. Er erstellt automatisch Standortverknüpfungsbrücken, wenn zwei Standorte nicht miteinander verbunden sind. Er versucht, mit Erfahrungswerten über die Performance der Replikation die optimale Struktur aufzubauen. Dieser Ansatz ist deshalb empfehlenswert, weil die Struktur durch den KCC alle 15 Minuten überprüft wird und damit ausgefallene Verbindungen erkannt werden. Der Zeitraum für die Überprüfung kann verlängert werden. Der Verzicht auf den KCC ist nur sinnvoll, wenn gezielt

3 Planen eines Active Directorys

gesteuert wird, über welche potenziellen Wege die Replikation des Active Directorys im WAN erfolgt. Welche der Verbindungen verwendet werden, wird letztlich vom Active Directory selbst festgelegt. Das System analysiert regelmäßig die verfügbaren Verbindungen. Diese Einstellungen sollten nicht verändert werden. Der KCC versucht, automatisch innerhalb eines Standorts eine Ringtopologie und maximal drei Hops zwischen zwei Domänencontrollern zu erstellen. Das heißt, dass nicht unbedingt jeder Domänencontroller mit jedem Daten replizieren muss, aber dass auch maximal drei Schritte zwischen zwei Domänencontrollern liegen dürfen. Je mehr Standorte im Active Directory definiert sind, um so stärker muss der KCC die Routingtopologie überwachen. Aus diesen Gründen müssen Domänencontroller über mehr Performance verfügen als in Umgebungen mit nur einem oder wenigen Standorten.

Die optimale Replikation in einem Active Directory

Die Replikation des Active Directorys wird automatisch konfiguriert. Dennoch können die Einstellungen angepasst werden. Die Anpassung sollte sich im Regelfall auf die Replikationsintervalle und -zeiten beschränken, aber nicht die Replikationsstruktur umfassen. Die Replikationseinstellungen sind im Container *NTDS Settings* der Server zu finden, die im Container *Servers* der Standorte eingerichtet sind. In diesem Container werden alle Active Directory-Verbindungen angezeigt. Eine Verbindung legt fest, welche Informationen zwischen den Domänencontrollern repliziert werden.

Abbildung 3.27: Konfiguration des Replikationsintervalls im Active Directory

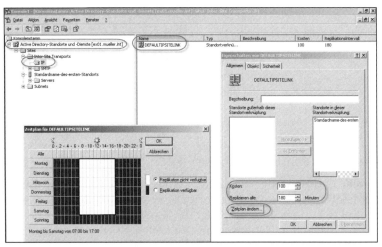

Die Verbindungen werden automatisch erzeugt aufgrund von:
- Domänenzugehörigkeit
- Standorten
- definierten Standortverknüpfungen
- Anzahl der Replikationsschritte zwischen zwei Servern

Das Active Directory

In der Regel ist es ausreichend, mit den automatisch definierten Verbindungen zwischen Servern zu arbeiten. Diese werden als <*automatisch generiert*> bezeichnet. Der KCC ist dafür verantwortlich, dass diese Verbindungen immer konsistent sind. Es ist grundsätzlich möglich, über den Befehl *Neue Active Directory-Verbindung* im Kontextmenü von *NTDS Settings* zusätzliche Verbindungen zu konfigurieren. Die Eigenschaften der Verbindungen lassen sich gezielt konfigurieren. Im Register *Active Directory-Verbindung* können der verwendete Transport, der Zeitplan, der Server und die replizierte Information festgelegt werden. Sinnvoll ist allerdings nur eine Anpassung des Zeitplans. Der Transport wird automatisch gewählt. Innerhalb eines Standorts wird grundsätzlich über RPC (*Remote Procedure Call*) gearbeitet. Bei Standortverknüpfungen ergibt sich das verwendete Protokoll aus den Festlegungen für die Standortverknüpfung sowie aus den Anforderungen an die Replikation. Nicht alle Informationen können über SMTP repliziert werden. Bei den Einstellungen zum Zeitplan kann sowohl das Replikationsintervall als auch die Zeit, in der repliziert beziehungsweise nicht repliziert wird, angegeben werden. Wenn Sie in einer komplexeren Struktur des Active Directorys die verschiedenen Verbindungen zwischen Servern betrachten, wird deutlich, dass es selten sinnvoll ist, diese Replikationseinstellungen manuell zu konfigurieren. Die Gefahr von Fehlern ist zu groß, da eine Reihe unterschiedlicher Informationen zwischen unterschiedlichen Servern ausgetauscht werden muss.

3.3.5 Authentifizierungsverfahren im Active Directory

Eng verbunden mit dem Active Directory sind die Neuerungen im Bereich von Sicherheit und Administration. Mit der Verwendung von Kerberos als Standard für die Authentifizierung im Netzwerk werden die Schwächen von Windows NT in diesem Bereich abgeschafft. Windows NT 4 hat bei der Authentifizierung noch stark mit NTLM (Windows NT/LAN Manager-Authentifizierung) gearbeitet. Dieses Protokoll wird bei Windows Server 2003 weiterhin unterstützt, allerdings nur genutzt, wenn Kerberos nicht verwendet werden kann. Wenn Windows NT startet, wird das Sicherheits-Subsystem ausgeführt. Durch Drücken von [Strg]+[Alt]+[Entf] kann das Anmeldedialogfeld aufgerufen werden, das von Microsoft als GINA (*Graphical identification and authentication component*) bezeichnet wird. Die dort eingegebenen Informationen über den Benutzernamen, das Kennwort und die Anmeldedomäne werden an die *Local Security Authority (LSA)* gesendet. Diese überprüft zunächst, ob es sich um eine Anmeldung handelt, die lokal oder durch einen Domänencontroller (DC) bearbeitet werden muss. Dazu sendet der Client Domäne, Benutzernamen und Maschinennamen über das Netzwerk. Anhand dieser Informationen generiert der Server eine Herausforderung, die *Chal-*

lenge. Diese wird zurück an den Client übermittelt. Der Client verschlüsselt diese Challenge mit seinem Kennwort und gibt sie als *Response* zurück an den Server. Aufgrund der Rückmeldung kann der Server das Kennwort übermitteln und überprüfen. Das Kennwort selbst wird nicht übermittelt. Dieser Mechanismus wurde für die Authentifizierung von Clients in geschlossenen Netzwerken entwickelt. Dabei wurde von einem System ausgegangen, dem vertraut werden kann. Da der Weg, auf dem NTLM die Challenge erstellt, bekannt ist, besteht potenziell die Gefahr eines Angriffs auf der Basis einer Liste möglicher Responses. Ein Angreifer kann dafür den gleichen Weg wie Windows NT wählen: Er verwendet die Challenge und verschlüsselt diese mit Kennwörtern. Die resultierende Bytefolge kann mit der abgefangenen Response verglichen werden. Wenn mit schwachen Kennwörtern gearbeitet wird, ist der Überprüfungsaufwand überschaubar.

Authentifizierung in Windows Server 2003 – Kerberos V5

Die generellen Probleme von NTLM werden bei Kerberos gelöst. Kerberos V5 ist der Standard für die Authentifizierung bei Windows Server 2003. Kerberos wird nicht in allen Konstellationen verwendet. Um Kerberos anstelle von NTLM einsetzen zu können, muss es ein Schlüsselverteilungscenter (Key Distribution Center, KDC) geben. Dieses wird mit dem Active Directory automatisch eingerichtet. Folgerichtig kann Kerberos nicht genutzt werden, wenn es kein Active Directory gibt. Wenn Sie von einem Windows XP-System auf ein anderes Windows XP-System zugreifen, wird mit NTLM gearbeitet. Beim Zugriff auf einen Domänencontroller oder Mitgliedsserver im Active Directory wird hingegen Kerberos genutzt. Auf der Client- und Serverseite ist die Minimalvoraussetzung für die Nutzung von Kerberos jeweils Windows 2000. Die Funktionsweise der Kerberos-Authentifizierung in Windows Server 2003 ist sehr sicher.

Abbildung 3.28: Systemdienst des Schlüsselverteilungscenters auf einem Active Directory-Domänencontroller

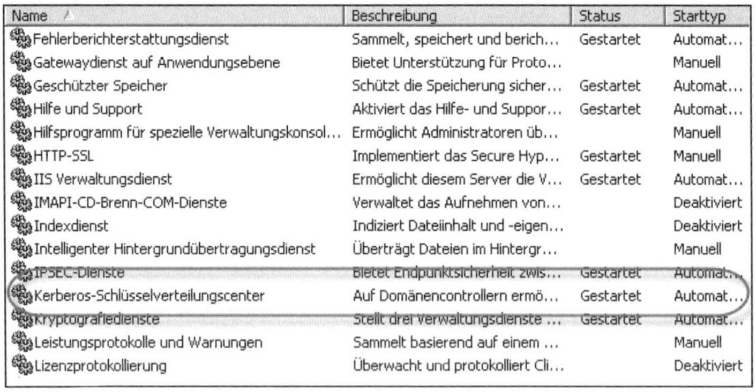

Name	Beschreibung	Status	Starttyp
Fehlerberichterstattungsdienst	Sammelt, speichert und berich...	Gestartet	Automat...
Gatewaydienst auf Anwendungsebene	Bietet Unterstützung für Proto...		Manuell
Geschützter Speicher	Schützt die Speicherung sicher...	Gestartet	Automat...
Hilfe und Support	Aktiviert das Hilfe- und Suppor...	Gestartet	Automat...
Hilfsprogramm für spezielle Verwaltungskonsol...	Ermöglicht Administratoren üb...		Manuell
HTTP-SSL	Implementiert das Secure Hyp...	Gestartet	Manuell
IIS Verwaltungsdienst	Ermöglicht diesem Server die V...	Gestartet	Automat...
IMAPI-CD-Brenn-COM-Dienste	Verwaltet das Aufnehmen von...		Deaktiviert
Indexdienst	Indiziert Dateiinhalt und -eigen...		Deaktiviert
Intelligenter Hintergrundübertragungsdienst	Überträgt Dateien im Hintergr...		Manuell
IPSEC-Dienste	Bietet Endpunktsicherheit zwis...	Gestartet	Automat...
Kerberos-Schlüsselverteilungscenter	Auf Domänencontrollern ermö...	Gestartet	Automat...
Kryptografiedienste	Stellt drei Verwaltungsdienste...	Gestartet	Automat...
Leistungsprotokolle und Warnungen	Sammelt basierend auf einem ...		Manuell
Lizenzprotokollierung	Überwacht und protokolliert Cli...		Deaktiviert

Das Active Directory

Bei Kerberos wird die Identität des Benutzers und die Identität des authentifizierenden Servers mithilfe eines so genannten *Ticket-Systems* festgestellt. Kennwörter werden in einem Active Directory niemals über das Netzwerk übertragen. Damit sich ein Benutzer an einem Server authentifizieren kann, um zum Beispiel auf eine Freigabe eines Dateiservers zuzugreifen, wird ausschließlich mit verschlüsselten Tickets gearbeitet. Ein wesentlicher Bestandteil der Kerberos-Authentifizierung ist das Schlüsselverteilungscenter (Key Distribution Center, KDC). Dieser Dienst wird auf allen Windows Server 2003-Domänencontrollern ausgeführt und ist für die Ausstellung der Authentifizierungstickets zuständig. Der zuständige Kerberos-Client läuft auf allen Windows 2000-, XP- und Vista-Arbeitsstationen. Wenn sich ein Benutzer an einem PC im Active Directory anmeldet, muss er sich zunächst an einem Domänencontroller und dem dazugehörigen KDC authentifizieren. Im nächsten Schritt erhält der Client ein *Ticket-genehmigendes Ticket (TGT)* vom KDC ausgestellt. Nachdem er es erhalten hat, fordert er beim KDC mithilfe dieses TGT ein Ticket für den Zugriff auf den Dateiserver an. Diese Authentifizierung führt der *Ticket-genehmigende Dienst (Ticket Granting Service, TGS)* auf dem KDC aus.

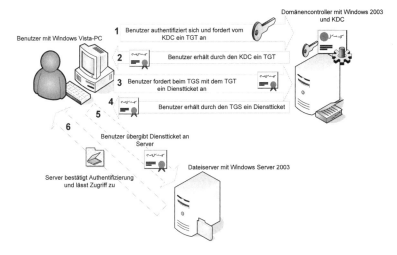

Abbildung 3.29: Authentifizierung mit Kerberos V5

Nach erfolgreicher Authentifizierung des TGT durch den TGS stellt dieser ein Dienstticket aus und übergibt es an den Client. Dieses Dienstticket gibt der Client an den Server weiter, auf den er zugreifen will, in diesem Beispiel den Dateiserver. Durch dieses Ticket kann der Dateiserver sicher sein, dass sich kein unberechtigter Benutzer mit einem gefälschten Benutzernamen anmeldet. Durch das Dienstticket werden sowohl der authentifizierende Domänencontroller als auch der Benutzer authentifiziert. Den genauen Ablauf dieses Verfahrens können Sie Abbildung 3.29 entnehmen.

3.3.6 Sicherheit im Active Directory

Eines der größten Probleme bei Windows NT 4.0 war das relativ grobe Raster der Sicherheitseinstellungen im Betriebssystem. Das wurde im Active Directory grundlegend geändert. Bei den Sicherheitseinstellungen müssen zwei Bereiche unterschieden werden:

- die Zugriffsberechtigungen im System, über die gesteuert wird, welche Veränderungen im System von den unterschiedlichen Benutzern vorgenommen werden dürfen
- die Zugriffsberechtigungen auf Datenträgern, mit denen gesteuert werden kann, welche Benutzer die Dateien und Verzeichnisse sehen und verändern dürfen

Die Domäne als Sicherheitsgrenze

Die Domäne als Sicherheitsgrenze spielt im Active Directory weiterhin eine wichtige Rolle, und zwar in folgenden Bereichen:

- Berechtigungen können nur innerhalb einer Domäne vererbt werden. Es ist nicht möglich, Berechtigungen über die Grenze einer Domäne hinweg zu vererben. Die Konfiguration der Sicherheitseinstellungen erfolgt jeweils pro Domäne. Die Administratoren und andere Gruppen werden pro Domäne eingerichtet. Es gibt nur wenige übergreifende Gruppen. Um Administratoren Berechtigungen in anderen Domänen zu geben, müssen diese Rechte explizit delegiert oder durch Zuordnung zu Gruppen, die diese Rechte bereits besitzen, vergeben werden. Diese Zuordnung von Benutzern oder Gruppen zu anderen Gruppen mit administrativen Berechtigungen kann domänenübergreifend erfolgen.
- Gruppenrichtlinien beziehen sich immer nur auf eine Domäne. Eine Gruppenrichtlinie wirkt sich nicht auf untergeordnete Domänen in einer Struktur aus. Das ist für den Bereich der Sicherheit von Relevanz, da wesentliche Teile der Sicherheitseinstellungen in einem Netzwerk über Gruppenrichtlinien gesteuert werden.

Die Sicherheit von Windows Server 2003 wird pro Domäne administriert. Allerdings unterscheidet man Operationen, die sich auf das Schema oder die Gesamtstruktur erstrecken, und zwar die transitiven Vertrauensstellungen zwischen unterschiedlichen Domänen und die Gesamtstruktur-übergreifenden Vertrauensstellungen, mit denen Gesamtstrukturen unter dem Aspekt der Sicherheit besser integriert werden können.

Das Active Directory

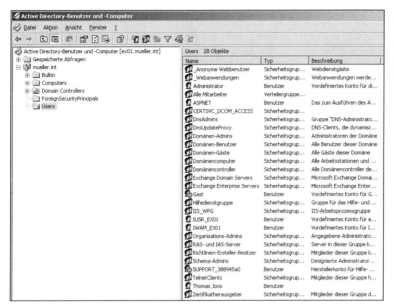

Abbildung 3.30:
Domäne im Active Directory mit eigenen Gruppen als Grenze der Sicherheit

Damit können Benutzern Zugriffsberechtigungen auf Informationen aus anderen Domänen erteilt werden. Wenn ein Bereich im Unternehmen mit eigenständigem Benutzermanagement arbeiten möchte, bietet sich die Domäne an. Allerdings lässt sich ein gleicher Effekt über die Delegation von Berechtigungen auf der Ebene von Organisationseinheiten innerhalb einer Domäne erzielen. Bei der Verwendung untergeordneter Domänen ist dies aber einfacher zu erreichen. Zudem gibt es vordefinierte Gruppen speziell für die Domäne, die bei Einsatz von Organisationseinheiten zunächst definiert werden müssten. Die Trennung kann sehr hilfreich sein, um die Komplexität der Administration zu reduzieren. Das zeigt sich zum Beispiel bei den Gruppenrichtlinien. Wenn mit Organisationseinheiten gearbeitet wird, kann es je nach Tiefe der Struktur mehrere Gruppenrichtlinien geben, die für einen Benutzer oder Computer gelten. Das ist bei der Verwendung von Domänen einfacher. Hier gilt die Gruppenrichtlinie nur für die Domäne. Sie vererbt sich nicht auf die Subdomänen, sodass keine Aggregation von Einstellungen in dieser Gruppenrichtlinie beachtet werden muss. Innerhalb der Domäne kann sehr oft mit Gruppenzuordnungen gearbeitet werden, während für die Vergabe von Berechtigungen in anderen Domänen immer die Delegation von Berechtigungen erforderlich ist.

113

3 Planen eines Active Directorys

Delegation von Berechtigungen im Active Directory

Mithilfe eines Assistenten können Berechtigungen in einfacher Weise delegiert werden und können auf verschiedenen Ebenen erfolgen:

- Sie können auf der Ebene der Domäne mit Gültigkeit für die gesamte Domäne vorgenommen werden.
- Sie können auf der Ebene von Organisationseinheiten durchgeführt werden.
- Sie können über die Zugriffsberechtigungen für Objekte vorgenommen werden. So kann über die Sicherheitseinstellungen einer Gruppe festgelegt werden, dass diese nur von bestimmten Operatoren verwaltet werden darf. Allerdings kann diese Form der Delegation nicht über den Assistenten für die Delegation von administrativen Berechtigungen erfolgen, da dieser nur eine Delegation auf der Ebene von Domänen und Organisationseinheiten unterstützt.

Es können einzelne Berechtigungen auf unteren Ebenen auf andere Werte gesetzt werden. Diese überschreiben die ererbten Berechtigungen. Bei der Delegation und der Vergabe von Berechtigungen kann zudem sehr genau gesteuert werden, wie weit Berechtigungen vererbt werden sollen und auf welche Objektklassen sich diese Berechtigungen beziehen. Damit wird ein sehr breites Spektrum an Möglichkeiten für die Administration geboten. Wichtig ist vor allem zu Beginn der Nutzung des Active Directorys, sich auf wenige Methoden zu beschränken und diese in der immer gleichen Weise zu verwenden, um den Überblick nicht zu verlieren. Das wichtigste Werkzeug für die Delegation von Berechtigungen ist ein Assistent, der über das Kontextmenü von Domänen und Organisationseinheiten aufgerufen werden kann. Er wird mit dem Befehl *Objektverwaltung zuweisen* gestartet. Der Assistent leitet schrittweise durch die Konfiguration der Berechtigungen. Der erste Schritt bei der Delegation von Berechtigungen ist die Auswahl der Gruppen. Im nächsten Schritt werden die zuzuweisenden Aufgaben ausgewählt. Die angebotene Liste unterscheidet zwischen Domänen und Organisationseinheiten. Auf der Ebene von Domänen stehen folgende Aufgaben zur Auswahl:

- Mit *Fügt einen Computer einer Domäne hinzu* kann delegiert werden, welche Benutzer neue Systeme in eine Domäne aufnehmen dürfen. Das ist eine typische Tätigkeit für Helpdesk-Mitarbeiter, die neue Maschinen in einer Domäne installieren. Dieses Recht könnte an die entsprechende Administratoren-Gruppe vergeben werden.
- Die Aufgabe *Verwaltet Gruppenrichtlinien-Verknüpfungen* bietet die Möglichkeit, vorhandene Gruppenrichtlinien zu Objekten zuzuordnen.

Das Active Directory

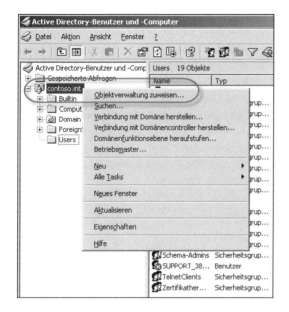

Abbildung 3.31: Delegation von Berechtigungen im Active Directory

Wenn dagegen auf der Ebene von Organisationseinheiten gearbeitet wird, werden folgende Aufgaben angeboten:

- Die Auswahl *Erstellt, entfernt und verwaltet Benutzerkonten* delegiert die Berechtigung für das Anlegen von Benutzern in einer Organisationseinheit.

- Mit *Setzt Benutzerkennwörter zurück...* kann selektiv die Berechtigung vergeben werden, dass ein Benutzer Kennwörter anderer Benutzer ändern darf. Damit kann der operative Aufwand vom Helpdesk in die Fachabteilungen verlegt werden, indem dort ausgewählte Benutzer Kennwörter zurücksetzen können.

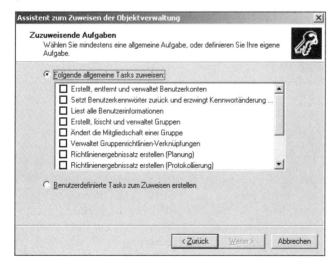

Abbildung 3.32: Delegation von Berechtigungen auf Organisationseinheiten

115

▶ Die Option *Liest alle Benutzerinformationen* erteilt den vollen Zugriff auf alle Informationen zu Benutzerkonten. Da in Active Directory-Benutzerkonten eine Vielzahl von Informationen gespeichert werden, können sich dort sensible Daten befinden. Mit der Option sollte entsprechend vorsichtig umgegangen werden.

▶ Die Auswahl *Erstellt, löscht und verwaltet Gruppen* beschränkt die administrativen Berechtigungen auf Benutzergruppen. Damit ist keine Berechtigung zur Verwaltung von Benutzern gegeben.

▶ Mit *Ändert die Mitgliedschaft einer Gruppe* können keine neuen Gruppen erstellt, aber Gruppenzugehörigkeiten von Benutzern und von Gruppen angepasst werden.

▶ Die Aufgabe *Verwaltet Drucker* gibt das Recht, die Warteschlangen von Druckern zu verwalten. Allerdings können damit keine Drucker angelegt werden.

▶ *Erstellt und löscht Drucker* ermöglicht es, neue Drucker im System hinzuzufügen bzw. zu entfernen.

▶ Die Aufgabe *Verwaltet Gruppenrichtlinien-Verknüpfungen* bietet die Möglichkeit, vorhandene Gruppenrichtlinien zu Objekten zuzuordnen.

Die Delegation von Berechtigungen muss allerdings keineswegs zwingend auf der Ebene dieser Aufgaben erfolgen. Es können benutzerdefinierte Aufgaben erstellt werden.

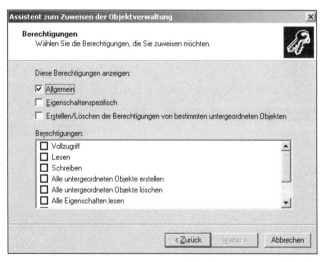

Abbildung 3.33: Delegation von benutzerdefinierten Aufgaben für eine OU

Falls eine der vordefinierten Aufgaben ausgewählt wird, ist die Verwendung des Assistenten an dieser Stelle bereits beendet. Falls nicht mit den vordefinierten Aufgaben gearbeitet wird, können im nächsten Dialogfeld die Objekttypen ausgewählt werden, auf die sich die Delegation beziehen soll. Hier können Berechtigungen für alle Objekttypen delegiert werden, wenn die vollständigen administrativen Berechtigungen an einen anderen Benutzer vergeben werden sollen. Es kann eine Delegation für einzelne Objekte erfolgen. Das ist der Standardfall, wie schon an den auf Drucker oder Benutzer bezogenen Standardaufgaben deutlich wird. Welche Objekte zu finden sind, hängt von der Konfiguration des Active Directorys ab. Die Liste wird dynamisch aufgebaut und kann neue Objektklassen enthalten, die während der Installation einer Anwendung eingerichtet worden sind. Nach Auswahl der Objekte können im nächsten Schritt die Berechtigungen gesetzt werden. Dafür stehen drei Optionen zur Verfügung:

- Wenn *Allgemein* gewählt wird, können nur einige allgemeine und zusammengefasste Berechtigungen ausgewählt werden.
- Wenn *Eigenschaftsspezifisch* gewählt wird, können die Eigenschaften der gewählten Objekte konfiguriert werden. Es kann für jede Eigenschaft das Recht *Lesen* und das Recht *Schreiben* gesetzt werden. Auf diese Weise lassen sich Berechtigungen sehr detailliert steuern.
- Mit *Erstellen/Löschen* der Berechtigungen von bestimmten untergeordneten Objekten können Berechtigungen für Objekte, die unter ein bestimmtes Objekt eingeordnet werden können, gesteuert werden.

Es gibt eine beachtliche Fülle von Möglichkeiten, die Berechtigungen im Active Directory zu steuern. So kann zum Beispiel einzelnen Powerusern in der Abteilung die Berechtigung zum Ändern der Kennwörter von Benutzern aus ihrer Abteilung erteilt werden.

Optimale Vorgehensweise bei der Delegation

Da die Berechtigungen jeweils zu den Objekten geschrieben werden, ist im Nachhinein nur schwer nachvollziehbar, wo genau welche Berechtigungen vergeben worden sind. Daher sollten bei diesem Schritt unbedingt einige Grundregeln beachtet werden:

- Die Delegation von Berechtigungen sollte, wie jede Zuweisung von Rechten, grundsätzlich immer nur für Gruppen und nie für einzelne Benutzer vorgenommen werden. Dies verringert den Aufwand, wenn die Berechtigung später einem anderen Benutzer übertragen werden soll.
- Angesichts der Vielzahl von Attributen, die den meisten Objekten zur Verfügung stehen, muss gut geplant werden, wenn Sie auf der Ebene einzelner Attribute arbeiten. Grundsätzlich sollten Sie das nur machen, wenn eine saubere Dokumentation erfolgt, da sonst die Sicherheitseinstellungen im Active Directory schnell vollkommen undurchsichtig werden. Sicherheitslücken sind dadurch vorprogrammiert.

▶ Bei der Bearbeitung von Berechtigungen sollte eine Vererbung auf bestimmte Objekttypen im Active Directory nur durchgeführt werden, wenn das erforderlich ist. Es ist wichtig, dass die durchgeführten Maßnahmen sehr gut dokumentiert werden, um zu verhindern, dass Sicherheitslücken entstehen oder das Active Directory wegen unkoordiniert vergebener Berechtigungen nicht mehr administrierbar ist, weil niemand mehr weiß, wer wo warum welche Berechtigungen hat. Die Vererbungen lassen sich bei Objekten von den vergebenen Zugriffsberechtigungen unterscheiden, da sie explizit gekennzeichnet sind.

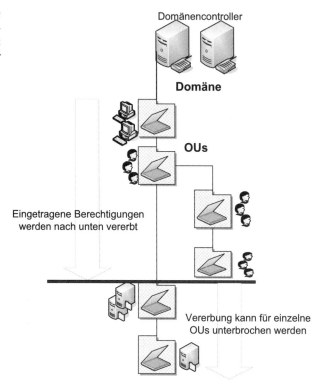

Abbildung 3.34: Vererbung der Delegationen nach unten in der OU-Struktur

Neben der Delegation von Berechtigungen lassen sich für alle Objekte auch einzeln differenzierte Berechtigungen festlegen. Diese werden bei allen Objekten über das Register *Sicherheitseinstellungen* definiert, das über den Befehl *Eigenschaften* im Kontextmenü der Objekte aufgerufen werden kann. Hier wird eine Liste der Benutzer und Benutzergruppen angezeigt, die Zugriff auf dieses Objekt haben. Hinter jedem Eintrag wird der genaue Gruppenname als Kombination des Windows NT 4-Namens und des Gruppennamens angezeigt. Das ist wichtig, wenn mehrere Gruppen *Domänen-Admins* aus den verschiedenen Domänen des Active Directorys über Zugriffsberechtigungen für ein Objekt einer Domäne verfügen.

3.3.7 Überprüfung des Active Directorys

Nach der Fertigstellung des Active Directorys sollten Sie zunächst auf jedem Domänencontroller die Support-Tools installieren, die mit Windows Server 2003 mitgeliefert werden. Sie finden diese Tools auf der Produkt-CD im Verzeichnis \support\tools. Überprüfen Sie in der Ereignisanzeige des Servers, ob die Installation des Active Directorys systemseitig funktioniert hat. Sie finden entsprechende Fehlermeldungen im Protokoll *Verzeichnisdienst* in der Ereignisanzeige. Die anschließende Überprüfung einer installierten Domäne oder eines Domänencontrollers sollte in jedes Active Directory-Konzept aufgenommen werden. Die korrekte Überprüfung eines Active Directorys umfasst folgende Aufgaben:

Domain Controller Diagnose – Dcdiag

Rufen Sie nach der Installation und dem Neustart über die Eingabeaufforderung das Tool *dcdiag* auf. Dieses Tool startet alle Tests, die zur Überprüfung eines Domänencontrollers notwendig sind. Wenn Sie diesen Befehl ausgeführt haben, sollten bei Ihnen ähnliche Meldungen stehen wie im folgenden Beispiel. Warten Sie vor der Ausführung aber eventuell ein paar Minuten oder Stunden (je nach Größe ihres Netzwerks), damit Sie sicher sein können, dass Windows Server 2003 alle notwendigen Einträge im Active Directory vorgenommen und repliziert hat.

```
Domain Controller Diagnosis
Performing initial setup:
Done gathering initial info.
Doing initial required tests
     Testing server: Default-First-Site-Name\DC1
     Starting test: Connectivity
        ...................... DC1 passed test
```

Beim folgenden Test wird die Verbindung zum Active Directory geprüft, hier muss auf jeden Fall „*passed test*" stehen.

```
Connectivity
Doing primary tests
     Testing server: Default-First-Site-Name\DC1
     Starting test: Replications
        ...................... DC1 passed test
```

Im Folgenden geht es um die Replikation mit anderen DCs, auch hier muss auf jeden Fall „*passed test*" stehen. Unter Umständen kommt nach der Ausführung kurz nach der Installation noch die Meldung „*failed*", aber spätestens nach etwa einer Stunde sollte hier „*passed test*" stehen.

```
Replications
     Starting test: NCSecDesc
        .............. DC1 passed test NCSecDesc
```

Die Überprüfung der Verbindung mit LDAP zum Active Directory muss auf jeden Fall mit „*passed test*" abschließen. Wenn hier „*failed*" steht, liegt höchstwahrscheinlich ein DNS-Problem vor oder der Server kann wegen Netzwerkproblemen keine anderen Server erreichen.

```
Starting test: NetLogons
............... DC1 passed test NetLogons
```

Die Anmeldung am Active Directory ist möglich. Diese Meldung muss auf jeden Fall auf „*passed*" stehen.

```
Starting test: Advertising
....................... DC1 passed test
```

Auch dieser Test muss auf „*passed*" stehen.

```
Advertising
Starting test: KnowsOfRoleHolders
....................... DC1 passed test
```

Der DC kann alle notwendigen Rollen im Active Directory auf sich selbst oder allen anderen DCs finden und sich verbinden, hier muss auf jeden Fall „*passed test*" stehen.

```
KnowsOfRoleHolders
Starting test: RidManager
............... DC1 passed test RidManager
Starting test: MachineAccount
....................... DC1 passed test
```

Der Computeraccount in Active Directory ist für den DC in Ordnung. Hier muss auf jeden Fall „*passed test*" stehen.

```
MachineAccount
Starting test: Services
............... DC1 passed test Services
Starting test: ObjectsReplicated
....................... DC1 passed test
```

Diese Meldung besagt, dass der DC alle Objekte des Active Directorys mit anderen DCs repliziert hat.

```
ObjectsReplicated
Starting test: frssysvol
....................... DC1 passed test
```

Folgender Test ist nicht ganz so wichtig: FRS (File Replication Service) ist dafür zuständig, dass Anmeldeskripts im Sysvol-Verzeichnis zwischen den verschiedenen DCs repliziert werden.

```
frssysvol
Starting test: frsevent
............... DC1 passed test frsevent
Starting test: kccevent
............... DC1 passed test kccevent
```

Das Active Directory

Knowledge Consistency Checker stellt fest, dass der DC alle anderen DCs finden kann, um Replikationsverbindungen herzustellen.

```
      Starting test: systemlog
         ................ DC1 passed test systemlog
      Starting test: VerifyReferences
         ................ DC1 passed test
      Running partition tests on : ForestDnsZones
      Starting test: CrossRefValidation
         ................ ForestDnsZones passed test
      Starting test: CheckSDRefDom
         ...... ForestDnsZones passed test
      Running partition tests on : DomainDnsZones
      Starting test: CrossRefValidation
         . DomainDnsZones passed test
      Starting test: CheckSDRefDom
         ...... DomainDnsZones passed test
      Running partition tests on : Schema
      Starting test: CrossRefValidation
         ......... Schema passed test
      Starting test: CheckSDRefDom
         ........ Schema passed test
      Running partition tests on : Configuration
      Starting test: CrossRefValidation
         .. Configuration passed test
      Starting test: CheckSDRefDom
         ....... Configuration passed test
      Running partition tests on : contoso
      Starting test: CrossRefValidation
         ......... contoso passed test
CrossRefValidation
      Starting test: CheckSDRefDom
         ........ contoso passed test CheckSDRefDom
      Running enterprise tests on : contoso.int
      Starting test: Intersite
         ......... contoso.int passed test Intersite
      Starting test: FsmoCheck
         ......... contoso.int passed test FsmoCheck
```

Nach dem erfolgreichen Durchlaufen von *dcdiag* können Sie schon relativ sicher sein, dass Ihr Active Directory sauber läuft, dennoch sollten Sie weitere Tests durchführen, um die Stabilität des Active Directorys gewährleisten zu können. Gerade bei einem produktiven System sollten Sie sorgfältig alle Überprüfungen vornehmen. Diese Überprüfungen sind auch immer dann sinnvoll, wenn sich etwas im Netzwerk verändert hat, z. B. neue Netzwerkkomponenten oder neue Verbindungen.

Name Server Lookup – Nslookup

Als Nächstes sollten Sie mit dem Tool *nslookup* überprüfen, ob die DNS-Einstellungen Ihres Domänencontrollers in Ordnung sind. DNS ist für Windows Server 2003 lebensnotwendig. Sollten Sie daher Schwierigkeiten mit DNS haben, können Sie sicher sein, dass über kurz oder lang auch Ihr Exchange Server 2003 oder das Active Directory Schwierigkeiten bereiten wird. Wenn Sie *nslookup* aufrufen, sollten wie nachfolgend keine Fehlermeldungen erscheinen.

```
C:\Documents and Settings\Administrator>nslookup
Default Server:  DC1.contoso.int
Address:  10.0.122.1
```

Genauer werde ich auf dieses Tool hier nicht eingehen, diese einfache Ausführung sollte zunächst ausreichen. Beenden Sie das Tool mit der Eingabe von `exit`. Sollte bei Ihnen ein Fehler auftauchen, müssen Sie in der Reverse- und der Forward-Zone überprüfen, ob sich der Server dynamisch in das DNS integriert hat. In Ausnahmefällen kann es vorkommen, dass die Aktualisierung der Reverse-Lookup-Zone nicht funktioniert hat. In diesem Fall können Sie den Eintrag des Servers manuell ergänzen. Dazu müssen Sie lediglich einen neuen Zeiger (engl.: Pointer) erstellen. Ein Zeiger oder Pointer ist ein Verweis von einer IP-Adresse auf einen Hostnamen.

Überprüfung der Standardcontainer im Active Directory

Nach der Installation des Active Directorys können Sie unter der Verwaltung mittels des Snap-Ins *Active Directory-Benutzer und -Computer* überprüfen, ob alle Container im Active Directory angelegt wurden. Fünf Container müssen unbedingt vorhanden sein:

- Builtin
- Computers
- Users
- ForeignSecurityPrincipals
- Domain Controllers

Im Container *Domain Controllers* sollte sich alle Server befinden, die Sie als Domänencontroller konfiguriert haben. Bei den anderen Containern brauchen Sie den Inhalt nicht zu prüfen, hier reicht es aus, wenn Sie sich vergewissern, dass diese vorhanden sind. Im Container *Users* sehen Sie alle zurzeit vorhandenen Benutzer (*Administrator* als aktiv sowie *Gast* und *Support* als inaktiv mit einem roten Symbol) sowie eine größere Anzahl von vordefinierten Gruppen.

Das Active Directory

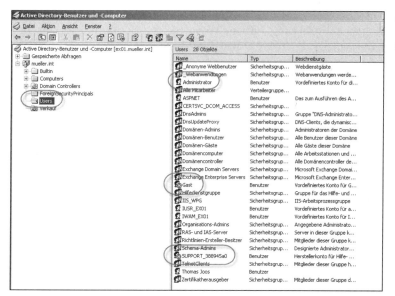

*Abbildung 3.35:
Standardcontainer
des Active Directorys*

Überprüfung der Standardeinstellungen des Active Directorys

Nach der Überprüfung der Standardcontainer sollten Sie sich noch vergewissern, ob die notwendigen Standardeinstellungen durch den Assistenten für die Einrichtung des Active Directorys erstellt wurden.

Active Directory-Standorte und -Dienste

In diesem Snap-In sehen Sie alle definierten Standorte (Sites). Nach der Installation befindet sich hier mindestens ein Standort mit der Bezeichnung *Standardname-des-ersten-Standorts (Default-First-Site-Name)*. In diesem Standort sollte auch der Server stehen, den Sie zum Domänencontroller promotet haben.

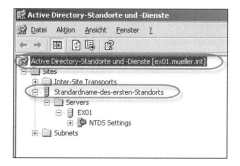

*Abbildung 3.36:
Erster Standort im
Active Directory*

Bei Ihnen sollte demnach sowohl der Standortname erstellt als auch der Server in den Standort integriert worden sein.

3 Planen eines Active Directorys

Anschließend sollten Sie noch mit START -> AUSFÜHREN -> CMD eine Eingabeaufforderung öffnen. Wenn Sie die Support-Tools aus der Windows Server 2003-CD installiert haben, steht Ihnen ein weiteres wertvolles Tool zur Verfügung. Dieses Tool heißt *nltest*. Sie können das Tool mit den verschiedensten Schaltern aufrufen, die Ihnen bei der Eingabe von nltest /? genauer erläutert werden. Wir benötigen zur Überprüfung nur den Schalter dsgetsite.

nltest /dsgetsite

Mit diesem Schalter können Sie überprüfen, ob der Server den Standort im Active Directory findet, der ihm durch sein Subnetz zugewiesen wurde. Nach der Eingabe dieses Befehls gibt der Server seinen Standort an. Sollte hier bei Ihnen ein Fehler auftauchen, so ist wahrscheinlich das Subnetz im Snap-In *Active Directory-Standorte und -Dienste* gar nicht oder falsch konfiguriert. Gerade bei großen Umgebungen mit vielen Standorten kann dieser Fehler auftreten. Hier reicht oft schon ein Schreibfehler aus.

Abbildung 3.37: Überprüfen des Active Directorys mit nltest

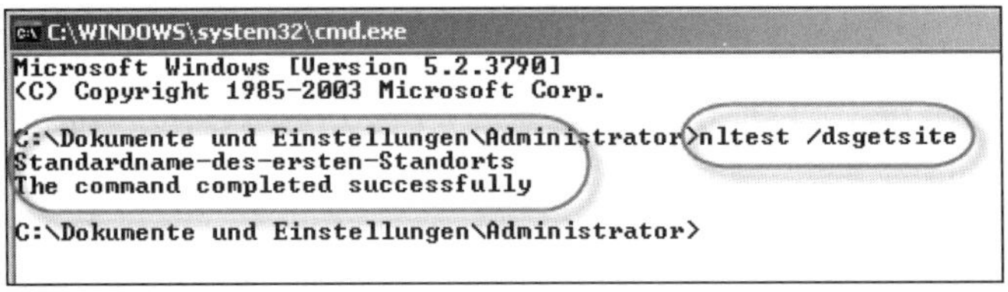

```
C:\WINDOWS\system32\cmd.exe

Microsoft Windows [Version 5.2.3790]
(C) Copyright 1985-2003 Microsoft Corp.

C:\Dokumente und Einstellungen\Administrator>nltest /dsgetsite
Standardname-des-ersten-Standorts
The command completed successfully

C:\Dokumente und Einstellungen\Administrator>
```

Ein weiterer Schalter des Tools nltest ist:

nltest /dclist:<Name der Domäne>

Wenn Sie diesen Befehl eingeben, werden Ihnen alle Domänencontroller der abgefragten Domäne mit dem FQDN-Name angezeigt.

Abbildung 3.38: Überprüfen der Domänenzugehörigkeit mit nltest

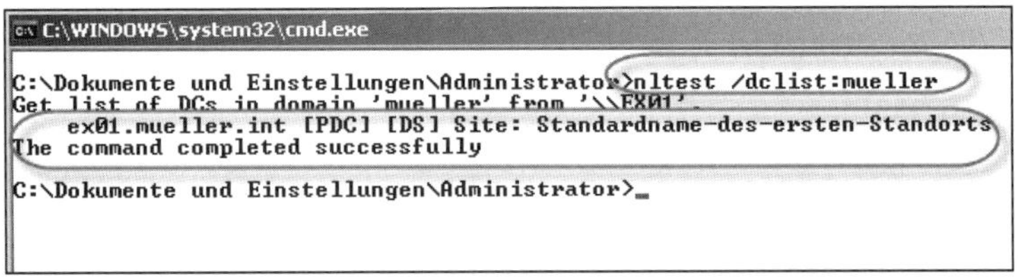

```
C:\WINDOWS\system32\cmd.exe

C:\Dokumente und Einstellungen\Administrator>nltest /dclist:mueller
Get list of DCs in domain 'mueller' from '\\EX01'
    ex01.mueller.int [PDC] [DS] Site: Standardname-des-ersten-Standorts
The command completed successfully

C:\Dokumente und Einstellungen\Administrator>_
```

Wenn sich einige Domänencontroller noch nicht mit dem FQDN-Namen melden, sondern mit ihrem NetBIOS-Namen, ist die DNS-Replikation zwischen den Domänencontrollern noch nicht abgeschlossen oder fehlerhaft. In Ihrer Produktivumgebung sollten Sie diesen Befehl später auf allen Exchange Servern und Domänencontrollern durchführen.

Das Active Directory

Globaler Katalog

Der erste Domänencontroller wird automatisch als Globaler Katalog-Server definiert. Sie können diese Einstellung überprüfen, wenn Sie unter dem Server im Snap-In *Active Directory-Standorte und -Dienste* die Eigenschaften der *NTDS Settings* aufrufen. Wenn Ihr Server hier als Globaler Katalog-Server definiert und der Haken gesetzt ist, wurde vom Assistenten auch dieser Punkt erfolgreich erledigt.

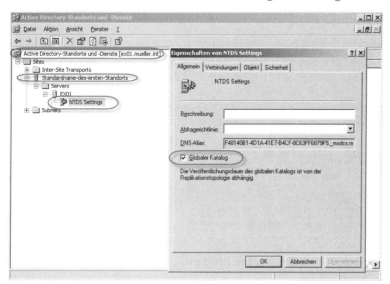

Abbildung 3.39: Überprüfung des Globalen-Katalog-Servers

Datendateien des Active Directorys

Die Datenbank des Active Directorys liegt als Duplikat auf jedem Domänencontroller. Nach der Promotion sollte sich deshalb auf Ihrem Domänencontroller im Verzeichnis \Windows (sofern ein In-Place-Upgrade durchgeführt wurde, weiterhin \WinNT) ein neuer Ordner mit der Bezeichnung *NTDS* befinden (sofern Sie bei der Installation im Assistenten kein anderes Verzeichnis ausgewählt haben). Dieser Ordner enthält die Active Directory-Datenbank. Die Datenbank befindet sich in der Datei *ntds.dit*.

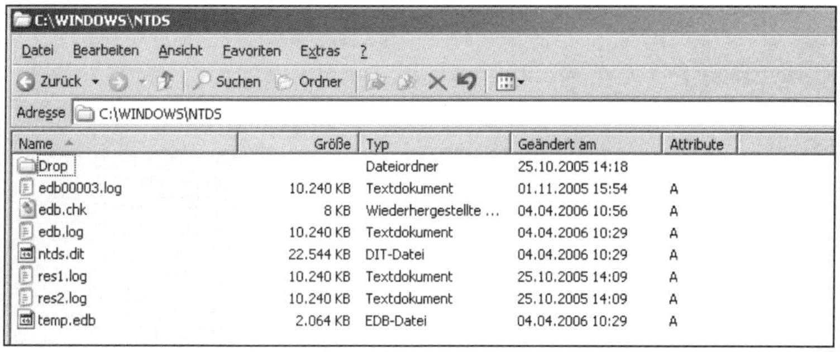

Abbildung 3.40: Dateien der Active Directory-Datenbank auf dem Domänencontroller

125

Computerkonto des Domänencontrollers

Das Computerkonto sollte ebenfalls erkennen, dass es sich bei dem Rechner um einen Domänencontroller handelt. Sie sollten zunächst überprüfen, ob das DNS-Suffix des Rechners so lautet wie der DNS-Name der Domäne.

Nachdem Sie sich vergewissert haben, dass auch diese Einstellung in Ordnung ist, sollten Sie eine Befehlszeile öffnen und den Befehl

```
net accounts
```

eingeben. Auch hier sollte kein Fehler auftauchen und die Computerrolle Ihres Domänencontrollers mit der FSMO-Rolle des PDC-Emulators als *Primär* definiert sein. Die anderen Domänencontroller werden als *Sicherung* angezeigt.

```
C:\WINDOWS\system32\cmd.exe
Microsoft Windows [Version 5.2.3790]
(C) Copyright 1985-2003 Microsoft Corp.

C:\Dokumente und Einstellungen\Administrator>net accounts
Abmelden erzwingen nach:                                  Nie
Minimales Kennwortalter (Tage):                           1
Maximales Kennwortalter (Tage):                           42
Minimale Kennwortlänge:                                   7
Länge der Kennwortchronik:                                24
Sperrschwelle:                                            Nie
Sperrdauer (Minuten):                                     30
Sperrüberprüfungsfenster (Minuten):                       30
Rolle des Computers:                                      PRIMÄR
Der Befehl wurde erfolgreich ausgeführt.
```

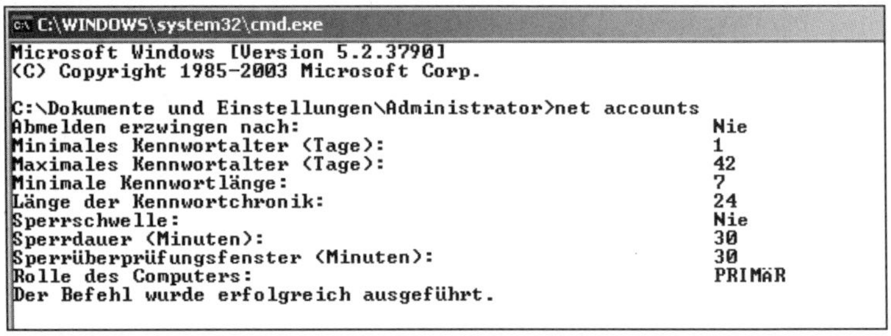

Abbildung 3.41: Überprüfung des Computerkontos eines Domänencontrollers

Freigaben und Gruppenrichtlinien

Im Anschluss können Sie die notwendigen Freigaben und Gruppenrichtlinien eines neuen Active Directory-Domänencontrollers überprüfen.

Sysvol

Kontrollieren Sie als Nächstes, ob die notwendigen Freigaben für Anmeldeskripts angelegt wurden. Dazu wird der Ordner *\Windows\sysvol\sysvol* freigegeben. Sie können diese Freigabe in der Befehlszeile mit dem Befehl `net share` überprüfen.

```
C:\WINDOWS\system32\cmd.exe

C:\Dokumente und Einstellungen\Administrator>net share

Name         Ressource                          Beschreibung

-------------------------------------------------------------------------------
C$           C:\                                Standardfreigabe
ADMIN$       C:\WINDOWS                         Remoteverwaltung
Resources$   C:\Programme\Exchsrvr\res          "Event logging files"
IPC$                                            Remote-IPC
Address      C:\Programme\Exchsrvr\address      "Access to address objects"
CertEnroll   C:\WINDOWS\system32\CertSrv\CertEnroll
                                                Zertifikatdienstefreigabe
EX01.LOG     C:\Programme\Exchsrvr\EX01.log     Exchange-Nachrichtenverfolgungprot
NETLOGON     C:\WINDOWS\SYSVOL\sysvol\mueller.int\SCRIPTS
                                                Ressource für Anmeldeserver
SYSVOL       C:\WINDOWS\SYSVOL\sysvol           Ressource für Anmeldeserver
Der Befehl wurde erfolgreich ausgeführt.


C:\Dokumente und Einstellungen\Administrator>_
```

Abbildung 3.42: Überprüfung der notwendigen Freigaben auf einem Domänencontroller

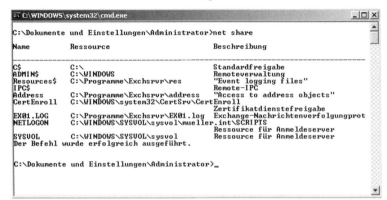

Das Active Directory

Standardgruppenrichtlinien

Zusätzlich werden zwei Standardgruppenrichtlinien-Objekte angelegt, die *Default Domain Policy* und die *Default Domain Controllers Policy*. Sie finden diese beiden Richtlinien im Ordner \windows\sysvol\domain\ Policies. Dort sollten sich zwei Unterordner mit den folgenden GUIDS als Verzeichnisnamen befinden:

- {31B2F340-016D-11D2-945F-00C04FB984F9}
  Sicherheitsrichtlinie für Domänen
- {6AC1786C-016F-11D2-945F-00C04fB984F9}
  Sicherheitsrichtlinie für Domänencontroller

SRV-Records im DNS

Wie Sie bereits wissen, baut das Active Directory auf DNS auf. Eine saubere und stabile DNS-Konfiguration ist daher für ein stabiles Active Directory unerlässlich. Überprüfen Sie, ob bei Ihnen diese Records angelegt wurden.

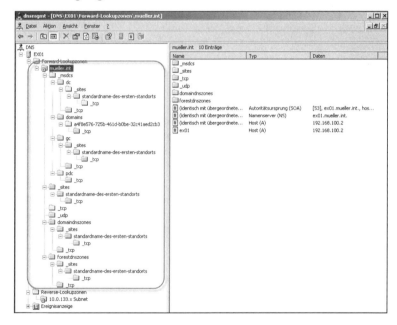

Abbildung 3.43: DNS-SRV Records eines Active Directorys

Integration von DNS in das Active Directory

Nach der Installation des Active Directorys können Sie die Einstellung der Forward- und Reverselookupzonen auf *Active Directory integriert* ändern. Dadurch werden die Daten des DNS-Servers mit der Active Directory-Replikation automatisch auf die anderen Windows-basierten DNS-Server im Active Directory repliziert. Um die beiden Zonen in das Active Directory zu integrieren, müssen Sie die Eigenschaften der Zone jeweils aufrufen und dann auf die Schaltfläche *Ändern* im Register *Allgemein* klicken. Im folgenden Fenster können Sie die Zone in das Active Directory integrieren. Mehr zu diesem Thema erfahren Sie in *Kapitel 6 »DNS, WINS, DHCP«*. Nach diesen Überprüfungen können Sie sicher sein, dass Ihr Domänencontroller und das Active Directory stabil laufen. Gerade für Exchange Server 2003 ist eine stabile Active Directory-Umgebung unerlässlich.

Sie sollten im Rahmen der Konzeption Ihres Active Directorys eine Testumgebung aufbauen, in der Sie genau diese Überprüfung durchführen und am besten mit Screenshots dokumentieren. Im Anschluss sollte diese Dokumentation an alle Administratoren, die Domänencontroller, Strukturen oder Domänen erstellen, verschickt werden. Anhand dieser Dokumentation können die Administratoren sicherstellen, dass das Active Directory in ihrer Niederlassung optimal funktioniert. Diese Überprüfungen sollten darüber hinaus regelmäßig durchgeführt werden. Sie können dazu eine Batchdatei schreiben, die einmal in der Woche die wichtigsten Befehle ausführt und eine Ausgabe des Ergebnisses per E-Mail an die Administratoren oder die Systemüberwachung schickt.

3.3.8 Betriebsmodus eines Active Directorys

Für das Active Directory werden drei Betriebsmodi unterschieden:

- *Windows 2000 gemischt*: Im gemischten Modus werden Windows NT 4-Domänencontroller mit Windows NT 3.5x oder Windows NT 4.0 als Betriebssystem unterstützt. Dafür gibt es Einschränkungen bei den Gruppenkonzepten.

- *Windows 2000 pur*: Im einheitlichen Modus (native mode) werden dagegen keine Domänencontroller unter Windows NT mehr unterstützt. Clientzugriffe sind von einer Umstellung nicht betroffen, auch nicht Mitgliedsserver unter Windows NT.

- *Windows Server 2003*: Im Windows Server 2003-Modus stehen darüber hinaus die Erweiterungen für das Active Directory bei Windows Server 2003 zur Verfügung. Teilweise können diese allerdings nur genutzt werden, wenn der Modus der Gesamtstruktur umgestellt wurde.

Das Active Directory

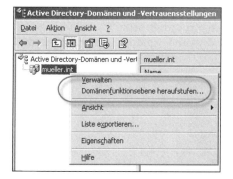

Abbildung 3.44:
Heraufstufen der Domänenfunktionsebene

Die Umstellung zwischen den Betriebsmodi kann durch das MMC-Snap-In *Active Directory-Domänen und -Vertrauensstellungen* erfolgen. Bei den Eigenschaften einer Domäne kann dort der Domänenmodus über den Befehl *Domänenfunktionsebene heraufstufen* gewechselt werden.

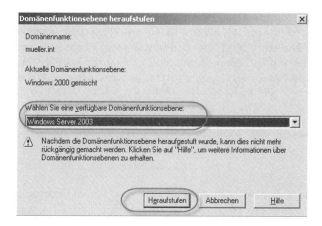

Abbildung 3.45:
Heraufstufung durchführen

Durch Auswahl von *Heraufstufen* kann die Umstellung erfolgen. Es erscheint eine Warnung, da es sich um einen Schritt handelt, der nicht rückgängig gemacht werden kann.

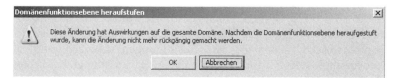

Abbildung 3.46:
Warnung beim Heraufstufen einer Domäne

Nach dem Anklicken dieses Dialogfelds ist die Umstellung vollzogen. Nach Abschluss der Replikation der Änderungen können alle Vorteile des gewählten Modus genutzt werden. Die Umstellung in den einheitlichen Modus ist im Zusammenhang mit der Reorganisation von Domänenstrukturen wichtig. Viele Werkzeuge wie *movetree* setzen voraus, dass die Zieldomäne, in die eine Reorganisation erfolgt, im einheitlichen Modus läuft. Das macht unbedingt Sinn, um im Zuge der Reorganisation die optimalen Strukturen schaffen zu können und nicht nach dem Wechsel des Modus eine weitere Optimierung durchführen zu müssen.

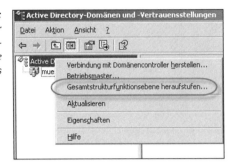

Abbildung 3.47: Heraufstufen der Gesamtstrukturebene eines Active Directorys

Die Gruppenkonzepte von Windows Server 2003 unterscheiden zwischen dem gemischten und dem einheitlichen Modus respektive Windows Server 2003-Modus. Das Wissen um diese Änderungen ist von grundlegender Bedeutung, um die Implikationen von Reorganisationen im Active Directory und die Bedeutung des Wechsels vom gemischten in den einheitlichen Modus voll und ganz verstehen zu können. Windows Server 2003 unterstützt vier verschiedene Arten von Gruppen:

- Lokal
- Domänenlokal (domain local)
- Global
- Universal

Die lokalen Gruppen entsprechen dem Modell der lokalen Gruppen, das sich bisher schon bei Windows NT findet. In diesen Gruppen können Mitglieder aus allen Domänen der Gesamtstruktur, aus vertrauten Domänen, die in anderen Gesamtstrukturen definiert sind, und vertrauten Windows NT 4-Domänen enthalten sein. Hier können globale Gruppen, einzelne Benutzer sowie Computer aufgenommen werden. Unter dem Aspekt der Rechtevergabe haben sie nur Gültigkeit für das lokale System. Lokale Gruppen werden für die Zusammenfassung von globalen Gruppen oder in Ausnahmefällen Benutzern eingesetzt, denen Zugriffsberechtigungen vergeben werden. Aus diesen lokalen Gruppen werden beim Schritt zum einheitlichen Modus des Active Directorys automatisch domänenlokale Gruppen. Diese Gruppen können Mitglieder von überall beinhalten, genauso wie lokale Gruppen. Der Unterschied besteht darin, dass diese Gruppen einheitlich auf allen Windows 2000-, Windows XP- und Windows Server 2003-Mitgliedssystemen und Windows NT-Maschinen der Domäne zu sehen sind.

Das Active Directory

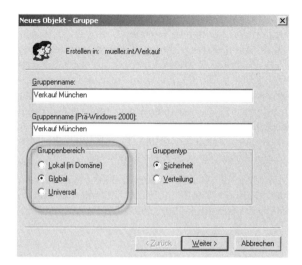

Abbildung 3.48: Gruppenbereich im Active Directory

Sie verhalten sich damit letztlich genauso wie lokale Gruppen auf Windows NT-Domänencontrollern, die auf allen Domänencontrollern in der gleichen Weise verfügbar sind. Der Vorteil ist, dass damit eine lokale Gruppe im einheitlichen Modus nur einmal pro Domäne definiert werden muss. Sie kann über die Gruppenrichtlinien zur Zuordnung von Zugriffsberechtigungen auf allen Windows Server 2003-, Windows XP- und Windows 2000-Systemen in der Domäne eingesetzt werden, ohne dass dort zuvor auf aufwendige Weise entsprechende Gruppen eingerichtet werden müssen. Damit kann der administrative Aufwand zur sicheren Konfiguration von Clients signifikant reduziert werden. Die globalen Gruppen verhalten sich sowohl im gemischten als auch im einheitlichen Modus identisch mit den globalen Gruppen von Windows NT. Sie können Benutzer als Mitglieder enthalten. Diese Benutzer müssen zwingend aus der Domäne stammen, in der die globale Gruppe definiert ist. Globale Gruppen sind überall in der Gesamtstruktur sichtbar. Sie sind in vertrauten Gesamtstrukturen sowie in vertrauten Windows NT 4-Domänen verfügbar. Der wichtigste Unterschied ist, dass sie globale Gruppen der gleichen Domäne als Mitglieder haben können, es können also Hierarchieebenen durch Gruppenzugehörigkeiten abgebildet werden.

Universale Gruppen und die Netzlast

Universale Gruppen sind eine Mischform aus lokalen und globalen Gruppen. Wie die lokalen Gruppen können sie Mitglieder von überall her beinhalten. Wie die globalen Gruppen sind sie überall sichtbar. Die Mitgliedschaft sollte auf globale Gruppen beschränkt werden. Universale Gruppen können andere universale Gruppen beinhalten. Beim Einsatz von universalen Gruppen muss wohl überlegt vorgegangen werden, da bei fehlerhafter Konfiguration erhebliche Konsequenzen für die Netzlast entstehen können. Im Gegensatz zu lokalen und zu globalen Gruppen werden bei universalen Gruppen nicht nur die Informationen über die Existenz dieser Gruppe, sondern die Informationen über alle Mitglieder dieser Gruppe auf die Globalen Katalog-Server repliziert. Das bedeutet, dass viele Informationen repliziert werden müssen, wenn eine universale Gruppe viele Mitglieder hat. Um das zu verhindern, sollten Benutzer nur in globale Gruppen aufgenommen werden. Diese können entweder für universale oder lokale Gruppen als Mitglied definiert werden. Damit wird die Mitgliederzahl in universalen Gruppen sehr klein gehalten.

Die Erweiterungen der Modi bei Windows Server 2003 beziehen sich vor allem auf Optimierungen der Replikationsmechanismen im Active Directory sowie die Gesamtstruktur-übergreifenden Vertrauensstellungen.

3.3.9 Server-Sizing für Domänencontroller

Über das Server-Sizing von Domänencontrollern braucht man eigentlich nicht viele Worte zu verlieren. Generell sollte auf Domänencontrollern kein anderer Dienst installiert werden. Der Server sollte über aktuelle Hardware mit etwa 3-GHz-Prozessoren verfügen. Dual-Prozessor-Maschinen werden normalerweise nicht benötigt. Ideal ist noch ein RAID1-Festplatten-System, bei dem die Platten des Betriebssystems gespiegelt werden. Ein Domänencontroller sollte idealerweise über 1 Gbyte RAM und eine aktuelle Netzwerkkarte verfügen.

Auch wenn Sie nicht beabsichtigen, Exchange einzuführen, sollten Sie sich zur Planung Ihres Active Directorys trotzdem *Kapitel 8 »Planen einer Exchange Server-Infrastruktur«* vornehmen. Da Exchange und das Active Directory sehr stark in Beziehung zueinander stehen, wird dort auf die Planung eines Active Directorys noch einmal ausführlich eingegangen. Viele Planungspunkte, die im Bereich Exchange eine Rolle spielen, sind auch für das Active Directory ohne Exchange äußerst wichtig. Durch die Lektüre dieses Kapitels und von *Kapitel 8* erhalten Sie also eine umfassende Planungshilfe für ein effizientes Active Directory.

Das Gruppenmodell von Windows Server 2003 und sein Einsatz bei Dateiservern wird in *Kapitel 7 »Dateiserver planen«* genauer erläutert.

3.4 Vorgehensweise bei der Planung eines Active Directorys

Die Planung des Active Directorys kann nur als ein das gesamte Unternehmen einbeziehendes Projekt erfolgreich sein, geht es doch um einen unternehmensweit ausgerichteten Verzeichnisdienst. Hier sollte nicht jeder Bereich sein eigenes Active Directory aufbauen. Das gilt trotz der Gesamtstruktur-übergreifenden Vertrauensstellungen des Windows Server 2003. Diese sind nur eine Notlösung und werden nur funktionieren, wenn die einzelnen Teilbereiche sicher strukturiert sind, sodass sie sinnvoll miteinander integriert werden können. In vielen Unternehmen besteht beim Einsatz von Windows NT die Neigung, relativ viele Domänen zu definieren. Ein durchaus typisches Beispiel ist, dass ein Entwicklungsbereich seine Windows NT-Server selbst verwalten möchte. Als Begründung für die Einrichtung einer weiteren Domäne dient oftmals das Argument, dass die administrativen Berechtigungen bei Windows NT nicht ausreichend flexibel delegiert werden können. Im Active Directory unter Windows Server 2003 existieren zahlreiche Möglichkeiten, Berechtigungen sehr differenziert zu delegieren. Ansätze, bei denen Meta Directory-Dienste für die Integration verschiedener Active Directory-Inseln genutzt werden, sind hier sicher nicht der Weisheit letzter Schluss. Ein zentrales Konzept bedeutet nicht die Aufgabe jeglicher Eigenständigkeit von Unternehmensbereichen, sondern lediglich der Versuch, die Administration insgesamt so einfach wie möglich zu gestalten. Wenn man das Active Directory betrachtet, wird schnell deutlich, dass es sich dabei um ein System handelt, das für die Abbildung unternehmensweiter Strukturen geeignet ist. Und die Abbildung einer einheitlichen Struktur ist sinnvoll. Über das Konzept der Gesamtstrukturen können innerhalb einer Verwaltungsstruktur sogar mehrere unterschiedlich bezeichnete Bereiche eines Konzerns integriert und verschiedene DNS-Namensräume für die Strukturen unterstützt werden. Das Active Directory unterstützt keine Zusammenfassung unterschiedlicher Schemata. Die Gesamtstruktur-übergreifenden Vertrauensstellungen sind eine Teillösung, ebenso wie Migrationswerkzeuge für einzelne Informationen. Wer zwei Gesamtstrukturen zusammenführen möchte, muss in jedem Fall einiges an administrativer Arbeit investieren. Bei der Planung eines Active Directorys in einem Unternehmen sollte genau überdacht werden, wie die logische und die physische Aufteilung erfolgen soll. Bei der logischen Aufteilung eines Active Directorys spielen Gesamtstrukturen, Strukturen und Domänen eine Rolle. Große Unternehmen setzen meistens auf wenige Domänen. Je mehr Domänen Sie betreiben, umso komplizierter werden das Berechtigungskonzept, die Verwaltung und die Pflege des Active Directorys. Bei der Planung eines Active Directorys sollten Sie daher bereits frühzeitig die einzelnen notwendigen Punkte berücksichtigen, wobei die Gesamtstrukturen, Strukturen, Domänen und Standorte am wichtigsten sind. Gehen Sie konsequent vor und arbeiten Sie Punkt für Punkt ab:

1. Planung der Gesamtstrukturen
2. Planung der Strukturen
3. Planung und Anzahl der Domänen
4. Planung der unter- und übergeordneten Domänen innerhalb der Domänen
5. Planung der physischen Standorte im Active Directory
6. Planung und Vereinheitlichung der Organisationseinheiten
7. Planung der Gruppenrichtlinien
8. Planung der Delegation von Berechtigungen

3.4.1 Planung von Gesamtstrukturen

Der erste Schritt bei der Planung eines Active Directorys besteht darin, festzulegen, wie viele Gesamtstrukturen es im Unternehmen geben soll. Jedem Unternehmen kann nur empfohlen werden, möglichst eine Gesamtstruktur zu verwenden. Sobald zwei Gesamtstrukturen eingesetzt werden, sind zum Beispiel kein einheitliches Adressbuch in Exchange und keine gemeinsamen öffentlichen Ordner möglich. Darüber hinaus sind die Schemas der beiden Gesamtstrukturen voneinander getrennt. Jede Gesamtstruktur benötigt eine eigene Root-Domäne mit Domänencontrollern, die ebenfalls verwaltet werden müssen. Mehrere Gesamtstrukturen können zwar durch transitive Gesamtstruktur-übergreifende Vertrauensstellungen miteinander verbunden werden, aber die Einschränkungen sind dennoch deutlich zu groß. Mehrere Gesamtstrukturen machen nur dann Sinn, wenn Teile des Unternehmens vollständig unabhängig voneinander agieren, kein Datenaustausch stattfindet und keine gemeinsamen E-Mail-Domänen verwaltet werden. Sobald Daten, unabhängig welcher Art, ausgetauscht werden müssen, sind getrennte Gesamtstrukturen nicht mehr sinnvoll. Windows Server 2003 unterstützt keine Integration von zwei bestehenden Gesamtstrukturen, in denen unterschiedliche Schemas für den Verzeichnisdienst verwendet werden. Es kann allenfalls mit Hilfe von ADSI-Skripts oder dem Active Directory Migration Tool (ADMT) (siehe *Kapitel 4 »Migration«*) gearbeitet werden, um die Informationen aus einem der beiden Netzwerke in eine bestehende Gesamtstruktur zu übernehmen. Das Einzige, was bei Windows Server 2003 möglich ist, ist der Einsatz Gesamtstruktur-übergreifender Vertrauensstellungen. Sie können sich in diesen Situationen überlegen, mit zwei oder mehreren völlig getrennten Strukturen zu arbeiten. Die Verwendung einer gemeinsamen Gesamtstruktur hat mehrere Vorteile:

▶ Es gibt transitive Kerberos-Vertrauensstellungen in der Gesamtstruktur, sodass Benutzern über die Struktur hinweg Zugriffsberechtigungen erteilt werden können; es ist nicht notwendig, Benutzern, die in beiden Bereichen arbeiten, doppelte Benutzerkonten zu erteilen.

▶ Es stehen administrative Funktionen zur Verfügung, die sich auf die Gesamtstruktur beziehen, wie die Anpassung von Schemas. Das bedeutet, dass mit administrativen Konzepten gearbeitet werden muss, welche die Gesamtstruktur betreffen.

▶ Wenn Sie Exchange einsetzen wollen, verwenden alle Benutzer einer Gesamtstruktur das gleiche globale Adressbuch. Zwei Gesamtstrukturen bedeuten auch zwei globale Adressbücher und sehr komplizierte Konfigurationen im Bereich Exchange.

3.4.2 Mehrere Strukturen in einer Gesamtstruktur

Die Einrichtung einer neuen Struktur in einer bestehenden Gesamtstruktur ist immer erforderlich, wenn mit zwei unterschiedlichen DNS-Namensbereichen gearbeitet werden muss oder soll. Wenn Sie zum Beispiel zwei Namensräume *contoso.int* und *microsoft.com* in einem Active Directory und einer Gesamtstruktur abbilden wollen, benötigen Sie für diese beiden Namensräume getrennte Strukturen. Unternehmen, die zu einem gemeinsamen Konzern gehören, jeweils eigene Namen tragen und diese im Active Directory behalten wollen, können trotzdem in einer Gesamtstruktur angelegt sein. Die Strukturen sind von der Verwaltung identisch mit den untergeordneten Domänen. Unternehmen sollten daher nur mehrere Strukturen einsetzen, wenn zum Beispiel Teile des Unternehmens zwar unabhängig voneinander operieren, aber dennoch gemeinsame Daten austauschen. Für jede Struktur im Unternehmen muss es jedoch Domänencontroller geben, die verwaltet werden müssen. Da Strukturen unabhängige Namensräume haben, müssen auch diese Namensräume verwaltet werden. Eine Struktur ist wie eine untergeordnete Domäne der Root-Domäne und Bestandteil der Gesamtstruktur. Sie teilt sich das Schema mit den anderen Strukturen. Der Unterschied zwischen einer Struktur und einer untergeordneten Domäne ist der komplett unabhängige Namensraum. Wenn ein Active Directory erstellt wird, sollten Sie als erstes eine neue Gesamtstruktur (Forest) erstellen, anschließend eine neue Struktur (Tree) und als Letztes wird vom Assistenten die erste Domäne innerhalb der neuen Struktur erstellt.

Die erste Struktur in einem Active Directory ist zwar grundsätzlich gleichberechtigt mit den anderen Strukturen, enthält allerdings als erste Struktur die beiden Betriebsmaster *Schemamaster* und *Domänennamenmaster* auf dem ersten installierten Domänencontroller. Die Bezeichnung einer Active Directory-Gesamtstruktur ist immer nach der ersten installierten Struktur orientiert. Wenn Sie eine Gesamtstruktur mit der ersten Struktur *contoso.com* erstellen und nachträglich noch eine unabhängige Struktur *microsoft.com* in diese Gesamtstruktur integrieren, hat die Gesamtstruktur auch innerhalb des Active Directorys die Bezeichnung *contoso.com*.

Wenn Sie eine neue Struktur erstellen, sollten Sie beachten, dass der Pfad der transitiven Vertrauensstellungen anders konfiguriert wird als beim Erstellen einer untergeordneten Domäne. Innerhalb einer Struktur vertrauen sich alle Domänen transitiv. Bei verschiedenen Strukturen vertrauen sich die einzelnen Domänen der jeweiligen Struktur untereinander. Es wird aber nicht den Domänen in der anderen Struktur vertraut. Die oberste Domäne, die Root-Domäne, einer Struktur vertraut transitiv den Root-Domänen der anderen Strukturen. Der Pfad der Vertrauensstellungen wird daher erheblich verlängert. Wenn Sie also mehrere Strukturen erstellen und Anwender auf Ressourcen der anderen Strukturen zugreifen müssen, besteht unter Umständen die Notwendigkeit, *Abkürzende Vertrauensstellungen* zwischen den untergeordneten Domänen der verschiedenen Strukturen zu erstellen. Generell sollten in einem Unternehmen möglichst wenige Strukturen erstellt werden, um die Verwaltung der Domänencontroller der Namensräume und der Berechtigungsstrukturen problemlos zu bewältigen.

3.4.3 Planung der Domänen

Nachdem Sie die Anzahl der Gesamtstrukturen und Strukturen festgelegt haben, geht es an die Planung der Domänen. Der optimalen und effizienten Planung eines Active Directorys entsprechend sollte jedes Unternehmen möglichst nur eine Gesamtstruktur und eine Struktur haben. Auch die Anzahl der Domänen sollte beschränkt bleiben. Die Domäne ist die Grenze der Sicherheit im Active Directory. Für jede Domäne, die angelegt wird, werden daher getrennte Objekte verwaltet werden müssen:

- Jede Active Directory-Domäne bedeutet eine eigene DNS-Domäne, deren Verwaltung berücksichtigt werden muss.
- Bei Erweiterungen des Active Directorys um neue Server, wie zum Beispiel Exchange, müssen in jeder Domäne eigene Aufgaben und Berechtigungen verwaltet werden.

▶ Für jede Domäne muss es mindestens zwei Domänencontroller geben. Dies ist mit Hardware- und Softwarekosten verbunden.
▶ Jede Domäne enthält drei Betriebsmaster, die überwacht werden müssen.
▶ Jede Domäne enthält einen eigenen Satz Gruppenrichtlinien.
▶ In jeder Domäne müssen eigene Berechtigungen erteilt werden.
▶ Jede Domäne enthält eigene Vertrauensstellungen und Gruppen, die verwaltet werden müssen.

Zusammenfassend lässt sich sagen, dass die Anzahl der Domänen eine Berechtigung sehr stark aufblähen kann. Eigene Domänen sollten nur in dem Fall angeschafft werden, wenn in einzelnen Bereichen des Unternehmens unabhängige Administratoren arbeiten, die bisher eigene Domänen verwaltet haben und das auch weiterhin tun wollen oder müssen. Im Active Directory gibt es die Möglichkeit, Berechtigungen innerhalb von Domänen zu delegieren. Es ist sehr schwierig, in größeren Unternehmen die Anzahl von Domänen möglichst klein zu halten. Mittel- und längerfristig tun sich allerdings alle Beteiligten einen Gefallen, möglichst wenige Domänen zu erstellen, da dadurch der Verwaltungsaufwand deutlich reduziert wird. Sie können die Anzahl der Domänen und den damit verbundenen Verwaltungsaufwand einfach multiplizieren. Beim Einsatz von zwei Domänen gibt es doppelt so viel Aufwand, Domänencontroller, DNS-Zonen, Gruppenrichtlinien, spezielle Berechtigungsgruppen, Lizenzserver usw., bei drei Domänen gibt es dreimal so viel, usw. Es spielt dabei keine Rolle, ob Sie Domänen als untergeordnete Domänen von der Root-Domäne anlegen oder einzelnen untergeordneten Domänen weitere Domänen unterordnen. In diesem Fall wird nur die Ansicht verändert, die Probleme bleiben bestehen. Als Empfehlung bleibt zu sagen, dass der Idealzustand eines Active Directorys eine Gesamtstruktur, eine Struktur und eine Domäne ist. Jedes weitere Objekt erhöht aufgrund von oft nur politischen Entscheidungen deutlich den Aufwand der Implementation und der späteren Verwaltung.

3.4.4 Planung der Standorte im Unternehmen

Sobald Sie festgelegt haben, welche Gesamtstrukturen, Strukturen und Domänen es in Ihrem Unternehmen geben wird, steht die Anzahl der Domänencontroller fest. Für jede Domäne, die im Active Directory erstellt wird, muss es mindestens zwei Domänencontroller geben. Sehr wichtig ist die physische Aufteilung der Domänen. Jede Niederlassung eines Unternehmens, das an ein Active Directory angebunden werden soll, muss berücksichtigt werden. Es muss genau dokumentiert werden, wie viele Mitarbeiter in den einzelnen Niederlassungen arbeiten. Anhand dieser Zahlen lässt sich planen, ob ein Domänencontroller vor Ort aufgestellt werden soll oder zwei. Bei sehr kleinen Niederlassungen macht unter Umständen die Anbindung mithilfe eines Terminalservers Sinn, anstatt Domänencontroller in die Niederlassung zu verfrachten. Aus Ausfallgründen sollte jede Niederlassung möglichst zwei Domänencontroller erhalten, von denen einer als globaler Katalogserver konfiguriert wird. In jeder Niederlassung muss es dazu ein eigenes IP-Subnetz geben, über das die Standorte im Active Directory sowie deren Replikation gesteuert werden. Ein Standort ist immer ein LAN. Alle Domänencontroller, die durch eine schmalbandige WAN-Leitung verbunden sind, sollten in physische Standorte aufgeteilt werden. Die Anzahl dieser Standorte ist unabhängig von der Anzahl der Domänen. Durch die Aufteilung der Domänen auf die unterschiedlichen Standorte wird die physische Replikation der Active Directory-Daten festgelegt. Grundsätzlich lässt sich sagen, dass jede Niederlassung, die durch eine WAN-Leitung an eine Gesamtstruktur angebunden wird, einen eigenen Standort im Active Directory abbildet.

3.4.5 Planung der Organisationseinheiten

Eine gute Aufteilung der Organisationseinheiten heißt nicht unbedingt, dass jede Abteilung eine eigene Organisationseinheit bekommt, nur weil es die Abteilung gibt und weil es schön aussieht. Organisationseinheiten werden auf der Basis logischer Entscheidungen geplant, bei denen Sie alle notwendigen Aspekte beachten müssen, die sich auf die Organisationseinheiten auswirken. Die schlussendliche Struktur der Organisationseinheiten muss allen Anforderungen Genüge leisten. Innerhalb von Organisationseinheiten können administrative Berechtigungen aller Art sehr einfach verteilt werden. Aus diesem Grund könnten statt vieler Domänen besser viele Organisationseinheiten angelegt werden, in denen die Benutzer, Gruppen und Computer zusammengefasst und von einem administrativen Team verwaltet werden, die ursprünglich in einer Domäne untergebracht werden sollten. Bei der Planung von Organisationseinheiten sind folgende Aspekte zu berücksichtigen:

- Besteht die Möglichkeit, statt vieler Domänen einige dieser Domänen in Organisationseinheiten zu sammeln und die Berechtigung zu delegieren?
- Wenn ein Patchmanagement wie der WSUS angeschafft wird, kann die Installation der Patches auf der Basis von Gruppenrichtlinien erfolgen. Computer, die eine einheitliche Richtlinie der Patchupdates erhalten, sollten in einer gemeinsamen Organisationseinheit mit der wiederum die Gruppenrichtlinie verknüpft wird, zusammengefasst werden. Bei Servern werden Patches zum Beispiel nur angezeigt, bei Arbeitsstationen automatisch installiert.

▶ Sollen spezielle Anmeldeskripts für die Anwender zum Verbinden von Laufwerken oder Systemeinstellungen erstellt werden? Die Mitarbeiter und Computer sollten dazu in Organisationseinheiten zusammengefasst werden.

▶ Sollen für Gruppen von Anwendern unterschiedliche Gruppenrichtlinieneinstellungen gelten? Auch diese Anwender sollten in eigene Organisationseinheiten zusammengefasst werden.

▶ Können einzelne Administrationsaufgaben, zum Beispiel das Zurücksetzen von Kennwörtern in einer Abteilung, an Poweruser vergeben werden, um die Administratoren zu entlasten? Solche Delegationen können auf Organisationseinheiten gelegt und die Benutzer in diese Organisationseinheiten aufgenommen werden.

3.4.6   Zusammenfassung

Zusammenfassend lässt sich sagen, dass ein ideales Active Directory auf jeden Fall aus einer Gesamtstruktur besteht. Am besten sollten auch nur eine Struktur und möglichst wenige Domänen eingesetzt werden. Alle administrativen Tätigkeiten sollten auf Organisationseinheiten abgebildet werden, auch wenn viele Administratoren, die bisher eine Domäne verwaltet haben, nicht begeistert sein werden, nur noch Teil einer Organisationseinheit zu sein. Die Bezeichnung und Struktur der Organisationseinheiten sollte in Unternehmen möglichst einheitlich gewählt werden und kann erst geplant werden, wenn die Anzahl der Gesamtstrukturen, Strukturen und Domänen feststeht.

4 Migration

Nachdem in *Kapitel 3 »Active Directory«* auf den Neuaufbau eines Active Directorys unter Windows Server 2003 eingegangen wurde, geht es in diesem Kapitel um die Migration zu Windows Server 2003. Bei der Migration sind drei Themen zu berücksichtigen:

- die Migration von Windows NT-Domänencontrollern
- die Migration von Windows 2000-Domänencontrollern
- das Update von Windows Server 2003-Domänencontrollern auf Windows Server 2003 R2

Manche Netzwerke werden noch auf Basis von Windows NT betrieben. In vielen Netzwerken steht die Migration von Windows 2000 zu Windows Server 2003 an. Hier wird zwischen zwei Ansätzen unterschieden:

- die „In-Place"-Migration, bei der die Umstellung auf der gleichen Maschine erfolgt
- die Migration der bestehenden Serverfunktion auf eine neue Maschine

Bei der Umstellung von Domänencontrollern von Windows NT auf Windows Server 2003 lassen sich ebenfalls zwei Ansätze unterscheiden:

- das Domänen-Upgrade, bei dem zunächst eine einfache Umstellung der bisherigen Strukturen in das Active Directory vorgenommen wird
- die Domänenrestrukturierung, bei der eine umfassende Anpassung bisheriger Domänenstrukturen erfolgt

Bei der Migration wird sich eine Restrukturierung von Domänen zumindest in größeren Netzwerken kaum umgehen lassen. Allerdings haben Sie die Möglichkeit, diesen Prozess entweder während des Upgrades oder im Anschluss an eine Umstellung des Netzwerks durchzuführen. Daraus ergeben sich zwei unterschiedliche Verfahrensweisen, die nachfolgend genauer erläutert werden.

4.1 Migration bei gleich bleibenden Strukturen

Das Upgrade einer Windows NT-Umgebung auf Windows Server 2003 und die Umstellung der bisherigen Domänen auf das Active Directory, ohne dass strukturelle Veränderungen vorgenommen werden, ist der einfachste und am wenigsten riskante Weg für die Migration. Bei diesem Ansatz wird im ersten Schritt der primäre Domänencontroller von Windows NT auf Windows Server 2003 aktualisiert. Anschließend werden die Sicherungsdomänencontroller (BDCs) teilweise oder vollständig auf Windows Server 2003 umgestellt. Die Domänenstrukturen werden dagegen nicht verändert. Dieser Prozess ist primär eine Umstellung des Betriebssystems. Um ein Domänen-Upgrade durchzuführen, wird folgende Vorgehensweise gewählt:

- Im ersten Schritt werden die Systeme gesichert, bei denen die Aktualisierung des Betriebssystems von Windows NT auf Windows Server 2003 erfolgen soll.

- Überlegenswert ist darüber hinaus, einen weiteren Server als Backup-Domänencontroller zu der Domäne hinzuzufügen und dieses System während der eigentlichen Aktualisierung offline zu nehmen. Auf Basis dieses Servers kann später eine Wiederherstellung auf den Stand vor der Migration erfolgen, da die Benutzerkontendatenbank durch die Migration nicht verändert wurde.

- Vor dem Start der eigentlichen Installation muss über den Servermanager von Windows NT eine Synchronisierung der vorhandenen Domänencontroller erzwungen werden, damit alle Systeme auf dem gleichen Stand sind.

- Anschließend kann das Installationsprogramm von Windows Server 2003 gestartet werden. Wenn dieses Programm auf einem Domänencontroller ausgeführt wird, erkennt es automatisch, dass im Rahmen der Aktualisierung das Active Directory eingerichtet werden kann. Der Administrator kann dies in einem Dialogfeld bestätigen, muss aber nicht zwingend Active Directory installieren. Aus einem Windows NT-Domänencontroller kann ein Mitgliedsserver in einer Active Directory-Domäne werden.

Bei der Umstellung eines Sicherungsdomänencontrollers (BDC) unter Windows NT wird zunächst vom System geprüft, ob der primäre Domänencontroller (PDC) bereits umgestellt ist. Ist das nicht der Fall, wird der Upgrade-Prozess abgebrochen.

Im Rahmen des Installationsprozesses werden bei Ausführung von *dcpromo* die Informationen in der Windows NT-Benutzerkontendatenbank und im SAM (*Security Account Manager*) in das Active

Directory übernommen. Die Übernahme dieser Informationen erfolgt in unveränderter Form. Benutzerkonten, Computerkonten, lokale und globale Benutzergruppen bleiben weiterhin bestehen. Die Domäne wird danach im gemischten Modus betrieben. Der erste installierte Server, der bisherige primäre Domänencontroller, fungiert als PDC-Betriebsmaster. Alle Informationen auf den bereits aktualisierten Domänencontrollern sind im Active Directory gespeichert. Sie werden für die BDCs und Clients in dem vertrauten Namensraum der Windows NT-Domäne dargestellt. Wenn in diesem Modus Organisationseinheiten angelegt werden, sind diese für ältere Systeme nicht sichtbar. Die in ihnen angelegten Benutzer- und Computerobjekte sind aber verfügbar.

4.1.1 Die Auswirkungen der Aktualisierung auf Zugriffsberechtigungen

Der von Microsoft gewählte Ansatz für die Migration ist darauf ausgelegt, dass die Umstellung sich nicht auf bestehende Strukturen auswirkt. Wichtig sind die SIDs. Diese *Security Identifier* identifizieren Objekte im Verzeichnis eindeutig. Das Konzept der SIDs wird bei Windows Server 2003 weiterverfolgt, wobei die Domäne Grenze für SIDs ist. Unterschiedliche Domänen im Active Directory verfügen über unterschiedliche SIDs. Bei einem Upgrade einer Windows NT-Domäne werden die SIDs der bisherigen Domäne übernommen. Es ergeben sich keine Veränderungen im Vergleich mit dem bisherigen Modell. Da sich die SIDs nicht verändern und die Zugriffsberechtigungen auf Ressourcen über SIDs gesteuert werden, ergeben sich keine Auswirkungen auf den Ressourcenzugriff. Bei jeder Ressource finden sich *Zugriffssteuerungslisten (Access Control Lists, ACLs)* mit *ACEs (Access Control Entries)*. Die ACEs bestehen aus einer SID und den zugeordneten Berechtigungen. Über sie werden die konkreten Zugriffsberechtigungen festgelegt.

4.1.2 Das Upgrade von Ressourcendomänen

Solange nur innerhalb einer einzelnen Domäne gearbeitet wird, ist ohnehin alles recht unproblematisch. Es gibt keine Schwierigkeiten beim Zugriff über die Domänengrenzen hinweg, weil es eben nur eine gibt. In vielen Unternehmen wird mit einem zweistufigen Modell von Windows NT-Domänen gearbeitet, das zwei Gruppen von Domänen unterscheidet:

- Masterdomänen oder Kontendomänen, in denen die Benutzerkonten definiert und verwaltet werden
- Ressourcendomänen, in denen keine Benutzer angelegt, sondern nur Zugriffsberechtigungen auf Ressourcen von Servern vergeben werden

Diese Umstellung wird etwas komplexer. Ressourcendomänen wurden bei Windows NT vor allem in zwei Situationen erstellt: In sehr großen Netzwerken stellt die maximale Größe von SAM (Security Account Manager), der Benutzerkontendatenbank, eine Restriktion dar. Microsoft empfiehlt eine maximale Größe von 40 Mbyte. Das führte dazu, dass maximal rund 40 000 Konten eingerichtet werden konnten. Die Benutzerzahl ist allerdings geringer, da zu diesen Konten auch Gruppen- und Computerkonten zählen. Nur durch die Aufteilung auf mehrere Masterdomänen können die Benutzerkonten bei NT 4 verteilt werden. Zugleich lassen sich Gruppen- und Ressourcenkonten auf Ressourcendomänen verteilen. Dadurch kann diese Größenbeschränkung umgangen werden. Der zweite Aspekt ist die Delegation administrativer Berechtigungen, die sich für eine Gruppe von Servern am einfachsten über die Erstellung einer weiteren Domäne erreichen lässt.

Bei Masterdomänen- beziehungsweise Multiple-Master-Modellen von Windows NT wird mit einseitigen Vertrauensstellungen gearbeitet. Benutzer können nur in den Kontendomänen angelegt werden. Wenn ein einfaches Upgrade zu Windows Server 2003 erfolgt, werden diese Vertrauensstellungen in zweiseitige Vertrauensstellungen umgewandelt. Das bedeutet, dass Benutzer in der Ressourcendomäne angelegt werden und diese dennoch Zugriffsberechtigungen in den übergeordneten Masterdomänen erhalten können. Zudem gibt es transitive Vertrauensstellungen zwischen parallelen ehemaligen Ressourcendomänen. Das bedeutet, dass entweder die Sicherheitskonzepte im Migrationsprozess angepasst werden müssen oder alternativ die Migration parallel mit einer Neustrukturierung des bisherigen Domänenmodells erfolgen muss. Es stehen verschiedene Ansätze zur Wahl, wenn sichergestellt werden soll, dass die Administratoren der bisherigen Masterdomänen weiterhin administrative Berechtigungen für die Ressourcendomänen besitzen, umgekehrt die Administratoren aus den Ressourcendomänen keine Berechtigungen für die Masterdomänen erhalten: Die Domäne kann in eine bestehende Gesamtstruktur aufgenommen werden. Mit den Funktionen zur Delegation von administrativen Berechtigungen wird anschließend sichergestellt, dass die Administratoren der Ressourcendomäne nur die Berechtigungen erhalten, die sie benötigen. Die Ressourcendomänen könnten in einer eigenen Gesamtstruktur aufgenommen werden. Zwischen diesen Domänen und der Masterdomäne können explizite Vertrauensstellungen definiert werden.

Von dieser Vorgehensweise ist allerdings abzuraten, da dadurch eine größere Zahl von Gesamtstrukturen entsteht, die später nur schwer wieder zusammenzuführen sind. Einfacher als die erste Option ist die Restrukturierung der bisherigen Ressourcendomänen in Organisationseinheiten unterhalb der bisherigen Masterdomäne. So können administrative Berechtigungen gezielt delegiert werden. Wie die verschiedenen Szenarien bereits zeigen, ist es in jedem Fall erforderlich, strukturelle Veränderungen am Netzwerk vorzunehmen. Folgende Aspekte sollten unbedingt beachtet werden:

- Die Masterdomänen müssen vor der Ressourcendomäne umgestellt werden. Das ist erforderlich, weil Domänen auf einer höheren Ebene des Active Directorys vor den untergeordneten Domänen eingerichtet werden müssen.
- Nach der Einrichtung der Masterdomänen sollten die erforderlichen Gruppen für die Administration in der Masterdomäne definiert werden.
- Zusätzlich ist es erforderlich, die Regeln für die Delegation der administrativen Berechtigungen auf die zu migrierenden Ressourcendomänen zu definieren.
- Falls die Ressourcendomänen zu OUs der bisherigen Masterdomäne werden, muss sichergestellt sein, dass diese Domäne im Active Directory im gemischten Modus betrieben wird, damit eine Replikation zu den vorhandenen Sicherungsdomänencontrollern der bisherigen Ressourcendomänen erfolgen kann.

Erst dann kann die Migration der Ressourcendomänen mit der Umstellung der primären Domänencontroller beginnen. Im Anschluss an die Migration der Domänencontroller müssen die Zugriffsberechtigungen für die Administratorenkonten der Ressourcendomänen angepasst werden. Im weiteren Verlauf muss die Optimierung des Active Directory-Designs und der Sicherheitsregeln bei Windows Server 2003 und im Active Directory für die neue Struktur durchgeführt werden.

4.1.3 Die Umstellung der Dateireplikation auf den File Replication Service (FRS)

Der Verzeichnisreplikationsdienst von Windows NT wird verwendet, um Dateien zwischen Servern zu replizieren. Sein Einsatz beschränkt sich im Wesentlichen auf die Replikation von Systemrichtlinien und Anmeldeprogrammen, die in der Freigabe *Netlogon* auf den Domänencontrollern zur Verfügung gestellt werden. Dahinter verbirgt sich der Ordner *%systemroot%\System32\repl\import\scripts*. Da der FRS unter Windows Server 2003 eine völlig veränderte Plattform ist, wird eine Umstellung in diesem Bereich unvermeidlich sein. Allerdings sind keine besonderen Anstrengungen erforderlich, wenn es nur um Systemrichtlinien und Anmeldeprogramme geht. Die Systemrichtlinien werden im Active Directory ohnehin durch die Gruppenrichtlinien ersetzt. Diese müssen neu konzipiert werden. Die Vorlagen werden in der Freigabe *Sysvol* gespeichert. Da die dort gespeicherten Informationen automatisch repliziert werden, ist an dieser Stelle keine zusätzliche Konfiguration erforderlich. Für die Replikation wird der *File Replication Service (FRS)* verwendet. Alle anderen Informationen, die sich auf verschiedenen Domänencontrollern finden, werden vom Active Directory repliziert. Die Skripts werden auf den Domänencontrollern in *Sysvol* und dort unterhalb eines Ordners mit dem Domänennamen im Verzeichnis *Skripts* angelegt. Der Ordner *Sysvol* wird automatisch erzeugt. Anmeldeprogramme müssen nur in dieses Verzeichnis kopiert werden. Da dieses Verzeichnis automatisch repliziert wird, sind keine weiteren Konfigurationsschritte mehr erforderlich.

4.2 Neustrukturierung bei der Migration

Die viel größere Herausforderung als die Installation von Windows Server 2003 auf Systemen, auf denen bisher Windows NT ausgeführt worden ist, ist die Optimierung der Strukturen bisheriger Windows NT-Domänen für das Active Directory. Eine Restrukturierung im eigentlichen Sinne ist nicht erforderlich, wenn die bisherigen Domänenstrukturen beibehalten werden können. Das ist in den allermeisten Fällen nur der Fall, wenn bisher ausschließlich mit einer Domäne gearbeitet wurde. In allen anderen Fällen werden Sie kaum umhin kommen, Domänenstrukturen zu verändern.

Die Restrukturierung kann zu verschiedenen Zeitpunkten erfolgen. Die Basis kann bereits vor der Einführung von Windows Server 2003 gelegt werden. Falls ohnehin Änderungen im Windows NT-Netzwerk anstehen, können diese genutzt werden, um bereits eine Domänenstruktur zu schaffen, die der für Windows Server 2003 und das Active Directory geplanten möglichst entspricht. Die Umstellung kann anstelle eines Upgrades durchgeführt werden. Dieser Ansatz ist allerdings insofern problematisch, als es sehr schwierig wird, eine immer verfügbare Produktionsumgebung bereitzustellen. Das setzt eine optimale Vorbereitung und Planung voraus. Es muss gut überlegt werden, wie der Ansatz transparent für die Anwender durchgeführt werden kann. Es geht unter anderem darum, die Namensauflösungen abzuwickeln. Wenn dieser Weg gewählt wird, muss eine getrennte Windows Server 2003-Umgebung aufgebaut werden, in die schrittweise die bestehenden Systeme überführt werden. Der Vorteil hierbei ist, dass die sauberste Struktur für Windows Server 2003 aufgebaut und konsequent Abschied von überholten Strukturen aus Windows NT-Umgebungen genommen werden kann. Ein anderer Ansatz ist das Upgrade einer Kontendomäne und die schnellstmögliche Umstellung in den einheitlichen Modus. Das allerdings erfordert komplexere Fallback-Strategien. Die Umstellung kann in unmittelbarem Anschluss an die Aktualisierung der Systeme oder auch deutlich später durchgeführt werden. Faktisch ist dieser Weg vergleichsweise wenig sinnvoll. Ein wichtiger Punkt ist, dass in jedem Fall nach der Umstellung auf Windows Server 2003 Anpassungen bei den Sicherheitskonzepten vorgenommen werden müssen.

4.2.1 Planung der Berechtigungen bei einer Migration

Die Anpassung von Domänenstrukturen von Windows NT an das Active Directory führt in den meisten Fällen dazu, dass Objekte in andere Domänen verschoben werden müssen. Das ist beim Zusammenfassen bestehender Domänen bei einer Neustrukturierung mit zusätzlichen Domänen der Fall. Benutzerobjekte werden für das System durch eine SID identifiziert, nicht durch ihren Namen. Diese SID ist an die Domäne gebunden. Da die SID für die Vergabe von Zugriffsberechtigungen verwendet wird, würde ihre Änderung dazu führen, dass die Zugriffe nicht mehr in der bisherigen Form durchgeführt werden können. Wenn ein Benutzer in eine andere Domäne verschoben wird, muss sich seine SID ändern, weil der wesentliche Teil einer SID von der SID der Domäne gesteuert wird. In der Folge könnten mehrere Probleme entstehen. Die wichtigsten sind:

- Die Gruppenmitgliedschaften von Benutzern sind über SIDs definiert. Würde sich die SID ändern, wäre diese Zugehörigkeit nicht mehr nachvollziehbar.
- Die Zugriffsberechtigungen auf Freigaben oder Exchange-Postfächer wären nicht mehr gegeben, weil die neue SID des Benutzers und jene in den bisherigen Zugriffskontrolllisten (ACLs) nicht mehr übereinstimmen.

Das Problem müsste dadurch gelöst werden, dass die Gruppen verschoben und die Zugriffsberechtigungen neu vergeben werden. Es würden neue, aktualisierte ACLs erstellt. Das macht offensichtlich wenig Sinn, da dies zu einem immensen administrativen Aufwand führen kann. Bei Windows Server 2003 wird mit so genannten SID-Histories gearbeitet. Bei einem Benutzer werden neben der primären SID zusätzliche SIDs aus Domänen, zu denen er bisher gehörte, gespeichert. Die primäre SID ist immer mit der Domäne, zu der der Benutzer aktuell gehört, verbunden. In der SID-History wird die SID des Benutzers aus den Domänen, zu denen er früher gehörte, abgelegt. Die weiteren Informationen wie Gruppenzugehörigkeiten können jederzeit über den Globalen Katalog abgefragt werden. Eine SID-History wird nur angelegt, wenn die Domäne, in die das Objekt verschoben wird, im einheitlichen Modus des Active Directorys oder im Windows Server 2003-Modus betrieben wird. Das Verschieben von Objekten über die Grenzen von Domänen hinweg wird dadurch erschwert, dass die Objekte jeweils in geschlossenen Gruppen verschoben werden müssen. Das bedeutet, dass beim Verschieben eines Benutzers alle globalen Gruppen, zu denen dieser gehört, ebenfalls verschoben werden müssen. Folglich müssen alle Benutzer dieser globalen Gruppen verschoben werden. Hintergrund ist, dass globale Gruppen nur Mitglieder aus der eigenen Domäne enthalten können.

4.2.2 Das Active Directory Migration Tool (ADMT) 3.0

Microsoft hat ein Werkzeug für das Verschieben oder Kopieren von Benutzern zwischen verschiedenen Domänen entwickelt. Das Active Directory Migration Tool (ADMT) wird auf der CD von Windows Server 2003 mitgeliefert. Die Windows Server 2003-CD enthält allerdings nur die Version 2.0. Wenn Sie das Update einer Windows NT 4.0- oder Windows 2000-Domäne mit dem ADMT durchführen wollen, sollten Sie sich die aktuelle Version 3.0 aus dem Internet herunterladen. Die zu migrierenden Daten können verschiedene Quellen haben:

- Sie können aus Windows NT 4.0-Domänen stammen. Diese Option ist vor allem für komplexere Umstellungsprozesse von erheblicher Bedeutung.
- Sie können aus Domänen in anderen Active Directory-Gesamtstrukturen stammen.
- Sie können aus Domänen in der gleichen Gesamtstruktur stammen.
- Es werden Windows NT-, Windows 2000- und Windows 2003-Domänen unterstützt.

Mit dem ADMT können Sie Benutzer, Computer und Gruppen mit dazugehöriger SID und Kennwort von anderen Domänen oder Gesamtstrukturen in ein neues Active Directory kopieren. Das hat den Vorteil, dass Sie parallel ein neues Active Directory aufbauen können und keine Altlasten der alten Domänen übernehmen. Diese Migration ist die professionellste, aber auch aufwendigste von allen. Wenn Sie eine Migration oder eine Neuordnung Ihrer Domänenstruktur durchführen wollen, sollten Sie sich diesen Abschnitt sorgfältig durchlesen.

Vorgehensweise bei der Migration mit dem ADMT

Wenn Sie eine Migration mit dem ADMT von Windows NT 4.0 zu Windows Server 2003 durchführen, sollten Sie stets folgende Reihenfolge einhalten:

1. Einrichtung eines neuen parallelen Active Directorys
2. Konfiguration der Namensauflösung zwischen den Domänen
3. Einrichtung der Vertrauensstellungen und Aufnahme der globalen Domänen-Admins der einen in die lokale Administratoren-Gruppe der anderen Domäne
4. Aufnahme der globalen Domänen-Benutzergruppe der einen in die lokale Benutzergruppe der anderen Domäne
5. Installation und Test des ADMT

Neustrukturierung bei der Migration

6. Übernahme der Benutzer- und Gruppenkonten in das Active Directory
7. Benutzer melden sich an ihrem PC mit dem Benutzerkonto in der neuen Domäne, dem Active Directory, an.
8. Migration der Computerkonten in die neue Domäne
9. Migration der Server in die neue Domäne

Notwendige Vorbereitungen für das ADMT 3.0

Wenn Sie die Migration zu einem Windows Server 2003 Active Directory mit dem ADMT durchführen wollen, müssen Sie zunächst parallel auf neuer Hardware ein neues Active Directory aufbauen.

Neues Active Directory aufbauen

Dazu gehört zunächst eine ordentliche Planung, wie sie in *Kapitel 3 »Das Active Directory«* beschrieben wird. Bevor Sie das ADMT verwenden, sollten Sie sich Fachwissen über das Active Directory angeeignet haben. Der Vorteil am parallelen Aufbau eines Active Directorys liegt darin, dass Sie mit dieser Umgebung ohne weiteres experimentieren können, da noch keine Anwender damit arbeiten. Erst bei der Umstellung der Benutzer, Gruppen und Computer auf dieses Active Directory – wenn also die Anwender produktiv mit dem System arbeiten –, wird die Sache ernster. Nach dem Aufbau Ihres Active Directorys können Sie am besten auf einem Domänencontroller unter Windows Server 2003 SP1 das ADMT 3.0 installieren. Die Installation ist in wenigen Sekunden abgeschlossen.

Achten Sie bei der Festlegung des NetBIOS-Namens der Active Directory-Domänen darauf, dass diese nicht mit den Namen der zu migrierenden NT-Domänen übereinstimmen, ansonsten ist eine Migration mit dem ADMT nicht möglich.

Namensauflösung konfigurieren

Bevor Sie das ADMT nutzen können, müssen Sie einige Vorbereitungen treffen. Vor allem die Konfiguration der Namensauflösung zwischen den Systemen, die migriert werden sollen, ist extrem wichtig. Überprüfen Sie nach der Konfiguration der WINS-Server, ob alle beteiligten Domänencontroller sich untereinander mit Namen auflösen können. Wenn Sie mit dem ADMT eine Windows NT 4.0-Domäne oder ein anderes Active Directory, zum Beispiel unter Windows 2000, migrieren wollen, sollten Sie erst sicherstellen, dass die Namensauflösung zwischen den Systemen reibungslos funktioniert.

Bei einer NT 4.0-Domäne, die Sie zu Windows Server 2003 mit dem ADMT migrieren wollen, sollten Sie zunächst sicherstellen, dass Sie einen WINS-Server in der NT 4.0-Domäne zur Verfügung stellen.

4 Migration

Eine Migration von Windows NT 4.0 zu Windows Server 2003 ist nur beim parallelen Betrieb eines WINS-Servers sinnvoll. Sie können auf den Active Directory-Domänencontrollern den NT 4.0-WINS-Server hinterlegen oder einen Windows Server 2003-WINS-Server installieren und diesen mit den NT 4.0-Servern replizieren lassen. Tragen Sie in diesem Fall auf allen beteiligten Domänencontrollern und Servern alle WINS-Server ein, die Sie konfiguriert haben, damit die Namensauflösung reibungslos funktioniert. Voraussetzung für die Nutzung des ADMT ist, dass die Zieldomäne, in die Informationen verschoben werden, im einheitlichen Modus des Active Directorys betrieben wird. Informationen können nicht in Domänen verschoben werden, die sich im gemischten Modus befinden. Die Funktionen des ADMT können über das Kontextmenü des Konsolenstamms, *Active Directory Migration Tool*, aufgerufen werden. Mithilfe diverser Assistenten können verschiedene Funktionen der Migration durchgeführt werden. Die wichtigsten werden nachfolgend kurz besprochen. Bei allen diesen Assistenten müssen zunächst die Quell- und die Zieldomäne ausgewählt werden. Falls sich die Zieldomäne nicht im einheitlichen Modus befindet, wird eine Fehlermeldung angezeigt.

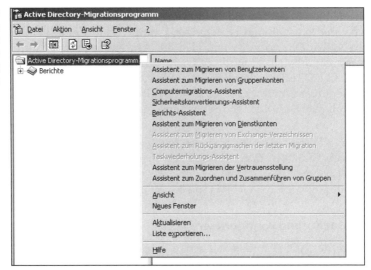

Abbildung 4.1: Migration von Domänen mit dem Active Directory Migration Tool (ADMT)

Vertrauensstellungen einrichten

Der nächste wichtige Schritt für die Arbeit mit dem ADMT ist das Einrichten der Vertrauensstellungen. Sie sollten eine bidirektionale Vertrauensstellung von der neuen Windows Server 2003-Domäne, also dem Active Directory, zu der zu übernehmenden Domäne einrichten. Stellen Sie sicher, dass die Vertrauensstellung funktioniert. Übernehmen Sie als Nächstes die globale Gruppe *Domänen-Admins* oder zumindest den Benutzer, mit dem Sie mit ADMT arbeiten, in die lokale Administratoren-Gruppe auf den Domänencontrollern. Im

Neustrukturierung bei der Migration

Anschluss daran sollten Sie die globalen Gruppe *Domänen-Benutzer* beider Domänen jeweils in die lokale Benutzergruppe der anderen Domäne aufnehmen.

Unter Windows Server 2003 richten Sie Vertrauensstellungen mit dem MMC-Snap-In *Active Directory-Domänen und -Vertrauensstellungen* ein. Nach einem Klick mit der rechten Maustaste auf die Domäne wählen Sie die Eigenschaften aus. Gehen Sie dann auf die Registerkarte *Vertrauensstellungen* und klicken Sie auf die Schaltfläche *Neue Vertrauensstellung*. Im nächsten Fenster tragen Sie den Namen der Windows-Domäne ein, für die Sie eine Vertrauensstellung einrichten wollen. Achten Sie auf Groß- und Kleinschreibung. Wenn Sie die Domäne kleinschreiben, wird sie unter Umständen nicht gefunden. An diesem Punkt zeigt sich, ob die Namensauflösung korrekt konfiguriert wurde. Wählen Sie die Erstellung einer bidirektionalen Vertrauensstellung aus. Danach sollten Sie die gleichen Schritte bei der anderen Domäne durchführen. Wenn es sich um eine NT 4.0-Domäne handelt, finden Sie die Steuerung der Vertrauensstellungen unter:

```
Start->Ausführen->usrmgr->Menü Richtlinien-
>Vertrauensstellungen
```

Tragen Sie auch bei dieser Domäne die Vertrauensstellung in beide Richtungen ein. Im Anschluss sollten Sie nach einer gewissen Wartezeit die Domänen-Admins der einen Domäne in die lokale Benutzer-Gruppe *Administratoren* der anderen Domäne auf dem Domänencontroller hinzufügen, damit sie für die Migration über entsprechende Rechte verfügen. Wenn bei der Durchführung dieser Maßnahmen keine Fehler aufgetreten sind, können Sie sicher sein, dass die Vertrauensstellungen funktionieren.

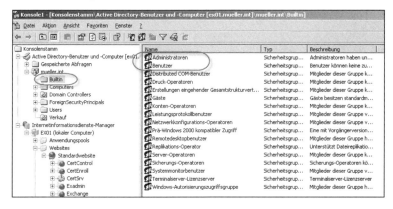

Abbildung 4.2: Lokale Benutzergruppen auf dem Domänencontroller

Damit die Vertrauensstellungen eingerichtet werden können, müssen Sie zuvor sicherstellen, dass alle beteiligten Domänencontroller aller Domänen aufgelöst werden können und alle WINS-Server kennen.

4 Migration

Installation und Einführung in den ADMT 3.0

Sofern noch nicht geschehen, können Sie sich das ADMT 3.0 aus dem Internet herunterladen und installieren. Nach der Installation können Sie das Programm über die Programmgruppe der Verwaltung oder als neues Snap-In in einer MMC aufrufen. Das Programm trägt die Bezeichnung *Active Directory Migrationsprogramm*, besser bekannt unter dem Kürzel *ADMT*. Unter diesem Begriff finden Sie im Internet auch die meisten Informationen. Wenn Sie das Programm starten, ist es recht unspektakulär. Es wird nicht viel angezeigt. Wenn Sie mit der rechten Maustaste auf den Menüpunkt *Active Directory-Migrationsprogramm* im Snap-In klicken, erkennen Sie jedoch recht schnell die vielfältigen Möglichkeiten, die Ihnen dieses Programm bietet.

▶ Der Assistent zum Migrieren von Benutzerkonten kann verwendet werden, um Benutzerkonten von einer Domäne in eine andere zu migrieren.

▶ Der Assistent zum Migrieren von Gruppen wird eingesetzt, um Gruppenkonten zu migrieren.

▶ Der Computermigrations-Assistent wird analog für die Migration der Computerkonten verwendet.

▶ Der Sicherheitskonvertierungsassistent kann erst nach dem Verschieben von Benutzer-, Gruppen- oder Computerobjekten eingesetzt werden und die Berechtigungen wiederherstellen.

▶ Der Assistent zum Migrieren von Dienstkonten wird verwendet, um die von Diensten verwendeten Benutzerkonten zu migrieren, damit die Dienste in der Zieldomäne korrekt ausgeführt werden können.

▶ Mit dem Assistenten zum Migrieren von Exchange-Verzeichnissen lassen sich Informationen verschieben, so dass die Funktionsfähigkeit des Microsoft Exchange Server gewährleistet ist. Dieses Tool wird allerdings selten bei der Migration von Exchange 5.5 zu Exchange 2003 verwendet. In diesem Bereich findet eher der Active Directory Connector Einsatz. Mehr zum Thema Exchange und Migration zu Exchange 2003 finden Sie in *Kapitel 8 »Exchange«*.

▶ Mithilfe des Assistenten zum Rückgängigmachen der letzten Migration kann die zuletzt ausgeführte Aktion widerrufen werden.

▶ Der Taskwiederholungsassistent kann verwendet werden, um Aktionen, die den Einsatz von Agents bedingen, noch einmal zu starten. Das ist immer erforderlich, wenn diese Aktionen gescheitert sind, weil die Agents nicht installiert werden konnten oder weil die Systeme, auf denen die Agents ausgeführt werden, nicht aktiv waren.

Neustrukturierung bei der Migration

▸ Mit dem Assistenten zum Migrieren von Vertrauensstellungen können Vertrauensstellungen zwischen Domänen in das Active Directory übernommen und die erforderlichen Anpassungen von Gruppen und anderen Konten durchgeführt werden.

▸ Der Assistent zum Zuordnen und Zusammenführen von Gruppen wird eingesetzt, wenn Gruppen auf andere Gruppen abgebildet oder mit bestehenden Gruppen kombiniert werden sollen.

Wenn nichts dagegen spricht, sollte für komplexe Umstellungsprozesse zwischen Domänen immer das ADMT eingesetzt werden. Es ist mit Abstand das effizienteste Werkzeug für diese Aufgabe. Die anderen Hilfsprogramme sind von Interesse, wenn kleinere Operationen durchgeführt werden müssen. Die einzige effiziente Alternative zum ADMT kann die Verwendung selbst entwickelter Skriptes sein.

Der erste wichtige Punkt beim Umgang mit dem Programm ist der Menüpunkt *Assistent zum Migrieren von Benutzerkonten*. Zunächst erscheint das Startfenster des Assistenten. Im nächsten Fenster können Sie auswählen, ob Sie die Einstellungen erst testen oder gleich mit der Migration fortfahren wollen. Sie sollten immer zuerst die Einstellungen testen, bevor Sie die Benutzer migrieren, um sich so unnötige Probleme zu ersparen.

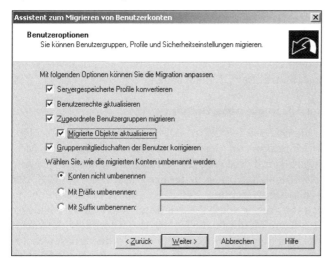

Abbildung 4.3: Übernahme der notwendigen Informationen ins Active Directory

Das Einzige, was bei den Tests nicht möglich ist, ist die eigentliche Übernahme der Benutzer in die Zieldomäne. Es wird aber jeder einzelne Schritt und jeder einzelne Benutzer dahingehend getestet, ob er migriert werden könnte. Sie können an dieser Stelle nichts falsch machen, wenn Sie sich mit dem Programm vertraut machen wollen. Im nächsten Fenster können Sie die Quell- und die Zieldomäne auswählen. Wählen Sie an dieser Stelle die entsprechenden Domänen aus und rufen Sie das nächste Fenster auf.

Wenn das Fenster ohne Fehler erscheint, verfügen Sie über die entsprechenden Berechtigungen für die Migration der Benutzer. Wenn Sie den Benutzer, mit dem Sie das ADMT ausführen, nicht in die lokale Administratoren-Gruppe der Quelldomäne mit aufgenommen haben, erscheint eine Fehlermeldung, dass Sie nicht über genügend Berechtigungen verfügen, um den Vorgang fortzusetzen. Wenn der Fehler nicht erscheint, verfügen Sie über die Berechtigungen. Wählen Sie nun alle Benutzer aus, die Sie migrieren wollen. Nach Auswahl der Benutzer werden diese im Fenster angezeigt. Im nächsten Fenster können Sie festlegen, in welche Organisationseinheit (Organizational Unit, OU) die Benutzerkonten migriert werden sollen. Legen Sie am besten vor der eigentlichen Migration eine temporäre OU an, die nur für die Migration verwendet wird. Sie können nach der Migration die Benutzerkonten und Gruppen immer noch in die jeweilige OU verschieben, die Sie bei der Planung festgelegt haben. Die temporäre OU können Sie nach der Migration wieder löschen. Wenn Sie die OU festgelegt haben, kommen Sie zum nächsten Fenster des Assistenten. Hier können Sie bestimmen, was mit den Kennwörtern der neuen Benutzer geschehen soll. Die Übernahme der Kennwörter zeige ich Ihnen im nächsten Abschnitt, da dieser Vorgang nicht ganz trivial ist. Das nächste Fenster des Assistenten ist besonders wichtig. Hier müssen Sie zunächst die Option aktivieren, dass die SIDs der Benutzer in die neue Domäne übernommen werden. Falls Sie die SIDs nicht übernehmen, können die Benutzer nicht auf Freigaben oder ihre Exchange-Postfächer in der alten Domäne zugreifen, wenn sie sich nach der Umstellung an der neuen Domäne anmelden, aber diese Ressourcen immer noch in der alten Domäne liegen.

Migration der SID in die neue Domäne

Wenn Sie die Übernahme der SID in ADMT aktiviert haben, erscheint während der Migration mit dem ADMT eine entsprechende Meldung. Damit die SID mit dem ADMT von einer in die andere Domäne übernommen werden kann, muss in der Ereignisanzeige des PDC der NT-Domäne die Überwachung aktiviert sein. Der Assistent im ADMT übernimmt für Sie diese Aktivierung. Nach dieser Meldung erscheint eine weitere Meldung, die Sie darüber informiert, dass auch die Überwachung in der Zieldomäne aktiviert werden muss, was der Assistent auch für Sie erledigt. Daraufhin zeigt eine weitere Meldung an, dass zunächst eine Gruppe erstellt werden muss. Auch diese Aktion führt der Assistent für Sie aus. Die folgende Meldung besagt, dass auf dem PDC noch ein Registry-Schlüssel erzeugt werden muss, damit die Migration durchgeführt werden kann. Lassen Sie den Assistenten diesen Schlüssel erzeugen. Daraufhin erscheint ein weiteres Fenster, das Sie darüber informiert, dass der PDC neu gestartet werden muss. Achten Sie darauf, dass keine Serverdienste auf dem PDC installiert sind, die Benutzer benötigen, und starten Sie den Server am besten am Feierabend durch. Bestätigen Sie die Meldung,

Neustrukturierung bei der Migration

damit der Assistent den PDC neu starten kann. Sie können einige Bereiche festlegen, die bei der Übernahme der Benutzer notwendig sind:

- *Servergespeicherte Profile konvertieren.* Diesen Menüpunkt müssen Sie lediglich aktivieren, wenn Sie mit servergespeicherten Profilen arbeiten. Erfahrungsgemäß machen vor allem die servergespeicherten Profile bei einer Migration mit dem ADMT Schwierigkeiten. Wenn Sie diese Option aktivieren, wird das servergespeicherte Profil dem Benutzerkonto in der Zieldomäne zugeordnet.
- *Benutzerrechte aktualisieren.* Mit dieser Option werden dem neuen Benutzerkonto die gleichen Rechte gegeben wie dem Quellkonto.
- *Zugeordnete Benutzergruppen migrieren.* Dieser Menüpunkt ist besonders wichtig. Wenn Sie diesen Punkt aktivieren, werden alle Gruppen in die neue Domäne kopiert. Außerdem werden die neuen Benutzerkonten in diese neuen Gruppen automatisch aufgenommen.
- *Migrierte Objekte aktualisieren.* Wenn Sie diese Option aktivieren, werden die Benutzer in die jeweilige Gruppe aufgenommen, wenn die Gruppe schon in der neuen Domäne angelegt wurde. Dadurch ist sichergestellt, dass auch bei nachträglichen Migrationen von Benutzerkonten sich die neuen Benutzer in den gleichen Gruppen befinden wie in der Quelldomäne.

Im nächsten Fenster können Sie festlegen, was mit Benutzern passieren soll, die nicht migriert werden können. Im Anschluss können Sie den Assistenten beenden und er beginnt mit seiner Arbeit. Wenn Sie ausführlich getestet haben, können Sie die Migration durchführen. Die Konten und Gruppen bleiben in der alten Domäne erhalten und werden nur in das Active Directory kopiert. Durch diese Übernahme können Sie bereits mit den neuen Benutzerkonten arbeiten, obwohl Ihre Benutzer noch mit der alten Domäne arbeiten.

Migration von Kennwörtern mit ADMT 3.0

Sie haben mit dem ADMT 3.0 auch die Möglichkeit, die Kennwörter Ihrer Benutzer in die neue Domäne zu migrieren. Die Migration der Kennwörter hat den Vorteil, dass sich die Benutzer schnell nach der Übernahme am Active Directory anmelden können, obwohl die Computerkonten noch in der alten Domäne sind. Die Anmeldung für die Benutzer ist kein Problem, wenn sie noch ihre Kennwörter kennen. Falls Sie in der neuen Windows Server 2003-Domäne die komplexen Kennwortrichtlinien aktiviert haben, werden die Kennwörter nicht übernommen, wenn diese nicht der Richtlinie entsprechen. Sie müssen zuvor Ihren Benutzern mitteilen, dass sie komplexe Kennwörter verwenden müssen, oder diese Richtlinie in den Gruppenrichtlinien deaktivieren. Sie sollten auch die minimale Kennwortlänge und das maximale Alter der Kennwörter deaktivieren. Wenn

4 Migration

alle Benutzer migriert wurden und mit dem Active Directory arbeiten, können Sie diese Richtlinien wieder setzen. Die Benutzer erhalten Meldungen, dass sie ihre Kennwörter zurücksetzen müssen. Bevor Sie die Migration der Kennwörter durchführen können, müssen Sie noch weitere Vorbereitungen treffen. Ohne diese Vorbereitungen übernimmt ADMT zwar die Benutzerkonten, migriert aber keine Kennwörter.

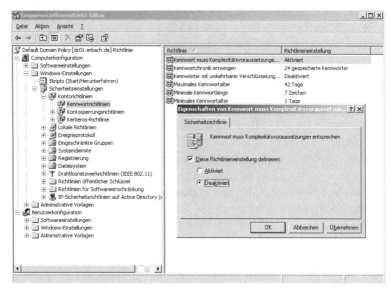

Abbildung 4.4: Deaktivierung der komplexen Kennwortrichtlinien

Notwendige Gruppenrichtlinien definieren

Als Nächstes müssen Sie in der Domänen-Gruppenrichtlinie der Zieldomäne noch eine Einstellung vornehmen, damit die Migration der Kennwörter durchgeführt werden kann. Rufen Sie dazu das Fenster *Sicherheitsoptionen* auf, und zwar über:

Computerkonfiguration/Windows-Einstellungen/Sicherheitseinstellungen/ Lokale Richtlinien/Sicherheitsoptionen

Aktivieren Sie die Richtlinie *Netzwerkzugriff: Die Verwendung von Jeder-Berechtigungen für anonyme Benutzer ermöglichen*.

Im nächsten Schritt müssen Sie in der Zieldomäne der Gruppe *Prä-Windows 2000 kompatibler Zugriff* den Benutzer *Jeder* hinzufügen. Im nächsten Schritt erstellen Sie auf dem Zielserver eine spezielle Datei, die Sie später auf dem Quellserver importieren müssen. Öffnen Sie eine Befehlszeile mit *Start -> Ausführen -> cmd*. Geben Sie dann folgenden Befehl ein:

```
admt key /opt:create /sd:QUELLDOMÄNE /kf:PFAD UND DATEI,
also zum Beispiel admt key /opt:create /sd:verkauf
/kf:c:\verkauf.pes
```

Als Quelldomänenname geben Sie den NetBIOS-Name der Quelldomäne an. Als Laufwerk nehmen Sie einfach *c:*. Ein Kennwort benötigen Sie nicht. Im Anschluss wird in der Kommandozeile eine Meldung ausgegeben, dass die entsprechende PES-Datei (PES für Password Export Server) im Verzeichnis gespeichert wurde. Kopieren Sie diese Datei mit Diskette oder über das Netzwerk auf den Quell-Domänencontroller. Nach dieser Maßnahme sind in der Zieldomäne zunächst keine weiteren Aktionen erforderlich. Sie sollten als Quell-Domänencontroller einen neuen BDC entweder in einer virtuellen Maschine oder auf einem PC aufsetzen.

Die weiteren Punkte müssen auf dem Domänencontroller der Quelldomäne durchgeführt werden. Bevor Sie den PES auf dem neuen BDC installieren können, müssen Sie auf diesem zunächst die 128-Bit-Verschlüsselung installieren. Dies geschieht am besten dadurch, dass Sie auf dem Server den Internet Explorer 6 mit SP1 installieren, was in wenigen Minuten erledigt ist. Nach der Installation des IE 6 kann mit der Installation des PES fortgefahren werden.

Der PES bzw. Password Export Server muss auf einem Domänencontroller der Quelldomäne installiert werden. Wenn Sie eine NT 4.0-Domäne migrieren wollen, empfehle ich Ihnen, einen temporären BDC in die Domäne mit aufzunehmen. Nach dem Exportieren der Kennwörter kann dieser BDC wieder aus der Domäne entfernt werden. Sie können entweder eine virtuelle Maschine oder einen PC verwenden, da es nicht auf die produktive Leistung dieses Systems ankommt. Sobald Sie entschieden haben, auf welchem Domänencontroller (möglichst nicht den PDC verwenden) Sie den *Password Export Server* installieren wollen, können Sie die dazu notwendigen Dateien von der Windows Server 2003-Installations-CD kopieren. Sie finden die Dateien im Verzeichnis *\i386\admt\pwdmig*. Kopieren Sie dieses Verzeichnis auf den BDC, den Sie als PES vorgesehen und auf dem Sie auch die erstellte PES-Datei kopiert haben. Klicken Sie auf dem Server doppelt auf die Datei *pwdmig*. Es startet das Installationsprogramm. Im zweiten Fenster müssen Sie den Pfad zu der PES-Datei eingeben, die Sie zuvor erstellt haben. Nach diesen Vorbereitungen können Sie an der entsprechenden Stelle des ADMT die Kennwörter migrieren lassen und den Password Export Server der Quelldomäne festlegen.

Wenn keine Hardware für die temporäre Installation eines BDC für den Password Export Server zur Verfügung steht, können Sie für diesen Vorgang ohne weiteres einen virtuellen Server mit VMware Workstation, VMware Server oder Microsoft Virtual PC erstellen. Nach der Übernahme der Kennwörter wird dieser BDC nicht mehr benötigt.

4 Migration

Migration von Computern mit dem ADMT

Sie können mit dem ADMT auch die Migration von Computerkonten durchführen. Der Vorgang des Assistenten ist ähnlich zu der Migration der Benutzerkonten. Wenn Sie die Übernahme beenden, installiert ADMT auf allen migrierten PCs einen Agenten, mit dessen Hilfe die Berechtigungen entsprechend gesetzt werden. Damit dieser Agent auf den PCs installiert werden kann, benötigt der Benutzer, unter dem ADMT ausgeführt wird, auf den PCs Administratoren-Rechte. Sie müssen entweder mit einem Skript diese Rechte eintragen lassen oder ADMT mit einem Domänen-Admin der Quelldomäne verwenden.

4.3 Update von Windows 2000 auf Windows Server 2003 SP1

Bevor Sie einen Windows 2000-Domänencontroller auf Windows Server 2003 SP1 updaten können, sollten Sie sicherstellen, dass die Hardware von Windows Server 2003 unterstützt wird. Weiterhin muss dafür gesorgt werden, dass das Schema der Gesamtstruktur für die Installation von Windows Server 2003 erweitert wurde. Diese Erweiterung findet nicht automatisch statt, sondern muss mit dem Kommandozeilen-Programm *adprep* durchgeführt werden. Sie finden es im *i386*-Verzeichnis der Windows Server 2003-CD. Geben Sie in der Kommandozeile folgenden Befehl ein:

`\i386\adprep.exe /forestprep`

Nach Eingabe dieses Befehls erscheint ein Konsolenfenster, das Sie darüber informiert, dass das Schema erweitert wird. Sie müssen die Durchführung der Erweiterung noch mit C bestätigen. Erst dann beginnt *adprep.exe* mit der Erweiterung des Windows 2000-Schemas. Wenn die Schema-Erweiterung fehlerfrei durchgeführt wurde, müssen Sie noch mit dem Befehl:

`\I386\adprep.exe /domainprep`

die Domäne für die Installation eines Windows Server 2003-Domänencontrollers vorbereiten. Auch diese Durchführung müssen Sie wieder bestätigen. Die Schema-Erweiterung muss nur einmal in der Gesamtstruktur durchgeführt werden, die Domänenerweiterung dagegen für jede Domäne der Gesamtstruktur einmal, bevor in einer Domäne ein Windows Server 2003-Domänencontroller installiert werden kann oder ein Windows 2000-Domänencontroller auf Windows Server 2003 upgedatet wird. Die Erweiterung des Schemas und der Domäne geht recht schnell vonstatten. Beachten Sie aber, dass diese Änderung erst auf alle Domänencontroller repliziert werden muss, was bei größeren Organisationen durchaus etwas dauern kann.

4.4 Migration zu Windows Server 2003 R2

Wenn Sie einen Domänencontroller unter Windows Server 2003 auf Windows Server 2003 R2 aktualisieren wollen, muss auf diesem Server zunächst Windows Server 2003 SP1 installiert werden. Ohne installiertes Service Pack 1 bricht die Installationsroutine von Windows Server 2003 R2 ab. Nachdem der Server aktualisiert wurde, kann auf Windows Server 2003 R2 aktualisiert werden. Vor dem Update eines Domänencontrollers mit Windows Server 2003 SP1 auf Windows Server 2003 R2 muss zunächst das Active Directory mit dem Befehl *adprep* im Verzeichnis \CMPNENTS\R2\adprep erweitert werden. Ohne diese Schema-Erweiterung bricht die Installation mit einem Fehler ab. Starten Sie das Tool über eine Kommandozeile oder über *Start/Ausführen* mit folgendem Befehl:

```
\CMPNENTS\R2\adprep\adprep.exe /forestprep
```

Nachdem Sie den Befehl gestartet haben, sehen Sie in der Kommandozeile die erfolgreiche Ausführung des Befehls. Nach der Ausführung können Sie das Update von Windows Server 2003 R2 ohne Probleme fortsetzen.

In einem Windows 2000 Active Directory können ohne weiteres parallel Windows Server 2003 und Windows Server 2003 R2-Domänencontroller betrieben werden. Funktional muss nichts weiter beachtet werden. Es bietet sich allerdings an, so schnell wie möglich auf einen gemeinsamen Betriebssystemstand zu gehen, da sich die Verwaltungswerkzeuge und Einstellungen durchaus an der einen oder anderen Stelle unterscheiden.

5 Gruppenrichtlinien

Gruppenrichtlinien sind eine Mischung von Systemrichtlinien, Benutzereinstellungen und Sicherheitsrichtlinien. Mit Gruppenrichtlinien lassen sich zahlreiche Einstellungen vornehmen, die automatisch zu PCs und einzelnen Benutzern übertragen werden. Aufgrund der Vielzahl von Einstellungsmöglichkeiten sollten die einzelnen Bereiche der Gruppenrichtlinien bereits im Vorfeld geplant und dokumentiert werden.

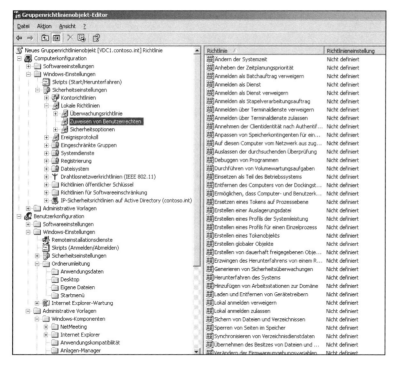

Abbildung 5.1:
Gruppenrichtlinien in Windows 2003

Eine wichtige Aufgabe bei der Administration von Netzwerken ist die Verwaltung von Benutzer- und Computereinstellungen. Damit sind nicht nur Desktop-Einstellungen oder IP-Adressen gemeint, sondern auch sicherheitsrelevante Einstellungen und die Konfiguration von Programmen wie Internet Explorer, Windows-Explorer oder Office-Programmen. Für diese Verwaltungsarbeiten stehen die Gruppenrichtlinien (*Group Policies*, oft auch als Gruppenrichtlinienobjekt, *Group Policy Object*, *GPO*, bezeichnet) zur Verfügung. Während unter Windows NT 4 die Systemrichtlinien auf der Ebene von Domänen zugeordnet wurden und für Benutzer, Benutzergruppen und einzelne Systeme differenziert werden können, beziehen sich Gruppenrichtlinien unter Windows Server 2003 auf Standorte, Domänen, Organisationseinheiten oder einzelne Systeme. Die Gültigkeit der Gruppenrichtlinien kann zudem über Zugriffsberechtigungen gesteuert werden.

Abbildung 5.2: Beispiele von verschiedenen Einstellungen über Gruppenrichtlinien

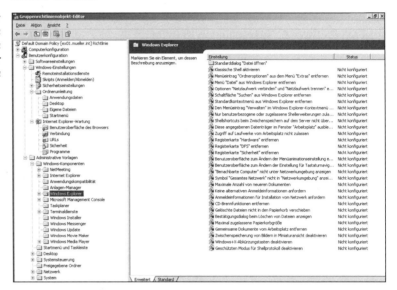

Windows Server 2003 unterstützt die Zuordnung von Computern zu Gruppen, sodass eine differenziertere Steuerung bei computerbezogenen Richtlinien erfolgen kann. Mit den Gruppenrichtlinien können wesentlich mehr Einstellungen gesteuert werden. Die Gruppenrichtlinien sind das primäre Werkzeug für die automatische Verwaltung von Konfigurationen und ihre Änderung im Netzwerk auch für neu hinzugefügte Systeme. Sie arbeiten mit speziellen Registry-Schlüsseln, die zu keinen permanenten Änderungen der Registry führen. Die Informationen werden so lange in diesen Schlüsseln gehalten, wie das *Gruppenrichtlinienobjekt (GPO)*, von dem sie definiert wurden, gültig ist. Sobald die GPO ihre Gültigkeit verliert, werden die Informationen entfernt. Gruppenrichtlinien werden regelmäßig in konfigurierbaren Zeitabständen aktualisiert. Sie sind durch differenzierte Zugriffsberechtigungen vor unberechtigter Veränderung geschützt. Lokale Richtlinien können auch definiert werden, wenn nicht mit Domänen gearbeitet wird. Ihr primärer Einsatzzweck sind Systeme, die nicht zu einer Domäne gehören und daher keine Richtlinien aus dem Active Directory erhalten.

5.1 Verwaltung von Gruppenrichtlinien

Das optimale Werkzeug für die Verwaltung und Dokumentation von Gruppenrichtlinien ist die *Gruppenrichtlinienverwaltungskonsole (Group Policy Management Console, GPMC)*. Sie integriert den bisherigen Gruppenrichtlinien-Editor und kann von Microsoft kostenlos heruntergeladen werden. Nach der Installation kann die GPMC über die Verknüpfung *Gruppenrichtlinienverwaltung* aus dem Menü *Verwaltung* gestartet werden. Nach der Installation der GPMC kann der Gruppenrichtlinien-Editor nur über die GPMC und nicht mehr über andere Schnittstellen wie *Active Directory-Benutzer und -Computer* aufgerufen werden. Die GPMC erhält eine *Gruppenrichtlinienmodellierung*. Mit diesem Werkzeug können die Auswirkungen von Gruppenrichtlinien modelliert werden. Damit lässt sich einfacher nachvollziehen, welche Auswirkungen Änderungen an Gruppenrichtlinien haben werden. Das Werkzeug *Gruppenrichtlinienergebnisse* arbeitet auf Basis bereits vorhandener Gruppenrichtlinien und ermittelt die tatsächlich wirksamen Einstellungen, die sich als Ergebnis der Vererbung von Gruppenrichtlinien ergeben.

Es gibt in jeder Domäne zwei definierte Standardgruppenrichtlinien. *Default Domain Policy* ist die Standardrichtlinie der Domäne, die auf alle Benutzer und Computer angewendet wird, soweit nichts anderes definiert ist.

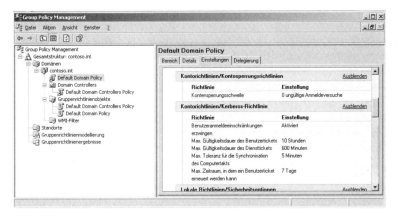

Abbildung 5.3: Gruppenrichtlinienverwaltung im Active Directory

Default Domain Controllers Policy ist eine Richtlinie für Domänencontroller, die in der OU *Domain Controllers* angelegt wird. Sie können diese beiden Richtlinien in kleinen Netzwerken verwenden, um Sicherheitseinstellungen zu setzen, es wird aber generell nicht empfohlen, die originalen Richtlinien zu verändern, um unerwünschte Effekte schnell wieder rückgängig machen zu können. In mittleren und größeren Netzwerken wird es erforderlich und sinnvoll sein, zusätzliche Richtlinien für eine differenziertere Steuerung von Konfigurations- und Sicherheitsparametern zu erstellen. Die GPMC stellt darüber hinaus eine leistungsfähige Suchfunktion für Gruppenrichtlinien bereit. Ein GPO ist ein Objekt, das bestimmte Festlegungen zur Konfiguration enthält. Dieses Objekt kann an mehreren Stellen genutzt werden. Zusätzlich werden Verknüpfungen erstellt. Diese verweisen alle auf das ursprüngliche Objekt. Wenn das GPO geändert wird, ändern sich die Konfigurationseinstellungen für alle Verknüpfungen, da das GPO regelmäßig neu eingelesen wird. Das Konzept der Verknüpfungen kann sehr hilfreich sein, um bestimmte Konfigurationseinstellungen mehrfach an einer Reihe von Stellen nutzen zu können. Auf der anderen Seite besteht die Möglichkeit, Objekte zu kopieren, um Einstellungen zu übernehmen.

5.1.1 Delegation und Erstellung von Gruppenrichtlinien

Im Ordner *Gruppenrichtlinienobjekte* in der GPMC finden Sie alle in der Domäne gespeicherten GPOs. Sie sehen dort den Status des GPO und das Datum der letzten Änderung. Über die Registerkarte *Delegierung* können Sie sich die Zugriffsberechtigungen für die Erstellung und Änderung von GPO anzeigen lassen. Sie legen fest, wer in einer Domäne die Berechtigung haben soll, GPO zu erstellen. Im Kontextmenü des Containers finden Sie einige wichtige Befehle. Sie können dort ein neues GPO erstellen, das keine Verknüpfung hat. Das ist ein sinnvoller Ansatz, um die Objekte zunächst zu erstellen und alle Konfigurationsparameter zu setzen, bevor sie mit irgendwelchen Containern verknüpft werden. Wenn dieser Weg gewählt wird, ist keine Deaktivierung der Objekte erforderlich. Mit dem Befehl *Alle sichern* können Sie eine Sicherung aller GPO erstellen. Es ist sinnvoll, die GPO unabhängig von der normalen Systemsicherung zu sichern, sodass bei Bedarf auf die verschiedenen Zwischenstände (Versionierung) dieser Objekte zurückgegriffen werden kann. Im Kontextmenü der einzelnen GPO können Sie den Befehl *Bearbeiten* auswählen, um ein GPO zu bearbeiten. Sie können bei Status der Gruppenrichtlinie vier Auswahlpunkte wählen:

▶ *Aktiviert* definiert, dass die Gruppenrichtlinie aktiviert ist.

▶ *Benutzerkonfigurationseinstellungen deaktiviert* gibt an, dass zwar die Computerkonfigurationseinstellungen aktiv sind, die Parameter für die Benutzer aber nicht. Eine partielle Deaktivierung kann sinnvoll sein, wenn eine Richtlinie nur systembezogene Einstellungen beinhalten soll.

▶ *Computerkonfigurationseinstellungen deaktiviert* setzt entsprechend die Festlegungen für Computer außer Kraft. Diese teilweise Deaktivierung kann jeweils dazu genutzt werden, die Administration übersichtlicher zu gestalten, indem Benutzer- und Computereinstellungen generell in getrennten Richtlinien gespeichert werden.

Verwaltung von Gruppenrichtlinien

▶ *Alle Einstellungen deaktiviert* setzt die Richtlinie außer Kraft. Diese Einstellung hat die gleiche Auswirkung wie eine GPO, die nicht mit einem Container im Active Directory verknüpft ist.

Innerhalb des Menüs *Standorte* finden sich die im Active Directory konfigurierten Standorte und etwa vorhandene Gruppenrichtlinien auf der Ebene von Standorten. Gruppenrichtlinien auf der Ebene von Standorten sind eine Möglichkeit, bestimmte Softwarepakete an bestimmten Standorten zu verteilen oder an besonders sicherheitskritischen Standorten mit strengeren Festlegungen für die Sicherheitskonfiguration zu arbeiten. Sie können in diesem Bereich die zugeordneten Gruppenrichtlinien in der gleichen Weise wie bei Domänen verwalten. Über die Befehle im Kontextmenü können Sie das Verwaltungsprogramm *Active Directory-Standorte und -Dienste* öffnen und gezielt auf Standorte zugreifen.

Sie können die Gruppenrichtlinien mit dem Gruppenrichtlinienobjekt-Editor bearbeiten. Er zeigt die ausgewählte Richtlinie in zwei Bereiche unterteilt an:

▶ Im Bereich *Computerkonfiguration* können Sie die Festlegungen für die Computer treffen. Diese verändern Konfigurationsparameter der Computer, auf die die Richtlinie angewendet wird. Es muss sich kein Benutzer auf den Systemen anmelden. Sie können über diesen Teil der Richtlinien Einstellungen steuern, die unabhängig von den Benutzern gelten sollen. Das können Festlegungen zum Anmeldeprozess sein oder bestimmte Anwendungen, die auf allen Computern zwingend installiert werden sollen.

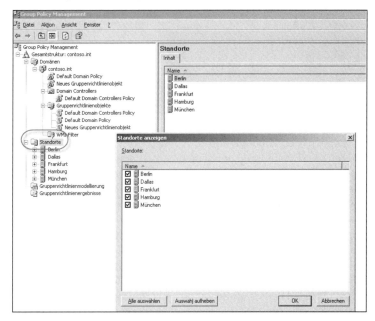

Abbildung 5.4: Anzeigen der Standorte in der GPMC

5 Gruppenrichtlinien

▶ Der Bereich *Benutzerkonfiguration* enthält dagegen die Parameter, die bei der Anmeldung eines Benutzers angepasst werden, soweit die Richtlinie für diesen Benutzer gültig ist. Damit können Sie zum Beispiel das Aussehen der Arbeitsoberfläche für Benutzer steuern.

Beide Bereiche sind in drei Gruppen untergliedert. *Softwareeinstellungen* enthält die Konfigurationsparameter für die Softwareverteilung. Sie legen fest, welche Softwarepakete an welche Computer oder Benutzer verteilt werden. *Windows-Einstellungen* erlaubt bei Benutzern die Konfiguration einiger Funktionen wie der Ordnerumleitung (zum Beispiel *Eigene Dateien* auf ein Netzlaufwerk umleiten). Am wichtigsten sind die Festlegungen im Bereich *Sicherheitseinstellungen*, mit denen eine Vielzahl von Parametern für die sichere Systemkonfiguration gesetzt werden können. *Administrative Vorlagen* umfasst die Konfigurationsparameter für die Systemadministration. Beispiele sind die Steuerung des Aussehens des Desktops oder der Konfiguration des Internet Explorers.

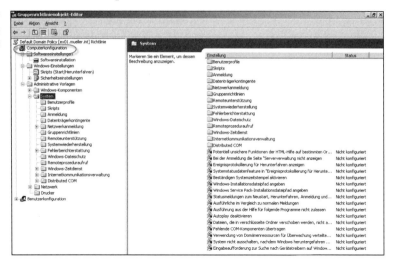

Abbildung 5.5: Gruppenrichtlinien auf Computerbasis

Im Bereich der *Administrativen Vorlagen* der *Computerkonfiguration* werden vier Einstellungsbereiche unterschieden. Bei *Windows-Komponenten* können Komponenten des Betriebssystems gesteuert werden. Dazu zählen der Internet Explorer und der Windows Installer. Unter *System* finden sich die Optionen, mit denen eine Konfiguration des Betriebssystems erfolgen kann. Dazu zählen Einstellungen für die Anmeldung von Benutzern am System, Beschränkungen für die Ausführung von Programmen, die Konfiguration der Datenträgerkontingente, die Nutzung von Gruppenrichtlinien und der Dateischutz von Windows. Im Bereich *Netzwerk* kann konfiguriert werden, in welcher Weise Offline-Dateien und Netzwerkverbindungen genutzt werden dürfen. Sie können eine Reihe von Sicherheitseinstellungen konfigurieren. Bei den Sicherheitszonen kann unter anderem konfiguriert werden, dass die Einstellungen zu den Zonen von Benutzern nicht geändert werden können. Die Definitionen von *Windows Update* steuern, ob und in welcher Form das Windows Update genutzt wird. Mit *Windows Update* können automatisch Aktualisierungen für das System von einer Microsoft-Website oder, bei Nutzung des *WSUS (Windows Server Update Service)* von diesem Server geladen werden.

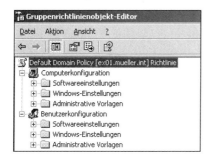

Abbildung 5.6: Aufteilung der Gruppenrichtlinien

Sie können auch zusätzliche administrative Vorlagen einbinden, die andere Bereiche steuern. Für die Office-Programme von Microsoft stehen entsprechende Vorlagen zur Verfügung, mit denen viele Einstellungen, die erst über die Oberfläche konfiguriert werden müssten, automatisiert werden können.

5.2 Skripts in Gruppenrichtlinien

Eine wichtige Erweiterung der Gruppenrichtlinien stellen die Funktionen zur Nutzung von Skripts dar. Sowohl bei der Computer- als auch bei der Benutzerkonfiguration finden Sie unter Windows-Einstellungen der Menüpunkt *Skripts* mit folgenden Möglichkeiten:

▶ Bei der Computerkonfiguration können Skripts für das Starten und Herunterfahren des Systems eingerichtet werden.

▶ Bei der Benutzerkonfiguration können Skripts für die An- und Abmeldung von Benutzern angegeben werden.

Über den Befehl *Eigenschaften* der Skript-Objekte können die auszuführenden Skripts konfiguriert werden. Mehrere Skripts pro Ereignis (Starten, Herunterfahren, An- oder Abmelden) können angegeben werden. Die Reihenfolge der Ausführung kann gezielt über die Schaltflächen gesteuert werden. Zu den Skripts können jeweils Parameter hinzugefügt werden, über die die Ausführung der Skripts gesteuert wird. Damit lassen sich einmal entwickelte Skripts flexibel für unterschiedliche Benutzergruppen oder Organisationseinheiten einsetzen. Durch die Auswahl können die bisher verwendeten Skripts angezeigt werden. Damit kann schnell und gezielt auf die bereits vorhandenen Skripts zugegriffen und Mehrfacharbeit bei der Entwicklung von Skripts vermieden werden.

5.3 Planen und Simulieren von Gruppenrichtlinien

Mit dem Gruppenrichtlinienmodellierungs-Assistent können Sie das Zusammenspiel verschiedener Gruppenrichtlinien zu Planungs- und Testzwecken simulieren.

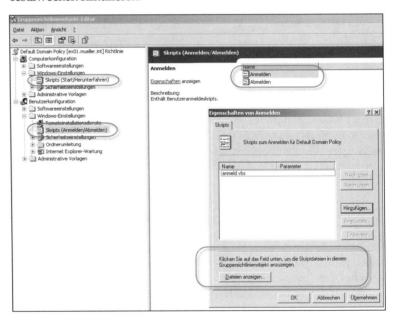

Abbildung 5.7: Skripts in Gruppenrichtlinien hinterlegen

Es wird angezeigt, wie sich die Richtlinien in der gewählten Kombination auswirken würden. Dies ermöglicht es, Änderungen an Richtlinien vorab zu analysieren und damit den Testaufwand und das Risiko von ungeplantem Systemverhalten durch Änderungen an Richtlinien zu minimieren. Der Gruppenrichtlinienergebnis-Assistent ermittelt die Richtlinieneinstellungen für einen ausgewählten Benutzer oder Computer. Er gibt an, welche Richtlinien angewendet werden und wo diese konfiguriert sind. Damit lässt sich leichter nachvollziehen, woher Einstellungen stammen. Für Tests empfiehlt es sich, im Active Directory eine eigene Organisationseinheit anzulegen, die nur wenige Testbenutzer enthält, und die betreffenden Gruppenrichtlinien ausschließlich in dieser Organisationseinheit einzusetzen. Sollte die Änderung gut funktionieren, können Sie diese in andere

Organisationseinheiten oder sogar in die ganze Domäne übernehmen, andernfalls sind schlimmstenfalls die Testbenutzer bei der Arbeit blockiert.

5.4 Optimale Planung von Gruppenrichtlinien

Das grundsätzliche Ziel von Gruppenrichtlinien ist die Einschränkung von Handlungsspielräumen von Benutzern durch sinnvolle Vorgaben. Durch alle Richtlinien, die in den oben besprochenen Bereichen konfiguriert werden können, lassen sich Registry-Parameter auf den Clients anpassen. Die meisten der Festlegungen schränken die Möglichkeiten von Anwendern ein. Andere erlauben die Modifikation des Standardverhaltens des Systems. Die Entwicklung von Richtlinien ist immer ein Spagat. Auf der einen Seite müssen die Benutzer ein gewisses Maß an Funktionalität haben, um sinnvoll arbeiten zu können. Auf der anderen Seite macht es Sinn, ihnen die Funktionen, die sie nicht brauchen und mit denen sie allenfalls Schaden anrichten können, zu nehmen. Bei der Erstellung von Gruppenrichtlinien sind einige wichtige Regeln zu beachten:

▷ Die Einstellungen sollten auf der niedrigstmöglichen Ebene definiert werden. Auf der Ebene von Standorten sollten nur Einstellungen, die sich auf den Standort beziehen, festgelegt werden.

▷ Die Zahl der zugeordneten GPO sollte möglichst gering gehalten werden.

▷ GPO sollten keine überlappenden Zugriffsberechtigungen haben.

▷ Die Zahl der Ebenen, auf denen GPO definiert werden, sollte gering gehalten werden. Es ist wichtig zu planen, ob GPO auf der Ebene von Standorten erforderlich sind.

Als Basis für die Erweiterung von Gruppenrichtlinien und die Entwicklung eigener Einstellungen dienen die Richtlinienvorlagen, die als Dateien vom Typ *.adm* gespeichert werden. Über Richtlinienvorlagen können die Einstellungen im Bereich *Computerkonfiguration/Administrative Vorlagen* und *Benutzerkonfiguration/Administrative Vorlagen* gesteuert werden. Im Kontextmenü der beiden genannten Bereiche können die Richtlinienvorlagen ausgewählt werden, die verwendet werden sollen. Mit Windows Server 2003 wird eine Reihe von Richtlinienvorlagen geliefert, die im Ordner *windows**inf* abgelegt sind.

5 Gruppenrichtlinien

Abbildung 5.8:
Vorlagen für
Gruppenrichtlinien
hinzufügen

Sie können auch eigene Vorlagen erstellen, wenn die angebotenen Vorlagen nicht die Einstellungen zulassen, die Sie benötigen. Die Website

http://www.gruppenrichtlinien.de/

bietet ihnen hierzu entsprechende Hinweise.

Abbildung 5.9:
Hinzufügen von
neuen Vorlagen für
Gruppenrichtlinien

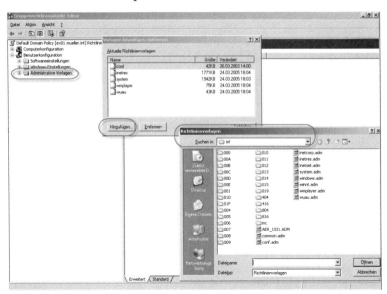

170

5.5 Vererbung von Gruppenrichtlinien

Gruppenrichtlinien vererben sich genau wie Dateirechte von übergeordneten auf die untergeordneten Organisationseinheiten. Wenn Sie eine Richtlinie in der Domäne anlegen, wird diese ebenfalls auf alle untergeordneten Organisationseinheiten der Domäne vererbt. Falls Sie dies einmal nicht möchten, beispielsweise bei Organisationseinheiten, die administrative oder Servicekonten enthalten, können Sie die Vererbung blockieren. Aktivieren Sie die Option *Richtlinienvererbung deaktivieren*, um die Vererbung der Richtlinien von übergeordneten Organisationseinheiten zu unterbinden. Diese Verwaltungsaufgaben sollten Sie mit der GPMC durchführen. Die genaue technische Erläuterung ist nicht Bestandteil dieses Buches.

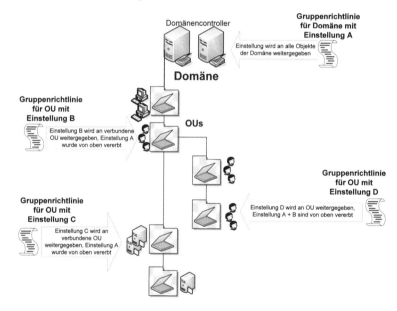

Abbildung 5.10: Einstellungen von Gruppenrichtlinien werden nach unten vererbt

Die Vererbung nach unten hin in die tiefer liegenden Organisationseinheiten bleibt jedoch weiterhin aktiv, falls Sie die Vererbung nicht in den tiefer liegenden Organisationseinheiten ebenfalls ausschalten. Mithilfe der Gruppenrichtlinienoptionen steuern Sie die Vererbung noch genauer. Markieren Sie die Richtlinie und rufen Sie *Optionen* auf. Sie können mithilfe der Option *Deaktiviert: Das Gruppenrichtlinienobjekt wird auf diesen Container nicht angewendet* die Richtlinie gezielt deaktivieren, ohne die Vererbung für die gesamte Organisationseinheit abzuschalten. Die Option *Kein Vorrang: Andere Gruppenrichtlinienobjekte können die festgelegte Richtlinie nicht überschreiten* bedeutet, dass diese Richtlinie in allen tiefer liegenden Containern angewendet wird, auch wenn dort die Vererbung ausgeschaltet wurde. Dies ermöglicht

5 Gruppenrichtlinien

die Durchsetzung einer Richtlinie, auch wenn die Vererbung in einigen untergeordneten Organisationseinheiten ausgeschaltet wurde.

Die Grenze der Gruppenrichtlinien ist jedoch die Domäne. Gruppenrichtlinien einer Domäne werden nicht auf andere Domänen übertragen oder vererbt.

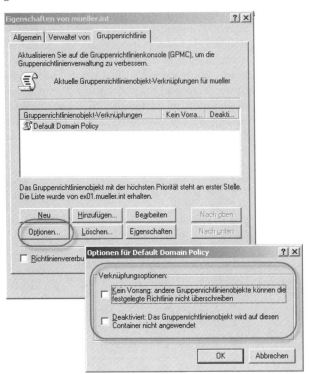

Abbildung 5.11: Eigenschaften von Gruppenrichtlinien

5.6 Problembehandlung bei Gruppenrichtlinien

Sie sollten bei der Einführung von Richtlinien immer eigene Gruppenrichtlinien anlegen und bereits vorhandene Standardrichtlinien nicht bearbeiten. Das hat den Vorteil, dass bei einem Problem auf jeden Fall der Weg frei bleibt, die eigenen Richtlinien zu deaktivieren. Wenn Sie die Default-Richtlinien abändern, können Sie diese nicht einfach löschen. Wenn Sie dennoch an den Standardrichtlinien Änderungen vorgenommen haben, können Sie diese wiederherstellen. Informationen hierzu finden Sie in den beiden KB-Artikeln *Q226243* und *Q267553* in der Microsoft Knowledge Base.

Problembehandlung bei Gruppenrichtlinien

Wenn Gruppenrichtlinien nicht wie gewünscht funktionieren, können die Ursachen sehr unterschiedlich sein. Sie sollten Schritt für Schritt untersuchen, wo das Problem liegen könnte.

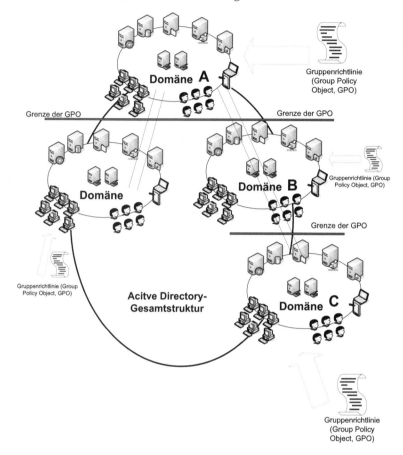

Abbildung 5.12: Grenze der Gruppenrichtlinien

- Stellen Sie sicher, dass die Clients den DNS-Server verwenden, auf dem die SRV-Records des Active Directorys liegen.
- Überprüfen Sie mit *nslookup* in der Kommandozeile, ob auf den Clients der Domänencontroller aufgelöst werden kann.
- Überprüfen Sie die Ereignisanzeige auf Fehler der Quellen *userenv* oder *seccli* (userenv = Userenvironment, seccli = Security Client).
- Ist der Benutzer/Computer in der richtigen OU, auf die die Richtlinie angewendet wird?
- Versuchen Sie, die Richtlinie auf eine Sicherheitsgruppe anzuwenden? Das ist nämlich nicht ohne weiteres möglich.

- Bei Windows XP hat sich der Bootvorgang im Vergleich zu Windows 2000 geändert. Der Explorer wird vor dem Netzwerk geladen. Desktopspezifische Einstellungen können daher noch nicht heruntergeladen werden. Lösung: *Computerkonfiguration\Administrative Vorlagen\System\Anmeldung\Beim Neustart des Computers und bei der Anmeldung immer auf das Netzwerk warten.*
- Stimmt die Vererbung? In welcher Reihenfolge werden die Gruppenrichtlinien angewendet?
- Wurde an der standardmäßigen Vererbung der Richtlinie etwas verändert?
- Haben Sie irgendwo *Kein Vorrang* oder *Vererbung deaktivieren* aktiviert?
- Geben Sie auf dem PC in der Kommandozeile als der angemeldete Benutzer *gpresult > gp.txt* ein, um sich das Ergebnis der Richtlinie anzeigen zulassen. Windows XP kennt außerdem die beiden Parameter /U und /S. Mit diesen Schaltern können nicht nur die aktuell lokalen Einstellungen abgefragt werden, sondern es kann auch ein Remote-System bzw. ein anderer Benutzer angegeben werden. Damit können Sie kontrollieren, ob das Problem nur bei einem Benutzer auftaucht: *gpresult /u:benutzername /s:rechnername.*
- Das Windows XP-Snap-In *Resultance Set of Policies (RSOP)* bietet eine grafische Oberfläche und wertet die angewendeten Richtlinien aus.
- Überprüfen Sie mit dem Programm *replmon*, ob sich Ihre Domänencontroller fehlerfrei replizieren.

Die häufigsten Fehler in der Ereignisanzeige im Zusammenhang mit Gruppenrichtlinien sind:

- Quelle: userenv, Ereignis: 1000
- Quelle: seccli Ereignis: 1202, oder 1001

Merken Sie sich den Statuscode und die angegebenen Flags der Meldung. Suchen Sie nach diesen Fehlern im Internet, zum Beispiel bei *http://www.eventid.net*. Sie werden bei der Suche nach einer Lösung sicherlich fündig werden.

5.7 Softwareverteilung mit dem Active Directory und Gruppenrichtlinien

Die Installation und Konfiguration von Software auf Clients kann einen erheblichen Aufwand in Netzwerken bedeuten. Viele Unternehmen setzen aus diesem Grund zusätzliche Systemmanagement-Software ein, mit deren Hilfe eine automatisierte Verteilung der Software erfolgen kann. Der Konfigurationsaufwand ist dort allerdings so hoch, dass er sich nur lohnt, wenn komplexere Programmpakete verteilt werden müssen oder Software für eine hohe Benutzerzahl bereitgestellt werden muss. Mehr zu diesem Thema erfahren Sie in *Kapitel 16 »Überwachen, Verwalten und Inventarisieren«*. Ein anderer Ansatz ist die Verwendung der Terminaldienste, die allerdings nur für einen Teil der Clients sinnvoll ist und neben dem administrativen Aufwand immense Investitionen in die Serverhardware erfordert. Die Terminaldienste werden in *Kapitel 12 »Terminalserver«* behandelt. Microsoft hat bei Windows Server 2003 Mechanismen der Softwareverteilung integriert, um eine einfache Bereitstellung von Software zu ermöglichen. Diese Mechanismen sind nicht so leistungsfähig wie die Funktionen des Microsoft Systems Management Servers (SMS). Sie stellen aber eine gute Basis dar, um viele Anwendungen im Netzwerk in einfacher Weise zu verteilen. Bei Windows 2003 lassen sich drei grundsätzliche Modi der Softwareverteilung unterscheiden:

- Software kann Benutzern zugewiesen werden
- Software kann Computern zugewiesen werden
- Software kann für Benutzer veröffentlicht werden

Wichtig ist vor allem der Unterschied zwischen dem Zuweisen und dem Veröffentlichen von Software: Wenn eine Anwendung zugewiesen wird, wird die Anwendung auf jedem System eingerichtet. Die Installation erfolgt in zwei Schritten. Nachdem die Anwendung in den Gruppenrichtlinien definiert wurde, wird das Programm bei der nächsten Ausführung der Gruppenrichtlinie auf den Computern angekündigt. Dadurch allein wird die Anwendung noch nicht installiert. Vielmehr werden im Rahmen der Ankündigung nur die Grundelemente der Anwendung eingerichtet. Dazu gehören die Programmverknüpfungen im Startmenü und die Konfiguration der Dateizuordnungen in der Registry. Erst wenn ein Benutzer auf die Anwendung zugreift, erfolgt die eigentliche automatisierte Installation der Software. Wenn Microsoft Excel angekündigt wurde, könnte die eigentliche Installation der Software beim ersten Öffnen einer Excel-Tabelle erfolgen. Bei veröffentlichten Anwendungen bleibt es dagegen jedem Benutzer selbst überlassen, ob er die Anwendung einrichten möchte oder nicht. Veröffentlichte Anwendungen stehen im Bereich *Software* der Systemsteuerung zur Auswahl. Der Benutzer muss sie dort auswählen und den Installationsprozess starten. Bevor Sie mit der Verteilung von Anwendungen beginnen, sollten Sie planen, ob es sich um Software handelt, die zwingend installiert werden muss oder die optional bereitgestellt werden soll. Je nachdem, muss die Software zugewiesen oder veröffentlicht werden. Bei der Zuweisung von Software kann eine Anwendung entweder per Computer oder per Benutzer gesteuert werden. Die Konfiguration der Softwareverteilung bei Windows Server 2003 erfolgt immer über die Gruppenrichtlinien. Dort können MSI-Pakete für die Installation auf Clientsystemen zugeordnet werden. Die Softwareverteilung erfolgt über die weiter oben in diesem Kapitel ausführlich behandelten Gruppenrichtlinien. Da diese auf der Ebene von Standorten, Domänen und Organisationseinheiten zugeordnet werden können, lässt sich flexibel steuern, an wen welche Softwarepakete verteilt werden.

Die Konfiguration der Softwareverteilung in Gruppenrichtlinien erfolgt über ein eigenes Snap-In, das über den Bereich *Computerkonfiguration/Softwareeinstellungen* beziehungsweise *Benutzerkonfiguration/ Softwareeinstellungen* in den Gruppenrichtlinien aufgerufen werden kann. Dort findet sich jeweils der Eintrag *Softwareinstallation*. Über den Befehl *Paket* im Untermenü *Neu* des Kontextmenüs dieses Eintrags kann die Bereitstellung eines MSI-Pakets durchgeführt werden. Neben den MSI-Paketen müssen die Dateien, die installiert werden sollen, auf einer Freigabe im Netzwerk bereitgestellt werden.

5.7.1 Weitere Lösungen zur Softwareverteilung

Die Möglichkeiten der Softwareinstallation über die Standardfunktionen von Windows Server 2003 werden nicht für alle Einsatzbereiche ausreichen. Dennoch stellt sich die Frage, wann Sie sich mit den Standardfunktionen begnügen können und wann eine zusätzliche Software erforderlich ist. Wenn Sie den Vergleich mit dem Microsoft Systems Management Server ziehen, fallen einige Einschränkungen in Bezug auf die Möglichkeiten der Softwareverteilung auf. Mit dem Systems Management Server (SMS) kann eine Inventarisierung von Hard- und Software durchgeführt werden. Auf der Basis des Inventars kann gezielt gesteuert werden, auf welchen Systemen eine Installation der Software erfolgen soll. Bei Windows Server 2003 ist eine Steuerung nur über manuell konfigurierte Zugehörigkeiten zu Domänen, Organisationseinheiten, Standorten oder Benutzergruppen möglich. Informationen zur Hard- und Software können nur eingeschränkt über WMI-Filter berücksichtigt werden. Der Systems Management Server stellt wesentlich mehr Optionen bereit, um Softwareverteilungspakete zu erstellen und zu konfigurieren.

Softwareverteilung mit dem Active Directory und Gruppenrichtlinien

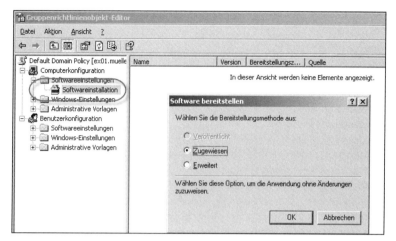

Abbildung 5.13:
Softwareverteilung
mit dem Active
Directory

Bei den im Windows Server 2003 integrierten Funktionen ist der Rückgriff auf zusätzliche Software erforderlich. Die Helpdesk- und Remote Control-Funktionalität ist nur eingeschränkt vorhanden, mit deren Hilfe der Installationsprozess gezielt gesteuert werden kann. Es fehlt die Integration von Funktionen zur Softwareverteilung und den Remote Control-Diensten. Mit dem SMS können Pakete effizienter im WAN verteilt werden, da sie nur einmal auf einen Server kopiert werden.

6 DNS, WINS, DHCP

In diesem Kapitel geht es um die Konzeption der Netzwerkinfrastrukturdienste DNS, WINS und DHCP. Ohne eine gute geplante DNS-Infrastruktur ist das Active Directory nicht lauffähig, da DNS mit dem Active Directory eng verzahnt ist. Viele Daten des Active Directorys werden als so genannte SRV-Records im DNS abgelegt. Wenn die DNS-Strukturierung nicht korrekt vorgenommen wurde, ist das Active Directory nicht lauffähig. Wenn Sie einen Server zum Domänencontroller promoten, überprüft der Assistent für das Active Directory, ob ein DNS-Server verfügbar ist und die notwendigen Namen aufgelöst werden können. Administratoren, die ein Active Directory betreiben oder neu aufbauen müssen, benötigen nicht nur Grundwissen, sondern umfassendes DNS-Wissen.

Generell ist die Namensauflösung in Microsoft-Netzwerken ein sehr wichtiger Punkt. Aus diesem Grund ist auch der Betrieb eines WINS-Servers für eine stabile Active Directory-Struktur, vor allem mit Exchange Servern, unerlässlich. Der letzte Abschnitt beschäftigt sich mit der Planung einer DHCP-Infrastruktur. Die automatische IP-Adressverteilung ist heute in den meisten Netzwerken unerlässlich. Die drei Dienste WINS, DNS und DHCP sind darüber hinaus eng miteinander verbunden und tauschen bei richtiger Konfiguration wichtige Daten miteinander aus. Bei der Planung eines Microsoft-Netzwerks gehört daher die Konzeption der DNS-, WINS und DHCP-Infrastruktur dazu.

6.1 DNS unter Windows Server 2003

DNS ist einer der zentralen Mechanismen zur Namensauflösung im Internet und von allen TCP/IP-basierenden Netzwerken. DNS steht für *Domain Name System* oder *Domain Name Server*. Die zentrale Aufgabe des Protokolls und der dahinter stehenden Dienste ist die Auflösung von Computernamen in IP-Adressen und bei Bedarf auch in umgekehrter Richtung.

Bei DNS spielen zwei Begriffe eine besonders wichtige Rolle. Zum einen ist dies der Begriff *Domäne*. Diese Domäne ist nicht mit den Domänen von Windows Server 2003 zu verwechseln. Für das Internet existiert eine zentralistische Struktur für die Vergabe von Domänennamen. Domänen können in Subdomänen aufgegliedert werden. So könnte unterhalb einer Domäne *contoso.com* eine Domäne *germany.contoso.com* und darunter eine Domäne *stuttgart.germany.con-*

6 DNS, WINS, DHCP

toso.com eingerichtet werden. Die untergeordneten Domänen werden als Subdomänen bezeichnet. Zum anderen ist dies der Begriff *Zone*. Eine Zone bezeichnet eine Verwaltungseinheit bei DNS. Eine Zone kann eine oder mehrere Domänen und untergeordnete Subdomänen umfassen. Es können nur hierarchisch verbundene Domänen in einer gemeinsamen Zone verwaltet werden. So kann eine Domäne nicht über mehrere Zonen aufgeteilt werden. Für jede Zone gibt es eine Zonendatei, die auf andere DNS-Server kopiert werden kann, und einen primären Namensserver, auf dem alle Änderungen durchgeführt werden. Er kann seine Änderungen auf andere, sekundäre Namensserver replizieren. Dadurch kann ein DNS-Server durchaus als primärer Namensserver für eine Zone und als sekundärer Namensserver für eine andere Zone fungieren.

Abbildung 6.1: Replikation von DNS-Servern

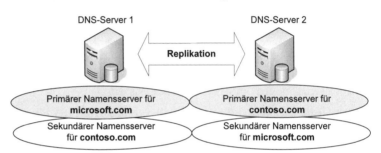

Beim Einsatz von DNS-Servern sollten Sie darauf achten, bereits bei der Planung ein Ausfallkonzept zu erstellen, und mit redundanten Servern arbeiten. Nur in sehr kleinen Niederlassungen sollten Sie mit einem einzigen DNS-Server arbeiten.

> Grundsätzlich sollte auf jedem Active Directory-Domänencontroller ein DNS-Server mitlaufen. Bei Active Directory-DNS-Servern werden die Daten des DNS mit dem Replikationsverkehr des Active Directorys verteilt.

Da die DNS-Daten in Windows Server 2003 über das Active Directory verteilt werden können, erreichen Sie mehrere Vorteile. Durch diesen Ansatz wird ein Konzept ermöglicht, das nicht mehr die sonst bei DNS-Servern anzutreffende Single Master-Problematik aufweist. Änderungen können über mehrere DNS-Server erfolgen. Auf jedem Domänencontroller im Active Directory kann daher ein DNS-Server installiert werden, der die notwendigen Daten bereithält. Die Integration von Active Directory und DNS wird dadurch erleichtert, dass eine Reihe von Informationen des Active Directorys als DNS-Informationen abgelegt werden muss. Der Administrator muss so nur eine Replikationstopologie verwalten, statt auf das Active Directory und DNS achten zu müssen. Das hilft Kosten zu sparen, da die Replikation des Active Directorys ohnehin konfiguriert und verwaltet werden muss.

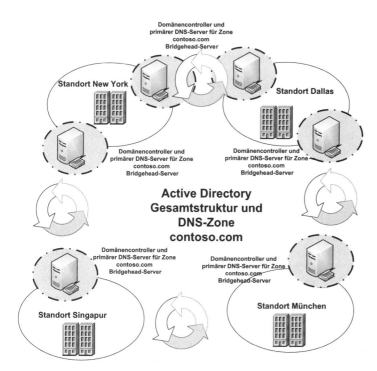

*Abbildung 6.2:
DNS-Replikation
und Standortkonzept im Active
Directory*

DNS-Server können Sie mit dem Assistenten des Programms *Serververwaltung* einrichten und konfigurieren. Wenn Sie dort die Funktion *DNS-Server* auswählen, wird zunächst der entsprechende Dienst auf dem Server installiert, soweit das nicht schon früher geschehen ist. Nach dem Kopieren der Dateien wird der Assistent für die DNS-Serverkonfiguration gestartet.

6.1.1 Forward- und Reverse-Zonen im Active Directory

Vor der Durchführung des Assistenten für das Active Directory müssen Sie auf dem ersten Domänencontroller der Gesamtstruktur einen DNS-Server installieren.

> Auf dem DNS-Server sollte zunächst die Forward-Zone erstellt werden, nach der später auch das Active Directory benannt wird. Im Beispiel von *Abbildung 6.2* ist die Bezeichnung der Gesamtstruktur *contoso.com*. In diesem Active Directory gibt es nur eine Struktur mit der gleichen Bezeichnung. Die Struktur enthält wiederum nur eine Active Directory-Domäne *contoso.com*. Aus diesem Grund müssen die DNS-Server des Active Directorys nur eine Forward-Zone verwalten, nämlich *contoso.com*.

6 DNS, WINS, DHCP

Eine primäre Zone übersetzt DNS-Namen in IP-Adressen. Sie wird für die Basisfunktion von DNS-Servern benötigt. Eine Reverse-Lookupzone übersetzt IP-Adressen in DNS-Namen.

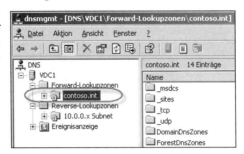

Abbildung 6.3: DNS-Zonen auf dem Active Directory-DNS-Server

Bei der Einrichtung des ersten DNS-Servers müssen Sie eine primäre Zone erstellen, da noch kein Active Directory verfügbar ist. Nachdem das Active Directory zur Verfügung steht, kann diese Zone in das Active Directory integriert werden. Grundsätzlich gilt, dass Sie in Active Directory-Umgebungen wegen der eingangs dieses Kapitels erwähnten Vorteile mit Active Directory-integrierten Zonen arbeiten sollten. Sobald eine Zone ins Active Directory integriert wurde, wird sie automatisch auf jeden Domänencontroller repliziert, wenn Sie dort die DNS-Erweiterung installieren. Es sind keine weiteren Konfigurationsmaßnahmen notwendig. Eine Zone muss immer nur einmal installiert werden und sollte dann auf alle Domänencontroller/DNS-Server des Active Directorys repliziert werden. Wenn Sie in Ihrem Active Directory nur mit einer Domäne und einer Zone arbeiten, ist die Verwaltung von DNS natürlich sehr einfach. Auch aus diesen Gründen bietet es sich an, im Active Directory möglichst wenige Domänen zu verwenden.

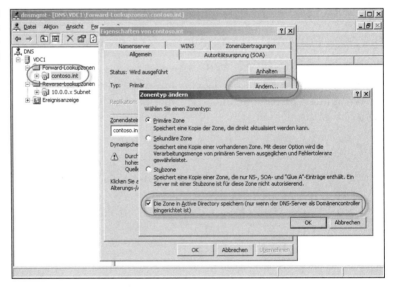

Abbildung 6.4: Active Directory-integrierte DNS-Zone

6.1.2 WINS und DNS

In Netzwerken, in denen neben Windows Server 2003 ältere Systeme wie Windows NT 4.0 zum Einsatz kommen, die keine dynamische Aktualisierung der Einträge bei DNS-Servern unterstützen, ist es sinnvoll, WINS-Lookup zu konfigurieren oder die Einträge von DHCP erstellen zu lassen. Das geschieht über den Befehl *Eigenschaften* der Zone, für die auf WINS-Servern nach Einträgen gesucht werden soll. Dort kann auf der Registerkarte *WINS* die Option *WINS-Forward-Lookup verwenden* ausgewählt und die IP-Adresse eines WINS-Servers angegeben werden. Wenn ein Client eine Anfrage an den DNS-Server richtet, versucht dieser zunächst, diese Anfrage über die lokalen Informationen in der DNS-Datenbank zu beantworten. Wenn ihm das nicht gelingt, sendet er den Hostnamen zum WINS-Server. Dieser versucht die Anfrage zu beantworten und liefert das Ergebnis an den DNS-Server zurück. Wenn Sie noch mit älteren Clients arbeiten, sollten Sie diese Option nutzen, damit die Auflösung der Netzwerknamen sichergestellt ist. Netzwerknamen erkennt man daran, dass sie nicht durch Punkte unterteilt werden.

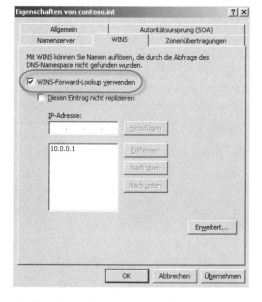

Abbildung 6.5: WINS-Lookup im DNS

Die Konfiguration muss pro Domäne erfolgen. Der parallele und stabile Betrieb einer WINS- und einer DNS-Infrastruktur ist daher sehr wichtig für die Stabilität und Ausfallsicherheit des kompletten Netzwerks. Sie sollten möglichst immer mit primären DNS-Zonen arbeiten und weniger mit sekundären oder Subzonen. Auch in größeren Netzwerken mit vielen DNS-Zonen spielt die Replikation der DNS-Daten keine große Rolle beim Datenverkehr. Gehen Sie daher immer auf Nummer sicher und lassen Sie möglichst alle Zonen auf Windows Server 2003-Servern in das Active Directory integrieren.

6.1.3 Delegation von DNS-Zonen

Wenn Sie eine Unterdomäne einrichten wollen, also in diesem Beispiel die Domäne *dallas* unterhalb der Domäne *contoso.int*, stehen Ihnen zwei Möglichkeiten für die Namensauflösung und die Erstellung des DNS-Konzepts zur Verfügung. Sie können auf den primären DNS-Servern der Zone *contoso.int* eine Unterdomäne *dallas* erstellen. In diesem Fall wird die neue Domäne unterhalb der Domäne *contoso.int* angezeigt. Alle DNS-Server, welche die Zone *contoso.int* verwalten, sind auch für die Domäne *dallas.contoso.int* zuständig. Vor allem bei größeren Unternehmen kann diese Struktur Probleme bereiten. Wenn in der Zentrale die Root-Domäne *contoso.int* verwaltet werden soll, aber die Administratoren in der Niederlassung Dallas diese Zone aus Sicherheitsgründen nicht verwalten sollen, können Sie nicht einfach eine Unterdomäne anlegen, da sonst jeder Administrator der Niederlassung Änderungen in der ganzen Zone vornehmen kann. Durch fehlerhafte Änderungen könnte dann ein weltweites Active Directory schnell außer Funktion gesetzt werden. Aus diesem Grund hat Microsoft in seinen DNS-Servern die Delegation von Domänen integriert. Der Ablauf ist folgender:

▶ In der Niederlassung Dallas wird auf einem Windows Server 2003-DNS-Server eine eigene Zone *dallas.contoso.int* angelegt und konfiguriert. Zukünftig verwalten die Administratoren der Niederlassung Dallas ihre eigene Zone *dallas.contoso.int*.

Abbildung 6.6: Einrichtung einer Delegation

DNS unter Windows Server 2003

▶ Damit die DNS-Server und Domänencontroller der restlichen Niederlassungen ebenfalls Verbindung zu der Zone *dallas.contoso.int* aufbauen können, wird in der Hauptzone *contoso.int* eine so genannte *Delegation* eingerichtet, in der festgelegt wird, dass nicht die DNS-Server der Zone *contoso.int* für die Domäne *dallas.contoso.int* zuständig sind, sondern die DNS-Server der Niederlassung Dallas.

Durch diese Konfiguration können weiterhin alle Namen aufgelöst werden, aber die Administratoren der Niederlassungen können nur ihre eigenen Zonen verwalten, nicht die Zonen der anderen Niederlassungen. Um eine möglichst effektive Namensauflösung zu gewährleisten, sollten Sie anschließend auf allen anderen DNS die neue Domäne *dallas.contoso.int* als sekundäre Zone hinzufügen. Nur so ist gewährleistet, dass Abfragen nach Informationen aus dieser Domäne auch erfolgreich sind, falls der DNS in Dallas zu der Zeit nicht erreichbar ist.

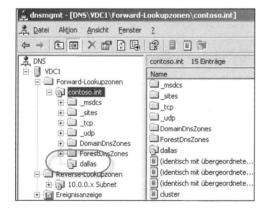

Abbildung 6.7: Delegierte Zone unterhalb der Hauptzone

Nachdem Sie die Delegation eingerichtet haben, wird die Zone unterhalb der Hauptzone als delegiert angezeigt. Dieser DNS-Server fühlt sich nicht mehr für diese Zone verantwortlich, kann aber Namen in der Domäne durch die Delegation auflösen. Innerhalb eines Namensraums sollten Sie möglichst alle neuen Domänen als Unterdomänen anlegen. Stellen Sie bei der Replikation der Hauptzone ein, dass diese Zone auf alle DNS-Server des Active Directorys repliziert werden. Dadurch ist sichergestellt, dass in jeder Niederlassung alle notwendigen Server aufgelöst werden können. Sie ersparen sich dadurch komplizierte Verwaltungsvorgänge.

6.1.4 Weiterleitungen auf einem DNS-Server

Ihr DNS-Server kann nur Anfragen beantworten, für die Zonen hinterlegt wurden. Wenn Sie andere Zonen auflösen wollen, müssen Sie im DNS konfigurieren, welche Server gefragt werden sollen, wenn der DNS-Server selbst den Namen nicht auflösen kann. Der DNS-Server überprüft zunächst, ob er für die Domäne zuständig ist. Wenn er keine Zone und auch keine Delegation finden kann, werden die DNS-Server gefragt, die auf der Registerkarte *Weiterleitungen* in den Eigenschaften des DNS-Servers eingetragen sind. Bei Windows Server 2003 können Sie konfigurieren, dass der Server generell alle Anfragen an definierte Server weiterleiten soll, oder einzelne Domänen zu den verantwortlichen DNS-Servern. Wenn keine Weiterleitungen konfiguriert sind, werden automatisch die DNS-Server befragt, die auf der Registerkarte *Stammhinweise* hinterlegt sind. Diese Server sind die so genannten *Root-Server*. Wenn diese Server nicht erreicht werden, erhält der fragende Client eine Fehlermeldung zurück. Stellen Sie daher sicher, dass die Weiterleitungen richtig konfiguriert sind und die Namensauflösung korrekt funktioniert. Achten Sie bei der Konfiguration von Firewall-Systemen, die Ihr Netzwerk nach außen absichern, darauf, dass Ihr DNS-Server Abfragen ins Internet stellen kann.

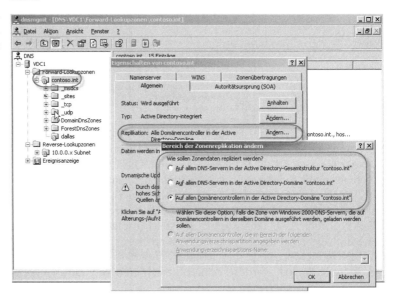

Abbildung 6.8: Replikationsstrategie für DNS-Zonen

6.1.5 Anzahl der DNS-Server

Da DNS einen wichtigen Bestandteil für das Funktionieren des Active Directorys darstellt, müssen Sie stets dafür sorgen, dass diese Dienste auch immer verfügbar sind. Sie sollten daher immer mindestens zwei Server für die Verwendung als DNS-Server vorsehen, um ein gewisses Maß an Ausfallsicherheit zu gewährleisten. Sofern Ihr Netzwerk über mehrere Standorte verteilt ist, sollten Sie auch an jedem Standort einen oder mehrere DNS-Server aufstellen, sodass alle DNS-Abfragen immer im lokalen Netzwerk stattfinden können. Dieser Zugriff erfolgt natürlich deutlich schneller als der Zugriff über ein WAN. Sie sollten in den TCP/IP-Einstellungen der Client-PCs immer möglichst zwei DNS-Server eintragen, damit die Namensauflösung auch funktioniert, wenn der erste Server nicht zur Verfügung steht, weil dieser durchgestartet wird oder ausgefallen ist.

6.1.6 Lastverteilung durch DNS-Round-Robin

Bei dieser Technik wird ein Hostname mehrfach, mit jeweils anderer IP-Adresse, im DNS eingetragen. Erreicht den DNS-Server eine Anfrage des Clients, liefert er die Liste aller gefundenen IP-Adressen zurück, wobei er die Reihenfolge der Einträge jeweils um eins verschiebt. Damit wird jeder Eintrag gleich häufig an erster Stelle dem Client zurückgeliefert. Diese Funktion muss deaktiviert werden, wenn Sie mehrere Server unter demselben Namen nutzen wollen, aber die weiteren Systeme leistungsschwächer oder weiter entfernt sind und nur zur Ausfallsicherheit dienen sollen. Um dem Client möglichst einen Server direkt in seiner Nähe zu nennen, also innerhalb desselben IP-Subnetzes, wird bei Hostnamen mit mehreren zugeordneten IP-Adressen vor der Umsortierung durch Round-Robin zunächst ermittelt, ob es einen Eintrag gibt, der dem Subnetz des Clients zuzuordnen ist. Dieser wird anschließend an die erste Stelle der zurückgegebenen Liste gesetzt. Nur wenn kein passender eindeutiger Eintrag gefunden wird, kommt Round-Robin zur Lastverteilung zum Einsatz.

Round-Robin ist keine Technik, die sich zur Erhöhung der Ausfallsicherheit einsetzen lässt. Die IP-Adresse eines ausgefallenen Servers wird weiterhin an die Clients ausgegeben, sodass zwar nicht jeder Zugriff eines Clients fehlschlägt, aber doch genügend, um den Ausfall bemerkbar zu machen.

6.2 WINS

Bevor Microsoft die Namensauflösung auf DNS umgestellt hat, wurden NetBIOS-Namen verwendet. Diese bestanden aus einem maximal 15 Zeichen langen Namen. In der einfachsten Variante wurde die Namensauflösung ohne irgendwelche speziellen Server durch *Broadcasts* (Rundsendungen) im Netzwerk durchgeführt, was allerdings sehr viel Netzwerklast erzeugte und über mehrere Subnetze hinweg überhaupt nicht funktionierte. In solchen Fällen kam daher ein *WINS(Windows Internet Name Service)*-Server zum Einsatz. Wie beim dynamischen DNS registrieren sich auch WINS-Clients automatisch beim Server, zusätzlich werten WINS-Server auch Broadcasts aus.

Viele aktuelle Programme, wie zum Beispiel auch Exchange 2003, laufen deutlich stabiler, wenn zusätzlich zu DNS noch ein WINS-Server installiert wird (siehe *http://support.microsoft.com/kb/837391/en-us*). WINS benötigt keine großen Systemressourcen und optimiert die Auflösung Ihrer Netzwerknamen deutlich. Die Verwaltung eines WINS-Servers hält sich in Grenzen. Auch WINS-Server können sich untereinander replizieren. Das ist allerdings nur innerhalb von Niederlassungen notwendig. Es wird nur selten erforderlich sein, neben der Replikation der DNS-Daten auch die WINS-Datenbank replizieren zu lassen. Sie können WINS ohne weiteres parallel zu DNS auf einem Domänencontroller installieren. Der Server wird dadurch nur wenig mehr belastet. Auch bei WINS sollten Sie für Redundanz sorgen und möglichst in jeder Niederlassung zwei Server betreiben. Um den Verlust von Informationen durch Dienstabstürze oder Verbindungsprobleme zu verhindern, kann in regelmäßigen Abständen eine Überprüfung der Datenbankkonsistenz durchgeführt werden. Im Active Directory wird dieser Vorgang durch den KCC (Knowledge Consistency Checker) durchgeführt.

Dabei wird die lokale Datenbank mit der eines anderen WINS-Servers abgeglichen und bei Bedarf eine Übertragung der fehlenden Datensätze durchgeführt. Für die Überprüfung spielt es keine Rolle, welcher WINS-Server verwendet wird. Jeder Client wird primär auf den Server konfiguriert, der in seinem Netzwerk verfügbar ist, und unter Umständen noch auf einen weiteren WINS-Server, falls der erste ausfallen sollte. Über die Replikation der Datenbestände stehen alle Computernamen auf allen WINS-Servern zur Namensauflösung zur Verfügung. Nachdem der Server für die Annahme von Registrierungen bereit ist, müssen die Clients noch auf die Verwendung des WINS-Servers konfiguriert werden. Nachdem Sie die Eigenschaften der Netzwerkverbindung geöffnet haben, erreichen Sie die Registerkarte *WINS* über das Internetprotokoll (TCP/IP). Der erste von maximal 12 Servern, der vom Client erreicht werden kann, wird für die Registrierung und Namensauflösung verwendet.

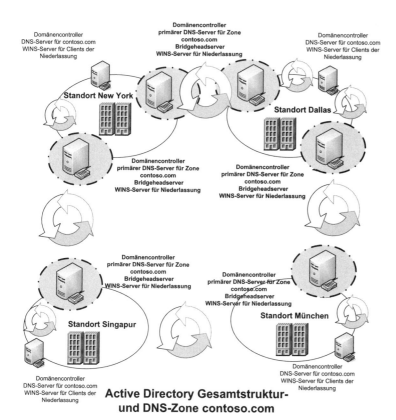

Abbildung 6.9:
Optimale Netzwerkstruktur zur Auflösung von Netzwerknamen

6.2.1 Verwenden einer lokalen Namensauflösung

Neben der Namensauflösung über WINS kann auch eine lokal gespeicherte Textdatei *lmhosts* verwendet werden. Dies ist allerdings sehr aufwendig, da diese Datei auf alle Computer im Netzwerk verteilt werden muss. Eingesetzt wurde sie unter Windows NT häufig in durch Firewalls abgetrennten Netzwerkbereichen, bei denen Filter eine WINS-Auflösung blockierten. Die NetBIOS-Namensauflösung funktioniert generell auch ohne den Einsatz eines WINS-Servers, wobei die gesuchte IP-Adresse über Broadcasts ins Netzwerk ermittelt wird. Ob ein Computer diese Broadcasts oder einen WINS-Server verwendet, ist über den NetBIOS-Knotentyp festgelegt. Dabei gibt es vier verschiedene Knotentypen:

▶ P (Peer) – Es wird lediglich die WINS-Abfrage durchgeführt. Bleibt diese ohne Ergebnis, erfolgt keine weitere Abfrage.

▶ H (Hybrid) – Zunächst wird die WINS-Abfrage durchgeführt. Bleibt diese ohne Ergebnis, erfolgt die Namensauflösung über Broadcast.

▶ M (Mixed) – Zunächst erfolgt die Namensauflösung über Broadcast. Bleibt diese ohne Ergebnis, wird die WINS-Abfrage durchgeführt.

▶ B (Broadcast) – Es wird lediglich die Namensauflösung über Broadcast durchgeführt. Bleibt diese ohne Ergebnis, erfolgt keine weitere Abfrage.

Der Vorteil einer deaktivierten NetBIOS-Unterstützung liegt in der verminderten Netzlast, die unter anderem durch den Wegfall der Registrierung des Computers beim so genannten Suchdienst und die Beschränkung der Namensauflösung auf DNS zustande kommt. Wenn Sie die Einstellung direkt am Computer vornehmen wollen, wählen Sie auf der Registerkarte *WINS* die Option *NetBIOS über TCP/IP deaktivieren*. Alternativ können Sie diese Einstellung auch über einen DHCP-Server vornehmen.

6.3 DHCP

Der Einsatz von DHCP (*Dynamic Host Configuration Protocol*) ist eine der wichtigsten Voraussetzungen, um den administrativen Aufwand für Clients zu reduzieren, indem einem PC, der an das Netzwerk angeschlossen wird, automatisch eine IP-Adresse und weitere Informationen (Gateway, DNS-Server) für einen bestimmten Zeitraum zugeteilt werden (*Lease*, siehe Abschnitt Abbildung 6.3.4). Einer der zentralen Bereiche von DHCP bei Windows Server 2003 ist die Integration mit DNS. Die Zielsetzung der DHCP-DNS-Integration ist eine automatische Registrierung von Computernamen und IP-Adressen bei DNS-Servern durch den DHCP-Server. Um einen Computer zu registrieren, müssen Datensätze vom Typ A (Forward-Zone, der Rechnername) und vom Typ PTR (Pointer, die IP-Adresse zum Namen) beim DNS-Server registriert werden. Die Sätze vom Typ A identifizieren einen Host und ordnen den DNS-Computernamen der IP-Adresse zu. Die Datensätze vom Typ PTR werden für Reverse-Lookups benötigt, bei denen von einer gegebenen IP-Adresse auf einen Computernamen geschlossen werden soll. Die Zielsetzung der DHCP-Integration ist, dass der DHCP-Server nach der Vergabe von Leases die Registrierung der entsprechenden Informationen beim DNS-Server vornimmt. Der DHCP-Server fungiert damit als Proxy zwischen den Clients und dem DNS-Server. Der DHCP-Server von Windows Server 2003 kann bei der Registrierung in unterschiedlicher Weise vorgehen:

DHCP

- Er kann generell für die DHCP-Clients sowohl die Datensätze vom Typ A als auch vom Typ PTR registrieren.
- Er kann diese Aktion gezielt durchführen, wenn dies vom Client angefordert wird. Das ist sinnvoll, wenn nur ausgewählte Systeme beim DNS-Server registriert werden sollen, die als Server fungieren.
- Er kann PTR-Records registrieren. Damit werden Reverse-Lookups möglich, die teilweise aus Gründen der Sicherheit erforderlich sind.

Der DHCP-Server kann zwischen Clients ab Windows 2000 Professional und anderen Clientplattformen, älteren Windows-Systemen und Nicht-Microsoft-Plattformen unterscheiden. Er kann für unterschiedliche Arten von Clients unterschiedliche Aktionen ausführen. Voraussetzung, dass diese Funktionen genutzt werden können, sind DNS-Server mit der Unterstützung für dynamisches DNS (*DDNS*) wie der in Windows Server 2003 integrierte DNS-Server. Die beschriebenen Funktionen können nicht in Verbindung mit einem statischen DNS-Server genutzt werden.

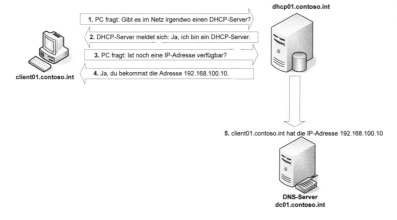

Abbildung 6.10: DHCP mit DNS in Windows Server 2003

Um Probleme zu vermeiden, die durch nicht autorisierte DHCP-Server entstehen, wurden darüber hinaus weitere Funktionen implementiert. Wenn in einem mit dem internen Netzwerk verbundenen Schulungsraum ein DHCP-Server aufgesetzt wird, kann das dazu führen, dass dieser IP-Adressen vergibt, deren Konfiguration nicht den Anforderungen des internen Netzwerks entspricht. Diese Probleme lassen sich durch eine konsequente Administration des Netzwerks und eine klare Vergabe von Zugriffsrechten zwar weitgehend ausschließen, aber nicht völlig vermeiden. Die Autorisierung von DHCP-Servern erfolgt in Verbindung mit dem Active Directory. Dieses speichert Informationen über die zugelassenen DHCP-Server. Die Liste von DHCP-Servern kann nur mit entsprechenden Zugriffsberechtigungen verändert werden. Wenn der DHCP-Serverdienst von Windows Server 2003 gestartet wird, fragt er zunächst das Active Directory ab, um festzustellen, ob er sich in der Liste der autorisierten Server befindet. Ist das der Fall, sendet er eine DHCPinform-Nachricht auf das Netzwerk, um festzustellen, ob es andere Verzeichnisdienste gibt und er bei diesen gültig ist. Falls der DHCP-Server dagegen keinen Eintrag im Active Directory vorfindet oder keinen Active Directory-Server finden kann, geht er davon aus, dass er nicht autorisiert ist, und beantwortet keine Clientanfragen. Dieser Mechanismus funktioniert allerdings nur optimal, wenn mit dem Active Directory gearbeitet wird. Bei allein stehenden Windows Server 2003 mit DHCP-Dienst kann der DHCP-Serverdienst nur genutzt werden, solange keine Domäne des Active Directorys im Netzwerk gefunden wird. Der Schutz des Active Directorys greift natürlich nicht, wenn nicht auf Windows Server 2003 basierende DHCP-Server im Netzwerk sind, beispielsweise in einem Router.

6.3.1 DHCP im Einsatz

Wenn der DHCP-Client beim ersten Start keinen DHCP-Server finden kann, verwendet er eine IP-Adresse aus dem laut RFC 3330 für diesen Zweck freigegebenen Adressbereich von 169.254.0.0 bis 169.254.255.255. Dies geschieht allerdings ohne zusätzliche Konfigurationsinformationen wie DNS- oder Router-Adressen. Wenn kein DHCP-Server aktiv ist, ist ein Zugriff auf das Netzwerk somit nicht möglich, da diese Adressen nicht kompatibel zum LAN sind. Bei einem erneuten Start hat der DHCP-Client seine bisherigen Konfigurationsinformationen gespeichert. Erreicht der Client dann keinen DHCP-Server, versucht er einen Ping auf das definierte Standardgateway. Ist dieses erreichbar, befindet sich der Client offensichtlich im gleichen Subnetz. Er kann in diesem Fall davon ausgehen, dass er in kein anderes Subnetz verschoben wurde, und verwendet die zugewiesene Lease weiter, solange diese noch gültig ist.

Erreicht er das Standardgateway nicht, setzt er voraus, dass er sich in einem anderen Subnetz befindet, und konfiguriert sich mit einer RFC 3330-Adresse neu. Er versucht in jedem Fall weiterhin alle fünf Minuten, einen DHCP-Server zu lokalisieren. Wenn in einem Netzwerk ohnehin mit relativ langen Leasedauern (mehrere Tage) gearbeitet wird, treten nur wenige Probleme auf, wenn ein DHCP-Server ausfällt. Um diese Schwierigkeiten generell zu vermeiden, kann ein DHCP-Server auf einem Cluster-Server bereitgestellt werden. Windows Server 2003 unterstützt ab der Enterprise Edition ein Failover-Clustering, bei dem jeweils einer der Knoten in einem Cluster als DHCP-Server aktiv, aber die gesamte Datenbank für beide oder alle

Knoten verfügbar ist. Bei Ausfall des aktiven Knotens kann der andere Knoten die Funktion des DHCP-Servers übernehmen. Damit lässt sich bei richtiger Konfiguration und Auslegung des Clusters eine sehr hohe Verfügbarkeit erreichen.

6.3.2 Reservierungen bei DCHP

Sie können innerhalb des DHCP-Servers für bestimmte PCs oder Server IP-Adressen reservieren. Reservierungen sind sinnvoll, wenn IP-Adressen sich auf keinen Fall verändern dürfen. Um Probleme bei Servern oder bei über DHCP konfigurierten Netzwerkgeräten zu vermeiden, kann eine Reservierung festgelegt werden. In diesem Fall können zudem Optionen gezielt für das einzelne Gerät konfiguriert werden. Hierzu wird die Hardwareadresse des Netzwerkadapters (Mac-Adresse) im Server hinterlegt. Dies hat leider zur Folge, dass beim Auswechseln der Netzwerkkarte diese Information nachgetragen werden muss.

6.3.3 Dynamische DNS-Aktualisierung durch den DHCP-Server

Damit der DHCP-Server für die Clients eine automatische DNS-Registrierung auf den DNS-Servern durchführen kann, müssen Sie ihn erst dazu konfigurieren. Wenn Sie die Eigenschaften des DNS-Servers aufrufen, können Sie auf der Registerkarte *DNS* die Optionen für die Registrierung eintragen. Bevor ein Windows Server 2003-DHCP-Server Clients dynamisch im DNS eintragen kann, müssen Sie in den Eigenschaften des Servers, auf der Registerkarte *Erweitert* mithilfe der Schaltfläche *Anmeldeinformationen*, die Benutzerdaten eines DNS-Administrators hinterlegen, der die Aktualisierung vornehmen kann. Ohne diese Konfiguration kann der DHCP keine dynamische Registrierung durchführen.

6.3.4 Optimale Vorgehensweise beim Einsatz von DHCP

Im Mittelpunkt der Planung bei der Implementierung von DHCP steht immer die Leasedauer. Diese definiert, wie lange eine DHCP-Lease gültig ist. Nach der Hälfte der Leasedauer versucht der DHCP-Client, seine Lease zu erneuern. Dabei greift er auf den gleichen DHCP-Server zu, von dem er die Lease erhalten hat. Gelingt ihm das nicht, versucht er nach Ablauf von 87,5 Prozent der Leasedauer, bei einem anderen DHCP-Server eine neue IP-Konfiguration zu erlangen. Für die sinnvolle Leasedauer kursieren Vorschläge, die sich von wenigen Minuten bis zu einer unbeschränkten Lease erstrecken. Die Standardleasedauer bei Windows Server 2003 beträgt acht Tage. Wie die Leasedauer letztlich gewählt wird, hängt vom Einsatzbereich der Geräte ab, für die der Bereich gilt, sowie von der Zahl verfügbarer IP-Adressen. Wenn bei den eingesetzten Geräten ein häufiger Wechsel stattfindet, weil diese in andere Subnetze verschoben werden oder sich immer unterschiedliche mobile Benutzer mit dem Netzwerk verbinden, ist es erforderlich, die Leasedauer anzupassen. Die Leasedauer sollte sich in etwa an der durchschnittlichen Verweildauer der Benutzer im lokalen Netzwerk orientieren. Das könnte zu Leasedauern von wenigen Stunden oder einem Tag führen. RAS-Server können IP-Konfigurationen für die RAS-Clients leasen. Dafür kann mit sehr langen Leasedauern gearbeitet werden, weil die IP-Konfiguration vom RAS-Server geleast und über PPP an die Clients vergeben wird. Nach Abbau einer Clientverbindung steht die IP-Adresse für den nächsten RAS-Client zur Verfügung. Auch in einigen Servicebereichen, in denen immer neue Systeme an ein Netzwerk angeschlossen werden müssen und ihre IP-Adressen über DHCP erhalten, sind sehr kurze Leasedauern sinnvoll. Diese sollten sich dort an der durchschnittlichen Bearbeitungszeit für einzelne Geräte orientieren. Im Regelfall werden Sie mit längeren Leasedauern arbeiten. Wenn mit einem stabilen Netzwerk mit ausreichend IP-Adressen gearbeitet wird, bietet sich eine Leasedauer an, die sich zwischen 7 und 42 Tagen bewegt. So haben längere Werte den Vorteil, dass sie unkritisch bei einem Ausfall des DHCP-Servers reagieren, wenn die Systeme wegen Urlaub längere Zeit ausgeschaltet waren.

In der Praxis haben sich Leasedauern zwischen 21 und 30 Tagen bewährt. Gegebenenfalls ist es sinnvoll, über virtuelle LANs zu konfigurieren, dass bestimmte Segmente des Netzwerks andere Leasedauern erhalten als andere Netzwerksegmente. Inwieweit so flexibel gearbeitet werden kann, hängt von der physischen Struktur des Netzwerks und den eingesetzten Hubs und Switches ab. Um sicherzustellen, dass sich die IP-Adresse eines Systems nicht ändert, sollten Sie bei Verwendung von DHCP über Reservierungen arbeiten. DHCP ist ein Netzwerkdienst, der relativ wenig Last im Netzwerk generiert. Da auf einem DHCP-Server zudem Bereiche für unterschiedlichste IP-Subnetze mit unterschiedlichen Optionen definiert werden können, reicht prinzipiell ein einzelner DHCP-Server aus. Ein einzelner Server stellt allerdings einen Single-Point-of-Failure dar. Wenn eine ausreichend lange Leasedauer gewählt ist und davon ausgegangen wird, dass Clients abends ausgeschaltet werden, kommt es im Regelbetrieb nur einmal täglich morgens zu einer Kommunikation zwischen DHCP-Client und DHCP-Server, die sich auf zwei Pakete von wenigen hundert Byte Länge beschränkt. Falls der DHCP-Server nicht gefunden wird, werden dagegen alle fünf Minuten Pakete versendet. Als praktisch erwiesen hat sich die Funktion der Konflikterkennung, bei der ein DHCP-Server zunächst versucht, einen Verbindungsaufbau zu der IP-Adresse zu bewerkstelligen, die er als Nächstes vergeben will. Bekommt er darauf keine Antwort, ist die Adresse unbenutzt und kann vergeben werden, andernfalls wird sie übergangen und der DHCP-Server verwendet die nächste verfügbare IP-Adresse. Wenn Sie auf DHCP-Servern nun die Anzahl der Konflikterkennungsversuche auf den Wert 1 oder 2 stellen, können Sie auf beiden Servern den gleichen Bereich definieren, ohne dass es zu doppelten Adressvergaben kommt. Diese Funktion ist dort sinnvoll, wo die Administratoren keine komplette Kontrolle über die verwendeten IP-Adressen haben und Anwender Adressen verwenden, die eigentlich für die dynamische Vergabe vorgesehen sind. Sie müssen dabei lediglich bedenken, dass sich die Adressvergabe etwas verlangsamt.

7 Dateiserver planen

Immer noch einer der wichtigsten Dienste in einem Netzwerk sind die Dateidienste. Auch hier muss einiges geplant werden, um die Ablage der Daten im Netzwerk effizient zu gestalten. In diesem Kapitel gehe ich sowohl auf die notwendige Hardware und Speichertechnologie als auch auf die erforderlichen Planungsschritte zur Implementierung und Sicherheit von Freigaben im Netzwerk ein.

7.1 Server-Hardware

Da es sich bei den gespeicherten Dateien im Netzwerk um das komplette Wissen des Unternehmens handelt, ist es extrem wichtig, zu planen, auf welcher Hardware die Daten gespeichert werden sollen. In diesem Zusammenhang hört man oft zahlreiche Begriffe wie NAS, SAN, iSCSI, RAID in verschiedenen Ausführungen. Bei der Planung eines Dateiservers (engl.: *Fileserver*) wird auf der Seite der Hardware zunächst zwischen dem Server und dem eigentlichen Datenspeicher unterschieden. Viele mittelständische Unternehmen speichern die Daten auf Festplatten, die im Server eingebaut sind, während andere auf Technologien wie NAS, SAN oder externe Datenspeicher setzen. Es gibt an dieser Stelle keinen Königsweg, sondern jedes Unternehmen muss für sich entscheiden, welche Technologie eingesetzt werden soll.

7.1.1 Dateiserver mit integriertem Datenträger

Wenn Sie sich entschließen, einen Dateiserver zu erwerben, in dem die Datenträger zur Speicherung eingebaut sind, empfiehlt sich der Einsatz eines Servers mit einem in *Kapitel 1* beschriebenen Dualchannel-RAID-Controller. Ein ideal ausgestatteter Dateiserver verfügt über mindestens sechs Festplatten (2 x RAID 1 für das System, 3 x RAID 5 für die Daten, 1 x HotSpare). Wenn Sie einen Dateiserver mit RAID 10 betreiben, benötigen Sie sieben Festplatten, da ein RAID 10-System über mindestens vier Festplatten verfügen muss. Bei der Planung eines Servers mit integriertem Festplattensystem sollten Sie daher darauf achten, dass Sie ein Gerät bekommen, in dem Sie diese Anzahl von Platten einbauen können und das auch noch skalierbar ist, um zukünftig den Plattenplatz zu erweitern.

7 Dateiserver planen

*Abbildung 7.1:
Dateiserver mit integriertem Festplattensystem*

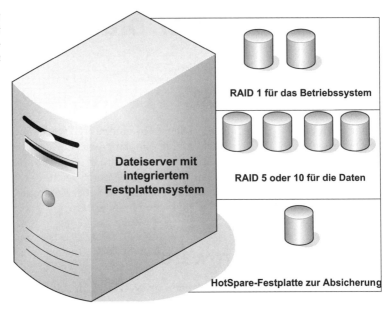

Ein Dateiserver sollte bei entsprechender Anzahl Benutzer in einem Netzwerk über einen aktuellen Prozessor verfügen, am besten zwei Prozessoren und 1 bis 2 Gbyte RAM. Ideal wäre eine Gigabit-Netzwerkkarte und eine entsprechende Netzwerkanbindung, da ein Dateiserver viele Daten gleichzeitig über das Netzwerk bereitstellen muss.

Achten Sie bei einem ausfallsicheren Dateiserver möglichst auf ein doppeltes Netzteil, doppelte Lüfter und eine ausreichende USV-Versorgung.

7.1.2 Externer Datenspeicher

Immer mehr Unternehmen gehen dazu über, die Daten der Dateiserver auf externe Datenspeicher zusammenzufassen. Der Betrieb von mehreren Dateiservern und Festplattensystemen erhöht deutlich den Aufwand der Administratoren. Hinzu kommen die gesteigerte Gefahr eines Ausfalls und die höheren Kosten durch die zusätzliche Verwaltung von Servern. Aus diesem Grund setzen viele mittelständische Unternehmen auf erweiterte Technologien zur Datenspeicherung. Hauptsächlich finden in diesem Bereich Untergliederungen in *NAS (Network Attached Storage)* und *SAN (Storage Area Network)* statt. Sinn dieser Technologien ist es, dass zwar weiterhin eine unterschiedliche Anzahl von Servern existieren kann, aber die wichtigen Daten eines Unternehmens an einem zentralen Punkt liegen. Der Vorteil dieser Systeme liegt meistens darin, dass sie besser skalierbar sind und mit den Bedürfnissen des Unternehmens mitwachsen können.

Server-Hardware

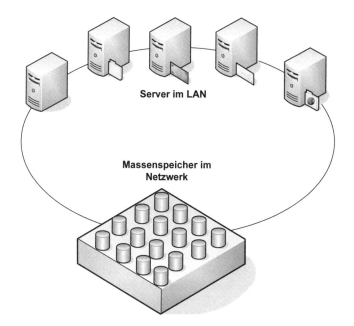

*Abbildung 7.2:
Externer Datenspeicher im Netzwerk*

7.1.3 NAS (Network Attached Storage)

NAS steht, wie bereits beschrieben, für Network Attached Storage. Hierbei handelt es sich um Massenspeichergeräte, die direkt an das Netzwerk angeschlossen sind und mit einem eigenen Betriebssystem ausgestattet werden. Viele Betriebssysteme von NAS-Systemen sind webbasierend und im Gegensatz zu normalen Betriebssystemen deutlich eingeschränkt und nur auf den Einsatz als Dateiserverbetriebssystem optimiert. Ein Beispiel für ein solches Betriebssystem ist der Windows 2003 Storage Server, den es auch als Windows 2003 Storage Server R2 gibt. Durch die Einfachheit des Betriebssystems können NAS-Systeme ohne großen Aufwand schnell ins Netzwerk integriert werden. Meistens sind in NAS-Systemen SCSI-Platten eingebaut, die über ein RAID 5-System angesprochen werden. Ein weiterer Vorteil von NAS-Systemen ist, dass für das Betriebssystem der NAS-Einheit keine Lizenzen und keine CALs gekauft werden müssen, unabhängig von der Anzahl zugreifender Benutzer. NAS kann daher eine gute Alternative zu herkömmlichen Dateiservern sein. Beim Preisvergleich sollten die Lizenzen des Betriebssystems mit NAS-Systemen verglichen werden. NAS-Systeme verfügen über hohe Kapazitäten, einen eigenen Prozessor und Arbeitsspeicher. Viele NAS-Systeme, wie zum Beispiel die Dell PowerVault-Reihe, gibt es als 19"-1-HE-Geräte. NAS-Systeme sind auf die Speicherung von Daten spezialisiert.

7 Dateiserver planen

Da NAS-Systeme direkt an das Netzwerk angebunden werden, belastet der Datenverkehr vom und zum NAS erheblich das Netzwerk. Viele Anwendungen, wie zum Beispiel Exchange Server, haben Probleme damit, wenn sie auf einem Server installiert sind und die dazugehörigen Daten über einen Netzwerkspeicher wie dem NAS zur Verfügung gestellt werden. Da die Übertragung im Ethernet aber immer schneller wird und Microsoft Technologien wie den Windows 2003 Storage Server R2 zur Verfügung stellt, tritt dieser Nachteil immer mehr in den Hintergrund.

iSCSI im NAS nutzen

Ein großer Nachteil von NAS-Systemen ist die bereits beschriebene Problematik, dass die Anbindung über das LAN erfolgt. Es muss jedoch keine eigene Speicherinfrastruktur aufgebaut werden, wie sie zum Beispiel ein SAN benötigt. Manche Anwendungen haben allerdings Probleme damit, wenn der Datenspeicher im Netzwerk bereitgestellt und mittels IP auf die Daten zugegriffen wird, anstatt den blockbasierten Weg über SCSI oder Fibre Channel zu gehen. Zu diesem Zweck gibt es die iSCSI-Technologie. iSCSI ermöglicht den Zugriff auf NAS-Systeme mit dem bei lokalen Datenträgern üblichen Weg als normales lokales Laufwerk. Die Nachteile der IP-Kommunikation werden kompensiert. iSCSI verpackt dazu die SCSI-Daten in TCP/IP-Pakete. Für den empfangenden Server verhält sich so ein NAS in einem schnellen Gigabit-Netzwerk wie ein lokales Festplattensystem.

7.1.4 SAN (Storage Area Network)

SAN und NAS werden oft miteinander verwechselt. Spätestens wenn Sie sich die jeweiligen Preise angesehen haben, werden Sie die Unterschiede erkennen. SAN steht für *Storage Area Network*. SANs stellen Ihre Daten meistens über extrem schnelle Technologien wie *Fibre Channel* oder iSCSI zur Verfügung. Ein SAN hat im Gegensatz zum NAS kein eigenes Betriebssystem, das ins Netzwerk integriert werden kann und auf dem Daten freigegeben werden. Ein SAN bietet die Möglichkeit, mehrere Server anzusprechen und für diese Server Datenträger bereitzustellen. Jeder Server erhält eine gewisse Menge an Plattenplatz zugewiesen. Auf den entsprechenden Servern muss dazu ein spezieller Hostadapter eingebaut werden. Zusätzlich muss auf den angebundenen Servern ein zu lizenzierendes Betriebssystem installiert werden. Im Beispiel von Windows Server 2003 müssen auch CALs erworben werden, wenn Anwender diesen Server als Dateiserver verwenden wollen.

Auch SAN-Systeme sind für die Speicherung von Daten optimiert und bieten fast unendlichen Plattenplatz. Während ein NAS Speicherplatz direkt im Netzwerk durch ein eigenes Betriebssystem bereitstellt, dient ein SAN dazu, für eine bestimmte Anzahl Server, die über spezielle Hostadapter verfügen müssen, Plattenplatz so zur Verfügung zu stellen, als ob die Festplatten in den Server eingebaut wären. Die Anbindung eines SAN an einen Server ist wesentlich schneller als die Anbindung über ein NAS. Allerdings ist die Anbindung auch wesentlich teurer. Bei einem SAN kommen außer dem Speicher selbst auch noch spezielle Switches, Anschlüsse und Hostadapter zum Preis dazu, die noch zusätzlich überwacht werden müssen. Ebenso kann Datenspeicher im SAN für NAS-Systeme bereitgestellt werden. Dazu muss in das NAS-System, wie in alle anderen Server auch, ein Hostadapter integriert sein und es muss an den SAN-Switch angeschlossen werden. Durch die Anbindung eines NAS-Systems mit einem Windows Storage Server 2003 R2 an ein SAN ergibt sich der Vorteil, dass der NAS-Server über größere Kapazität verfügt und Sie keine CALs für die Anbindung der Benutzer zahlen müssen. Speziell dafür allerdings ein SAN anzuschaffen, macht nur wenig Sinn, da Sie ohne weiteres auch normalen externen Plattenspeicher an ein NAS anschließen können, ohne Geld für Hostadapter und Switches auszugeben. Als Zusatzeffekt ist dieser Vorteil allerdings durchaus sinnvoll.

DAS (Direct Attached Storage)

Eine weitere Technologie ist die Anbindung von Massenspeichern als externe Festplattensysteme. Diese externen Festplattensysteme werden per SCSI oder SATA direkt an einen Server angebunden. Auf dem Server wiederum wird ein normales Betriebssystem installiert, über das Daten im Netzwerk freigegeben werden können. DAS-Systeme können ohne weiteres mit NAS-Systemen verknüpft werden. Wenn zum Beispiel die Kapazität eines NAS ausgeschöpft ist, können externe Festplattenspeicher angeschlossen und über das NAS im Netzwerk verteilt werden.

7 Dateiserver planen

Abbildung 7.3:
Anbindung eines
NAS an ein SAN

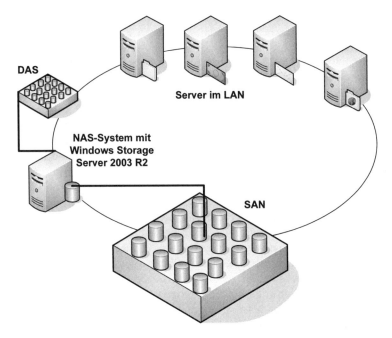

7.1.5 Auswahl des besten Systems zur Datenspeicherung

Um Daten zu speichern, stehen derzeit hauptsächlich vier verschiedene Systeme mit unterschiedlichen Technologien zur Verfügung:

- der bereits beschriebene interne Festplattenspeicher
- externe Speichersysteme und RAID-Systeme (Direct Attached Storage, DAS)
- NAS (Network Attached Storage, mit oder ohne iSCSI)
- SAN (Storage Area Network)

Wie bei den meisten Fragen in der IT lässt sich auch hier nicht sagen, welches Speichersystem die beste Lösung ist. Vor dem Einsatz und dem Kauf einer Speichertechnologie sollte genau geplant werden, welcher Budgetbetrag zur Verfügung steht und was einzelne Systeme kosten. Der Einsatz eines externen Datenspeichers ist nicht unbedingt effizienter als zwei oder drei Dateiserver und ein SAN- oder NAS-System ist meistens teurer.

Viele NAS-Systeme sind mittlerweile nichts anderes mehr als ein Dateiserver mit internen RAID-Systemen. Als Betriebssystem für diese NAS-Systeme kommt oft der Windows 2003 Storage Server zum Einsatz. Lohnenswert sind NAS vor allem bei der Einsparung von CALs und der kompakten Bauweise.

Auch wenn der Speicherplatz und die Kapazität der Dateiserver komplett ausgeschöpft sind, kann der Einsatz eines externen Festplattensystems auf RAID-Basis deutlich günstiger sein als der Einsatz eines SAN.

Speichertechnologien sind ein kompliziertes Unterfangen. Es würde den Umfang dieses Buches sprengen, umfassend auf die einzelnen Technologien einzugehen. Dieser Abschnitt hat die Aufgabe, Ihnen Grundkenntnisse in den einzelnen Technologien zu vermitteln, sodass Sie leichter eine Entscheidung treffen können, welches System für Sie das beste ist. Vergleichen Sie die verschiedenen Systeme miteinander und wägen Sie Vor- und Nachteile genauer gegeneinander ab. Lassen Sie sich von den einzelnen Herstellern beraten und vergleichen Sie die Angebote miteinander.

Der erste Schritt für eine optimale Datenspeicherung besteht darin, genau zu analysieren, wie groß die Datenmenge ist. Hierbei müssen Sie nicht nur an den aktuellen Bedarf, sondern auch an den zukünftigen Bedarf in drei oder fünf Jahren denken. Auch die Aspekte Ausfallsicherheit und Kosten spielen bei der Auswahl des richtigen Systems eine wichtige Rolle. SAN-Systeme sind die teuerste Speichertechnologie, aber auch am schnellsten und ausfallsichersten. Interne Plattensysteme, NAS oder DAS-Systeme sind am günstigsten, aber nicht so ausfallsicher wie ein SAN.

7.2 Planen von Dateiservern

Nachdem Sie die Anzahl Ihrer Dateiserver und die dazu notwendige Hardware konzeptioniert haben, sollten Sie sich darüber Gedanken machen, wie Sie den Dateiserver aufbauen. Welche Freigaben soll es geben? Wie sollen die Daten verteilt werden? Auf welcher Basis sollen die Berechtigungen vergeben werden? Diese und noch mehr Fragen werden Sie nach der Lektüre dieses Kapitels beantworten können.

7.2.1 Datenträger in Windows 2003 verwalten

Die Verwaltung von Datenträgern erfolgt über die Anwendung *Computerverwaltung*. Dort findet sich der Bereich *Datenspeicher*, über den auf verschiedene Funktionen zugegriffen werden kann. Leere Festplatten können in dynamische Datenträger umgestellt werden. Windows Server 2003 unterscheidet zwei Arten von Festplatten:

▶ Basisdatenträger werden genauso behandelt wie Festplatten unter Windows NT. Es können feste Partitionen eingerichtet werden, in denen logische Laufwerke erstellt werden können. Das Problem dieses Ansatzes ist die Inflexibilität. So können Partitionen nicht einfach erweitert werden. Sie müssen zunächst neu formatiert werden, was das Sichern und Zurückspielen der Daten erforderlich macht.

▶ Dynamische Datenträger lassen sich sehr viel einfacher verwalten als die Basisdatenträger. Logische Laufwerke können verändert werden ohne das System neu starten zu müssen. Daher ist es sinnvoll, generell mit dynamischen Datenträgern zu arbeiten.

Abbildung 7.4: Datenträgerverwaltung auf einem Dateiserver

Sobald die Datenträger eingerichtet sind, können auf ihnen logische Laufwerke eingerichtet werden. Es empfiehlt sich, zunächst alle physikalischen Festplatten auf dynamische Datenträger umzustellen und erst im Anschluss zusätzliche Laufwerke einzurichten. Erst danach stehen alle Optionen für die Konfiguration von Laufwerken zur Verfügung. Ein einfacher Datenträger hält Daten nur auf einer physischen Festplatte. Ein übergreifender Datenträger erstreckt sich dagegen auf mehr als eine physische Festplatte. Die Daten auf diesem Datenträger werden fortlaufend gespeichert. Wenn der konfigurierte Speicherplatz auf dem ersten physischen Datenträger voll ist, werden weitere Informationen auf dem nächsten konfigurierten Datenträger gespeichert. Dieser Ansatz ist insofern kritisch, als die Fehlergefahr dadurch steigt, dass die Informationen nicht redundant gespeichert werden. Er ist nur sinnvoll, wenn sehr große logische Datenträger benötigt werden, die größer als die vorhandenen physischen Datenträger sind. Er könnte genutzt werden, wenn die Spiegelung oder RAID der verwendeten Datenträger über die Hardware erfolgt.

Ein Stripesetdatenträger geht einen Schritt weiter. Bei dieser Variante werden mindestens zwei physische Festplatten beteiligt. Auf jeder dieser Festplatten wird der gleiche Speicherplatz belegt. Die Daten werden in Blöcken von 64 Kbyte zunächst auf der ersten Festplatte, der zweiten und so weiter gespeichert. Sie werden also auf die Festplatten verteilt. Dieser Ansatz bietet keine Fehlertoleranz. Durch die Verteilung der Informationen über mehrere Festplatten wird aber eine deutlich verbesserte Performance erreicht.

Eine fehlertolerante Variante davon ist der RAID 5-Datenträger. Dabei werden ebenfalls mindestens drei und bis zu 32 Festplatten verwendet. Dazu muss auf allen physischen Datenträgern gleich viel Platz belegt werden. Wenn drei Festplatten verwendet werden, werden auf die 64-Kbyte-Blöcke der ersten und zweiten Platte Daten geschrieben und auf der dritten Platte Paritätsinformationen, mit denen sich die Daten im Fehlerfall wiederherstellen lassen. Die nächsten Blöcke von Daten werden auf die zweite und dritte Festplatte geschrieben, während die Paritätsinformationen auf die erste Festplatte gelegt werden. Dieser Ansatz bietet ein Optimum an Fehlertoleranz und gute Performance bei vergleichsweise geringem Verlust an Plattenplatz. Bei einem RAID 5-System mit drei Datenträgern werden 33% des Plattenplatzes für die Informationen zur Wiederherstellung verwendet, bei fünf Festplatten sind es nur noch 20%. Allerdings sind RAID-Systeme als Softwarelösung nur eingeschränkt sinnvoll, weil sie zum einen keine optimale Performance bieten, da die Paritätsinformationen nicht von einem dedizierten Prozessor berechnet werden, und weil sie zum anderen kein Hot Swap unterstützen (siehe *Kapitel 1*). Es wird daher empfohlen, auf Hardwarelösungen für RAID-Systeme auszuweichen.

Schließlich gibt es noch die Plattenspiegelung. Dort werden alle Informationen auf zwei Festplatten geschrieben. Von gespiegelten Festplatten kann gebootet werden. Dieser Ansatz lässt sich bei einer reinen Softwarelösung sinnvoll realisieren, weil das System selbst dadurch kaum belastet wird.

7.2.2 Dateisysteme und ihre Möglichkeiten

Windows Server 2003 nutzt das NTFS-Dateisystem, um Festplatten anzusprechen. Windows 2003 versteht auch das alte FAT-Format. Administratoren sollten dieses Dateisystem jedoch recht schnell vergessen und sich auf NTFS konzentrieren. NTFS ist stabiler, schneller und bietet vor allem Zugriffsbeschränkungen, die in FAT nicht angedacht waren. Die Wahl des geeigneten Dateisystems für Windows Server 2003 gestaltet sich heute sehr einfach, da ein Administrator nur theoretisch die Wahl zwischen zwei verschiedenen Formaten, NTFS und FAT, hat.

7.2.3 FAT16, FAT32 vs. NTFS und WinFS

Um die Kompatibilität zu älteren Betriebssystemversionen zu wahren, unterstützt Windows Server 2003 noch immer das klassische FAT-Format, das seinerzeit mit MS-DOS eingeführt wurde. Dieses Format beschränkte die Größe eines Laufwerks allerdings auf 2 Gbyte. Mit Windows 95 wurde das Format erweitert und unterstützt als FAT32 Laufwerke mit einer Größe von bis zu 32 Gbyte. Um den Anwendern den Umstieg von Windows 95/98 zu erleichtern, wurde FAT32 mit Windows 2000 auch Anwendern in Unternehmen verfügbar gemacht, während Windows NT 4.0 nur das ältere, heute als FAT16 bezeichnete Format unterstützte. Die FAT32-Unterstützung in Windows 2000 war allerdings schwerpunktmäßig für Workstations gedacht, die von Windows 95/98 umgestellt werden sollten. So war es nicht nur möglich, beide Systeme parallel zu betreiben und die Daten des jeweils anderen Systems zu nutzen, es konnte auch ein direktes Update durchgeführt werden, ohne dass zuvor die Festplatten neu formatiert werden mussten. Dieses Dateisystem ist für die Verwendung auf Servern nicht geeignet, da es keinen Zugriffsschutz gestattet. Auf Servern vorhandene FAT-Partitionen sollten daher umgehend nach NTFS konvertiert werden.

NTFS

Für den professionellen Einsatz im Betriebssystem OS/2 entwickelte Microsoft, damals noch zusammen mit IBM, das HPFS (High Performance File System), das als Ablösung für das betagte FAT-Format gedacht war. Nachdem die Zusammenarbeit der beiden Firmen beendet war, führte Microsoft die Ansätze aus der Entwicklung des HPFS in einem neuen Dateisystem, NTFS, weiter. Gegenüber FAT ergaben sich dabei einige Änderungen. Nur dieses Dateisystem ist für den Servereinsatz wirklich geeignet. Viele Serverdienste setzen mittlerweile NTFS voraus.

WinFS

WinFS ist das neue Dateisystem, welches Microsoft mit Windows Vista im Laufe des Jahres 2007 bzw. 2008 einführen will. WinFS führt die Stabilität und Sicherheit von NTFS weiter fort und bietet deutlich mehr Performance und Sicherheit als NTFS. Man kann davon ausgehen, dass WinFS NTFS ablösen wird. WinFS soll seine Daten in einer Datenbank speichern können. Das hat den Vorteil, dass Dateien schneller gefunden werden und die Stabilität des Dateisystems deutlich erhöht wird.

Planen von Dateiservern

Komprimierung eines Datenträgers

Um Speicherplatz zu sparen, können Dateien auf NTFS-Laufwerken auch komprimiert werden. Diese Komprimierung erfolgt für den Benutzer völlig transparent, er muss keine zusätzlichen Programme verwenden und arbeitet mit den Dateien genauso wie mit allen anderen auf dem Laufwerk. Beachten Sie bei der Verwendung der Komprimierung, dass dies zu Lasten der Performance des Servers geht, da dieser die Komprimierung und Dekomprimierung der Dateien übernimmt, sobald ein Benutzer darauf zugreift.

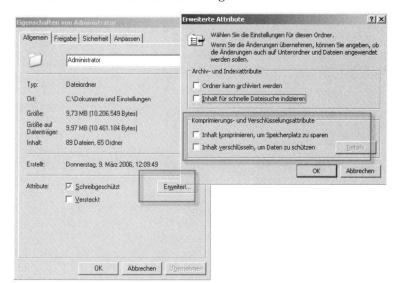

Abbildung 7.5:
Komprimierung eines Ordners

Die Komprimierung kann jedoch ohne weiteres für spezielle Archivierungsordner oder die später noch beschriebenen Backup-to-Disk-Konzepte sinnvoll sein. Bei entsprechender Berechtigung können Benutzer selbst für ihre Ordner die Komprimierung aktivieren. In Zeiten, in denen normalerweise genügend Speicherplatz zur Verfügung steht, sollte die Komprimierung nur für Archivdateien verwendet werden, die ansonsten Speicherplatz verschwenden würden. Sie können auf einem NTFS-Datenträger einzelne Ordner oder Dateien komprimieren, während andere Ordner unkomprimiert bleiben.

7 Dateiserver planen

Einschränken des verwendeten Speicherbereichs – Datenträgerkontingente (Disk Quotas)

Auf NTFS-Laufwerken haben Sie die Möglichkeit, den von Anwendern verwendeten Speicherplatz zu überwachen und bei Bedarf einzuschränken.

Abbildung 7.6: Speicherplatzkontingente in Windows Server 2003

Die Einschränkung erfolgt auf Laufwerksebene, Einschränkungen für einzelne Verzeichnisse sind nicht ohne weiteres möglich. Um die Kontingentierung zu aktivieren, öffnen Sie im Explorer die Eigenschaften des gewünschten Laufwerks und wählen die Registerkarte *Kontingent*.

7.2.4 Die Freigabe von Verzeichnissen

Windows Server 2003 arbeitet mit einem mehrstufigen Modell für den Zugriff auf Server:

- Die Verbindung der Clients erfolgt zunächst zu einem Server.
- Auf diesem Server wird auf eine Freigabe zugegriffen.
- Eine Freigabe definiert, auf welche lokalen Verzeichnisse des Servers zugegriffen werden kann.

Der Client sieht nicht die physischen Festplatten auf Servern und die dort definierten Verzeichnisstrukturen. Vielmehr stellt ihm eine Freigabe einen Eintrittspunkt zum Server bereit. Dieser Ansatz ist aus drei Gründen sinnvoll:

- Der Benutzer muss nicht wissen, welche Festplatten es auf Servern gibt und wie diese strukturiert sind, sondern nur die für ihn relevanten Bereiche sehen.
- Es lassen sich für unterschiedliche Benutzergruppen unterschiedliche Teile der gesamten Informationen auf einem Server bereitstellen.
- Für Freigaben können Zugriffsberechtigungen definiert werden. Damit können Freigaben als zusätzliche Ebene der Sicherheit verwendet werden.

Abbildung 7.7:
Freigaben auf einem Dateiserver

Zugriffsberechtigungen planen

Auf einen Aspekt der Freigabe von Zugriffsberechtigungen wurde bereits im letzten Abschnitt eingegangen: Auf der Ebene von Freigaben lassen sich Zugriffsberechtigungen definieren. Diese sind wichtig und sollten genutzt werden. Zusätzlich können Berechtigungen auf NTFS-Ebene gesetzt werden. Durch diese doppelte Absicherung wird die Zugriffssicherheit deutlich erhöht. Es können an verschiedene Benutzer und Gruppen Standardberechtigungen konfiguriert werden. Diese können Benutzern, Computern oder Gruppen zugewiesen werden:

- Vollzugriff: Erlaubt den vollen Zugriff auf das Verzeichnis oder die Datei. Bei Verzeichnissen bedeutet das, dass Dateien hinzugefügt und gelöscht werden können. Bei Dateien stehen alle Funktionen zur Verfügung. Dazu gehört auch die Veränderung von Zugriffsberechtigungen.
- Ändern: Die Berechtigungen sind vergleichbar mit dem Vollzugriff, aber auf das Schreiben, Lesen, Ändern und Löschen beschränkt. Es können keine Berechtigungen erteilt werden.
- Lesen, Ausführen: Für Programmdateien relevant, da diese ausgeführt werden dürfen.
- Ordnerinhalt auflisten (nur bei Verzeichnissen): Der Inhalt des Verzeichnisses kann angezeigt werden. Dies bezieht sich nicht auf die Inhalte der Dateien, die im Verzeichnis liegen.
- Lesen: Definiert, dass eine Datei gelesen, aber nicht ausgeführt werden darf.
- Schreiben: Die Datei darf verändert, aber nicht gelöscht werden.

7 Dateiserver planen

Die Vergabe von Zugriffsberechtigungen sollte immer an Gruppen erfolgen, da damit der geringste administrative Aufwand entsteht. Wenn ein weiterer Benutzer diese Berechtigung erhalten soll, muss er nur der Gruppe zugeordnet werden. Die Berechtigungen müssen nicht verändert werden. Ebenso lassen sich die Zugriffsberechtigungen einzelnen Benutzern entziehen, indem diese einfach aus der Gruppe entfernt werden. Zugriffsberechtigungen sollten nach Möglichkeit über ein Skript und nicht über die grafische Oberfläche vergeben werden, damit eine Dokumentation der Berechtigungen möglich ist. Dies ist wichtig, wenn beispielsweise Daten auf einen externen Datenträger (CD oder DVD) ausgelagert werden, der keine Zugriffsrechte unterstützt.

Bei der Planung von Berechtigungen sollten Sie sehr effizient planen, welche Ordnerstrukturen Sie anlegen und welche Gruppen Sie aufnehmen. Microsoft empfiehlt folgende Berechtigungsstruktur:
- Domänenlokale Gruppe erhält Berechtigung auf Ordner und Freigabe.
- Globale Gruppe(n) wird in lokale Gruppe aufgenommen.
- Benutzerkonten der Anwender sind Mitglieder der einzelnen globalen Gruppen.
- Auf Verzeichnisse im Dateisystem sollten die Administratoren Vollzugriff erhalten. Zusätzlich sollten Sie eine domänenlokale Gruppe anlegen, die Berechtigung auf der Verzeichnisebene und auf Freigabeebenen erhält.

Der Sinn dieses Konzepts liegt darin, dass Sie einerseits nicht ständig Berechtigungen für den freigegebenen Ordner ändern müssen, da nur die Domänenlokale Gruppe Zugriff erhält. Da die Anwender in globalen Gruppen aufgenommen werden, können die Gruppen auch in andere Domänenlokale Gruppen in anderen Domänen des Active Directorys aufgenommen werden. Das hat in großen Organisationen den Vorteil, dass Freigaben sehr effizient überall bereitgestellt werden können.

*Abbildung 7.8:
Doppelte Sicherheit
durch Freigabeebene
und NTFS-Ebene*

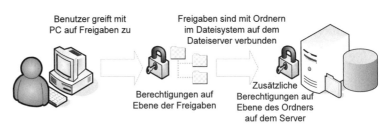

Planen von Dateiservern

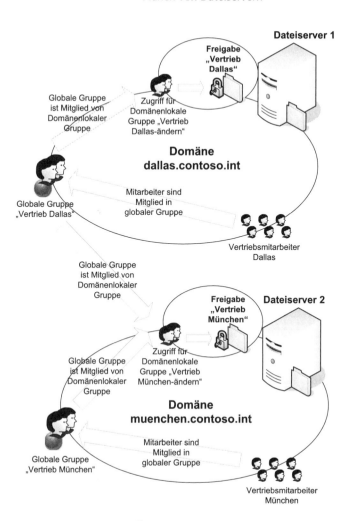

Abbildung 7.9:
Freigabekonzept

Mitgliedschaften und Änderungen sollten deshalb auf ein Minimum reduziert werden. Es sollten keine einzelnen Benutzer zu den Berechtigungen auf Freigabe- oder Dateiebene hinzugefügt werden. Zugriffsberechtigungen werden im Regelfall pro Verzeichnis einheitlich vergeben. Eine Anpassung von Berechtigungen für einzelne Dateien ist nur in Ausnahmen sinnvoll und lässt sich oft dadurch umgehen, dass mit eigenen Verzeichnissen für die Dateien, bei denen abweichende Berechtigungen konfiguriert werden müssten, gearbeitet wird. Spezielle Zugriffsberechtigungen für einzelne Dateien stellen immer ein Problem dar, wenn Zugriffsberechtigungen für alle Dateien verändert werden sollen, weil neue Benutzergruppen hinzugefügt werden. Hier müssen die abweichenden Berechtigungen neu definiert werden. Im Beispiel von *Abbildung 7.9* sehen Sie den Sinn dieses Konzepts:

▶ Domänenlokale Gruppen können zwar globale Gruppen aus der kompletten Gesamtstruktur aufnehmen, aber selbst nicht in anderen Domänen verwendet werden.

▶ Globale Gruppen können nur Mitglieder aus der eigenen Domäne aufnehmen, haben aber dafür die Möglichkeit, dass sie überall im Active Directory verwendet werden können.

Die Vertriebsmitarbeiter in Dallas können durch dieses Konzept sowohl auf die Freigabe in Dallas als auch auf die Freigabe in München zugreifen. Wenn neue Mitarbeiter Zugriff erhalten müssen, kann dies durch Aufnahme in die entsprechende globale Gruppe recht schnell erledigt werden. Zugriffsberechtigungen sollten nie ad hoc, sondern immer nur nach genau definierten Konzepten vergeben werden. Nur so lässt sich sicherstellen, dass mit einem durchdachten und damit sicheren Verfahren gearbeitet wird.

Vererbung von Berechtigungen auf NTFS-Ordner

Um die Vergabe von Berechtigungen möglichst einfach zu gestalten, stehen bei der Verwaltung Funktionen zur Verfügung, mit denen Berechtigungen auf komplette Dateisystemstrukturen vergeben werden können und nicht auf jede Datei einzeln vergeben werden müssen. Dazu gehören die Vererbung sowie das Verweigern von Berechtigungen. Grundsätzlich gilt bei Verzeichnisstrukturen das Prinzip der Vererbung. Das heißt, eine Berechtigung, die ein Benutzer auf ein Verzeichnis bekommt, wird er auch auf die darin enthaltenen Verzeichnisse und Dateien erhalten. Im ersten Schritt geben Sie dem Benutzerkonto die Berechtigung auf den Ordner. Im darunter liegenden Ordner sehen Sie, dass der Benutzer die gleichen Berechtigungen hat, die ihm zuvor „oberhalb" zugewiesen wurden. Allerdings sind die entsprechenden Felder grau unterlegt. Damit wird angezeigt, dass die Berechtigungen an dieser Stelle nicht explizit zugewiesen, sondern vom übergeordneten Ordner vererbt wurden.

Verweigern von Berechtigungen

Da bei vererbten Berechtigungen nicht eine Berechtigung herausgenommen werden kann, können Berechtigungen auf Unterordner explizit verweigert werden. Sobald Sie diese Funktion verwenden, erhalten Sie einen Warnhinweis, dass die Verweigerung von Berechtigungen immer Vorrang vor der Zulassung hat.

Planen von Dateiservern

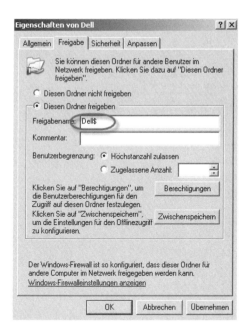

*Abbildung 7.10:
Verstecken von
Freigaben*

Versteckte Freigaben

Es ist möglich, Zugriffsberechtigungen auf eine Freigabe so einzustellen, dass einem unbefugten Anwender der Zugriff auf die Dateien und Verzeichnisse der Freigabe verweigert wird, die Freigabe selbst aber angezeigt wird, unabhängig von den zugewiesenen Berechtigungen. Um zu verhindern, dass Anwender einzelne Freigaben sehen, können wichtige Freigaben auch versteckt werden. Dazu wird dem Freigabenamen ein Dollarzeichen angehängt (siehe *Abbildung 7.10*). Ein Schutz ist hierbei aber nicht gegeben.

7.2.5 Überwachung von Ordnern

Sie können die Zugriffe auf die Freigaben überwachen lassen. In Unternehmen kommt es sehr oft vor, dass Dateien versehentlich gelöscht oder verändert werden und niemand will es gewesen sein. Mit der Überwachung in Windows Server 2003 können Sie zuverlässig jeden Zugriff, jede Änderung und jede Löschung von Dateien exakt nachverfolgen. Damit die Überwachung von Ordnern stattfindet, muss sie zunächst generell für den Server aktiviert werden. Dies geschieht entweder über eine lokale Richtlinie oder, wenn Sie die Überwachung auf mehreren Servern ausführen wollen und Active Directory einsetzen, über Gruppenrichtlinien. Öffnen Sie die lokale oder Gruppenrichtlinie für den Computer und wählen Sie anschließend unter *Sicherheitseinstellungen/Lokale Richtlinien* die Überwachungsrichtlinien.

7 Dateiserver planen

Abbildung 7.11: Gruppenrichtlinien für die Überwachung

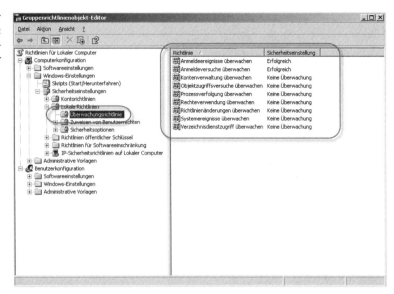

Die Überwachung der Zugriffe auf das Dateisystem aktivieren Sie über *Objektzugriffsversuche überwachen*. Neben Dateizugriffen überwachen Sie mit dieser Einstellung auch Zugriffe auf Drucker. In der Standardeinstellung ist die Überwachung zunächst nicht aktiviert. Nur wenn Sie hier die benötigte Überwachung aktivieren, können Sie die entsprechenden Einstellungen auch im Dateisystem vornehmen. Nachdem Sie die Überwachung für den Server aktiviert haben, müssen Sie die eigentliche Überwachung für die entsprechenden zu überwachenden Dateien und Verzeichnisse aktivieren. Öffnen Sie dazu die Eigenschaften des Objekts und wählen Sie auf der Registerkarte *Sicherheit* die Schaltfläche *Erweitert*.

Abbildung 7.12: Aktivierung der Überwachung für Zugriffe auf Dateien

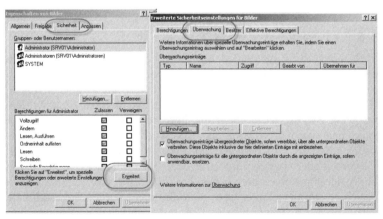

Damit Sie die bei der Überwachung anfallenden Protokolldaten sinnvoll bearbeiten können, sollten Sie von den Einschränkungsmöglichkeiten Gebrauch machen und nur das Nötigste protokollieren. Die Protokollierung der Überwachung erfolgt in der Ereignisanzeige. Sie finden die protokollierten Zugriffsversuche im Sicherheitsprotokoll. Die mit einem Schlüssel gekennzeichneten Einträge stehen für erfolgreiche Zugriffe, wogegen ein Schloss für fehlgeschlagene Zugriffe steht. Genauere Informationen zu einem Eintrag bekommen Sie, wenn Sie ihn öffnen.

7.2.6 Das DFS bei Windows Server 2003

Eine weitere Funktion für die Verwaltung von Daten ist das verteilte Dateisystem (*Distributed File System*, *DFS*). In einem DFS wird eine logische Struktur über physische Verzeichnisse entwickelt, die auf einem oder mehreren Servern liegen können. Windows Server 2003 unterstützt zwei Varianten des DFS. Der Domänen-DFS-Stamm verwendet das Active Directory, um die Struktur- und Konfigurationsinformationen für das DFS zu speichern. Einfach ausgedrückt, bietet das DFS die Möglichkeit, Freigaben zu definieren, die auf unterschiedlichen Dateiservern liegen. Anwender müssen nicht mehr wissen, auf welchem Dateiserver die Dateien liegen, sondern kennen nur noch den Freigabenamen. Diese Form von verteilten Dateisystemen kann fehlertolerant aufgebaut werden. So wird die automatische Replikation von Daten zwischen verschiedenen Servern unterstützt. Der eigenständige DFS-Stamm wird pro Server konfiguriert. Die Informationen werden nur auf diesem einen Server abgelegt und nicht repliziert. Der eigenständige DFS-Stamm ist nur sinnvoll, wenn entweder nicht mit dem Active Directory gearbeitet wird oder wenn ein DFS bei der Migration eines Windows NT-Servers übernommen wurde. Das Domänen-DFS bietet wesentlich mehr Funktionen und ist damit im Regelfall erste Wahl. Für ein Domänen-DFS muss der Server, auf dem der Konsolenstamm bereitgestellt wird, ein Domänencontroller oder ein Mitgliedsserver einer Active Directory-Domäne sein. Die Konfiguration des DFS erfolgt über das Programm *Verteiltes Dateisystem* (DFS) unter *Alle Programme/Verwaltung*. Wichtig bei Windows Server 2003 ist, dass bei Domänen-DFS nun mehrere DFS-Roots auf einem Server gehostet werden können. Damit wird eine der gravierendsten Einschränkungen des DFS, die es bei Windows 2000 gab, aufgehoben: Dort konnte nur ein DFS-Stamm pro Server verwaltet werden. Es ließen sich nicht mehrere DFS-Stämme anlegen. Daher musste gegebenenfalls ein gemeinsamer Einstiegspunkt definiert werden, von dem aus auf verschiedene Verzeichnisbäume für unterschiedliche Benutzergruppen verzweigt werden konnte. Das ist nicht mehr der Fall, jede logisch sinnvolle Struktur kann angelegt werden.

7 Dateiserver planen

*Abbildung 7.13:
DFS unter Windows
Server 2003*

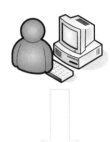

Benutzer greift mit PC auf Freigaben im DFS zu

Berechtigungen auf Ebene der Freigaben

Freigaben sind mit Ordnern im Dateisystem auf den Dateiservern verbunden

Zusätzliche Berechtigungen auf Ebene des Ordners auf den Servern

Die gleichen Ordner können auf verschiedenen Dateiservern liegen. Das DFS entscheidet, auf welchen Server der Benutzer verbunden wird. Dadurch müssen sich Benutzer nur den Namen der Freigabe in der Domäne merken, keine Dateiserver mehr

 Windows 2003 R2 erweitert das DFS um einige Bereiche. Aus diesem Grund muss auf Servern, die mit Windows 2003 R2 installiert wurden, bei der Installation des DFS die CD 2 der Windows 2003 R2-Installationsmedien eingelegt werden.

Über das DFS selbst werden keine Zugriffsberechtigungen gesteuert. Die Rechte von Benutzern werden vielmehr über die Dateisysteme, die in ein DFS integriert werden, definiert. DFS-Verknüpfungen sind Verzeichnisse im DFS-Baum, die auf eine Freigabe verweisen. Wenn eine DFS-Verknüpfung *Excel-Dateien* angelegt wird, kann diese auf die Freigabe *Budgets* des Servers *file01* verweisen. Der Benutzer sieht bei der Verbindung zum DFS einen Ordner *Excel-Dateien*. Wenn er auf diesen Ordner zugreift, wird er mit dem Server *file01* verbunden und kann dort auf die Dateien und Unterverzeichnisse des Ordners *Budgets* zugreifen. Bei der Erstellung einer DFS-Verknüpfung wird der Name angegeben, unter dem die Freigabe im DFS erscheinen soll. Mit dieser Freigabe wird ein freigegebener Ordner verbunden. Vor allem bei mehreren Dateiservern, auch über Niederlassungen verteilt, können Freigaben mit dem DFS wesentlich effizienter gesteuert werden. Die DFS-Root vermittelt den Anwendern einen Überblick über alle verfügbaren Freigaben.

Voraussetzungen für DFS

Damit Sie DFS sinnvoll verwenden können, müssen in Ihrem Unternehmen einige Voraussetzungen geschaffen werden. Zunächst benötigen Sie ein Active Directory, da nur unter dem Betrieb eines DFS-Stamms im Active Directory die Struktur sinnvoll ist. Des Weiteren benötigen Sie idealerweise Dateiserver unter Windows 2003. Auch die Clients müssen DFS unterstützen, dies kann jede Windows-Version ab Windows NT 4.0 sein.

Sie können das DFS auch so einrichten, dass mehrere Dateiserver ihre Daten miteinander replizieren. Dazu verwendet das DFS den gleichen Mechanismus wie beim Replizieren der Anmeldeskripts zwischen den Domänencontrollern, den Dateireplikationsdienst (*File Replication Service*, *FRS*). Dadurch ist es möglich, eine Freigabe auf mehrere Ziele – und nicht nur auf ein Ziel – zu verweisen. Sie können diese Konfiguration leicht über den Assistenten zur Einrichtung des DFS durchführen. Durch diese Replikation können Sie auch Niederlassungen anbinden. Das hat den Vorteil, dass Mitarbeiter auch in den Niederlassungen mit den gleichen Dateien arbeiten und das DFS dafür sorgt, dass die Daten von und zu den Niederlassungen repliziert werden. Vor allem Windows Server 2003 R2 hat hier einige deutliche Verbesserungen.

7 Dateiserver planen

Abbildung 7.14: Beispielkonfiguration von DFS über WAN-Leitung

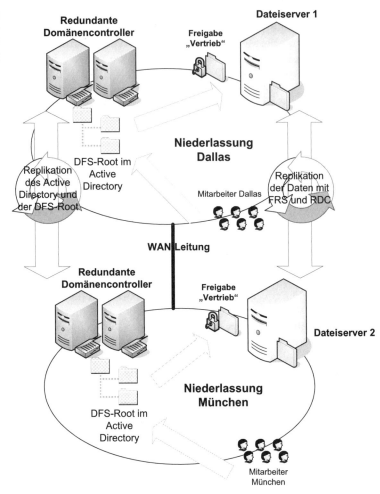

Remote Differential Compression (RDC) in Windows 2003 R2

Eines der wesentlichsten neuen Merkmale ist die bereits erwähnte *Remote Differential Compression (RDC)*. Mit diesem neuen Kompressionsverfahren werden Dateien über WAN-Leitungen wesentlicher effizienter zwischen den DFS-Servern repliziert als bisher. Das neue DFS unterstützt darüber hinaus die Replikation von Änderungen in Dateien, es werden bei einer Änderung nicht mehr die ganzen Dateien repliziert. Wenn ein Benutzer in einer Niederlassung eine 10 Mbyte große PowerPoint-Folie verändert, aber nur kleinere Änderungen vornimmt, werden statt 10 Mbyte nur diese wenigen bytegroßen Änderungen repliziert. Daher profitieren vor allem Unternehmen mit verteilten DFS-Stämmen von den neuen Techniken in Windows 2003 R2.

Das Beispiel in *Abbildung 7.14* zeigt, wie wichtig es ist, auch bei der Anbindung von Niederlassungen ein genaues Konzept zu erstellen. Jede Niederlassung mit einem oder mehreren Domänencontrollern sollte im Active Directory als eigenes Subnetz und eigener Standort geführt werden, damit die DFS-Root die Anwender zum richtigen Dateiserver in ihrer Niederlassung verbindet.

Vorteile des DFS

Außer dem bereits beschriebenen Vorteil des einfachen Zugriffs lassen sich durch die Möglichkeit, gleiche Daten auf unterschiedliche Server replizieren zu lassen, durchaus weitere Vorteile erkennen. Wenn einer der DFS-Server ausfällt, fällt das den Anwendern nicht auf, denn ohne dass sie es merken, verbindet der DFS-Stamm sie auf den zweiten Server. Sie sollten aus diesen Gründen eine DFS-Root auf den Domänencontrollern konfigurieren. Wenn Sie für die Ausfallsicherheit der Domänencontroller sorgen, zum Beispiel durch den Einsatz mehrerer Domänencontroller, finden die Clients immer einen DFS-Root-Server. Zusätzlich können Sie für jede DFS-Verknüpfung, also jede Freigabe, die im DFS hinterlegt wird, zwei Ziele angeben, zwischen denen die Daten zur Ausfallsicherheit repliziert werden.

Zusätzlich kann dieser Mechanismus zur Anbindung von Niederlassungen verwendet werden. Wenn der Dateiserver in der Zentrale steht, müssen die Niederlassungen über langsame WAN-Leitungen zugreifen. Mit DFS kann in der Niederlassung ein kleiner Dateiserver aufgestellt werden, auf den die Daten repliziert werden. Die Mitarbeiter der Außenstelle können dadurch genauso effizient und schnell auf die Freigaben und notwendige Dateien zugreifen wie die Mitarbeiter in der Zentrale.

Das FRS kann auch innerhalb eines DFS keine Dateien zusammenführen. Wenn die gleiche Datei von zwei verschiedenen Benutzern geöffnet wird, repliziert der FRS immer die jüngere Datei. Die Änderungen des zweiten Mitarbeiters können dadurch verloren gehen. Es ist daher sehr wichtig, eine genaue Berechtigungsstruktur zu planen, wer auf welche Dateien nur lesen, schreibend oder auch löschend zugreifen darf.

7.2.7 Ressourcen-Manager für Dateiserver in Windows 2003 R2

Eine weitere Neuerung in Windows 2003 R2 ist der neue Ressourcen-Manager für Dateiserver (*Fileserver Ressource Manager*, *FSRM*). Mit diesem Tool lassen sich an zentraler Stelle alle Dateiserver eines Unternehmens konfigurieren und Kontingente steuern. Sie können

7 Dateiserver planen

außerdem Anwender daran hindern, unerwünschte Dateien auf den Servern abzulegen, zum Beispiel MP3-Dateien oder Bilder. Mit dem FSRM können Sie detaillierte Berichte und Vorlagen für Kontingente (Quotas) erstellen. Sie können dieses Tool mithilfe der Systemsteuerung unter *Software -> Windows-Komponenten hinzufügen -> Verwaltungs- und Überwachungsprogramme -> Ressourcen-Manager für Dateiserver* nachträglich installieren.

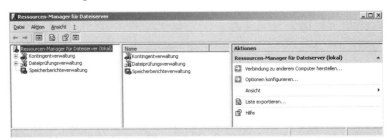

Abbildung 7.15: Ressourcen-Manager für Dateiserver in Windows Server 2003 R2

Nach der Installation steht das Programm in der Programmgruppe *Verwaltung* oder als Snap-In für eine MMC zur Verfügung. Doch zunächst müssen Sie Ihren Dateiserver neu starten. Berücksichtigen Sie daher beim Zeitpunkt der Installation, dass die Benutzer nicht auf ihre Dateien zugreifen können, wenn der Server neu gestartet wird. Nachdem Sie das Programm gestartet haben, können Sie mit dem Menüpunkt *Optionen konfigurieren ...* detaillierte Benachrichtigungen und Berichte erstellen lassen. Sie können mit dem FSRM Kontingente (Quotas) erstellen und einzelnen Datenträgern zuweisen. Sie können aus einmal erstellten Kontingenten Vorlagen erstellen, mit denen Sie bei zukünftigen Freigaben auf den verschiedenen Dateiservern genau steuern können, wie viel Speicherplatz der einzelne Ordner verbrauchen darf. Sie können die Kontingente so einstellen, dass der Benutzer nach der Überschreitung keine weiteren Daten mehr auf dem Ordner speichern darf. Alternativ können Sie das Kontingent so einstellen, dass der Benutzer einen Bericht erhält, wenn er den Speicherplatz überschritten hat.

Kontingentverwaltung mit dem FSRM

Mit dem FSRM können Sie für einzelne Freigaben oder ganze Datenträger Kontingente festlegen, also Speichergrenzen, die nicht überschritten werden dürfen. Darüber hinaus können Sie automatisierte Kontingente erstellen, die für alle Ordner eines Datenträgers gelten. Um ein neues Kontingent zu erstellen, klicken Sie mit der rechten Maustaste auf den Menüpunkt *Kontingente* und wählen *Kontingent erstellen* aus. Mit einem Kontingent können Sie festlegen, dass ein Benutzer zum Beispiel nur maximal 200 Mbyte auf seinem Homelaufwerk speichern kann. Sobald 180 Mbyte auf dem Laufwerk gespeichert sind, können Sie mithilfe des FSRM eine automatische E-Mail an Administratoren und den Benutzer senden, damit dieser rechtzei-

Planen von Dateiservern

tig Daten auf seinem Laufwerk löschen oder archivieren kann. Sie können auch Benachrichtigungen konfigurieren, ohne dass ein Kontingent gesetzt wird. Sie können an dieser Stelle für jeden Ordner ein eigenes Kontingent erstellen. Sinnvoller ist es, wenn Sie Vorlagen erstellen und den einzelnen Ordner diese Vorlagen zuweisen. Die Erstellung von Kontingentvorlagen läuft genauso ab wie die Erstellung eines Kontingents. Wenn Sie alle Eingaben vorgenommen haben, können Sie das Kontingent mit der Schaltfläche *Erstellen* aktivieren. Nach der Erstellung wird das Kontingent im FSRM angezeigt, wenn Sie auf der linken Seite auf den Menüpunkt *Kontingente* klicken. Sie können einer Vorlage verschiedene Schwellenwerte und damit verbundene Aktionen, wie Ereignisprotokollierung oder das Senden von E-Mails, zuweisen. Sie können sogar den Text der E-Mails an dieser Stelle konfigurieren. Sie können die vorhandenen Vorlagen bearbeiten oder neue Vorlagen erstellen. Wenn Sie ein neues Kontingent erstellen, können Sie bei der Erstellung die Option *Vorlage automatisch zuweisen* und *Kontingente in vorhandenen und neuen Unterordnern erstellen* aktivieren.

Automatisches Zuweisen von Kontingenten

Sobald in dem konfigurierten Ordner ein neuer Unterordner erstellt wird, zum Beispiel wenn Sie mit servergespeicherten Profilen arbeiten, wird dieses Kontingent diesem Unterordner automatisch zugewiesen. In der Anzeige dieser Kontingente tauchen die neuen Ordner mit ihren automatischen Kontingenten genau so auf, als ob die Kontingente manuell erstellt worden wären.

Dateiprüfungsverwaltung im FSRM

Mit diesem Feature des FSRM können Sie Ihren Anwendern das Speichern von bestimmten Dateianhängen wie zum Beispiel *mp3*, *mpeg* oder *wmv* untersagen. Sie können Benachrichtigungen konfigurieren, die automatisch verschickt werden, wenn ein Anwender versucht, eine solche Datei zu speichern. Sie können manchen Anwendern das Speichern von Dateitypen erlauben, die Sie für andere Anwender sperren. Bevor Sie die Dateiprüfung aktivieren, müssen Sie Dateigruppen erstellen, die definieren, welche Arten von Dateien Sie nicht auf Ihren Servern wünschen. Wenn Sie im Menüpunkt *Dateiprüfungsverwaltung* die Dateigruppen anklicken, werden Ihnen die bereits erstellten Dateigruppen angezeigt. Mit einem Rechtsklick auf die Dateigruppen können Sie neue Dateigruppen erstellen. Sie können die Dateien, die Sie in die Gruppe einbeziehen wollen, im entsprechenden Bereich definieren. Wenn Sie in Ihrem Unternehmen generell Videodateien sperren wollen, aber Sie selbst einige Videoendungen, wie zum Beispiel speziell.wmv, benötigen, können Sie einzelne Dateitypen aus der Gruppe ausschließen. Tragen Sie diese Dateien einfach in den Bereich *Auszuschließende Dateien* ein.

Die eigentliche Aktion bei der Verwaltung der Dateiprüfungen ist neben dem Erstellen der Dateigruppen die Definition der Dateiprüfungen. Wenn Sie den Menüpunkt *Dateiprüfungen* mit der rechten Maustaste anklicken, können Sie eine neue Dateiprüfung erstellen. Ähnlich wie bei den Kontingenten müssen Sie einen Pfad festlegen, in dem die Dateiprüfung aktiviert ist. Sie können die Prüfung anhand einer Vorlage erstellen oder eine benutzerdefinierte Prüfung erstellen. In beiden Fällen können Sie konfigurieren, dass die Anwender daran gehindert werden, die Dateien zu speichern (aktive Prüfung). Sie können den Anwendern allerdings auch das Speichern erlauben, aber dennoch eine Aktion zur Überwachung konfigurieren (passive Prüfung). Sie können auf die gleiche Weise wie die Dateiprüfung eine neue Dateiprüfungsausnahme erstellen. Sie können einen Pfad definieren, der von der Dateiprüfung nicht betroffen wird. Dadurch können Sie dem größten Teil Ihrer Anwender das Speichern von bestimmten Dateien untersagen, aber einigen Anwendern das Speichern in speziellen Ordnern gestatten. Genau wie bei den Kontingenten können Sie auch für die Dateiprüfungen eigene Vorlagen erstellen oder die bereits erstellten Vorlagen bearbeiten. Sie können die Einstellungen einer bereits erstellten Vorlage in eine neue kopieren und so die Einstellungen einer Vorlage für andere verwenden. Wenn Sie eine Vorlage bearbeiten und speichern, werden Sie genau wie bei den Vorlagen für Kontingente gefragt, ob die Änderungen an die Dateiprüfungen übergeben werden sollen, die mithilfe dieser Vorlage erstellt wurden.

Speicherberichtverwaltung im FSRM

Der letzte Menüpunkt des FSRM ist die *Speicherberichtsverwaltung*. Wenn Sie den Menüpunkt mit der rechten Maustaste anklicken, stehen Ihnen verschiedene Optionen zum Erstellen der Berichte zur Verfügung. Sie können einen Zeitplan aufstellen, wann ein Bericht regelmäßig erstellt werden soll, oder Sie können einen manuellen Bericht erzeugen lassen. Ihnen stehen verschiedene Berichtsdaten und Formate zur Verfügung, mit deren Hilfe Sie beliebige Berichte erstellen können. Jeder Bericht kann ein eigenes Format haben. Sie können zum Beispiel regelmäßige HTML-Berichte anfertigen und diese automatisch in die Sharepoint Services einbinden lassen. Sie können Abteilungsberichte erstellen, die den Abteilungsleitern einen Überblick über den aktuellen Speicherbedarf seiner Abteilung verschaffen.

7.2.8 Dateiserververwaltung in Windows Server 2003 R2

Ebenfalls neu ist das Snap-In für die Verwaltung von Dateiservern. Sie können die Dateiserververwaltung über die *Systemsteuerung -> Software -> Windows-Komponenten hinzufügen -> Verwaltungs- und Überwachungsprogramme -> Dateiserververwaltung* nachträglich installieren. Nach der Installation steht diese Oberfläche in der Programmgruppe *Verwaltung* zur Verfügung. Sie können damit an zentraler Stelle auf alle Optionen zugreifen, die für die Verwaltung eines Dateiservers eine Rolle spielen. Sie erhalten für die einzelnen Optionen detaillierte Vorschläge und Hilfestellungen. Über diese Konsole können Sie auch den FSRM starten.

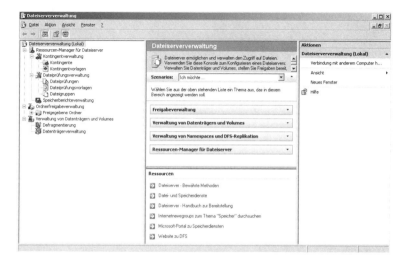

Abbildung 7.16: Dateiserververwaltung in Windows 2003 R2

7.3 Migration von Dateiservern mit dem Dateiserver-Migrationstoolkit

Unter manchen Umständen kann durchaus der Fall eintreten, dass Sie Freigaben mit Berechtigungen auf einen anderen Dateiserver verschieben müssen. Vor allem bei der Migration zu einem neuen Server sind diese Schritte notwendig. Microsoft stellt zu diesem Zweck ein kostenloses Tool zur Verfügung, das Sie aus dem Internet herunterladen können. Mit dem *Dateiserver-Migrationstoolkit* können Sie auch von älteren Windows NT 4-Dateiservern auf Windows 2003-Dateiserver migrieren und die Daten auf dem Quelldateiserver mit Freigaben und Berechtigungen kopieren. Sie können mit dem Tool auch ganze DFS-Stämme migrieren. Sorgen Sie dafür, dass Sie die Migra-

7 Dateiserver planen

tion außerhalb der Geschäftszeiten durchführen, da während des Kopiervorgangs alle Anwender von ihren Freigaben auf dem Quelldateiserver getrennt werden. Bei der Durchführung der Migration werden die Ordnerstrukturen und die Dateiinhalte der Ordner übernommen. Zusätzliche gibt der Assistent die Ordner wieder unter dem gleichen Namen frei wie auf dem Quelldateiserver. Auch die NTFS-Berechtigungen werden auf den neuen Dateiserver uneingeschränkt übernommen.

Wenn Sie mit dem Dateiserver-Migrationstoolkit Ordner auf einen neuen Dateiserver migrieren, werden auf dem Quelldateiserver alle Freigaben entfernt.

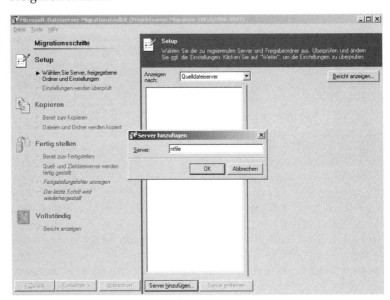

Abbildung 7.17: Dateiserver-Migrationstool

Die Ordner und Dateien der migrierten Freigaben bleiben auf dem Datenträger des Quellservers erhalten, auch die NTFS-Berechtigungen bleiben bestehen. Das Dateiserver-Migrationstoolkit entfernt nur die Freigaben, damit die Anwender nicht versehentlich auf die alten Freigaben zugreifen. Sie können bei der Auswahl des Quelldateiservers auswählen, ob die NTFS-Berechtigungen kopiert und die Freigaben auf dem Quelldateiserver beendet werden sollen. Sie können an dieser Stelle mehrere Dateiserver auswählen und mit einem Schritt verschiedene Dateiserver auf den neuen Server migrieren. Dieser Vorgang kann zum Beispiel Sinn machen, wenn von einer verteilten Dateiserver-Struktur auf ein SAN migriert werden soll. Vor allem bei Dateiservern mit einer großen Anzahl von Freigaben und vielen Daten sollten Sie zuvor genau evaluieren, wie lange der Kopiervorgang über das Netzwerk dauert. Während der Migration der Daten sollte kein Anwender auf den Quell- oder Zielserver zugreifen. Drucken Sie im Anschluss den Migrationsbericht aus und speichern Sie ihn parallel auf einem Laufwerk ab, damit Sie später auch nachweisen können, dass alle Daten auf den neuen Server migriert wurden. Auch wenn das Dateiserver-Migrationstoolkit sehr zuverlässig arbeitet, sollten Sie zur Sicherheit zumindest einige Tage den Quellserver im Netzwerk belassen. Wenn doch irgendwelche Daten nicht kopiert wurden, können Sie diese recht unkompliziert vom Quellserver auf den Zielserver kopieren. Das FSMT funktioniert auch bei der Migration von Windows 2000 zu Windows 2003.

7.3.1 Die Remotespeicherdienste

Die Remotespeicherdienste dienen zum Auslagern von Daten von einem Server auf einen anderen Speicherort, zum Beispiel ein Archiv oder ein Bandlaufwerk. Die Remotespeicherdienste werden bei Windows Server 2003 nur noch in der Enterprise Edition, nicht mit der Standard Edition oder der Web Edition ausgeliefert. Es lassen sich Regeln hinzufügen, mit denen bestimmte Verzeichnisse oder Dateitypen von der Auslagerung ausgenommen werden. Im Bereich *Medien* können Sie Medienkopien verwalten. Solche Kopien machen Sinn, um die ausgelagerten Daten redundant zu halten. Sie müssen dazu zunächst bei den Eigenschaften des Remotespeichers die Anzahl der Medienkopien definieren und darüber hinaus über eine entsprechende Zahl von Laufwerken für diese Speichermedien verfügen. Wie bereits weiter oben erwähnt, lassen sich für die Remotespeicherverwaltung differenzierte Regeln konfigurieren. Mit ihnen können Dateien über Dateitypen, Verzeichnisse oder spezielle Attribute in die Verwaltung durch die Remotespeicherdienste einbezogen oder davon ausgeschlossen werden.

8 Planen einer Exchange Server-Infrastruktur

Vor der produktiven Einführung von Exchange in Ihrem Unternehmen sollten Sie eine detaillierte Planung durchführen und dabei alle Bereiche Ihres Unternehmens berücksichtigen. Die Einführung von Exchange 2003 ist ebenso komplex wie die Einführung eines neuen Active Directorys unter Windows 2003 oder Windows 2000. Auch die eventuell notwendige Verbindung mit anderen E-Mail-Systemen oder die Planung der Internetverbindung ist wichtig für eine saubere Implementation von Exchange 2003. Beachten Sie ebenfalls die notwendigen Schulungs- und Einarbeitungsmaßnahmen für Ihre Benutzer und Administratoren.

8.1 Erste Planungsschritte

Da E-Mails für die Kommunikation in Unternehmen eine immer größere Rolle spielen, sind vor der eigentlichen Planung der Exchange Server und der Standorte weitere wichtige Maßnahmen notwendig. Die Einführung von Exchange lässt sich grob in drei Schritte untergliedern:

- Definition der Anforderungen
- Planung der Exchange-Infrastruktur
- Planung der eigentlichen Einführung von Exchange

8.1.1 Definition der Unternehmensanforderungen

Anforderungen des Unternehmens und der Anwender an die neue E-Mail-Infrastruktur sind einer der ersten Planungspunkte zur Einführung von Exchange. Dazu gehören die Sicherheit, Stabilität und Verfügbarkeit. In diesem Bereich spielen vor allem Service Level Agreements (SLAs) eine wichtige Rolle. Von der Definition der SLAs hängt es ab, ob Exchange in einer ausfallsicheren Cluster-Umgebung mit SAN bereitgestellt werden muss oder ob herkömmliche Server genügen. Auch die Planung des Recovery-Konzepts hängt davon ab. Entsprechend den Anforderungen müssen Budgets bereitgestellt werden. Die Erwartungen des Unternehmens an Sicherheit, Stabilität und Performance müssen genau dokumentiert und in die Planung mit einbezogen werden. Die daraus resultierenden Kosten müssen mit den Erwartungen abgeglichen werden. Als Abschluss dieses Planungspunkts wird in den meisten Fällen ein Kompromiss stehen, der die tatsächlichen Erwartungen mit dem vorhandenen Budget weitgehend abdecken wird. Der Speicherplatz, der einzelnen Benutzern zugeteilt wird, und die Geschäftszeiten, in denen die Exchange Server zu einem gewissen Prozentsatz (99,9 %, 99,999 % usw.) zur Verfügung stehen müssen, sollten berücksichtigt werden. Von großer Bedeutung ist hier auch die Absegnung durch höchste Entscheidungsträger im Unternehmen. Natürlich will jeder Geschäftsführer 100-prozentige Verfügbarkeit. Allerdings wollen die wenigsten das dafür notwendige Budget bewilligen. Diese Aspekte sollten bei der Planung einer Exchange-Organisation auf jeden Fall genau erfasst, bestätigt, dokumentiert und abgesegnet werden. Eine solche Dokumentation sollte folgende Punkte unbedingt enthalten:

- Verfügbarkeit des Systems zu den Geschäftszeiten. Hier sollten genau die Geschäftszeiten erfasst werden.
- An wie vielen Tagen im Jahr darf die Exchange-Struktur maximal nicht zur Verfügung stehen? 99 % Verfügbarkeit bedeutet bei 365 Tagen im Jahr einen durchschnittlichen Ausfall von 3,65 Tagen im Jahr, das ist fast eine Arbeitswoche.
- Versuchen Sie die Kosten zu erfassen, die pro Zeiteinheit entstehen, wenn das E-Mail-System nicht zur Verfügung steht. Eine Zeiteinheit kann eine Stunde, ein Tag oder eine Woche sein. Von dieser Kostenschätzung hängt es ab, ob die Investition in ein Cluster-System oder ein SAN sinnvoll wäre.
- Zu welchen Zeiten könnte das System gewartet werden (Treiberupdates, Service Packs, Hotfixes installieren)? Die Installation (fast) jeder Software resultiert darin, dass der Server neu gestartet wird. Während des Neustarts steht er den Benutzern nicht zur Verfügung. Diese Neustarts verringern natürlich die Gesamtverfügbarkeit des Servers, auch wenn es sich um keinen Ausfall, sondern um Wartungsarbeiten handelt.
- Wie lange soll die maximale Wiederherstellungszeit bei Ausfall einzelner Server oder der ganzen Struktur sein?
- Wie lange soll die Wiederherstellungsdauer einzelner Exchange-Datenbanken sein?
- Wie hoch soll der maximale Speicherplatz für die Anwender sein?
- Planen der Struktur der Exchange-Organisation mit Serverstandorten, Connectoren, Datenbanken
- Planung der Einführung und der Anbindung der Benutzer an das neue E-Mail-System
- Ist die Netzwerkinfrastruktur für die notwendige Ausfallsicherheit der Exchange-Organisation ausgelegt (redundante Netzwerkswitches und Verkabelung, USV, Struktur des Serverraums usw.)? Alle Störfaktoren, welche die geplante Stabilität der Exchange-Struktur

beeinträchtigen können, sollten angesprochen und die Vorgehensweisen der Modernisierung geplant werden. Wenn keine Modernisierung aus Kostengründen durchgeführt wird, sollte dieser Umstand in die Planung mit einfließen. Selbst beim besten Cluster im SAN kann kein Anwender mehr mit seinem Postfach arbeiten, wenn die Netzwerkswitches nicht mehr verfügbar sind oder die Domänencontroller nicht redundant ausgelegt sind und ausfallen.

▶ Abschließend sollte eine grundsätzliche Höhe des Budgets festgelegt werden, an dem sich die Planung der Infrastruktur orientiert. Wenn für ein Unternehmen mit 100 Mitarbeitern nur ein Budget von 10 000,– € zur Verfügung gestellt wird, bringt die beste Ausfallsicherheitsplanung nichts, da diese Summe noch nicht einmal für die Hardware des Clusters ausreichen würde. Die genaue notwendige Investitionssumme ergibt sich aus der detaillierten Planung, die im Anschluss an die Definition der Anforderungen erfolgt.

▶ Welche Anforderungen werden aus rechtlicher Sicht an das E-Mail-System gestellt, wie lange müssen geschäftlich relevante E-Mails verfügbar oder archiviert sein?

8.1.2 Definition der Administrationsanforderungen

Ein weiterer wichtiger Bereich ist die Anforderung an die Administratoren. Es muss grundlegend geplant werden, ob die Verwaltung der Exchange-Infrastruktur zentralisiert oder die Verwaltung einzelner Exchange Server oder -Datenbanken verteilt stattfindet. In Unternehmen mit Niederlassungen, an denen wiederum Administratoren beschäftigt sind, kann es durchaus sinnvoll sein, die Verwaltung der notwendigen Exchange Server oder -Datenbanken durch die örtlichen Administratoren durchführen zu lassen. In diesem Fall können allerdings Administratoren in der Zentrale keinen Einfluss auf die Verfügbarkeit des Systems in der Niederlassung nehmen. Da die Verfügbarkeit eines Exchange Servers in die ganze Infrastruktur eingerechnet wird, ergibt sich daraus ein Problem für vertraglich abgesicherte SLAs.

Bereits frühzeitig sollte geplant werden, welche Aufgaben durch welches Administrationsteam durchgeführt werden, da daraus auch die Planung der Infrastruktur resultiert. Mischbetriebe, bei denen die Verwaltung der Exchange Server zentralisiert durchgeführt wird, aber einzelne Datenbanken, Benutzer, Öffentliche Ordner usw. in den Niederlassungen verwaltet werden, sind durchaus denkbar. Exchange bietet die Möglichkeit, Richtlinien und Standards hierarchisch zu gliedern, und orientiert sich dabei sehr stark am Active Directory. Diesbezüglich hat Exchange enorme Fortschritte gemacht. Wie beim Active Directory können seit Exchange 2000 logische Untergliederungen einer Exchange-Organisation getrennt von der physikalischen Trennung nach Niederlassungen durchgeführt werden. Aus diesem Grund hat Microsoft die administrativen Gruppen und die Routinggruppen eingeführt. Nachdem festgelegt ist, welche Anforderungen von den Niederlassungen an die Verwaltung gestellt werden, können Sie die zentralisierten oder verteilten Exchange-Strukturen in die Planung mit einfließen lassen. In vielen Unternehmen wird Geld verschwendet, indem Konzepte erstellt werden, ohne alle Beteiligten zu berücksichtigen. Die Basis einer soliden Exchange-Planung ist zunächst immer die genaue Definition der Ansprüche aller beteiligten Entscheidungsträger, des Unternehmens und des zur Verfügung stehenden Budgets.

8.1.3 Planen der administrativen Gruppen und des Sicherheitskontextes von Exchange

Bevor Sie eine konsistente Planung einer Exchange-Organisation vornehmen können, sollten Sie sich ein umfassendes Wissen um die Sicherheitsstruktur von Exchange 2003 und deren Zusammenhänge mit dem Active Directory aneignen. Eine richtige Exchange-Planung schließt eine korrekte Sicherheits- und Berechtigungsplanung mit ein. Unabhängig davon, ob Sie sich für ein zentrales, ein verteiltes oder ein gemischtes Verwaltungssystem entscheiden, müssen Sie sich über die Planung der administrativen Gruppen Gedanken machen.

In administrativen Gruppen werden Server, Richtlinien, teilweise auch Öffentliche Ordner und Routinggruppen zu Verwaltungseinheiten zusammengefasst. Auf dieser Basis können Berechtigungen für bestimmte Exchange Server an verschiedene Administrationsgruppen verteilt werden. Administrative Gruppen können über mehrere physikalische Standorte verteilt sein. Sie geben daher nicht die Anzahl ihrer Niederlassungen wieder, an denen Exchange-Server stehen, sondern spiegeln die unterschiedlichen Administratoren-Gruppen wieder, die sich um die Exchange Server der Organisation kümmern. Wenn Sie nur eine Gruppe Administratoren haben, die alle Exchange Server eines Unternehmens betreut, benötigen Sie nur eine administrative Gruppe. In *Abbildung 8.1* sehen Sie, wie eine effiziente Planung ein Active Directory trotz mehrerer Niederlassungen überschaubar hält. Die Gesamtstruktur in *Abbildung 8.1* besteht aus:

- einer Struktur
- einer Domäne
- einer Exchange-Organisation
- einer administrativen Gruppe

Erste Planungsschritte

In diesem Umfeld ist die Verwaltbarkeit sehr einfach und überschaubar. Bei der Verwendung von mehreren administrativen Gruppen können Berechtigungen über entsprechende Assistenten wie im Active Directory sehr einfach vergeben werden. Es besteht die Möglichkeit, Administratoren für administrative Gruppen nur lesende Berechtigungen zu erteilen, während die Administratoren für ihre eigene administrative Gruppe Empfänger und eigene Server verwalten dürfen. Auch die Aufteilung in Server-Administratoren und Support-Mitarbeiter, welche die Empfänger-Einstellungen im Active Directory verwalten, lässt sich aufgliedern.

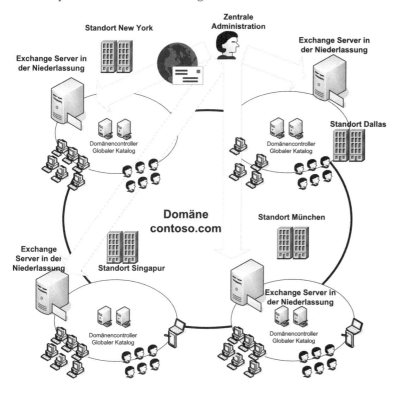

Abbildung 8.1: Beispiel für eine administrative Gruppe

Sie können die Verwaltung der Exchange Server an eine Gruppe Administratoren verteilen und die Verwaltung der Benutzer, wie zum Beispiel das Anlegen von neuen Postfächern, an andere Administratoren. Administrative Gruppen in Exchange-Organisationen werden nur bei der getrennten Verwaltung von Exchange Servern benötigt. Wenn Sie Support-Mitarbeitern Berechtigungen zum Verwalten der Empfänger erteilen wollen, benötigen Sie keine speziellen administrativen Gruppen.

Berechtigungsstruktur in Exchange 2003

Exchange 2003 ist, wie bereits mehrfach erwähnt, stark mit dem Active Directory verwoben. Ein detailliertes Sicherheitsmodell betrifft also nicht nur einen einzelnen Exchange Server in Ihrer Organisation, sondern das komplette Active Directory. Mit Exchange 2003 können Sie für einzelne Objekte innerhalb Ihrer Exchange-Organisation Berechtigungen konfigurieren und mit Vererbung arbeiten. Exchange verwendet dazu das Windows 2003-Sicherheitsmodell. Sie können Berechtigungen erteilen, verweigern und vererben. Da in vielen Firmen Active Directory-Administratoren nicht unbedingt auch die Exchange-Organisation verwalten, gilt es einiges zu beachten, damit nicht auf der einen Seite zu wenig Rechte erteilt werden und auf der anderen Seite zu viele Rechte. Ein wichtiges Modell bei Exchange 2003 ist die Delegation von Berechtigungen an verschiedene Anwender oder Teams. Die Aufgaben werden dezentralisiert und in verschiedene Bereiche aufgeteilt. Bei einer solchen Delegation kann es Administratoren geben, die ausschließlich ihre administrative Gruppe verwalten. Es kann aber auch Exchange-Administratoren geben, die für die gesamte Organisation und alle Exchange Server verantwortlich sind. Darüber hinaus können Sie bestimmte Administratoren definieren, die nur innerhalb ihrer Domäne Benutzer bearbeiten, aber keine Änderungen an den Exchange Servern vornehmen können. Das Ziel soll sein, für jede Aufgabe nur die benötigten Rechte zu erteilen, da gerade bei großen Organisationen schnell Probleme auftauchen, wenn zu viele Administratoren zu viele Rechte haben.

Exchange und die Namenskontexte im Active Directory

Im Active Directory existieren drei logische Berechtigungssegmente, die getrennt voneinander gesteuert werden können:

- Schemanamenskontext
- Konfigurationsnamenskontext
- Domänennamenskontext

Wenn Sie *ADSI Edit* aus den Support-Tools installiert haben und dieses Tool öffnen, erkennen Sie schnell die Einteilung des Active Directorys in diese drei Unterbereiche. Mit ADSI Edit können Sie in allen Bereichen Änderungen vornehmen, sollten aber sehr vorsichtig vorgehen, da Sie mit diesem Tool direkt das Active Directory beeinflussen und auch stark beschädigen können. Jede Active Directory-Gesamtstruktur (Forest) hat nur ein Schema. Unabhängig von der Anzahl von Domänen oder DNS-Zonen teilen sich alle Domänen dieses Schema. Im Schema sind alle Objekte, die innerhalb des Active Directorys vorhanden sind (bzw. sein können), definiert. Die Definitionen aller Attribute dieser Objekte werden im Schema gespeichert. Wenn eine neue Software im Active Directory installiert wird, die neue Benutzerattribute benötigt, wie zum Beispiel Exchange, muss

Erste Planungsschritte

dieses Schema erweitert werden. Jeder Domänencontroller des Forests hält eine Kopie des Schemas vor. Änderungen können jedoch nur auf dem Schema-Master ausgeführt werden. Während der Durchführung der Schema-Erweiterung durch den Schalter /forestprep des Installationsprogramms werden keine Exchange-Dateien installiert, sondern nur die Schema-Änderungen des Active Directorys vorgenommen. Wird dieser Installationsschritt getrennt und lokal auf dem Schema-Master ausgeführt, werden Verbindungsprobleme vermieden und die Erweiterung läuft schneller ab.

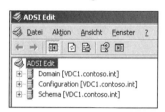

Abbildung 8.2: Namenskontexte im Active Directory

Schema-Änderungen dürfen nur Administratoren durchführen, die in der Gruppe *Schema-Administratoren* Mitglied sind.

Standardmäßig erhält nur der Benutzer, mit dem Exchange installiert wurde bzw. der forestprep durchgeführt hat, volle Rechte auf die Exchange-Organisation. Wenn Sie mehreren Benutzern oder einer ganzen Windows-Gruppe Berechtigungen zuweisen wollen, können Sie dies mit dem Exchange System-Manager erledigen.

So, wie es nur einen Schemanamenskontext gibt, ist in jeder Active Directory-Gesamtstruktur auch nur ein Konfigurationsnamenskontext vorhanden. In diesem werden zum Beispiel Informationen über alle Replikationsvorgänge und Active Directory-weite Dienste gespeichert. Jeder Domänencontroller verfügt über eine Kopie des Konfigurationsnamenskontextes und uneingeschränkte Schreibrechte. Dieser Namenskontext ist für Exchange besonders wichtig, da hier alle Informationen über die Exchange-Organisation gespeichert werden. Administratoren, die sich mit ADSI Edit auskennen, können hier direkt auf die Exchange-Organisation Einfluss nehmen. Auf diesen Namenskontext haben Administratoren der Root-Domäne eines Active Directorys nahezu uneingeschränkten Zugriff, auch wenn dieser nicht im Exchange System-Manager gewährt wurde. Achten Sie also sehr darauf, welche Administratoren Zugriff auf die Root-Domäne eines Active Directorys haben.

Konfigurationsnamenskontext

Abbildung 8.3: Exchange-Daten im Active Directory

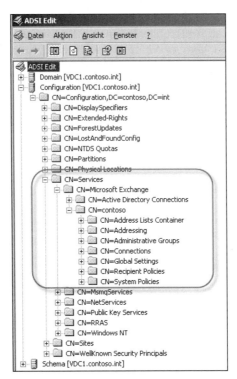

Domänennamenskontext

Für jede Domäne in einem Active Directory gibt es einen Domänennamenskontext. Hier werden die Informationen über alle Objekte einer Domäne gespeichert (Benutzer, Gruppen, Computer usw.). Alle Domänencontroller einer Domäne verfügen über eine Kopie und uneingeschränkten Schreibzugriff auf den Domänennamenskontext. Auf allen Globalen Katalog-Servern der Gesamtstruktur befindet sich außerdem eine schreibgeschützte Teilkopie aller Domänennamenskontexte des Active Directorys.

Berechtigungen im Exchange System-Manager

In Exchange 2003 benötigt der Benutzer, der den ersten Exchange 2003 Server in einer Domäne installiert, volle Berechtigungen auf Organisationsebene. Zusätzliche Installationen von Exchange Servern benötigen in Exchange 2003 lediglich volle Rechte auf die jeweilige administrative Gruppe. Standardmäßig wird für einige Bereiche im Exchange System-Manager die Registerkarte *Sicherheit* ausgeblendet. Sie können diese Registerkarte jederzeit über einen Registry-Wert anzeigen lassen. Dieser Wert muss allerdings für jeden Benutzer und auf jedem Server erzeugt werden, auf dem die Registerkarte *Sicherheit* angezeigt werden soll. Damit die Registerkarte angezeigt wird, erstellen Sie einen neuen DWORD-Wert *ShowSecurityPage* im Schlüssel:

`HKEY_CURRENT_USER\Software\Microsoft\Exchange\EXAdmin`

Weisen Sie diesem neuen DWORD-Wert den Wert hexadezimal *1* zu. Die Registerkarte wird sofort angezeigt, es ist kein Neustart des Servers oder des Exchange System-Managers notwendig.

Struktur der Exchange-Berechtigungen

Die oberste Hierarchie der Berechtigungen wird oft auf der Registerkarte *Sicherheit* in den Eigenschaften der Organisation vermutet. Wenn Sie die Eigenschaften Ihrer Organisation jedoch aufrufen und auf diese Registerkarte wechseln, werden Sie feststellen, dass diese Berechtigungen bereits vererbt sind. Es handelt sich augenscheinlich hier nicht um die oberste Ebene, die Organisation kann daher nicht die oberste Hierarchie der Exchange-Organisation sein.

Neue Berechtigungen in Exchange 2003

Damit ein Benutzer unter Exchange 2000 einen Exchange Server installieren konnte, musste er über volle Rechte auf Organisationsebene (Enterprise-Admin, Organisations-Admin) verfügen. In Exchange 2003 muss nur der erste Exchange Server einer Domäne mit einem Benutzer, der auf Organisationsebene volle Rechte hat, installiert werden. Zusätzliche Exchange Server können bei Exchange 2003 die Domänen-Admins einer Domäne eigenständig installieren. Diese benötigen dazu jedoch für ihre administrative Gruppe volle Exchange-Rechte. Durch diese Änderung ist die Delegation von Berechtigungen in Exchange weiter verbessert und effizienter gestaltet worden. Für einige Aktionen innerhalb der Exchange-Organisation sind unter Exchange 2003 weiterhin volle Exchange-Administratorenrechte auf Organisationsebene notwendig:

- Installation des ersten Exchange Servers der Organisation
- Installation des ersten Exchange Servers innerhalb einer Domäne
- Installation von Exchange Servern mit Standortreplikationsdienst
- Installation des ersten Connectors für Lotus Notes oder Novell GroupWise

Verwalten von Berechtigungen in Exchange 2003

Ihnen stehen verschiedene Arten von Berechtigungsstufen zur Verfügung, die Standardberechtigungen und die erweiterten Berechtigungen. Meistens reichen zum Verwalten von Berechtigungen die Standardberechtigungen bereits aus. In manchen Fällen werden allerdings auch die erweiterten Berechtigungen benötigt. Folgende Rechte sind Bestandteil der Standardberechtigungen:

- *Vollzugriff*. Der Benutzer hat vollständigen Zugriff auf das entsprechende Objekt. Er kann neue Objekte erstellen oder vorhandene löschen und bearbeiten sowie Berechtigungen an andere Benutzer erteilen oder diese verweigern. Die Rechte des Benutzers sind nicht eingeschränkt.
- *Lesen*. Mit diesem Recht an einem Objekt dürfen Benutzer das entsprechende Objekt oder den Container im Exchange System-Manager oder einem anderen Verwaltungsprogramm anzeigen. Wenn Sie einem Benutzer für untergeordnete Objekte weitere Rechte wie *Schreiben* oder *Vollzugriff* erteilen wollen, muss er natürlich auf das übergeordnete Objekt mindestens lesend zugreifen können, damit die untergeordneten Objekte angezeigt werden.
- *Schreiben*. Bestehende Objekte dürfen bearbeitet und neue Objekte hinzugefügt werden. Das Löschen ist nicht erlaubt, der Benutzer darf ausschließlich schreibend zugreifen. Das Recht, auf ein Objekt zu schreiben, bedeutet jedoch nicht, dass ein Benutzer dieses Objekt auch lesen darf. Sie sollten Benutzern hier ebenfalls das Recht zum Lesen erteilen.
- *Ausführen*. Mit diesem Recht darf innerhalb des Containers ein Programm oder eine Konfiguration ausgeführt werden.
- *Löschen*. Mit diesem Recht dürfen Benutzer Objekte innerhalb des Containers löschen.
- *Leseberechtigung*. Mit dieser Berechtigung dürfen nicht die Objekte des Containers gelesen werden, wie beim Recht Lesen, sondern nur die Sicherheitseinstellungen.
- *Änderungsberechtigung*. Mit diesem Recht darf ein Benutzer anderen Benutzern Berechtigungen für dieses Objekt erteilen und entziehen.
- *In Besitz nehmen*. Der Besitz des Objekts darf übernommen werden.
- *Untergeordnete Objekte erstellen*. Objekte, die in der Hierarchie direkt unterhalb des Objekts stehen, dürfen hinzugefügt werden.
- *Untergeordnete Objekte löschen*. Objekte, die in der Hierarchie unterhalb des Objekts stehen, dürfen gelöscht werden.
- *Inhalt auflisten*. Der Inhalt des Containerobjekts darf angezeigt, die Eigenschaften dürfen aber nicht gelesen werden.
- *Selbst hinzufügen oder entfernen*. Mit diesem Recht dürfen Benutzer ihr eigenes Benutzerobjekt in den Berechtigungen verwalten und andere Objekte hinzufügen und wieder entfernen.
- *Eigenschaften lesen*. Die Eigenschaften eines Objekts dürfen eingesehen, aber nicht verändert werden.
- *Eigenschaften schreiben*. Eigenschaften dürfen verändert werden.
- *Objekt auflisten*. Objekte innerhalb eines Containers können eingesehen werden.

Jedes Exchange-Objekt hat außer diesen Standardberechtigungen weitere spezielle Berechtigungen, die zur Verwaltung der Sicherheit dienen. Diese Berechtigungen sind recht vielfältig.

Die beiden wichtigsten Berechtigungen sind *Receive as* (Empfangen als) und *Send as* (Senden als). Mit dem Recht *Receive as* darf ein Benutzer ein anderes Postfach einsehen und dessen Inhalt auflisten und daher alle E-Mails lesen. Das Recht *Send as* ermöglicht es einem Benutzer, im Namen eines anderen Benutzers E-Mails zu schreiben. Im Absenderfeld der E-Mail wird lediglich der Benutzer angezeigt, in dessen Auftrag die E-Mail verschickt wurde.

Zusammen ergeben *Receive as* und *Send as* Vollzugriff auf ein Objekt, gehen Sie mit diesen beiden Berechtigungen sehr sorgfältig um. Wenn ein Benutzer diese beiden Rechte auf der Ebene des Postfachspeichers erhält, darf er jede Mail jedes Benutzers lesen und bearbeiten.

Wenn Sie Berechtigungen auf ein Objekt erteilen, wird diese Berechtigung auf alle untergeordneten Objekte weitervererbt. Sie erkennen vererbte Berechtigungen an den ausgegrauten Kästchen.

Delegation von Berechtigungen

Die Delegation von Exchange-Berechtigungen können Sie im Exchange System-Manager durchführen. Sie müssen zum Erteilen und Verwalten von Berechtigungen nicht unbedingt manuell für einzelne Container Rechte setzen, sondern können den Assistenten zur Delegation von Berechtigungen verwenden.

Gliederung der Delegationen

Sie können Berechtigungen auf der Ebene der Organisation und auf der Ebene von einzelnen administrativen Gruppen delegieren. Um anderen Benutzern Rechte für die Organisation oder die administrative Gruppe zu erteilen oder wieder zu entziehen, klicken Sie mit der rechten Maustaste auf den Namen der Organisation oder der administrativen Gruppe und wählen aus dem Menü *Objektverwaltung zuweisen* aus. Daraufhin startet der Assistent, der Ihnen bei der Delegation von Berechtigungen hilft. Wenn Sie das Startfenster mit einem Klick auf *Weiter* bestätigen, werden Ihnen alle Benutzer angezeigt, die bereits über Rechte in der Organisation oder der administrativen Gruppe verfügen. Die Berechtigungsstufen in Exchange 2000 und Exchange 2003 sind vollkommen kompatibel. Wenn Sie Benutzern Rechte unter Exchange 2000 delegiert haben, sind diese uneingeschränkt unter Exchange 2003 weiter gültig. Sie können mithilfe dieses Fensters zusätzlichen Benutzern Berechtigungen erteilen oder diese Berechtigungen wieder entziehen. Beim Hinzufügen neuer

8 Planen einer Exchange Server-Infrastruktur

Benutzer stehen Ihnen drei verschiedene Stufen zur Verfügung, die Sie Benutzern für diese Organisation oder administrative Gruppe zuweisen können. Alle Änderungen, die im Exchange System-Manager delegiert werden, speichert Exchange im Konfigurationsnamenskontext. Es werden keinerlei Einträge im Domänennamenskontext gemacht. Wenn ein Administrator einem anderen Administrator Rechte zuweist, muss beachtet werden, dass zum Beispiel zur Steuerung von Benutzerrechten Berechtigungen in der jeweiligen Domäne erteilt werden müssen. Diese Berechtigungsänderungen werden dann normalerweise durch einen Domänenadministrator durchgeführt.

Berechtigungen als Exchange-Administrator

Sie können den Assistenten zur Delegation entweder auf der Organisationsebene oder auf der Ebene der administrativen Gruppen aufrufen. Grundsätzlich hat ein Exchange-Administrator der jeweiligen Ebene (also Organisationsebene oder administrative Gruppen) die gleichen Rechte wie ein vollständiger Exchange-Administrator. Ein Exchange-Administrator, der nicht über das Recht *Vollständig* verfügt, darf aber keine neuen Berechtigungen an andere Administratoren verteilen. Ein Benutzer erhält abhängig davon folgende Berechtigungen:

▸ Er hat alle Rechte (außer Ändern) auf den Container *Configuration* und alle untergeordnete Container auf Organisationsebene (bei Delegation auf Organisationsebene).

▸ Verweigern der Berechtigungen *Empfangen als* und *Senden als* für die gesamte Organisation (bei Delegation auf Organisationsebene)

Abbildung 8.4: Delegation von Berechtigungen in Exchange 2003

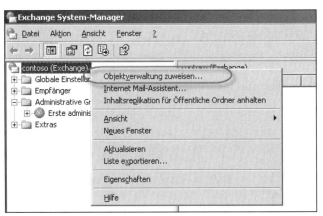

Erste Planungsschritte

- Er darf den Container *Configuration* für die administrativen Gruppen lesen (bei Delegation auf Ebene der administrativen Gruppen).
- Alle Berechtigungen (außer Ändern) unterhalb des Containers *Administrative Gruppen*
- Alle Rechte (außer Ändern) auf den Container *Connections*
- Lesen und Schreiben für den Container *Offlineadresslisten*

Berechtigungen als Exchange-Administrator – Vollständig

Benutzer mit dieser Berechtigungsstufe haben dieselben Rechte wie der Exchange-Administrator, dürfen allerdings zusätzlich noch Berechtigungen für andere Benutzer erteilen oder delegieren.

Exchange-Administrator – Nur Ansicht

Benutzer mit diesem Recht dürfen im Exchange System-Manager ausschließlich lesend auf Objekte zugreifen, sie dürfen keinerlei Veränderungen vornehmen. Sie können Benutzern mit diesem Recht natürlich jederzeit zusätzliche Rechte für einzelne Container einräumen, für alle anderen Container behalten diese weiterhin das Recht zu lesen. Wenn Sie bestimmten Benutzern weitergehende Berechtigungen für untergeordnete Objekte erteilen wollen, zum Beispiel zur Verwaltung von Postfachspeichern, müssen Sie ihnen für übergeordnete Objekte das Recht zum Lesen erteilen, da sie sonst die untergeordneten Objekte nicht sehen können. Mit diesem Recht können Sie zum Beispiel Administratoren verschiedener administrativer Gruppen das Recht geben, die Einstellungen der anderen administrativen Gruppen zu lesen, aber nicht zu verändern.

Berechtigungen für bestimmte Aufgaben delegieren

Damit Benutzer bestimmte Exchange-Aufgaben durchführen können, benötigen sie gewisse Rechte für die einzelnen Objekte.

Damit ein Benutzer neue Benutzer anlegen, für diese ein Postfach erstellen oder wieder löschen kann, muss er in der jeweiligen administrativen Gruppe oder der ganzen Organisation das Recht eines *Exchange-Administrators – Nur Lesen* haben. Zusätzlich benötigt er noch für die Organisationseinheit oder die gesamte Domäne die Rechte zum Erstellen und Verwalten von Active Directory-Objekten. Diese Berechtigung erteilen Sie jedoch nicht im Exchange System-Manager, sondern ausschließlich über das Snap-In *Active Directory-Benutzer und -Computer*.

Erstellen und Löschen von Benutzerpostfächern

Verschieben von Postfächern auf Exchange 5.5 zu Exchange 2003

Damit Benutzer während der Migration von Exchange 5.5 zu Exchange 2003 andere Benutzer und deren Postfächer verschieben können, benötigen sie drei Rechte:

- Auf dem Exchange 5.5 Server benötigen die Benutzer das Recht *Admin, mit Recht, Berechtigungen zu verändern*.
- Im Snap-In *Active Directory-Benutzer und -Computer* sollten diese Benutzer in die Gruppe *Konten-Operatoren* aufgenommen werden.
- Innerhalb von Exchange benötigen diese Benutzer das Recht *Exchange-Administrator* für die jeweilige administrative Gruppe oder die ganze Organisation.

Notwendige Rechte für den Active Directory Connector

Damit der Active Directory Connector, der für die Verbindung von Exchange 5.5 zu Exchange 2003 während einer Migration verwendet wird, installiert werden kann, benötigen Sie verschiedene Rechte: Die Installation des ADC erweitert das Schema des Active Directorys und hat daher im gesamten Forest Gültigkeit. Aus diesem Grund muss der installierende Administrator in der Gruppe Schema-Admins, Organisations-Admins und in der lokalen Administratorengruppe des Servers sein, auf dem der ADC installiert wird. Wenn verschiedene Administratorengruppen für die Verwaltung des Schemas und die Installation des ADC verantwortlich sind, besteht auch die Möglichkeit, dass ein Administrator der Schema-Admin-Gruppe das ADC-Setup mit dem Schalter *setup /schemaonly* aufruft. Durch diesen Aufruf werden lediglich die Schema-Erweiterungen des ADC installiert und nicht das Programm selbst. Die Administratoren, die schließlich die Migration ausführen, müssen dann nicht mehr in der Gruppe Schema-Admins Mitglied sein. Bei der Installation von zusätzlichen Active Directory Connectoren müssen die installierenden Admins nur noch lokaler Admin auf dem Server sowie Domänen-Admin in der Domäne sein, in der ein ADC installiert wird.

ADC-Dienstkonto Während der Installation des ADC müssen Sie ein Dienstkonto eingeben, unter dem der ADC läuft. Für den uneingeschränkten Betrieb dieses Kontos sollten Sie ein Konto wählen, welches über folgende Berechtigungen verfügt:

- Mitglied der lokalen Admin-Gruppe auf dem ADC-Server
- Mitglied der Gruppe Organisations-Admins
- *Exchange-Administrator – Vollständig* in der Exchange 2003-Organisation
- Wenn Sie einer Exchange 5.5-Organisation beitreten, benötigt der ADC in dieser Organisation vollständige Administratorenrechte.
- Domänen-Admin der Windows-Domäne, mit der die Verbindungsvereinbarungen des ADC Verbindung aufnehmen müssen (Anlegen und Löschen von Benutzern und Gruppen zum Beispiel)

Erste Planungsschritte

Der ADC benötigt diese umfangreichen Berechtigungen, da er zahlreiche Einträge im Active Directory durch die Verbindungsvereinbarungen vornehmen muss. Sie können das Kennwort des ADC-Dienstkontos jederzeit ändern. Mehr zu diesem Thema erfahren Sie am Ende dieses Kapitels.

Rechte für Schema- und Domänenerweiterung für Exchange 2003 – forestprep/domainprep

In Exchange 2003 müssen Sie mit dem Durchführen von *forestprep* nicht mehr den Namen der Organisation festlegen. Dieser Vorgang wurde in die Installationsroutine des ersten Exchange Servers einer Organisation integriert. *Forestprep* erweitert das Schema um Exchange-spezifische Informationen. Der Administrator, der *forestprep* ausführt, muss Mitglied folgender Gruppen sein:

- Schema-Admins
- Organisations-Admins

Sie müssen *forestprep* in der Root-Domäne des Active Directorys durchführen, da diese im Normalfall den Schema-Master des Forests enthält. Bei Exchange 2003 wird bei der Durchführung von *forestprep* für den Container *Server* eine Zugriffserweiterung für die Gruppe *Exchange Domain Servers* eingeführt. Wenn Sie einzelne Berechtigungsstrukturen in Ihrer Organisation durch die Mitgliedschaft der Gruppe *Exchange Domain Servers* steuern, können diese Berechtigungen durch das erneute Ausführen von *forestprep* verloren gehen, da hier wieder die Verweigerung aktiviert wird, falls Sie diese manuell deaktiviert haben. Microsoft sichert durch dieses neue Feature die Exchange-Organisation vor Angriffen ab. Es ist unter Umständen durchaus möglich, dass einzelne Benutzer in diese Gruppe geschmuggelt werden und so Zugriff auf sensible Bereiche Ihrer Exchange-Organisation erhalten. Gehen Sie vorsichtig beim Umgang mit dieser Gruppe um.

Mit dem Schalter *domainprep* wird jede Domäne des Active Directorys getrennt auf Exchange 2003 vorbereitet. Domainprep muss von einem Administrator durchgeführt werden, der Mitglied in der Gruppe Domänen-Admins dieser Domäne ist. Domainprep führt folgende Änderungen in der Domäne durch:

- Erstellen einer neuen domänenlokalen Gruppe *Exchange Enterprise Servers* im *Benutzer*-Container der Domäne. In diese Gruppe werden später alle Gruppen *Exchange Domain Servers* aller Domänen automatisch aufgenommen. Die Mitgliedschaft in dieser Gruppe wird durch den Empfängeraktualisierungsdienst *(Recipient Update Service, RUS)* gesteuert.

8 Planen einer Exchange Server-Infrastruktur

- Erstellen einer neuen globalen Gruppe *Exchange Domain Servers* im gleichen Container (ebenfalls auf keinen Fall verschieben). In diese Gruppe werden alle Exchange Server dieser Domäne aufgenommen.

- Erstellen des Containers *Microsoft Exchange System Objects* im Domänennamenskontext (zu sehen mit ADSI Edit). Dieser Bereich enthält systemspezifische Daten von Exchange 2003.

- Die Gruppe *Exchange Enterprise Servers* erhält notwendige Berechtigungen innerhalb der Domäne, zum Beispiel zur Überwachung der Postfächer, und den Zugriff auf das Active Directory.

Domainprep muss in jeder Domäne des AD durchgeführt werden, die später entweder Exchange Server oder E-Mail-Benutzer enthält.

Exchange Enterprise Servers und Exchange Domain Servers
Diese beiden Gruppen werden bei der Ausführung von *domainprep* angelegt und erhalten automatisch die notwendigen Rechte innerhalb des Active Directorys und der Exchange-Organisation. Sie dürfen keinesfalls umbenannt oder verschoben werden, da dadurch die Stabilität Ihrer Exchange Server beeinflusst wird. Bei der Installation eines Exchange 2003 Servers wird dieser automatisch in die globale Gruppe *Exchange Domain Servers* aufgenommen. Der *Recipient Update Service* nimmt alle *Exchange Domain Servers*-Gruppen aller Domänen in jede Exchange *Enterprise Servers*-Gruppe ebenfalls jeder Domäne in der Gesamtstruktur auf. In manchen Fällen, vor allem bei großen Organisationen, kann es vorkommen, dass der RUS fehlerhaft arbeitet und es nicht schafft, alle *Exchange Domain Servers*-Gruppen in alle *Exchange Enterprise Servers*-Gruppen aufzunehmen. In diesem Fall sollten Sie alle Domänen durchgehen und überprüfen, ob alle Gruppen richtig gepflegt wurden. Wenn in manchen Enterprise-Gruppen nicht alle Domain Servers-Gruppen aufgenommen werden können, wird eine Fehlermeldung ins Anwendungsprotokoll geschrieben. Sie können auch manuell jede Exchange Domain Servers-Gruppe in jede Exchange Enterprise Servers-Gruppe aufnehmen. Die Fehlermeldung verschwindet dann nach einiger Zeit bzw. wird nicht neu in das Anwendungsprotokoll geschrieben. Diese beiden Gruppen sind auch für die fehlerfreie Funktion des *Recipient Update Service* in jeder Domäne zuständig. Sollte bei Ihnen das Problem auftreten, dass neue Benutzer nicht mehr durch den Recipient Update Service (RUS) an Exchange angebunden werden, liegt eventuell ein Berechtigungsproblem vor.

Rechte zur Installation eines Exchange Servers

Nachdem *forestprep* und *domainprep* ausgeführt wurden, können Sie den ersten Exchange Server in Ihrer Organisation installieren. Dazu werden folgende Berechtigungen benötigt.

- *Exchange-Administrator – Vollständig* im Exchange System-Manager. Forestprep nimmt automatisch den Benutzer als vollständigen Exchange-Administrator mit auf, der *forestprep* ausgeführt hat.
- Der Administrator muss über lokale Administratorenrechte auf dem Exchange Server verfügen.

Wenn Sie einen Exchange 2003 Server in einer Exchange 5.5-Organisation aufnehmen wollen, benötigen Sie zur Installation zusätzlich die vollständigen Administratorenrechte in der Exchange 5.5-Organisation. Vor der Installation müssen Sie eine bidirektionale Vertrauensstellung einrichten, damit die beiden Exchange-Varianten miteinander kooperieren können.

Exchange-Administratoren, die nur in ihrer administrativen Gruppe das Recht *Vollständig* haben, können seit Exchange 2003 in dieser administrativen Gruppe auch neue Exchange Server hinzufügen. In Exchange 2000 ging das noch nicht. Der erste Exchange 2003 Server einer Domäne muss allerdings weiterhin von einem vollständigen Exchange-Administrator auf Organisationsebene durchgeführt werden.

Notwendige Berechtigungen zur Cluster-Installation

Unter Exchange 2003 muss das Cluster-Dienstkonto nicht mehr unbedingt über umfassende Exchange-Rechte verfügen. Diese Notwendigkeit gab es nur bei Exchange 2000. Sie können also einen Cluster und die darauf notwendigen Exchange-Installationen mit zwei verschiedenen Konten durchführen. Dadurch wird die Sicherheit weiter erhöht. Wenn es sich bei dem virtuellen Exchange Server des Clusters allerdings um den ersten Exchange Server der Organisation handelt, muss der Cluster-Administrator auch weiterhin über vollständige Exchange-Administratorenrechte auf Organisationsebene verfügen. Handelt es sich bei dem virtuellen Exchange Server um einen weiteren Exchange Server, reichen vollständige Exchange-Administratorenrechte auf der Ebene der administrativen Gruppe, in der dieser Exchange Server installiert wird. Handelt es sich bei dem Exchange Server um einen Server, der in einer Routinggruppe ist, die mehrere administrative Gruppen umfasst, muss der Cluster-Admin über vollständige Administratorenrechte in allen administrativen Gruppen verfügen.

8 Planen einer Exchange Server-Infrastruktur

 Nur Exchange-Organisationen, die sich im einheitlichen Modus befinden, haben die Möglichkeit, dass Routinggruppen sich über mehrere administrative Gruppen erstrecken. Im gemischten Modus ist diese Möglichkeit nicht gegeben. Befindet sich der Cluster in einer Unterdomäne, muss der Cluster-Administrator Exchange-Administrator der Organisation sein, um bei der Installation den RUS für die Child-Domäne erstellen zu können. Das gilt natürlich nicht, wenn der RUS bereits erstellt wurde und der virtuelle Exchange Server auf dem Cluster nicht der erste Exchange Server dieser Domäne ist.

8.1.4 Planung des Verwaltungsmodells

Auf der Grundlage des vorangegangenen Abschnitts über den Sicherheitskontext von Exchange 2003 in einem Active Directory und die Belange von Administratoren sollten Sie bereits festlegen, wie die einzelnen Berechtigungen verteilt sein sollen. Sehr wichtig ist die generelle Aufteilung zwischen den Aufgaben der Zentrale und der Niederlassungen. Die Verantwortung der Teams muss genau verteilt und dokumentiert werden:

- Wer ist verantwortlich für organisationsweite Einstellungen (Routing, Nachrichtengröße, Connectoren)?
- Wer darf neue Exchange Server in administrative Gruppen installieren?
- Wer verwaltet welche Benutzer?
- Wer verwaltet den Betrieb der einzelnen Exchange Server und -Datenbanken?
- Wer verwaltet die Öffentlichen Ordner des Unternehmens?

8.1.5 Anforderungen der Benutzer planen

Neben den Anforderungen des Unternehmens, die durch die Unternehmensleitung definiert werden, und den Anforderungen der IT-Abteilung müssen natürlich auch die Anforderungen der Nutzer in die Planung mit einfließen. Die Benutzer arbeiten schließlich mit dem System. Aus diesem Grund muss es optimal an ihre Ansprüche angepasst werden. Um diese Anforderungen zu ermitteln, können zum Beispiel die Abteilungsleiter mit einbezogen werden, die genau einschätzen können, welche Funktionen an welcher Stelle zur Verfügung gestellt werden müssen. Unter anderem sind folgende Funktionen zu berücksichtigen:

Erste Planungsschritte

▶ Zugriff auf das Postfach über das Internet (*Outlook Web Access*)
▶ Anbindung von Niederlassungen mit schmalbandigen Leitungen und die daraus resultierende Geschwindigkeit von Outlook
▶ Anbindung mobiler Benutzer und Synchronisierung von Smartphones mittels GPRS oder UMTS. Hier spielen vor allem sicherheitsrelevante Aspekte eine Rolle, die in Kombination von Windows Mobile 5.0-Geräten und Exchange 2003 SP2 optimal gelöst wurden.
▶ Anbindung anderer mobiler Technologien (Blackberry)

Erstellen Sie am besten vor einer Besprechung mit der Planungsgruppe eine Liste mit Themen, die von Benutzern, deren Vertretern oder der Geschäftsleitung festgelegt und ausdiskutiert werden sollen. Diese Liste sollte alle Aspekte enthalten, die Benutzer betreffen und deren Arbeit mit Exchange beeinflussen. Im Folgenden liste ich die Punkte auf, die ich bisher unter anderem bei Planungen berücksichtigt habe. Diese Aufstellung ist natürlich nicht vollständig, stellt aber sicherlich eine erste wichtige Planungsgrundlage dar. Sie können sie beliebig erweitern und an Ihre Bedürfnisse anpassen.

▶ Zunächst sollte festgelegt werden, welche Benutzer überhaupt einen E-Mail-Zugang erhalten sollen, eventuell können sich mehrere Mitarbeiter ein Postfach teilen. Dadurch können Sie einige Lizenzkosten und Plattenplatz einsparen.
▶ Welche Rolle nehmen Außenstandorte ein? Sollen diese in die Firmen-E-Mail-Struktur eingegliedert werden oder extern verbleiben?
▶ Die eingesetzte Outlook-Version sollte festgelegt werden. Natürlich bietet es sich an, für Exchange 2003 auch Outlook 2003 einzusetzen. Aber auch die Zusammenarbeit mit Outlook 97, 98, 2000 und XP wird unterstützt.
▶ Sollen alle Mitarbeiter oder zumindest einige mit Outlook Web Access arbeiten? Gerade Mitarbeiter, die keinen eigenen PC-Arbeitsplatz haben, sind auf diesen Zugang angewiesen.
▶ Auch die Anzahl, die Bezeichnung und die Mitglieder der Verteilerlisten müssen festgelegt werden. Beim Neuanlegen eines Benutzers muss ein Workflow definiert werden, mit dem festgestellt werden kann, welcher Verteilerliste ein Benutzer zugeteilt wird.
▶ Ein sehr wichtiges Thema ist sicherlich die Formatierung der E-Mail-Adresse. Die E-Mail-Adresse sollte zu Ihrer Firma passen, aber auch leicht zu merken und zu schreiben sein, um unnötige Fehlerquellen zu vermeiden. Dieser Punkt wird oft von der Geschäftsführung festgelegt, sollte aber mit den Mitarbeitern und den Administratoren zusammen besprochen werden. Zusätzlich sollte das Format des lokalen Parts der E-Mail-Adresse bestimmt werden, ob beispielsweise der komplette Vor- und Nachname oder Abkürzungen derselben verwendet werden.

8 Planen einer Exchange Server-Infrastruktur

- Zu Beginn sollten Sie festlegen, welche Mitarbeiter E-Mails ins Internet verschicken oder empfangen dürfen.
- Zudem sollte festgelegt werden, wie die private Nutzung der E-Mail-Accounts gesteuert wird. Private E-Mails sind oft Schlupflöcher für Viren und Trojaner, kosten Plattenplatz auf dem Datenträger und bei der Sicherung und erhöhen die Anzahl der Spam-E-Mails, da die Mitarbeiter E-Mail-Adressen im Internet publizieren. Weiterhin ergeben sich Implikationen beim Datenschutz, wenn private Korrespondenz auf einem Firmenaccount liegen darf.
- Findet eine zentralisierte Virenprüfung statt? Wird ein zentraler Antispamfilter eingesetzt?
- Der Einsatz von Öffentlichen Ordnern muss ebenfalls geplant sein. Welche Öffentlichen Ordner soll es geben, wer darf neue Ordner erstellen, wer Inhalte in diesen Ordnern veröffentlichen? Was soll in den Öffentlichen Ordnern zur Verfügung gestellt werden und wie soll die Öffentliche-Ordner-Struktur aussehen? Alle diese Fragen sollten vor der Einführung von Öffentlichen Ordnern beantwortet sein. Es gilt frühzeitig „Wildwuchs" bei der Struktur der Öffentlichen Ordner zu verhindern.
- Gibt es Ressourcen, die verwaltet werden sollen, wie zum Beispiel Firmenfahrzeuge, Beamer, Konferenzräume und so weiter? Wer soll diese Ressourcen verwalten und wie sollen sie angelegt werden?
- Die Größe der Postfächer sowie die Grenzwerte zum Empfangen oder Versenden müssen abgesprochen werden. Dies betrifft insbesondere Dateianhänge. Sie sollten so früh wie möglich festlegen, welche Dateianhänge überhaupt zugelassen werden und wie groß sie sein dürfen.
- Welche Benutzer sollen sich von außerhalb einwählen dürfen und wie soll der Zugang aussehen (Terminal-Server, VPN, RAS, Outlook Web Access, RPC über HTTP)? Welche Benutzer dürfen sich beispielsweise über Smartphones mit dem Postfach verbinden?
- Outlook-Schulungen für die Benutzer sollten bereits frühzeitig durchgeführt werden. Auch sollte festgelegt werden, wer diese Schulungen durchführt – Schulungsunternehmen, Administratoren oder Poweruser von intern?
- Auch die Definition des Abwesenheits-Assistenten und der Text müssen festgelegt werden. Sollen zum Beispiel auch Mitarbeiter außerhalb der Organisation Informationen über die Abwesenheit eines Benutzers erhalten?
- Wollen Sie mit Signaturen und E-Mail-Verschlüsselung arbeiten?
- Benötigen Sie Unified Messaging-Dienste, wie zum Beispiel Fax oder SMS über Exchange, und wenn ja, welche Anbieter werden bevorzugt?

Erste Planungsschritte

Planen der Verteilerlisten

Da Exchange 2003 kein eigenes Verzeichnis mehr hat, sondern das Active Directory von Windows 2003 oder Windows 2000 nutzt, gibt es in Exchange keine eigenen Verteilerlisten mehr. Exchange nutzt die Gruppen des Active Directorys. Windows unterscheidet dabei zwischen E-Mail-aktivierten Sicherheitsgruppen und Verteilergruppen. Im E-Mail-Empfang unterscheiden sich beide Gruppen nicht. E-Mail-aktivierte Sicherheitsgruppen können jedoch außer als Verteilerliste auch zum Definieren von Zugriffsrechten verwendet werden. Sie können durch das Anlegen von E-Mail-aktivierten Sicherheitsgruppen die Anzahl Ihrer Gruppen stark einschränken. Verteilergruppen können, wie der Name schon sagt, nur als Verteilergruppe verwendet werden. Außer diesen beiden Gruppen wurden in Exchange 2003 die *abfragebasierten Verteilergruppen* (*Query-based Distribution Groups*) eingeführt. Diese Gruppen fragen dynamisch mit LDAP das Active Directory ab, um die Gruppenmitglieder zu bestimmen. Sie können mit den abfragebasierten Gruppen die Mitgliedschaft einzelner Benutzer anhand derer Eigenschaften steuern und müssen diese nicht statisch einer Gruppe zuordnen. Gruppen können im Gegensatz zu allen anderen Empfängern andere Empfängerobjekte beinhalten. Sie unterscheiden sich dadurch bezüglich des E-Mail-Verkehrs nicht grundlegend von Verteilerlisten in Exchange 5.5. Gruppen sind Container, die alle anderen Empfängerobjekte enthalten können, Postfach-aktivierte oder E-Mail-aktivierte Benutzer, Öffentliche Ordner, Kontakte oder andere Gruppen. Eine E-Mail, die an eine Gruppe geschickt wird, stellt Exchange allen Mitgliedern dieser Gruppe zu.

Abfragebasierte Verteilergruppen

Wie bereits weiter oben beschrieben, handelt es sich bei den *abfragebasierten Verteilergruppen* (Query-based Distribution Groups) um ein neues Gruppenobjekt in Exchange 2003. Eine abfragebasierte Verteilergruppe bietet exakt dieselbe Funktionalität wie eine normale Verteilergruppe. Sie kann nur als E-Mail-Verteiler und nicht als Sicherheitsprinzipal verwendet werden. Die Mitglieder der abfragebasierten Verteilergruppe werden bei jedem E-Mail-Sendevorgang neu definiert. Das heißt, Sie sparen mit der Generierung dieser Verteilergruppen deutlich administrative Aufgaben ein, da Sie nicht ständig statische Mitgliedergruppen definieren müssen. Auf der anderen Seite belasten diese Gruppen die Performance Ihrer Exchange Server, da bei jedem Sendevorgang LDAP-Abfragen durchgeführt werden müssen. Beachten Sie diesen Gesichtspunkt bei der Planung Ihrer Serverhardware. Die aktuellen Mitglieder einer abfragebasierten Verteilergruppe können nicht im Adressbuch überprüft werden, da sich diese ständig dynamisch ändern. Abfragebasierte Verteilergruppen arbeiten zuverlässig in reinen Exchange 2003-Organisationen. Sie können diese Gruppen auch zusammen mit Exchange 2000 Servern verwenden, die in derselben Organisation installiert sind. Dazu muss aber auf allen Exchange 2000 Servern das Service Pack 3 für Exchange 2000 installiert sein. Vorausgesetzt wird dabei allerdings ein Windows 2003 Active Directory mit Windows 2003 Globalem Katalog-Server. Meine Empfehlung lautet aber, die abfragebasierten Verteilergruppen ausschließlich innerhalb einer nativen Exchange 2003-Organisation in einem Windows 2003 Active Directory zu verwenden. Dadurch ist sichergestellt, dass diese Gruppen zuverlässig arbeiten und E-Mails, die an diese Gruppe versendet werden, auch zugestellt werden. Der Sendevorgang über eine abfragebasierte Verteilergruppe läuft etwas anders ab als der Vorgang beim Senden an eine normale Gruppe, deren Mitglieder statisch festgelegt wurden:

1. Beim Versenden wird die E-Mail zunächst in die Warteschlange des Exchange Servers gestellt.
2. Der *Categorizer* stellt fest, dass es sich um eine abfragebasierte Verteilergruppe handelt, er regelt in Exchange 2003 den Nachrichtenfluss. Er stellt fest, ob es sich bei einer E-Mail um eine Zustellung innerhalb der Organisation handelt oder ob die E-Mail über einen Connector nach extern verschickt werden muss. Außerdem ist er für die Auflösung der Empfängernamen zuständig.
3. Der *Categorizer* baut als Nächstes eine LDAP-Verbindung zu einem Globalen Katalog-Server auf.
4. Der Globale Katalog-Server führt die Abfrage der Gruppe durch und gibt das Ergebnis an den *Categorizer* zurück.
5. Dieser baut die dynamische Adressliste auf und schickt die E-Mail an die entsprechenden Mitglieder der Gruppe weiter.

Abfragebasierte Verteilergruppen können nur auf Servern oder Workstations erstellt werden, auf denen der Exchange 2003 System-Manager installiert wurde. Die Installation des System-Managers von Exchange Server 2003 erweitert die Funktionalität des Snap-Ins *Active Directory-Benutzer und -Computer*. Sie können abfragebasierte Verteilergruppen entweder einzeln oder kombiniert untereinander erstellen. So können Sie zum Beispiel eine Gruppe definieren, die alle Mitarbeiter der Niederlassung Berlin beinhaltet, und eine Gruppe, die alle Mitarbeiter der EDV-Abteilung umfasst. Wenn Sie eine neue abfragebasierte Verteilergruppe erstellen, können Sie diese mit anderen Gruppen kombinieren. Wenn Sie zum Beispiel eine Gruppe erstellen, die alle Mitarbeiter in Berlin beinhaltet, und eine mit allen Mitarbeitern der EDV-Abteilung, können Sie eine abfragebasierte Verteilergruppe erstellen, die diese beiden kombiniert. Diese Liste umfasst dann allerdings nur die Benutzer, die in beiden Gruppen vertreten sind, das heißt zum Beispiel, alle EDV-Mitarbeiter in Berlin. In manchen Fällen kann es jedoch auch sinnvoll sein, kombinierte Gruppen mit dem ODER-Operator zu verbinden. Der Unterschied besteht darin, dass bei dieser Gruppe alle Mitarbeiter in Berlin mit allen EDV-Mitarbeitern der Organisation zusammengefasst werden, da als Mitgliedschaft nur definiert wird, in der einen oder der anderen Gruppe zu sein. Nachdem Sie eine abfragebasierte Verteilergruppe erstellt haben, können Sie ihre Eigenschaften jederzeit bearbeiten und die Abfrage, die Sie hinterlegt haben, überprüfen. Auf der Registerkarte *Vorschau* sehen Sie zum einen eine aktuelle Vorschau der Verteilergruppe, zum anderen die genaue LDAP-Abfrage, die für diese Gruppe durchgeführt wird, wenn eine E-Mail an sie zugestellt wird. Mit dieser Vorschau können Sie auch feststellen, wie lange diese Abfrage dauert, bis ein Ergebnis zurückgegeben wird.

Planen der Öffentlichen Ordner

Öffentliche Ordner sind für Groupware-Systeme einer der wichtigsten Bereiche. In Öffentlichen Ordnern ist die Arbeit wie in keinem anderen Bereich nicht auf einzelne Personen und Benutzer begrenzt, sondern richtet sich an Gruppen und Abteilungen, die zusammenarbeiten und Informationen austauschen wollen. Für Öffentliche Ordner gibt es eine Vielzahl von Verwendungsmöglichkeiten, die von fast allen Unternehmen ausgenutzt werden, die mit Exchange arbeiten. Sie sind das E-Mail-Äquivalent zu Freigaben auf einem Dateiserver. Öffentliche Ordner können mit einer E-Mail-Adresse versehen werden und dadurch direkt E-Mails erhalten oder auch versenden. Diese Option ist bereits länger integriert und wird immer mehr genutzt. Öffentliche Ordner werden in Outlook hierarchisch angezeigt. Die oberste Hierarchie der Öffentlichen Ordner ist die Öffentliche Ordner-Struktur. Wenn Sie Öffentliche Ordner bereits einsetzen, werden Sie die Vorteile teilweise schon kennen. Vielleicht kann ich Ihnen im folgenden Kapitel noch die eine oder andere Anregung geben, welche Einsatzgebiete Öffentliche Ordner abdecken können.

Ein weiterer Vorteil der Öffentlichen Ordner ist die Replikation. Damit können Informationen in kürzester Zeit auf verschiedene Exchange Server repliziert werden, die dann sofort allen Anwendern zur Verfügung stehen. Selbst wenn auf einem Exchange Server kein Replikat eines Öffentlichen Ordners liegt, werden Benutzern, deren Postfächer auf diesem Exchange Server liegen, dennoch die Öffentlichen Ordner angezeigt und sie können diese nutzen. Der Zugriff kann allerdings etwas langsamer sein, weil der Öffentliche Ordner zum Beispiel in einer anderen Routinggruppe beziehungsweise einem anderen Standort liegt.

Gemeinsame Informationsnutzung

Der wohl größte Vorzug der Öffentlichen Ordner ist die gemeinschaftliche Ablage von Informationen und Dokumenten, die mehrere oder alle Benutzer angehen. Sie können zum Beispiel Preislisten, Handbücher oder andere Informationen allen Benutzern zugänglich

8 Planen einer Exchange Server-Infrastruktur

machen. Benutzer können selbst entscheiden, welche Informationen in die Öffentlichen Ordner gestellt werden sollen. Dadurch werden Informationen, wenn sie erst in einen Öffentlichen Ordner kopiert wurden, sofort allen definierten Benutzern zugänglich. Sie sparen sogar noch Speicherplatz, da Informationen nicht mehr doppelt gespeichert werden müssen, sondern nur noch einmal im Öffentlichen Ordner.

Gruppenkontakte

Kontakte können ebenfalls als Öffentlicher Ordner angelegt werden. Die Bedienung ist dabei vollkommen identisch mit der lokalen Pflege der Kontakte. Wenn die Kontakte jedoch in einem Öffentlichen Ordner liegen, ist ein eingepflegter Kontakt sofort allen Mitarbeitern, die Zugriff auf diesen Ordner haben, zugänglich. Dadurch können Sie zum Beispiel die Adressen Ihrer Lieferanten oder Kunden für jeden zugänglich speichern und pflegen.

Ablage für automatische E-Mails

Die Datensicherung, der Virenscanner, die Serverüberwachung – viele Programme unterstützen das automatische Senden von E-Mails über Informationsmeldungen oder Fehlermeldungen. Selbst Exchange kann so konfiguriert werden, dass E-Mails automatisch an bestimmte Personen verschickt werden, falls ein Connector oder ein Server ein Problem hat. Zum Versenden wird dazu entweder eine Verteilerliste verwendet oder es werden mehrere Empfänger im An-Feld eingetragen. Durch diese Variante wird zum einen der Server unnötig belastet, da er mehrere identische E-Mails verschicken muss, zum anderen werden die Informationen in die Postfächer der Benutzer gestellt, die dort womöglich untergehen, nicht gelesen werden, oder der Benutzer bekommt davon nichts mit, weil er nicht im Haus ist. Wenn Sie solche E-Mails direkt an einen Öffentlichen Ordner schicken, werden diese zentral in einem Ordner aufbewahrt, auf den alle Empfänger zugreifen können, die über entsprechende Berechtigungen verfügen.

Zusätzlich können Sie für diesen Öffentlichen Ordner noch eine Verfallszeit definieren, nach der E-Mails automatisch gelöscht werden. Somit verschwenden Sie keinen unnötigen Serverplatz und der Ordner pflegt sich quasi automatisch selbst. Ein E-Mail-aktivierter Öffentlicher Ordner erhält durch den *Recipient Update Service* eine E-Mail-Adresse und ist zukünftig per E-Mail erreichbar. Wie für jeden Benutzer können Sie auch für Öffentliche Ordner definieren, dass diese im Adressbuch angezeigt werden oder nicht. Öffentliche Ordner werden bei der Ansicht im Adressbuch besonders gekennzeichnet, sodass sie von Benutzern sofort erkannt werden können.

Ressourcenplanung

Eine weitere Möglichkeit besteht im Anlegen von Kalendern in einem Öffentlichen Ordner. Damit können Sie eine Ressourcenplanung oder Terminplanung für gemeinschaftliche Bereiche wie Besprechungsräume, technisches Equipment oder sonstige Aufgaben durchführen, sodass jeder Benutzer sofort sehen kann, ob eine Ressource belegt oder frei ist.

Faxablage

Ähnlich wie die Ablage von automatischen System-E-Mails können Sie Öffentliche Ordner auch als Ablage für Ihren Faxeingang verwenden. Faxe sind allen Benutzern zugänglich und können auch mit einer Verfallszeit definiert werden, damit sie nach einigen Tagen automatisch gelöscht werden. Um diese Funktionalität zu verwenden, benötigen Sie jedoch ein Produkt eines Drittherstellers.

Einheitlicher Support-Ordner

Viele Firmen nutzen Öffentliche Ordner zudem als einheitlichen Posteingang für Support-Ordner. Sie können zum Beispiel die Adresse *info@firma.de* einem Öffentlichen Ordner zuweisen, damit dieser per E-Mail erreichbar ist. Auch interne Support-Ordner können leicht angelegt werden. Sie können zum Beispiel einen Öffentlichen Ordner *User-Support* anlegen, der eine eigene E-Mail-Adresse erhält, an die Benutzer ihre Anfragen schicken. Support-Mitarbeiter können dann im Auftrag dieses Öffentlichen Ordners senden und die Mitarbeiter erhalten die Antwort wieder von diesem Öffentlichen Ordner. Wenn auf solche E-Mails geantwortet wird, ist sichergestellt, dass sie wieder in dem Öffentlichen Ordner landen und nicht bei einem einzelnen Mitarbeiter, bei dem sie vielleicht untergehen oder nicht bearbeitet werden, weil dieser schon zu Hause ist.

Knowledge-Datenbank

Sie können Öffentliche Ordner auch als Datenbank für das Wissen innerhalb eines Unternehmens verwenden. Findet zum Beispiel ein Mitarbeiter der EDV-Abteilung ein kniffeliges Problem heraus, kann er die Lösung in einen Öffentlichen Ordner schicken. Zukünftig profitieren Mitarbeiter von dieser erarbeiteten Lösung und die Firma spart viel Zeit und Geld. Wissen steht zentral und gebündelt zur Verfügung und geht nicht mehr verloren. Sie können solche Ordner sogar moderieren lassen, das heißt, ein definierter Mitarbeiter erhält die Benachrichtigung, dass eine Nachricht in den Öffentlichen Ordner gestellt werden soll, und muss diese Nachricht erst freigeben, bevor sie im Ordner erscheint.

Berechtigung zum Erstellen von Öffentlichen Ordnern auf Toplevel-Ebene planen

Eine der ersten Aufgaben besteht darin, festzulegen, welche Benutzer überhaupt Öffentliche Ordner der höchsten Ebene anlegen dürfen. Zunächst müssen Sie einen Personenkreis definieren, der das Recht dazu erhält. Sehen Sie dazu am besten eine eigene Sicherheitsgruppe in Windows vor, der Sie dann diese Berechtigung erteilen. Sie brauchen lediglich Benutzer in diese Gruppe aufzunehmen oder wieder zu entfernen.

8.1.6 Anforderungen an die Netzwerkstruktur

Natürlich spielt auch die Basis des Netzwerks eine Rolle, auf der eine neue Exchange-Infrastruktur aufbauen soll. Dokumentieren Sie Ihre Netzwerkinfrastruktur und die Anbindung der Niederlassungen an die Zentrale. Wichtig sind hier auch die Geschwindigkeiten der WAN-Leitungen, da in diesem Bereich unter Umständen neu investiert werden muss oder die Planung der Exchange-Organisation darauf abgestimmt wird. Sie sollten auf einen Blick erkennen, welche Niederlassungen es gibt, wo diese angebunden und wie die Leitungen zu diesen Niederlassungen sind. Daraus resultierend lässt sich eine effiziente Infrastruktur aufbauen. Auch vorhandene Firewalls sollten berücksichtigt werden, damit die Kommunikation von Exchange mit den Niederlassungen, den Exchange Servern untereinander und dem Active Directory optimal geplant werden kann. An dieser Stelle sollte auch erfasst werden, welche Daten zusätzlich über die WAN-Leitung gesendet werden und ob es Prioritäten gibt. Die Dokumentation sollte in jedem Fall die maximale Bandbreite sowie die Bandbreite erfassen, die später Exchange zur Verfügung steht. Darauf basierend kann besser geplant werden, ob an diesem Standort ein eigener Exchange Server stehen soll, ob die Benutzer mit Outlook im Caching-Modus arbeiten und ob die Bandbreite der Leitung erhöht werden muss. Wenn Sie bereits ein Messaging-System einsetzen, ist es natürlich sehr hilfreich, zu erkennen, wie derzeit die Nutzung des Systems im Netzwerk stattfindet und wo Probleme in der Bandbreite oder der Netzwerkinfrastruktur liegen.

> Microsoft stellt mehrere kostenlose Tools zur Verfügung, die den Netzwerkverkehr und die Serverbelastung einzelner Server genau simulieren können. Sie sollten vor der detaillierten Planung mit diesen Tools arbeiten, um die Grobplanung auf Praxistauglichkeit zu überprüfen. Die beiden wichtigsten Programme in diesem Bereich sind die Programme *Microsoft Exchange Server Load Simulation Tool* (loadsim) und das *Exchange Stress und Performance Tool*. Ich komme später in diesem Kapitel noch ausführlicher auf diese Tools zurück.

8.1.7 Anforderungen an das Active Directory

Exchange 2003 hängt sehr stark vom Active Directory ab. Ohne ein leistungsfähiges Active Directory können Sie Exchange 2003 nicht einsetzen. Exchange 5.5 hat seine Informationen in einem eigenen Verzeichnis gespeichert. Exchange 2003 verwendet zur Speicherung der meisten Daten das Active Directory. In den Datenbanken des Exchange Servers liegen lediglich noch die E-Mails. Der Transport der E-Mails wird über die Internetinformationsdienste (*Internet Information Services, IIS*) abgewickelt, die Informationen zu den Benutzern liegen im Active Directory. Jeder Exchange Server braucht ständigen, performanten und stabilen Kontakt zum Active Directory und einem Globalen Katalog-Server.

Die Grenzen einer Exchange-Organisation (gemeinsames Adressbuch, Öffentliche Ordner, Berechtigungen, Zugriff auf andere Kalender etc.) sind die Active Directory-Gesamtstruktur. Eine Exchange-Organisation kann sich nicht über mehrere Gesamtstrukturen erstrecken. Umgekehrt kann eine Active Directory-Gesamtstruktur nicht mehrere Exchange-Organisationen beinhalten.

Aus diesem Grund ist es sehr empfehlenswert, bei der gleichzeitigen Einführung von Exchange 2003/2007 und Active Directory eine gemeinsame Gesamtstruktur einzuführen.

Auch die Namensauflösung über DNS und WINS ist für den Betrieb eines stabilen, performanten und hochverfügbaren Exchange Servers notwendig. Vor der eigentlichen Einführung von Exchange 2003 sollte das Active Directory eingeführt werden und stabil und performant funktionieren. In jeder Niederlassung sollten ein WINS-Server und ein Globaler Katalog-Server stehen. Erweitern Sie die Dokumentation der Netzwerkinfrastruktur um diese Bereiche. Es sollte ersichtlich sein, wo Domänencontroller, Globale Katalog-Server, DNS- und WINS-Server positioniert sind. Die Dokumentation sollte an dieser Stelle folgende Punkte enthalten:

- alle Niederlassungen und deren Anbindung
- maximale Bandbreite und Bandbreite, die Exchange zur Verfügung steht
- definierte Standorte im Active Directory
- Standorte der Domänencontroller und Globalen Katalog-Server
- Standorte der einzelnen FSMO-Rollen
- Standorte der DNS- und WINS-Server
- Aufteilung des Active Directorys nach Domänen, Strukturen (Trees) und Gesamtstrukturen (Forests)
- Dokumentieren Sie auch die Administratoren, die in den einzelnen Niederlassungen für das Active Directory zuständig sind.

8.1.8 Anforderungen an die Software

Der Betrieb einer stabilen und performanten Exchange-Infrastruktur ist immer ein Zusammenspiel von

- Domänencontroller und Globalem Katalog-Server
- Betriebssystem des Exchange Servers
- Exchange-Version
- Client-Betriebssystem
- Outlook-Version

Sie sollten mit möglichst einheitlichen Strukturen arbeiten. Bei einer hochverfügbaren, stabilen und performanten Exchange-Struktur sollten Sie darauf achten, dass die Gesamtstruktur und die Domänen im einheitlichen Windows 2003-Modus laufen. Auch wenn Exchange 2003 auf Windows 2000 Server unterstützt wird, sollten Sie auf dem Exchange Server Windows Server 2003 installieren, da die aktuelle Version 6 des IIS für Exchange 2003 optimiert wurde und umgekehrt. Exchange 2003 wird auf einem Windows 2000 Server niemals so stabil funktionieren wie auf einem Windows Server 2003. Idealerweise sollten die Clients mit Windows XP oder ab 2007 mit Windows Vista ausgestattet sein, da diese Betriebssysteme von der Stabilität und Zusammenarbeit besser an Windows Server 2003 angepasst sind. Für die Outlook-Version gilt das Gleiche. Wenn Sie Exchange 2003 einsetzen, sollten Sie darauf achten, auch die aktuelle Outlook-Variante zu verwenden, also Outlook 2003. Für jeden Benutzer, der eine CAL für Exchange 2003 besitzt, haben Sie automatisch auch eine Lizenz für Outlook 2003, selbst wenn Sie keine Lizenzen für Office 2003 besitzen.

Alle Funktionen in Exchange 2003, wie zum Beispiel RPC über HTTP, also die Anbindung von Outlook über das Internet an Exchange, können nur genutzt werden, wenn Windows Server 2003 und Outlook 2003 zusammen mit Exchange 2003 eingesetzt werden. Bei einem Mischbetrieb können einzelne Funktionen, wie zum Beispiel auch die abfragebasierten Verteilerlisten, nicht oder nur eingeschränkt eingesetzt werden.

8.2 Exchange Server 2003-Versionen

Es gibt zwei verschiedene Versionen von Exchange Server 2003, den Exchange Server 2003 Enterprise Server und den Exchange 2000 Standard Server. Wenn Sie nach der Installation überprüfen wollen, welche Version bei Ihnen installiert ist, müssen Sie den Exchange System-Manager starten, bis zur administrativen Gruppe navigieren und auf den Menüpunkt *Servers* klicken. Im rechten Fenster werden Ihnen dann detaillierte Informationen über die in der administrativen Gruppe installierten Server ausgegeben. Unter Exchange 2000 gab es noch eine dritte Variante, den *Exchange 2000 Conferencing Server*. Diesen Server gibt es nicht mehr. Die Funktionalitäten des Exchange 2000 Conferencing Server wurden in den *Live Communication Server (LCS)* integriert und sind kein Bestandteil mehr von Exchange. Das gilt ebenfalls für die Chatdienste und das Instant Messaging. Auch diese beiden Dienste sind jetzt Bestandteil des LCS-Servers.

8.2.1 Exchange Server 2003 Standard Server

Der Exchange Server 2003 Standard Server ist in seinem Funktionsumfang etwas eingeschränkt.

- Es wird nur eine Speichergruppe pro Server mit zwei Datenbanken (ein Postfachspeicher und ein Informationsspeicher für Öffentliche Ordner) unterstützt.
- Die Größe einer Datenbank ist auf 16 Gbyte begrenzt (ab Exchange 2003 Service Pack 2 auf 75 Gbyte vergrößert)
- Keine Cluster-Unterstützung
- Kein X.400-Connector

8.2.2 Exchange Server 2003 Enterprise Server

Der Exchange Server 2003 Enterprise Server ist in seinem Funktionsumfang nicht eingeschränkt, dafür allerdings teurer. Folgende Features werden von Exchange Server 2003 Enterprise Server unterstützt:

- Anlegen von bis zu vier Speichergruppen und einer Recovery-Speichergruppe auf einem Server, jede Speichergruppe kann fünf Datenbanken enthalten.
- Die Größe einer Speichergruppe ist faktisch nur durch den verfügbaren Plattenplatz beschränkt, die theoretische Grenze liegt bei 16 Tbyte (16 384 Gbyte).
- Exchange Server 2003 unterstützt Clustering unter Windows Server 2003 Enterprise Server mit bis zu acht Knoten.
- Der X.400-Connector wird mitgeliefert.

8.3 Neuerungen in Exchange 2003

Exchange 2003 bringt, im Vergleich zu seinem Vorgänger Exchange 2000, einige sehr interessante Neuerungen mit, die ein Update lohnen. Auch in Verbindung mit Outlook 2003 werden einige Verbesserungen zum Vorgänger Outlook XP deutlich. So finden Sie zum Beispiel im Exchange System-Manager die Ansicht der Warteschlangen direkt unter dem Serverobjekt und müssen nicht erst durch die gesamte Baumstruktur navigieren. Grundsätzlich ist es aber so, dass der Versionssprung von Exchange 2000 zu Exchange 2003 keine so großen und grundlegenden Änderungen mit sich bringt wie das Update von Exchange 5.5 zu Exchange 2000. Die Änderungen liegen oft mehr im Detail. Dies wird schon durch die interne Versionsnummer deutlich, die bei Exchange 2000 noch 6.0 und bei Exchange 2003 6.5 lautet. Exchange 2003 baut dabei immer noch auf der Datenbanktechnologie von Exchange 2000 auf. Exchange 2003 basiert auf der Joint Engine-Technologie (JET). Auf deren Basis wurde die Extensible Storage Engine (ESE) von Exchange 2000 und Exchange 2003 entwickelt. Das Exchange 2003 SP2 bringt zwar einige Verbesserungen auch im Bereich der Datenbank, allerdings werden weiterhin die Daten in der ESE-Datenbank gespeichert.

8.3.1 Neues Outlook Web Access

Outlook Web Access (OWA) wurde von Microsoft überarbeitet. OWA 2003 sieht Outlook wesentlich ähnlicher als noch in der Vorgängerversion. Das Aussehen wurde dabei wesentlich an Outlook 2003 angepasst. So steht Ihnen in Outlook Web Access ein Vorschaufenster zur Verfügung, das den Inhalt einer E-Mail in einem Fenster rechts anzeigt. Bei den Vorgängerversionen OWA 5.5 und OWA 2000 wurde die Vorschau noch in einem Fenster unten angezeigt. Durch die neue Anordnung können Sie bei großen E-Mails den ganzen Text lesen und müssen nicht durch die E-Mail scrollen. Gerade Poweruser, die täglich viele E-Mails bearbeiten müssen, werden mit der neuen Ansicht effizienter arbeiten können.

Bei Exchange 2003 werden in Outlook Web Access Regeln, Rechtschreibkorrektur und Verschlüsselung unterstützt. Das war bei den Vorgängern nicht möglich. Outlook Web Access 2003 arbeitet mit dem Verschlüsselungsstandard S/MIME. Für S/MIME wird allerdings der Internet Explorer 6 vorausgesetzt. Die Anmeldung an einen Outlook Web Access Server läuft über die so genannte Cookie-Authentifizierung. Wenn sich ein Benutzer an Outlook Web Access anmeldet, wird das Anmeldeticket in einem Cookie gespeichert. Dieses Cookie verliert beim Abmelden oder spätestens nach 30 Minuten seine Gültigkeit. Dadurch ist sichergestellt, dass kein Einbruch in Ihr internes Netzwerk über Outlook Web Access stattfinden kann.

Zusätzlich unterscheidet Microsoft in Exchange 2003 zwischen zwei verschiedenen Versionen von Outlook Web Access. Die Luxus-Version, die alle Features unterstützt, die für Exchange 2003 entwickelt wurden, läuft lediglich ab dem Internet Explorer 5 und höher. Die abgespeckte Version hingegen unterstützt alle Internetbrowser, verfügt jedoch über wesentlich weniger Features.

8.3.2 Anbindung mobiler Mitarbeiter

Zu den wesentlichsten Neuerungen unter Exchange 2003 zählen die erweiterten Features für Benutzer von drahtlosen Geräten wie Handys, Pocket-PCs oder so genannten Smartphones. Smartphones sind Pocket-PCs mit Telefonfunktion und seit 2005 mit der neuen Windows Mobile 5 Phone Edition-Version ausgestattet. Diese Features wurden unter Exchange 2000 sehr eingeschränkt noch mit dem *Mobile Information Server* zur Verfügung gestellt. Dieses Serverprodukt wird unter Exchange 2003 nicht mehr benötigt. Alle Funktionen des Mobile Information Servers sind in Exchange Server 2003 integriert und werden mit dem Exchange 2003 SP2 noch verbessert. Mit dieser Funktionalität können Sie Pocket-PCs über ActiveSync mit Ihrem Exchange-Postfach synchronisieren, und zwar von überall, nicht nur von Ihrer Dockingstation. Zusätzlich können Benutzer mit jedem WAP-tauglichen Handy auf ihr Postfach zugreifen. Exchange 2003 stellt dazu ein eigenes WAP-Portal zur Verfügung. Es werden Pocket-PCs, PDAs und WAP 2.0-Handys unterstützt. Selbst Handys, die nur WAP 1.0 unterstützen, werden rudimentär angebunden. In Exchange 2003 wurde zudem eine *Always-up-to-date*-Funktion integriert. Diese sorgt dafür, dass Pocket-PCs oder Smartphones eines Benutzers automatisch synchronisiert werden, wenn in der Exchange-Mailbox eine neue Nachricht eintrifft. Ohne installiertes Exchange 2003 SP2 funktioniert das mithilfe einer Benachrichtigungs-SMS an das Smartphone nur sehr eingeschränkt. Mit Exchange 2003 SP2 führt Microsoft bei Exchange 2003 *Direct Push* ein. Mit diesem neuen Dienst können Unternehmen ohne Mehrkosten E-Mails sofort an die externen Benutzer weiterleiten. Dabei behalten Smartphone und Exchange Server über das Internet dauerhaft die Verbindung und tauschen mithilfe des HTTPs-Protokolls Informationen aus.

8.3.3 Optimierte Datenübertragung

Mit der Einführung von Exchange 2000 führte Microsoft die erste so genannte *Welle der Serverkonsolidierung* ein. Damit bezeichnet Microsoft die verbesserte Anbindung der Clients an den Server. Dies wurde mit einer effizienten Komprimierung und Optimierung des Datenverkehrs zwischen Exchange und Outlook erreicht. Dadurch wird es zahlreichen Firmen möglich, Exchange Server in kleineren Filialen komplett abzulösen und die Benutzer an Exchange Server direkt in der Hauptniederlassung anzubinden. Der Vorteil hierbei besteht, außer in eingesparten Lizenzen, Hardware- und Leitungskosten, auch in der Zentralisierung der Exchange-Administration und Bündelung des Know-hows der Firma.

Mit Exchange 2003 läutet Microsoft die *zweite Welle der Serverkonsolidierung* ein. Der Datenverkehr zwischen Client und Exchange Server wurde weiter optimiert, sodass Firmen noch mehr Exchange Server in Niederlassungen einsparen können. Erreicht wurde diese Optimierung durch die Überarbeitung des Protokolls zwischen Client und Server und einen verbesserten Cache unter Outlook 2003. So werden in der neuen Outlook-Version zum Beispiel zahlreiche Abfragen zum Postfach lokal zwischengespeichert und nur neue und aktualisierte Abfragen direkt zum Server übertragen und vom Server angefordert. Dadurch werden für mehr Benutzer weniger Server benötigt als noch in den Vorgängerversionen. Auch hier erweitert Microsoft mit dem Exchange 2003 SP2 die Möglichkeiten von Exchange 2003. Durch ein neues Feature können RPC-Verbindungen über HTTP ermöglicht werden. Dadurch können Benutzer mit Outlook direkt über das Internet, also ohne VPN, auf ihren Exchange Server zugreifen.

8.3.4 Optimierte Sicherheit und Überwachung

Weitere Verbesserungen sind eine optimierte Sicherheit und effizientere Überwachungsmöglichkeiten. So unterstützt Outlook Web Access 2003 Timeouts und Cookie-Authentifizierung, um mögliche Sicherheitslöcher zu vermeiden. Die integrierte Antiviren-Schnittstelle *VSAPI* wurde deutlich verbessert und überarbeitet. Auch der Spamschutz wurde durch die Einführung einer Black-List-Überprüfung verbessert. Im Bereich Überwachung wird von Exchange 2003 der Microsoft Operation Manager unterstützt, der für diese Aufgabe – besonders in einem größeren Windows 2000- oder 2003-Netzwerk – fast unerlässlich ist. Der Microsoft Operation Manager (MOM) ist kein Bestandteil von Exchange 2003 Server, wird aber durch das Exchange Management Pack unterstützt. Er ist ein eigenständiges Serverprodukt, das bei der automatisierten Administration Ihres Netzwerks eine wertvolle Hilfe sein kann. Der MOM baut dabei auf der *NetIQ AppManager Suite* auf und unterstützt zahlreiche Serverprodukte. Mit dem MOM können Sie so Dienste, Ereignisanzeigen und vieles mehr überwachen und definierte Aktionen ausführen lassen. Mehr zum MOM erfahren Sie in *Kapitel 16 »Überwachen, Verwalten und Inventarisieren«.*

8.3.5 Verbesserte Administration

Auch den Administratoren wird die Arbeit unter Exchange 2003 erleichtert. Eine Neuerung ist der bereits zu Beginn des Kapitels erwähnte neue Standort der oft benötigten Warteschlangen. Dieser befindet sich direkt unter jedem Serverobjekt. Deshalb entfallen lästige Manövrieraktionen in der MMC.

Neuerungen in Exchange 2003

Neue Empfänger

Unter Exchange 2003 gibt es, außer den bereits bekannten E-Mail-aktivierten Objekten, Kontakten, Benutzern und Öffentlichen Ordnern, zwei neue Objekte, die *InetOrgPerson* und *abfragebasierte Verteilerlisten*. Die neuen Verteilerlisten bieten die Möglichkeit, Benutzer dynamisch in bestimmte Verteilerlisten aufzunehmen. Die neuen Features für die Mobilen Dienste können direkt über neue Registerkarten in den Benutzerobjekten gesteuert werden. Benutzerpostfächer können direkt über den Exchange System-Manager verschoben werden, nicht mehr nur über das MMC-Snap-In *Active Directory-Benutzer und -Computer*.

Warteschlangen (Queues)

In den Warteschlangen können seit Exchange 2003 Nachrichten nachverfolgt werden. Dazu müssen nicht wie bisher verschiedene Menüs im Exchange System-Manager verwendet werden. Ausgehende Nachrichten können deaktiviert werden, um Probleme ungestört zu beseitigen und ohne Benutzer bei ihren Tätigkeiten zu beeinträchtigen. Die komplette Verwaltung der Warteschlangen wurde überarbeitet und verbessert. Alle ausgehenden E-Mails können auf allen SMTP-Warteschlangen über die Konsole gleichzeitig gestoppt werden.

Öffentliche Ordner

Die Verwaltung der Öffentlichen Ordner wurde ebenfalls optimiert. So wurde Exchange 2003 ein eigenes HTTP-Interface zur Verwaltung der Öffentlichen Ordner spendiert. Die Verwaltung der Replikation und der Anzeige der Öffentlichen Ordner auf verschiedenen Servern wurde überarbeitet. Sie können zum Beispiel festlegen, auf welchen Exchange Servern Öffentliche Ordner angezeigt werden sollen und auf welchen nicht. Dies ist unabhängig davon, ob auf den Servern ein Replikat liegt. Der Status der Replikation kann besser eingesehen werden. Sie können im Exchange System-Manager den Inhalt der Öffentlichen Ordner einsehen, um überprüfen zu können, ob die Replikation fehlerfrei funktioniert. Seit Exchange 2003 SP2 besteht auch die Möglichkeit, die Replikation der Öffentlichen Ordner pausieren zu lassen und sie später wieder zu starten.

Mailbox Recovery Center

Dieses neue Feature dient zur Wiederherstellung von Postfachobjekten und zur Verwaltung von gelöschten Objekten. Wenn Sie mehrere Postfachspeicher und Speichergruppen erstellt haben, können Sie mit dem *Mailbox Recovery Center* leichter Postfächer wiederherstellen oder versehentlich gelöschte Objekte schneller finden.

Wenn Sie unter Windows 2000 oder Windows 2003 einen Benutzer, der über ein Postfach verfügt, löschen, wird das Postfach für eine bestimmte Zeit (Standard 30 Tage) auf dem Server aufbewahrt und kann jederzeit wieder mit einem Benutzer verbunden werden. Mit dem Mailbox Recovery Center können auch Postfächer auf andere Exchange Server exportiert werden. Gerade Administratoren, die viele Exchange Server verwalten müssen, erhalten so an einer Stelle einen Überblick über alle nicht zugeordneten Postfächer.

8.3.6 Verbesserte Datensicherung – Volume Shadow Copy Service

Exchange 2003 unterstützt das neue Datensicherungsprogramm von Windows 2003 mit dem Windows *Volume Shadow Copy Service* (VSS). Dieser Dienst kann Momentaufnahmen (*Snapshots*) der Exchange-Umgebung sichern und wiederherstellen. Diese Funktionalität ist vor allem in größeren Unternehmen im Bereich SAN (Storage Area Network) und NAS (Network Attached Storage) bereits geläufig. Mit der Snapshot-Methode können Sie Datenbanken mit einer Größe von mehreren Gigabyte in wenigen Minuten sichern.

VSS unter Windows 2003 unterstützt allerdings ausschließlich Snapshots auf Dateiebene. Um die VSS-API von Exchange 2003 verwenden zu können, benötigen Sie ein Drittersteller-Tool, zum Beispiel von Symantec (ehemals Veritas). Dies bietet den Administratoren eine weitere Möglichkeit, ihre Exchange Server zu sichern. Mehr zu diesem Thema erfahren Sie in *Kapitel 11 »Datensicherung«*.

Recovery-Speichergruppe

Bereits die Enterprise Version von Exchange 2000 konnte fünf Speichergruppen verwenden, von denen eine von Exchange bei der Wiederherstellung genutzt wird. Der Exchange System-Manager in Exchange 2003 bietet die Möglichkeit, vier Speichergruppen anzulegen, die fünfte ist für die Recovery-Speichergruppe reserviert. Mit dieser Recovery-Speichergruppe haben Sie die Möglichkeit, jede Speichergruppe auf jedem Exchange Server einschließlich Exchange 2000 SP3 wiederherzustellen. Dies ist allerdings ausschließlich in derselben administrativen Gruppe möglich. Durch dieses Feature wird die sehr komplizierte Datensicherung von Exchange stark verbessert. Mit der Recovery-Speichergruppe können Sie allerdings nur Postfachspeicher, aber keine Informationsspeicher für Öffentliche Ordner wiederherstellen.

Neuerungen in Exchange 2003

8.3.7 Verbessertes Clustering

Exchange 2003 unterstützt in Verbindung mit dem Windows 2003 Enterprise Server Cluster bis zu acht Knoten, während es bei Exchange 2000 nur Cluster mit vier Knoten sind.

8.3.8 Koexistenz mit anderen Mailsystemen

Exchange 2003 kann mit Exchange 5.5 Servern und Exchange 2000 Servern in einer Organisation im Mischmodus laufen. Exchange 2000 Server ab SP3 können mit der In-Place-Methode, das heißt mit dem direkten Update des Servers auf Exchange 2003, upgedated werden. Exchange 5.5 Server können hingegen nicht direkt auf Exchange 2003 upgedated werden. Hier muss entweder der Weg über Exchange 2000 gewählt oder ein Exchange 2003 Server in der Exchange 5.5-Organisation installiert werden, um die Daten vom alten auf den neuen Server zu migrieren.

8.3.9 Entfallene Features

Microsoft hat aus Exchange 2003 einige Features entfernt, die in andere Produkte integriert wurden.

Echtzeitkommunikation

Weggefallen sind unter anderem die Möglichkeiten der Echtzeitkommunikation wie Chat oder Instant Messaging. Diese Produkte sind kein Bestandteil mehr von Exchange, sondern werden jetzt durch den neuen *Office Live Communications Server* zur Verfügung gestellt. Damit wird die Echtzeitkommunikation erstmals in das Office-System von Microsoft integriert. Sie können nicht direkt einen Exchange 2000 Server updaten, auf dem Chatdienste oder Instant Messaging läuft, sondern müssen Exchange 2003 auf einer getrennten Maschine in derselben Organisation installieren. Ein Update dieses Exchange 2000 Servers ist erst möglich, wenn die IM-, Chat- oder Schlüsselverwaltungsdienste entfernt wurden.

Schlüsselverwaltungsdienst

Der Schlüsselverwaltungsdienst diente unter Exchange 2000 zur Verwaltung der Schlüsselpaare der Benutzer und zur Sicherung dieser Schlüssel. Der Schlüsselverwaltungsdienst hat dabei eng mit den Zertifikatsdiensten zusammengearbeitet. Diese Funktionalität wurde in Windows 2003 Server integriert und ist nicht länger Bestandteil von Exchange.

8.3.10 Neuerungen in Exchange 2003 Service Pack 2

Seit Mitte Oktober 2005 ist das Service Pack 2 für Exchange 2003 zum Download verfügbar. Im Exchange 2003 SP2 sind alle Änderungen des SP1 enthalten. Sie müssen also für das Update eines Exchange 2003 Servers ohne Service Pack nicht erst das SP1 und dann das SP2 installieren, sondern können gleich auf das SP2 aktualisieren. Das SP2 bringt, außer den obligatorischen Fehlerverbesserungen für Exchange 2003, eine erhöhte Sicherheit sowie einige neue Features, die ein Update rechtfertigen. Das SP kann direkt bei Microsoft heruntergeladen werden. Viel Gewicht hat Microsoft beim SP2 auf die starke Erweiterung der Anbindung mobiler Clients sowie die Unterstützung von Windows Mobile 5 (zum Beispiel für den T-D1-MDA IV und Pro sowie D2-Vodafone VDA IV und PRO) gelegt.

Verbesserungen bei den Mobilen Diensten

Die *ActiveSync*-Funktion von Exchange 2003 wird durch SP2 enorm verbessert. Ähnlich wie bei *Blackberry*-Geräten ist es jetzt unter Exchange 2003 stabil und sicher möglich, jede E-Mail, die in ein Postfach eingeht, sofort auf ein Smartphone zu senden (*Direct Push/ Always-up-to-date, AUTD*). Auf diese Weise sind externe Mitarbeiter mit Pocket-PCs oder Smartphones sofort auf dem Laufenden. Die Smartphones bleiben bei geringen Kosten ständig mit dem Exchange 2003 Server verbunden und aktualisieren ihren Posteingang. Es ist kein Umweg mehr über eine SMS-Funktionalität notwendig. Die Synchronisierung wird automatisiert und neue Funktionen, wie die Synchronisierung der Aufgaben per ActiveServerSync, sind jetzt möglich. Der Datenverkehr zwischen Pocket-PC, Smartphone und dem Exchange Server wurde deutlich verbessert und es wurde eine auf GZIP-basierende Komprimierung eingeführt. Für Anwender mit Smartphones ist es möglich, Adressen in der globalen Adressliste der Exchange-Organisation zu suchen.

Erhöhte Sicherheit für mobile Clients

In das SP2 sind auch Richtlinien integriert, die den Schutz von mobilen Clients deutlich verbessern. So können zum Beispiel die mobilen Endgeräte mit der *Remote Wipe*-Funktionalität bei Verlust oder Diebstahl durch den Exchange Server gelöscht werden. Sensible Firmendaten können so vor Diebstahl gesichert werden. Eine weitere neue Funktion ist das PIN-Lock, welches die Sicherheit der Endgeräte deutlich erhöht. E-Mails, die auf Pocket-PCs geschrieben werden, können mit S/MIME verschlüsselt oder signiert werden, die Authentifizierung der Pocket-PCs erfolgt mit Zertifikaten, ohne Daten lokal speichern zu müssen. Die meisten neuen Funktionen des Exchange 2003 SP2 können allerdings nur mit Smartphones der neuen Generation unter Windows Mobile 5.0 genutzt werden. Auch sollte darüber hinaus noch das *Microsoft Message Security Feature Package* installiert sein, um alle neuen Funktionen (zum Beispiel die Richtlinien) nutzen zu können.

8.3.11 Spamschutz in Exchange 2003 SP2

Das SP2 erhält die neue Funktionalität der *Sender-ID* sowie eine aktualisierte Version des *Intelligent Message Filter*. Der IMF ist jetzt kein Tool mehr, das gesondert installiert werden muss, sondern integrierter Bestandteil von Service Pack 2. Der Spamschutz Ihres Exchange Servers kann also bereits mit Bordmitteln erheblich effizienter gestaltet werden. Microsoft arbeitet nur mit dem integrierten Spamschutz von Exchange 2003 Server und Outlook 2003, um seine über 60 000 Postfächer vor Spam zu schützen. Das zeigt, dass bereits mit Bordmitteln ein optimaler Schutz einer Exchange-Organisation vor Spam möglich ist.

8.3.12 Datenbankgröße des Exchange Standard Servers

Wie viele Administratoren erfahren mussten, ist die Datenbankgröße bei Exchange 2003 Standard Servern auf 16 Gbyte begrenzt. Durch das SP2 wird diese Limitierung deutlich angehoben. Die Datenbank eines Exchange 2003 Standard Servers mit SP2 darf bis zu 75 Gbyte groß werden. Bei Servern, die unter der Exchange 2003 Enterprise Edition laufen, werden keine Änderungen durchgeführt, da die Größe der Datenbank ohnehin praktisch nicht begrenzt ist. Wenn das SP2 auf einem Exchange 2003 Standard Server installiert wird, erhöht sich das Limit der Datenbank von 16 Gbyte auf 18 Gbyte. Diese Funktionalität gilt auch für den Small Business Server 2003. Wenn Sie auf einem SBS 2003 das SP2 für Exchange 2003 installieren, erhöht sich auch hier die maximale DB-Größe auf 75 Gbyte. Auch auf einem SBS 2003 wird die Größe der Datenbank zunächst auf 18 Gbyte limitiert und muss bei Bedarf durch den entsprechenden Registry-Key erweitert werden.

8.3.13 Verbesserte Administration der Öffentlichen Ordner

Die Verwaltung der Öffentlichen Ordner wird durch SP2 ebenfalls deutlich verbessert. Es werden weitere Assistenten für die Verwaltung der Öffentlichen Ordner integriert sowie die Einstellungen der Replikation weiter verfeinert. Eine wichtige Neuerung in diesem Bereich ist die Möglichkeit, das Löschen von Öffentlichen Ordnern mitloggen sowie die Replikation über einen gewissen Zeitraum pausieren zu lassen und dann wieder starten zu können.

8.3.14 Koexistenz mit Novell GroupWise

In SP2 ist ein verbesserter Assistent integriert, der die Möglichkeit schafft, leicht und schnell Postfächer auch von neueren Novell GroupWise-Systemen auf Exchange 2003 zu migrieren. Auch eine Koexistenz mit GroupWise-Systemen ist ohne weiteres möglich.

8.3.15 Verbesserter Cache-Modus mit Outlook 2003

Die Cache-Funktionalität für Outlook 2003-Clients wurde noch einmal stark überarbeitet, die Synchronisierung des Offline Adressbuches deutlich verbessert. Aufgrund dieser enormen Verbesserungen wurde die Version des Offline Adressbuches (OAB) von 3 auf 4 angehoben. Damit diese neuen Funktionen genutzt werden können, muss der Benutzer mit Outlook 2003 SP2 arbeiten. Durch diese Verbesserungen wird die Performance Ihrer Outlook 2003-Clients erhöht und Sie können mehr Benutzer auf einen Exchange 2003 Server unterstützen als zuvor.

8.3.16 Designänderungen und Fixes in Exchange 2003 SP2

Außer neuen Funktionen und Hotfixes werden durch das Exchange 2003 SP2 auch Designänderungen an der Struktur des Exchange 2003 Servers vorgenommen.

Sender-ID

Junk-E-Mail-Filterung ist auch mithilfe der Sender-ID-Funktionalität möglich. Die Oberfläche für Benutzer wurde hierfür deutlich verbessert.

Cluster

Wenn der NetBIOS-Name eines physikalischen Cluster-Knotens genau 15 Zeichen lang ist, konnte es ohne das SP2 passieren, dass die Update-Funktionalität der IIS-Metabase nicht mehr funktionierte. Dieser Fehler wurde behoben.

Der SMTP-Dienst kann auch auf einem Cluster unterbrochen werden, um Fehler im Nachrichtenrouting zu recherchieren und zu beheben.

Zugriff auf Active Directory

Der Zugriff von Exchange 2003 mit dem *DSAccess*-Dienst auf das Active Directory wurde optimiert. Alle Servernamen werden mit dem DNS-Namen ihrer Windows-Domäne zurückgegeben. Dadurch werden Benutzer zunächst mit Globalen Katalog-Servern ihrer eigenen Domäne verbunden. Für den Zugriff auf die Globalen Katalog-Server wurden Verbesserungen implementiert. Der Exchange Server versucht, die Verbindung der Benutzer über Globale Katalog-Server durchzuführen, die möglichst in der gleichen Domäne wie der Empfänger der E-Mail sind. So ist es durchaus möglich, dass Clients auf einen Globalen Katalog-Server verwiesen werden, der außerhalb des Standorts des Benutzers liegt, sofern am Standort kein Globaler Katalog-Server vorhanden ist. Der Zugriff auf das Active Directory mit LDAP wird durch ein neues Event transparenter gemacht.

Offline Adressbuch (OAB)

OAB hat jetzt die Version 4. Es muss nicht ständig von allen Clients die volle Version des OAB vom Server heruntergeladen werden, sondern es sind auch Teilbereiche möglich, was die Netzwerklast gerade bei Firmen mit großem Adressbuch (viele Postfächer oder Gruppen) deutlich reduziert.

Änderungen in der Datenbank

Im Datenbank-Header wurde ein neues Feld integriert, um die Anzahl der ECC (*Error Code Correction*) feststellen zu können. Dadurch kann die genaue Anzahl der Datenbankreparaturen ermittelt werden.

Administratoren können einzelnen Benutzern den Zugriff auf ihr Postfach mit MAPI verbieten. Die Administration der Öffentlichen Ordner wurde stark verfeinert. Die Replikation kann besser gesteuert und sogar unterbrochen werden. Die Virenschnittstelle VSAPI 2.5 kann durch den IMF 2.0 gekennzeichnete Nachrichten (Spam) sofort löschen.

ActiveSync

Der Datenverkehr zwischen einem Exchange 2003 Server und einem mobilen Endgerät mit Windows Mobile 5.0 wird komprimiert. Die Komprimierung dieses Datenverkehrs kann alternativ deaktiviert werden. Es ist mit jeder SMTP-Adresse eines Benutzers möglich, Zugriff auf das Postfach zu nehmen. Es wurden neue Performance Counters implementiert, um den Zugriff über ActiveSync besser überwachen zu können. Im Eventlog des Exchange Servers werden mehr Meldungen geloggt, die das ActiveSync betreffen. Diese Erweiterung hilft Administratoren effizient bei der Fehlerbehebung, wenn bei der Anbindung von mobilen Geräten Probleme auftreten.

8.4 Neuerungen in Outlook 2003 mit SP2

Wie jede neue Outlook-Version bringt auch Outlook 2003 zahlreiche Neuerungen mit sich, die vor allem die Arbeit erleichtern sollen.

8.4.1 Verbesserungen bei der Bandbreitennutzung

Wie bereits erwähnt, hat Microsoft vor allem im Bereich der Bandbreitennutzung zahlreiche Verbesserungen eingebaut, von denen Administratoren, aber auch Benutzer profitieren.

RPC über HTTP(s)

Diese Funktion ist aus meiner Sicht die wichtigste Neuerung in Outlook 2003. Wenn Sie Exchange 2003 auf Windows 2003 einsetzen, besteht die Möglichkeit, sich auf sichere Weise mit Outlook über das Internet zum Server zu verbinden, ohne über Outlook Web Access gehen zu müssen. Diese Funktionalität ist möglich, weil Windows 2003 die Einkapselung von RPC-Zugriffen über das HTTP-Protokoll erlaubt. Dabei muss sich der Client nicht über ein VPN in das Firmennetzwerk einwählen, sondern kann über das Internet mit Exchange arbeiten. Wenn Sie diese Funktionalität nutzen wollen, müssen Sie jedoch einen Exchange Server im Internet veröffentlichen. Zusammen mit dem ISA Server können Sie mit dieser Funktionalität Benutzer an Exchange 2003 anbinden, ohne über VPN eingewählt zu sein oder über Terminallösungen wie Citrix zu arbeiten. Wenn Sie mit RPC über HTTP arbeiten, können Benutzer über Outlook auch mit einem Front-End-Server auf ihr Postfach zugreifen. Normalerweise ist der Zugriff mit MAPI auf das Postfach über den Front-End-Server nicht möglich. Mit dem Umweg über HTTP können Sie jedoch ohne weiteres über Front-End-Server mit Outlook arbeiten. Der Front-End-Server arbeitet dabei als RPC-Proxy und verbindet den Benutzer mit seinem Postfachserver (Back-End-Server). Mehr zu diesem Thema erfahren Sie auch in *Kapitel 9 »ISA Server«*.

Outlook Cached Mode Protocol

Microsoft hat den Datenverkehr zwischen Exchange 2003 und Outlook 2003 komplett überarbeitet. Eine der Verbesserungen besteht im optimierten Caching. In Outlook werden einige Daten lokal auf dem Rechner gespeichert. Deshalb müssen nicht ständig neue RPC-Verbindungen zum Exchange Server aufgebaut werden, sodass Benutzer performanter arbeiten können. Der Datenfluss zwischen Exchange und Outlook wurde weiter komprimiert. Durch die Kombination von Caching und Datenkomprimierung ist es sogar möglich, dass Benutzer weiter mit Outlook arbeiten können, wenn Netzwerkprobleme auftreten und der Exchange Server aktuell nicht mehr erreichbar ist.

Outlook Performance Monitor

In Outlook 2003 ist es zudem möglich, den Client mit dem Performance Monitor zu überwachen. Dadurch können Sie leicht Schwachpunkte bei der Arbeit mit Outlook 2003 über schmalbandige Leitungen aufdecken und beheben.

8.4.2 Funktionsneuerungen in Outlook 2003

Außer den bereits beschriebenen Neuerungen bezüglich der Bandbreitennutzung wurden in Outlook weitere Verbesserungen für die Arbeit mit Exchange 2003 integriert.

Kerberos-Authentifizierung

Outlook 2003 unterstützt die Authentifizierung mit Kerberos. Wenn Sie Outlook 2003 zusammen mit Exchange 2003 in einem Windows 2003 Active Directory einsetzen, können Sie mit der Kerberos-Authentifizierung sogar Forest-übergreifend auf Exchange Server mit Outlook zugreifen. Dazu muss lediglich eine Vertrauensstellung zwischen den beiden Forests eingerichtet werden. Bei Exchange 2000 wurde bei der Authentifizierung noch mit der Standardauthentifizierung gearbeitet, die wesentlich unsicherer war, da Benutzername und Kennwort im Klartext über das Netzwerk geschickt wurden.

Verbesserte Ansicht des Posteingangs

Viele Benutzer werden besonders die verbesserte Ansicht des Posteingangs schätzen. Das Vorschaufenster von E-Mails kann beliebig verschoben werden. Standardmäßig ist das Fenster auf der rechten Seite angeordnet. Dadurch können E-Mails schon im Vorschaufenster gelesen werden, was bei Outlook XP noch nicht ohne weiteres möglich war, da sich hier das Vorschaufenster im unteren Bildschirmbereich befand. Außerdem werden die E-Mails im Posteingang nach Tagen gruppiert angeordnet. Dadurch können Sie deutlich schneller erkennen, wann E-Mails zugestellt wurden. Eine weitere Verbesserung ist die Benachrichtigungsoption für neue E-Mails in Outlook 2003. Wenn eine neue E-Mail dem Postfach eines Benutzers zugestellt wird, erscheint im unteren Bereich des Bildschirms ein kleines Fenster, in dem eine Vorschau der E-Mail angezeigt wird. Dieses Fenster blendet langsam ein und nach ein paar Sekunden wieder aus. Durch diese Funktion sehen Sie schnell, ob es sich lohnt, Word oder Excel zu verlassen, um in Outlook zu wechseln.

8.5 Exchange-Organisationen über mehrere Gesamtstrukturen

In diesem Abschnitt geht es um die Planung eines effizienten Modells von Active Directory zusammen mit Exchange 2003. Wenn Sie die Verwaltung einer Exchange-Organisation planen, spielt immer auch die Verwaltung des Active Directorys eine zentrale Rolle. Wenn Exchange nachträglich in ein Active Directory integriert wird, können verschiedene Situationen zutreffen, die bereits frühzeitig bei der Planung berücksichtigt werden müssen:

- *Eine Gesamtstruktur im Unternehmen.* Dieser Zustand ist der Idealzustand, da in diesem Fall die Exchange-Organisation die Gesamtstruktur umspannen kann und Sie ein einheitliches Verwaltungsmodell erstellen können. Die Benutzer haben ein gemeinsames Adressbuch und eine gemeinsame Öffentliche Ordner-Infrastruktur. Dieser Zustand wird empfohlen. Beim Einsatz von Exchange innerhalb einer Gesamtstruktur entstehen keine komplexen Strukturen, da die Verwaltung sehr leicht delegiert werden kann. Beim Einsatz mehrerer Gesamtstrukturen müssen dagegen einige wichtige Planungspunkte berücksichtigt werden.

- *Mehrere Gesamtstrukturen.* Bei diesem Zustand müssen Sie genau so viele Exchange-Organisationen einrichten, wie Gesamtstrukturen vorhanden sind. Die Benutzer innerhalb einer Organisation haben ein gemeinsames Adressbuch und gemeinsame Öffentliche Ordner. E-Mails können dagegen zwischen allen Organisationen ausgetauscht werden. Dieser Zustand ist weniger optimal.

8.5.1 Nachteile und Einschränkungen von Exchange-Organisationen über mehrere Gesamtstrukturen

Wenn Sie Exchange mit mehreren Gesamtstrukturen betreiben, entstehen einige, teilweise sehr gravierende, Nachteile:

- Sie müssen für jede Exchange-Organisation eine eigene Verwaltungshierarchie aufbauen.
- Die Benutzer der verschiedenen Organisationen haben getrennte Adressbücher und getrennte Öffentliche Ordner.
- Es können keine Kalender oder Postfächer aus der anderen Organisation geöffnet werden.
- Zwischen den Organisationen kann nicht auf die frei/gebucht-Zeiten zugegriffen werden, um Besprechungen zu planen (zumindest nicht ohne erheblichen Aufwand und erhebliche Einschränkungen).

▶ Für jede Organisation wird eine getrennte Front-End-/Back-End-Architektur verwendet. Die Front-End-Server der einen Organisation können nicht als Front-End-Server der anderen Organisation verwendet werden.

Sie sollten daher bei der Planung des Active Directorys darauf achten, eine einzelne Gesamtstruktur aufzubauen. Bei einer Fusion zwischen Firmen mit getrennten Gesamtstrukturen sollten diese Strukturen in eine gemeinsame Struktur überführt werden.

8.5.2 Exchange 2003 über mehrere Gesamtstrukturen verteilen

In manchen Umgebungen, vor allem bei Fusionen, gibt es leider keinen anderen Weg, als Exchange über mehrere Gesamtstrukturen zu verteilen.

Viele Exchange-Spezialisten kommen beim Einsatz von Exchange über mehrere Gesamtstrukturen auf die Idee, den Active Directory Connector (ADC) von Exchange zu verwenden. Dieser ist für den Einsatz über mehrere Gesamtstrukturen allerdings nicht geeignet. Er wurde für die Migration von Exchange 5.5 zu Exchange 2000 oder 2003 entwickelt. Wenn Sie Daten zwischen Exchange 2000-/ Exchange 2003-Organisationen austauschen wollen, ist der *Microsoft Identity Integration Server 2003* (MIIS 2003) oder das kostenlose *Identity Integration Feature Pack for Windows Server Active Directory* der bessere Weg.

Die bereits erwähnten Einschränkungen müssen in diesen Fällen so weit wie möglich kompensiert werden. Es bestehen allerdings keinerlei Möglichkeiten, Postfachzugriffe über mehrere Gesamtstrukturen zu verteilen. Auch die Ansicht des Kalenders von Benutzern aus der anderen Organisation kann nicht kompensiert werden. Es bestehen aber Möglichkeiten, die nachfolgenden Probleme zu beheben. Wenn Sie mehrere Gesamtstrukturen einsetzen und diese Features benötigen, müssen Sie in Ihrer Planung die notwendigen Schritte mit einbeziehen. Durch den Einsatz dieser Funktionen über mehrere Gesamtstrukturen erhöht sich nicht nur der Verwaltungsaufwand, sondern auch die Kosten sowie die Komplexität der Planung.

8 Planen einer Exchange Server-Infrastruktur

▶ Wenn Sie eine Globale Adressliste zwischen mehreren Organisationen aufbauen wollen, müssen Sie auf Drittprodukte wie den Microsoft Identity Integration Server (MIIS) ausweichen. Der MIIS legt in den Organisationen durch Verzeichnissynchronisation E-Mail-aktivierte Kontakte an. In jeder Gesamtstruktur und damit Exchange-Organisation werden daher die Empfänger der jeweils anderen Organisation als Kontakt angelegt und können in der GAL ausgewählt werden.

Microsoft Identity Integration Server 2003 (MIIS 2003) und Identity Integration Feature Pack for Active Directory

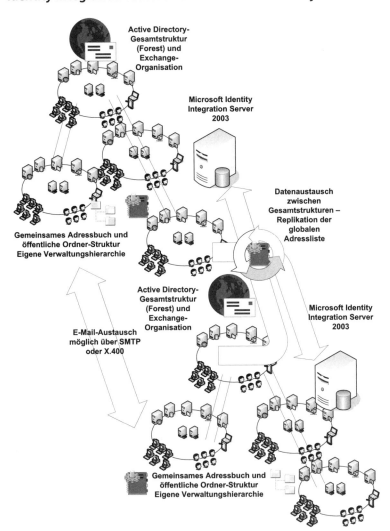

Abbildung 8.5:
Exchange und Active Directory auf Gesamtstrukturebene

Exchange-Organisationen über mehrere Gesamtstrukturen

> Die Replikation von Adressbüchern über mehrere Gesamtstrukturen kann zum Beispiel mit dem *Microsoft Identity Integration Server 2003* (MIIS 2003) durchgeführt werden. Den MIIS 2003 gibt es in zwei Versionen. Die kostenpflichtige Enterprise-Version kann verschiedene Verzeichnisse miteinander synchronisieren. Das *Identity Integration Feature Pack for Windows Server Active Directory* kann kostenlos heruntergeladen werden. Für viele Organisationen reichen unter Umständen die Funktionen der kostenlosen Version aus. Überprüfen Sie die Ansprüche, die Sie haben, und testen Sie, ob diese kostenlose Erweiterung die notwendigen Bedingungen erfüllt.
>
> Der MIIS kann Verzeichnisse auch zwischen verschiedenen Exchange-Versionen synchronisieren und setzt nicht den einheitlichen Modus der Exchange-Organisation voraus.

Beim Einsatz des MIIS, egal in welcher Variante, müssen Sie bei der Planung der Exchange Server und Domänencontroller zusätzliche Themen beachten und ausführlich planen:

- Der Server, auf dem Sie den MIIS installieren, muss mindestens einen Domänencontroller pro Domäne in jeder Gesamtstruktur ständig performant erreichen können, um die beiden Verzeichnisse zu synchronisieren. Schmalbandige WAN-Verbindungen sind dazu kaum geeignet.
- Das Synchronisierungskonto des MIIS benötigt weitreichende Berechtigungen in beiden Gesamtstrukturen und den integrierten Domänen, die synchronisiert werden müssen. Das Konto muss in allen Domänen der beiden Gesamtstrukturen, die synchronisiert werden sollen, über Schreib- und Leserechte verfügen.
- In jeder Gesamtstruktur muss ein MIIS-Server installiert werden, der den Datenaustausch zu der jeweils anderen Organisation regelt.

Es würde den Umfang dieses Buches sprengen, wenn ich auf die Synchronisierung der GAL mit dem MIIS detaillierter eingehen würde. Laden Sie sich am besten die beiden folgenden Dokumente herunter und beschäftigen Sie sich nach der Planung ausführlich mit der Synchronisierung in einer Testumgebung:

- Microsoft Identity Integration Server 2003 Global Address List Synchronization: (*http://go.microsoft.com/fwlink/?LinkId=21270*)
- Dokumentation zu Microsoft Identity Integration Server 2003 (MIIS 2003): (*http://go.microsoft.com/fwlink/?LinkId=21271*)

8 Planen einer Exchange Server-Infrastruktur

Planung von Exchange-Organisationen in verteilten Gesamtstrukturen

Wie Sie im letzten Abschnitt gesehen haben, komplizieren mehrere Gesamtstrukturen die Bereitstellung und die Planung von Exchange. Sie müssen daher vor allem den Features besondere Beachtung schenken, die nur durch Zusatztools wie *Interorg Replication Utility*, *MIIS 2003* oder *Identity Integration Feature Pack for Windows Server Active Directory* zur Verfügung gestellt werden können. Hier die wichtigsten Planungspunkte, die besonderer Beachtung bedürfen:

- E-Mail-Routing zwischen den Organisationen der Gesamtstrukturen und ins Internet
- Synchronisierung des globalen Adressbuches
- Replikation der frei/gebucht-Zeiten für die Planung von Besprechungen
- Verschieben von Postfächern zwischen verschiedenen Exchange-Organisationen. Es macht zum Beispiel keinen Sinn, wenn die Sekretärin in der ersten Organisation ein Postfach hat und ihr Chef seines in der zweiten.

Interorg Replication Utility

Der MIIS kann allerdings nicht alle Probleme lösen, die beim Einsatz von Exchange über mehrere Gesamtstrukturen auftreten. Einige Features können mit dem *Interorg Replication Utility* hergestellt werden:

- Microsoft stellt das Tool zur Verfügung, mit dem frei/gebucht-Zeiten zwischen Organisationen repliziert werden können. Die Einrichtung ist allerdings nicht sehr trivial und bei größeren Unternehmen schwer nutzbar. Auch wenn die frei/gebucht-Zeiten synchronisiert wurden, können Benutzer die freigegebenen Kalender der anderen Organisation nicht öffnen, sie können lediglich die gebuchten und freien Zeiten der Teilnehmer erkennen.
- Auch die Öffentlichen Ordner können mit etwas Aufwand zwischen Organisationen in verschiedenen Gesamtstrukturen synchronisiert werden. Dazu benötigen Sie ebenfalls das *Interorg Replication Utility*. Dieses Tool kann allerdings nicht die Berechtigungen automatisiert übernehmen. Die Berechtigungen müssen manuell nachgepflegt werden.
- Besprechungsanfragen können bei synchronisierter GAL weitergeleitet werden.
- Verteilergruppen können als Kontakt dargestellt werden. Allerdings können in diesem Fall nicht die Mitglieder der Verteilerliste angezeigt werden.
- S/MIME kann verwendet werden, wenn Zertifikate manuell konfiguriert werden. Eine Synchronisation von Zertifikaten zwischen verschiedenen Exchange-Organisationen ist nicht möglich.

Exchange-Organisationen über mehrere Gesamtstrukturen

▶ Übermittlungs- und Lesebestätigung können bei richtiger Kommunikation miteinander ausgetauscht werden.

▶ Stellvertreter für Postfächer und andere Postfachberechtigungen können nur innerhalb einer Exchange-Organisation weitergegeben werden.

▶ Front-End-Server für den Einsatz von Outlook Web Access (OWA), RPC über HTTP oder Exchange ActiveServerSync müssen getrennt eingerichtet und verwaltet werden. Es kann nicht ein Front-End-Server für beide Organisationen verwendet werden. In diesem Fall helfen unter Umständen virtuelle Server weiter, die in *Kapitel 15 »Virtualisierung«* besprochen werden.

Sie finden das *Interorg Replication Utility* im Verzeichnis \support\ *exchsync* auf der Exchange-CD. Mit diesem Tool können Sie die Replikation zwischen verschiedenen Organisationen und verschiedenen Exchange-Versionen durchführen. Unterstützt werden Exchange 5.5, Exchange 2000 und Exchange 2003. Sie können mit diesem Tool ausschließlich Öffentliche Ordner und Systemordner replizieren, aber keine Postfächer verschieben. Sie benötigen das Tool auf allen beteiligten Exchange Servern. In beiden Organisationen muss ein Konto mit zugehörigem Exchange-Postfach definiert sein. Sie müssen keine Vertrauensstellung zwischen den beiden Domänen konfigurieren. Die Replikation läuft dabei jeweils über das Quellkonto in der Quelldomäne und das Zielkonto in der Zieldomäne. Die beiden Konten sowie die Domänen müssen nicht zusammenarbeiten. Beide Konten müssen über genügend Rechte innerhalb ihrer Organisation verfügen. Jedes dieser Konten muss für alle Öffentlichen Ordner das Recht *Besitzer* haben. Erstellen Sie auf beiden Exchange Servern, die für die Replikation der Organisationen konfiguriert werden, für jeden Toplevel-Öffentlichen Ordner einen Replikationsordner. Wenn Sie in der Quellorganisation zum Beispiel einen Öffentlichen Ordner *Einkauf* haben, müssen Sie diesen Ordner in der Zielorganisation neu erstellen. Unterordner werden durch das *Interorg Replication Utility* automatisch erstellt, Sie müssen nicht jeden Öffentlichen Ordner jeweils in der Zielorganisation neu anlegen, sondern nur die gewünschten Toplevel-Ordner. Sie müssen für jeden Toplevel-Ordner, der angezeigt wird, einen eigenen Replikationsvorgang definieren und in der Quellorganisation einen dazugehörigen Replikationspartner erstellen.

Es ist nicht möglich, mehrere Öffentliche Ordner der Quellorganisation in einen Öffentlichen Ordner der Zielorganisation zu replizieren. Auch das Replizieren der kompletten Öffentlichen Ordner-Struktur auf einmal kann nicht durchgeführt werden.

Replikation der frei/gebucht-Zeiten mit dem Interorg Replication Utility

Für Benutzer, die sich in verschiedenen Organisationen befinden, können Sie das *Interorg Replication Utility* verwenden, um eine organisationsübergreifende Terminplanung durchzuführen. Gehen Sie dabei wie bei der Replikation der Öffentlichen Ordner vor. Das *Interorg Replication Utility* repliziert nur die frei/gebucht-Zeiten für Benutzer, deren Alias in der Quell- und der Zieldomäne gleich ist. Es wird weder die SID noch der Benutzername überprüft. Dies hat zur Folge, dass Sie so für einen Benutzer zwei Exchange CAL benötigen.

Nachrichtenrouting zwischen Exchange-Organisationen

Außer den bereits beschriebenen Problemen beim Einsatz von Exchange über verteilte Gesamtstrukturen müssen Sie auch dem Mailrouting besondere Beachtung schenken. Der E-Mail-Verkehr zwischen zwei Organisationen stellt kein Problem dar. Wenn allerdings beide Organisationen die gleichen E-Mail-Domänen verwalten, muss den Connectoren und dem E-Mail-Routing besondere Aufmerksamkeit gelten.

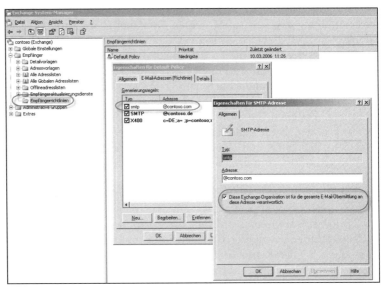

Abbildung 8.6: Verantwortliche E-Mail-Domänen einer Exchange-Organisation

Alle E-Mail-Domänen, die in den Empfängerrichtlinien eingetragen sind, betrachtet Exchange für sich als autorisierend. Wenn ein Absender einer Organisation eine E-Mail an einen Empfänger schickt, der nicht in der globalen Adressliste (GAL) gefunden wird, erhält der Absender einen Nichtzustellbarkeitsbericht (*Non delivery report, NDR*). Wenn Sie zwei oder mehr Exchange-Organisationen betreiben, welche die gleichen E-Mail-Domänen verwalten, besteht ein Nachrichtenrouting-Problem. Alle Empfänger in der anderen Organisation haben die gleiche E-Mail-Domäne, können aber nicht intern zugestellt werden. In einer solchen Konfiguration muss der Namensraum dieser E-Mail-Domäne zwischen den beiden Organisationen geteilt werden. Dadurch entsteht aber wieder ein weiteres Problem, da durch diese Konfiguration Endlosschleifen entstehen können (so genannte Loops). Wenn Sie Exchange so konfigurieren, dass alle E-Mails, die nicht intern zugestellt werden können, zu der anderen Organisation geschickt werden und diese den Empfänger auch nicht auflösen kann, wird die E-Mail wieder zurückgeschickt. Da die Organisation den Empfänger aber immer noch nicht auflösen kann, wird sie wieder zurückgeschickt und so weiter. Aus diesem Grund müssen Sie bei der Planung des Nachrichtenrouting sehr sorgfältig vorgehen.

SMTP-Connectoren zwischen Exchange-Organisationen planen

Besondere Beachtung sollten Sie daher der Planung der SMTP-Connectoren zwischen den Exchange-Organisationen schenken. Sie sollten eigene Adressräume definieren und spezielle SMTP-Connectoren zwischen den Exchange Servern der beiden Organisationen vorsehen. Der Nachrichtenverkehr wurde in Exchange 2003 gegenüber seinen Vorgängern deutlich überarbeitet. In Exchange 5.5 wurde zum Erfassen der Routinginformationen noch die so genannte *GWART (Gateway Address Routing Table)* verwendet. Diese Funktionalität wird in Exchange 2003 durch die *Verbindungsinformationen* ersetzt. Der große Nachteil der GWART bestand darin, dass nicht der gesamte Weg einer E-Mail vorausberechnet wird, sondern immer nur der nächste HOP. Dies hat den Nachteil, dass der Exchange 5.5 Server weiterhin E-Mails an sein Gateway weitersendet, obwohl der nächste Weg oder Exchange Server nicht mehr zur Verfügung steht. In Exchange 2003 berechnen die Verbindungsinformationen den kompletten Weg der E-Mail voraus, um sicherzustellen, dass diese auch zugestellt wird. Die Verbindungsinformationen in jeder Routinggruppe enthalten daher die Informationen über jeden Connector der anderen Routinggruppen und deren Kosten. Exchange 2003 überprüft nicht nur, ob eine E-Mail zugestellt werden kann, sondern verwendet dabei auch die Connectoren mit den niedrigsten Kosten, um eine insgesamt bessere Verbindung zu erreichen. Dies war unter Exchange 5.5 noch nicht möglich.

8 Planen einer Exchange Server-Infrastruktur

 Zwischen verschiedenen Organisationen werden keine Informationen über den Verbindungsstatus weitergegeben. Die Prüfung der Konsistenz von SMTP-Connectoren findet nur innerhalb einer Organisation statt. Daher muss der Nachrichtenfluss zwischen verschiedenen Organisationen genauer überwacht werden.

Sie sollten zwischen den SMTP-Connectoren der beiden Organisationen untereinander die Authentifizierung aktivieren. Durch die Authentifizierung erhält der SMTP-Connector der anderen Organisation Zugriff auf das Active Directory und kann den Benutzernamen des Empfängers auslesen. Auch für diese Authentifizierung sollten Sie einen eigenen Benutzer anlegen und die Integration in das Active Directory planen. Durch die Authentifizierung können Sie darüber hinaus auch Nachrichtenfälschungen zwischen den Organisationen verhindern. Jeder Connector braucht ein Konto in der jeweils anderen Gesamtstruktur.

Wenn jede Organisation eigene E-Mail-Adressen verwaltet, besteht in der Aufteilung der Domänen kein Planungsbedarf. Teilen sich jedoch beide Exchange-Organisationen die gleichen E-Mail-Domänen (*...@gesamtfirma.de*), müssen Sie den Namensraum dieser Domänen aufteilen. Dadurch erkennt Exchange, dass nicht alle Empfänger der E-Mail-Domäne in der eigenen Organisation sitzen, sondern Mails, deren Empfänger nicht aufgelöst werden können, ohne weiteres weitergeschickt werden sollen. Dazu verwendet der Exchange Server den konfigurierten SMTP-Connector und dessen Authentifizierung.

E-Mail-Domänen zwischen Exchange-Organisationen aufteilen beim Einsatz des MIIS

Wenn Sie den MIIS einsetzen, wird die globale Adressliste (GAL) zwischen den beiden Exchange-Organisationen synchronisiert. Wie bereits beschrieben, werden die Empfänger der Organisation 1 als E-Mail-ktivierte Kontakte in der Organisation 2 angelegt. Die Empfänger der Organisation 2 werden als E-Mail-aktivierte Kontakte in der Organisation 1 angelegt (siehe *Abbildung 8.7*). In diesem Fall wird jedem Kontakt, der durch den MIIS angelegt wird, ein spezielles Attribut, *TargetAddress* genannt, zugewiesen. Wenn ein Absender der Organisation 1 eine E-Mail an einen Kontakt, der Empfänger der Organisation 2 ist, schreibt, wird die E-Mail mithilfe der E-Mail-Adresse übermittelt, die beim Kontakt als *TargetAdress* festgelegt wurde.

Um die *TargetAdress* anzulegen, wird die Adresse, die im Attribut *ProxyAdress* des Empfängers in seiner Quelldomäne zugewiesen wurde, mit der primären SMTP-Adresse der Organisation verglichen. Dazu ist es notwendig, dass jede Organisation, die Sie auf diese Weise verbinden wollen, in den Empfängerrichtlinien eine eindeutig zugewiesene primäre SMTP-Adresse hat.

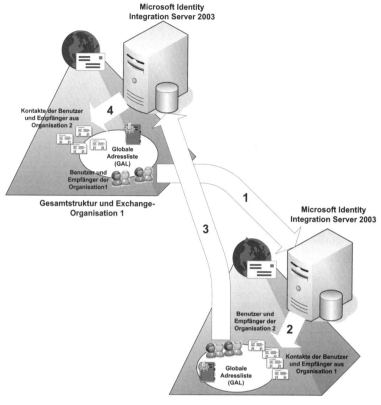

Abbildung 8.7: Replikation mit dem MIIS

Wenn beide Organisationen die gleiche primäre SMTP-Adresse verwalten (siehe *Abbildung 8.6*), zum Beispiel *@contoso.com*, können Sie die Konfiguration dadurch lösen, dass Sie jeder Organisation eine weitere E-Mail-Domäne zuweisen. Verwenden Sie zum Beispiel die Bezeichnung *@germany.contoso.com* bei der einen und *@usa.contoso.com* bei der zweiten Organisation. Dazu muss das Kontrollkästchen *Diese Exchange-Organisation ist für die gesamte E-Mail-Übermittlung an diese Adresse verantwortlich* aktiviert werden. Belassen Sie die primäre SMTP-Adresse der Exchange-Organisationen *@contoso.com* als primär (die dick dargestellte in den Empfängerrichtlinien). Empfänger können für alle E-Mail-Adressen, die in den Richtlinien definiert wurden, E-Mails empfangen. Als Absenderadresse wird automatisch immer die Hauptadresse verwendet. Durch diese Konfiguration erhalten alle Benutzer einheitliche E-Mail-Adressen, die eindeutig zugewiesen werden, aber die primäre SMTP-Adresse bleibt erhalten.

8 Planen einer Exchange Server-Infrastruktur

> Eine sehr ausführliche Anleitung zum Aufteilen von Namensräumen über Exchange Server erhalten Sie in dem Artikel *Sharing SMTP address spaces in Exchange 2000 Server and Exchange Server 2003*, den Sie in der Microsoft Knowledge Base unter folgendem Link finden:
>
> *http://support.microsoft.com/kb/321721/EN-US/*

SMTP-Relayserver für getrennte Organisationen

Damit E-Mails aus dem Internet an die richtige Organisation geschickt werden können, sollten Sie einen Relay-Server vorsehen, der die E-Mails entgegennimmt, filtert und an den richtigen Exchange Server der Organisation weiterleitet. Ein Mail-Relay muss nicht unbedingt ein Exchange Server sein. Ihnen bleiben verschiedene Möglichkeiten offen, wie Sie ein Mail-Relay konfigurieren können. Ein gutes Beispiel für ein Mail-Relay ist, einen Microsoft ISA Server zu betreiben.

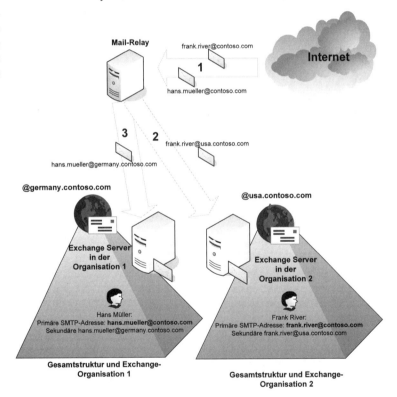

Abbildung 8.8: Mail-Relay für unterschiedliche Organisationen verwenden

8.6 Planung der Exchange-Infrastruktur

Unabhängig davon, ob Sie Exchange in einer oder mehreren Organisationen aufteilen, kommt dem Mailrouting innerhalb der Exchange-Organisation sowie dem Mailrouting ins Internet besondere Aufmerksamkeit zu.

8.6.1 Topologischer Aufbau – Routinggruppen

Einer der wichtigsten Punkte bei der Planung einer Exchange-Organisation ist die physikalische Verteilung der Exchange Server und das damit verbundene Routing. Sie können eine zentrale Struktur aufbauen, bei der die Exchange Server weitgehend an einem oder wenigen Standorten gebündelt sind. Alternativ können Sie auch eine verteilte Struktur aufbauen, bei der an jeder Niederlassung ein eigener Exchange Server installiert wird. Dieser topologischer Aufbau kann wie folgt geplant werden:

Zentralisierte Bereitstellung einer Exchange-Infrastruktur

Wie bereits beschrieben, stehen bei der zentralisierten Bereitstellung einer Exchange-Organisation alle Exchange Server an einem zentralen Standort. In den Niederlassungen stehen nur wenige oder gar keine Exchange Server. Durch diese Strukturierung sparen Sie zunächst deutlich Kosten durch weniger Hardware, weniger Lizenzen, geringeren Verwaltungsaufwand und höhere Verfügbarkeit. Darüber hinaus bestehen bei einer zentralisierten Struktur weitere Vorteile:

▹ Aktualisierungen der Exchange Server können an einer zentralen Stelle vorgenommen werden. Durch die Installation einiger weniger Exchange Server wird schnell eine homogene Struktur erreicht. Bei der Verteilung von Exchange Servern in vielen Niederlassungen müssen Service Packs und Hotfixes sowie Updates der Antivirus- und anderer Software verteilt durchgeführt werden.

▹ Die Kosten für die Sicherung und Speicherung der Daten werden gebündelt. Anstatt in allen Niederlassungen weniger leistungsfähige Lösungen zu implementieren, können bei einer zentralisierten Lösung leistungsfähigere Lösungen gewählt werden, die unter Umständen sogar noch günstiger sind als der Gesamtpreis bei einer verteilten Struktur. Durch den zentralisierten Ansatz macht sich unter Umständen ein SAN mit entsprechender Redundanz recht schnell bezahlt.

▹ Am zentralen Standort können erheblich effizientere Lösungen für Notfallabsicherung geschaffen werden.

▶ Durch die zentrale Bereitstellung wird die Sicherheit deutlich erhöht, da nur ein begrenzter Personenkreis auf die Server zugreifen darf und die Server selbst in geschützten Räumen besser verwaltet und abgesichert werden können.

▶ Auch die Hardware kann bei einer Zentralisierung deutlich effizienter gestaltet werden. Statt vieler kleinerer Server können wenige leistungsfähige Servermaschinen eingesetzt werden, unter Umständen sogar ein Cluster.

Eine zentralisierte Lösung macht allerdings nur dann Sinn, wenn die WAN-Verbindungen von den Niederlassungen so zuverlässig sind, dass die Remotebenutzer auf ihr Postfach schnell und performant zugreifen können. Eine zentrale Struktur sollte darüber hinaus nur eingesetzt werden, wenn die Clients mit aktueller Software (Windows XP und Outlook 2003) ausgestattet sind und in der Zentrale aktuelle Server implementiert werden (Windows Server 2003, Exchange 2003).

Darüber hinaus sollten Sie einen Kostenvergleich durchführen, um herauszufinden, was der Betrieb eines zentralen Rechenzentrums im Vergleich zu einer dezentralisierten Lösung einspart. Wenn in Ihrem Unternehmen kein Einsparpotential vorhanden ist, würde der Einsatz einer zentralen Lösung keinen Sinn ergeben. Da bei einer zentralisierten Lösung die Benutzer mit wenigen Servern arbeiten, fällt der Ausfall eines Servers schnell ins Gewicht. Die Notfallkonzepte müssen daher auf diese neuen Anforderungen ausgelegt werden. Vor allem der Einsatz von Cluster-Lösungen kann in diesem Zusammenhang eine Rolle spielen. Der Einsatz komplexer Technologien wie Cluster setzt allerdings auch entsprechendes Fachwissen in Bezug auf die Administration voraus. Auch der Ausfall der WAN-Verbindungen spielt bei einer zentralisierten Umgebung eine deutlich höhere Rolle. In diesem Bereich sollten daher auch die Kosten für Backup-Leitungen mit einberechnet werden.

Dezentralisierte Bereitstellung einer Exchange-Infrastruktur

Bei einer dezentralisierten Struktur befinden sich in den Niederlassungen zusätzliche Exchange Server. Eine dezentrale Struktur macht vor allem dann Sinn, wenn die Niederlassungen mit sehr schmalbandigen Leitungen angebunden sind und viele Nutzer mit Exchange arbeiten. Auch wenn Administratoren vor Ort sitzen, ist der Einsatz von Exchange Servern in einer solchen Niederlassung sinnvoll. Durch das Konzept der administrativen Gruppen können verschiedene Administratoren unterschiedliche Exchange Server verwalten, während die Administratoren in der Zentrale hauptsächlich die zentralen Exchange Server sowie die zentrale Verwaltung der Exchange-Organisation übernehmen. Wenn die Anbindung aller Benutzer an die Zentrale des Unternehmens nur mit extremen Leistungseinbußen einhergeht, sind dezentrale Exchange Server durchaus sinnvoll. In den Niederlassungen werden bei dezentralen Strukturen Exchange

Server, Domänencontroller und vor allem mindestens ein Globaler Katalog-Server platziert. Eine dezentrale Bereitstellung ist vor allem unter folgenden Gesichtspunkten sinnvoll:

- Die Benutzer sind gleichmäßig auf verschiedene Niederlassungen verteilt.
- In den Niederlassungen stehen IT-Spezialisten zur Verfügung, welche die Administration der Exchange Server vor Ort durchführen und damit die Administratoren in der Zentrale entlasten.
- Die WAN-Leitungen zu den Niederlassungen sind sehr langsam oder unzuverlässig.
- E-Mail-Verkehr zwischen Mitarbeitern derselben Niederlassung kann gleich lokal zugestellt werden und belastet nicht die WAN-Anbindung.

Berücksichtigen Sie bei der Planung einer dezentralen Struktur, dass alle Vorteile der zentralen Struktur die Nachteile einer dezentralen Struktur darstellen. Vor allem die Verteilung der Daten und die damit verbundenen Sicherheits- und Datensicherungsprobleme sind problematisch. In den meisten Unternehmen macht sicherlich ein Mischbetrieb Sinn, bei dem so wenig Exchange Server wie möglich eingesetzt werden und diese dafür mit entsprechender Hardware ausgestattet sind.

8.6.2 Planung der Routingtopologie

Wenn Sie mehrere Exchange Server verteilt in Ihrem Unternehmen einsetzen, müssen Sie eine Routingtopologie erstellen. Grundsätzlich verhält sich diese Planung genauso wie die Planung der Standorte im Active Directory. Während die Standorte im Active Directory die physikalische Trennung der Domänencontroller darstellen, können Sie mit den Routinggruppen in Exchange die physikalische Trennung der Exchange Server darstellen. Jede Niederlassung, die mit einer schmalbandigen Leitung angebunden ist und über einen eigenen Exchange Server verfügt, bildet eine eigene Routinggruppe. Die Topologie der Routinggruppen beschreibt, wie Exchange Server Nachrichten zwischen den einzelnen Niederlassungen weiterleiten. Die Nachrichten werden über die herkömmlichen Leitungen des WANs zu den einzelnen Exchange Servern gesendet. Zwischen den einzelnen Routinggruppen müssen spezielle Connectoren, die *Routinggruppenconnectoren*, eingerichtet werden. Die Topologie der Connectoren zwischen den Routinggruppen sollte ebenfalls gut durchdacht und dokumentiert werden. Hier gilt es Redundanzen zu schaffen, damit Nachrichten in jedem Fall ihr Ziel erreichen. Das Nachrichtenrouting muss allerdings nicht zwingend über Routinggruppenconnectoren durchgeführt werden. Auch SMTP-Connectoren können zur Verbindung von Routinggruppen verwendet werden.

8 Planen einer Exchange Server-Infrastruktur

Planung der Routinggruppenconnectoren

Anstelle von Routinggruppenconnectoren können Sie auch den X.400- oder den SMTP-Connector verwenden. Um einen neuen Routinggruppenconnector zu erstellen, müssen Sie zunächst mindestens zwei Routinggruppen einrichten, die Sie miteinander verbinden wollen. Zur Erstellung eines neuen Routinggruppenconnectors sollten zudem bereits Exchange Server in beiden Routinggruppen installiert worden sein. Sie können festlegen, welche Routinggruppe mit einem Connector verbunden werden soll. Ein weiterer wichtiger Punkt ist die Definition der Kosten des Connectors. Sie können zwischen verschiedenen Routinggruppen mehrere Connectoren einrichten und verschiedene Kosten eintragen.

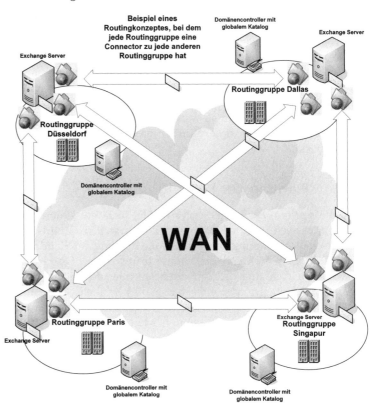

Abbildung 8.9: Nachrichtenrouting in Exchange 2003

Exchange verschickt E-Mails immer über den Connector mit den niedrigsten Kosten. Sie können mehrere Connectoren erstellen und diese mit verschiedenen Kosten definieren. Exchange verwendet dann bei Ausfall des günstigsten Connectors den jeweils nächstteureren, um die E-Mails zustellen zu können. Eine Nachricht kann über verschiedene Connectoren zum Ziel gelangen. Insgesamt rechnet Exchange Server 2003 immer die ganze Route einer E-Mail durch und verwendet dabei immer die insgesamt günstigste Route. Es kann daher bei langen Routen durchaus möglich sein, dass der Connector mit höheren Kosten in einer Routinggruppe verwendet wird, die Route insgesamt aber billiger ist. Sie können definieren, welche Exchange Server in der lokalen Routinggruppe E-Mails über diesen Connector verschicken dürfen. Wenn Sie in einer Routinggruppe mehrere Exchange Server installiert haben und nur einen Exchange Server berechtigen, E-Mails über diese Routinggruppe zu versenden, schicken alle anderen Exchange Server ihre E-Mails zunächst zu dem definierten Exchange Server, der die E-Mails dann weiterschickt. Diese Server werden *Bridgeheadserver* genannt. Der Bridgeheadserver leitet die E-Mail an den Exchange Server seiner Routinggruppe, auf dem das Postfach des Empfängers liegt, weiter. Sie können über jeden Connector Nachrichten mit unterschiedlichen Prioritäten deaktivieren. Diese Nachrichten werden dann über diesen Connector nicht zugestellt. So können Sie beispielsweise nur dringende Nachrichten über einen teuren Connector schicken. Diese Prioritäten werden beim Schreiben von neuen E-Mails in Outlook eingestellt. Zusätzlich können Sie steuern, welche Art von Nachrichten über diesen Connector zugestellt werden können. *Systemmeldungen* sind Nachrichten direkt von Exchange oder Windows, zum Beispiel über Replikation, Warnungen etc., *Nicht vom System stammende Nachrichten* sind die Nachrichten der Benutzer. Sie können einstellen, wie groß die Nachrichten sein dürfen, die über diesen Connector verschickt werden. Sie können auch einstellen, wann der Connector zur Verfügung steht und ob Nachrichten ab einer bestimmten Größe erst zu einer bestimmten Uhrzeit verschickt werden sollen. Bestimmte Standardzeitpläne sind bereits vorgegeben, Sie können aber auch eigene Zeitpläne definieren.

SMTP-Connector vs. Routinggruppenconnector

Der SMTP-Connector ist wohl der wichtigste Connector in Exchange Server 2003. Exchange Server 2003 verschickt E-Mails über das SMTP-Protokoll zwischen Servern innerhalb und außerhalb von Routinggruppen. E-Mails zu externen E-Mail-Systemen oder dem Internet werden ebenfalls meistens mit SMTP verschickt. Sie können den SMTP-Connector auch zur Verbindung von verschiedenen Routinggruppen verwenden. Mit ihm können Sie den Nachrichtenfluss effizienter steuern.

Sie sehen, dass Ihnen zur Planung des Nachrichtenflusses in Exchange 2003 einiges an Spielraum zur Verfügung steht. Sie sollten idealerweise SMTP-Connectoren für die Verbindung zwischen Routinggruppen verwenden, da Sie bei diesen Connectoren detaillierte Einstellungen durchführen können. Sie sollten Connectoren am besten direkt zwischen Niederlassungen, die viel per Mail kommunizieren, einrichten. Wenn Sie Niederlassungen in Asien betreiben, können ein Connector von den Niederlassungen in Asien zur Zentrale und ein zusätzlicher Connector zwischen den Standorten in Asien, sofern eine WAN-Leitung vorhanden ist, durchaus Sinn machen. Viele Firmen verwenden eine sternförmige Struktur. Alle E-Mails werden von den Niederlassungen in die Zentrale geschickt und dann weiter zum Empfänger. In diesem Fall wird die WAN-Leitung der Zentrale außerordentlich belastet. Wie Sie Ihre Routingtopologie aufbauen, hängt von der Art der Mailkommunikation ab. Es würde keinen Sinn machen, die WAN-Leitung der Zentrale durch Mails zu belasten, die zum Beispiel direkt von einer Niederlassung in die andere geschickt werden können, da entsprechende Leitungen vorhanden sind. Einsatz und Topologie der Connectoren sollten unter anderem unter folgenden Gesichtspunkten geplant werden:

- Durch den Einsatz von Routinggruppen müssen die Infrastruktur der WAN-Verbindungen sowie die Connectoren zusätzlich überwacht werden. Wichtig: Notieren Sie an zentraler Stelle die Kontaktadressen der Provider, die diese WAN-Verbindungen zur Verfügung stellen. Wenn Sie ein Verbindungsproblem mit einer Niederlassung haben, nutzt es Ihnen wenig, wenn die betreffende Kontaktinformation nur in dieser Niederlassung auffindbar ist.

- Vor dem Erstellen einer Routingtopologie sollte die bestehende WAN-Verbindung genau dokumentiert werden. Auf Basis dieser Dokumentation lässt sich die Routingtopologie effizienter planen. Die WAN-Dokumentation sollte die verbundenen Standorte und die Bandbreite der Leitungen anzeigen. Sie können verschiedene Connectoren erstellen, bei denen Sie die Kosten der Konfiguration in unterschiedlicher Höhe angeben. Exchange verwendet immer den Connector mit den niedrigsten konfigurierten Kosten. Durch die parallele Einrichtung mehrerer Connectoren lässt sich der E-Mail-Verkehr sehr effizient strukturieren.

- In dieser Dokumentation sollte ebenfalls erfasst werden, welche anderen Daten noch über die WAN-Leitungen gesendet werden und wie viel Bandbreite Exchange zur Verfügung steht.

- Ebenfalls sollte dokumentiert werden, wie viele Benutzer sich in den Niederlassungen befinden und wie das E-Mail-Verhalten dieser Nutzer ist. 20 Poweruser können deutlich mehr E-Mail-Verkehr verursachen als 100 normale Benutzer.

- Zu erfassen ist auch, mit welchen Gruppen und Niederlassungen die einzelnen Niederlassungen besonders stark kommunizieren. Zwischen Niederlassungen, die viel per E-Mail kommunizieren, kann ein eigener Connector Sinn machen, damit durch den Nachrichtenfluss nicht mehrere andere Leitungen belegt werden.

- Wichtig ist auch eine Dokumentation des Active Directorys und der Standorte der Domänencontroller und globalen Kataloge. Ein Exchange Server braucht eine direkte Verbindung zu mindestens einem Domänencontroller, der auch Globaler Katalog-Server sein muss.

Auf Basis dieser Dokumentation sollten Sie eine Routingtopologie anfertigen, bei der Sie den E-Mail-Fluss genau steuern können. Nachrichten mit großen Anhängen können zum Beispiel nachts geschickt werden. Sie sollten bei der Planung Ihrer Topologie auch darauf achten, dass der Ausfall eines Standorts nicht den E-Mail-Fluss des gesamten Unternehmens stört, da keine Ausfallverbindungen konfiguriert wurden.

8.7 Standortplanung der Exchange Server

Da Exchange stark vom Active Directory abhängt und ohne eine Verbindung zu einem Globalen Katalog-Server nicht lauffähig ist, müssen Sie die Platzierung der Exchange Server im Netzwerk ebenfalls sorgfältig planen.

8.7.1 Active Directory und Exchange 2003

Wenn Sie Exchange in einer Gesamtstruktur mit mehreren Domänen und Niederlassungen betreiben, sollten Sie vor der Platzierung zunächst folgende Voraussetzungen schaffen:

▶ DNS muss in allen Niederlassungen fehlerfrei funktionieren. Auch die Replikation der DNS Server über das Active Directory muss funktionieren.

▶ Der Infrastruktur-Betriebsmaster der Domänen darf nicht auf einem Globalen Katalog-Server liegen. Ansonsten besteht die Gefahr, dass Exchange Nachrichten nicht korrekt routen kann und E-Mails, die an Verteilerlisten gesendet werden, nicht zugestellt werden können.

▶ An jeder Niederlassung, an der Sie einen Exchange Server betreiben wollen, muss mindestes ein Domänencontroller stehen, der auch Globaler Katalog-Server und nicht Infrastruktur-Master der Domäne ist. Dieser Domänencontroller sollte alle DNS-Zonen der Gesamtstruktur auflösen können. Besser wäre der Betrieb von zwei Domänencontrollern, um einen Ausfall zu verhindern. Der Zugriff von Exchange auf den Globalen Katalog-Server sollte performant sein, da ständig Informationen abgefragt werden, die für den Nachrichtenfluss und die Stabilität der Exchange-Dienste unerlässlich sind.

▶ An jedem Standort, an dem Sie Exchange 2003 betreiben, muss ein WINS-Server stehen. Der WINS-Server muss sich nicht unbedingt mit anderen WINS-Servern replizieren, wenn es die Leitung zulässt, schadet das aber auch nicht.

Exchange sollte nicht auf einem Domänencontroller installiert werden, sondern auf einer eigenständigen Maschine. Wenn Sie Exchange auf einem Domänencontroller installieren, starten unter Umständen die Exchange-Dienste nicht, da beim Starten des Servers das Active Directory noch nicht funktioniert und Exchange keinen Globalen Katalog-Server finden kann. Umgekehrt dauert das Herunterfahren sehr lange, da die Active Directory-Dienste sich unter Umständen vor den Exchange-Diensten beenden und diese auf das Active Directory warten. Außerdem gefährden Sicherheitspatches auf den Domänencontrollern die Stabilität von Exchange.

Microsoft empfiehlt für vier Exchange Server mindestens einen Globalen Katalog-Server. Wenn Sie an großen Niederlassungen viele Exchange Server betreiben, sollte das Verhältnis Exchange/Globaler Katalog-Server 3 : 1 betragen, damit die einzelnen Globalen Katalog-Server nicht zu stark belastet werden.

8.7.2 Platzierung der Exchange Server

Bei der Platzierung der Exchange Server unterscheidet Microsoft zwei grundsätzliche Servertypen:

- Exchange Back-End-Server
- Exchange Front-End-Server

Exchange Back-End-Server

Wenn Sie Exchange auf einem Server installieren, erhalten Sie immer automatisch einen Back-End-Server. Microsoft unterscheidet bei Back-End-Servern zwischen vier verschiedenen Rollen. Ein Exchange Server hat mindestens eine dieser Rollen, kann aber durchaus mehrere einnehmen.

- Postfachserver
- Server für Öffentliche Ordner
- frei/gebucht-Server
- Server für Offlineadresslisten

Postfachserver Ein Postfachserver verwaltet mindestens eine Datenbank für die Postfächer von Benutzern. Wenn Benutzer Outlook oder ein anderes Programm verwenden, um ihr Postfach zu öffnen, werden sie immer auf einen Postfachserver verbunden. Postfachserver sollten immer so platziert werden, dass die Benutzer, die ein Postfach auf diesem Server haben, immer stabil und performant mit dem Server arbeiten können. Anwender können auf verschiedene Weisen auf einen Postfachserver zugreifen:

- mit Outlook per MAPI
- mit Outlook per MAPI und dem Outlook Caching-Modus
- mit Outlook über das Internet per RPC über HTTP
- mit einem Mailprogramm über IMAP oder POP3
- mit Outlook Web Access
- mit Smartphones über die Synchronisierung mit ActiveServer-Sync (kein Echtzeitzugriff, nur Synchronisation)

Ein Postfachserver kann durchaus auch Server für Öffentliche Ordner sein. Ein Server für Öffentliche Ordner hostet Replikate von verschiedenen Öffentlichen Ordnern, auf die die Benutzer zugreifen können. Um den Replikationsverkehr nicht zu hoch zu halten, sollte nicht jeder Exchange Server Öffentliche Ordner hosten. Ein Server für Öffentliche Ordner sollte so platziert werden, dass die Anwender, die auf die Öffentlichen Ordner des Servers zugreifen wollen, sich ohne Probleme verbinden können. Sie können die Geschwindigkeit der Zugriffe erhöhen, indem Sie die Inhalte der Öffentlichen Ordner zu Niederlassungen replizieren lassen, in denen Benutzer mit diesen Öffentlichen Ordnern arbeiten. Wenn in Ihrer Niederlassung häufig und viel mit Öffentlichen Ordnern gearbeitet wird, sollten Sie darauf achten, dass jeder Öffentliche Ordner als Replikat in den Niederlassungen vorliegt, an denen er gebraucht wird. Beachten Sie aber, dass der Replikationsverkehr der Öffentlichen Ordner die WAN-Leitungen belastet. **Server für Öffentliche Ordner**

Der Server für frei/gebucht-Zeiten hat eine besondere Bedeutung. Bei den frei/gebucht-Zeiten handelt es sich um einen Öffentlichen Systemordner. In diesem Ordner sind die Informationen gespeichert, wann Mitarbeiter des Unternehmens Termine eingetragen haben. Wenn ein Benutzer eine Besprechungsanfrage plant, benötigt er Zugriff auf den Öffentlichen Ordner der frei/gebucht-Zeiten. Ohne diese Zugriffsmöglichkeit können die Benutzer nicht sehen, wie die Kalenderbelegung der anderen Benutzer ist. Hinzu kommt, dass Outlook regelmäßig einen Fehler bringt, wenn keine Verbindung hergestellt werden kann. Sie sollten daher jeden Server in jeder Niederlassung zu einem Server für die frei/gebucht-Zeiten machen und sicherstellen, dass die Replikation fehlerfrei funktioniert. Wenn Sie die frei/gebucht-Zeiten auf andere Exchange Server replizieren lassen, sollten Sie darauf achten, dass bei Änderungen die Replikation durchaus einige Zeit benötigt. Stellen Sie daher sicher, dass der Replikationszeitplan für diesen Ordner relativ kurz ist. **Server für frei/gebucht-Zeiten**

Auch bei den Offlineadresslisten handelt es sich um einen Öffentlichen Systemordner, den Sie replizieren lassen sollten. Die Offlineadressliste beinhaltet eine Kopie der globalen Adressliste, die vor allem beim Nutzen von Outlook 2003 im Caching-Modus verwendet wird. **Server für Offlineadresslisten**

*Abbildung 8.10:
Exchange Server für
Offlineadressliste*

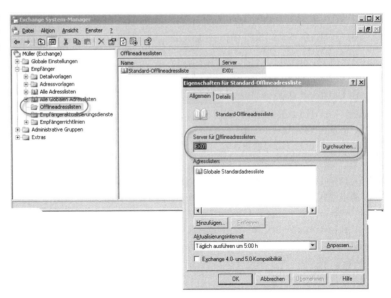

Zusätzlich wird diese Adressliste von mobilen Benutzern verwendet, die von unterwegs E-Mails schreiben können, welche bei der erneuten Verbindung zum Netzwerk automatisch abgeschickt werden. Damit diese Benutzer die E-Mail-Adresse der Empfänger nicht manuell eingeben müssen, steht ihnen auch offline die globale Adressliste zur Verfügung. Je mehr Benutzer mit dem Server, der die Offlineadresslisten hostet, arbeiten, umso mehr wird dieser belastet. Sie sollten daher in jeder Niederlassung ein Replikat dieser Informationen ablegen.

Exchange Front-End-Server

Damit Sie einen Back-End-Server zum Front-End-Server umkonfigurieren können, müssen Sie in den Eigenschaften des Servers im Exchange System-Manager einen Haken setzen. Eine Exchange Front-End-Server speichert keine Postfächer, sondern dient ausschließlich dazu, Benutzern aus dem Internet eine Verbindung zu Back-End-Servern zu ermöglichen. Der Front-End-Server dient dazu als Proxy für die Zugriffe von:

- Outlook Web Access
- Outlook mit RPC über HTTPS
- Exchange ActiveServerSync
- externer Zugriff per IMAP oder POP3

Front-End-Server werden ebenfalls im Firmennetzwerk integriert und nach außen, am besten über einen Microsoft ISA Server, veröffentlicht. Unabhängig von der Anzahl an Back-End-Server können Ihre Benutzer durch Verbindungsaufnahme zum Front-End-Server auf jeden Back-End-Server verbunden werden. Der Front-End-Server befragt dazu einen Globalen Katalog-Server, wo sich der Postfach-Server des Benutzers befindet. Sie benötigen pro Gesamtstruktur nur einen Front-End-Server. Bei der Verwendung sollten Sie jedoch einiges beachten. Mehr zu diesem Thema erfahren Sie im nächsten Abschnitt.

8.7.3 Planung einer Front-End-/Back-End-Architektur

Die Front-End-/Back-End-Architektur wurde bereits in Exchange 2000 eingeführt.

Auch wenn der Front-End-Server ins Internet veröffentlicht wird, sollte er nicht in einer DMZ stehen. Wenn Sie den Front-End-Server in die DMZ stellen, müssen Sie in der Firewall zahlreiche Ports von der DMZ zu den Active Directory-Domänencontrollern öffnen. Wenn der Front-End-Server im internen Netzwerk steht, wird nur der Port 443 für SSL bzw. 80 für HTTP benötigt.

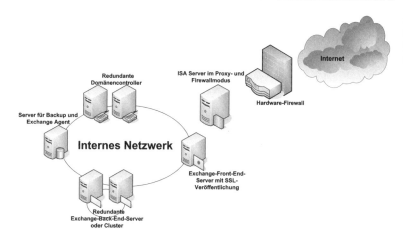

Abbildung 8.11:
Serverrollen in einer Exchange-Organisation

Der Vorteil beim Einsatz eines Front-End-Servers ist zunächst die Proxy-Funktionalität. Wenn sich Benutzer auf ihr Postfach verbinden wollen, brauchen sie nur den Namen des Front-End-Servers zu kennen. Außerdem muss nur dieser Server ins Internet veröffentlicht werden. Ohne den Einsatz eines Front-End-Servers müssen Sie alle Back-End-Server im Internet veröffentlichen. Jeder Server erhält einen eigenen Veröffentlichungsnamen und eine eigene Internetadresse, welche die Benutzer kennen müssen.

8 Planen einer Exchange Server-Infrastruktur

 Unter Exchange 2000 konnten nur Server mit installierter Exchange 2000 Enterprise Edition zum Front-End-Server gemacht werden. Bei Exchange 2003 können auch die erheblich günstigeren Standardserver zum Front-End-Server konfiguriert werden.

Sie können mit der Front-End-/Back-End-Architektur Server mit Postfächern und Öffentlichen Ordnern von den Servern trennen, auf die Benutzer über das Internet oder das WAN zugreifen. Beim Zugriff stellt der Server mithilfe eines Globalen Katalog-Servers fest, auf welchem Back-End-Server sich das Postfach des Benutzers befindet, und verbindet den Benutzer mit seinem Postfach auf dem Postfachserver. Dabei besteht die Möglichkeit, einen oder zwei Front-End-Server und prinzipiell unendlich viele Back-End-Server einzusetzen.

Funktionsweise und Vorteile

Durch die mögliche Aufteilung der Serverfunktionalitäten in Exchange 2003 erhalten Unternehmen einige Vorteile, vor allem hinsichtlich der Sicherheit und Performance beim Zugriff von Benutzern außerhalb des Netzwerks über das Internet, per VPN oder RAS. Der Front-End-Server dient als Proxy-Server für Benutzerpostfächer. Wenn sich ein Benutzer mit einem Front-End-Server verbindet, findet folgender Ablauf statt:

- Ein Benutzer meldet sich an einem Front-End-Server an.
- Als Nächstes überprüft der Front-End-Server mit LDAP auf einem Globalen Katalog-Server, auf welchem Back-End-Server sich das Postfach des Benutzers befindet.
- Dann wird der Benutzer mit dem Back-End-Server verbunden, der seine Anmeldedaten überprüft.
- Nach der erfolgreichen Anmeldung kann der Benutzer auf sein Postfach zugreifen, wobei keine Kommunikation zwischen Benutzer und Back-End-Server stattfindet, sondern nur zwischen Benutzer und Front-End-Server und vom Front-End- zum Back-End-Server.

Ein sehr großer Vorteil bei Unternehmen, die zahlreiche Exchange Server einsetzen, besteht im einheitlichen Namensraum, den Front-End-Server bieten. Sie können einen Front-End-Server konfigurieren, der einen eindeutigen Namen hat, den Sie im Internet veröffentlichen können, zum Beispiel *http://webmail.hof-erbach.com*. Benutzer, die auf ihr Postfach über das Internet zugreifen wollen, müssen sich nicht den komplizierten Servernamen ihres Postfachservers merken, sondern können über eine einfache URL oder einen festgelegten Servernamen wie *pop.hof-erbach.com* oder *imap.erbach.com* auf ihr Postfach zugreifen. Selbst wenn Sie dutzende Back-End-Server mit zahlreichen Postfächern einsetzen, können Benutzer über diesen einzelnen Front-

End-Server auf ihr Postfach zugreifen. Wenn Ihre Organisation wächst und immer mehr Back-End-Server hinzukommen, ist dies trotzdem für alle Benutzer weiterhin möglich, und zwar innerhalb der kompletten Gesamtstruktur. Diese Architektur ist sehr einfach skalierbar.

Ein weiterer Vorteil liegt in der möglichen Absicherung Ihrer Server. Sie können zum Beispiel Ihre Front-End-Server so konfigurieren, dass Sie den Zugriff ausschließlich mit SSL gestatten. Dadurch wird der Datenverkehr zwischen Client und Server gesichert, aber die Back-End-Server werden nicht in ihrer Performance belastet. Benutzer, die im Netzwerk direkt mit Outlook und MAPI auf ihr Postfach zugreifen, werden durch die Verbindungen von Benutzern über Remotezugriff nicht beeinträchtigt.

Zusätzlich können Sie den Front-End-Server in Ihrer DMZ direkt hinter der Firewall positionieren, da er keinerlei Daten bereithält, sondern lediglich als Proxy für die externen Benutzer dient. Dadurch werden Back-End-Server im sicheren Hausnetz vom Internet abgeschottet und Sie schaffen eine zusätzliche Sicherheitsstufe. In diesem Fall müssen allerdings auch mehr Ports von der DMZ ins interne Hausnetz geöffnet werden. Grundsätzlich spielt es für die Sicherheit keine Rolle, ob die Front-End-Server in der DMZ oder im internen Hausnetz stehen. Benutzer, die sich mit IMAP-Clients, wie zum Beispiel Mozilla Thunderbird, auf ihr Postfach verbinden, haben beim Zugriff auf den Front-End-Server Zugriff auf alle Öffentlichen Ordner der Hierarchie, unabhängig von deren Speicherort und Anzahl der Replikate.

Notwendige Serverkomponenten eines Front-End-Servers

Damit die Front-End-/Back-End-Architektur einwandfrei funktioniert, benötigt Exchange 2003 einige Komponenten, die reibungslos funktionieren müssen. Nur so können Benutzer über Front-End-Server zuverlässig auf den Postfachserver zugreifen. Andere, nicht benötigte Komponenten werden deaktiviert.

Beim Zugriff auf den Front-End-Server spielen die Internet Information Services eine sehr wichtige Rolle. Andere Dienste wiederum, wie zum Beispiel der *Recipient Update Service*, spielen keine Rolle und werden daher auf dem Front-End-Server deaktiviert.

IIS auf Front-End-Servern

Der IIS arbeitet zum Speichern seiner Daten hauptsächlich mit seiner Metabase, während Exchange 2003 direkt mit dem Active Directory zusammenarbeitet. Da Exchange- und IIS-Dienste sehr eng miteinander zusammenarbeiten müssen, ist es sehr wichtig, dass sich die IIS-Metabase ständig fehlerfrei mit dem Active Directory abgleichen kann.

DSAccess	Die DSAccess-Komponente in Exchange 2003 steuert den Zugriff von Exchange auf das Active Directory und speichert Informationen in seinem Cache, damit Daten nicht ständig erneut aus dem Active Directory abgefragt werden müssen.. Er verwendet dazu die Konfigurationen, die in den Windows-Standorten konfiguriert sind, und berücksichtigt die Unterteilung in verschiedene Standorte. Um auf Domänencontroller zuzugreifen, verwendet das DSAccess LDAP.
Systemaufsicht (System Attendant)	Die Systemaufsicht ist der wichtigste Exchange-Dienst, da dieser Dienst den Start und das Beenden aller anderen Dienste überwacht und steuert. Die Systemaufsicht in Exchange 2003 ist nicht mehr von der RPC-Kommunikation mit Domänencontrollern abhängig. Diese Abhängigkeit wurde bereits seit dem Exchange 2000 Service Pack 2 abgeschafft. Einige Dienste der Systemaufsicht benötigen allerdings RPC-Zugriff, um auf andere Server zuzugreifen. Diese Dienste werden automatisch deaktiviert, wenn ein Server in einen Front-End-Server umgewandelt wird.
DSProxy	Dieser Dienst verbindet MAPI-Clients mit einem Globalen Katalog-Server zum Zugriff auf die globale Adressliste. Außerdem verbindet DSProxy ältere Outlook-Versionen mit dem Active Directory. Dieser Dienst hängt direkt von RPC ab und wird daher auf Front-End-Servern deaktiviert. Durch diese Deaktivierung kann die Systemaufsicht nicht mehr feststellen, auf welchem Exchange Server das Postfach des Benutzers liegt, was wiederum für MAPI-Clients unerlässlich ist. Aus diesem Grund unterstützen Front-End-Server keine MAPI-Clients. Es besteht allerdings die Möglichkeit, eine Hintertür zu Front-End-Servern zu öffnen, damit MAPI-Clients auch über Front-End-Server zugreifen können. Diese Konfiguration wird allerdings aus Sicherheitsgründen nicht empfohlen. Outlook-Benutzer können jedoch mit RPC über HTTP über den Front-End-Server Verbindung aufbauen.
Empfängeraktualisierungsdienste (Recipient Update Service, RUS)	Der Recipient Update Service wird auf Front-End-Servern deaktiviert. Überprüfen Sie im Exchange System-Manager in Ihren *Recipient Update Services*, welche Exchange Server eingetragen sind. Wenn ein Exchange Server zum Front-End-Server konfiguriert wird, verändert er nicht die Konfiguration des RUS. Stellen Sie daher sicher, dass kein Front-End-Server vom RUS verwendet wird.
Offline-Adressbuch-Generator	Der Generator zum Erstellen von Offline-Adressbüchern ist auf Front-End-Servern ebenfalls deaktiviert. Auf Front-End-Servern können daher keine Offline-Adressbücher generiert werden. Auch hier sollten Sie sicherstellen, dass Front-End-Server nicht in den Offline-Adressbüchern eingetragen sind.

Standortplanung der Exchange Server

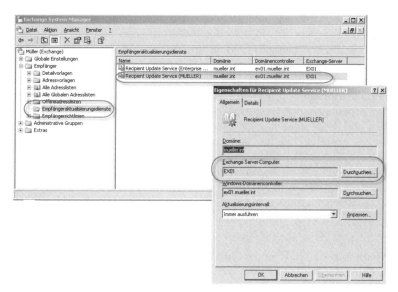

Abbildung 8.12: Exchange Server, der Empfängeraktualisierungsdienste ausführt

Die Exchange-Systemaufsicht überprüft in regelmäßigen Abständen, ob ein Exchange Server noch Mitglied der Domänengruppe *Exchange Domain Servers* ist. Nach der Konfiguration zu einem Front-End-Server wird diese Überprüfung nicht mehr durchgeführt. Wenn der Exchange Server aus dieser Gruppe entfernt wird, kann die Systemaufsicht ihn nicht mehr automatisch wieder aufnehmen.

Exchange-Systemgruppen

Ein weiterer deaktivierter Dienst ist die Postfach-Verwaltung. Da ein Front-End-Server keine Postfächer enthält, ist dieser Dienst nicht mehr notwendig. Auf Back-End-Servern führt dieser Dienst die Hintergrundbereinigung der Postfächer durch und überprüft in regelmäßigen Abständen, ob für jedes Postfach noch ein Benutzerobjekt im Active Directory vorhanden ist.

Postfach-Verwaltung

Auch die frei/gebucht-Zeiten werden auf Front-End-Servern nicht mehr aktualisiert, da keine Benutzerpostfächer mehr vorhanden sind.

Frei/gebucht-Zeiten

POP3 und IMAP

Wenn sich Benutzer mit IMAP oder POP3 mit einem Front-End-Server verbinden, wird ihnen zu keiner Zeit ihr Postfachserver angezeigt, sondern immer nur der Name des Front-End-Servers. Wenn Sie Benutzer zwischen Back-End-Server verschieben, müssen auf den Clients keine Konfigurationen vorgenommen werden, da der Zugriff weiterhin über den Front-End-Server abgewickelt wird. Wenn sich Benutzer mit POP3 oder IMAP mit einem Front-End-Server verbinden, werden sie nicht durch den Front-End-Server authentifiziert, sondern direkt zu ihrem Back-End-Server durchgereicht, der die Authentifizierung durchführt. Dies ist ein maßgeblicher Unterschied zur Authentifizierung bei Outlook Web Access. Hier authentifiziert

8 Planen einer Exchange Server-Infrastruktur

der Front-End-Server ebenfalls Benutzer. Damit Benutzer auf einem Front-End-Server mit POP3 oder IMAP arbeiten können, muss der Front-End-Server eine RPC-Verbindung zu einem Domänencontroller aufbauen können. Sie können den Domänencontroller auf der Registerkarte *Verzeichniszugriff* festlegen. Standardmäßig trägt Exchange bereits automatisch die gefundenen Domänencontroller ein. Aus Sicherheitsgründen ist es sinnvoll, einen Domänencontroller vorzugeben und RPC-Verkehr in der Firewall nur zu diesem Domänencontroller zu gestatten. Wenn Sie den Front-End-Server allerdings in das interne Netzwerk stellen, müssen Sie an dieser Stelle keine Maßnahmen planen. Damit Benutzer mit POP3 und IMAP arbeiten können, wird SMTP benötigt. SMTP wiederum benötigt sowohl den Informationsspeicher als auch die Systemaufsicht, die wiederum nur laufen, wenn RPC-Verbindungen zum entsprechenden Domänencontroller aufgebaut werden können.

Anmeldung an einem Front-End-Server mit POP3 oder IMAP4

Wenn sich ein POP3- oder IMAP-Client mit einem Front-End-Server verbindet, überprüft dieser mit LDAP, auf welchem Back-End-Server sich das Postfach des Benutzers befindet, und gibt die Authentifizierungsdaten an diesen Server weiter. Der Back-End-Server authentifiziert den Benutzer und gibt das Ergebnis an den Front-End-Server weiter, der den Benutzer anschließend mit seinem Back-End-Server verbindet. Dieses Verfahren wird für alle POP3- oder IMAP-Befehle angewendet. Für den Zugriff mit Outlook Web Access wird auf dem Front-End-Server kein SMTP benötigt. Standardmäßig werden bei der Authentifizierung mit POP3 oder IMAP die Benutzernamen und Kennwörter im Klartext über das Netzwerk verschickt. Da diese Zugriffe hauptsächlich über das Internet abgewickelt werden, sollten Sie für diese beiden Protokolle SSL konfigurieren. Die meisten IMAP-Clients unterstützen lediglich den Zugriff auf Öffentliche Ordner auf dem Postfachserver des Benutzers. Auf Öffentliche Ordner, die auf anderen Exchange Servern liegen, kann nicht zugegriffen werden. Wenn sich Benutzer mit ihrem IMAP-Client auf einen Front-End-Server verbinden, kann dagegen auf alle Öffentlichen Ordner, die innerhalb der Exchange-Organisation liegen, zugegriffen werden. POP3 und IMAP sind Protokolle, die nur zum Empfangen von E-Mails verwendet werden können. Damit Benutzer, die sich mit POP3 oder IMAP mit einem Front-End-Server verbinden, auch E-Mails verschicken können, muss SMTP auf dem Front-End-Server zur Verfügung stehen. Damit SMTP auf einem Front-End-Server aktiv bleibt, muss auf dem Server ein Postfachspeicher bereitgestellt sein. Dieser Postfachspeicher muss kein Postfach enthalten, er muss allerdings bereitgestellt (*gemountet*) sein.

Standortplanung der Exchange Server

Outlook Web Access

Der Zugriff per Outlook Web Access erfolgt mit dem HTTP-Protokoll. Wenn ein Benutzer Verbindung mit einem Front-End-Server aufnimmt, überprüft dieser mit LDAP, auf welchem Back-End-Server sich das Postfach des Benutzers befindet. Während der Authentifizierung und des Zugriffs auf das Postfach ändert sich beim Benutzer die URL nicht. Im Internet Explorer steht zu jeder Zeit lediglich die URL des Front-End-Servers. Der Name des Back-End-Servers erscheint weder im Internet Explorer noch innerhalb von Outlook Web Access. Für die Kommunikation zwischen Front-End- und Back-End-Server wird der TCP-Port 80 verwendet. Auch wenn der Benutzer mit SSL (Port 443) Verbindung mit dem Front-End-Server aufnimmt, wird der Verkehr zwischen Front-End-Server und Back-End-Server über den Port 80 HTTP durchgeführt. Zwischen Front-End- und Back-End-Servern wird kein SSL unterstützt.

Wenn Sie mehrere Öffentliche Ordner-Strukturen anlegen, müssen Sie für jede neue Struktur ein eigenes virtuelles Verzeichnis anlegen, damit Benutzer mit Outlook Web Access auf die neuen Öffentlichen Ordner-Strukturen zugreifen können. Während der Installation von Exchange 2003 wird bereits das virtuelle Verzeichnis *public* angelegt, mit dem Sie Verbindung zur ersten Öffentlichen Ordner-Struktur aufbauen können. Sie können mit der URL *http://SERVERNAME/public* Verbindung mit den Öffentlichen Ordnern dieser Struktur aufbauen. Wenn Sie zusätzliche Öffentliche Ordner-Strukturen erstellen und Benutzer auf diese Strukturen mit Outlook Web Access zugreifen sollen, müssen Sie auf jedem Front-End-Server und allen Back-End-Servern, die diese Öffentliche Ordner-Struktur hosten sollen, identische Verzeichnisse erstellen. Auch in Outlook Web Access werden Benutzer zunächst mit dem Informationsspeicher für Öffentliche Ordner verbunden, der in den Eigenschaften des Postfachspeichers festgelegt ist. Dieser Informationsspeicher kann entweder auf demselben Server liegen, was häufig der Fall ist, oder auf einem dedizierten Öffentlichen Ordner-Server. In Outlook und Outlook Web Access werden Benutzer zunächst mit diesem Informationsspeicher verbunden.

Öffentliche Ordner mit Outlook Web Access

8 Planen einer Exchange Server-Infrastruktur

Abbildung 8.13: Zugriff auf Öffentliche Ordner im Exchange System-Manager konfigurieren

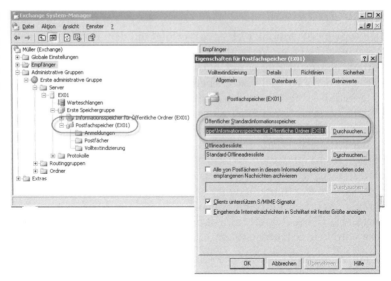

Authentifizierung in Outlook Web Access

In Outlook Web Access mit Front-End- und Back-End-Servern stehen zwei verschiedene Varianten der Authentifizierung zur Verfügung. Entweder werden Benutzer durch den Front-End-Server und dem Back-End-Server oder nur durch den Back-End-Server authentifiziert. Der Back-End-Server authentifiziert einen Benutzer, auch wenn dieser bereits durch den Front-End-Server authentifiziert wurde. Die sicherste Methode zur Authentifizierung an Outlook Web Access ist die Authentifizierung am Front-End- und am Back-End-Server. Die Authentifizierung am Front-End-Server läuft immer mit der *HTTP Basic Authentication* (Standardauthentifizierung), da dies die einzige Methode ist, die ein Front-End-Server beherrscht. Back-End-Server unterstützen zusätzlich noch die integrierte Authentifizierung. Wenn die Authentifizierungsdaten vom Front-End-Server angefordert werden, erscheint beim Benutzer ein Anmeldefenster im Browser. Die Daten, die der Benutzer in diesem Fenster eingibt, werden vom Front-End-Server an den Back-End-Server weitergegeben, sodass keine erneute Authentifizierung stattfinden muss. Beide Server überprüfen diese Daten und gewähren dem Benutzer Zugriff auf sein Postfach. Damit der Front-End-Server einen Benutzer authentifizieren kann, muss er eine RPC-Verbindung zu einem Domänencontroller aufbauen. Wenn in der Firewall für die DMZ der RPC-Zugriff für den Front-End-Server gesperrt ist, können Sie die Authentifizierung am Front-End-Server nicht verwenden, sondern müssen mit der *Pass Through-Authentifizierung* arbeiten, die allerdings wesentlich unsicherer ist. Bei der *Pass Through-Authentification* ist der Zugriff auf den Front-End-Server für anonyme Benutzer gestattet, er wird nicht authentifiziert. RPC wird zwar nicht mehr von Exchange zum Verbindungsaufbau ins Active Directory verwendet, allerdings wird die Authentifizierung am Front-End-Server durch den IIS durchgeführt, der RPC zur Authentifizierung an einem Domänencontroller voraussetzt. Sie können die Authentifizierung am Front-End-Server so konfigurieren, dass der Benutzer keine Domäne angeben muss. Standardmäßig müssen sich Benutzer am Front-End-Server mit der Syntax *Domäne\Benutzername* anmelden.

Planung der Front-End-Server

Microsoft empfiehlt, für vier Back-End-Server je einen Front-End-Server zu verwenden. Es kommt darauf an, wie stark bei Ihnen Outlook Web Access, POP3 und IMAP verwendet werden. Das Hinzufügen weiterer Front-End-Server ist ohne weiteres möglich. Nach meiner Erfahrung bietet es sich bei größeren Firmen an, mindestens zwei Front-End-Server einzusetzen, damit eine gewisse Ausfallsicherheit hergestellt ist, wenn einer der beiden Server nicht zur Verfügung steht.

Je nach Größe Ihrer Organisation kann es sinnvoll sein, das Load Balancing von Windows 2003 Server zu verwenden. Wahlweise können Sie auch mit *DNS-Round-Robin* arbeiten oder einen Cluster einsetzen. Bei Round-Robin erhalten Sie allerdings nur eine Lastverteilung und keine Ausfallsicherheit.

Load Balancing

Auch wenn Sie eine Hardware-Firewall einsetzen, bietet es sich für die Veröffentlichung eines Front-End-Servers an, zusätzlich einen Microsoft ISA Server 2004 einzusetzen, da dieser spezielle Konfigurationen unterstützt und die Veröffentlichung des Front-End-Servers dadurch in zwei Stufen abgesichert wird.

Firewall und Front-End-Server

Gut planen sollten Sie auch die Absicherung der Kommunikation zwischen Client und Front-End-Server und von Front-End-Server zu Back-End-Server sowie die Verbindung zum Domänencontroller. Vor allem die Anzahl der geöffneten Ports muss geplant werden. Zwischen Client und Front-End-Server sollten Sie auf SSL setzen und keine normale HTTP-Verbindung zulassen. Beachten Sie, dass der Lizenzierungsdienst auf dem Front-End-Server läuft. In vielen Firmen wird dieser Dienst oft angehalten, da er bei fehlerhafter Lizenzierung zahlreiche Fehlermeldungen bringt. Wenn dieser Dienst nicht läuft, lässt der Front-End-Server nur wenige SSL-Verbindungen zu und verweigert teilweise die Anmeldung neuer Benutzer. Der Datenverkehr von HTTP, POP3 und IMAP wird nicht verschlüsselt. Es bietet sich an, neben SSL auch IPSec zur Absicherung des Datenverkehrs zu verwenden. Alternativ sollten Ihre Benutzer mit POP3S bzw. IMAPS arbeiten.

Absicherung der Kommunikation zwischen Front-End- und Back-End-Server

Update von Exchange 2000 Front-End-Servern

Wenn Sie von Exchange 2000 zu Exchange 2003 migrieren, müssen Sie alle Front-End-Server einer administrativen Gruppe zunächst auf Exchange 2003 updaten, bevor Sie die Back-End-Server migrieren. Exchange 2003 Front-End-Server sind mit Exchange 2000 Back-End-Servern kompatibel. Allerdings sind Exchange 2000 Front-End-Server nicht mit Exchange 2003 Back-End-Servern kompatibel. Wenn Sie daher eine Migration zu Exchange 2003 planen, ist der erste Schritt die Migration der Front-End-Server.

Verwalten mehrerer E-Mail-Domänen mit einem Front-End-Server

Wenn Sie eine einfache Umgebung haben, werden Sie nur eine E-Mail-Domäne verwalten müssen. Bei größeren Unternehmen, die mehrere E-Mail-Domänen hosten, haben Sie nach der Konfiguration des Front-End-Servers noch einiges zu tun: Für jede E-Mail-Domäne muss entweder ein eigener virtueller Server oder ein eigenes virtuelles Verzeichnis angelegt werden. Jeder dieser Server beziehungsweise jedes Verzeichnis dient zur Anmeldung von Benutzern innerhalb einer E-Mail-Domäne (nicht zu verwechseln mit Windows-Domäne).

8.7.4 Anbindung von mobilen Mitarbeitern

Da der Zugang mit drahtlosen Geräten, WAP-Handys und Pocket-PCs immer mehr zunimmt, hat Microsoft auf diese Entwicklung reagiert. Die mobilen Dienste, das heißt der Zugang mit drahtlosen Geräten sind eine neue Funktionalität in Exchange 2003. Die Funktionalität dieser Dienste werden mit dem Exchange 2003 SP2 extrem erweitert. Durch die neue Direct Push-Funktionalität haben Benutzer mit Windows-PDAs jetzt endlich die gleichen Möglichkeiten wie Blackberry-Nutzer, ohne zusätzliche Produkte lizenzieren zu müssen.

Mit Exchange ActiveSync (EAS) können Pocket-PCs oder Smartphones eine Synchronisation mit einem Postfach über das Netzwerk ausführen, ohne an eine Dockingstation angeschlossen zu sein. Smartphones können über das Internet mithilfe von GPRS oder UMTS auf Exchange zugreifen und Posteingang, Kalender sowie Aufgaben (seit SP2) synchronisieren. Seit Exchange 2003 SP2 können mobile Benutzer mit Smartphones, die unter dem neuen Windows Mobile 5 laufen, auch das globale Adressbuch auf dem Exchange Server durchsuchen und so noch effizienter mit dem Mailsystem arbeiten. Diese Synchronisation kann auch über das Internet mit VPN oder Serververöffentlichungen durchgeführt werden. Außerdem können Benutzer mit WAP 2.0-fähigen Geräten direkt auf ihr Postfach zugreifen. Microsoft hat dazu in den mobilen Diensten das Outlook Mobile Access (OMA) integriert.

Standortplanung der Exchange Server

Eine weitere Möglichkeit besteht im Senden von Nachrichten an mobile Geräte und dem Ausfiltern von großen Nachrichten, wenn diese mit GPRS oder UMTS übertragen werden. Um alle Funktionen optimal nutzen zu können, müssen Ihre mobilen Benutzer mit Smartphones ausgestattet sein. Die Smartphones wiederum sollten mit dem neuen Windows Mobile 5 ausgestattet sein und das frei verfügbare *Microsoft Message Security Feature Package* muss installiert sein. Standardmäßig ist nach der Installation von Exchange 2003 der drahtlose Zugang für alle Benutzer aktiviert. Sie müssen keine Konfigurationsänderungen oder zusätzlichen Installationen vornehmen.

Exchange 2003 ActiveSync (EAS)

Die drahtlosen Synchronisationsmöglichkeiten erlauben es Benutzern, sich mit ihrem Postfach zu synchronisieren, ohne dauerhaft mit dem Netzwerk verbunden zu sein. Die Synchronisation unterscheidet sich in zwei Features, die Benutzern zur Verfügung stehen. Mit Exchange 2003 SP2 erhalten Administratoren die Möglichkeit, verloren gegangene Pocket-PCs zu löschen. Dazu wird der Exchange Server so konfiguriert, dass er bei Verbindungsaufnahme des verlorenen Geräts (also sobald das Smartphone sich mit dem Internet verbindet) alle Daten auf dem Gerät löscht. Diese neue Funktionalität wird *Remote Wipe* genannt.

Bei der beschriebenen Synchronisation zwischen mobilen Geräten und dem Exchange 2003 mittels Exchange 2003 ActiveSync (nicht zu verwechseln mit ActiveSync über eine Dockingstation) wird der Verbindungsaufbau mithilfe von HTTP/HTTPs durchgeführt. Damit ein Benutzer sich mit seinem Pocket-PC synchronisieren kann, muss er eine Verbindung mit dem Exchange Server aufbauen. Natürlich ist es für Administratoren interessant, vor allem bei vielen mobilen Benutzern, wer und wann sich mit dem Exchange Server über EAS verbindet. Es gibt kein eindeutiges Programm, um die Funktion von EAS zu überwachen. Da die Funktion jedoch über den IIS abläuft, können Sie die Protokolldateien des IIS verwenden.

Allgemeine Infos zu EAS

Dieses Feature ist hauptsächlich für zukünftige Geräte ausgelegt und die modernste Erweiterung in Exchange 2003. Mit *Always-Up-To-Date*-Benachrichtigungen wird das Postfach des Benutzers auf dem Exchange 2003 Server ständig mit seinem mobilen Gerät synchronisiert. Im Klartext heißt das, wenn eine E-Mail in das Postfach des Benutzers gestellt wird, informiert Exchange den Benutzer sofort, damit er sich mit seinem Postfach synchronisieren kann. Ohne die Installation von Exchange 2003 SP2 erfolgt die Benachrichtigung der mobilen Clients mithilfe einer SMS, was sehr unbequem, teuer und ineffizient ist. Mit SP2 erfolgt die Anbindung mittels Direct Push über HTTP. Bei dieser Technologie wird die Synchronisierung des Smartphones nicht durch eine SMS aktiviert, sondern Endgerät und Exchange Server bleiben dauerhaft verbunden. Da bei dieser Verbin-

Always-Up-To-Date (AUTD) – Direct Push

8 Planen einer Exchange Server-Infrastruktur

dung nur sehr geringe Datenmengen ausgetauscht werden, entstehen keine allzu hohen Mehrkosten wie bisher. Eher im Gegenteil, da der SMS-Dienst, der erst durch den Provider aktiviert werden muss, und je nach Mobilfunkvertrag deutlich teurer sein kann. Wenn Sie zuverlässig die mobilen Dienste nutzen wollen, sollten Sie auf ein Endgerät setzen, das die Exchange ActiveSync-Technologie von Microsoft lizenziert hat oder auf eines, das wie bereits erwähnt unter Windows Mobile 5 bzw. dem älteren Windows Mobile 2003 läuft. Zur Veröffentlichung von Exchange ActiveSync ins Internet bietet sich ein Microsoft ISA Server an, der wiederum hinter einer Hardware-Firewall stehen sollte. Der ISA ist bereits mit Assistenten ausgestattet, um die ActiveSync-Technologie sicher über das Internet bereitstellen zu können. Mehr zu diesem Thema erfahren Sie in *Kapitel 9 »ISA Server«*.

Benutzerverwaltung für Outlook Mobile Access

Sie können die mobilen Dienste für bestimmte Benutzer deaktivieren. Standardmäßig sind die Dienste für alle Benutzer aktiviert. Wenn Sie bestimmten Benutzern den Zugriff auf ihr Postfach mit Outlook Mobile Access oder ExchangeActiveSync verweigern wollen, muss dies einzeln für den jeweiligen Benutzer geschehen. Diese Konfiguration wird im Snap-In *Active Directory-Benutzer und -Computer* durchgeführt. Rufen Sie dazu den Benutzer im Snap-In auf und wechseln Sie zur Registerkarte *Exchange-Features*. Hier können Sie für jeden Benutzer die einzelnen Dienste deaktivieren oder aktivieren.

Abbildung 8.14: Benutzereigenschaften für die mobilen Dienste konfigurieren

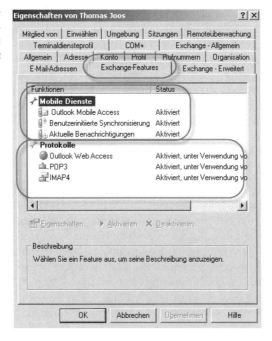

Damit sich ein Benutzer synchronisieren kann, muss dessen Pocket-PC oder Smartphone mit dem Netzwerk verbunden sein, zum Beispiel mit einem Wireless LAN oder über GPRS/UMTS. Wenn diese Voraussetzung erfüllt ist, kann der Benutzer auf seinem Pocket-PC die Synchronisation mit dem Server konfigurieren. Achten Sie darauf, dass das Serverzertifikat des IIS auf dem Pocket-PC installiert wird. Windows Mobile verwendet standardmäßig SSL zum Verbindungsaufbau. Ohne ein gültiges Zertifikat auf dem Endgerät wird die Synchronisierung über das Internet nicht funktionieren.

Einstellungen auf dem Pocket-PC oder Smartphone

Front-End-Server für die mobilen Dienste

Für den Verbindungsaufbau zu den Back-End-Servern wird auch bei den mobilen Diensten ein Front-End-Server empfohlen, auf den sich die Pocket-PC-Benutzer verbinden können. Da ein Front-End-Server Geld kostet und Sie Hardware und eine Serverlizenz benötigen, wollen viele Unternehmen möglichst auf den Einsatz eines solchen Servers verzichten. Es gibt auch die Möglichkeit, in der Registry des Exchange Servers Änderungen durchzuführen, um auf einen Front-End-Server verzichten zu können. Bei diesem Vorgang wird ein zusätzliches virtuelles Web angelegt, mit dem sich EAS verbindet und das kein SSL verwendet. Dieses Vorgehen wird jedoch nicht empfohlen und ist nur für sehr kleine Unternehmen sinnvoll, bei denen sich der Einsatz eines Front-End-Servers nicht lohnen würde.

Sicherheit für mobile Endgeräte

Geht ein Endgerät verloren oder wird es gestohlen, kann der Administrator den Exchange Server so konfigurieren, dass er den Inhalt des Geräts beim nächsten Verbindungsaufbau löscht. Diese Funktionalität steht allerdings nur für Windows Mobile 5-Geräte mit installiertem *Message Security Feature Package* zur Verfügung. Das Exchange 2003 SP2 stellt dazu nicht nur die Funktion *Remote Wipe* zur Verfügung, sondern auch eine so genannte *Local Wipe* (Option: Gerät nach x Fehlversuchen entfernen). Mithilfe des *Messaging Security Feature Package* kann der Administrator eine Richtlinie definieren, die auf dem Gerät alle Daten löscht, wenn die PIN mehrmals falsch eingegeben wurde.

8.7.5 Anbindung mobiler Mitarbeiter per Outlook 2003 über das Internet mit RPC über HTTP

Im Zusammenspiel mit Windows 2003, Exchange 2003 und Outlook 2003 besteht die Möglichkeit, dass Anwender über das Internet mit Outlook 2003 auf ihr Exchange-Postfach zugreifen können. Dies macht zum Beispiel für Mitarbeiter mit Heimarbeitsplätzen Sinn, da die Arbeit mit Outlook auf dem Exchange Server von zu Hause

8 Planen einer Exchange Server-Infrastruktur

genauso bequem funktioniert wie in der Firma. Auch Mitarbeiter mit Laptops, die von zu Hause und in der Firma mit ihrem Gerät arbeiten, können diese Funktion nutzen. Outlook 2003 erkennt automatisch, wenn eine Verbindung über das LAN möglich ist, und verbindet Benutzer über LAN mit Outlook, wenn Exchange über das LAN verfügbar ist.

Wenn der Exchange Server im LAN nicht gefunden werden kann, verbindet sich Outlook mittels RPC über HTTP mit einem veröffentlichten Exchange Server, am besten über einen Front-End-Server. Diese Verbindung ist schnell, hochkomfortabel und für externe Mitarbeiter mit Heimarbeitsplätzen nur zu empfehlen. Ein Anwender muss dazu nicht mit einem VPN verbunden sein. Die Verbindung per RPC über HTTP funktioniert ähnlich wie die Verbindung mit Outlook Web Access (OWA). Dabei wird die neue RPC über HTTP-Proxy-Funktionalität von Windows 2003 verwendet. Das RPC-Protokoll ist standardmäßig nicht für das Internet gedacht. Aus diesem Grund wird bei dieser Funktionalität jeder RPC-Befehl in das HTTP-Protokoll eingebettet. Das RPC über HTTP-Protokoll konnte bereits unter Exchange 2003 ohne Service Pack genutzt werden. Allerdings mussten alle Konfigurationen, die dazu notwendig waren, in die Registry eingetragen werden, was sehr umständlich und unkomfortabel war. Seit Exchange 2003 SP1 besteht die Möglichkeit, Einstellungen, die RPC über HTTP betreffen, direkt im Exchange System-Manager durchzuführen. Selbstverständlich sind diese Möglichkeiten auch weiterhin mit Exchange 2003 SP2 gegeben.

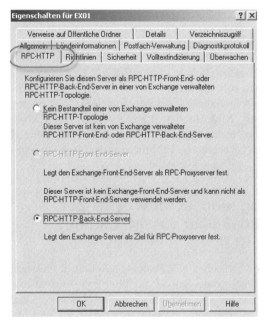

Abbildung 8.15: Konfiguration von RPC über HTTP im Exchange System-Manager

Standortplanung der Exchange Server

Voraussetzungen für RPC über HTTP

Damit Sie RPC über HTTP verwenden können, muss auf allen beteiligten Domänencontrollern, Globalen Katalog-Servern und Exchange Servern Windows 2003 als Betriebssystem und Exchange Server 2003 als Exchange Server installiert sein. Nur Anwender mit Outlook 2003 können diese neue Funktionalität verwenden. Als Betriebssystem auf den Client-PCs, die sich mit RPC über HTTP verbinden, ist Windows XP mit mindestens SP1 zu empfehlen, besser Windows XP mit SP2 und aktivierter Firewall. Für die Verschlüsselung des Datenverkehrs zwischen Client und RPC-Proxy wird SSL verwendet. Es muss also für Server und Client ein Zertifikat zur Verfügung stehen. Sie können sich auch ein Zertifikat von einem Anbieter im Internet kaufen (Verisign etc.), aber für die meisten Unternehmen wird wohl ein eigenes Zertifikat genügen. Wie Sie eine eigene Zertifikatsstelle einrichten und planen, erfahren Sie in *Kapitel 13 »Sicherheit in Microsoft-Netzwerken«*. Wenn Sie Exchange 2003 Front-End-Server einsetzen, werden diese bei einem RPC über HTTP-Szenario als RPC-Proxys verwendet. Wenn Sie RPC über HTTP noch nicht verwenden, sollten Sie sicherstellen, dass auf allen Front-End- und Back-End-Servern Exchange 2003 SP2 installiert ist. Da bei der RPC über HTTP-Funktionalität der Exchange Server wie bei Outlook Web Access ins Internet veröffentlicht wird, ist es zu empfehlen, dies über einen Microsoft ISA Server 2004 durchzuführen. Zusammen mit dem ISA 2004 und Exchange 2003 können Sie die notwendigen Veröffentlichungen bequem und sicher durchführen. Für Unternehmen, die einen noch höheren Sicherheitsanspruch haben, besteht die Möglichkeit, vor dem ISA 2004 noch eine Hardware-Firewall zu konfigurieren. Den genauen Ablauf einer solchen Veröffentlichung und die weiteren Vorteile des ISA 2004 erfahren Sie in *Kapitel 9 »ISA Server«*.

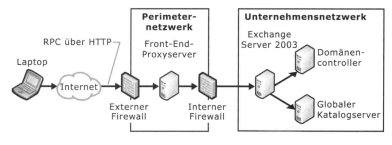

Abbildung 8.16: Front-End-Server in der DMZ ohne ISA Server

Microsoft empfiehlt, Front-End-Server direkt in das Firmennetzwerk zu integrieren, nicht in die DMZ. Wenn ein Front-End-Server in das Firmennetzwerk integriert wird, muss zwischen Internet und LAN nur der SSL-Port (443) freigeschaltet werden und keine zusätzlichen Ports für Active Directory-Abfragen oder Globale Katalog-Server. Dabei werden alle RPC über HTTP-Anfragen vom ISA Server an den Exchange Front-End-Server weitergeleitet, der die Anfragen an die einzelnen Back-End-Server verteilt und die notwendigen Abfragen wie Postfachserver, Zugangsdaten etc. im Active Directory durchführt. Wenn Sie Ihren Front-End-Server nicht im internen LAN, sondern in der DMZ positionieren wollen, müssen Sie außer den üblichen Ports, die für Front-End-Server geöffnet werden müssen, auch noch zusätzliche Ports für RPC über HTTP öffnen (TCP 6001, 6002 und 6004). Natürlich können Unternehmen, die keinen Front-End-Server und nur einen Exchange Server einsetzen wollen, auch die RPC über HTTP-Funktionalität verwenden. Dazu sollte der Exchange Server im internen LAN stehen, während der ISA Server in der DMZ oder als Firewall direkt im Internet steht.

Planung der Back-End- und Front-End-Server für RPC über HTTP

Im ersten Schritt müssen Sie Ihre Postfachserver als RPC über HTTP-Back-End-Server konfigurieren, damit diese RPC über HTTP-Anfragen entgegennehmen (siehe *Abbildung 8.15*). Sie finden diese Einstellungen in den Eigenschaften des Servers in der jeweiligen administrativen Gruppe auf der Registerkarte *RPC-HTTP*. Da bei der Konfiguration von RPC-HTTP-Back-End-Servern auch Änderungen im Active Directory und den Globalen Katalog-Servern durchgeführt werden, sollten Sie auf die Replikation Ihres Active Directorys warten, bis Sie Front-End-Server konfigurieren.

8.8 Planung der Namensstruktur

Sie sollten bereits frühzeitig planen, wie Sie die Bezeichnungen innerhalb der Exchange-Infrastruktur wählen. Bezüglich der Bezeichnungen gibt es zahlreiche Punkte zu beachten und abzustimmen.

8.8.1 Bezeichnung der Organisation

Der Name Ihrer Organisation sollte sicherlich als einer der ersten Punkte festgelegt werden. Er sollte möglichst kurz und leicht zu merken sein. Zwar wird er nicht oft verwendet, falls Sie ihn aber für eine LDAP-Abfrage oder ein Programm eines Drittherstellers benötigen, sind Sie sicherlich dankbar, wenn er nicht zu lang und zu unübersichtlich ist. Darüber hinaus darf der Name der Organisation keines der folgenden Zeichen enthalten:

/ \ [ ] : | < > + = ~ ! @ ; , " ( ) { } ` ' # $ % ^ & * .

Sicherheitshalber sollten Sie auf die Verwendung von Umlauten und dem Eszett (ß) verzichten. Der Name einer Exchange 2003-Organisation darf maximal 64 Zeichen lang sein. Das nachträgliche Abändern des Organisationsnamens ist ein sehr umständlicher Vorgang, den man vermeiden sollte.

8.8.2 Namen der administrativen Gruppen und Routinggruppen

Auch die Bezeichnungen der administrativen Gruppen und der Routinggruppen sollten bereits zu Beginn festgelegt werden. Wenn Sie mehrere Gruppen anlegen müssen, sollten Sie sich auch eine Namenskonvention überlegen, anhand derer Sie sofort erkennen, welcher Server diese Gruppe enthält beziehungsweise was ihre Aufgabe ist. Wählen Sie auch hier möglichst kurze Namen. Auch diese Bezeichnung darf maximal 64 Zeichen lang sein, für die Verwendung der Zeichen gelten die oben genannten Regeln. Aus der Bezeichnung der Routinggruppen sollte leicht ersichtlich sein, welche Standorte miteinander verbunden werden. Bei diesem Punkt müssen Sie die Zusammenarbeit mit anderen E-Mail-Systemen beachten. Eventuell ist es für manche Connectoren notwendig, den Namen einer administrativen Gruppe oder einer Routinggruppe einzugeben. Ein leicht zuordenbarer und einfacher Name kann Fehler verhindern.

8.8.3 Servernamen planen

Die Bezeichnung der Server sollte ebenfalls sehr früh festgelegt werden. Aus der Bezeichnung des Servers sollte schnell ersichtlich sein, welche Aufgaben er beinhaltet und an welchem Standort er steht. Wenn es sich bei dem Server um einen Exchange Server handelt, sollte dies aus dem Namen bereits hervorgehen. Der Name des Servers wird während der Administration ebenfalls häufig von den Benutzern verwendet. Achten Sie auch hier auf einen einfachen, aber aussagekräftigen Namen. Der NetBIOS-Name des Servers darf maximal 15 Zeichen lang sein. Auch eine Durchnummerierung ist sinnvoll, vor allem wenn Sie mehrere Exchange Server einsetzen wollen oder müssen. Teilweise erscheint der Name der Rechner in ausgehenden Nachrichten, deshalb sollten Sie aufpassen, welche Wörter innerhalb eines gewählten Namens vorkommen, zum Beispiel ist MSEXCHANGE kein guter Name, da er das Wort SEX enthält. Viele Spamfilter reagieren auf dieses Wort.

8.9 Serverplanung und -Sizing

Microsoft stellt zur Planung der notwendigen Serverhardware Tools zur Verfügung, mit denen Sie Belastungstests auf Servern durchführen können. Diese Tools sind:

- Jetstress
- Microsoft Exchange Server Load Simulation Tool (Loadsim.exe)
- Exchange Stress and Performance (ESP) Tool
- Exchange Server Performance Troubleshooting Analyzer (ExPTA)

8 Planen einer Exchange Server-Infrastruktur

Bauen Sie eine Testumgebung auf, in der Sie die vorgesehene Hardware anhand der Tools testen können. Dadurch erkennen Sie bereits frühzeitig Performance- oder Stabilitätsprobleme. Zusätzlich stellt Microsoft noch ein kostenpflichtiges Tool zur Verfügung, den System Center Capacity Planner.

8.9.1 Microsoft System Center Capactiy Planner 2006

Unternehmen, die eine größere Exchange-Organisation mit einigen Niederlassungen und vielen Benutzern planen, kommen zusätzlich zu den beschriebenen Tools nicht um den System Center Capacity Planner herum.

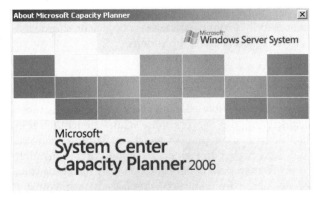

Abbildung 8.17: Microsoft System Center Capacity Planner 2006

Die Aufgabe dieses Tools besteht darin, Ihnen beim optimalen Server-Sizing Ihrer Exchange Server zu helfen und diese Empfehlungen genau zu dokumentieren. Der Capacity Planner 2006 gibt Ihnen nach der Eingabe der notwendigen Informationen detaillierte Empfehlungen über die zukünftige empfohlene Strukturierung Ihrer Hardware. Abhängig von der Benutzeranzahl, Postfachgröße, dem Einsatz eines SANs und so weiter, können Sie eine genaue Planung vornehmen. Sie können mit dem Tool Simulationen durchführen und Ihre zukünftige Umgebung visualisieren lassen. Mit dem Capacity Planner können Sie auch „Was wäre, wenn"-Szenarien erstellen. Sie können WAN-Verbindungen hinzufügen, die Internetanbindung planen, Geschwindigkeiten und Bandbreiten auf Tauglichkeit für Exchange prüfen usw. Mit dem System Center Capacity Planner 2006 erhalten Sie ein Tool, das für IT-Spezialisten, die Exchange-Organisationen planen, unverzichtbar ist.

Serverplanung und -Sizing

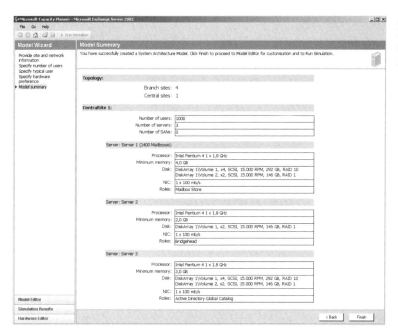

Abbildung 8.18:
Kapazitätsplanung
mit dem Capacity
Planner 2006

8.9.2 Jetstress

Jetstress ist ein sehr wichtiges Tool für die Diagnose und Planung von Exchange Servern. Es simuliert auf einer Serverhardware einen realen Einsatz von Exchange mit allen Features. Da Exchange ein sehr festplattenlastiges Serverprogramm ist, sollten Administratoren, vor allem von großen Exchange-Organisationen, die Hardware eines potentiellen Exchange Servers vor der Installation testen, um eine eindeutige Aussage treffen zu können, ob die Hardware und das Festplattensystem ausreichend Performance für die Anzahl der Benutzer bieten, die später auch auf dem Exchange Server arbeiten soll.

Jetstress können Sie kostenfrei von Microsoft herunterladen. Nach dem Entpacken der Datei können Sie Jetstress über die Exe-Datei *JetstressUI* starten. Im gleichen Verzeichnis befindet sich auch die Datei *Jetstress.exe*, die Jetstress in einer Kommandozeile startet. Mit dem Kommandozeilen-Tool können Sie zum Beispiel selbst ein Skript schreiben, das die Konfiguration der Testumgebung bestimmt.

Abbildung 8.19: Standortplanung mit dem System Center Capacity Planner

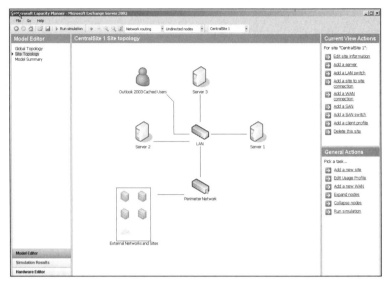

Microsoft empfiehlt Tests ausdrücklich mit der *JetstressUI*, da diese Version aktueller ist. Nach dem Starten von JetstressUI prüft das Programm, ob alle Bedingungen für einen erfolgreichen Test auf der Servermaschine vorliegen. Damit Jetstress zufrieden stellend funktioniert, sollten Sie auf Ihrer Testhardware entweder Exchange 2003 installieren, da Jetstress einige Dateien aus dem bin-Verzeichnis benötigt, oder Sie kopieren die notwendigen Dateien von einem bestehenden Exchange Server in das Installationsverzeichnis von Jetstress. Dabei handelt es sich um folgende Dateien:

▶ Ese.dll
▶ Eseperf.dll
▶ Eseperf.ini
▶ Eseperf.hxx

Abbildung 8.20: Jetstress im Einsatz

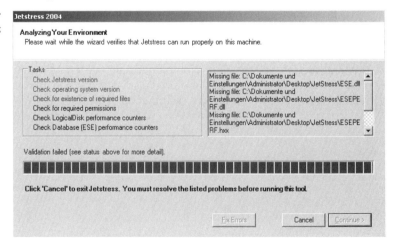

Serverplanung und -Sizing

Nachdem Sie diese Dateien in das Installationsverzeichnis von Jetstress kopiert haben, sollten die ersten Tests erfolgreich ablaufen. Findet Jetstress noch Fehler, zum Beispiel nicht registrierte Performance-Counter, bietet das Tool eine automatische Fehlerbehebung an. Klicken Sie in diesem Fall auf die Schaltfläche *Fix Errors*. Jetstress führt die Fehlerbehebung durch und bietet eine Fortsetzung der Testkonfiguration an. Im nachfolgenden Fenster startet Jetstress und Sie können die Anzahl der Postfächer und die Größe der einzelnen Postfächer definieren. Beachten Sie, dass der Test, um zuverlässige Aussagen zu treffen, einige Stunden laufen muss und das System des Servers stark belastet. Sie sollten Jetstress also nur auf Servern laufen lassen, die noch nicht produktiv sind. In jedem Fall ist es vor der Installation von Exchange in einem SAN oder NAS sinnvoll, einen Test mit Jetstress durchzuführen, um festzustellen, ob die eingebundene Hardware überhaupt mit den Performanceansprüchen zurechtkommt. Wenn Sie genauere Tests mit Jetstress durchführen wollen, empfehle ich Ihnen, die Readme-Datei im Installationsverzeichnis zu lesen. Diese behandelt auf über 60 Seiten die genauen Konfigurationsmöglichkeiten von Jetstress.

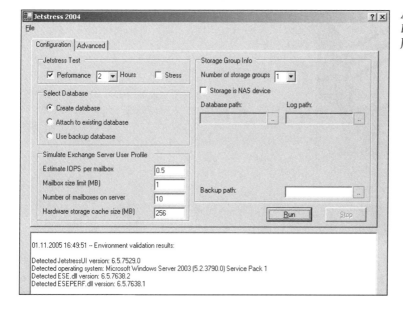

*Abbildung 8.21:
Exchange-Test mit
Jetstress*

8.9.3 Exchange Server Load Simulator 2003 (LoadSim)

Während Jetstress hauptsächlich die Plattennutzung und -performance eines Exchange Servers misst, ist das ebenfalls kostenfrei erhältliche Tool LoadSim dafür zuständig, eine realistische Benutzerlast eines Exchange Servers zu simulieren. Sie benötigen für diese Tests ein vorhandenes Active Directory sowie einen bereits installier-

8 Planen einer Exchange Server-Infrastruktur

ten Exchange Server 2003. LoadSim installieren Sie auf einem Client ohne Exchange Server. Der Start von LoadSim nach der Installation gelingt nur auf einem Client, der Zugang zu einem Active Directory hat. Ohne diesen Zugang bricht der Startvorgang mit einer Fehlermeldung ab. Nach dem Start von LoadSim können Sie eine Testtopologie erstellen, die sehr genau an Ihre realistische Umgebung herankommt. LoadSim kann nicht nur einen MAPI-Zugriff auf den Exchange Server simulieren, sondern beliebig viele, und eignet sich daher optimal für die Kapazitätsplanung eines Exchange Servers. LoadSim sendet echte E-Mails auf dem Exchange Server, bearbeitet echte Öffentliche Ordner, und die Datenbank von Exchange wächst wie in einer produktiven Umgebung an.

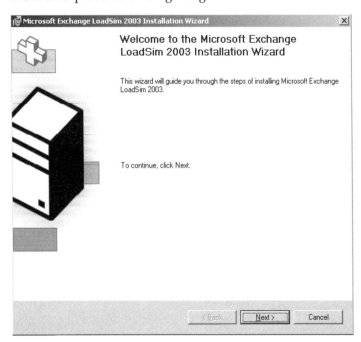

Abbildung 8.22:
Loadsim 2003

Sie können LoadSim im optimalen Fall in einem Testlabor auf mehreren Clients gleichzeitig installieren und starten. Dabei haben Sie die Möglichkeit, mit der Remote Control alle LoadSim-Clients von einem Rechner aus zu steuern. Sie sollten für die LoadSim-Installation Windows XP-Clients mit installiertem Service Pack 2 verwenden oder alternativ Windows 2003 Server mit Service Pack 1 ohne installierten Exchange Server. Auf dem Client sollte Outlook 2003 mit Service Pack 2 installiert sein. Exchange 2003 muss auf einer getrennten Serverhardware installiert sein, am besten mit installiertem Exchange 2003 Service Pack 2 und Windows 2003 Service Pack 1. Wenn Sie auch Exchange 2000 Server testen wollen, sollten Sie eine ältere Version von LoadSim verwenden, da LoadSim 2003 eigens für Exchange 2003 entwickelt wurde.

Neue Features in LoadSim 2003

LoadSim gab es bereits für Exchange 2000. Für Exchange 2003 hat Microsoft dieses Tool allerdings noch einmal deutlich erweitert, sodass auch die neuen Features von Exchange 2003 getestet werden können:

- Remote Control. Wie bereits erwähnt, kann ein LoadSim-Client alle anderen Clients steuern. Vor allem bei größeren Infrastrukturen ist es vor dem produktiven Einsatz sinnvoll, neue Serverhardware und den Zugriff auf SAN-Datenträger unter realistischer Benutzerlast zu testen. Aus diesem Grund kann es durchaus sinnvoll sein, in einem speziellen Testlabor mehrere LoadSim-Clients zu installieren, die alle von einem zentralen Client gesteuert werden können.

- Command-Line-Erweiterung. Wie bei Jetstress 2004 bietet auch LoadSim 2003 die Möglichkeit, skriptgesteuert ablaufen zu können. Allerdings bietet es sich auch hier an, die GUI-Variante zu verwenden.

- Neues Benutzerprofil. LoadSim kann ein eigenes Benutzerprofil anlegen, das einen Benutzer simuliert, der mit Outlook 2003 im Caching-Modus arbeitet.

- RPC über HTTP. LoadSim kann auch die neue Variante RPC über HTTP simulieren, und zwar mit SSL-Verbindung und Verschlüsselung.

- Outlook 2003-Optimierung. LoadSim wurde optimiert, um die Clienttasks Outlook 2003-spezifisch auszuführen.

- Abfragebasierte Verteilergruppen werden unterstützt.

- Unterstützung von Outlook-Regeln, die von LoadSim angelegt, bearbeitet und gelöscht werden.

Um mit LoadSim optimal zu arbeiten, müssen Sie zunächst Clients und Exchange Server vorbereiten. Im nächsten Schritt erstellen Sie eine Testtopologie auf einem LoadSim-Client. Danach können Sie den Test für Ihre Umgebung starten. Da durch LoadSim die realistische Last simuliert wird, sollten Sie den Test einige Zeit laufen lassen. Sie können LoadSim sehr stark feintunen. Weitere Informationen über die Arbeit mit LoadSim finden Sie in der Datei *LoadSim.doc* im Installationsverzeichnis. In dieser Datei können Sie auf über 100 Seiten die optimalen Einstellungen von LoadSim nachlesen.

Abbildung 8.23:
Exchange LoadSim 2003

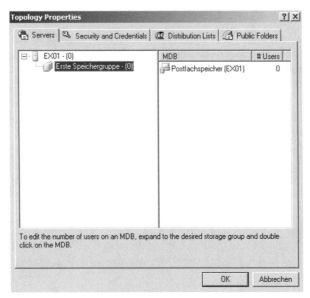

8.9.4 Exchange Server Performance Troubleshooting Analyzer (ExPTA)

Das Tool *ExPTA* soll Administratoren bei Performanceproblemen unterstützen und eventuell vorhandene Flaschenhälse zu beseitigen helfen. Der Assistent durchsucht Ihren Exchange Server auf eventuelle Performanceschwierigkeiten und gibt Tipps zur Leistungssteigerung. Sie können das Tool direkt auf dem Exchange Server installieren. Microsoft empfiehlt jedoch bei Performanceproblemen, den Exchange Server nicht noch unnötig zu belasten, sondern das Tool auf einer getrennten Maschine zu installieren.

8.9.5 Empfohlenes Server-Sizing

Unabhängig von den Ergebnissen dieser einzelnen Tools gibt es von Microsoft Empfehlungen über das optimale Server-Sizing und die Partitionierung der Exchange Server.

Performante Exchange Server für hohe Benutzerzahlen

Sie sollten bei Ihrer Planung diese Empfehlungen berücksichtigen. Auch beim Einsatz innerhalb eines SANs macht die empfohlene Partitionierung Sinn.

Serverplanung und -Sizing

Verwenden Sie zur Partitionierung Ihrer Exchange Server am besten immer physikalische Laufwerke, keine Partitionen auf gemeinsamen Datenträgern. Durch die Partitionierung erhalten Sie keinerlei Vorteile, durch die Aufteilung auf verschiedene Datenträger jedoch schon.

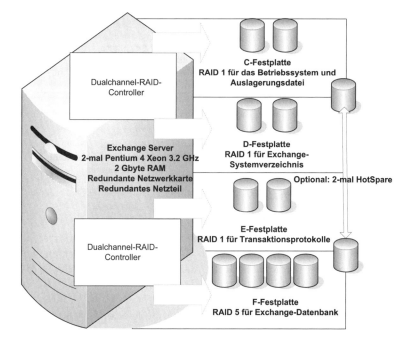

Abbildung 8.24: Empfohlenes Server-Sizing für Exchange Server

Durch das in *Abbildung 8.25* beschriebene Konzept erreichen Sie für einen Exchange Server ein maximales Redundanzkonzept. Allerdings benötigt entweder der Server bis zu zwölf Festplatten oder Sie müssen zumindest vier Volumes im SAN bereitstellen (C-, D-, E- und F-Festplatte). Beim Einsatz mehrerer Speichergruppen (Exchange 2003 Enterprise unterstützt bis zu vier) können Sie für jede Speichergruppe je einen RAID 1-Datenträger für die Transaktionsprotokolle und einen RAID 5- oder RAID 10- Datenträger für die Datenbank erstellen. Alternativ können Sie die Transaktionsprotokolle und Exchange-Datenbank auf die vorhandenen Server verteilen. Dadurch ergibt sich jedoch der Nachteil, dass bei Ausfall eines dieser Datenträger alle Datenbanken auf einmal ausfallen. Die Aufteilung in möglichst viele Speichergruppen macht aber auf jeden Fall Sinn, da meistens Datenbanken und weniger Festplatten defekt werden. Sie sollten daher möglichst auf einem Enterprise-Server immer die maximale Anzahl Datenbanken und darin die maximale Anzahl Postfächer anlegen. Mehr zur Planung der Exchange-Datenbanken erfahren Sie im nächsten Abschnitt.

8 Planen einer Exchange Server-Infrastruktur

Leistungsfähiger Exchange Server für kleinere Niederlassungen

Auch in kleineren Niederlassungen, in denen maximal 50 Mitarbeiter mit Exchange arbeiten und die Ausfallsicherheit keine so hohe Performanceansprüche stellt, sollten Sie für einige Redundanzen sorgen (siehe *Abbildung 8.26*).

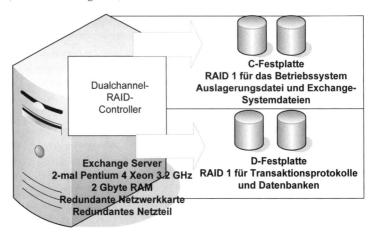

Abbildung 8.25: Kleinerer Exchange Server

Sie sollten mindestens 2 Raid-Systeme aufbauen und Betriebssystem und Exchange-Datenbanken trennen. 2 Gbyte Arbeitsspeicher spielen heute keine große finanzielle Rolle mehr, das gilt auch für Dualprozessoren und redundante Netzteile.

Minimale Serverausstattung für sehr kleine Niederlassungen

In sehr kleinen Niederlassungen können Sie diese Konfiguration noch etwas abspecken, erhalten dadurch aber so gut wie keine Ausfallsicherheit mehr (siehe *Abbildung 8.27*).

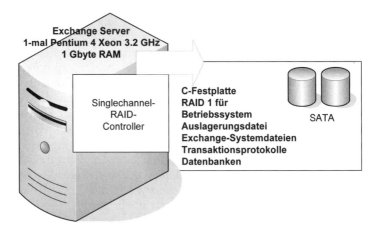

Abbildung 8.26: Kleinste Ausstattung für einen Exchange Server

Planung der Festplattenspeicher

Unabhängig von der Anzahl der Festplatten oder SAN-Volumes sollten Sie dafür sorgen, dass immer genügend freier Speicherplatz auf den Exchange Servern zur Verfügung steht. Im produktiven Betrieb müssen Sie beachten, dass die Datenbanken von Exchange ständig anwachsen. Außerdem muss vor der Installation eines Patches eine Sicherung durchgeführt werden. Dazu benötigen Sie den gleichen Speicherplatz, den der Exchange Server mit seinen Datenbanken bereits belegt hat. Wenn Sie eine Offline- oder Online-Sicherung über das Netzwerk durchführen müssen, weil auf dem Exchange Server nicht genügend Plattenplatz frei ist, verlieren Sie unter Umständen Stunden bei einer eventuell notwendigen Wiederherstellung. Microsoft empfiehlt die regelmäßige Offline-Defragmentation eines Exchange Servers. Bei dieser Offline-Defragmentation mit dem speziellen Tool *eseutil.exe* wird die Datenbank kopiert, bevor sie defragmentiert wird. Auch für diesen Vorgang sollte genügend Plattenplatz auf den Datenträgern vorgehalten werden. Sie sollten mindestens doppelt so viel Plattenplatz bereitstellen, wie die Datenbank belegt, besser das Dreifache. Auch Transaktionsprotokolle benötigen einiges an Speicherplatz. Auch aus diesem Grund sollten Sie dafür sorgen, dass der Datenträger, auf dem die Transaktionsprotokolle liegen, entsprechend dimensioniert ist.

8.10 Planung der Exchange-Datenbanken

Um Ihren Exchange Server 2003 effizient administrieren zu können, sollten Sie Verständnis für die Speicherarchitektur von Exchange haben. Die Speicherarchitektur unterscheidet sich nicht sehr von der bei Exchange 2000, aber deutlich von der unter Exchange 5.5. Das Wissen über die Speicherarchitektur von Exchange 2003 ist spätestens bei einem Wiederherstellungsvorgang oder der Verteilung von Benutzern auf den unterschiedlichen Exchange Servern Ihrer Organisation wichtig. Exchange 2003 baut immer noch auf der Datenbanktechnologie von Exchange 2000 , der Joint-Engine-Technologie (JET) auf.

8.10.1 Informationsspeicher planen

Es gibt zwei Arten von Informationsspeichern, den Postfachspeicher (Mailbox Store) und den Informationsspeicher für Öffentliche Ordner (Public Folder Store). Exchange 2003 Enterprise Edition kann bis 20 Informationsspeicher gleichzeitig auf einem Server verwalten.

Allgemeine Informationen zum Speicherkonzept

Die Daten der Informationsspeicher werden von Exchange auf dem jeweiligen Datenträger in jeweils zwei Dateien gespeichert. Eine Datei hat die Endung *.edb. Hier werden die Daten und Datenbanktabellen gespeichert. Die andere Datei mit der Endung *.stm wird *Streaming-Datei* genannt. Exchange speichert in den Streaming-Dateien den Inhalt des allgemeinen Internetformats, wie zum Beispiel den MIME-Inhalt (*Multipurpose Internet Mail Extensions*). Die EDB-Datei enthält die Nachrichten, die im MAPI-Format geschrieben wurden. Der erste standardmäßig angelegte Postfachinformationsspeicher besteht aus den Dateien *priv1.edb* und *priv1.stm*. Der erste angelegte Informationsspeicher für Öffentliche Ordner besteht aus den beiden Dateien *pub1.edb* und *pub1.stm*. Diese beiden Dateien bilden zusammen jeweils eine Datenbank. Das heißt, wenn eine der beiden Dateien beschädigt wird, ist auch die Datenbank beschädigt. Die EDB-Datei kann nicht von der STM-Datei getrennt werden. Durch das Anlegen mehrerer Informationsspeicher können Sie die Konsistenz Ihrer verschiedenen Daten erhöhen. Selbst wenn ein Informationsspeicher und dessen Dateien beschädigt werden, können Benutzer, deren Postfächer sich in einem anderen Informationsspeicher auf dem gleichen Exchange Server befinden, weiterhin problemlos arbeiten. Bei einem notwendigen Wiederherstellungsvorgang eines Informationsspeichers wird die Arbeit der Benutzer, deren Postfächer auf anderen Informationsspeichern verteilt sind, nur minimal beeinträchtigt. Dadurch ist auch die Dauer eines Wiederherstellungsvorgangs bei kleineren Datenbanken um einiges kürzer als bei größeren.

Exchange 2003 Enterprise Server unterstützt pro Server bis zu vier Speichergruppen, welche wiederum fünf Informationsspeicher enthalten können.

Planung des Speicherorts der Datenbank

Standardmäßig werden die Datendateien während der Installation im selben Verzeichnis gespeichert wie die Systemdateien von Exchange 2003. Die Dateien liegen zwar in verschiedenen Unterverzeichnissen, aber auf demselben Datenträger. Es ist sehr empfehlenswert, den Speicherort der Systemdateien und der Datenbankdateien zu trennen. Dies hat zum einen Performancegründe, zum anderen sollten die Datenbankdateien eines Exchange Servers besonders geschützt sein. Die Systemdateien sollten mindestens durch ein RAID 1 abgesichert sein, während die Datenbankdateien auf einem RAID 5 oder einem SAN liegen sollten.

Planung der Online-Wartung und der Datensicherung

Exchange führt automatisch zu definierten Zeitpunkten Wartungsarbeiten an den Postfachspeichern durch. Während dieser Wartungsarbeiten wird zum Beispiel die Datenbank defragmentiert, gelöschte Postfächer, die ihren Aufbewahrungszeitraum (standardmäßig 30 Tage) überschritten haben, werden gelöscht. Außerdem wird während der Wartung überprüft, ob für alle Postfächer dieses Postfachspeichers noch ein Benutzer im Active Directory existiert oder ob das zugeordnete Benutzerobjekt gelöscht wurde. Wenn der Benutzer zum zugehörigen Postfach gelöscht wurde, wird das Postfach ebenfalls als gelöscht markiert und nach 30 Tagen vom Server entfernt. Dies geschieht ebenfalls im Rahmen der Online-Wartung. Beachten Sie auch, dass die Online-Wartung während der Online-Datensicherung des Postfachspeichers unterbrochen wird. Sie sollten daher darauf achten, dass Datensicherung und Online-Wartung nicht unbedingt zum selben Zeitpunkt stattfinden. Sie riskieren zwar keinen Datenverlust, allerdings werden die notwendigen Online-Wartungsarbeiten der Datenbank verzögert. Durch den Wartungsvorgang und die Online-Defragmentation wird jedoch nicht die Datenbank verkleinert, dazu müssen diese Dateien mit der Offline-Defragmentation und dem Tool *eseutil.exe* bearbeitet werden. Die Online-Defragmentation fasst freie Bereiche der Datenbank, die nebeneinander liegen, zusammen, damit sie leichter und schneller wieder beschrieben werden können. Die Datenbankdateien insgesamt bleiben so groß wie vor der Online-Defragmentation.

Informationsspeicher für Öffentliche Ordner

Ein wichtiger Punkt ist die Beziehung zwischen einem Informationsspeicher für Öffentliche Ordner und der Öffentlichen Ordner-Struktur. Jede Struktur kann nur einem Informationsspeicher für Öffentliche Ordner innerhalb eines Servers zugewiesen werden. Sie benötigen für jeden Informationsspeicher für Öffentliche Ordner eine eigene Öffentliche Ordner-Struktur. Informationsspeicher für Öffentliche Ordner auf verschiedenen Servern können hingegen einer gemeinsamen Öffentlichen Ordner-Struktur zugewiesen werden. Mehrere Öffentliche Ordner-Strukturen werden erst ab Outlook XP unterstützt.

8.10.2 Speicherort der Transaktionsprotokolle planen

Exchange 2003 arbeitet mit so genannten Transaktionsprotokolldateien. Alle Aktionen, die die Benutzer durchführen und somit Änderungen in der Datenbank zur Folge haben, wie beispielsweise E-Mails schreiben, Termine planen, Öffentliche Ordner erstellen und so weiter, müssen von Exchange gespeichert werden. Damit dieser Speichervorgang jederzeit konsistent und performant ist, arbeitet Exchange ähnlich wie ein SQL-Server. Jede Änderung und jede Aktion wird zunächst in eine Datei geschrieben. Von dieser Datei arbeitet Exchange dann Änderung für Änderung ab und speichert sie in seiner Datenbank. Diese Dateien sind für den Betrieb eines Exchange Servers sowie die Datensicherung unerlässlich. Jede dieser Transaktionsprotokolldateien ist 5 Mbyte (5120 Kbyte) groß. Sobald eine Datei von Exchange voll geschrieben wurde, wird automatisch eine neue Transaktionsprotokolldatei angelegt. Informationsspeicher, die in derselben Speichergruppe angeordnet sind, verwenden jeweils denselben Satz Transaktionsprotokolle. Auch den Speicherort der Transaktionsprotokolldateien können Sie ändern. Sie können diese Dateien entweder im gleichen Verzeichnis wie die Datenbank aufbewahren oder einen getrennten Datenträger wählen. Microsoft empfiehlt, die Transaktionsprotokolldateien auf einem getrennten Festplattensystem zu speichern. Dies hat ebenfalls Stabilitäts- und Performancegründe. Durch die Arbeit mit Transaktionsprotokolldateien werden die Performance und die Stabilität von Exchange deutlich erhöht.

> Sie sollten von Beginn an Ihren Exchange Server online sichern. Versäumen Sie das, besteht die Möglichkeit, dass die Partition, in der die Transaktionsprotokolldateien gespeichert sind, überläuft. Wenn Exchange keine neuen Transaktionsprotokolldateien anlegen kann, da kein Plattenplatz mehr vorhanden ist, stellt der Server seine Funktion ein und kein Benutzer kann sich mehr mit dem System verbinden. Exchange legt aus diesem Grund zwei Reservetransaktionsprotokolle, *res1.log* und *res2.log*, an. Wenn diese jedoch ebenfalls voll geschrieben sind, ist Feierabend.

Das Verschieben der Transaktionsprotokolle läuft ähnlich ab wie das Verschieben der Datenbankdateien.

Planung der Exchange-Datenbanken

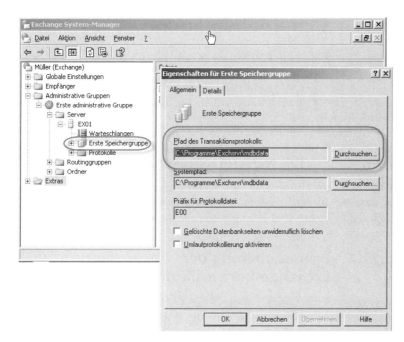

Abbildung 8.27:
Pfad der Transaktionsprotokolle anpassen

Nach meiner Erfahrung ist es auf alle Fälle sinnvoll, die Datenbank von den Systemdateien zu trennen und die Transaktionsprotokolle im Verzeichnis der Datenbanken zu speichern. Bei großen Umgebungen mit hohem Mailverkehr empfiehlt sich auf jeden Fall ein eigenes Festplattensystem für die Transaktionsprotokolle.

8.10.3 Umlaufprotokollierung bei Exchange 2003 vermeiden

Umlaufprotokollierung heißt, dass Exchange nicht ständig neue Transaktionsprotokolle anlegt, sondern nur mit einigen wenigen arbeitet und diese ständig überschreibt. Exchange 5.5 hat standardmäßig noch mit der Umlaufprotokollierung gearbeitet. Bei Exchange 2000 und Exchange 2003 ist das jedoch standardmäßig nicht mehr der Fall. Durch die Aktivierung der Umlaufprotokollierung sparen Sie zwar im Idealfall Festplattenplatz, bei Problemen mit der Datenbank oder einer notwendigen Wiederherstellung kann Exchange jedoch nur noch auf einen begrenzten Datenstamm zurückgreifen. Sie können die Umlaufprotokollierung für jede Speichergruppe getrennt aktivieren oder deaktivieren.

8.11 Sicherheitsplanung

Einen immer wichtigeren Aspekt bei der Einführung von neuen Serverdiensten in einem Netzwerk stellt die Sicherheit dar. Bei der Einführung von Exchange müssen Sie sich genau überlegen, wie Ihre Sicherheitsstrategie aussehen soll, da Sie durch Exchange Ihr internes Netzwerk teilweise nach außen öffnen. Sie müssen sich überlegen, ob Sie Signaturen und E-Mail-Verschlüsselung einführen, welchen Virenscanner Sie verwenden wollen und welche Dateianhänge gesperrt werden sollen. Wichtig ist auch der Zugang für Ihre Benutzer.

Weitere Informationen zur optimalen Sicherheitsplanung finden Sie in *Kapitel 9 »Internetzugang mit dem Microsoft ISA Server 2004«* und *Kapitel 13 »Sicherheit in Microsoft-Netzwerken«*.

8.11.1 Grundsicherung der Exchange-Infrastruktur

Ein erster Schritt zum Schutz Ihrer Exchange-Umgebung dürften grundlegende Vorkehrungen für Ihre Exchange Server sein. Ein Exchange Server sollte, wie alle anderen Server auch, in einem abgesperrten und gut gekühlten Raum stehen. Zugang sollten nur bestimmte Personen erhalten. Vermeiden Sie am besten Publikumsverkehr, das heißt, die Server sollten nicht im selben Raum wie die Drucker oder sogar im Flur stehen. Sorgen Sie für eine stabile und optimale Datensicherung. Testen Sie Ihre Sicherungsstrategie und führen Sie wenigstens ab und zu Wiederherstellungstests durch. Mehr zur Datensicherung erfahren Sie in *Kapitel 11 »Datensicherung«*. Installieren Sie so schnell wie möglich die verfügbaren Sicherheitspatches und Service Packs. Warten Sie nach dem Erscheinen einige Tage und überprüfen Sie vor der Installation in Newsgroups, ob Probleme bei der Installation auftreten. Lesen Sie vor der Installation auf jeden Fall die Release Notes der Patches oder Service Packs, um unvorhergesehene Probleme zu vermeiden. Veröffentlichen Sie einen Exchange Back-End-Server niemals im Internet, sondern verwenden Sie bei einer solchen Anforderung immer einen Front-End-Server.

8.11.2 Virenschutz und Spamabwehr

Neben der Datensicherung spielt der Virenschutz eines Exchange Servers eine der wichtigsten Rollen bei der Sicherheitsstrategie Ihrer Exchange-Organisation. In Anbetracht dessen, dass Viren schon einige Netzwerke lahm gelegt haben, sollten Sie eine sichere und stabile Antivirenlösung für Ihre Exchange-Organisation bereits in die Planung einbeziehen. Sie sollten an dieser Stelle nicht sparen, da eine schlampige Absicherung eines Exchange Servers im Notfall mehr Geld kostet als die Einführung eines Virenscanners. Spam-E-Mails be-

Sicherheitsplanung

lasten Ihr Unternehmen ebenfalls immer mehr, da auf der einen Seite die Benutzer von produktiver Arbeit abgelenkt werden und auf der anderen Seite Spam-E-Mails die Datenleitung, die Exchange-Datenbank sowie die Datensicherung beeinträchtigen. Mehr zu diesen Themen erfahren Sie im folgenden Abschnitt und in *Kapitel 13 »Sicherheit in Microsoft-Netzwerken«*.

Virenschutz für Exchange Server planen

Mittlerweile ist eine große Anzahl von Virenscannern erhältlich. Mein Favorit in diesem Bereich ist Antigen von der Firma Sybari. Nicht nur meiner Meinung nach ist dieser Scanner der derzeit beste Scanner für Exchange und Lotus Notes. Weitere Informationen finden Sie unter *http://www.sybari.com*. Antigen vereint mehrere Scan-Engines der besten Antivirenscanner, ist performant und durch die Zusammenführung mehrerer Engines werden deutlich mehr Viren gefunden als mit anderen Scannern. In der aktuellen Antigen-Version ist auch ein Spammodul integriert. Schauen Sie sich Antigen einmal an oder lassen Sie es sich vom Hersteller in einer Internetvorführung zeigen.

Bei der Auswahl eines Scanners, unabhängig vom Hersteller, sind einige Dinge zu beachten und zu prüfen:

- Wie wird der Scanner lizenziert? Die meisten Scanner werden pro Postfach lizenziert, manche auch pro Server. Rechnen Sie sich aus, welche Lizenzierungsmethode für Sie am günstigsten ist. Beachten Sie aber, dass der Preis nicht alles ist.
- Wie lässt sich die Software verwalten? Am besten ist eine Managementkonsole, von der alle Exchange Server der Organisation verwaltet werden können. Vor allem in großen Umgebungen mit vielen Servern spielt dieser Aspekt eine wichtige Rolle.
- Wie oft werden die Virensignaturen veröffentlicht? Mittlerweile ist eine Veröffentlichung auf Wochenbasis nicht mehr zeitgemäß. Heutzutage sollten Signaturen mindestens einmal am Tag veröffentlicht werden, manche Hersteller aktualisieren ihre Signaturen sogar mehrmals täglich.
- Welche Erfahrungen haben andere Unternehmen mit dem Scanner gemacht?
- Bietet der Scanner die Möglichkeit, mehrere Scan-Engines verschiedener Hersteller zu integrieren?

Informieren Sie sich in der Fachpresse, in Newsgroups und im Internet über die einzelnen Scanner. Anbieter können viel versprechen, aber ob die Software wirklich etwas taugt, lässt sich leicht und schnell herausfinden. Achten Sie beim Kauf darauf, ob der Scanner auch einen Dateifilter mitbringt. Viele Viren lassen sich bereits aus dem Netz aussperren, wenn Sie spezielle Dateianhänge standardmäßig blocken. Gute Scanner lassen eine detaillierte Steuerung dieser Filterung zu. Wenn Sie die gefährlichsten Anhänge filtern lassen, werden bis 95 % aller Viren Ihr Netz nie erreichen und müssen daher auch nicht gescannt werden. Folgende Anhänge können Sie in den meisten Fällen filtern lassen:

*.vbs, *.exe, *.com, *.bat, *.cmd, *.js, *.scr, *.pif, *.eml

Wer tatsächlich mal eine ausführbare Datei verschicken will, muss diese eben vor dem Versand in ein ZIP-Archiv verpacken.

Spamschutz in Exchange 2003

Exchange 2003 bringt bezüglich der Spamabwehr schon einige Verbesserungen mit, die in Exchange 2000 vermisst wurden. Nach meiner Meinung gehen diese Erweiterungen aber noch nicht weit genug. Sie werden daher um die Integration einer Software eines Drittherstellers nicht umhinkommen. Wie bereits erwähnt, hat Sybari inzwischen ein Spammodul in seinen Virenscanner integriert, das sehr gut funktioniert. Mehr zum Thema Spamschutz erfahren Sie ebenfalls in *Kapitel 13 »Sicherheit in Microsoft-Netzwerken«*. Der erste Schutz gegen Spam besteht sicherlich darin, den Benutzern zu untersagen, sich für Newsletter oder sonstige Informationsdienste im Internet mit der Firmenadresse zu registrieren. Zu privaten Zwecken sollten Benutzer deshalb auch besser eine private E-Mail-Adresse verwenden. Auch Newsletter können Ihre Datenträger und die Datensicherung belasten, da diese selten von den Benutzern gelöscht werden, sondern oft archiviert und jahrelang im Posteingang vor sich „hingammeln". Erlauben Sie daher Ihren Benutzern den Zugriff auf ihr privates Postfach im Internet oder per POP3, bevor die Firmenadresse für private Dinge missbraucht wird.

Alternativ können Sie auch für Newsletter von allgemeinem Interesse die Adresse eines Öffentlichen Ordners nehmen und dort die Beiträge sammeln.

8.12 Lizenzierung von Exchange Server 2003

Grundsätzlich unterscheidet sich die Lizenzierung von Exchange Server 2003 kaum von der Exchange 2000-Lizenzierung. Generell sollten Sie sich vor der Einführung von Exchange Gedanken über die Lizenzierung machen. Die Lizenzpolitik von Microsoft ist nicht gerade die einfachste und es kann sich lohnen, sich erst einmal schlau zu machen, was wie lizenziert werden muss. Im Folgenden wird erläutert, was Sie überhaupt lizenzieren müssen. Die genauen Preise oder Varianten sollten Sie mit einem Softwarelieferanten Ihres Vertrauens

Lizenzierung von Exchange Server 2003

durchsprechen. Ob OSL, Select, Software Assurance oder OEM, die Politik ändert sich zu oft, aber bei entsprechendem Vergleich lassen sich schnell einige Euro sparen. Weitere detaillierte Informationen über die Lizenzierung wurden bereits in *Kapitel 2 »Microsoft-Betriebssysteme«* vermittelt.

8.12.1 Lizenzierung Betriebssystem

Für jeden Server, auf dem Sie Exchange Server 2003 installieren wollen, benötigen Sie eine Betriebssystemlizenz. Die meisten Firmen werden Exchange Server 2003 zusammen mit Windows Server 2003 einführen, was sinnvoll ist, da Exchange Server 2003 auf einigen Erweiterungen des Active Directorys von Windows Server 2003 aufbaut. Schauen Sie sich diesbezüglich *Kapitel 2 »Microsoft-Betriebssysteme«* an.

8.12.2 Exchange Server-Lizenzen

Zusätzlich zu der Lizenz für das Betriebssystem benötigen Sie pro Exchange Server eine Exchange Server 2003 Standard Server- beziehungsweise Exchange Server 2003 Enterprise Server-Lizenz. Für den Exchange Server 2003 Enterprise Server benötigen Sie jedoch nicht zwingend eine Windows Server 2003 Enterprise Edition. Es genügt der Windows Server 2003 Standard Server, mit dem Sie an die Windows Server 2003 Server-Limitierungen gebunden sind – maximal vier CPUs, vier Gbyte RAM und keine Cluster-Unterstützung.

8.12.3 Exchange Server CAL

Um den Exchange Server-Zugriff zu lizenzieren, benötigen Sie für jeden Client, der auf den Exchange Server zugreift, eine Exchange Server 2003 CAL. Verwechseln Sie diese nicht mit der Windows Server 2003 CAL. Die Lizenzierung ist nicht concurrent, das heißt pro Zugriff geregelt, sondern pro Postfach. Es muss für jedes Postfach eine CAL erworben werden. Auch wenn Sie genügend Exchange 5.5 oder Exchange 2000 CALs besitzen, brauchen Sie für den Einsatz von Exchange Server 2003 neue Exchange Server 2003 CALs, da die Zugriffslizenzen für Exchange 5.5 und Exchange 2000 nicht mehr unter Exchange Server 2003 gültig sind. Benutzer, die sich anonym und somit ohne Anmeldung auf Öffentliche Ordner verbinden, benötigen keine CAL.

8.13 Migration zu Exchange 2003

Wenn Sie von einer älteren Exchange-Version auf Exchange 2003 migrieren, müssen Sie mehr Aspekte berücksichtigen als bei einer reinen Neueinführung von Exchange 2003. Migration und Koexistenz zwischen Exchange 5.5, Exchange 2000 und Exchange 2003 sind ein komplexes Thema mit vielen Fallstricken und Fehlermöglichkeiten. Bevor Sie sich an die Migration Ihrer Exchange 5.5-Organisation machen oder einen Exchange 2003 Server integrieren, sollten Sie sich bereits recht ausführlich mit Exchange 2003 in einer Testumgebung auseinander gesetzt haben. Die Vorgänge, die bei der Migration eine Rolle spielen und die in diesem Abschnitt besprochen werden, sollten Sie zuvor in einer Testumgebung nachspielen. Beachten Sie aber, dass Sie keine Testumgebung konfigurieren können, die mit Ihrer Produktivumgebung identisch ist. Es werden immer Unterschiede bestehen, die in der produktiven Umgebung vielleicht zu Problemen führen können. Je größer Ihre Organisation ist und je mehr Standorte Sie haben, umso größer ist die Wahrscheinlichkeit, dass Sie über einen längeren Zeitraum hinweg mehrere Exchange-Versionen parallel administrieren werden müssen. Diese verschiedenen Exchange-Versionen müssen über diesen Zeitraum hinweg stabil und performant miteinander kommunizieren und Daten austauschen können. Dies ist vor allem zwischen Exchange 5.5 und Exchange 2000 oder Exchange 2003 schwieriger, da Exchange 5.5 noch ein eigenes Verzeichnis zur Verwaltung der Empfänger hat, während Exchange 2000 und Exchange 2003 auf dem Active Directory aufbauen. Auch Software von Drittherstellern wie Fax, Antivirus oder Datensicherung muss mit Exchange 2000/2003 kompatibel sein und im Rahmen der Migration upgedatet werden. Das Update von Exchange 2000 zu Exchange 2003 ist hingegen nicht ganz so kompliziert. Aber auch hier müssen Sie auf einige Punkte achten.

8.13.1 Exchange 2000 und Exchange 2003

Exchange 2000 Server können ohne Probleme zusammen mit Exchange 2003 Servern in einer Organisation betrieben werden. Sie können zudem den einheitlichen Modus aktivieren, wenn die Organisation nur Exchange 2000 und Exchange 2003 Server enthält.

Migration zu Exchange 2003

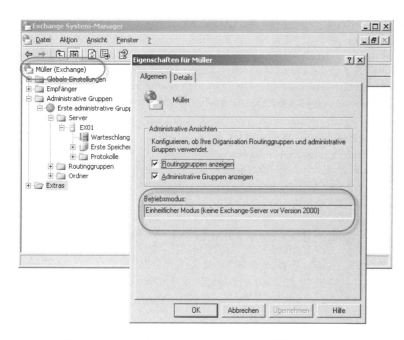

Abbildung 8.28:
Einheitlicher Modus einer Exchange-Organisation

Vorbereitung für ein Update zu Exchange 2003

Auch wenn sich Exchange 2000 und Exchange 2003 sehr ähnlich sind und ohne weiteres zusammen in einer nativen Exchange 2000/2003-Organisation laufen können, müssen Sie einiges beachten.

Bevor Sie Ihre Back-End-Server auf Exchange 2003 updaten können, müssen Sie alle Exchange 2000 Front-End-Server updaten. Wenn Sie einen Back-End-Server auf Exchange 2003 updaten, wird während der Konfiguration des Setup-Programms überprüft, ob alle Front-End-Server bereits aktualisiert wurden. Sind in der Exchange-Organisation noch Exchange 2000 Front-Endserver vorhanden, können Sie keine anderen Server auf Exchange 2003 updaten. Sie können ohne weiteres Ihre Front-End-Server auf Exchange 2003 updaten, da die Front-End-Komponente von Exchange 2003 vollkommen kompatibel mit Exchange 2000 Back-End-Servern ist.

Exchange 2000 Front-End-Server migrieren

Wenn in Ihrer Exchange-Organisation noch der Active Directory Connector installiert ist, müssen Sie diesen Connector zunächst mit der Version updaten, die mit Exchange 2003 ausgeliefert wird. Auch dieser Punkt wird durch das Setup-Programm geprüft.

Active Directory Connector zur Migration erneuern

Exchange 2003 erweitert das Active Directory-Schema um weitere Einträge, als bereits in Exchange 2000 durchgeführt wurden. Wenn Sie Exchange 2003 in einer Exchange 2000-Organisation installieren wollen, müssen Sie nochmals *forestprep* durchführen. Im Gegensatz zur Neuinstallation von Exchange 2003 in einem Active Directory müssen Sie *forestprep* und *domainprep* getrennt vom Setup-Programm

Forestprep und domainprep für Exchange 2003 ausführen

8 Planen einer Exchange Server-Infrastruktur

durchführen. Wenn Sie Exchange neu in einem Active Directory installieren, führt das Setup-Programm automatisch *forestprep* und *domainprep* aus, wenn das Schema noch nicht für Exchange 2003 vorbereitet wurde. Wenn ein Active Directory bereits mit Exchange 2000 erweitert wurde, bricht die Installationsroutine ab, falls Sie nicht zuvor manuell *forestprep* und *domainprep* durchgeführt haben.

Vorbereitungen für ein In-Place-Update
Wenn Sie ein In-Place-Update eines Exchange 2000 Server durchführen wollen, müssen Sie zunächst darauf achten, dass alle installierten Exchange-Komponenten kompatibel mit Exchange 2003 sind. Einige Features in Exchange 2000 sind kein Bestandteil mehr von Exchange 2003, während Komponenten wie der drahtlose Zugang in Exchange 2003 integriert wurden.

Ein In-Place-Update ist nur von Exchange 2000 zu Exchange 2003 möglich. Um Exchange 5.5 auf Exchange 2003 upzudaten, müssen Sie einen neuen Exchange 2003 Server in die Exchange-Organisation integrieren. Ein In-Place-Update von Exchange 5.5 zu Exchange 2000 ist möglich.

Update eines Mobile Information Server
Wenn Sie auf einem Exchange 2000 Server Komponenten des Mobile Information Server installiert haben, zum Beispiel die Eventsinks, müssen Sie diese vor dem In-Place-Update vom Server entfernen. Unter Exchange 2000 wurden Benutzer von drahtlosen Geräten mit dem Mobile Information Server an die Exchange-Organisation angebunden. Der Mobile Information Server ist ein eigenständiges Produkt, welches zusätzlich zu Exchange 2000 erworben werden musste. In Exchange 2003 sind die Komponenten für den drahtlosen Zugang bereits integriert, der Mobile Information Server wird nicht mehr benötigt.

Instant Messaging, Chat und Schlüsselverwaltung
Instant Messaging, Chat, die Schlüsselverwaltung, der MS-Mail-Connector und der CCMail-Connector werden in Exchange 2003 nicht mehr unterstützt. Diese Komponenten müssen Sie vor dem Update auf Exchange 2003 entfernen. Wenn Sie diese Komponenten benötigen, sollten Sie einen oder mehrere Exchange 2000 Server in der Organisation behalten.

Durchführen eines In-Place-Updates

Wenn Sie ein In-Place-Update eines Exchange 2000 Server durchführen wollen, müssen Sie zunächst auf Exchange 2003 updaten, bevor Sie das Betriebssystem auf Windows 2003 updaten. Exchange 2003 unterstützt Windows 2000, während Exchange 2000 unter Windows 2003 nicht lauffähig ist. Nachdem Sie alle Vorbereitungen getroffen haben, können Sie den Exchange 2000 Server auf Exchange 2003 updaten.

8.13.2 Exchange 2003 und Exchange 5.5

Wenn Sie eine Exchange 5.5-Organisation auf Exchange 2003 updaten wollen, müssen Sie einen neuen Server mit Exchange 2003 in die Exchange-Organisation installieren. Diese Art der Migration ist wohl am meisten verbreitet, da Firmen mit mehreren Exchange 5.5 Servern keine andere Wahl für die Migration haben. Für diese Migration sind jedoch eine gute Planung und eine sorgfältige Umsetzung erforderlich, da das Exchange-5.5-Verzeichnis mit dem Active Directory verbunden wird.

Active Directory für die Migration vorbereiten

Bevor Sie eine Migration von Exchange 5.5 zu Exchange 2003 durchführen können, müssen Sie eine stabile Active Directory-Struktur aufbauen, mit der Ihre Benutzer arbeiten. Exchange 2003 unterstützt zwar Windows 2000 sowie Windows 2000 Active Directory, es empfiehlt sich aber dennoch, Exchange 2003 nur auf Windows 2003 Server auszuführen und ein Windows 2003 Active Directory aufzubauen. Für die Migration zu Exchange 2003 ist die Stabilität der Domänencontroller, des globalen Katalogs und natürlich des Servers sehr wichtig, auf dem später Exchange 2003 installiert werden soll. Überprüfen Sie, ob das Active Directory sauber funktioniert, bevor Sie Exchange 2003 in die Exchange-Organisation integrieren. Exchange 5.5 kann ohne Probleme in ein Active Directory eingebunden werden. Da Exchange 5.5 sein eigenes Verzeichnis für die Verwaltung der Benutzer verwendet, behandelt der Exchange Server das Active Directory wie eine NT-Domäne.

Namensauflösung zwischen Exchange 5.5/2003 und den Domänencontrollern

Ein sehr wichtiger Punkt ist die Namensauflösung zwischen den Domänencontrollern, den Exchange 5.5 Servern und den neuen Exchange 2003 Servern untereinander. Für eine stabile und performante Verbindung ist eine saubere Namensauflösung zwischen diesen Servern absolut unverzichtbar. Wenn Sie parallel eine Migration von einer Windows NT-Domäne zu Windows 2003 durchführen, sollten Sie zudem in der neuen Windows 2003-Domäne die WINS-Server der alten NT-Domäne verwenden. Wenn Sie unter NT bereits DNS eingesetzt haben, sollten Sie sicherstellen, dass die DNS-Server sich replizieren. Überprüfen Sie mit *nslookup* die Namensauflösung zwischen allen beteiligten Servern und beseitigen Sie alle Fehler.

Aktuelle Service Packs auf allen Servern installieren

Bevor Sie mit weiteren Schritten fortfahren, sollten Sie alle beteiligten Server auf die neuesten Service Packs updaten. Auf Ihren Exchange Servern sollten Sie das Exchange 5.5 Service Pack 4 installieren. Auch

8 Planen einer Exchange Server-Infrastruktur

auf den Windows 2003-Domänencontrollern und den Servern, die später mit Exchange 2003 laufen, sollten Sie alle aktuellen Sicherheitspatches und das Service Pack 1 für Windows Server 2003 installieren. Nach der Installation von Exchange 2003 sollten Sie diesbezüglich sehr vorsichtig umgehen, da schon manches Service Pack eine komplette Domäne lahm gelegt hat. Warten Sie nach dem Update auf die neuen Service Packs einige Tage, damit Sie sicher sein können, dass alle Funktionen weiterhin ohne Probleme arbeiten. Bevor Sie die Service Packs installieren, sollten Sie natürlich eine Datensicherung aller Server durchführen. Wenn Sie Exchange 5.5 auf einem Windows NT4 Server installiert haben, sollten Sie auch das Betriebssystem auf das aktuellste Service Pack 6a updaten.

Namensänderung der Organisation

Viele Firmen nutzen die Migration von Exchange 5.5 zu Exchange 2003, um den Organisationsnamen zu ändern. Später ist diese Änderung nur sehr schwer bis gar nicht mehr möglich. Überlegen Sie sorgfältig, wie der Name Ihrer Organisation unter Exchange 2003 lauten soll. Standardmäßig wird bei der Migration der Organisationsname Ihrer Exchange 5.5-Organisation übernommen. Diesen Vorgang können Sie jedoch beeinflussen. Um für Exchange 2003 den Organisationsnamen zu ändern, müssen Sie unter Exchange 5.5 Änderungen durchführen. Diese Änderungen beeinflussen in keiner Weise die Stabilität Ihrer Exchange 5.5 Server. Der Organisationsname unter Exchange 5.5 bleibt bei dieser Konfiguration vollkommen unverändert.

Abbildung 8.29: Neuer Name für Exchange 2003

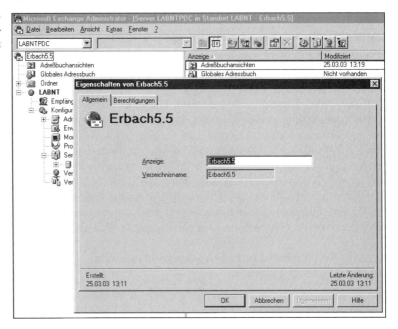

Um den Organisationsnamen zu ändern, rufen Sie auf dem Exchange 5.5 Server den *Exchange Administrator* auf. Markieren Sie die Bezeichnung Ihrer Organisation und rufen Sie *Datei -> Eigenschaften* auf. An dieser Stelle können Sie die Berechtigungen auf Organisationsebene vergeben und den Anzeigenamen der Organisation ändern. Tragen Sie in das Feld *Anzeige* den neuen Namen der Organisation unter Exchange 2003 ein. Diese Änderung hat keinerlei negative Auswirkungen, sondern bewirkt unter Exchange 5.5 lediglich im Exchange Administrator und allen Verwaltungsprogrammen, die den Organisationsnamen abfragen, die Anzeige des neuen Namens. Der neue Name der Organisation wird bei diesem Vorgang jedoch nicht abgeändert, sondern bleibt vollkommen identisch. Nach dem Entfernen des letzten Exchange 5.5 Server aus der Organisation und dem Umstellen auf den einheitlichen Modus erscheint der alte Organisationsname nicht mehr. Nach der Abänderung des Anzeigenamens wird die Änderung sofort aktiv. Wenn Sie eine Exchange 5.5-Organisation mit mehreren Standorten einsetzen, kann es unter Umständen vorkommen, dass der neue Anzeigename nicht in alle Standorte repliziert wird. Verbinden Sie sich in diesem Fall mit einem Exchange Server an den jeweiligen Standorten und führen Sie dort dieselbe Änderung durch.

Vertrauensstellungen zwischen den beteiligten Domänen einrichten

Des Weiteren sollten Sie eine bidirektionale Vertrauensstellung zwischen Ihrer Windows NT-Quelldomäne und der neuen Windows 2003 Active Directory-Domäne konfigurieren. Wenn die Vertrauensstellung eingerichtet ist, sollten Sie die Administratorengruppe der Domäne in der jeweiligen anderen Domäne als Administratoren mit aufnehmen. Eine stabile Vertrauensstellung zwischen den Domänen ist für eine stabile Migration unumgänglich.

In manchen Fällen kann es zu Problemen beim Einrichten der Vertrauensstellungen kommen. Daran sind oft fehlerhafte Namensauflösungen, abgesicherte Router zwischen verschiedenen Subnets oder Fehler auf den WINS-Servern verantwortlich. Sie können zwar von einem Server den jeweils anderen Server auch mit Namen anpingen. Aber wenn Sie die Vertrauensstellung einrichten wollen, erscheint die Meldung, dass der Domänencontroller der Domäne nicht gefunden werden kann. Wenn Sie keine Vertrauensstellung zwischen zwei Domänencontrollern der verschiedenen Domänen einrichten können, sollten Sie auf beiden Servern eine LMHOST-Datei anlegen und bearbeiten. Diese Datei finden Sie im Verzeichnis *system32\drivers\etc*. Achten Sie darauf, dass Sie sich die Dateiendungen anzeigen lassen, da in diesem Verzeichnis eine *lmhosts.sam* liegt, wobei die Endung **.sam* eventuell unterdrückt wird. Damit die Namensauflösung funktioniert, muss die Datei *lmhosts* ohne Dateiendung benannt werden.

Probleme beim Einrichten der Vertrauensstellung

In diese Datei sollten Sie die Auflösung der Domänen einbauen. Schreiben Sie folgende Zeilen in die *lmhosts*-Datei, ändern Sie dabei die Werte auf Ihre Konfiguration ab.

```
10.0.0.1 PDCNAME #pre #dom:Domäne

10.0.0.1 "Domäne           \0x1b" #pre
```

Die Namen, die Sie eintragen, sind case-sensitive, achten Sie auf Groß- und Kleinschreibung. Die IP-Adresse muss mit der Adresse Ihres PDC übereinstimmen. Zwischen den Anführungszeichen in der zweiten Zeile müssen zwingend 20 Zeichen stehen, sonst funktioniert die Auflösung nicht. Gleich nach dem ersten Anführungszeichen muss der NetBIOS-Name der Windows-Domäne stehen, zu der die Vertrauensstellung aufgebaut werden soll. Der NetBIOS-Name darf per Definition nur 15 Zeichen lang sein. Wenn der Name der Domäne, die aufgelöst werden soll, kürzer ist, müssen Sie den Namen mit Leerzeichen bis auf 15 Zeichen auffüllen. Sofort nach dem 15. Zeichen muss die Zeichenfolge 0x1b stehen und dann gleich das abschließende Anführungszeichen. Der Backslash muss auf Position 16 stehen. Nachdem Sie diese Änderungen vorgenommen haben, müssen Sie den Server entweder neu starten oder den NetBIOS-Cache mit

```
Nbtstat -R
```

neu laden lassen. Das Laden des Cache sollte Ihnen auch mit einer entsprechenden Meldung angezeigt werden. Mit dem Befehl

```
nbtstat -c
```

können Sie sich den Cache anzeigen lassen. Bei der Anzeige des Cache muss zwingend die Anzeige der Domäne als *Typ 1B* erfolgen, dann ist alles korrekt. Wenn die Domäne nicht angezeigt wird, sollten Sie den Server neu starten oder Ihre Eingaben überprüfen. Wenn Sie die Vertrauensstellung neu einrichten, sollte kein Fehler mehr erscheinen. Sie können die *lmhosts*-Datei auch für alle Windows NT 4-Rechner verwenden, die Probleme haben, einen Windows 2000-DC zu finden.

Berechtigungen unter Exchange 5.5 anpassen

Ein weiterer wichtiger Schritt ist die Anpassung Ihrer Berechtigungsstruktur unter Exchange 5.5. Wenn Sie später Exchange 2003 in die Active Directory-Struktur integrieren, sollten Sie nicht den Standardadministrator wählen, sondern einen neuen Benutzer mit entsprechenden Rechten versehen. Kopieren Sie dazu am besten den Administrator, der Mitglied in den Gruppen Domänen-, Schema-, und Organisations-Admins sein muss. Als Nächstes sollten Sie dem Benutzer, mit dem Sie Exchange 2003 im Active Directory installieren wollen, in Exchange 5.5 entsprechende Rechte gewähren. Rufen Sie dazu wieder den Exchange Administrator auf. Die Berechtigungsstruktur unter Exchange 5.5 enthält noch keine komplette Vererbung.

Sie müssen daher dem Installationsbenutzer von Exchange 2003 die Berechtigungen auf Organisationsebene, Standortebene und auf den Konfigurations-Container gewähren. Rufen Sie die Eigenschaften der Organisation auf, wechseln Sie zur Registerkarte *Berechtigungen* und fügen Sie den Installationsbenutzer aus dem Active Directory den Administratoren hinzu. Gewähren Sie dem Administrator das Recht *Admin des Dienstkontos*. Wiederholen Sie diese Schritte für die Standorte, denen ein Exchange 2003 Server hinzugefügt werden soll, sowie für den Konfigurations-Container. Allen anderen Komponenten werden die Berechtigungen vererbt.

Exchange 2003 Server vorbereiten

Wenn Sie diese Schritte durchgeführt haben, können Sie den Server, auf dem später Exchange 2003 installiert werden soll, vorbereiten. Installieren Sie zunächst auf diesem Server das Betriebssystem und nehmen Sie diesen Server in das Active Directory mit auf. Überprüfen Sie wieder Namensauflösung und stabile Funktionsweise des Servers, zum Beispiel mit *netdiag* aus den Support-Tools von Windows 2003. Installieren Sie auch auf diesem Server alle verfügbaren Windows-Patches und lassen Sie ihn einige Tage in der Domäne laufen, damit Sie sicher sind, dass er stabil und performant läuft.

Verbindungstests zwischen den beteiligten Servern durchführen

Nach der erfolgreichen Installation des Servers, der später mit Exchange 2003 laufen soll, müssen Sie zunächst sorgfältig die stabile Verbindung zwischen den Domänencontrollern der Windows NT-Domäne und vor allem mit den Exchange 5.5 Servern testen. Gehen Sie dabei wie bereits zuvor beschrieben vor.

Konsistenzprüfung auf Exchange 5.5 durchführen

Im nächsten Schritt sollten Sie die Exchange 5.5-Organisation auf Inkonsistenzen überprüfen. Vor allem geht es um die Bereinigung von Öffentliche Ordner-Berechtigungen und um das Löschen von so genannten *Zombie*-Einträgen. Darunter werden Berechtigungen für Benutzer verstanden, die nicht mehr vorhanden sind. Bevor Sie Exchange 2003 in der Organisation installieren oder die Replikation von Öffentlichen Ordnern aktivieren, sollten Sie diese Zombie-Einträge entfernen. Dazu verwenden Sie den Exchange Administrator eines Exchange 5.5 Servers. Rufen Sie diesen auf und navigieren Sie zu den Exchange 5.5 Servern, auf denen Sie die Bereinigung durchführen wollen. Rufen Sie die Eigenschaften jedes einzelnen Exchange 5.5 Servers mit *Datei -> Eigenschaften* auf und wechseln Sie zur Registerkarte *Weitere Optionen*. Auf der Registerkarte können Sie die Zombie-Einträge mit der Schaltfläche *Konsistenzanpassung* entfernen. Es öffnet sich ein neues Fenster, in dem Sie weitere Einstellungen vornehmen können. Aktivieren Sie die beiden Schaltflächen für *Unbekannte Win-*

8 Planen einer Exchange Server-Infrastruktur

dows NT-Konten von Postfachberechtigungen entfernen sowie Unbekannte NT-Konten von Öffentliche Ordner-Berechtigungen entfernen. Setzen Sie die Einstellung im Bereich *Filter* auf *Alle Inkonsistenzen*. Abhängig von der Anzahl der Postfächer, der Öffentlichen Ordner und natürlich der Inkonsistenzen kann dieser Vorgang etwas dauern. Sie sollten die Bereinigung der Inkonsistenzen außerhalb der Geschäftszeiten planen. Nach Abschluss und vor dem Start der Bereinigung wird nochmals ein Fenster angezeigt.

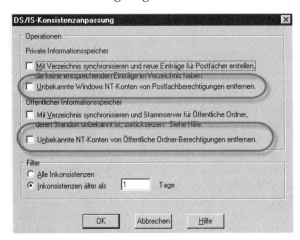

Abbildung 8.30: Inkonsistenzen anpassen

Ressourcenpostfächer anpassen

Ein wichtiges Thema in Exchange sind die Ressourcenpostfächer. Ressourcen stellen keine Benutzer dar, sondern Objekte in einem Unternehmen, die mit Exchange-Postfächern verwaltet werden, um zum Beispiel den Verleih oder die Nutzung zu verwalten. Unter Exchange 5.5 haben viele Firmen Ressourcenpostfächer eingeführt, der Ressource aber kein eigenes NT-Konto zugeordnet, sondern einen normalen NT-Benutzer, der vielleicht sogar über ein eigenes Postfach verfügt. Diese Konfiguration ist unter Exchange 2003 allerdings sehr problematisch. Jedem Postfach unter Exchange 2003 muss im Active Directory ein eigener Benutzer zugeordnet sein und jeder Benutzer darf in einer Exchange-Organisation nur über ein Postfach verfügen. Bevor Sie mit der Migration fortfahren können, müssen Sie diese Problematik für sich lösen. Wenn Sie keine Ressourcenpostfächer einsetzen oder bereits allen Ressourcenpostfächern ein eigenes Konto zugeordnet haben, müssen Sie nichts beachten und können mit der Migration fortfahren.

ntdsatrb Microsoft stellt zur Identifikation von Ressourcenpostfächern ein eigenes Tool, *ntdsatrb*, zur Verfügung. Sie können dieses Tool aus dem Internet herunterladen. Dieses Tool überprüft einen Exchange 5.5 Server auf Ressourcenpostfächer und markiert diese. Mit dieser Markierung erkennt der Active Directory Connector, dass es sich um ein Ressourcenpostfach handelt, und legt für das Postfach automatisch einen neuen Benutzer im Active Directory an, verbindet das Postfach mit ihm und erteilt ihm, der dem Postfach unter Exchange 5.5 zugeordnet war, Zugriff auf die Ressource. Der Benutzer muss in Outlook nur noch als zusätzliches Postfach die Ressource öffnen und kann wie bisher auf das Postfach zugreifen. Unter Exchange 2003 hat Microsoft dieses Tool bereits in den Active Directory Connector integriert. Sie müssen es nicht mehr wie bisher herunterladen oder installieren, können aber auch den oben genannten Weg wählen.

Active Directory Connector planen und installieren

Der Active Directory Connector (ADC) spielt bei der Migration von Exchange 5.5 zu Exchange 2003 eine entscheidende Rolle. Der ADC in Exchange 2003 wurde von Microsoft komplett überarbeitet und verbessert. Setzen Sie bei der Migration von Exchange 5.5 zu Exchange 2003 am besten den Active Directory Connector von Exchange 2003 SP2 ein. Für die Installation des ersten ADC in einem Active Directory benötigen Sie die Rechte eines Schema-Administrators und eines Domänen-Administrators der Domäne, in der Sie den ADC installieren. Für die Installation weiterer ADCs werden nur noch die Domänen-Administratorrechte der jeweiligen Domäne benötigt. Sie müssen bei der Migration zu Exchange 2003 den ADC vor der Installation des Exchange 2003 Server oder von *forestprep* installieren.

Vergewissern Sie sich vor der Installation, dass Sie über die beschriebenen Rechte verfügen. Wenn der Server, auf dem Sie später Exchange 2003 installieren wollen, kein Domänencontroller und Globaler Katalog-Server ist, müssen Sie den ADC auf dem Domänencontroller Ihrer Domäne installieren, der Globaler Katalog-Server ist. Das muss nicht zwingend der Exchange 2003 Server sein.

Installation des Active Directory Connectors

Verwenden Sie den Active Directory Connector aus dem Exchange 2003 Service Pack 2, da dieser zahlreiche Fehlerkorrekturen enthält. Entpacken Sie die Exchange 2003 SP2-Datei und installieren Sie den ADC aus dem Unterverzeichnis *ADC*.

Ein wichtiger Bereich sind die Verbindungsvereinbarungen (Connection Agreements, CA) des Active Directory Connectors. Der Einsatz dieser Verbindungsvereinbarungen sollte so früh wie möglich exakt geplant werden.

Die Konfiguration des ADC hat Microsoft in vier Schritte unterteilt. Im ersten Schritt müssen Sie eintragen, mit welchem Exchange 5.5 Server der Connector eine Verbindung aufbauen soll. Nachdem Sie den Exchange 5.5 Server festgelegt haben, mit dem sich der ADC verbinden kann, können Sie mit Schritt 2 fortfahren. Bevor Sie Schritt 1 nicht durchgeführt haben, sind alle anderen Schaltflächen ohnehin ausgegraut.

Konfiguration des Active Directory Connectors

Abbildung 8.31: Konfiguration des Active Directory Connectors (ADC)

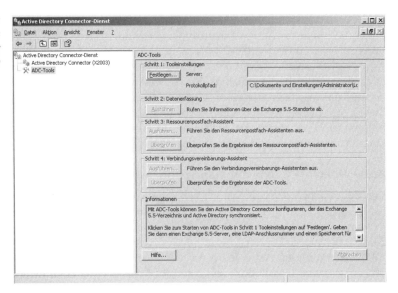

Wenn Sie auf die Schaltfläche *Ausführen* klicken, liest der ADC die notwendigen Einstellungen aus der Exchange 5.5-Konfiguration aus.

Hinter Schritt 3 steckt der Assistent des bereits beschriebenen *ntdsatrb*-Tools. Mit der Schaltfläche *Ausführen* startet der Assistent und führt Sie durch die eventuell notwendigen Änderungen an den Ressourcenpostfächern, wie bereits weiter vorne beschrieben. Bei einer großen Anzahl von Ressourcenpostfächern sollten Sie die Konfigurationen allerdings nicht einzeln durchführen, sondern in eine CSV-Datei exportieren lassen. Schritt 4 *Verbindungsvereinbarungs-Assistent* ist für die Migration der bedeutendste. Hier wird das Exchange 5.5-Verzeichnis mit dem Active Directory durch so genannte *Verbindungsvereinbarungen (Connection Agreements, CAs)* verbunden. Gehen Sie äußerst sorgfältig vor, da die Konfiguration beide Verzeichnisse betrifft. Standardmäßig aktiviert der ADC eine bidirektionale Verbindung zwischen den beiden Verzeichnissen. Bei dieser Verbindung werden Postfächer aus Exchange 5.5 an Windows-Benutzer angebunden beziehungsweise neue Benutzer für diese Postfächer angelegt. Zusätzlich werden Postfächer gelöschter Benutzer im Active Directory in Exchange 5.5 gelöscht. Außerdem werden Informationen für Adresslisten und Öffentliche Ordner zwischen Exchange 5.5 und Exchange 2003 ausgetauscht. Dadurch können Benutzer, deren Postfächer auf den verschiedenen Serverversionen liegen, ohne Probleme miteinander kommunizieren. Sie sollten nur in Ausnahmefällen unidirektionale Verbindungen konfigurieren. Unidirektionale Verbindungen können in beide Richtungen definiert werden, von Exchange 5.5 ins Active Directory und umgekehrt. Auf der nächsten Seite des Assistenten müssen Sie für jeden Exchange 5.5-Standort Anmeldeinformationen konfigurieren, mit denen diese CA die Daten austauscht. Die Verbindungsvereinbarung für die Öffentlichen Ordner wird getrennt von der Verbindungsvereinbarung für die Empfänger angelegt. Mit dieser CA werden keine Inhalte von Öffentlichen Ordnern repliziert, sondern nur die Konfigurationen.

Exchange 2003 in eine Exchange 5.5-Organisation installieren

Nachdem Sie alle Vorbereitungen getroffen haben, können Sie den ersten Exchange 2003 Server in die bestehende Exchange 5.5-Organisation installieren. Aktivieren Sie die Option, dass Sie einer bestehenden Organisation beitreten wollen, und geben Sie dann einen Exchange 5.5 Server an, mit dem sich die Installationsroutine verbinden kann. Am besten wählen Sie denselben Server aus, mit dem Sie bereits zuvor die Verbindungstests durchgeführt haben. Als Nächstes prüft die Installationsroutine, ob eine Verbindung zu dem Exchange 5.5 Server aufgebaut werden kann und ob genügend Berechtigungen zur Installation vorhanden sind. Wenn Sie alle Vorbedingungen erfüllt haben, die weiter vorne in diesem Kapitel beschrieben wurden, sollten Sie keine Probleme bekommen. Wenn die Voraussetzungen für die Exchange 2003 Server-Installation erfüllt sind, werden Sie nach dem Kennwort des Installationsbenutzers gefragt, mit dem der Exchange 5.5 Server installiert wurde.

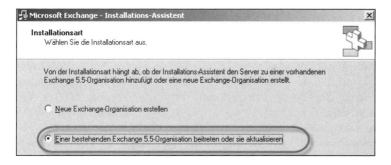

Abbildung 8.32: Einer Exchange 5.5-Organisation beitreten

Überprüfung der Installation

Nach der erfolgreichen Installation sollten Sie zunächst überprüfen, ob der Exchange 2003 Server korrekt in die Exchange 5.5-Organisation eingebunden worden ist.

Rufen Sie nach der Installation des Servers den Exchange System-Manager auf dem Exchange 2003 Server auf. Die Ansicht sieht zunächst vollkommen identisch mit der Installation in einer eigenen Organisation aus. Wie Sie sehen, wurden alle Exchange 5.5-Standorte als administrative Gruppen im Exchange System-Manager angelegt. Hier sehen Sie sehr schnell, ob die Verbindung der beiden Exchange Server-Versionen funktioniert hat. Des Weiteren werden alle Exchange 5.5 Server in den verschiedenen administrativen Gruppen mit einem eigenen Symbol angezeigt. Sie sollten auch weiterhin alle administrativen Aufgaben, die Sie auf den Exchange 5.5 Servern

Exchange 2003 System-Manager

durchführen wollen, nur mit dem Exchange Administrator auf dem Exchange 5.5 Server durchführen, der Exchange 2003 System-Manager dient lediglich zur Anzeige und Übersicht der Informationen Ihrer Organisation.

Active Directory-Benutzer und -Computer
Bereits bei der Inbetriebnahme des Active Directory Connectors wurden alle Benutzer im Active Directory mit ihrem Postfach auf dem Exchange 5.5 Server verbunden. Nach der Installation des ersten Exchange 2003 Servers können Sie die Postfächer von Benutzern zwischen den verschiedenen Exchange Servern verschieben. Das Snap-In *Active Directory-Benutzer und -Computer* unterscheidet nicht zwischen Exchange 5.5 und Exchange 2003 Servern. Verschieben Sie am besten einen Testbenutzer zwischen Exchange 5.5 und Exchange 2003. Wenn auch dieser Vorgang problemlos funktioniert, ist eine weitere Hürde der Migration genommen.

Adressbuch der Benutzer
Bei allen Benutzern sollten im Outlook-Adressbuch alle Benutzer des globalen Adressbuches angezeigt werden. Schreiben Sie testweise E-Mails zwischen Benutzern auf verschiedenen Servern. Wenn diese E-Mails zugestellt werden, können Sie sicher sein, dass auch der E-Mail-Fluss zwischen den beiden Serverversionen problemlos funktioniert.

Exchange 5.5 Administrator
Als Nächstes sollten Sie im Exchange 5.5 Administrator überprüfen, ob der neue Exchange 2003 Server in die Organisation mit aufgenommen wurde. Im Gegensatz zum Exchange 2003 System-Manager werden Exchange 2003 Server im Exchange 5.5 Administrator mit demselben Symbol angezeigt wie Exchange 5.5 Server. Sie sollten keine Konfigurationsänderungen im Exchange 5.5 Administrator für die Exchange 2003 Server durchführen. Wenn die Exchange 2003 Server im Exchange 5.5 Administrator angezeigt werden, können Sie davon ausgehen, dass der Exchange 2003 Server richtig in die Exchange 5.5-Organisation integriert wurde. Damit Exchange 2003 Server überhaupt im Exchange 5.5 Administrator angezeigt werden, muss der Standortreplikationsdienst auf dem ersten installierten Exchange 2003 Server oder einem neu installierten Server laufen. Wenn die Exchange Server in beiden Administrationsprogrammen korrekt angezeigt werden und in den Ereignisanzeigen keine Fehlermeldungen stehen, können Sie zunächst davon ausgehen, dass die Integration von Exchange 2003 in die Exchange 5.5-Organisation problemlos funktioniert hat.

Standortreplikationsdienst (SRS)

Der Standortreplikationsdienst (*Site Replication Service, SRS*) dient zur Verbindung von Exchange 5.5 mit den Exchange 2003 oder Exchange 2000 Servern. Der SRS wird automatisch auf allen Exchange 2003 Servern installiert, aber nur auf dem ersten installierten Server in einer Exchange 5.5-Organisation aktiviert. Der SRS ist ein so genanntes

Schattenverzeichnis von Exchange 5.5. Er stellt allen Exchange 5.5 Servern Informationen aus der Exchange 2003-Konfiguration zur Verfügung. Fällt dieser Dienst aus, ist die Verbindung zwischen den beiden Serverversionen dauerhaft unterbrochen.

Der SRS ist allerdings nicht clusterfähig. Der erste installierte Exchange 2003 Server in einer Exchange 5.5-Organisation darf nicht in einem Cluster installiert sein, sondern muss ein Standalone-Rechner sein.

Administrative Gruppen von Exchange 2003 vs. Exchange 5.5-Standorte

Unter Exchange 5.5 wurden administrative und physikalische Trennungen in Standorte untergliedert. Jeder Standort ist physikalisch von den anderen Standorten getrennt und hat eigene Administratoren zur Verwaltung. Damit die verschiedenen Exchange-Versionen Daten austauschen und die Benutzer Connectoren der verschiedenen Exchange-Versionen nutzen können, repliziert der SRS auch die Informationen von Connectoren zwischen den Exchange Servern. Es ist ohne Probleme möglich, dass Benutzer auf Exchange 2003 Servern den Internet-Maildienst auf dem Exchange 5.5 Server nutzen können und umgekehrt. Die Connectoren auf den Exchange 5.5 Servern werden im Exchange System-Manager angezeigt und natürlich auch umgekehrt. Bei der Installation von Exchange 2003 in eine Exchange 5.5-Organisation werden die Exchange 5.5-Standorte als administrative Gruppen sowie die Connectoren, über die SRS repliziert, angezeigt. Damit Exchange 2003 Server eine stabile Verbindung zu den jeweiligen Standorten aufbauen können, ist in den Eigenschaften jeder administrativen Gruppe der Benutzername und das Kennwort des Benutzers eingetragen, mit dem Exchange 5.5 im Standort installiert wurde und den Sie bereits bei der Installation eingegeben haben.

Entfernen von Exchange 5.5

Nachdem Sie Exchange 2003 erfolgreich in der Exchange 5.5-Organisation installiert haben, können Sie mit der Übernahme der Daten von Exchange 5.5 zu Exchange 2003 beginnen und danach den Exchange 5.5 Server aus der Organisation entfernen.

Der wichtigste Schritt ist das Verschieben aller Benutzerpostfächer von Exchange 5.5 auf Ihre Exchange 2003 Server. Verwenden Sie dazu, wie bereits beschrieben, die *Exchange-Aufgaben* des Snap-Ins *Active Directory-Benutzer und -Computer*.

<small>Benutzerpostfächer auf Exchange 2003 übernehmen</small>

Parallel oder danach sollten Sie im Exchange 5.5 Administrator für die Öffentlichen Ordner Replikate auf den Exchange 2003 Servern einrichten. Wenn Sie sichergestellt haben, dass alle Öffentlichen Ordner auf die Exchange 2003 Server repliziert wurden, sollten Sie im

<small>Öffentliche Ordner übernehmen</small>

Exchange System-Manager die Replikate auf den Exchange 5.5 Servern entfernen.

Systemordner übernehmen Auch die Systemordner, das heißt das Offline-Adressbuch und die frei/gebucht-Zeiten, sollten zunächst auf die Exchange 2003 Server repliziert und danach auf den Exchange 5.5 Servern wieder entfernt werden. Da es sich bei den Systemordnern um Öffentliche Ordner handelt, sollten Sie genauso vorgehen wie bei der Replikation der Öffentlichen Ordner.

Neue Connectoren anlegen Erstellen Sie in Exchange 2003 alle notwendigen Connectoren, zum Beispiel für den Versand ins Internet oder zu anderen E-Mail-Systemen. Die Connectoren werden nach einiger Zeit auch in Exchange 5.5 zur Verfügung stehen. Löschen Sie die alten Connectoren nicht auf Exchange 5.5, sondern setzen Sie zunächst deren Kosten hoch. Dann ist sichergestellt, dass die neuen Connectoren allen Benutzern, selbst denen, die noch auf Exchange 5.5 ein Postfach haben, zur Verfügung stehen, während die alten jederzeit wieder aktiviert werden können.

Exchange 5.5 Server herunterfahren Wenn Sie alle Daten übernommen haben, sollten Sie vor dem Löschen des Exchange 5.5 Servers zunächst den Rechner herunterfahren und abwarten, ob irgendwelche Probleme auftreten. Häufige Probleme in einem solchen Umfeld sind die frei/gebucht-Zeiten, die eventuell nicht sauber repliziert wurden. Wenn Sie die Postfächer Ihrer Benutzer auf einen anderen Exchange Server verschieben, steht in den Outlook-Einstellungen immer noch der alte Exchange Server. Wenn der Benutzer Outlook das nächste Mal startet, wird er mit seinem alten Exchange Server verbunden. Outlook erkennt, dass das Benutzerpostfach verschoben wurde, und erhält vom Exchange 5.5 Server die Information, auf welchem Server das Postfach liegt. Dieser Server wird in Outlook eingetragen und die Verbindung geprüft. Beim nächsten Start von Outlook wird die Verbindung zum neuen Server aufgebaut und der alte Server nicht mehr abgefragt. Wenn ein Benutzer Outlook startet und der alte Exchange Server nicht mehr zur Verfügung steht, erscheint in Outlook eine Fehlermeldung, dass das Postfach nicht mehr gefunden werden kann. In einem solchen Fall muss in Outlook manuell die Einstellung auf den neuen Server gelegt werden. Achten Sie darauf, dass am besten alle Benutzer einmal Outlook geöffnet haben und ihr Postfach öffnen können, bevor Sie den Server herunterfahren.

Den letzten Exchange 5.5 Server entfernen Als Nächstes können Sie mithilfe des Exchange 5.5-Setup-Programms Exchange 5.5 vom Server entfernen und ihn damit aus der Organisation löschen. Sollte die Deinstallation nicht erfolgreich sein, können Sie den Server auch mithilfe des Exchange 5.5 Administrators aus der Organisation entfernen. Dazu müssen Sie sich mit einem anderen Exchange 5.5 Server verbinden. Wenn kein anderer Exchange 5.5 Server zur Verfügung steht, können Sie sich über den Exchange 5.5

Administrator auch mit dem Exchange 2003 Server verbinden, auf dem der SRS installiert ist. In einigen Umgebungen wird der Server im Exchange System-Manager auch nach erfolgreichem Entfernen angezeigt. In einem solchen Fall können Sie mit ADSI Edit den Server aus der Exchange-Organisation löschen.

8.13.3 Betriebsmodus einer Exchange-Organisation

Nach der Installation von Exchange 2003 befindet sich eine Organisation zunächst im Mischmodus. In diesem Modus können Exchange 5.5 Server Mitglied der Organisation sein. Wenn die Organisation auf den einheitlichen Modus umgestellt wird, darf die Organisation ausschließlich aus Exchange 2003 und Exchange 2000 Servern bestehen. Der Funktionsumfang von Exchange 2003 ist im Mischmodus gegenüber dem einheitlichen Modus eingeschränkt und abwärtskompatibel zu Exchange 5.5.

Mischmodus

Im Mischmodus werden Exchange 5.5-Standorte zu administrativen Gruppen konvertiert. Routinggruppen können im Mischmodus nur Server aus einer administrativen Gruppe enthalten. Exchange Server können nicht zwischen verschiedenen Routinggruppen verschoben werden. Standardmäßig werden E-Mails in einer Organisation im Mischmodus mit dem X.400-Protokoll verschickt, nicht mithilfe von SMTP.

Einheitlicher Modus

Wenn Sie eine Exchange-Organisation in den einheitlichen Modus umstellen, darf diese Organisation keine Exchange 5.5 Server mehr enthalten. Routinggruppen können Exchange Server aus mehreren administrativen Gruppen enthalten. Exchange Server können zwischen verschiedenen Routinggruppen verschoben werden. SMTP wird als Standardprotokoll definiert, X.400 wird nicht mehr verwendet, um E-Mails zwischen verschiedenen Exchange Servern zu versenden. Wenn sich eine Exchange 2003-Organisation im einheitlichen Modus befindet, können Exchange 2000 und Exchange 2003 Server zwischen verschiedenen Routinggruppen verschoben werden, aber nicht zwischen verschiedenen administrativen Gruppen. Sie müssen bereits bei der Installation eines Exchange 2003 Servers festlegen, in welcher administrativen Gruppe dieser Server installiert werden soll.

Umstellen des Betriebsmodus

Der Betriebsmodus einer Exchange 2003-Organisation wird im Exchange System-Manager angezeigt. Sie finden die Konfiguration des Betriebsmodus in den Eigenschaften der Exchange-Organisation. Hier können Sie auch den Betriebsmodus wechseln. Wenn sich in der Exchange-Organisation noch Exchange 5.5 Server befinden, ist die Option zum Ändern des Betriebsmodus ausgegraut. Wenn Sie die Exchange-Organisation in den einheitlichen Modus versetzen, kann dieser Vorgang nicht mehr rückgängig gemacht werden. Ab diesem Zeitpunkt können keine Exchange 5.5 Server mehr Bestandteil dieser Organisation sein. Um den Betriebsmodus nach der Migration von Exchange 5.5 zu Exchange 2003 umzustellen, sollten Sie folgendermaßen vorgehen:

- Überprüfen Sie zunächst, ob Sie als Administrator angemeldet sind, der sowohl volle Rechte auf dem Exchange 5.5 Server als auch auf dem Exchange 2003 Server hat.
- Löschen Sie im Active Directory Connector zunächst alle Verbindungsvereinbarungen mit Ausnahme der *Config CA*.
- Verbinden Sie sich über den Exchange 5.5 Administrator mit dem Exchange 2003 Server, auf dem der SRS installiert ist. Wenn Sie keinen weiteren Exchange 5.5 Administrator zur Verfügung haben, können Sie diesen jederzeit mithilfe des Exchange 2003-Installationsprogramms nachinstallieren.
- Navigieren Sie zu dem Standort, von dem Sie den Exchange 5.5 Server entfernen wollen. Öffnen Sie das Menü *Konfiguration* und entfernen Sie unter *Verzeichnisreplikation* alle Connectoren für die Verzeichnisreplikation, außer dem Eintrag *ADNAUTODRC*. Führen Sie diesen Vorgang auf allen Exchange 2003 Servern durch, die in Ihrer Organisation einen aktivierten SRS haben.
- Navigieren Sie als Nächstes zum Menü *Server* und entfernen Sie den Exchange 5.5 Server vom Standort. Der Server darf nicht mehr zur Verfügung stehen, die Exchange-Dienste müssen beendet sein.
- Nachdem Sie sichergestellt haben, dass alle Connectoren für die Verzeichnisreplikation und alle Exchange 5.5 Server aus der Organisation entfernt wurden, sollten Sie etwas warten, bis die *Config CA* diese Änderung auf alle Exchange 2003 Server repliziert hat.
- Öffnen Sie als Nächstes den Exchange 2003 System-Manager und überprüfen Sie, ob alle Exchange 5.5 Server aus den administrativen Gruppen entfernt wurden.

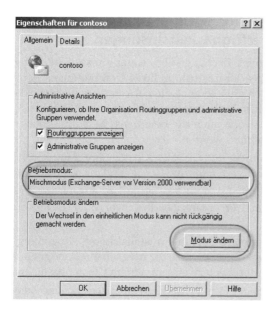

Abbildung 8.33:
Ändern des
Betriebsmodus einer
Exchange-Organisation

▶ Löschen Sie alle SRS-Dienste im Menü *Extras* des Exchange 2003 System-Managers.

▶ Wenn Sie alle SRS-Dienste aus der Organisation entfernt haben, sollte von allen Servern der Active Directory Connector entfernt werden. Verwenden Sie dazu das Installationsprogramm des Active Directory Connectors.

▶ Als Letztes können Sie den Betriebsmodus der Exchange-Organisation ändern. Rufen Sie dazu die Eigenschaften der Exchange-Organisation auf und ändern Sie den Betriebsmodus in den einheitlichen Modus.

8.14 Exchange-Hochverfügbarkeitslösungen

Exchange spielt in vielen Firmen mittlerweile eine so große Rolle, dass ein Ausfall, auch für wenige Stunden, nicht akzeptabel ist. Aus diesem Grund setzen viele Firmen auf Hochverfügbarkeitslösungen. Eine solche Lösung lässt sich leider nicht mit einem Produkt realisieren, sondern beinhaltet mehrere Konzepte und Ausfallpläne, die verhindern sollen, dass ein Exchange Server unnötig lange ausfällt. Die Aufgabe einer Hochverfügbarkeitslösung ist es, den Ausfall einzelner Komponenten, teilweise sogar ganzer Server, vollständig zu kompensieren.

8.14.1 Notwendige Maßnahmen für Hochverfügbarkeitslösungen

Für eine hochverfügbare Exchange-Umgebung müssen Sie zunächst die komplette Netzwerkinfrastruktur Ihres Unternehmens betrachten. Selbstverständlich müssen auch die notwendigen Netzwerkkomponenten wie Switches, Verkabelung und Serverraum möglichst gut abgesichert werden. Doch auch die beteiligten Serverkomponenten müssen effizient geschützt werden.

- Die Domänencontroller und Globalen Katalog-Server, mit denen sich die Exchange Server verbinden, müssen redundant ausgelegt sein.

- Auch die Front-End-Server sollten redundant ausgelegt sein und unter Umständen mit einem Loadbalancer oder DNS-Round-Robin arbeiten.

- Besonderes Augenmerk bei einer ausfallsicheren Umgebung gilt den Exchange Back-End-Servern, die möglichst redundant ausgelegt sein sollten oder idealerweise aus einem Cluster bestehen.

- Ein weiterer wichtiger Punkt wäre der Plattenspeicher, auf dem die Exchange-Datenbanken liegen. Dieser sollte zumindest durch ein RAID-System, besser ein SAN, abgesichert werden. Ideal in diesem Fall wäre ein 4-Knoten-Cluster, der seine Daten im SAN speichert. Das SAN sollte in verschiedenen Rechenzentren gespiegelt sein und die Cluster-Knoten sollten auf die Rechenzentren verteilt werden.

- Zusätzlich sollten ständig die aktuellen Sicherheitspatches installiert werden. Beachten Sie die einzelnen Themen in *Kapitel 13 »Sicherheit in Microsoft-Netzwerken«*.

- Alle Komponenten sollten dauerhaft überwacht werden, am besten durch professionelle Monitoring-Infrastrukturen wie den Microsoft Operations Manager, der spezielle Agenten für die Überwachung von Exchange bereitstellt. Mehr zu diesem Thema erfahren Sie in *Kapitel 16 »Überwachen, Verwalten und Inventarisieren«*.

- Sie sollten ein Ausfallkonzept erstellen und die Wiederherstellungszeit einzelner Komponenten und Server ermitteln, testen und gegebenenfalls optimieren. Zu diesem Punkt sollten Sie *Kapitel 11 »Datensicherung«*, *Kapitel 13 »Sicherheit in Microsoft-Netzwerken«* und *Kapitel 14 »Ausfallkonzepte«* beachten.

- Generelle Redundanz für Server und sonstige Hardware ist ein wichtiger Bestandteil eines Ausfallkonzepts. Sie sollten genau überprüfen, welche Auswirkungen der Ausfall einzelner Netzwerkkomponenten und Server auf Ihr Unternehmen hat. Zumindest kritische Server sollten redundant ausgelegt werden. Die eingebaute Hardware wie Festplatten, Netzwerkkarten und Netzteile der Server sollten grundsätzlich immer doppelt vorhanden sein, da ein Ausfall dieser Komponenten auf Dauer wahrscheinlich ist. Wenn ausfallkritische Server selbst ebenfalls komplett redundant vorhanden sind, wird die Wahrscheinlichkeit für einen Ausfall noch weiter minimiert.

Exchange-Hochverfügbarkeitslösungen

▶ Es ist selbstverständlich, dass auf allen beteiligten Servern ein Virenscanner auf Dateiebene installiert werden muss. Zusätzlich sollte auf dem Postfachserver ein Virenscanner installiert werden, der mehrere Engines verwendet. Jede Engine hat erfahrungsgemäß Vor- und Nachteile bei verschiedenen Dateitypen und wird darüber hinaus zu unterschiedlichen Zeiten und Intervallen upgedatet. Idealerweise sollte auf einem Mail-Relay in der DMZ ein weiterer E-Mail-Scanner installiert werden (siehe *Abbildung 8.36*). Achten Sie auf möglichst viele verschiedene Engines, um die Sicherheit zu erhöhen. Parallel sollten immer auf allen Produkten die notwendigen Sicherheitspatches automatisch installiert werden, um Sicherheitslöcher so schnell wie möglich zu stopfen.

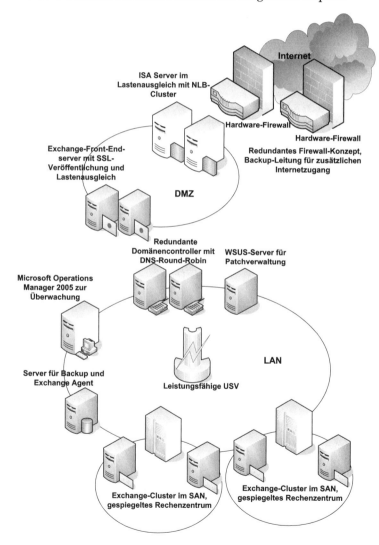

Abbildung 8.34: Hochverfügbares Rechenzentrum für Exchange 2003

8 Planen einer Exchange Server-Infrastruktur

▶ Die Berechtigungen innerhalb des Active Directorys und der Exchange-Organisation sollten so eingeschränkt wie nur möglich sein. Selbst Administratoren und Operatoren sollten nur die notwendigsten Rechte erhalten.

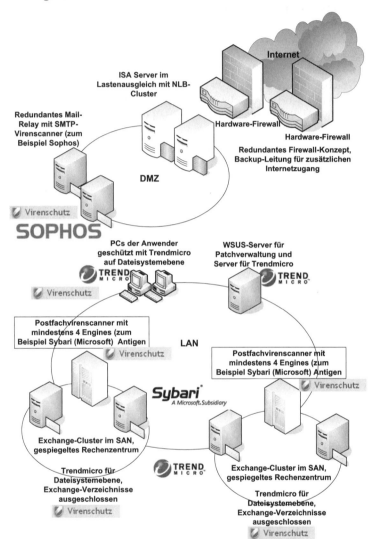

Abbildung 8.35: Optimale Virenschutzinfrastruktur für Microsoft Exchange

▶ Die Zugriffe auf die Server und Veränderungen sollten immer vorher getestet, genehmigt und anschließend gut dokumentiert werden.

▶ Der Zugang zum Rechenzentrum sollte immer auf die notwendigsten Personen eingeschränkt werden.

8.14.2 Cluster für Exchange

Ein Cluster ist eine Gruppe unabhängiger Computer, die jeweils die gleichen Anwendungen ausführen und beim Zugriff durch einen Client als ein einziges System dargestellt werden. Die Computer sind physikalisch durch Kabel und Cluster-Software miteinander verbunden. Durch das Vorhandensein dieser Verbindungen können im Cluster Probleme für den zugreifenden Client transparent behoben werden, zum Beispiel durch die Umverteilung von Aufgaben bei Ausfall eines Knotens auf einen anderen (Failover in Serverclustern) oder eine Verteilung aller zu bearbeitenden Aufgaben über einen Lastenausgleich in Netzwerklastenausgleich- bzw. Network Load Balancing(NLB)-Clustern. Aufgrund dieser Trennung unterscheiden sich Cluster-Systeme grundlegend von Multiprozessorsystemen, bei denen sich mehrere Prozessoren eine gemeinsame Computerperipherie teilen. Netzwerklastenausgleich (NLB) ist eine Cluster-Technologie, die von Microsoft als Teil von Windows Server 2003 in der Enterprise und der Datacenter Edition zur Verfügung gestellt wird. NLB benutzt einen verteilten Algorithmus für den Lastenausgleich von IP-Datenverkehr über mehrere Hosts. Das führt zu einer besseren Skalierbarkeit und Verfügbarkeit unternehmenskritischer IP-basierter Dienste. Beispiele hierfür sind Webdienste, Virtual Private Networks, Terminal-Dienste, Proxy-Dienste und viele andere mehr. NLB kann Ausfälle von Servern automatisch erkennen und den Datenverkehr an andere Hosts umleiten, dadurch wird eine Hochverfügbarkeit des NLB-Clusters erreicht. Viele Firmen setzen für die Arbeit mit Exchange einen Cluster ein. Dies geschieht vor allem aus dem Grund, dass mittlerweile auch das E-Mail-System eines Unternehmens nicht ausfallen darf und so ausfallsicher wie möglich sein soll. Bei einem Cluster laufen mehrere Knoten zusammen. Dies hat den Vorteil, dass bei Ausfall eines Servers die Funktionalitäten des Clusters nicht beeinträchtigt werden, da die anderen Server dessen Dienste auffangen. Allerdings ist die Konfiguration eines Clusters alles andere als einfach. Mit einem Cluster ergibt sich der Nachteil, dass viele Konfigurationen, die bei einem Standalone-Server möglich sind, auf einem Cluster nur sehr schwer durchzuführen sind. Da auch der Cluster-Dienst eine Windows-Komponente ist, haben Sie bei einem Cluster zusätzlich einen weiteren Dienst zu verwalten, der dazu noch ungeheuer komplex ist. Bevor Sie einen Cluster produktiv in Betrieb nehmen, sollten Sie sich ausführlich mit seiner Konfiguration befassen.

Planen eines Clusters

Unter Exchange 2000 hat Microsoft noch einen active/active-Cluster empfohlen. Da diese Konfiguration aber nicht sehr populär war, ist Microsoft bei Exchange 2003 wieder umgeschwenkt und empfiehlt active/passive-Clustering mit Exchange 2003.

Abbildung 8.36: Exchange-Cluster

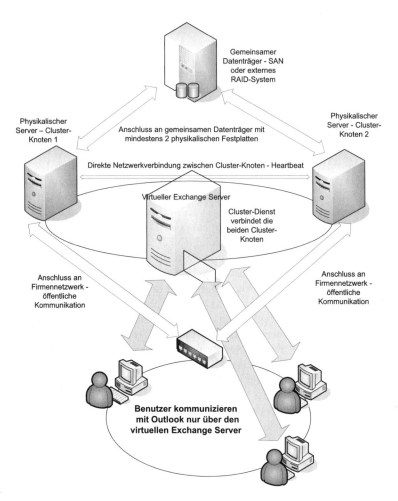

Das heißt im Klartext, dass bei einem Exchange 2003 Cluster ein Server (Knoten) online (active) die Exchange-Dienste zur Verfügung stellt und der zweite Knoten nur als Standby (passive) dient, wenn der Hauptknoten ausfallen sollte. Um einen Exchange 2003 Cluster aufzubauen, benötigen Sie Windows 2003 Enterprise Server als Betriebssystem und Exchange 2003 Enterprise Server als Exchange-Version. Die beiden Standardserver dieser Produkte unterstützen kein Clustering. Im Beispiel von *Abbildung 8.37* handelt es sich um einen active/passive-Cluster. Diese Bezeichnung bedeutet, dass es zwei Knoten im Cluster sowie einen virtuellen Exchange Server gibt. Der virtuelle Exchange Server ist immer einem Knoten zugewiesen. Bei einem active/active-Cluster wären beide Knoten aktiv. Es gibt zwei virtuelle Exchange Server, die je einem Cluster-Knoten zugewiesen sind. Bei Ausfall eines Knotens übernimmt der zweite Knoten beide virtuelle

Exchange Server. Weit verbreitet sind auch active/active/passive-Cluster. Dieser Cluster-Typ besteht aus drei Knoten, wobei zwei aktiv sind und der dritte den Ausfall eines Knotens kompensiert.

Einführung und Vorteile eines Clusters

Microsoft hat in Exchange 2003 bezüglich des Clusterings einige Änderungen eingebaut. Die meisten Funktionalitäten eines Clusters unter Exchange 2003 sind mit Exchange 2000 identisch. Wenn Sie bereits einen Exchange 2000 Cluster mit einem Windows 2000 Advanced Server verwalten, werden Sie mit Exchange 2003 und Windows 2003 Enterprise Server keine Schwierigkeiten haben. Wenn Sie beabsichtigen, einen Cluster mit Exchange 2003 aufzubauen, sollten Sie Windows 2003 einsetzen, um alle Features verwenden zu können. Windows 2003 unterstützt bis zu acht Knoten gleichzeitig in einem active/passive-Cluster. Unter Windows 2000 Advanced Server wurden dagegen nur zwei Knoten unterstützt. Die Ausfallsicherheit wurde deutlich erhöht. Der Cluster-Dienst wird unter Windows 2003 bereits bei der Installation mitinstalliert, er muss nur noch konfiguriert werden.

Wenn Sie einen Cluster einsetzen wollen, sollten Sie sich zuvor bei Microsoft oder Ihrem Lieferanten vergewissern, dass die Hardware in der Microsoft Hardware Compatibility List (HCL) für Cluster aufgeführt ist. Wenn Sie Hardware einsetzen, die nicht auf der HCL für Cluster steht, erhalten Sie keinerlei Support von Microsoft und eine stabile Funktion kann nicht garantiert werden.

Wenn Sie eine hochverfügbare Exchange-Infrastruktur aufbauen wollen, benötigen Sie einen Exchange-Cluster. Nur mit einem Cluster können Sie eine Verfügbarkeit ab 99,999 % erreichen. Eine Verfügbarkeit von 99,999 % bedeutet, dass das System nur 5 Minuten im Jahr ausfallen darf. Für die meisten Unternehmen reicht eine Verfügbarkeit von 99,99 % aus. Bei dieser Verfügbarkeit steht das System maximal 1 Stunde im Jahr, was immer noch recht akzeptabel ist.

Integration eines Clusters in das Active Directory

Ein Cluster unter Windows 2003 wird in das Active Directory integriert. Bei der Erstellung eines Clusters werden die virtuellen Server als Computerobjekt in das Active Directory aufgenommen und können von Benutzern wie ein normaler Server angesprochen werden. Dadurch werden keine Gruppenrichtlinien für die virtuellen Server unterstützt. Benutzer können aber mit Kerberos und Sitzungsschlüsseln deutlich sicherer arbeiten. Diese Form der Authentifizierung erlaubt es Benutzern, sich gegenüber einem Server ohne ein Kennwort zu authentifizieren. An Stelle eines Kennworts weisen Sie sich über ein Ticket aus, das Ihnen den Zugriff auf den Server erlaubt. Dies steht im Gegensatz zur NTLM-Authentifizierung, wie sie für den Cluster-Dienst unter Windows 2000 genutzt wird, der einen über das Passwort des Benutzers gebildeten Hashwert über das Netzwerk sendet. Auch wenn der Cluster-Dienst von Windows 2003 in das Active Directory integriert ist, findet keine Erweiterung des Schemas statt. Beide Cluster-Knoten müssen Mitglied der gleichen Windows-Domäne, dürfen aber keine Domänencontroller sein.

Neues Sicherheitsmodell für Cluster

Microsoft hat auch einige Änderungen bezüglich der Berechtigungen in Exchange 2003 optimiert. Da ein Cluster auf den virtuellen Exchange Servern aufbaut, ist er direkt von den Änderungen in Exchange abhängig, was vor allem den Betriebsmodus der Exchange-Organisation betrifft. Folgende Berechtigungen werden benötigt, wenn Sie Exchange 2003 auf einem Cluster installieren wollen:

- Damit Exchange 2003 auf einem Windows 2003 Cluster installiert werden kann, muss der Benutzer in der lokalen Administratorengruppe beider Knoten Mitglied sein. Dadurch wird der Benutzer automatisch zum Cluster-Administrator.

- Um den ersten virtuellen Exchange Server einer Organisation zu installieren, benötigt der Benutzer die Rechte eines vollen Exchange-Administrators auf Organisationsebene.

- Um weitere virtuelle Exchange Server in dieser administrativen Gruppe zu installieren, benötigen Benutzer lediglich volle Exchange-Administratorrechte auf die jeweilige administrative Gruppe.

- Die wichtigste Neuerung in Exchange 2003 Clustering ist, dass der Windows Cluster Service nicht mehr volle Exchange-Administratorrechte zur Installation und zum Betrieb benötigt.

Vorbereitungen für einen Cluster

Bevor Sie einen Windows 2003 Cluster installieren können, müssen Sie einige Vorbereitungen treffen. Dazu gehört zunächst die Beschaffung von passender Hardware für Ihren Cluster. Diese Hardware sollte, wie bereits erwähnt, Bestandteil der HCL für Cluster sein. Das System sollte mindestens folgende Komponenten beinhalten:

- Jeder der Knoten benötigt einen eigenen Controller für die Datenträger des Betriebssystems, am besten mit RAID 1 zur Absicherung der lokalen Servereinstellungen.

- Jeder Knoten benötigt einen clusterfähigen Adapter, der an den gemeinsamen Datenträger angeschlossen ist, auf den alle Knoten zugreifen können.

Exchange-Hochverfügbarkeitslösungen

- Sie benötigen für alle Knoten des Clusters einen gemeinsamen Datenträger, ein SAN oder einen SCSI-Festplattenturm, an den beide Knoten angeschlossen werden können, sowie passende Kabel für den Anschluss. An diesen gemeinsamen Datenträger muss jeder Knoten angeschlossen werden.
- In jedem Knoten sollten zwei Netzwerkkarten eingebaut werden. Eine Karte dient zur Kommunikation der Knoten untereinander (Heartbeat), die zweite dient zur Kommunikation mit den Benutzern. Idealerweise sollten die Knoten noch eine dritte Netzwerkkarte haben, die für die Kommunikation der Knoten untereinander und die Kommunikation der Benutzer zur Ausfallsicherheit dient. So ist sichergestellt, dass der Cluster auch dann weiter funktioniert, wenn eine Netzwerkkarte ausfällt. Die Netzwerkkarten auf allen Knoten sollten identisch sein.

Zusätzlich zu der Hardware benötigen Sie noch die passende Software für den Aufbau des Clusters:

- Windows Server 2003 Enterprise Edition
- Exchange Server 2003 Enterprise Edition

Die Standardvarianten der beiden Produkte sind nicht clusterfähig.

Außer diesen Vorbereitungen müssen Sie einige Einstellungen in Ihrem Netzwerk und dem Active Directory vornehmen. Sie benötigen zum Beispiel fünf Servernamen für den Cluster und bis zu sieben IP-Adressen in zwei Subnets.

- Legen Sie zunächst einen Namen für den Cluster als Ganzes fest. Dieser Name erhält kein Computerkonto, wird aber für die Administration des Clusters verwendet. Sie sollten einen Namen wählen, aus dem schnell deutlich wird, um was es sich handelt, zum Beispiel EXCLUSTER.
- Jeder physikalische Knoten des Clusters erhält ein Computerkonto in derselben Domäne. Daher benötigt jeder physikalische Knoten einen entsprechenden Rechnernamen, zum Beispiel CN1 und CN2.
- Des Weiteren benötigen die virtuellen Exchange Server, die auf dem Cluster laufen, ebenfalls einen Namen. Diese virtuellen Server erhalten kein Computerkonto, sind im Exchange System-Manager aber unter dem Namen zu finden, den Sie bei der Installation auswählen. Aus dem Namen sollte schnell ersichtlich sein, dass es sich um virtuelle Exchange Server handelt. Außerdem sollte der Name nicht zu lang sein, da Benutzer mit Outlook oder Outlook Web Access mit diesem Namen auf ihr Postfach zugreifen. Wählen Sie zum Beispiel EXV1 und EXV2.

8 Planen einer Exchange Server-Infrastruktur

▶ Jeder Knoten benötigt je eine IP-Adresse, der Cluster als Ganzes erhält eine IP-Adresse, jeder virtuelle Exchange Server für die Kommunikation mit den Benutzern und die Netzwerkkarten für die private Kommunikation des Clusters erhalten je eine in einem getrennten Subnetz (wichtig!).

▶ Legen Sie für die Konfiguration des Clusters und von Exchange am besten ein neues Benutzerkonto in der Domäne an. Für die Installation des Clusters muss sich dieses Konto in der Gruppe der Domänen-Administratoren befinden.

Der gemeinsame Datenträger ist später das Herz des Clusters, da auf ihm sowohl die Daten aller Benutzer als auch die Konfiguration des Clusters im Quorum gespeichert ist. Alle gemeinsamen Datenträger müssen an alle Knoten angeschlossen sein und auch von ihnen erreicht werden können. Im SAN müssen Sie die entsprechenden Volumes reservieren. Sie benötigen mindestens zwei gemeinsame Datenträger, einen für Exchange, den anderen für das Quorum, welches die Cluster-Konfigurationsdateien enthält. Die optimale Unterteilung der Datenträger finden Sie weiter vorne, im Abschnitt *Server-Sizing*.

Notwendige Planungen für die Installation eines Clusters

Wenn Sie mehrere Knoten installieren wollen, entspricht die Vorgehensweise der Installation des zweiten Knotens. Installieren Sie zunächst auf den beiden Knoten Windows 2003 Enterprise Edition und konfigurieren Sie diese zudem für die Fernwartung, damit Sie remote auf den Server zugreifen können. Bei der Installation des Betriebssystems müssen Sie keine Besonderheiten beachten. Bei der Standardinstallation wird der Cluster-Dienst sofort mitinstalliert. Dieser muss nicht, wie bei Windows 2000 Advanced Server, nachträglich ausgewählt werden. Nachdem Sie das Betriebssystem auf dem Server installiert haben, können Sie die IP-Einstellungen für die beiden Knoten vornehmen. Eine Netzwerkkarte dient dabei der Kommunikation der Server mit den Benutzern und sollte deshalb von den Arbeitsstationen und den Servern in Ihrem Netzwerk erreichbar sein, die andere Netzwerkkarte dient nur zur Kommunikation der Knoten untereinander. Cluster-Knoten „unterhalten sich" über diese private Schnittstelle und stellen fest, ob der jeweils andere Knoten noch online ist. Diese Überprüfung wird im Allgemeinen als *Heartbeat* bezeichnet. Benennen Sie nach der Konfiguration der Netzwerkkarte die Verbindungen um, sodass sofort ersichtlich ist, um welche es sich handelt. Ich verwende dazu oft die beiden Bezeichnungen *private* und *public*. Sie sollten für die beiden Karten zudem die Option aktivieren, dass die Verbindung in der Taskleiste angezeigt wird. Dadurch haben Sie bei der Administration des Clusters immer schnell einen Über-

Exchange-Hochverfügbarkeitslösungen

blick. Wenn Sie auf beiden Knoten die Netzwerkkarten konfiguriert haben, sollten Sie die Verbindung zwischen den Knoten und zwischen den Knoten und Ihrem Firmennetzwerk testen.

Virtuelle Exchange Server

Die richtige Installation der Exchange Server auf dem Cluster in Ihrer neuen Exchange-Organisation erfolgt bei der Erstellung der virtuellen Server. Für jeden virtuellen Server, den Sie installieren, sollten Sie einen physikalischen Knoten zur Verfügung haben. Außerdem benötigen Sie für jeden virtuellen Server einen passenden Namen, mit dem sich Benutzer verbinden und der im Exchange System-Manager erscheint, sowie eine eigene IP-Adresse. Ein virtueller Exchange 2003 Server auf einem Cluster ist eine Gruppe von Ressourcen, die in Abhängigkeit zueinander stehen. Wenn Sie die Cluster-Verwaltung öffnen, sehen Sie, dass bei der Erstellung des Clusters bereits eine Gruppe erstellt wurde, die Cluster-Gruppe. Diese Gruppe enthält alle Ressourcen, die diesen Cluster definieren, Name, IP-Adresse, Datenträger und Quorum. Die Cluster-Gruppe, die den virtuellen Exchange Server darstellt, besteht aus mindestens diesen Komponenten:

- IP-Adresse
- Netzwerkname
- gemeinsamer Datenträger für die Exchange-Datenbanken
- Exchange-Systemaufsicht (diese erstellt die restlichen Ressourcen automatisch)

Diese Komponenten sowie die Ressourcen, welche die Exchange-Systemaufsicht automatisch erstellt, stehen in Abhängigkeit zueinander. Eine Ressource kann nicht online geschaltet werden, wenn Ressourcen, von denen sie abhängt, offline sind oder nicht erstellt wurden. Die Abhängigkeiten sehen Sie in *Abbildung 8.38*.

Wenn Sie einen Cluster mit passiven Komponenten betreiben, also zum Beispiel active/passive oder active/active/passive, sollten Sie bereits frühzeitig bei der Planung berücksichtigen, dass der passive Knoten in regelmäßigen Abständen aktiviert wird und dafür aktivierte Knoten passiv geschaltet werden. Dadurch können Sie sicherstellen, dass der passive Knoten auch im Ernstfall die Cluster-Ressourcen übernehmen kann.

8 Planen einer Exchange Server-Infrastruktur

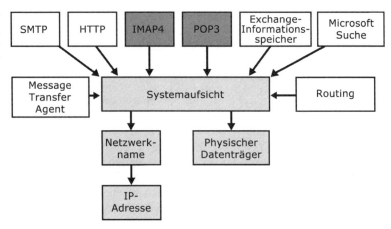

Abbildung 8.37: Abhängigkeiten von Exchange-Ressourcen im Cluster

Das Quorum eines Clusters

Das bereits erwähnte Quorum ist der wichtigste Bereich eines Clusters. Ohne Quorum ist der Cluster nicht funktionsfähig. Im Quorum speichert der Cluster seine Protokolldateien und die Cluster-Prüfpunkte. Das Quorum muss jeweils einem aktiven Knoten zugewiesen sein, der die Cluster-Gruppe verwaltet. Das Quorum sollte nicht auf dem gleichen Datenträger liegen wie die Exchange-Datenbanken. Wie beim gemeinsamen Datenträger für die Exchange-Datenbanken muss auch auf das Quorum jeder Knoten zugreifen können. Der gemeinsame Datenträger für das Quorum muss nicht groß sein. Es reicht ein Volume von 1 bis 2 Gbyte aus, da die Protokolldateien recht klein sind. Das Quorum enthält darüber hinaus wichtige Informationen über die einzelnen Cluster-Knoten.

Failover im Cluster

Wenn der aktive Knoten eines Clusters ausfällt, übernimmt der passive Knoten automatisch seine Ressourcen. Im Fall von Exchange übernimmt der passive Knoten die Exchange-Cluster-Gruppe des aktiven Knotens. Ein Failover kann allerdings auch geplant durchgeführt werden. Bei einem geplanten Failover verschiebt ein Administrator die Ressourcen mit dem Cluster-Dienst, ohne dass der aktive Cluster-Knoten ausfällt. Bei einem geplanten Failover finden folgende Vorgänge statt:

- Der Administrator weist den Cluster-Dienst an, die Cluster-Gruppe auf den passiven Knoten zu verschieben.
- Der Cluster-Dienst setzt alle Ressourcen offline. Benutzer können sich nicht mehr verbinden.
- Die Ressourcen werden auf den passiven Knoten verschoben (Dauer bei guten Clustern maximal 20 bis 30 Sekunden).
- Die Ressourcen werden online geschaltet (je nach Größe der Datenbank weniger als eine Minute).

Das weitaus unerfreulichere Failover ist der ungeplante Ausfall eines Knotens oder einzelner Ressourcen auf dem Cluster. Dies wird durch den passiven Knoten automatisch über den Heartbeat erkannt. In diesem Fall werden folgende Aktionen durchgeführt. Wenn der Cluster-Dienst auf dem aktiven Knoten noch funktioniert, übernimmt er die Aufgabe. Wenn der ganze Knoten ausfällt, übernimmt der passive Knoten alle Gruppen des aktiven Knotens nach kurzer Zeit

- Alle Ressourcen, die von der ausgefallenen Ressourcen abhängen, werden automatisch offline geschaltet.
- Im Anschluss versucht der Cluster-Dienst, diese Ressourcen wieder zu starten.
- Gelingt dies nach einigen Versuchen nicht, werden die Ressourcen und die abhängigen Ressourcen (also die ganze Gruppe) automatisch auf den passiven Knoten verschoben.
- Auf dem passiven Knoten werden die Ressourcen online geschaltet.

9 Internetzugang mit dem Microsoft ISA Server 2004

Beim Internet Security & Acceleration Server (kurz: ISA Server) handelt es sich um einen Webproxy-Server mit integrierten Firewall- und VPN-Server-Funktionalitäten. Auch im Routing ist der ISA Server eine Weiterentwicklung zum Windows Server RAS- und Routingdienst. Die Bedienung des ISA Servers wird mit einer grafischen Oberfläche durchgeführt, um Firewall-Regeln, Proxyeinstellungen und die VPN-Konfiguration vorzunehmen. Durch die nahtlose Integration in das Active Directory setzen viele Unternehmen den ISA Server ein, weil die Benutzerauthentifizierung am Proxy durch die Domänenanmeldung durchgeführt werden kann. Der ISA enthält einige Assistenten, die dazu optimiert sind, die einzelnen Exchange-Funktionalitäten wie Outlook Web Access, Exchange ActiveSync und RPC über HTTP über das Internet zur Verfügung zu stellen.

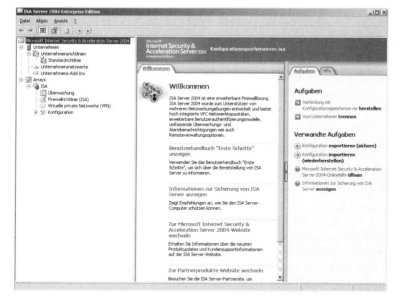

Abbildung 9.1: Verwaltungsoberfläche von ISA 2004

9 Internetzugang mit dem Microsoft ISA Server 2004

Mit dem ISA Server lassen sich die Mitarbeiter in einem Unternehmen hervorragend schützen. In Verbindung mit einer Hardware-Firewall erhalten Unternehmen ein hochsicheres zweistufiges Firewall-Konzept. Dabei werden hauptsächlich folgende Funktionen des ISA Servers genutzt:

- als Proxyserver hinter einer Hardware-Firewall, um die Benutzerauthentifizierung aus dem Active Directory für den sicheren Internetzugriff zu nutzen
- als so genannter *Reverse-Proxy*, um Outlook Web Access, RPC über HTTP und Exchange ActiveSync über das Internet zu verwenden
- als VPN-Server zur Einwahl von Remotebenutzern, teilweise auch als VPN-Gateway zum Verbinden von zwei Standorten per VPN im Internet

Dieses Kapitel beschäftigt sich mit diesen drei Themen und der Konzeption für die sichere Internetanbindung. Viele Unternehmen setzen den ISA Server für mehrere dieser Funktionen ein. Sie benötigen nicht für jeden Einsatzzweck einen eigenen Server.

9.1 Allgemeine Informationen zum ISA Server

Bevor wir uns mit möglichen Einsatzszenarien eines ISA Servers beschäftigen, erhalten Sie zunächst einmal Hintergrundinformationen zu diesem Server.

9.1.1 Warum ISA Server einsetzen?

Die meisten Unternehmen benötigen für ihren produktiven Betrieb einen Internetzugang. Ohne geeigneten Schutz lässt sich ein Internetzugang jedoch nicht mehr betreiben. Die zahlreichen Gefahren im Internet bedrohen Privathaushalte genauso wie Unternehmen, mit dem Unterschied, dass beim Ausfall eines privaten PCs nicht das ganze Unternehmen stillsteht. Die Anwender im Unternehmen müssen im Internet recherchieren können, E-Mails müssen empfangen und gesendet werden. Auch der Zugriff auf das Netzwerk über das Internet ist vor allem für mobile Mitarbeiter zum wichtigen Werkzeug geworden. Es ist daher für ein Unternehmen unerlässlich, dafür zu sorgen, dass vor allem bezüglich des Internets für genügend Sicherheit gesorgt wird. Der ISA Server ermöglicht zahlreiche Regeln und viele Optionen, die sich vor allem im Zusammenspiel mit dem Exchange Server richtig entfalten können. Der ISA Server ist ein weiteres Bindeglied in einem Microsoft-Netzwerk, das den Mehrwert der einzelnen

Serverdienste und die Produktivität der Mitarbeiter erhöht. Mit ihm können die Verantwortlichen in einem Unternehmen sicher sein, dass der Internetverkehr nicht nur sicher, sondern auch schnell ist.

ISA Server als Proxyserver und Webcache

Die Funktionen des ISA Servers decken viele Einsatzmöglichkeiten in Unternehmen ab. Zusammenfassend lässt sich sagen, dass der ISA Server alle Internetverbindungen eines Unternehmens zuverlässig schützen kann. Die meisten Unternehmen verwenden den ISA Server als Proxyserver. Ein Proxyserver steht hinter einer Firewall und lädt für die Anwender die Internetseiten herunter, die diese abrufen. Die PCs der Clients werden dazu nicht direkt mit dem Internet verbunden, sondern der ISA Server ruft die gewünschten Seiten im Internet ab und stellt diese den Anwendern zur Verfügung (siehe *Abbildung 9.2*). Die Benutzer bemerken keinen Geschwindigkeitsunterschied, außer dass einmal aufgerufene Internetseiten noch schneller geladen werden als sonst. Zusätzlich können auf dem ISA Server häufig besuchte Internetseiten im Cache abgelegt werden. Beim erneuten Aufruf einmal besuchter Seiten muss er diese nicht mehr aus dem Internet herunterladen, sondern kann sie direkt aus dem Cache laden. Das spart Bandbreite und Übertragungsvolumen und erhöht die Geschwindigkeit. Außerdem filtert der ISA Server den HTTP-Verkehr, sodass spezielle Virenscanner alle Viren zuverlässig filtern können, die über das Internet unbeabsichtigt von Anwendern in das Netzwerk eingeschleppt werden können.

ISA Server und Exchange

Mit keinem anderen Produkt arbeitet der ISA Server so gut zusammen wie mit Exchange. Wenn auf dem ISA Server zusätzlich noch eine Antivirenlösung installiert wird, kann er als Mail-Relay dienen, um die Nachrichten vor der Zustellung zum Exchange Server auf Viren zu prüfen (siehe *Abbildung 9.3*). Outlook Web Access, Outlook Mobile Access, RPC- über HTTP und Exchange ActiveSync können mithilfe des ISA Servers sicher über das Internet zur Verfügung gestellt werden. Durch diese Funktion können Heimarbeitsplätze, kleinere Niederlassungen und mobile Mitarbeiter sehr effizient auf ihr E-Mail-Postfach zugreifen. Außerdem kann der ISA Server zusätzlich noch E-Mails nach gefährlichen Dateianhängen filtern und diese löschen.

*Abbildung 9.2:
Internetverkehr mit
ISA als Proxyserver*

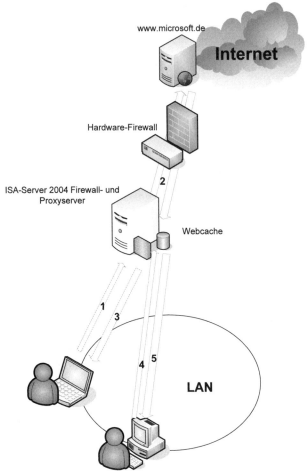

1 = Benutzer ruft über ISA-Server www.microsoft.de auf
2 = ISA-Server ruft www.microsoft.de ab
3 = ISA-Server stellt die Seite dem Benutzer zur Verfügung
4 = Zweiter Benutzer ruft www.microsoft.de ab
5 = ISA stellt die Seite aus dem Cache dar

ISA als VPN-Server

Bei vielen Firmen beliebt ist auch der Einsatz des ISA Servers als VPN-Server. ISA 2004 kann sowohl PPTP als auch L2TP-VPNs aufbauen. Mittels dieser Technologie können sich mobile Mitarbeiter schnell und sicher per VPN über das Internet in das Firmennetzwerk einwählen, um zum Beispiel mit einem Terminalserver zu arbeiten. Auch für diese Funktionalität werden keinerlei Lizenzen benötigt und der notwendige VPN-Client ist bereits in Windows 2000, XP und Vista integriert.

Veröffentlichen von Servern über ISA Server

Zusätzlich können Sie eigene Webserver einfach und sicher über den ISA Server im Internet veröffentlichen. Durch diese Veröffentlichung können Sie zum Beispiel ein Intranet auf Basis der kostenlosen Share-Point Services zum Extranet ausbauen und Lieferanten und Kunden Informationen zur Verfügung stellen. Die Veröffentlichung von Webseiten oder Servern wird mit Assistenten durchgeführt, die einfach zu bedienen sind und die Server zuverlässig im Internet veröffentlichen.

Zusammenfassung

Sie sehen, dass der ISA Server einen enormen Vorteil für Unternehmen darstellt, die ihr Netzwerk an das Internet anbinden wollen. Ein Microsoft-Netzwerk entfaltet erst seine ganze Funktionalität, wenn eine Anbindung ans Internet erfolgt und die einzelnen Serverprodukte integriert werden. In diesem Zusammenspiel, zum Beispiel von Exchange, ISA und den SharePoint Services, können Sie den Informationsfluss Ihres Unternehmens nicht nur optimieren, sondern auch revolutionieren.

9.1.2 Geschichte des ISA Servers

Die aktuelle ISA-Version ist der ISA Server 2004. Sein Vorgänger, ISA 2000, war eine Neuentwicklung von Microsoft und hatte bereits eine Vielzahl der Funktionen, über die ISA 2004 nach wie vor verfügt. Der Vorgänger von ISA 2000 war der recht unbeliebte, wenn auch praktische Microsoft Proxyserver 2.0. Aufgrund der Unbeliebtheit dieses Servers schrecken auch heute noch viele Unternehmen vor dem ISA Server zurück, aber das zu Unrecht. ISA 2000 und die Weiterentwicklung ISA 2004 sind eine komplette Neuentwicklung. Microsoft hat den ISA Server ohne Berücksichtigung des Proxyservers 2.0 entwickeln lassen. Die aktuelle Version ISA 2004 ist sicher, schnell und vor allem sehr stabil.

Die neueste Version, ISA 2006, erscheint im Laufe des Jahres 2006. Auch in dieser Variante will Microsoft einige Verbesserungen integrieren.

9 Internetzugang mit dem Microsoft ISA Server 2004

Abbildung 9.3:
ISA Server und
Exchange im
Zusammenspiel

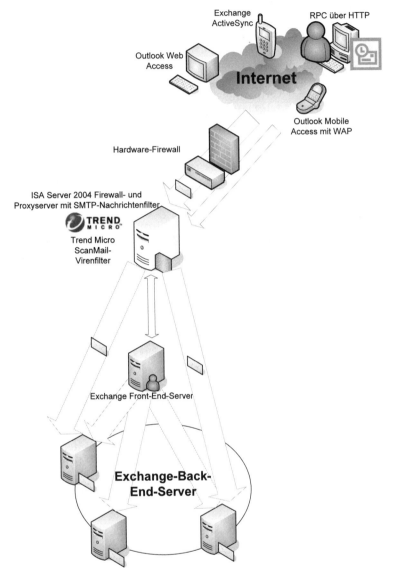

9.1.3 Lizenzierung des ISA Servers

Beim ISA Server handelt es sich um eine Software-Firewall. Sie müssen für den Einsatz einen Windows Server 2003 verwenden, in den zwei oder mehr Netzwerkkarten eingebaut werden. Das Betriebssystem muss lizenziert werden, aber Sie benötigen keine Clientzugriffslizenzen (Client Access Licenses, CALs). Sie müssen nur das Betriebssystem lizenzieren. Zusätzlich benötigen Sie eine Lizenz für den ISA Server. Der ISA Server wird pro Prozessor lizenziert, CALs benötigen

Sie für ihn nicht. Sie müssen für jeden Prozessor eine Lizenz kaufen. Wenn Sie Prozessoren mit Dualcore-Technologie oder Hyperthreading einsetzen, die mehrere Prozessoren simulieren, benötigen Sie nur eine Lizenz. Microsoft verlangt bei der Lizenzierung pro Prozessor nur dann eine zweite Lizenz, wenn ein zusätzlicher physikalischer Prozessor eingebaut und verwendet wird. Die Prozessorlizenz erlaubt den Zugriff für eine beliebige Anzahl von Benutzern und PCs. Mit dem Erwerb einer ISA-Lizenz können Sie auf eine ältere Version downgraden. Wenn Sie einen ISA Server 2004 kaufen, können Sie also ohne weiteres auch ISA Server 2000 installieren (was allerdings kaum sinnvoll wäre). Allerdings trifft diese Lizenzierungseigenschaft auch auf den zum Entstehungszeitpunkt dieses Buches noch nicht verfügbaren ISA Server 2006 zu. Wenn Sie sich daher entschließen, einen ISA Server einzusetzen, sollten Sie bei Verfügbarkeit möglichst ISA Server 2006 lizenzieren. Wenn Sie für die Installation des ISA Server 2006 noch warten wollen, bis das Produkt stärkere Verbreitung gefunden hat, können Sie so lange ISA Server 2004 einsetzen. Sie können jederzeit von der 2004er auf die 2006er Version auf der gleichen Maschine migrieren, die Einstellungen werden übernommen.

9.1.4 ISA Server-Versionen

Der ISA Server 2004 steht in zwei Versionen zur Verfügung:
- ISA 2004 Enterprise Edition
- ISA 2004 Standard Edition

Im Gegensatz zu anderen Microsoft Server-Produkten entspricht die Standard Edition fast der Enterprise Edition. Einschränkungen der Standard Edition gegenüber der Enterprise Edition bestehen in den folgenden Punkten:

- Unterstützung von maximal 4 CPUs und 2 Gbyte RAM
- keine Network Load Balancing(NLB)-Cluster-Funktionalität
- Cache wird auf dem lokalen Server gespeichert, die Enterprise Edition kann in einem Verbund (einem so genannten *Array*) einen gemeinsamen Cache aufbauen
- Richtlinien können nur lokal erstellt werden, die Enterprise Edition unterstützt Richtlinien auf Array-Basis

Die meisten Unternehmen werden die Funktionen der Enterprise-Version nicht benötigen. Größere Unternehmen, die einen ausfallsicheren Internetverkehr gewährleisten wollen, zum Beispiel für ein hochverfügbares Rechenzentrum oder eine hochverfügbare Exchange-Infrastruktur, sollten den Einsatz der Enterprise-Version vorsehen. Da diese Unternehmen allerdings meistens einen entsprechenden Volumenvertrag mit Microsoft abgeschlossen haben, fällt der Preis in dieser Hinsicht ohnehin nicht sonderlich ins Gewicht.

Ein ISA Server 2004 Standard Edition Server kann jederzeit auf ISA Server 2004 Enterprise Edition aktualisiert werden.

9.2 ISA Server als Proxy und Firewall

Im Gegensatz zum ISA Server 2000 können Sie bei einem ISA Server 2004 während der Installation nicht mehr wählen, ob Sie die Firewall-Funktionalitäten nutzen wollen oder nicht. Die Firewall wird immer installiert. Der erste und häufigste Einsatz für den ISA Server ist der Nutzen als Proxy- und Firewall-Server. Hierzu gibt es verschiedene Möglichkeiten der effizienten Anbindung. Idealerweise sollten Unternehmen über einen Breitbandanschluss ans Internet verfügen. Ob es sich bei diesem Anschluss um eine DSL-, Kabel- oder eine Standleitung handelt, spielt keine Rolle.

9.2.1 Konzept für optimale Internetabsicherung

Die erste Schnittstelle ins Internet sollte immer eine Hardware-Firewall sein. Das hat verschiedene Gründe, die ich im folgenden Abschnitt genauer erläutere.

Zweistufiges Firewall-Konzept mit dem ISA Server

Auch wenn es sich beim ISA Server um eine sichere Firewall handelt, ist ein zweistufiges Firewall-Konzept immer der bessere Weg. Der ISA Server sollte zumindest vor den gröbsten Angriffen aus dem Internet durch eine günstige Hardware-Firewall oder einen DSL-Router geschützt werden. Auch wenn Sie keine DSL-Flatrate haben, sollten Sie zusätzlich zum ISA Server mindestens eine solche *Stateful-Inspection Firewall* zwischen Internet und ISA einsetzen Dieser Firewall-Typ schützt zwar nicht zuverlässig vor Gefahren aus dem Internet, blockiert aber alle Pakete, die ungefragt vom Internet ins Netzwerk geschickt werden. Es gibt mittlerweile sehr günstige Firewalls von namhaften Herstellern wie Checkpoint oder Zywall, deren Preise unter 500,– Euro liegen. Diesen Betrag sollte ein Unternehmen für die Sicherheit durchaus noch investieren. Hinzu kommt, dass viele mittelständische Unternehmen, zumindest in Niederlassungen, oft DSL-Verbindungen mit Flatrate- oder Volumenvertrag abschließen. Dabei wird die Internetverbindung durch den Provider mindestens einmal am Tag getrennt. ISA Server 2004 kann zwar eigene DFÜ-Verbindungen verwalten und sich selbst ins Internet einwählen, allerdings ist

ISA Server als Proxy und Firewall

das bei den aktuellen Preisen für DSL-Router heutzutage nicht mehr zeitgemäß und eine vermeidbare Fehlerquelle. Die Hardware-Firewall enthält mindestens zwei Netzwerkschnittstellen. Die erste Schnittstelle ist für die Verbindung ins Internet. Diese Verbindung ist in einem eigenen Subnetz direkt mit dem Internetprovider verbunden. Entweder erhält diese Schnittstelle eine dynamische IP durch den DHCP des Providers oder Sie bekommen eine oder mehrere statische IP-Adressen zugewiesen, die Sie auf dieser Schnittstelle konfigurieren.

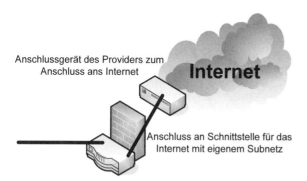

Abbildung 9.4: Anschluss einer Hardware-Firewall an das Internet

An dieser Stelle sehen Sie schon den ersten Schutz vor den Gefahren des Internets. Die Verbindung zum Internet erfolgt über eine getrennte Schnittstelle der Firewall. Am zweiten Anschluss wird die Firewall mit dem ISA Server verbunden. Alle Netzwerkpakete des Internets werden dadurch zunächst durch die Hardware-Firewall gefiltert.

Anschluss des ISA Servers an das Internet

Die interne Schnittstelle der Hardware-Firewall wird an die externe Schnittstelle des ISA Servers angeschlossen. Der ISA Server benötigt daher mindestens zwei eingebaute Netzwerkkarten. Die interne Schnittstelle des Routers wird an die externe Schnittstelle des ISA Servers angeschlossen. Diese beiden Netzwerke sollten in einem gemeinsamen, aber vom Hausnetz getrennten Subnetz liegen. Dadurch kommt nur der bereits gefilterte Internetverkehr beim ISA Server an. Die Verbindung der externen Schnittstelle des ISA Servers mit der internen Schnittstelle des Routers erfolgt mit einem Switch, an den die beiden Geräte mit der jeweiligen Schnittstelle angeschlossen werden, oder einem Crossover-Kabel. Viele DSL-Router und Hardware-Firewalls für kleine Unternehmen verfügen über einen eingebauten Switch, an den die externe Schnittstelle des ISA Servers angeschlossen werden kann. So wird sichergestellt, dass ein Netzwerkpaket vom Internet niemals direkt ins Netzwerk kommt, sondern dass diese Pakete immer zusätzlich über den ISA Server gehen müssen. Weiter-

9 Internetzugang mit dem Microsoft ISA Server 2004

hin sorgt diese Konfiguration dafür, dass kein Netzwerkverkehr vom internen Netzwerk ins Internet ohne Einbeziehung des ISA Servers stattfindet. Die interne Schnittstelle des ISA Servers wird schließlich mit dem Firmen-LAN verbunden – auf diese Weise wird es durch eine zweistufige Firewall geschützt (siehe *Abbildung 9.5*).

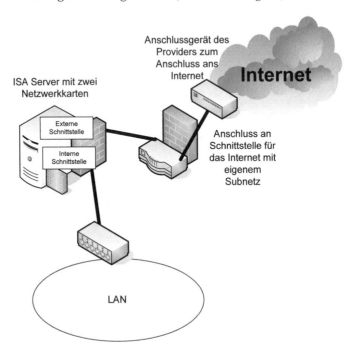

Abbildung 9.5: Zweistufiges Firewall-Konzept mit Microsoft ISA Server

Alle Regeln für den Internetverkehr und alle Serververöffentlichungen sowie alle VPN-Verbindungen vom Internet werden über den ISA Server und seine Verwaltungskonsole abgewickelt. Der Hardware-Firewall kommt lediglich die Aufgabe zu, die häufigsten Angriffe auszufiltern, damit der ISA nicht durch Angriffe von außen überlastet wird. Der erste und wichtigste Schritt eines Internetkonzepts besteht darin, für die uneingeschränkte Sicherheit vor Angriffen aus dem Internet zu sorgen.

Einrichten einer DMZ mit dem ISA

Manche Unternehmen möchten Server zwar zuverlässig vor Angriffen aus dem Internet schützen, diese aber nicht direkt in das Hausnetz integrieren, da auf diese Server zum Beispiel aus dem Internet zugegriffen wird (beispielsweise ein Webserver für Lieferanten und Partner). Zu diesem speziellen Zweck besteht die Möglichkeit, Server in einen speziellen Bereich des Netzwerks zu verlegen, in eine so genannte demilitarisierte Zone (DMZ). In einer DMZ sind die Server zwar vor den Gefahren aus dem Internet geschützt, stehen aber dennoch nicht mit dem Hausnetz in Verbindung, ohne über eine weitere Firewall, in diesem Fall den ISA Server, gefiltert zu werden.

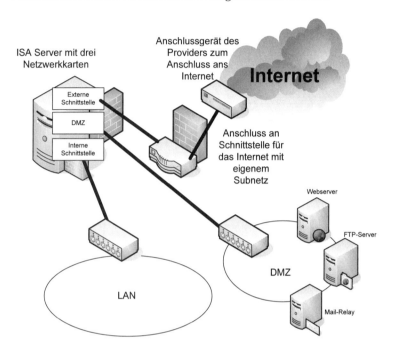

Abbildung 9.6:
DMZ mit Microsoft ISA Server

Um eine zuverlässige DMZ aufzubauen, wird in den ISA Server eine dritte Netzwerkkarte integriert. Auch diese Netzwerkkarte erhält wieder ein eigenes Subnetz. Typische Server für eine DMZ sind FTP-Server, Webserver oder Mail-Relays. Sie können natürlich weitere Netzwerkkarten in den ISA einbauen, um noch mehr Netzwerke zu integrieren. Dadurch ist sichergestellt, dass kein Netzwerk mit dem anderen kommunizieren kann, ohne über den ISA Server zu gehen und durch die Firewall-Regeln gefiltert zu werden. Wenn Sie eine DMZ zusammen mit dem ISA Server aufbauen, wird der Netzwerkverkehr zwischen den drei integrierten Netzwerkkarten, also der DMZ, dem LAN und dem Internet, durch die Regeln des ISA Servers gefiltert. Sie können detailliert steuern, welche Regeln zwischen welchen Schnittstellen aktiviert sind. Beim Einsatz von drei Netzwerkkarten haben Sie daher die Möglichkeit, nicht nur Regeln für die Kommunikation zwischen Internet und LAN zu erstellen, sondern auch Regeln für die Kommunikation zwischen Internet mit DMZ und die Kommunikation zwischen DMZ und LAN.

9 Internetzugang mit dem Microsoft ISA Server 2004

Virtual LANs – VLANs

Sie können in den ISA Server fast beliebig viele Netzwerkkarten einbauen, um Ihr Netzwerk in mehrere Teilsegmente zu unterteilen. Für diese Unterteilung sind Sie nicht gezwungen, lediglich physikalische Netzwerkkarten zu verwenden.

Abbildung 9.7: VLANs mit dem ISA Server

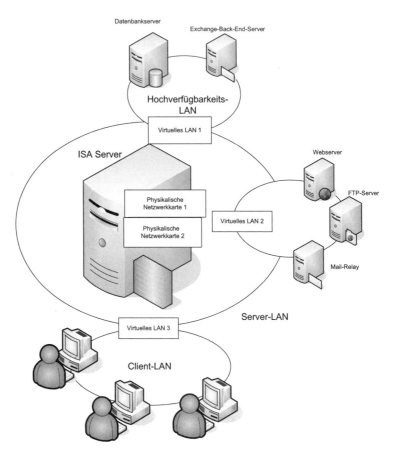

Viele Netzwerkkarten bieten die Möglichkeit, auf einer physikalischen Karte mehrere virtuelle Netzwerke abzubilden. Die virtuellen Netzwerke werden im Geräte-Manager als Netzwerkkarten erkannt und auch so angezeigt. Sie können daher mit dem ISA Server Regeln erstellen, die den Netzwerkverkehr zwischen diesen virtuellen Netzwerkkarten filtern. Vor allem Intel bietet in diesem Bereich einige Karten an. Wenn Sie Ihr Netzwerk in mehr als drei Segmente aufteilen wollen, sollten Sie sich für virtuelle LANs entscheiden, da dem Einbau zu vieler physikalischer Netzwerkkarten aufgrund der verfügbaren Steckplätze Grenzen gesetzt sind.

9.2.2 DNS-Namensauflösung für den Internetverkehr

Damit die Benutzer und Server Verbindung ins Internet aufbauen können, müssen Sie dafür sorgen, dass der ISA Server die Namen im Internet auflösen kann. Auch zu diesem Zweck wird DNS eingesetzt. Die DNS-Server des Active Directorys können nicht nur die internen Zonen auflösen, sondern als Weiterleitungsserver die DNS-Server Ihres Providers verwenden. So wird sichergestellt, dass die DNS-Server des Unternehmens zuverlässig interne und externe DNS-Namen auflösen können. Die interne Netzwerkkarte des ISA Servers verwendet als DNS-Server die Domänencontroller des Active Directorys. Die empfohlene Vorgehensweise sehen Sie in *Abbildung 9.8*.

In den Eigenschaften der PCs und Memberserver der Domäne stehen die DNS-Server des Active Directorys, also die Domänencontroller. Auch der ISA Server ist Mitglied des Active Directorys und hat als DNS-Server die IP-Adressen des Domänencontrollers eingetragen. Dadurch ist sichergestellt, dass auch der ISA Server DNS-Namen auflösen kann. Die Active Directory-DCs fragen die DNS-Server Ihres Internetproviders ab. Dazu müssen natürlich auf dem ISA Server entsprechende Regeln definiert werden. Auch bezüglich des Internetverkehrs ist eine effiziente, ausfallsichere und logische Struktur notwendig. Auch wenn Ihre Netzwerkverbindung redundant aufgebaut ist, kann der Internetverkehr gestört werden, wenn die Namen nicht richtig aufgelöst werden können. Planen Sie daher sehr sorgfältig die Namensauflösung und testen Sie diese, bevor Sie den ISA Server produktiv einsetzen.. Sie sollten als Weiterleitungsserver nicht nur einen externen DNS-Server verwenden, sondern am besten mehrere. Der Internetverkehr wird dann auch noch funktionieren, wenn ein DNS-Server des Providers ausfallen sollte. Sie müssen natürlich nicht diesen Weg gehen, sondern können für die Auflösung von DNS-Namen im Internet auf dem ISA Server einen DNS-Server konfigurieren, der wiederum als Weiterleitungsserver die DNS-Server im Internet verwendet. Die Möglichkeit, die DNS-Server des Active Directorys einzusetzen, ist aber vor allem für mittelständische Unternehmen meiner Erfahrung nach die beste.

Abbildung 9.8:
DNS-Auflösung im Netzwerk mit einem ISA Server

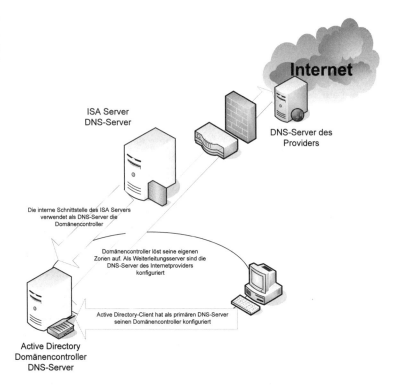

9.2.3 Virenschutz für den ISA Server

Ein weiterer wichtiger Planungspunkt bei der Konzeption des Internetverkehrs ist die Integration eines Virenschutzes. Zahlreiche Programme können den Internetverkehr durch den ISA Server auf Viren filtern, um dafür zu sorgen, dass keine Viren auf die PCs Ihrer Anwender geschleust werden. Immer mehr Viren werden mittlerweile durch den Besuch von Internetseiten in Netzwerke eingebracht. Natürlich enthält das Konzept für die Internetanbindung der Benutzer auch die Filterung und das Sperren von gefährlichen Seiten.

Allerdings erreichen Sie durch das Sperren gefährlicher Internetseiten keinen hundertprozentigen Schutz, da selbst die besten Systeme nicht alle blockieren können. Bei jedem Internetkonzept sollte daher neben einem Proxyserver auch ein Virenfilter für den Internetverkehr integriert werden. Diese Virenfilter untersuchen über eine eigene Proxy-Engine den kompletten Datenverkehr vom Internet nach Viren. Schon frühzeitig sollte die Implementation des Virenschutzes durchgeführt werden. Sie sehen bereits an dieser Stelle des Konzepts, welche zentrale Rolle der ISA Server spielt, obwohl Funktionen wie Exchange-Unterstützung, VPN-Server und Authentifizierung noch nicht integriert wurden.

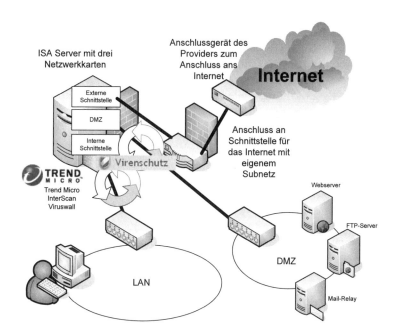

*Abbildung 9.9:
Virenschutz mit dem
ISA Server*

Schutz vor gefährlichem Code aus dem Internet

Eine weitere wichtige Schutzmaßnahme ist das Filtern von gefährlichem Code, meistens ActiveX-Elementen oder Java-Skripts aus dem Internet. Selbst ein zweistufiges Firewall-Konzept mit integriertem Virenscanner kann keinen Code filtern, der zum Beispiel über den Internet Explorer eines PCs Daten aus dem Netzwerk ins Internet schmuggeln will. Gefährlicher Code muss nicht unbedingt ein separater Virus sein, sondern kann in den Quellcode einer Internetseite eingebaut sein, der beim Besuchen auf den PC geladen wird. Diese Gefahren sind mittlerweile weit verbreitet. Aus diesem Grund sollten Unternehmen, denen die Sicherheit ihres Unternehmens am Herzen liegt, zusätzlich zu Virenscannern auch einen Filter für gefährliche ActiveX-Elemente und Java-Skripts integrieren. Java-Skripts oder VBS-Programme und andere Schädlinge können Spyware in Ihr Unternehmen einschleusen. Die Firma *Finjan* hat sich auf die Bekämpfung dieser Gefahren spezialisiert. Sie finden auf der Website *www.finjan.com* detaillierte Informationen über die einzelnen Produkte. Diese werden parallel zum Virenscanner auf dem ISA oder einer eigenen Appliance integriert und filtern gefährliche Skripts zuverlässig aus.

9.2.4 Inhaltsfilterung auf dem ISA Server

Eine weitere Notwendigkeit ist das Herausfiltern von Internetseiten, auf denen Ihre Benutzer nichts zu suchen haben. Vor allem das private Surfen im Internet kostet Unternehmen Jahr für Jahr erhebliche Summen. Es gibt mittlerweile zahlreiche Möglichkeiten, den Benutzern den privaten Zugriff auf Seiten wie Online-Auktionen, Erotik usw. zu verbieten. Die meisten dieser Lösungen sind allerdings recht teuer. Stellt man hier jedoch einmal den Preis den Kosten gegenüber, die entstehen, wenn die Benutzer privat im Internet surfen, lohnt sich die Anschaffung durchaus für das eine oder andere Unternehmen.

Die Planung einer Contentfilterung sollte bereits recht frühzeitig bei einem Internetprojekt durchgeführt werden. Sind die Benutzer erstmal gewohnt, privat im Internet zu surfen, reagieren viele verärgert, wenn eine Filterung erst nach einiger Zeit stattfindet. Wenn Sie davon ausgehen, dass Mitarbeiter nur fünf Minuten am Tag privat surfen (wobei man in der Regel mit längeren Zeiträumen rechnen sollte) und in Ihrem Unternehmen 100 Mitarbeiter beschäftigt sind, werden jeden Tag 500 Arbeitsminuten verschwendet. Das ist pro Arbeitstag ein kompletter Arbeitstag eines Angestellten. Auf den Monat hochgerechnet, bedeutet das, dass Sie einen Mitarbeiter bezahlen, der mit nichts anderem beschäftigt ist, als privat im Internet zu surfen.

Es existiert keine effiziente Methode, verbotene Webseiten manuell einzugeben und durch den ISA Server blockieren zu lassen. Es kommen jeden Tag neue Seiten dazu – seien es Online-Auktionen, Erotikseiten, Webmailer oder Online-Shops. Sie können auf dem ISA Regeln definieren, dass bestimmte Inhalte nicht aufgerufen werden dürfen. Ideal sind dagegen die Lösungen von Anbietern wie zum Beispiel *Proventia*, deren Datenbanken für gesperrte Seiten ständig aktualisiert werden. Sehen Sie sich die Webfilter-Lösung auf *www.proventia.de* an. Hier können Sie auch Testversionen bestellen und überprüfen, welche Internetseiten zuverlässig blockiert werden. Basierend auf der Benutzerauthentifizierung können Sie den Besuch von speziellen Webseiten mit definiertem Inhalt untersagen lassen. Proventia-Webfilter für ISA Server bieten eine intelligente Filtermöglichkeit, um den Zugang zu unerwünschten Bereichen selektiv zu gewähren oder zu unterbinden. Der Inhaltsfilter basiert auf einer URL-Datenbank, die täglich aktualisiert wird. Der Download jeglicher Dateien, wie etwa Audio-, Video-, oder Bilddateien oder anderer bandbreitenintensiver Dokumente, in ein Unternehmensnetzwerk kann somit zuverlässig unterbunden werden.

ISA Server als Proxy und Firewall

Es gibt auch einige kostenlose Filter, die Sie in den ISA Server integrieren können. Diese kostenlosen Erweiterungen sind zwar nicht so effizient wie professionelle Webfilter-Lösungen, aber auf jeden Fall besser, als überhaupt keine Seiten filtern zu lassen.

Sie finden diese Filter auf folgenden Webseiten:

http://www.squidguard.org

http://www.bn-paf.de/filter

9.2.5 Internetzugriff der Benutzer planen

Damit die Benutzer in Ihrem Netzwerk auf das Internet zugreifen können, benötigen sie Berechtigungen auf dem ISA Server. Hier offenbart sich ein weiterer Vorteil des ISA Servers. Sie können Regeln erstellen, welchen Benutzern der Zugriff gestattet wird und welchen nicht. Wenn ein Benutzer versucht, über den ISA Server im Internet zu surfen, werden beim Verbindungsaufbau alle Regeln des ISA Servers überprüft, bis eine Regel auf den Benutzer zutrifft. Diese Regel wird angewendet. Wird keine Regel gefunden, wird dem entsprechenden Benutzer der Zugriff auf das Internet verweigert. Ein großer Vorteil des ISA Servers gegenüber anderen Proxyservern wie zum Beispiel einem Squid-Proxy ist die nahtlose Domänenintegration. Die Benutzer müssen sich für den Internetzugriff nicht über ein weiteres Fenster authentifizieren, sondern der PC übergibt die Domänenanmeldung an den ISA Server. Dadurch erhalten berechtigte Benutzer Internetzugriff, ohne sich erneut authentifizieren zu müssen. Legen Sie in der Domäne am besten Gruppen an, in die Sie die Benutzer aufnehmen, die Verbindung ins Internet bekommen sollen. Wenn Sie Benutzern den Zugriff gestatten wollen, müssen Sie keine Regel auf dem ISA Server verändern: Der jeweilige Benutzer wird einfach in die Gruppe für den Internetzugriff aufgenommen oder gegebenenfalls aus ihr entfernt.

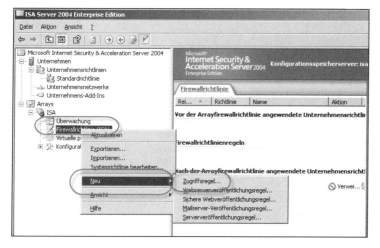

Abbildung 9.10:
Erstellen einer neuen Zugriffsregel auf dem ISA Server 2004

9 Internetzugang mit dem Microsoft ISA Server 2004

Legen Sie am besten verschiedene Gruppen an, für jede Regel eine eigene. Es bietet sich an, Regeln erstellen zu lassen, bei denen der Internetzugriff auf das HTTP-Protokoll beschränkt wird, also keine Zugriffe auf HTTPS-Seiten erfolgen dürfen. Eine weitere Regel könnten Sie für die Administratoren erstellen, denen jeder Zugriff und alle Protokolle gestattet sind. Sie können eigene Regeln für FTP oder für jede Art von Kommunikationsprotokoll erstellen. Sie sollten bei der Konzeption genau planen, welchen Benutzern Sie Zugriff auf das Internet gewähren wollen. Die Benutzerkonten dieser Benutzer können bei der Einführung des ISA Servers in die Windows-Gruppe aufgenommen werden, die Zugriff auf das Internet erhält. Das Erstellen und Überwachen der Regeln ist sehr einfach gestaltet. Sobald sie erstellt sind, können sie diese jederzeit angepasst werden. Ihnen stehen verschiedene Registerkarten zur Verfügung, um detaillierte Richtlinien für den Internetzugriff gestalten zu können. Nach meiner Erfahrung lohnt es sich für mittelständische Unternehmen, mindestens zwei Windows-Benutzergruppen anzulegen, zum Beispiel:

- Internet-Benutzer-eingeschränkt
- Internet-Benutzer-Vollzugriff

Sie können beliebige viele weitere Zugriffsgruppen erstellen. Sie sollten die Regel so straff wie möglich organisieren, damit jeder Gruppe nur den Zugriff erhält, der auch benötigt wird.

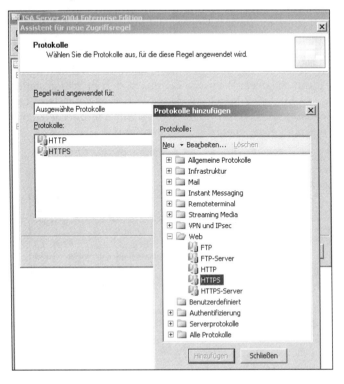

Abbildung 9.11: Auswahl der Protokolle für eine neue Regel beim ISA Server

ISA Server als Proxy und Firewall

Wenn in Ihrem Unternehmen Benutzer nur im Internet surfen sollen, reichen als Zugriffsprotokolle HTTP und HTTPS. Es bestehen keinerlei Gründe, dass Sie alle möglichen Netzwerkprotokolle ins Internet zulassen. Wenn einige Ihrer Benutzer FTP oder Zugriff auf Chatdienste im Internet benötigen, können Sie eine eigene Windows-Gruppe anlegen und auf dem ISA eine neue Regel erstellen, die Benutzern den Zugriff auf FTP gestattet. Die Regeln auf dem ISA ergänzen sich immer. Wenn ein Benutzer in der Gruppe für den HTTP-Zugriff ist und zusätzlich in der Gruppe für FTP, darf er beides, egal an welcher Stelle die jeweilige Regel steht. Sie können so viele Regeln erstellen, wie Sie es für sinnvoll erachten.

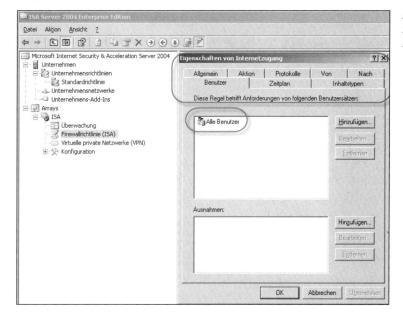

Abbildung 9.12: Bearbeiten einer Regel im ISA Server

Sie sollten allerdings nur solche Regeln erstellen, die notwendig sind, da Sie ansonsten recht schnell den Überblick darüber verlieren, welche Regeln für welche Benutzer gültig sind. Erstellen Sie am besten immer Regeln, die spezielle Protokolle zulassen, und weisen Sie diesen Regeln spezielle Benutzergruppen zu. Standardmäßig verweigert der ISA Server den Zugriff auf das Internet, wenn nicht speziell eine Zulassungsregel erstellt wurde.

Die Dokumentation dieser Regeln gehört zur Konzeption des ISA Servers und sollte bereits zu Beginn des Projekts durchgeführt werden. Sie können die Regeln auf der Basis einiger Einstellungsmöglichkeiten erstellen, die Sie jederzeit nachträglich anpassen können:

9 Internetzugang mit dem Microsoft ISA Server 2004

- Sie können festlegen, ob die Regel als Aktion eine Zulassungsregel ist oder eine Regel, in der Sie etwas verweigern (standardmäßig wird alles verweigert).
- Sie können festlegen, welche Protokolle diese Regel umfassen soll.
- Sie können festlegen, zwischen welchen Netzwerkschnittstellen des ISA Servers diese Regel verwendet wird.
- Sie können festlegen, in welchem Zeitraum die Regel Gültigkeit hat. Sie können den Zugriff auf manche private Internetseiten zum Beispiel in der Mittagspause zulassen.

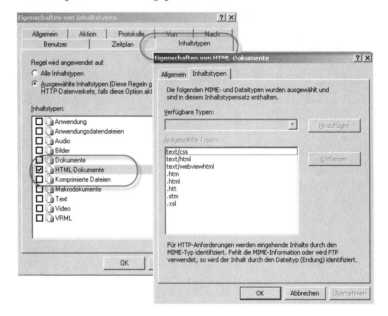

Abbildung 9.13: Ausgewählte Inhaltstypen einer ISA-Regel

- Sie können festlegen, für welche IP-Bereiche oder Benutzer diese Regel gültig ist.
- Sie können festlegen, welche Inhaltstypen von dieser Regel betroffen sind.

Wie Sie sehen, haben Sie mit dem ISA Server zahlreiche Möglichkeiten, den Internetzugang der Benutzer sicher und effizient zu steuern. Sie sollten allerdings keinesfalls Ad-hoc-Regeln aufstellen, sondern vorher genau planen, welche Benutzergruppen Sie für welche Protokolle freischalten wollen, um die Gefahren aus dem Internet so gering wie möglich zu halten.

9.2.6 Benutzerüberwachung und Logfile-Auswertung

Das Gute an einem Proxyserver ist, dass Sie regelmäßig Berichte erstellen lassen und, abhängig von den Vereinbarungen mit dem Betriebsrat, genau feststellen können, wer wann welche Internetseiten besucht hat. Sie erkennen aus den Berichten, welche Internetseiten bei Ihnen am häufigsten besucht werden und zu welcher Tageszeit die Nutzung des Internets am stärksten ist. Der ISA Server kann integrierte Berichte anzeigen. Zusatzprogramme wie der Proxy-Inspector (*www.advsoft.info*) erweitern diese Möglichkeiten allerdings enorm.

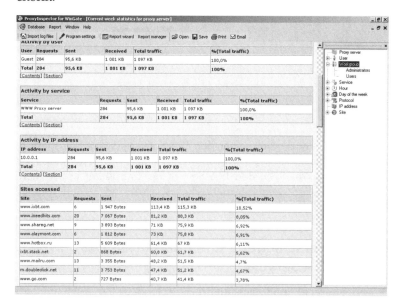

Abbildung 9.14: Beispiel eines Proxyberichts

Berichte können in allen Einzelheiten erstellt werden und Sie erhalten einen genauen Überblick über die Internetnutzung in Ihrem Unternehmen. Auch wenn Sie keine einzelnen Benutzer überwachen wollen, sollten Sie eine regelmäßige Überwachung des ISA Servers ins Auge fassen, da Sie das allgemeine Nutzungsverhalten besser abschätzen können. Darüber hinaus bieten Unternehmen wie etwa GFI Software unter *www.gfisoftware.de* kostenlose Programme an, welche die aktuellen Internetverbindungen des ISA Servers in Echtzeit anzeigen. Administratoren können mit diesen Tools eventuell auftretende Engpässe feststellen und unter Umständen sogar Downloads einzelner Nutzer bequem über eine Weboberfläche abbrechen. Die regelmäßige und konsequente Überwachung eines ISA Servers gehört zum Konzept einer effizienten Internetverbindung.

Abbildung 9.15:
Mailnutzungsbericht auf dem ISA Server

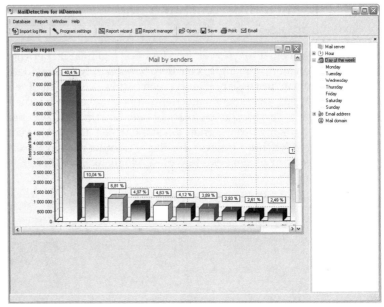

Auch den E-Mail-Verkehr über den ISA Server können Sie überwachen lassen, um das Kommunikationsverhalten Ihrer Anwender zu überschauen. Wenn Sie den ISA Server als Mail-Relay verwenden, sollten Sie, neben dem Internetverkehrs, auch den E-Mail-Verkehr kontrollieren lassen.

9.2.7 Verschiedene Clientvarianten des ISA Servers

PCs oder Server können sich auf drei verschiedene Varianten mit dem ISA Server und dadurch mit dem Internet verbinden:

- Webproxyclient
- SecureNAT-Client
- Firewallclient

Um präzise festlegen zu können, auf welche Weise sich PCs und Server mit dem ISA Server verbinden sollen, sind Grundkenntnisse der einzelnen Clientvarianten unumgänglich. Darüber hinaus hat jede Variante ihre Vor- und Nachteile, die sorgfältig gegeneinander abgewogen werden sollten.

Webproxyclient

Der Webproxyclient ist sicherlich die am meisten verbreitete Variante, um einen Client an einen ISA Server anzubinden. Bei einem Webproxyclient wird in der proxyfähigen Anwendung, also meistens einem Webbrowser, der ISA als Proxyserver eingetragen. Wenn ein Benutzer mit dieser Anwendung eine Verbindung zum Internet aufbaut, verbindet sich die Software mit dem ISA Server, der die entsprechenden Daten aus dem Internet abruft und an den Client weitergibt.

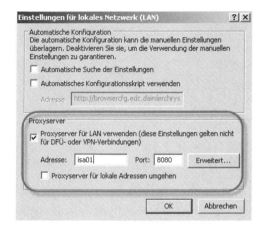

Abbildung 9.16: Einstellungen an einem Webproxyclient, hier am Beispiel des Internet Explorers

Ein Webproxyclient kann nur über die Protokolle HTTP, HTTPS oder FTP eine Verbindung ins Internet aufbauen.

Für den Verbindungsaufbau durch einen Webproxyclient muss der ISA Server **nicht** als Standardgateway in den IP-Einstellungen des PCs hinterlegt werden. Der Verbindungsaufbau wird ausschließlich über die Eintragung des ISA Servers in der entsprechenden Anwendung, also meistens einem Webbrowser, konfiguriert.

Optimal an einem Webproxyclient ist, dass Sie die Einstellungen für den Internet Explorer über Gruppenrichtlinien verteilen können. Dadurch erhalten alle gewünschten PCs automatisch die notwendigen Einstellungen zugewiesen.

Die meisten PCs in Unternehmen sind Webproxyclients. Damit ein PC Webproxyclient wird, muss keine Zusatzsoftware installiert werden.

9 Internetzugang mit dem Microsoft ISA Server 2004

Abbildung 9.17: Konfiguration der Webproxyclients über Gruppenrichtlinien

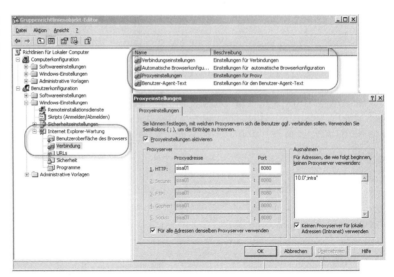

Bei der Verwendung des Internet Explorers zusammen mit dem ISA Server wird die Domänenanmeldung des Benutzers an den ISA Server übergeben. Der Benutzer muss sich nicht erneut am ISA Server authentifizieren. Wenn die Authentifizierung aktiviert ist, erhalten Sie in den Proxyberichten detaillierte Informationen über die einzelnen Benutzer aufgrund ihrer Domänenanmeldenamen aus dem Active Directory. Wenn Sie Browser wie Netscape oder Mozilla Firefox einsetzen, müssen sich Benutzer beim Verbindungsaufbau mit dem Internet authentifizieren, denn beide beherrschen die integrierte Authentifizierung an der Domäne nicht.

Wenn Sie den ISA Server als Proxy eintragen, sollten Sie vorher sicherstellen, dass der Servername im DNS oder WINS nach der internen IP-Adresse aufgelöst wird, nicht nach der externen. Wird der ISA nach der externen aufgelöst, funktionieren Webproxyclients nicht mehr.

SecureNAT-Client

Ein weiterer Client für die Anbindung an den ISA Server ist der SecureNAT-Client. Ein Client wird als SecureNAT-Client bezeichnet, wenn in den IP-Einstellungen des PCs oder Servers der ISA Server als Standardgateway eingetragen wird. Dieser Clienttyp wird meistens auf Servern verwendet, die Verbindung zum Internet aufbauen müssen, wie zum Beispiel ein Exchange Server für externe E-Mails, oder andere Anwendungen, die nicht proxyfähig sind. In Unternehmen mit vielen Servern benötigen sicherlich einige einen Internetzugang. Diese Server werden daher oft als SecureNAT-Client angebunden. Wenn bei einem PC oder Server der ISA als Standardgateway definiert wird, schickt dieser PC

ISA Server als Proxy und Firewall

alle Netzwerkanfragen, die nicht an das interne Netzwerk gehen, an den ISA Server. Clients-PCs sollten nur in extremen Ausnahmen zu SecureNAT-Clients definiert werden. Es sind keine weiteren Maßnahmen notwendig, um einen Client zum SecureNAT-Client zu machen. Es muss auch keine Software installiert werden.

> SecureNAT-Clients können auch per DHCP mit der notwendigen Einstellung versorgt werden. Im DHCP-Bereich muss dazu die Option *Router* definiert und als Wert die IP-Adresse des ISA Servers eingetragen werden. Bei der grundlegenden Planung des Internetverkehrs sollten nur ausgesuchte Clients über den ISA als Gateway ins Internet gehen. SecureNAT-Clients unterstützen außer HTTP und HTTPS auch die anderen Internetprotokolle wie SMTP, L2TP oder PPTP.

Bei der Internetverbindung als SecureNAT-Client werden keine Regeln auf Benutzerbasis angewendet. Der SecureNAT-Client unterstützt keine Authentifizierung. Beim Verbindungsaufbau ins Internet wird nur die IP-Adresse des SecureNAT-Clients vom ISA erkannt. Sie sollten beim Einsatz dieser Clients daher Regeln planen, die nicht auf Basis von Benutzernamen verwendet werden, sondern die nach IP-Adresse filtern. SecureNAT-Clients lösen die Namen für den Internetzugriff selbst auf. Sie müssen daher dafür sorgen, dass der eingetragene DNS-Server auf dem Client die Internetnamen auflösen kann. Webproxyclients überlassen diese Namensauflösung dem ISA Server. Bei der Planung einer ISA Server-Umgebung spielt es also eine wichtige Rolle, bereits frühzeitig für die Namensauflösung ins Internet zu planen.

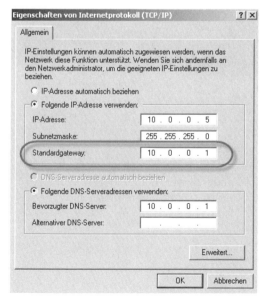

Abbildung 9.18: SecureNAT-Client eines ISA Servers

9 Internetzugang mit dem Microsoft ISA Server 2004

Firewallclient

Der Firewallclient ist der einzige Client, für den eine spezielle Software auf dem PC oder Server installiert werden muss. Diese Software wird mit dem ISA Server mitgeliefert. Der Firewallclient ermöglicht es dem PC oder Server, sich direkt über den Firewall-Dienst des ISA Servers mit dem Internet zu verbinden. Der Firewallclient leitet alle Anfragen, die nicht an das interne Netzwerk gestellt werden, an den ISA Server weiter. Für Anfragen für die Protokolle HTTP, HTTPS und FTP verhält sich der Firewallclient wie ein Webproxyclient. In der Client-Software ist dazu der ISA Server als Proxy eingetragen. Anfragen durch diese Protokolle können daher durch Regeln gesteuert werden, die auf Benutzerbasis erstellt wurden, da der Firewallclient die Authentifizierung unterstützt. Der Firewallclient kann allerdings nicht nur eine Authentifizierung mit HTTP, HTTPS oder FTP durchführen, sondern für alle anderen Protokolle auch. Seine Einstellungen können Sie zentral in den Eigenschaften der internen Schnittstelle des ISA Servers konfigurieren. Häufig wird er auf PCs verwendet, die komplexe Anwendungen für das Internet benötigen und eine Benutzerauthentifizierung bei den Regeln erfordern. Die Installation des Firewallclients sollte im Unternehmen eher die Ausnahme sein.

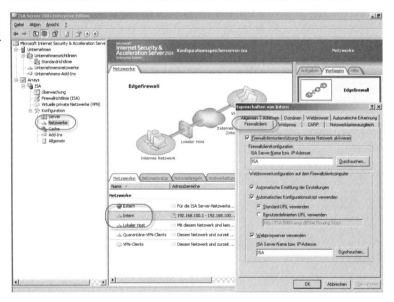

Listing 9.1:
Einstellungen des
Firewallclients auf
dem ISA Server

9.3 ISA 2004 und Exchange 2003

Mit dem ISA 2004 können Sie Exchange hervorragend mit dem Internet verbinden und vor den Gefahren des Internets schützen. ISA 2004 wird hauptsächlich für folgende Aufgaben zum Schutz von Exchange verwendet:

- Veröffentlichung von Outlook Web Access mithilfe von SSL
- Veröffentlichung von RPC über HTTP, Outlook Mobile Access, Exchange ActiveSync
- Mail-Relay, Nachrichtenfilter und SMTP-Virenscanner für Nachrichten aus dem Internet
- Mailzugriffe per IMAP oder POP3 auf die Exchange Server aus dem Internet

Alle diese überaus wichtigen Funktionen können mit dem ISA 2004 problemlos über Assistenten eingerichtet werden.

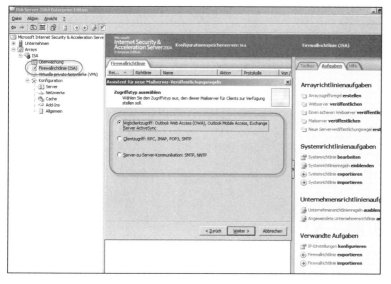

Abbildung 9.19:
Assistent zum Veröffentlichen von Exchange-Funktionen ins Internet

In der Hardware-Firewall des Unternehmens müssen dazu lediglich Port-Weiterleitungen konfiguriert werden, welche die entsprechenden Anfragen aus dem Internet an den ISA Server weiterleiten. Zusätzlich ist in ISA 2004 ein spezieller Nachrichtenfilter integriert, der Nachrichten aus dem Internet nach gefährlichen Dateianhängen filtert. Ein ideales Zusammenspiel von Exchange 2003 und ISA 2004 erreichen Sie durch den Einsatz eines ISA Servers hinter einer Firewall zusammen mit Exchange Back-End- und Front-End-Servern (siehe *Abbildung 9.3*).

9 Internetzugang mit dem Microsoft ISA Server 2004

 Microsoft empfiehlt beim Einsatz eines ISA Servers zusammen mit Exchange 2003 den Einsatz von Exchange Front-End-Servern im internen Netzwerk. Die Exchange Front-End-Server sollten möglichst nicht in einer DMZ stehen. Sie werden durch die ISA 2004-Veröffentlichung im Internet ausreichend geschützt, eine Positionierung in der DMZ kompliziert die Konfiguration der Firewall nur unnötig.

Abbildung 9.20: Empfohlene Struktur für die ISA 2004-/Exchange 2003-Infrastruktur

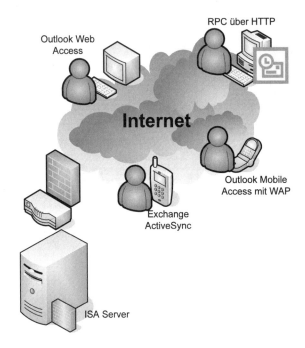

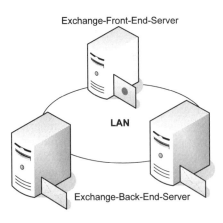

ISA 2004 und Exchange 2003

Microsoft empfiehlt für die optimale Ausnutzung von ISA 2004 und Exchange 2003 folgende Konfigurationen und Ausstattungen für die Benutzer:

- Active Directory mit Windows Server 2003 SP1 oder R2
- Exchange 2003 Back-End-Server mit SP2
- Exchange 2003 Front-End-Server mit SP2
- ISA Server 2004 mit SP2
- Benutzer-PCs mit Windows XP SP2 und Outlook 2003 SP2
- Mobile PDAs oder Smartphones mit Windows Mobile 5.0 und Microsoft Mobile Security Feature Package

Wenn Sie in Ihrem Unternehmen eine Infrastruktur schaffen, die diese Voraussetzungen erfüllt, stehen Ihnen alle Wege offen, auch mobile Benutzer performant, stabil und sicher an das Netzwerk anzubinden. Erst mit der Kombination dieser Produkte können Funktionen wie RPC über HTTP oder Exchange ActiveSync über das Internet optimal genutzt werden.

In diesem Buch geht es um die theoretischen Konzepte der Anbindung von Microsoft-Produkten. Wenn Sie tiefer gehende Informationen und praktische Anleitungen für den Betrieb solcher Lösungen suchen, empfehle ich Ihnen meine beiden Bücher *Exchange Server 2003 SP2 – Das Kompendium* und *Das Netzwerk-Kompendium* von Markt+Technik (Erscheinungstermin August 2006).

9.3.1 Planung mit DynDNS

Damit die Benutzer sich über das Internet mit dem Firmennetzwerk verbinden können oder der Exchange Server als Mail-Relay genutzt werden kann, muss natürlich der Server im Internet bekannt sein. Viele Unternehmen möchten jedoch nicht mehrere hundert Euro im Monat für eine statische IP-Adresse im Internet ausgeben. Generell lässt sich die Anbindung eines Exchange Servers über einen ISA an das Internet fast nur mit statischen IP-Adressen im Internet empfehlen.

DynDNS statt statischer IP-Adressen nutzen

Es bestehen aber auch Möglichkeiten, mit dynamischen IP-Adressen zu arbeiten. Genau zu diesem Zweck gibt es im Internet den teilweise kostenlosen und sehr zuverlässigen Dienst

www.dyndns.org

Ich habe bereits dutzende Unternehmen per DynDNS an das Internet angebunden, die allesamt sehr zufrieden damit arbeiten. Die Technik ist grundsätzlich sehr einfach. Zunächst müssen Sie sich einen kosten-

9 Internetzugang mit dem Microsoft ISA Server 2004

losen Account bei DynDNS anlegen, unter dem die dynamische IP-Adresse der Internetverbindung gefunden werden kann, zum Beispiel:

contoso-nsu.dyndns.org

Danach müssen Sie auf den Seiten von DynDNS einen kostenlosen Client herunterladen und diesen auf dem ISA installieren. Sobald sich die externe IP-Adresse des ISA Servers ändert, bemerkt das der Client und aktualisiert die neue IP-Adresse bei Ihrem DynDNS-Account. Externe Anwender müssen sich nur noch den Namen der hinterlegten DynDNS-Adresse merken und werden durch die jeweils aktuelle IP-Adresse immer automatisch zu Ihrem ISA Server geleitet. Mittlerweile unterstützen auch immer mehr DSL-Router direkt DynDNS.

Abbildung 9.21: DSL-Router mit DynDNS-Unterstützung

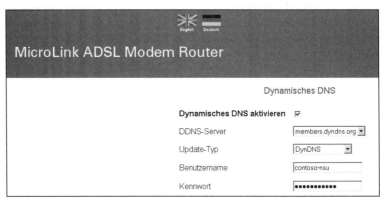

In diesem Fall müssen Sie auf der Konfigurationsoberfläche des Routers nur noch Ihren externen DynDNS-Account eintragen, damit dieser zukünftig mit der aktuellen IP-Adresse versorgt wird. Selbst der größte Internetprovider für Unternehmen in Europa *Schlund und Partner* empfiehlt die Anbindung an DynDNS, wenn keine statische IP-Adresse zur Verfügung steht. Den genauen Ablauf können Sie *Abbildung 9.23* entnehmen.

Auswahl der Internetdomäne für die Nutzung von DynDNS

Außer den kostenlosen Möglichkeiten können Sie bei DynDNS auch eigene Internetdomänen hosten lassen, um diese für Ihren Account zu nutzen. Sie könnten zum Beispiel einen Account *mail.contoso.biz* verwenden anstatt *contoso-nsu.dyndns.org*. Dazu muss lediglich die Internetdomäne *contoso.biz* zu DynDNS übertragen werden. Das Hosten von eigenen Internetdomänen kostet nur wenige Euro im Jahr und gestaltet die Anbindung noch etwas professioneller.

ISA 2004 und Exchange 2003

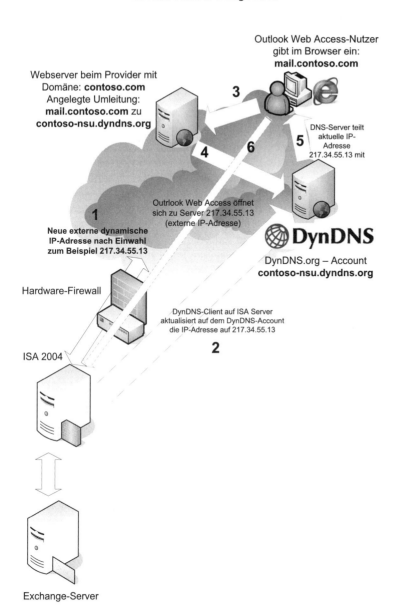

Abbildung 9.22:
Nutzung von dynamischen IP-Adressen mit DynDNS.Org

Sie sollten allerdings nicht unbedingt die Internetdomäne verwenden, die auf Ihre offizielle Internetseite verweist, oder Ihre E-Mail-Domäne. Legen Sie sich eine neue passende Domäne an oder wählen Sie eine, die Sie bereits registriert haben, aber noch nicht nutzen.

Optimierung der Anbindung von DynDNS

Selbst wenn Sie nicht Ihre Hauptinternetdomäne zu DynDNS verschieben, können Sie diese trotzdem im Internet für die Anbindung an DynDNS nutzen. Legen Sie dazu, wie bereits beschrieben, einen eigenen Account bei DynDNS an oder verwenden Sie die eigene Internetdomäne, zum Beispiel *contoso.biz*. Angenommen, Ihre primäre Internetdomäne ist *contoso.com*. Sie brauchen jetzt auf der Konfigurationsoberfläche Ihres Providers einfach nur eine Umleitung zum Beispiel für die Domäne *mail.contoso.com* einzurichten. Diese Umleitung schicken Sie zu *mail.contoso.biz*, welche wiederum auf die richtige IP-Adresse der externen Schnittstelle des ISA verweist. Durch diese Strukturierung erreichen Sie eine professionelle externe Anbindung an das Internet, die auch zuverlässig funktioniert. Gleichzeitig sparen Sie Geld, da Sie keine statische IP-Adresse benötigen. Sie können diesen Account und die Technologie für die Anbindung aller externer Mitarbeiter durch den ISA an Exchange nutzen.

9.3.2 ISA 2004 als Mail-Relay

Die an Ihr Unternehmen gerichteten E-Mails werden normalerweise mit SMTP zugestellt. Sie sollten die Mail-Relay-Funktionalität auf dem ISA aktivieren und einen SMTP-Virenscanner, wie zum Beispiel *Interscan Viruswall* von Trendmicro, installieren. Bei Ihrem Provider sollten die MX-Records so gelegt werden, dass E-Mails zur externen IP-Adresse des ISA Servers zugestellt werden. Die sekundären MX-Records (höhere Preferencewerte) können Sie auf die SMTP-Server des Providers schalten lassen. Nach dieser Umstellung werden die E-Mails aus dem Internet auf den ISA Server zugestellt, der schwerer angreifbar durch SMTP-Attacken ist. Bei Nichterreichbarkeit werden die E-Mails durch die sekundären MX-Einträge auf den SMTP-Servern bei Ihrem Provider geparkt und unverzüglich zugestellt, sobald der ISA wieder zur Verfügung steht. Daraufhin werden sie vom SMTP-Virenscanner auf dem ISA nach Viren überprüft. Schließlich werden die E-Mails dem Exchange Back-End-Server zugestellt.

Bei dieser Konfiguration kann kein Hackerangriff auf Ihre Exchange Server stattfinden, und die Exchange Server werden nicht durch den ungefilterten Empfang von E-Mails aus dem Internet belastet. Den Empfang der E-Mails übernimmt der ISA zusammen mit dem Virenschutzprogramm. Genauso funktioniert der umgekehrte Weg der E-Mails ins Internet. Der SMTP-Connector des Exchange Servers schickt alle E-Mails an den ISA Server. Diese werden durch den SMTP-Scanner sicherheitshalber noch einmal überprüft, damit Sie keine Virenmails an Kunden oder Lieferanten schicken. Danach leitet der SMTP-Server auf dem ISA die E-Mails zum entsprechenden Mailserver des Empfängers.

ISA 2004 und Exchange 2003

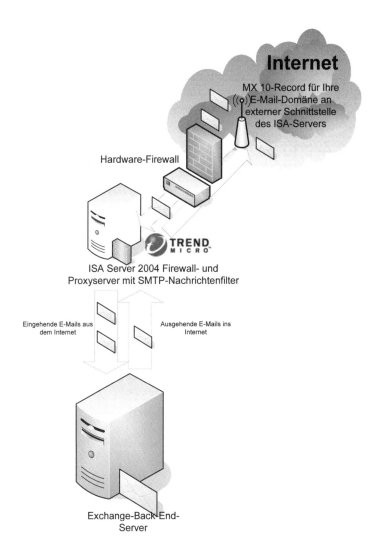

Abbildung 9.23:
ISA 2004 als Mail-Relay für Exchange 2003

Alternativ können Sie mit den Serververöffentlichungsregeln den Exchange Server auch direkt ins Internet veröffentlichen. Dann erledigt zwar Exchange selbst alle Aufgaben, wird aber durch den ISA Server geschützt. Sie können dazu für den Exchange Server Regeln definieren, die ausschließlich SMTP-Verkehr vom Internet zum Exchange und vom Exchange zum Internet zulassen. Mit dieser Filterung kann Ihr Exchange Server nicht durch andere Protokolle erreicht werden. Weiterhin muss der Exchange Server, um seine Nachrichten ins Internet schicken zu können, als SecureNAT-Client konfiguriert werden.. Sie können Exchange auch so konfigurieren, dass E-Mails nicht ins Internet geschickt werden, sondern zunächst zum ISA Server. In diesem Fall benötigt der Exchange Server keine Anbindung ans Internet. Allerdings muss in diesem Fall ein SMTP-Gateway auf dem ISA Server installiert werden. In jedem Fall müssen Sie den Firewall Client nicht auf dem Exchange Server installieren. Die Zustellung der E-Mails vom ISA Server als Relay erfordert keinerlei Zugriffe ins Internet. Vor allem aus diesen Gründen ist diese Variante der Zusammenarbeit am sichersten und am leistungsstärksten. Die ganze Arbeit erledigt der ISA Server für den Exchange Server.

9.3.3 Zugriff von POP3 oder IMAP über das Internet

Wenn Sie den Zugriff per POP3 oder IMAP über das Internet durchführen wollen, sollten Sie einen Front-End-Server einsetzen. In diesem Fall müssen Sie den Exchange Front-End-Server im Internet mit der Mailserver-Veröffentlichungsregel veröffentlichen. Sie erlauben Clients aus dem Internet den Zugriff auf den Exchange Front-End-Server. Dieser Zugriff wird durch den ISA Server geschützt. Mit dieser Konzeption ermöglichen Sie mobilen Anwendern den Zugriff auf ihr Postfach. Empfohlen ist bei dieser Zugriffsvariante die SSL-Verschlüsselung, da hier die Kennwörter der Benutzer nicht im Klartext über das Netzwerk geschickt werden, sondern verschlüsselt. Sie können an dieser Stelle auch den RPC-Zugriff veröffentlichen, wenn Sie zum Beispiel aus Sicherheitsgründen mehrere Netzwerke mit einem ISA Server voneinander trennen –, eine Maßnahme, die viele Unternehmen ergreifen, um so einzelne Segmente besser zu schützen.

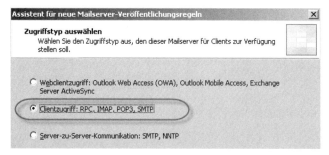

Abbildung 9.24: Veröffentlichen eines Exchange Front-End-Servers

Wenn zum Beispiel ein Virus in das Netzwerksegment mit den Client-PCs dringt und die Server mit einem ISA Server von den Arbeitsstationen getrennt sind, sind sie durch den ISA vor dem Virus geschützt. Sie können den RPC-Verkehr für Outlook durch den ISA Server durchlassen und somit den Exchange Back-End-Server vor Angriffen effizient schützen.

9.3.4 RPC über HTTP(s)

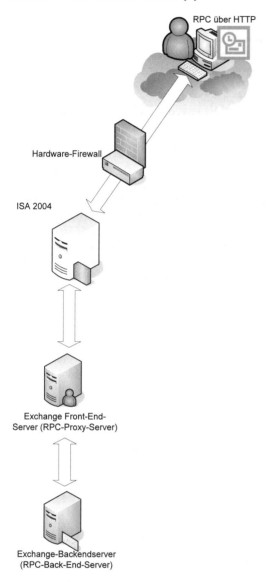

*Abbildung 9.25:
RPC über HTTP
mit ISA Server und
Exchange Front-
End-Servern*

Vor allem der Zugriff per RPC über HTTP ist optimal für Heimarbeitsplätze, die mit Windows XP und Outlook 2003 ausgestattet sind. Diese Benutzer können, wie bereits beschrieben, an ihrem PC zu Hause per Outlook 2003 wie im internen Netzwerk auf dem Exchange Server arbeiten. Der Zugriff erfolgt dabei über den Outlook 2003 Caching-Modus, sodass der Benutzer auch performant arbeiten kann. Die Verbindung wird über den ISA 2004 zum Exchange Front-End-Server und dann zum Postfachserver des Anwenders weitergeleitet. Der Benutzer kann jede

Funktion von Outlook nutzen, also auf die globale Adressliste zugreifen, Besprechungen und Aufgaben planen, E-Mails schreiben und Termine in seinem Outlook-Kalender pflegen. Sie können auf einem ISA Server mehrere Zugriffsmöglichkeiten für Internetnutzer aktivieren. Viele Unternehmen bieten ihren mobilen Mitarbeitern alle Wege der externen Kommunikation. Die genaue Bedeutung von RPC über HTTP wird ausführlich in *Kapitel 8 »Exchange«* behandelt. Der Einsatz von RPC über HTTP macht vor allem für mobile Mitarbeiter Sinn, die teilweise mit ihrem Notebook in der Firma und teilweise bei Kunden oder zu Hause arbeiten. Ist Outlook für die Zusammenarbeit mit RPC über HTTP konfiguriert, wird der Client normal an Exchange angebunden, wenn er im Firmen-LAN ist. Sobald er unterwegs ist, erkennt Outlook dies automatisch und bindet ihn per RPC über HTTP an den Exchange Server an.

Die Geschwindigkeitsunterschiede sind marginal, da der Anwender im Caching-Modus arbeitet und daher die langsame Internetverbindung so gut wie gar nicht mitbekommt. Damit Outlook sich an Exchange anbinden kann, werden die RPC-Aufrufe in HTTP-Pakete gepackt und über das Internet an den ISA Server geschickt. Der ISA leitet die Pakete an den Front-End-Server weiter, der dann den Benutzer schließlich mit seinem Postfach verbindet. Die Verbindung wird in Sekundenschnelle hergestellt, ist stabil und sehr sicher.

Empfohlene Verbindung per SSL Bridging

Am besten verwenden Sie zur Veröffentlichung von RPC über HTTPs die SSL-Bridging-Funktion des ISA Servers. Bei dieser Technologie wird ein SSL-Tunnel zwischen dem Client im Internet und dem ISA aufgebaut. Nachdem der Client authentifiziert wurde, baut der ISA Server einen zweiten SSL-Tunnel zum Exchange Server auf. Bei der Veröffentlichung von RPC über HTTPS wird der Datenverkehr verschlüsselt und die Verbindung vom Client-PC nur zum Exchange Server hergestellt. Auf andere Server kann nicht zugegriffen werden. Die Pakete werden an den RPC-HTTP-Proxy übermittelt. Dieser entfernt die HTTP-Erweiterung und verbindet den Client über RPC mit dem Exchange Server. Der Exchange Server sendet die Daten wieder an den RPC-HTTP-Proxy, der diese erneut in HTTP verpackt und so zum Client zurückschickt.

Notwendige Zertifikate planen Für diese Variante der sicheren Verbindung werden allerdings zwei Webserverzertifikate benötigt. Wenn Sie diese Methode wählen, müssen Sie rechtzeitig die Zertifikate planen und beantragen. Planen Sie die Anbindung über den beschriebenen Weg von DynDNS, müssen Sie die externe Domäne in diese Planung mit einbeziehen. Eine Verschlüsselung per SSL setzt immer ein Zertifikat voraus. Beim SSL-Bridging benötigen Sie ein Zertifikat für die externe Domäne, in *Abbildung 9.27* ist das beispielsweise die Domäne *mail.contoso.com*. Wenn ein Client Verbindung zu seinem Exchange Server per RPC über HTTP aufbauen will, wird Outlook so konfiguriert, dass es sich mit dem Server *mail.contoso.com* verbindet. Sehen Sie sich beim Ein-

ISA 2004 und Exchange 2003

satz von DynDNS noch einmal *Abbildung 9.23* an. Der ISA Server benötigt ein Zertifikat für diese Domäne. Außerdem muss der Client so konfiguriert werden, dass er der ausstellenden Zertifikatsstelle vertraut. Das zweite Zertifikat wird auf dem Exchange Server installiert. Dieses Zertifikat dient zur Verschlüsselung der internen Verbindung zwischen ISA und Exchange Server. Der ISA Server muss dieser Zertifizierungsstelle vertrauen. Installieren Sie am besten eine interne Zertifizierungsstelle für Ihr Active Directory. Bei größeren Umgebungen werden ohnehin viele Zertifikate benötigt, und obendrein ist dieses Feature von Windows Server 2003 kostenlos. Mehr zu diesem Thema erfahren Sie in *Kapitel 13 »Sicherheit in Microsoft-Netzwerken«*.

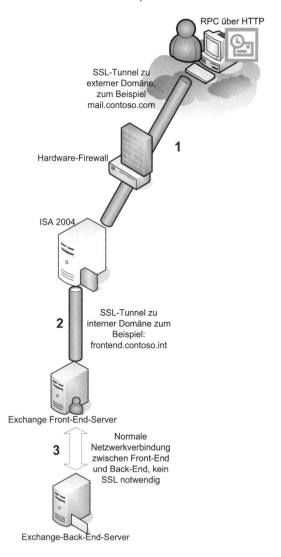

Abbildung 9.26: SSL-Tunnel bei RPC über HTTP

Achten Sie darauf, dass die Zertifikate nicht abgelaufen und auf die Internetdomäne ausgestellt sind, die bei der Veröffentlichung verwendet wird.

Veröffentlichung eines Exchange Front-End-Servers für RPC über HTTPS

Nachdem Sie die Zertifikate geplant und zugewiesen haben, können Sie den Front-End-Server als RPC-Proxy über den ISA Server und eine neue sichere Webveröffentlichungsregel veröffentlichen. Sie können den Datenverkehr zwischen Client und ISA sowie ISA und Frontend verschlüsseln lassen, wenn die Zertifikate ordnungsgemäß ausgestellt wurden.

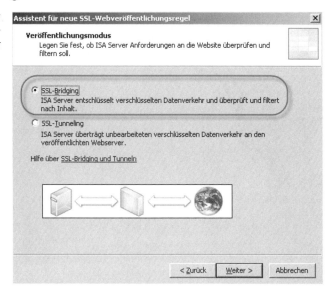

Abbildung 9.27: SSL-Bridging-Veröffentlichung

Nach der Veröffentlichung müssen Sie die Client-PCs der externen Anwender konfigurieren. Auch diese Konfiguration sollte frühestmöglich geplant werden. Idealerweise arbeiten Sie mit Skripts, da normalen Benutzern die Umkonfiguration von Outlook nicht zumutbar ist. Alternativ können Sie die Konfiguration von Outlook mit Screenshots dokumentieren und an die Anwender versenden. Aber auch dieser Schritt bedarf der Planung, wird doch für die Erstellung einer auch für weniger versierte Benutzer verständliche und nachvollziehbare Dokumentation ein gewisses Maß an Zeit erforderlich sein.

ISA 2004 und Exchange 2003

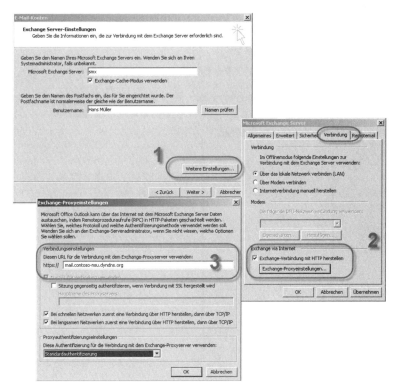

Abbildung 9.28:
Beispiel der Konfiguration von Outlook 2003 für RPC über HTTP

9.3.5 Outlook Web Access

Die beliebteste Variante, mobile Anwender mit Ihrem Postfach zu verbinden, ist Outlook Web Access. Damit können Anwender von überall auf der Welt mit einem Webbrowser auf ihr Postfach zugreifen. Die Ansicht im Webbrowser entspricht fast der Ansicht in Outlook und bietet fast die gleichen Möglichkeiten.

Die Veröffentlichung von Outlook Web Access läuft ähnlich wie die von RPC über HTTPS ab. Am besten verwenden Sie auch in diesem Fall einen Front-End-Server zusammen mit Exchange 2003. Darüber hinaus sollte hier ebenfalls mit SSL-Verschlüsselung gearbeitet werden. Wenn Sie Outlook Web Access über SSL veröffentlichen, erstellen Sie keine Veröffentlichungsregel für einen sicheren Webserver, sondern verwenden die bereits besprochene Veröffentlichung eines Mailservers. Beachten Sie, dass standardmäßig alle Anwender von extern per Outlook Web Access auf ihr Postfach zugreifen können. Da Outlook Web Access fast ausschließlich für die Zugriffe von außerhalb des Firmennetzwerks verwendet wird, muss auf die Sicherheit für die Arbeit damit viel Wert gelegt werden. Sie können die Outlook Web Access-Anmeldung anpassen, so dass alle Benutzerinformationen in einem Cookie gespeichert werden. Ab Internet Explorer 5 wird dieses

9 Internetzugang mit dem Microsoft ISA Server 2004

Cookie beim Schließen des Internet Explorers gelöscht. Außerdem wird es nach 20 Minuten automatisch gelöscht, auch wenn der Internet Explorer noch geöffnet ist.

Abbildung 9.29:
Outlook Web Access
in Exchange 2003

Spezielle Anmeldeseite für Outlook Web Access

Die Anmeldeseite wurde komplett überarbeitet. Standardmäßig erfolgt die Authentifizierung an Outlook Web Access über einen Standardauthentifizierungsdialog. Sie können die Anmeldeseite auch an Ihre Bedürfnisse anpassen. Dazu gehören allerdings etwas Programmierkenntnisse. Wenn Sie die neue Anmeldeseite anpassen wollen, sollten Sie auch diesen Schritt rechtzeitig vor der Einführung von Exchange zusammen mit dem ISA planen und umfassend in einer Testumgebung testen lassen.

Damit Sie die neue Anmeldeseite nutzen können, müssen Sie für sie SSL konfigurieren. Für SSL benötigen Sie, wie bei RPC über HTTPS, ein Zertifikat. Für beide Technologien können Sie das gleiche Zertifikat verwenden. Sie müssen kein Zertifikat kaufen: Entweder kaufen Sie öffentliche Zertifikate oder Sie fordern ein privates Zertifikat von einer Windows-Zertifizierungsstelle an. Sie können die neue Anmeldeseite erst nutzen, wenn Sie für die Exchange-Webseite SSL konfiguriert haben. Danach können Sie nur noch mit SSL auf Outlook Web Access zugreifen. Eine interne Zertifizierungsstelle können Sie mit den Zertifikatsdiensten erstellen. Die Zertifikatsdienste gehören zum Lieferumfang von Windows 2003 und werden in *Kapitel 13 »Sicherheit in Microsoft-Netzwerken«* ausführlicher behandelt.

ISA 2004 und Exchange 2003

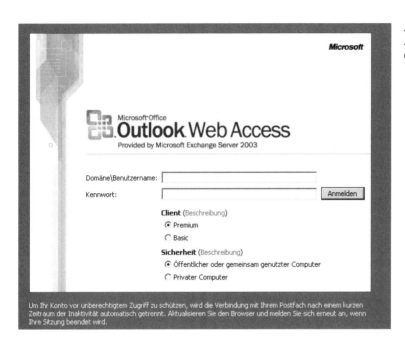

Abbildung 9.30:
Anmeldeseite von
Outlook Web Access

Abbildung 9.31:
Webseite der internen Zertifikatsstelle von Windows

Die Windows-Zertifikatsdienste erweitern den lokalen IIS des Servers um ein weiteres Web, mit dessen Hilfe Zertifikate ausgestellt werden. Dieses Web erreichen Sie über die URL *http://SERVERNAME/Certsrv*. Nach der Eingabe dieser URL sollte sich die Webseite der Zertifikatsdienste ohne Fehler öffnen lassen. Zusätzlich wird noch ein Snap-In installiert, mit dem Sie die Zertifikatsdienste verwalten können und ausgestellte Zertifikate angezeigt werden. Wenn sich dieses Snap-In ebenfalls fehlerfrei öffnen lässt und die CA als aktiv gekennzeichnet ist, können Sie davon ausgehen, dass die Installation erfolgreich war. Nach der erfolgreichen Einrichtung der Zertifizierungsstelle weisen Sie dem Server, der für Outlook Web Access zuständig ist, ein geeignetes Zertifikat zu. Wenn Sie eine interne Zertifizierungsstelle einrichten wollen, um damit die notwendigen Zertifikate für Outlook Web Access, Exchange ActiveSync und RPC über HTTP einzurichten, sollten Sie diesen Schritt ebenfalls frühzeitig planen. Sie können die Zertifikatsdienste ohne weiteres auf einem Domänencontroller installieren und diesen zukünftig zum Zuweisen von Zertifikaten verwenden.

Durch das angepasste neue Benutzer-Interface ist das Arbeiten mit Outlook Web Access noch effizienter als unter Exchange 2000. Der Seitenaufbau wurde beschleunigt. Auch die Schaltflächen sind besser angeordnet und können von Benutzern schneller gefunden und einfacher verwendet werden.

Datenschutz in Outlook Web Access

Administratoren können darüber hinaus allen Benutzern das Versenden oder Empfangen von Dateianhängen untersagen. Dies kann vor allem bei Benutzern, die von öffentlichen Terminals auf ihr Postfach zugreifen, sinnvoll sein. Stellen Sie sich nur einmal Ihre aktuellen Umsatzzahlen oder eine sonstige wichtige Excel-Tabelle auf einem Rechner in einem Internetcafé vor. Diese Einstellung lässt sich so weit anpassen, dass Sie nur den Zugriff auf Anhänge verbieten, wenn über das Internet auf das Postfach zugegriffen wird. Wenn ein Benutzer sich mit RAS oder einem VPN einwählt, kann er ohne Probleme Anhänge öffnen. Außerdem haben Sie die Möglichkeit, nur bestimmte Dateianhänge zu blockieren, die Viren enthalten können. Benutzer erhalten in jeder E-Mail eine Information, wenn ein Inhalt geblockt wurde. Versuchen Benutzer geblockte Dateianhänge zu verschicken, erhalten sie beim Hochladen der Datei eine Meldung. Damit Dateianhänge über Outlook Web Access blockiert werden, müssen Sie in der Registry Ihres Exchange Servers Änderungen vornehmen.

S/MIME-Unterstützung in Outlook Web Access

Mit S/MIME (*Secure Multipurpose Internet Mail Extensions*) können Benutzer E-Mails digital signieren und verschlüsseln. Zurzeit stehen zwei Verschlüsselungsmechanismen zur Verfügung, S/MIME und PGP (*Pretty Good Privacy*). PGP ist zwar derzeit etwas mehr verbreitet, aber S/MIME wird von zahlreichen größeren Firmen unterstützt. Da Microsoft S/MIME in viele seiner Produkte integriert, wird sich dieser Standard wahrscheinlich etablieren.

S/MIME ist wesentlich neuer als PGP und verwendet eine hybride Verschlüsselungstechnologie, schnelle symmetrische Verschlüsselung der eigentlichen Nachricht mit einem Sitzungsschlüssel und eine anschließende asymmetrische Verschlüsselung des Sitzungsschlüssels mit dem öffentlichen Schlüssel des Nachrichtenempfängers. Dazu arbeitet S/MIME mit Zertifikaten. Damit Sie mit S/MIME in Exchange 2003 arbeiten können, sollten Sie sich mit Verschlüsselung im Allgemeinen auseinander setzen und die Abläufe verstehen. Wenn ein Zertifikat zur Verschlüsselung benötigt wird, findet die Überprüfung dieses Zertifikats direkt zwischen dem Exchange 2003 Server und dem Windows-Domänencontroller statt. Dadurch wird der Netzwerkverkehr zwischen dem Zertifikatsserver und dem Outlook Web Access-Client deutlich reduziert. Wenn eine S/MIME-Nachricht in Outlook Web Access geöffnet werden soll, ruft der Exchange 2003 Server vom Active Directory das öffentliche Zertifikat ab und verifiziert es.

Benutzerverwaltung und Zugriff über den ISA Server und das Internet

In vielen Firmen ist es nicht sinnvoll oder erwünscht, dass alle Mitarbeiter über das Internet mit Outlook Web Access Verbindung zu ihrem Postfach aufbauen können. Wenn für einen Benutzer ein Postfach angelegt wird, hat er allerdings das Recht, mit Outlook Web Access auf das Postfach zuzugreifen. Sie müssen einzelnen Benutzern dieses Recht entziehen, wenn Sie den Zugriff einschränken wollen. Wenn Sie einigen Benutzern den Zugriff auf ihr Postfach mit Outlook Web Access untersagen wollen, ist es am sinnvollsten, das für jeden Einzelnen manuell durchzuführen. Wenn Sie aber den umgekehrten Weg gehen, also den meisten den Zugriff untersagen und nur wenigen erlauben wollen, können Sie entweder mit einem Skript für alle Benutzer Outlook Web Access deaktivieren oder eine spezielle Konfiguration auf dem Exchange Server durchführen. Damit Benutzer mit Outlook Web Access mit einem Server Verbindung aufnehmen können, muss in den Eigenschaften des Benutzers eine SMTP-Adresse zugewiesen werden, die der Adresse des virtuellen HTTP-Servers entspricht. Um wenigen Benutzern Zugriff auf Outlook Web Access zu ermöglichen, erstellen Sie einfach eine neue Empfängerrichtlinie mit einer bestimmten SMTP-Adresse und weisen diese Adresse den Benutzern zu, denen Sie Zugriff mit Outlook Web Access gestatten wollen. Wenn diese SMTP-Adresse nicht die Hauptadresse des Benutzers ist, hat die Konfiguration dieser Adresse keinerlei Auswirkungen auf den Benutzer.

Sie können hier zum Beispiel die Adresse *@owa.domain.local* verwenden. Erstellen Sie danach einen neuen virtuellen HTTP-Server auf dem Front-End-Server oder dem Back-End-Server und weisen Sie diesem Server die Adresse *@owa.domain.local* zu. Durch diese Konfiguration können sich nur die Benutzer anmelden, denen eine solche SMTP-Adresse durch die Richtlinie und den *Recipient Update Service* zugeteilt wurde. Im Absender der Benutzer erscheint immer die

9 Internetzugang mit dem Microsoft ISA Server 2004

Hauptadresse, die Sie in den Eigenschaften des Benutzerobjekts im Snap-In *Active Directory-Benutzer und -Computer* konfigurieren können, die hier beschriebene zusätzliche Adresse dient nur für den Zugriff auf Outlook Web Access.

Virtuelles HTTP-Verzeichnis Der Zugriff auf Outlook Web Access erfolgt mithilfe des virtuellen HTTP-Servers. Dieser virtuelle HTTP-Server wird bei der Installation von Exchange 2003 automatisch mitinstalliert und steht sofort zur Verfügung. Dieser erste virtuelle HTTP-Server kann zwar im Exchange System-Manager angesehen werden, die Änderung seiner Einstellungen sind aber nur in der IIS-Verwaltung möglich. Der virtuelle Server ist Bestandteil der Standardwebsite des Servers. Sie können im Exchange System-Manager lediglich die weiter vorn beschriebene neue Anmeldeseite aktivieren. Sie finden die virtuellen Server beziehungsweise den bei der Installation erstellten virtuellen Exchange Server unterhalb des HTTP-Protokolls im Menü des Servers im Exchange System-Manager. Sie können bei Bedarf weitere virtuelle HTTP-Server erstellen. Allerdings benötigen Sie für jeden virtuellen HTTP-Server eine eigene IP-Adresse, die ihm zugewiesen werden kann. Weitere virtuelle HTTP-Server werden im Exchange System-Manager erstellt und sind daher Bestandteil von Exchange 2003. Diese virtuellen Server und deren Einstellungen können nur im Exchange System-Manager verwaltet werden, nicht in der IIS-Verwaltung.

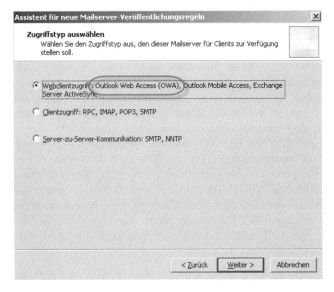

Abbildung 9.32: Erstellen einer neuen Mailserver-Veröffentlichungsregel für die Veröffentlichung von Outlook Web Access

Für die Veröffentlichung von Outlook Web Access sollten Sie die gleiche sichere verschlüsselte Verbindung wählen wie bei RPC über HTTPS. Sie können die Einstellungen der Veröffentlichungsregeln von Outlook Web Access über den ISA sehr detailliert konfigurieren.

9.3.6 Exchange ActiveSync (EAS) über einen ISA veröffentlichen

Auch das bereits beschriebene EAS können Sie über einen ISA 2004 sicher über das Internet mobilen Benutzern zur Verfügung stellen. Mit EAS können Besitzer von Smartphones über eine GPRS oder UMTS-Verbindung ihr Gerät mit dem Exchange-Postfach synchronisieren. Sie können mit Aufgaben arbeiten, E-Mails senden und Dokumente lesen. Die Veröffentlichung von EAS hat mittlerweile fast den gleichen Stellenwert wie Outlook Web Access. Grundsätzlich läuft diese Veröffentlichung genauso ab wie die von Outlook Web Access.

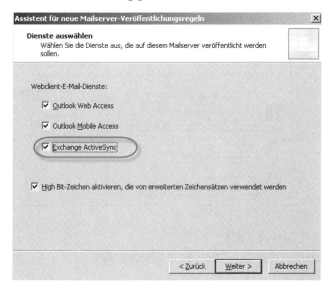

Abbildung 9.33:
Veröffentlichung
von EAS über einen
ISA 2004

Auch die Verbindung zwischen Smartphone und ISA sollte SSL-verschlüsselt stattfinden. Wie bei Outlook Web Access oder auch bei RPC über HTTPS muss auf dem Smartphone vor der erfolgreichen Synchronisierung ein Zertifikat installiert werden. Der Einsatz von EAS ist ebenfalls am effizientesten, wenn Sie einen Front-End-Server verwenden. Ein einzelner Front-End-Server kann ohne Probleme alle veröffentlichten Dienste zusammen mit einem ISA 2004 bedienen.

9.4 ISA-Server als VPN-Server

Der ISA Server wird auch gern als VPN-Server eingesetzt. Sie können ihn für die Einwahl von Benutzern über das Internet oder als VPN-Gateway verwenden, wobei Sie zwei ISA Server über das Internet miteinander verbinden, um ein Firmen-VPN zwischen zwei Niederlassungen aufzubauen.

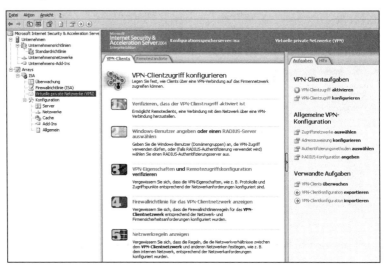

Abbildung 9.34:
Konfiguration eines
ISA Servers für
VPN-Funktionalität

9.4.1 ISA Server als Benutzer-zu-Router-VPN-Server

Die VPN-Funktionalität kann ohne weiteres parallel zu den ganzen Veröffentlichungen durchgeführt werden. Sie können einen ISA Server also ohne weiteres als Proxyserver und gleichzeitig als erste oder zweite Firewall einsetzen. Neben den Veröffentlichungsregeln können Sie einen ISA Server auch als VPN-Server für die Einwahl von Benutzern verwenden. Da sich der ISA perfekt in das Active Directory integriert, genießen Sie den Vorteil, dass Sie durch eine günstige Lösung multiple Funktionen der Internetanbindung für sich nutzbar machen können.

Wenn Sie eine VPN-Einwahl mit dem ISA Server durchführen, haben Sie den Vorteil, dass die notwendige Client-Software auf jedem Windows 2000-, XP- und Vista-Client bereits installiert ist. Sie müssen nur noch die Konfiguration der Clients durchführen, was auch leicht skriptgesteuert möglich ist.

ISA-Server als VPN-Server

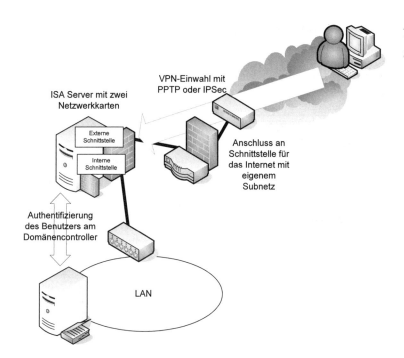

Abbildung 9.35:
VPN mit dem ISA Server

Auswahl des richtigen VPN-Protokolls – PPTP oder L2TP

Wenn Sie einen ISA Server als VPN-Server verwenden wollen, müssen Sie zuvor genau planen, auf welcher Basis Sie die Einwahl vornehmen wollen. Es gibt zum einen die schnelle, aber etwas unsichere Variante *Point to Point Tunnel Protocol* (*PPTP*) oder das sichere *Layer 2 Tunnel Protocol* (*L2TP*). ISA Server 2004 unterstützt beide Technologien auch gleichzeitig. Die Einrichtung von PPTP geht schneller, die Verbindungen von L2TP sind dafür etwas sicherer.

Diese Technik ist trotz der zahlreichen Sicherheitsbedenken immer noch sehr verbreitet. Bei PPTP werden einzelne PPP-Pakete in so genannte GRE-Pakete *(Generic Routing Encapsulation[GRE]l)* verpackt und verschickt. Viele Experten stufen PPTP mittlerweile als sicher ein, auch wenn die Verschlüsselung nicht so stark ist wie die von L2TP. PPTP ermöglicht die verschlüsselte Einkapselung von verschiedenen Netzwerkprotokollen und unterstützt Schlüssellängen bis zu 128 Bit. Nach der Durchführung der Authentifizierung wird die Verbindung verschlüsselt. Die Verschlüsselung baut auf dem Kennwort der Authentifizierung auf. Je komplexer das Kennwort, umso besser die Verschlüsselung.

Point to Point Tunnel Protocol (PPTP)

9 Internetzugang mit dem Microsoft ISA Server 2004

 Da die Verschlüsselung und der Transport der einzelnen IP-Pakete durch das GRE-Protokoll *(Generic Routing Encapsulation [GRE] Protocol)* durchgeführt werden, müssen Sie darauf achten, dass die Hardware-Firewall bzw. der DSL-Router, den Sie vor dem ISA Server im Internet platzieren, dieses Protokoll beherrscht. Bei vielen preisgünstigen Modellen ist das nicht der Fall. In diesem Fall können Sie kein PPTP-VPN mit einem ISA 2004 aufbauen. Sie sollten daher bereits den Erwerb der Hardware-Firewall, die vor dem ISA Server im Internet steht, in die Planung einbeziehen.

Layer 2 Tunnel Protocol (L2TP)

Bei der zweiten Variante, ein VPN mit einem ISA Server aufzubauen, kommt das Layer 2 Tunnel Protocol (L2TP) ins Spiel. Dieses Protokoll ist sicherer als PPTP, aber dafür auch komplexer in der Einrichtung. Auch hierbei werden die IP-Pakete in die Verschlüsselung eingekapselt. Das L2TP verwendet IPSec, um eine Verschlüsselung aufzubauen. Beim Aufbau eines VPN mit L2TP wird der Datenverkehr im Gegensatz zu PPTP bereits vor der Authentifizierung zuverlässig verschlüsselt. Da L2TP zur Verschlüsselung des Datenverkehrs IPSec verwendet, kann mit diesem VPN-Typ auch eine 3DES-Verschlüsselung durchgeführt werden. Der Einsatz eines VPN auf Basis von L2TP setzt eine Zertifizierungsstelleninfrastruktur voraus.

Planung der optimalen VPN-Verbindungen

Vor allem kleinere mittelständische Unternehmen tun sich wesentlich einfacher, wenn als VPN-Protokoll PPTP verwendet wird. Es existiert kein dokumentierter erfolgreicher Angriff auf ein PPTP-VPN. Der Einsatz eines VPN mit L2TP ist nur Experten zu empfehlen, die genau wissen, wie Zertifizierungsstellen eingerichtet werden und wie L2TP bzw. IPSec funktioniert. Für den schnellen, effizienten und sicheren Aufbau eines VPN ist PPTP sicherlich die beste Wahl. Sie können auf dem ISA Server konfigurieren, wie viele gleichzeitige VPN-Verbindungen zugelassen werden und ob der ISA Server überhaupt VPN-Verbindungen entgegennimmt. Standardmäßig ist der VPN-Zugriff auf einen ISA Server zunächst deaktiviert und muss erst aktiviert werden.

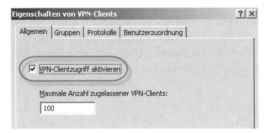

Abbildung 9.36: ISA Server als VPN-Server

ISA-Server als VPN-Server

Planung der VPN-Nutzer

Mit dem ISA Server können Sie sehr zuverlässig steuern, wer sich über ein VPN einwählen darf. Legen Sie am besten eine eigene Windows-Domänen-Benutzergruppe an, zum Beispiel mit der Bezeichnung *VPN-Benutzer*. Wenn Sie das VPN auf dem ISA konfigurieren, können Sie hinterlegen, welche Benutzergruppen sich über den ISA einwählen dürfen. Nach der Konfiguration eines VPN über den ISA Server brauchen Sie zukünftig Benutzer nur noch in diese Gruppe aufzunehmen oder aus ihr zu entfernen, je nachdem, ob Sie den VPN-Zugriff gestatten oder untersagen wollen. Außer der Planung dieser Gruppe müssen noch Konfigurationen in der RAS-Richtlinie vorgenommen oder bei den Einwahlbenutzern im Snap-In *Active Directory-Benutzer und -Computer* in Bezug darauf gesteuert werden, wer sich wann einwählen darf.

VPN-Authentifizierung über RADIUS-Server

Sie können einen ISA Server auch zusammen mit einem *RADIUS-Server* einsetzen. Windows 2003 hat einige Erweiterungen für Routing und RAS, die sich auch mit einem ISA Server nutzen lassen. Eine Reihe von Erweiterungen findet sich beim *IAS (Internet Authentication Service)*. Der IAS ist die RADIUS-Implementierung von Windows Server 2003. RADIUS steht für *Remote Dial-In User Authentication Service* und ist ein Standard, mit dem sich Einwählclients an unterschiedlichen Systemen authentifizieren können. Neu bei Windows Server 2003 ist unter anderem die Protokollierung von Informationen über den Microsoft SQL Server, sodass komplexe Abfragen auf die Protokolle ausgeführt werden können. Das ist insbesondere in Umgebungen wichtig, in denen drahtlose Netzwerke eine große Bedeutung haben, da dort RADIUS zunehmend für die Authentifizierung eingesetzt wird. Bei RADIUS können Load Balancing-Funktionen genutzt werden. Diese werden über die RADIUS-Proxies und die dort konfigurierbaren Regeln für die Weiterleitung von RADIUS-Anforderungen gesteuert. Load Balancing spielt auch bei IPsec eine wichtige Rolle. Allerdings wird hier auf Basis des NLB (Network Load Balancing) von Windows Server 2003 gearbeitet. Getunnelte Verbindungen können auf diese Weise über mehrere parallele Gateways verarbeitet werden. Wenn Sie beabsichtigen, mehrere Einwahlmöglichkeiten zu schaffen oder parallel mehrere ISA Server zu verwenden, sollten Sie den Einsatz eines RADIUS-Servers vorsehen.

VPN-Quarantäne

Wenn Sie einen ISA Server zusammen mit Windows Server 2003 einsetzen, können Sie die integrierte Funktion *VPN Quarantine Control* verwenden. Mit dieser Funktion können Sie bei jeder Einwahl eines Benutzers überprüfen, ob der PC, mit dem sich der VPN-Benutzer verbinden will, bestimmte Voraussetzungen erfüllt. Die Nutzung der VPN Quarantine Control kann durchaus sinnvoll sein, da Sie damit überprüfen können, ob der Virenscanner aktiviert ist, die Windows-

Firewall läuft und alle Patches auf dem PC installiert sind. Erfüllt der Client nicht alle Berechtigungen, darf er sich zwar einwählen, erhält aber nur beschränkten Zugang zum Netzwerk. Durch diese Quarantäne können Sie Ihr Netzwerk vor Gefahren sichern, die durch ungeschützte PCs entstehen. Auch für Clients, die sich in der Quarantäne befinden, können Sie auf dem ISA Server detaillierte Firewall-Regeln dazu erstellen, welche Protokolle zu welchen Servern erlaubt sind.

Frühzeitige Planung des VPN

Der Einsatz eines VPN auf Basis eines ISA Servers setzt einige Planung voraus. Auf dem ISA Server müssen einige Firewall-Regeln erstellt werden, bei denen der Assistent für die Einrichtung des VPN allerdings behilflich ist. Auch die Konfiguration der Authentifizierungsmethode sollten Sie rechtzeitig planen und testen. Optimal ist die Authentifizierungsmethode MS-CHAP V2, die bereits standardmäßig bei der Einrichtung angeboten wird. Diese Authentifizierungsmethode ist sicher und schnell. Interessant ist beim Einsatz eines ISA Servers als VPN-Server die Möglichkeit, den Zugriff der VPN-Clients über eigene Firewall-Richtlinien zu steuern. Sie können durch die Konfiguration von Firewall-Richtlinien genau definieren, auf welche Server die VPN-Benutzer zugreifen dürfen. Sie können zum Beispiel eine VPN-Einwahl für bestimmte Nutzer ermöglichen, denen Sie nur HTTP-Zugriff auf einen bestimmten internen Webserver gestatten, aber keinen Zugriff auf Datenbankserver, Mailserver oder Dateiserver. Durch diese Möglichkeiten stehen Ihnen effiziente Methoden zur Verfügung, die Remoteeinwahl von Benutzern auf genau die Server zu beschränken, die notwendig sind.

9.4.2 ISA Server als Standort-zu-Standort-VPN-Gateway

Parallel zum Einsatz als VPN-Server können Sie einen ISA Server auch als Gateway zwischen zwei oder mehreren Niederlassungen einrichten. Eine Standleitung auf Basis einer VPN-Leitung zwischen getrennten Niederlassungen verursacht nur einen Bruchteil der Kosten für herkömmliche Standleitungen. Sie sollten den Einsatz eines ISA Servers als Standort-zu-Standort-VPN-Gateway allerdings gut planen. Sie benötigen in beiden Standorten einen ISA Server, entsprechende Hardware und Betriebssystemlizenzen. Außerdem müssen Sie den ISA Server, wie jeden anderen Server auch, ständig patchen und überwachen. Mittlerweile können viele preisgünstige Hardware-Firewalls, zum Beispiel von Zyxel, auch Standort-zu-Standort-VPN-Gateways abbilden. Diese Verbindungen sind oft schneller und stabiler als die Verbindung zwischen zwei ISA Servern. Der Nutzen eines ISA Servers als VPN-Server für Benutzer ist optimal. Wenn Sie mehrere Niederlassungen verbinden wollen, sollten Sie besser auf Hardware-Router setzen.

9.5 Sonstige Planungspunkte beim Einsatz eines ISA Servers

Außer den bereits beschriebenen Funktionen sind bei der Planung eines ISA Servers noch weitere Aspekte zu berücksichtigen.

9.5.1 Auswahl der richtigen Hardware

Wenn Sie einen ISA Server einsetzen, benötigen Sie einen gut ausgestatteten Server mit so viel Netzwerkkarten, wie Sie Netzwerke durch den ISA Server voneinander trennen wollen. Wenn Sie mehr als vier Netzwerke voneinander trennen wollen, sollten Sie den Einsatz von Servernetzwerkkarten, die virtuelle LANs (VLANs) erstellen können, planen. Vor allem Intel liefert in diesem Bereich einige Karten. Der Arbeitsspeicher eines ISA Servers richtet sich nach seiner Funktion. Wenn sich ständig viele Anwender über den ISA im Internet bewegen, sich per VPN einwählen oder die Veröffentlichungen von Webservern und Exchange nutzen, benötigen Sie entsprechende Hardware. Sie sollten ohnehin mindestens 1 Gbyte RAM einbauen und einen Server mit Singleprozessor wählen. Bei mehr als 200 bis 300 Nutzern ist sicherlich eine Dualprozessormaschine notwendig.

ISA-Appliances

Als *Appliance* werden bestimmte Hardwarelösungen bezeichnet, bei denen Sie einen ISA Server mit Windows Server 2003 und entsprechend ausgestatteter Hardware fertig konfiguriert geliefert bekommen. Eine Appliance wurde durch den Hersteller auf optimale Zusammenarbeit mit dem ISA Server getestet. Gute Anbieter härten das Betriebssystem und den ISA Server darüber hinaus noch speziell ab, damit das System noch sicherer wird. Wenn Sie einen oder mehrere ISA Server kaufen, sollten Sie auf jeden Fall die Appliances der verschiedenen Hersteller in den Vergleich mit einbeziehen. Auf folgender Seite finden Sie von Microsoft einen Vergleich über die verschiedenen Appliance-Anbieter:

http://www.microsoft.com/isaserver/hardware/vendorcomparison.mspx

9.5.2 Virenschutz

Wie bereits weiter vorne erwähnt, sollten Sie keinen ISA Server ohne Virenschutz verwenden. Damit der Webverkehr auf Viren überprüft wird, können Sie auf dem ISA von fast allen namhaften Herstellern Antivirenlösungen installieren. Vor allem die *InterScan Viruswall* von *Trendmicro* kann ich in diesem Zusammenhang aus eigener Erfahrung empfehlen. Mehr zu diesem Thema erfahren Sie in *Kapitel 13 »Sicherheit in Microsoft-Netzwerken«*.

9.5.3 Überwachung eines ISA Servers

Ein ISA Server beinhaltet bereits zahlreiche Funktionen zur Überwachung des Internetverkehrs und der internen Konfiguration. Sie sollten darauf achten, dass Sie den Internetverkehr der Benutzer regelmäßig überprüfen und Angriffe aus dem Internet protokollieren lassen. Bereits frühzeitig bei der Planung einer ISA-Infrastruktur sollte genau festgelegt werden, was von wem wann überwacht werden soll, um einen reibungslosen Betrieb des Servers zu gewährleisten.

10 SharePoint

Um effizient Informationen in Unternehmen auszutauschen, reicht selbst ein E-Mail-System wie Exchange mit all seinen Möglichkeiten heutzutage nicht mehr aus. Auch Dateiserver allein sind nicht mehr optimal, um Daten und Informationen innerhalb von Unternehmen zur Verfügung zu stellen. Microsoft bietet in diesem Bereich für Unternehmen weitere Lösungen an. Die erste Lösung sind die SharePoint Services 2.0, die mit Windows Server 2003 kostenlos zur Verfügung gestellt werden. Die SharePoint Services erweitern den IIS eines Windows Server 2003 um Funktionen der Gruppenzusammenarbeit und eines Dokumentenmanagementsystems.

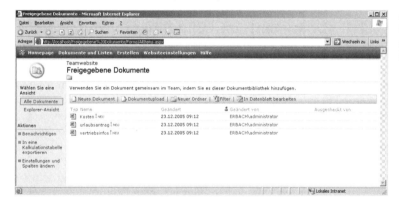

Abbildung 10.1:
SharePoint Services 2.0, freigegebene Dokumente

Mit den SharePoint Services lässt sich in kurzer Zeit ein voll funktionsfähiges Intranet zusammenstellen, an dem Ihre Mitarbeiter teilnehmen können. Bisher mussten die SharePoint Services aus dem Internet heruntergeladen werden. Bei Windows Server 2003 R2 gehören sie zum Lieferumfang, das heißt, sie finden sich auf den Installationsmedien des Servers. Wenn Sie noch Windows Server 2003 ohne R2 einsetzen, können Sie die SharePoint Services weiterhin aus dem Internet herunterladen. Die aktuellen Office-Varianten unterstützen die Speicherung direkt in die SharePoint Services, ohne dabei den Umweg über Speichern und anschließenden Upload zu gehen. Die SharePoint Services sind für alle Nutzer einfach zu bedienen, sodass eine kleine Einweisung in den Umgang mit den SharePoint Services genügt. Die SharePoint Services sind der „kleine Bruder" des kostenpflichtigen SharePoint Portal Server.

Wenn Sie sich mit der SharePoint-Technologie näher beschäftigen wollen, reicht zu Beginn grundsätzlich der Einsatz der SharePoint Services aus. Der kostenpflichtige SharePoint Portal Server fasst die Dienste mehrerer SharePoint Services zu einem Portal zusammen. Sie müssen daher beim Einsatz der SharePoint Services nicht befürchten, dass diese Dienste nicht mehr skalierbar sind. Sie können die Teamseiten der SharePoint Services ohne Probleme zum SharePoint Portal Server migrieren, falls das benötigt wird.

10.1 SharePoint Services 2.0

Die SharePoint Services umfassen zahlreiche Funktionen, die in ein Intranet eingebunden werden können. Nach der Installation sind keine größeren Konfigurationsmaßnahmen mehr notwendig, die Dienste stehen sofort allen Mitarbeitern zur Verfügung.

10.1.1 Dokument- und Bild-Bibliotheken

In den SharePoint Services (SPS) können Dokument-Bibliotheken angelegt werden. Anwender können Dokumente aller Art, auch Bilder, hochladen oder direkt aus den Microsoft Office-Anwendungen in den SPS speichern. Die Dokumente stehen daraufhin anderen Benutzern, die über entsprechende Berechtigungen verfügen, sofort zur Verfügung. Für einzelne Bibliotheken kann eine Versionierung aktiviert werden. Durch diese Versionierung werden Dokumente nicht überschrieben, sondern immer als neue Version veröffentlicht, wenn sie verändert werden. Die Bibliotheken können außerdem so konfiguriert werden, dass Mitarbeiter einzelne Dokumente erst auschecken müssen. Bei diesem Vorgang können mehrere Mitarbeiter eines Teams am gleichen Dokument arbeiten, aber nur einer von ihnen kann schreibend auf das Dokument zugreifen. Dadurch wird verhindert, dass Teams ihre Dokumente gegenseitig überschreiben.

10.1.2 Listen und Diskussionen

Eine weitere Funktion ist die Möglichkeit, Listen zu erstellen, die ähnlich wie Newsgroups oder Diskussionsforen funktionieren. Sie können Gruppenkalender erstellen und Kalender aus Outlook importieren. Über Listen können Sie ein schwarzes Brett betreiben, das bestimmte Anwender pflegen können. Auch einen Helpdesk oder eine Knowledge Base können Sie so leicht integrieren.

10.1.3 Voraussetzungen für die SharePoint Services

Die Installation der SharePoint Services setzt eine vorhergehende Installation des IIS voraus. Auf den Clients der Benutzer sollte mindestens der Internet Explorer 6 installiert sein. Für die Installation benötigen Sie die CD 2 der Windows 2003 R2-Installationsmedien. Sie müssen entscheiden, ob Sie eine normale Installation oder eine Serverfarm erstellen wollen. Bei einer Serverfarm können Sie Datenbankserver und Webserver getrennt konfigurieren und auf getrennten Maschinen installieren. Um die SharePoint Services (SPS) kennen zu lernen, reicht zunächst die Installation auf einem Memberserver im Active Directory aus. Bei der typischen Installation wird die Standardseite des lokalen IIS auf die SharePoint-Seite umgeändert.

Datenspeicherung der SharePoint Services

Das effiziente der Datenspeicherung der SharePoint Services ist die Integration in den SQL-Server. Wenn Sie einen SQL-Server im Unternehmen einsetzen, können Sie alle Daten der SharePoint Services auf dem SQL-Server abspeichern. Wenn Sie keinen SQL-Server verwenden, installiert das Setup-Programm die SQL Server Desktop Engine (WMSDE) und legt diese als Speicherort für die Konfigurationsdaten der SharePoint Services und die hinterlegten Dateien fest.

Die WMSDE ist nicht wie die frei verfügbare MSDE auf eine Datenbankgröße von 2 Gbyte begrenzt. Es gibt aber auch hier keine Verwaltungstools. Für kleinere Unternehmen oder für eine Testumgebung reicht die WMSDE aus. Wenn Sie planen, mit den SharePoint Services viele Dateien zu speichern, und eine höhere Performance, Sicherheit und Stabilität gewährleisten müssen, können Sie die Daten der SharePoint Services auch direkt in einem SQL-Server speichern. Diese Variante wird jedoch bei der typischen Installation nicht angeboten.

Wenn Sie die Installationsvariante *Serverfarm* auswählen, können Sie etwas mehr konfigurieren. Bei dieser Installationsvariante wird die Startseite nicht automatisch auf die SharePoint Services umgeleitet und die WMSDE-Engine wird nicht installiert. In diesem Fall müssen Sie über einen SQL-Server verfügen, auf dem Sie die Daten der SharePoint Services speichern können.

10 SharePoint

10.1.4 Verwaltungsoberfläche der SharePoint Services

Da es sich bei den SharePoint Services um eine Webapplikation handelt, nehmen Sie die meisten Konfigurationsarbeiten über den Internet Explorer vor. Sie finden die Verwaltungsseite der SharePoint Services über die Verknüpfung *SharePoint-Zentraladministration* in der Programmgruppe *Verwaltung* auf Ihrem Server.

Abbildung 10.2: Zentraladministration der SharePoint Services

Sie können diese Website auf dem lokalen Server oder von einem Remotesystem ausführen. Zusätzlich können die SPS über die Kommandozeile administriert werden. Auf den Zentraladministrationsseiten werden Einstellungen für den Webserver und virtuelle Server verwaltet. Abgesehen davon gibt es Verwaltungsseiten, die die Steuerung der Einstellungen für jede einzelne Website der SharePoint Services erlauben. Auf die Verwaltungsseiten der Websites können die Administratoren einzelner Websites zugreifen, um Benutzerzugriffe zu steuern.

SharePoint Services 2.0

10.1.5 Planen der Websites für SharePoint Services

Bei den SharePoint Services geht es hauptsächlich um Websites. Sie können verschiedene Websites erstellen, die unterschiedliche Inhalte wie Dokumenten- oder Bildergalerien enthalten. Die Verwaltung einzelner Websites können Sie an Benutzer, zum Beispiel den Teamleiter, delegieren.

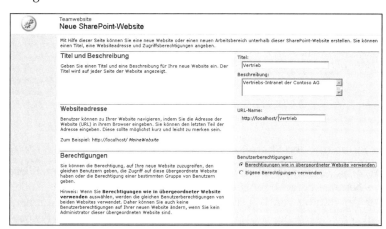

Abbildung 10.3: Erstellen einer neuen Webseite in den SharePoint Services

Die Teamleiter können weitere Unterwebseiten erstellen, Benutzerberechtigungen vergeben und die Seiten verwalten, die ihnen zugewiesen wurden. Durch diese Interaktion können Sie sehr schnell ein funktionsfähiges Intranet aufbauen, an dem Ihre Mitarbeiter aktiv teilnehmen können. Die Erstellung und Verwaltung von Websites hat daher eine hohe Priorität für die Verwaltung der SharePoint Services. Websites können mehrere Unterwebseiten enthalten, die wiederum Unterwebseiten enthalten können. Die einzelnen Unterwebseiten einer Website werden als *Websitesammlung* bezeichnet. Sie können die Berechtigungen von Websites genau steuern, sodass die Administratoren der einzelnen Websites nur auf ihre eigenen Websites schreibend zugreifen können.

*Abbildung 10.4:
Einstellungen von
einzelnen Webseiten*

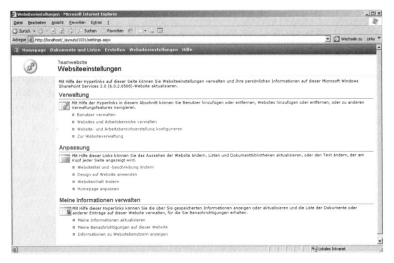

Arbeiten mit den SharePoint Services

Wenn Sie die Benutzerverwaltung starten, können Sie sehr detailliert die Benutzerberechtigungen der einzelnen Websites steuern. Außer der Verwaltung von Websites und Unterwebsites können Sie innerhalb einer Website auch Dokumentenarbeitsbereiche und Besprechungsarbeitsbereiche erstellen. Ein Dokumentenarbeitsbereich basiert auf einem oder mehreren Dokumenten, an denen alle Mitglieder eines Teams gleichzeitig arbeiten und Veränderungen vornehmen können. Jedes Teammitglied arbeitet mit einer eigenen Kopie dieses Dokuments und kann die Änderungen von der Dokumentenarbeitsbereich-Seite in seine Kopie übernehmen. So können mehrere Mitarbeiter am gleichen Dokument arbeiten, ohne dass die Gefahr besteht, dass Mitarbeiter ihre Änderungen gegenseitig überschreiben. Durch Dokumentenarbeitsbereiche können Teammitglieder sich gegenseitig Aufgaben zuweisen und Informationen auf Basis eines Word-Dokuments austauschen.

SharePoint Services 2.0

Abbildung 10.5: Integrieren von neuen Funktionen in eine Website

Ein Besprechungsarbeitsbereich dient zusammen mit einem Exchange-Server und Outlook der Terminkoordination eines Teams.

Abbildung 10.6: Arbeitsbereiche in den SharePoint Services

Aus den SharePoint Services können direkt Besprechungsanfragen und Termine erstellt werden. Im Arbeitsbereich können die Ergebnisse und Aufgaben einer Besprechung festgehalten und veröffentlicht werden. Um Besprechungen zu planen, wählen Sie innerhalb einer Website ein neues Ereignis aus. Mittels dieses neuen Ereignisses werden aus den SharePoint Services Besprechungen geplant und mit Outlook verschickt. Während der Besprechung steht der Besprechungsarbeitsbereich als Agenda zur Verfügung. Die Teilnehmer von Besprechungen können sich vor der Besprechung im Besprechungsarbeitsbereich die Agenda und den Ablauf der Besprechung sowie die notwendigen Informationen durchlesen. Am effizientesten ist es, wenn Sie den Link zum Besprechungsarbeitsbereich mit der Besprechungsanfrage in Outlook mit versenden.

10 SharePoint

Die interessanteste Möglichkeit der SharePoint Services ist die schnelle Integration von neuen Dokumentenbibliotheken und Listen. Sie können auf beliebigen Websites neue Bibliotheken oder Listen erstellen. Die Integration ist sehr einfach zu bewerkstelligen. Nach der Erstellung ändern Sie mit einfachen Mitteln die Berechtigung dieser Seiten und passen an, wer lesen, schreiben und neue Unterwebseiten oder neue Funktionen integrieren darf. Wenn Sie eine entsprechende Funktion ausgewählt haben, müssen Sie noch einige Angaben vornehmen, wie diese zukünftig gestaltet sein soll. Sobald Sie eine neue Funktion ausgewählt haben, wird diese auf der Seite angezeigt und steht allen Anwendern sofort zur Verfügung. Die Einstellung der neuen Funktion können Sie jederzeit ändern. Lesen Sie sich die ausführlichen Erläuterungen der einzelnen Funktionen durch und planen Sie, welche Funktionen Sie für Ihr internes Netzwerk verwenden wollen. Programmierkenntnisse sind dafür nicht erforderlich.

Abbildung 10.7: Berechtigungen einer Webseite verwalten

10.1.6 Benutzerberechtigungen in den SharePoint Services

Sie können für jede Website in den SharePoint Services Berechtigungen vergeben. Wenn Sie Anwendern zu viel Rechte erteilen, besteht die Gefahr, dass einzelne Seiten versehentlich gelöscht oder Dokumente unberechtigt gelesen oder bearbeitet werden können. Für jede Seite können Sie eine eigene Berechtigungsstruktur pflegen. Natürlich ist es auch hier von Vorteil, wenn Ihr SharePoint-System Mitglied eines Active Directorys ist, da Sie dann mit den Benutzerkonten aus dem Active Directory arbeiten können. Sie können beliebig Benutzer hinzufügen und jeweils eine E-Mail-Adresse hinterlegen. Die Benutzer erhalten daraufhin automatisch eine E-Mail von den SharePoint Services, in der sie zur Mitarbeit eingeladen werden.

Verwalten von Gruppen

Bei einer größeren Anzahl von Benutzern und mehreren Seiten ist es natürlich effizienter, mit Gruppen zu arbeiten, so, wie es auch bei Freigaben auf Dateiservern der Fall ist. Sie vergeben die einzelnen Berechtigungen der Websites an verschiedene Gruppen und brauchen einzelne Benutzer nur noch diesen Gruppen hinzuzufügen, damit sie über entsprechende Berechtigungen verfügen. SharePoint Services verwenden allerdings nicht die gleichen Gruppen, die im Active Directory vorhanden sind, sondern speziell angepasste Gruppentypen:

- *Gast*. Diese Gruppe kann das Recht auf einzelne Elemente erhalten, ohne Websitebenutzer zu sein. Gäste dürfen nur auf genau die Elemente zugreifen, für die sie eine Berechtigung erhalten haben.
- *Leser*. Benutzer mit diesen Berechtigungen dürfen innerhalb der SharePoint Services keine Objekte oder Seiten erstellen, sondern die Inhalte nur lesen.
- *Teilnehmer*. Diese Gruppe darf lesen und neue Objekte innerhalb vorhandener Seiten erstellen, also interaktiv an den SharePoint Services mitarbeiten.
- *Webdesigner*. Diese Benutzer dürfen alles, was die Teilnehmer dürfen, und zusätzlich noch Elemente bearbeiten, die nicht von ihnen erstellt wurden.
- *Administrator*. Ein Administrator hat vollständige Rechte innerhalb der Website.

Verwalten von Websitegruppen

Ein virtueller Server ist verantwortlich für die Bereitstellung der SharePoint Services auf höchster Ebene im IIS. Die SharePoint Services sind ein virtueller IIS-Server. Die SharePoint Services arbeiten auf der Basis von Websitegruppen für jede einzelne Websitesammlung. Damit Benutzer eine Website anzeigen oder bearbeiten können, müssen sie einer der Websitegruppen einer Website angehören. Jede Gruppe hat gewisse Rechte und darf abhängig von der integrierten Funktion, auch *Webpart* genannt, Aufgaben durchführen.

Abbildung 10.8:
Verwalten von
Websitegruppen

Sie können bei der Verwaltung der Websitegruppen entweder die vorhandenen Gruppen verwenden oder neue Gruppen anlegen, denen Sie selbst definierte Berechtigungen erteilen. In der Steuerung der Websitegruppen haben Sie die Möglichkeit, Mitglieder den bereits erstellten Websitegruppen zuzuordnen oder neue Websitegruppen zu erstellen. Nach der Erstellung einer neuen Websitegruppe können Sie dieser Gruppe selbst definierte Berechtigungen erteilen und ihr anschließend Mitglieder hinzufügen.

Abbildung 10.9:
Erstellen einer
neuen Website-
gruppe

Websitegruppen und Websiteübergreifende Gruppen

In der Verwaltung einer Website können Sie neben den *Websitegruppen* auch *Websiteübergreifende Gruppen* erstellen. Websiteübergreifende Gruppen können auf jeder Website einer Websitesammlung verwendet werden. Sie können Websiteübergreifende Gruppen in Websitegruppen aufnehmen. Websitegruppen haben die Berechtigungen zu einzelnen Funktionen innerhalb einer Website. Websiteübergreifende Gruppen sind Container, die Benutzer enthalten. Sie können alle Benutzer einer Website A in eine Websiteübergreifende Gruppe hinzufügen. Auf der Website B müssen Sie nur diese Websiteübergreifende Gruppe zu der entsprechenden Websitegruppe, die über Berechtigungen auf der Unterwebseite verfügt, hinzufügen.

SharePoint Services 2.0

Abbildung 10.10:
Verwalten von
Websiteübergreifenden Gruppen

Sie können also mit einer guten Planung der Benutzer, Websitegruppen und Websiteübergreifenden Gruppen eine effiziente Berechtigungsstruktur in den SharePoint Services aufbauen. Die Administrationsberechtigungen der einzelnen Websites können delegiert werden. Sehr wichtig ist hier die genaue Planung der einzelnen übergeordneten Webseiten und deren Berechtigungen. Die Planung und Bearbeitung der untergeordneten Webseiten kann den Teams überlassen werden.

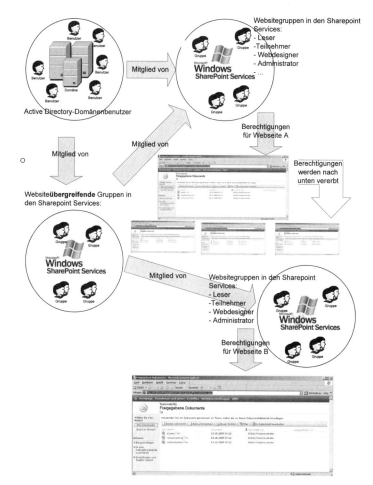

Abbildung 10.11:
Berechtigungsstruktur in den SharePoint Services

417

10 SharePoint

SharePoint-Administratorgruppe verwalten

Nach der Installation der SharePoint Services haben die lokalen Administratoren auf dem Server volle Zugriffsrechte auf die SharePoint Services. Wenn Sie eine Serverfarm betreiben oder anderen Gruppen Zugriff auf die zentrale Administration der SharePoint Services gewähren wollen, können Sie in ihnen eine Domänengruppe bestimmen, die zwar volle Rechte auf die SharePoint Services hat, aber keine weiteren Rechte auf den lokalen Server. Sie finden diese Einstellung in der Zentraladministration. Legen Sie zuvor eine Windows-Gruppe an und nehmen Sie die Mitglieder auf, die volle Rechte innerhalb der SharePoint Services erhalten sollen. Die Mitglieder dieser Gruppe haben keinerlei Administratorberechtigungen auf dem lokalen Server oder dem Dateisystem, sondern erhalten nur welche für die SharePoint Services. Sie können folgende Aufgaben **nicht** durchführen:

- Erweitern von virtuellen Servern
- Entfernen der SharePoint Services von einem virtuellen Server
- Ändern der SharePoint-Administratorgruppe
- Verwenden des Befehlszeilenprogramms *stsadm.exe*

Innerhalb der SharePoint Services dürfen die SharePoint-Administratoren allerdings alle Tätigkeiten ausführen.

Abbildung 10.12: Verwalten der SharePoint-Administratoren

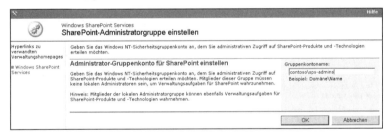

Virtuelle Server in den SharePoint Services

Die SharePoint Services verwenden virtuelle Server, um die Websites bereitzustellen. Wenn die SharePoint Services auf einen neuen virtuellen Server installiert werden, wird dies als *Erweitern* innerhalb der SharePoint Services bezeichnet. Dieser Vorgang darf nur von lokalen Administratoren eines SharePoint Servers durchgeführt werden, nicht von der SharePoint-Administratorgruppe. Wenn Sie die SharePoint Services auf einem Server mit IIS installieren, wird der virtuelle Server der Standardwebseite auf die SharePoint Services-Seite abgeändert. Wenn Sie die SharePoint Services in einer Serverfarm betreiben, müssen Sie die einzelnen virtuellen Server des IIS manuell erweitern. Dazu erstellen Sie im Internetdienste-Manager einen neuen virtuellen Server. Die meisten Anwender werden zunächst mit einem virtuellen Server auskommen. Für den Aufbau einer Serverfarm sollten Sie sich zunächst umfassend mit den SharePoint Services auseinander setzen.

10.1.7 Interaktives Arbeiten mit den SharePoint Services

Die SharePoint Services haben im vergleich zu anderen Intranet-Lösungen zahlreiche Vorteile:

- Wenn Sie eine SharePoint-Seite im Browser öffnen, zum Beispiel eine Dokumentenbibliothek, sehen Sie recht schnell, dass alle Benutzer aktiv am Intranet mitarbeiten können. Im Gegensatz zu einer herkömmlichen Intranet-Lösung können die Mitarbeiter selbst Inhalte erstellen, Dokumente hochladen, die persönliche Ansicht des Intranets an ihre Bedürfnisse anpassen und Teams bilden. All diese Möglichkeiten können Anwender nutzen ohne dass ein Administrator tätig werden muss.
- Bei herkömmlichen Intranets bleibt die Pflege entweder an Powerusern über Frontpage hängen oder an der Systemadministration. Dadurch, dass alle Benutzer am Intranet mitarbeiten können, besteht die Möglichkeit, über eine ordentliche Berechtigungsstruktur das Wissen im Unternehmen schnell und effizient zur Verfügung zu stellen.
- Benutzer können verschiedene Aufgaben auf den SharePoint-Seiten durchführen.
- Im Gegensatz zu herkömmlichen Intranets können Anwender die Ansicht der SharePoint Services leicht an ihre Bedürfnisse anpassen.
- Die Änderung der Ansicht erfolgt wie beim Windows-Explorer. Jeder kann Dokumente oder Bilder einzelnen Seiten hinzufügen.
- Anwender können Dokumente direkt aus Office auf der entsprechenden Teamseite speichern oder ein Dokument hochladen sowie auschecken und dadurch für andere als nicht überschreibbar markieren bis es wieder eingecheckt wurde.
- Sie können für einzelne Seiten Benachrichtigungen aktivieren und erhalten über einen E-Mail-Server eine E-Mail, wenn Dokumente innerhalb der konfigurierten Bibliothek hinzugefügt oder geändert wurden.
- Viele Informationen in den SharePoint Services können importiert oder exportiert werden. Sie können Tabellen in und aus Excel importieren, Kontakte und Kalender mit Outlook austauschen.
- Sie müssen nicht mit den Standardseiten arbeiten, sondern können beliebig viele neue Webseiten aller Art erstellen und natürlich wieder löschen.

Dokumentenmanagement in den SharePoint Services

Eine der herausragendsten Möglichkeiten der SharePoint Services ist die Verwaltung von Dokumenten. Anwender können sehr leicht entweder direkt aus den einzelnen Applikationen von Microsoft Office XP oder 2003 in einzelnen Webs speichern oder Dokumente nachträglich uploaden. Die Vorteile der Datenspeicherung von Dokumenten in den SharePoint Services sind überzeugend:

- Die Datenspeicherung findet in einer SQL-Datenbank statt und nicht auf ineffizienten Dateisystemen.
- Dokumente können versioniert werden. Nach der Bearbeitung eines Dokuments kann ein Anwender es in den SharePoint Services speichern. Bearbeitet und speichert ein anderer Anwender das gleiche Dokument, werden die Änderungen von Benutzer 1 nicht überschrieben, sondern die SharePoint Services legen – für alle ersichtlich – eine neue Version des Dokuments an.
- Um das gegenseitige Überschreiben von Dokumenten zu verhindern, unterstützen die SharePoint Services das „Auschecken". Wenn ein Benutzer ein Dokument „auscheckt", kann nur er es bearbeiten. Andere Benutzer können nur lesend auf das Dokument zugreifen, bis es wieder „eingecheckt" wird.
- Benutzer können selbst Benachrichtigungen auf einzelnen Webseiten konfigurieren. Wenn sich in einem Bereich etwas ändert, also ein neues Dokument hinzugefügt, ein altes bearbeitet oder gelöscht wird, erhält der Benutzer durch den E-Mail-Server eine Benachrichtigung.
- Innerhalb einer Teamseite kann ein Team beliebig eigene Unterwebseiten erstellen und Berechtigungen verwalten, um das Dokumentenmanagement an die eigenen Bedürfnisse anzupassen.
- Bei der Verwendung eines SQL-Servers können die Dokumente indexiert werden und Anwender innerhalb der SharePoint Services schnelle Volltextsuchen durchführen.
- Für Dokumentenbibliotheken können auch Inhaltsgenehmigungen konfiguriert werden. Wenn ein Mitarbeiter ein neues Dokument erstellt, wird es erst angezeigt, nachdem zum Beispiel der Abteilungsleiter den Inhalt genehmigt hat.

SharePoint Services 2.0

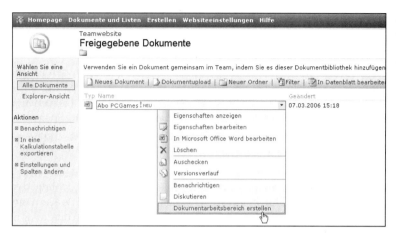

Abbildung 10.13:
Dokumentenverwaltung in den SharePoint Services

Die Bedienung der SharePoint Services ist an Office angelehnt und auch für ungeschulte Nutzer sehr schnell zu erlernen. Ab Office 2000 unterstützt Office die SharePoint Services. Ab der Version Office 2003 wird dagegen die Zusammenarbeit erst richtig optimal möglich, da keine zusätzliche Software installiert werden muss und Office uneingeschränkt das Speichern und Öffnen von Dokumenten aus den SharePoint Services unterstützt.

Innerhalb von Teamseiten können die Mitglieder beliebig weitere Seiten erstellen. Meistens werden ein oder zwei Benutzer in einer Abteilung für diese Aufgaben zuständig sein. Es können beliebig neue Bibliotheken unterhalb einer Webseite erstellt werden. Dazu können die Webdesigner aus einer Reihe von Vorlagen auswählen.

Vorlagen für Bibliotheken

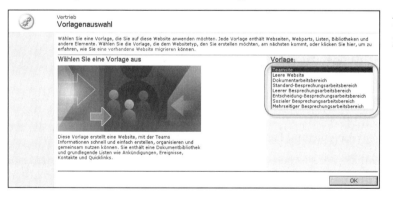

Abbildung 10.14:
Vorlagen für neue Bibliotheken

Innerhalb einer Dokumentenbibliothek können Vorlagen abgelegt werden, auf deren Basis neue Dokumente in der Bibliothek erstellt werden. Wenn zum Beispiel in einer Abteilung immer ein Dokument der gleichen Art benötigt wird, zum Beispiel Besprechungsprotokolle, wird eine vorgefertigte Vorlage in der Bibliothek abgelegt. Schreibt ein Mitarbeiter ein neues Protokoll, kann er es aus der Vorlage in den SharePoint Services schnell und unkompliziert öffnen. Außerdem ist sichergestellt, dass alle Dokumente in dieser Bibliothek genau dieser Vorlage entsprechen.

Versionierung von Dokumenten

Ein weiterer großer Vorteil der Dokumentenverwaltung in den SharePoint Services ist die bereits erwähnte Versionierung. Wird diese für eine Bibliothek aktiviert, ist gewährleistet, dass Anwender Dokumente in dieser Bibliothek nicht gegenseitig überschreiben. Beim Speichern von Dokumenten wird automatisch eine neue Version des ursprünglichen Dokuments angelegt, sodass die ursprünglichen Daten erhalten bleiben.

Auschecken und Einchecken von Dokumenten

Diese Funktion der SharePoint Services kommt ursprünglich aus der Programmierung. Durch das Auschecken eines Dokuments kann ein Mitarbeiter verhindern, dass Kollegen das gleiche Dokument zur gleichen Zeit bearbeiten. Erst nachdem das Dokument wieder eingecheckt wurde, können andere Mitarbeiter wieder schreibend darauf zugreifen. Vor allem bei großen Dokumenten und ausführlichen Excel-Tabellen kann diese Funktion durchaus nützlich sein, um zu verhindern, dass die Arbeit ganzer Arbeitstage verloren geht, weil mehrere Mitarbeiter das gleiche Dokument bearbeiten und gleichzeitig speichern. Administratoren bzw. Benutzer mit bestimmten Rechten können das Einchecken eines Dokuments durchführen, wenn der Mitarbeiter, der das Dokument ausgecheckt hat, längere Zeit nicht im Büro ist.

Listen in den SharePoint Services

Eine weitere häufig genutzte Form sind Listen. In Listen lassen sich Informationen speichern, die ständig benötigt und erweitert werden. Listen können zum Beispiel

- Kontakte
- Kundendaten
- Hyperlinks
- Ereignisse und Ankündigungen
- Aufgaben
- Probleme und Fehlerbeschreibungen

enthalten. Es ist sehr einfach, innerhalb einer Website eine neue Liste zu generieren und ihr eine Vorlage zuzuweisen. Innerhalb der Listen kann effizient sortiert und Daten können eingegeben werden. Ein sehr großer Vorteil dieser Listen ist, dass nach dem Anlegen alle Mitarbeiter einer Abteilung sie sofort in der Weboberfläche der Teamseite sehen und auf sie zugreifen können.

10.1.8 Weitere Funktionen der SharePoint Services 2.0

Eine zentrale Rolle in den SharePoint Services spielen zum einen die Dokumentenbibliotheken und zum anderen die Listen für den Informationsaustausch. Vor allem Dokumentenbibliotheken mit ihrer effizienten Verwaltung von Dateien werden von Unternehmen häufig zur Weitergabe von Informationen genutzt. Listen finden weniger Anwendung, da viele Aufgaben zum Beispiel auch in Outlook gelöst werden können. Hier ein zweites paralleles System einzusetzen, wird nur für echte SharePoint-Poweruser sinnvoll sein. Der Großteil der Unternehmen nutzt die SharePoint Services als Intranet, in dem leicht und effizient Dokumente verwaltet werden können.

Layout der SharePoint Services

Wenn Sie sich ein wenig mit dem Layout der SharePoint Services beschäftigen, werden Sie bald feststellen, dass Sie schnell und einfach das Layout an die Bedürfnisse Ihres Unternehmens anpassen können. Mit wenigen Mausklicks können Sie Logos einbinden, Farben ändern und das Aussehen der obersten Webseite durch die so genannten Webparts anpassen. In den SharePoint Services lassen sich ebenso externe Daten einblenden, zum Beispiel Newsfeeds aus dem Internet für bestimmte Bereiche. Es ist möglich, Informationen aus Datenbanken, zum Beispiel ERP- oder CRM-Systemen, auszulesen und in den SharePoint Services anzuzeigen. Auf der Microsoft-Website unter *http://office.microsoft.com/de-de/FX011204871031.aspx* können zahlreiche kostenlose Webparts zur Integration in die SharePoint Services heruntergeladen werden. Kostenpflichtige Webparts werden von Dienstleistern angeboten. Mit den Webparts soll erreicht werden, dass die SharePoint Services immer mehr zur Zentrale der täglichen Arbeit werden.

10.1.9 Empfehlungen zu den SharePoint Services

Falls Sie den Einsatz der SharePoint Services beabsichtigen, sollten Sie zunächst planen, welche Informationen in den SharePoint Services gespeichert werden sollen. Wenn Sie produktiv mit den SharePoint Services arbeiten wollen, sollten Sie die Datenbank auf einem SQL-Server speichern, da die kostenlos mitgelieferte WMSDE-Version doch zu stark eingeschränkt ist. Je nach Unternehmensgröße empfiehlt es sich, die SharePoint Services nicht auf einem Domänencontroller zu installieren, sondern auf einem getrennten Server. Verwenden Sie als Betriebssystem Windows Server 2003. Als erster

Ansatz für die SharePoint Services dienen die öffentlichen Ordner in Exchange. Für Unternehmen, die Exchange einsetzen, bietet es sich an, diese Informationen in den SharePoint Services zu speichern, da dies effizienter ist als in einer JET-Datenbank. Laut Gerüchten soll zukünftig der Nachfolger von Exchange 2007 ganz auf die Öffentlichen Ordner verzichten, weil diese in die SharePoint Services integriert werden sollen.

10.2 SharePoint Portal Server

Der SharePoint Portal Server ist, wie bereits beschrieben, der große Bruder der SharePoint Services. Derzeit findet der SharePoint Portal Server noch nicht die Verbreitung, wie Microsoft es gerne hätte, da die Lizenzierung recht teuer ist. Die Anschaffung lohnt sich nur, wenn der Server nicht nur für das Intranet verwendet wird, sondern der Großteil des Dokumentenmanagements und des Informationsflusses in den Server integriert wird. Unternehmen sollten immer mit den SharePoint Services beginnen. Falls die Services nicht mehr ausreichen, lohnt es sich, über den SharePoint Portal Server nachzudenken. Die einzelnen Teamsites der Services lassen sich ohne Probleme in den SharePoint Portal Server integrieren.

10.2.1 Vorteile des SharePoint Servers gegenüber den SharePoint Services

Der SharePoint Portal Server dient zur Integration mehrerer verschiedener Teamsites der SharePoint Services. Er bietet grundsätzlich die gleichen Funktionen wie die SharePoint Services und darüber hinaus noch folgende:

▶ Ein Verzeichnis der verschiedenen Webseiten kann erstellt werden.

▶ Inhalte können automatisch kategorisiert und zugeordnet werden.

▶ Single Sign-On für die Integration externer Datenquellen wird unterstützt.

▶ Einzelne Benutzer können eigene Webseiten erstellen.

Die Hauptaufgabe des Sharepoint Portal Servers besteht in Firmen darin, SharePoint Services-Teamseiten, die bereits in großer Zahl auf verschiedenen Seiten und Portalen vorhanden sind, zu einer zentralen Lösung zusammenzufassen. Auch wenn externe Datenquellen in die Services eingebunden werden, bietet sich der Portal Server an, da durch ihn keine erneute Anmeldung an der Datenbank erfolgen muss, sondern der Benutzer ohne weitere Authentifizierung verbunden wird.

11 Datensicherung

Einer der wichtigsten Bereiche der Planung ist sicherlich die effiziente Strukturierung der Datensicherung. In diesem Bereich geht es nicht nur um die Auswahl der richtigen Hard- und Software, sondern auch um ein stabiles und effizientes Konzept zur Datensicherung. Mehrere Strategien können miteinander kombiniert werden. Auch spezielle Datensicherungsthemen wie die Sicherung von Exchange oder der Schattenkopie-Dienst sollte in diese Überlegungen mit eingeschlossen werden.

11.1 Hardware für die Datensicherung

Wenn feststeht, welchen Datenspeicher Sie für Daten verwenden wollen, geht es vor der Planung und Einrichtung der Freigaben noch um die Frage, welches Datensicherungsgerät und welche dazugehörige Software eingesetzt werden sollen. Ihnen stehen heutzutage verschiedene Geräte zur Datensicherung zur Auswahl, die unterschiedlich teuer sind und manchmal auch miteinander kombiniert werden können. Für eine effiziente Sicherung lassen sich diese Technologien ebenfalls miteinander kombinieren:

- herkömmliche interne oder externe Bandlaufwerke
- Bandwechsler mit mehreren Laufwerken (so genannte Autoloader oder Libraries)
- Bandroboter für SANs

Der Flaschenhals bei der Datensicherung ist meistens das Netzwerk, weniger das Bandlaufwerk. Sie sollten daher rechtzeitig einplanen, ob die Sicherung einzelner Server über das Netzwerk überhaupt Sinn macht oder ob Sie für einzelne Server ein eigenes Datensicherungsgerät anschaffen. Auch hier kann kein idealer Weg empfohlen werden, aber während meiner Zeit als Consultant habe ich schon oft Probleme der Datensicherung festgestellt, weil die zu kopierende Datenmenge in einer bestimmten Zeit nicht über das Netzwerk kopiert werden konnte.

11 Datensicherung

Abgesehen von diesen drei Sicherungssystemen sind noch weitere Entscheidungen bezüglich der Datensicherung auf Band zu treffen. Vor dem Kauf eines Geräts sollten Sie eine Strategie entwickeln, auf welcher Basis gesichert werden soll.

11.1.1 Einbauart und Schnittstellen

Für die Datensicherung auf Band stehen Ihnen mehrere Möglichkeiten zur Verfügung.

Interne oder externe Bandlaufwerke

Zunächst einmal muss entschieden werden, ob das Laufwerk in den Server eingebaut werden soll oder extern betrieben wird. Der Nachteil von internen Laufwerken ist, dass bei einem Defekt der Server aufgeschraubt werden muss. Wenn Sie außerdem ein Bandlaufwerk mit höherer Kapazität erwerben wollen, stehen Sie ebenfalls vor dem Problem, dass der Server aufgeschraubt werden muss, weil die Erweiterung nicht im laufenden Betrieb stattfinden kann. Interne Laufwerke sind dafür etwas günstiger als externe. Wenn Sie ein externes Laufwerk kaufen, handelt es sich um das gleiche Bandgerät. Allerdings wird das Bandlaufwerk nicht in den Server eingebaut, sondern in ein eigenes Chassis, das auf oder neben dem Server platziert wird. Der Vorteil von externen Laufwerken ist, dass Reparaturen schneller durchgeführt werden können. Auch eine Erweiterung ist besser möglich, da ein neues Bandlaufwerk meistens in das gleiche Chassis passt. Ein weiterer Vorteil ist, dass beim Bandwechsel, falls er nicht durch Fachpersonal vorgenommen wird, der Server nicht versehentlich verschoben oder ausgeschaltet werden kann, wenn der Auswurfknopf auf dem Laufwerk mit dem Ein-/Aus-Schalter des Servers verwechselt wird. Ein Nachteil des externen Laufwerks ist der Preis. Er ist etwas höher, da das Chassis extra erworben werden muss. Ein weiterer Nachteil ist der Platzbedarf, da externe Geräte zusätzlichen Platz benötigen, der oft nicht vorhanden ist. Wenn Sie in Ihrem Serverschrank keinen Platz mehr haben, bietet sich ein internes Laufwerk an. Ansonsten ist ein externes Laufwerk deutlich besser, auch wenn es ein paar Euro mehr kostet.

Schnittstellen – SATA, IDE und SCSI

Die meisten Bandlaufwerke werden als SCSI-Gerät angeboten. Es gibt aber auch sehr preisgünstige IDE- oder SATA-Geräte. Verwenden Sie möglichst immer SCSI-Geräte. Außerdem sollten Sie darauf achten, dass Sie beim Erwerb eines Datensicherungsgeräts für das Bandlaufwerk einen eigenen Controller einbauen lassen. Dadurch ist sichergestellt, dass die Datensicherung nicht die Übertragung der Festplatten beeinträchtigt. Vor allem bei externen Geräten sollten Sie darauf achten, dass die Länge eines SCSI-Bus beschränkt ist. Verwenden Sie kein externes Kabel, das viel länger als 1,5 Meter ist, da ansonsten die Datenübertragung gestört werden kann. Die maximale Länge des SCSI-Busses betrifft auch die externen Verbindungen. Wenn es Probleme beim Kabel oder dem Laufwerk gibt und die Festplatten am gleichen Bus hängen, kann es zu einem Serverabsturz oder Datenverlust kommen. Aus diesem Grund ist ein eigener Controller für das Bandlaufwerk die beste Lösung. Die maximale Kabellänge bei SCSI wurde zwar immer weiter verlängert und aktuelle SCSI-Controller reagieren bei weitem nicht mehr so empfindlich. Aber dennoch bietet sich ein eigener Controller an, um den Gefahren eines gemeinsamen Betriebs von Bandlaufwerk und Festplatten aus dem Weg zu gehen. Bei den meisten Bandlaufwerken ist im Paket ohnehin ein eigener SCSI-Controller dabei. SATA- und IDE-Laufwerke sollten Sie möglichst nicht einsetzen, weil die Datenübertragung zu langsam und unzuverlässig ist.

11.1.2 Bandtechnologien – DAT, DLT, SDLT und LTO

Für welche Bandtechnologie Sie sich entscheiden, ist abhängig von der zu sichernden Datenmenge. Sie sollten daher vor dem Erwerb der Hardware eine genaue Übersicht erstellen, wie groß die zu sichernde Datenmenge ist. Wichtig ist in dieser Dokumentation auch eine Prognose über das weitere Wachstum dieser Daten ist, damit das Bandlaufwerk auch zukünftig noch ausreichend dimensioniert ist. Sie sollten beim Erwerb des Bandlaufwerks auch darauf achten, wie schnell die Daten auf das Laufwerk geschrieben werden. Eine Datensicherung sollte nicht die ganze Nacht laufen, sondern nach maximal zwei bis drei Stunden abgeschlossen sein.

Beim Erwerb sollten Sie zusätzlich sicherstellen, dass die zu sichernde Datenmenge nicht nur komprimiert auf das Band passt. Die Hersteller geben die Datenmenge immer sowohl für die umkomprimierte als auch für die komprimierte Sicherung an, zum Beispiel für DDS5 mit 36/72 Gbyte. Die erste Zahl steht für die Kapazität der unkomprimierten Daten. Diese Zahl ist eigentlich die maßgebliche. Die zweite Angabe entspricht der geschätzten Datenkapazität in komprimierter Form. Diese wird meistens doppelt so groß angegeben wie die unkomprimierte. Sie bekommen bei Datensicherungen niemals die doppelte Menge der unkomprimierten Daten auf ein Band, nur weil Sie diese komprimieren lassen. Wenn Sie zum Beispiel ZIP-Dateien sichern lassen, die ja bereits komprimiert sind, kann auch ein Bandlaufwerk die Daten nicht noch weiter komprimieren. Sie können damit rechnen, dass Sie maximal 15 bis 20 % mehr Daten auf ein Band bekommen, wenn Sie die Daten während der Sicherung komprimieren lassen. Bei Dateien beispielsweise, die nicht so stark komprimiert werden können, bekommen Sie auf ein 36-Gbyte-DDS5-Band maxi-

11 Datensicherung

mal 45 bis 50 Gbyte. Sie sollten bei der Planung daher nicht mit der maximalen Kapazität rechnen. Die Angaben der Hersteller für die komprimierte Datenmenge resultieren aus Laborergebnissen und werden in der Praxis nicht erreicht.

Sichern mit DAT – Kapazitäten unter 40 Gbyte

DAT-Laufwerke speichern die Daten auf einem digitalen Band. Sie werden oft auch als *Digital Data Storage (DDS)* mit einer dazugehörigen Zahl, welche die Kapazität widerspiegelt, bezeichnet. DDS-Bänder sind klein und empfindlich für Beschädigungen. Das Band hat eine Breite von 4 mm. DDS wurde in den 90er Jahren zur Datensicherung entwickelt, ist aber mittlerweile nicht mehr zeitgemäß, zumindest nicht bei größeren Datenmengen.

Abbildung 11.1: DDS-Bänder

Kleine mittelständische Unternehmen mit einer Datenmenge bis zu 40 Gbyte können auf diese günstigen Datensicherungsmedien setzen. Wenn die gesicherten Daten aber möglichst sicher aufbewahrt werden sollen bzw. die Sicherung deutlich schneller abgeschlossen werden soll, bieten sich auch für kleinere Unternehmen die Lösungen für den Mittelstand an. Nach meiner Erfahrung sind DAT-Laufwerke eher etwas für sehr kleine Büros oder Niederlassungen. Für die Sicherung größerer Datenmengen als 40 Gbyte sind die DAT-Technologien auf keinen Fall die richtige Lösung. DDS-Laufwerke sind außer als SCSI-Version auch für den Anschluss an USB erhältlich, was aber nicht empfohlen werden kann.

Hardware für die Datensicherung

Wenn DDS-Bänder mit einem Laufwerk geschrieben werden, heißt das nicht, dass die Bänder auch mit dem Laufwerk eines anderen Herstellers gelesen werden können. Hier bestehen sehr oft Inkompatibilitäten. Stellen Sie daher beim Erwerb eines neuen Laufwerks sicher, dass die Bänder des alten Laufwerks noch gelesen werden können.

Generell sind die Laufwerke der einzelnen Generationen abwärtskompatibel. Ein DDS5-Laufwerk sollte ohne Probleme DDS3-Bänder lesen können. Trotzdem sollten Sie das bei einem Neuerwerb testen.

Derzeit sind hauptsächlich folgende Versionen von DAT/DDS im Einsatz:

- DAT24 (DDS3) – Hierbei handelt es sich um die günstigste Technologie, was sich auch auf die Bänder bezieht. Die Kapazität von DDS3 beträgt 12 Gbyte unkomprimiert und bis zu 24 Gbyte komprimiert. Da diese Technologie nur knapp mit 1 Mbps sichern kann, ist sie nur für sehr kleine Datenmengen ausreichend.
- DAT40 (DDS4) – Die Weiterentwicklung von DAT24 kann immerhin 20 Gbyte unkomprimiert speichern und sichert bis zu 3 Mbps. Auch diese Technologie ist nur für kleine Datenmengen ausreichend.
- DAT72 (DDS5) – DDS5 ist etwas teurer als DDS3 und DDS4, hat aber die Vorteile, dass mehr Daten gesichert werden können. Die Geschwindigkeit entspricht der von DDS4. DDS5 kann bis zu 36 Gbyte Daten unkomprimiert und maximal 75 Gbyte komprimiert sichern.

Die Bänder von DDS-Laufwerken sind sehr dünn und anfällig für Beschädigungen. Die maximale Lebensdauer beträgt 10 Jahre.

Ebenfalls für kleinere Unternehmen geeignet sind die so genannten *Travan*-Bänder. Travan ist eine Weiterentwicklung von *Quarter-Inch Cartridge (QIC)* und selten im Einsatz. Travan hat in der derzeit größten Version TR-7 eine unkomprimierte Kapazität von 20 Gbyte und kann Daten bis zu 4 Mbps sichern. Travan kann eine Alternative zu DAT-Laufwerken sein. Die Bänder sehen ähnlich aus wie diejenigen von DAT-Laufwerken.

11 Datensicherung

DLT, SDLT und LTO – Kapazitäten bis 500 Gbyte

Unternehmen, die größere Datenmengen speichern müssen, sollten auf andere Technologien zur Datensicherung setzen. Die am meisten verbreiteten Technologien, die größere Datenmengen auch schneller sichern können, sind:

- Digital Linear Tape (DLT)
- Super Digital Linear Tape (SDLT)
- Linear Tape Open (LTO, oft auch als *Ultrium* bezeichnet)

Nicht ganz so verbreitet, aber dennoch bei einigen Unternehmen im Einsatz sind:

- Scalable Linear Recording (SLR)
- Advanced Intelligent Tape (AIT)

Für welche Technologie Sie sich entscheiden, ist auch hier eine Glaubensfrage. Viele Serverhersteller bieten die eine oder andere Variante an, andere dagegen alle Technologien. Die verschiedenen Techniken sind in Bezug auf Kapazität und Geschwindigkeit ähnlich. Man kann davon ausgehen, dass auch zukünftig alle diese Technologien eine Rolle auf dem Datensicherungsmarkt spielen werden.

Digital Linear Tape (DLT) und Super Digital Linear Tape (SDLT)

Eine der am meisten verbreiteten Technologien derzeit sind DLT und SDLT. Der erste Vorteil von DLT gegenüber DDS ist die Robustheit der Bänder. DLT-Bänder sind mit fast 13 mm mehr als dreimal so breit wie DDS-Bänder.

Abbildung 11.2: DLT-Bänder

In Internetforen liest man sehr viel über die Stabilität der DLT-Laufwerke und deren geringen Verschleiß. SDLT basiert auf der gleichen Technik, bietet aber deutlich mehr Kapazität. DLT-Laufwerke sind natürlich erheblich teurer als DDS-Laufwerke. Man kauft sich durch den höheren Preis aber deutlich mehr Geschwindigkeit, Stabilität und Lebensdauer der Bänder ein. Auch die Kapazität ist kein Vergleich zu DDS oder Travan-Laufwerken. Hauptsächlich erhalten Sie Laufwerke folgender Typen, ältere Laufwerke sollten Sie nicht mehr erwerben:

- DLT8000 (VS80, Typ IV) – Diese Variante hat eine Kapazität von 40 Gbyte unkomprimiert und bis zu 80 Gbyte komprimiert. DLT 8000 kann bis zu 6 Mbps sichern. Die kleinere VS80-Variante schafft nur 3 Mbps.
- DLT VS160 – Mit DLT VS 160 können 80 Gbyte unkomprimiert und 160 Gbyte komprimiert gesichert werden.
- SDLT 220 – Mit SDLT 220 lassen sich 110 Gbyte unkomprimiert und 220 Gbyte komprimiert sichern.
- SDLT 320 – SDLT 320 sichert 160 Gbyte unkomprimiert und bis zu 320 Gbyte komprimiert. Diese Variante sichert darüber hinaus die Daten mit bis zu 16 Mbps.

LTO ist neben DLT und SDLT eine weitere sehr verbreitete Technologie zur Datensicherung. Recht bekannt ist auch der Markenname *Ultrium*. Hierbei handelt es sich auch um LTO.

Linear Tape Open (LTO) oder Ultrium

Abbildung 11.3: LTO (Ultrium)-Bänder

11 Datensicherung

Auch LTO-Bänder sind sehr robust und mit fast 13 mm genauso breit wie DLT- und SDLT-Bänder. Am meisten verbreitet sind derzeit:

- LTO-1 – Diese Variante hat eine Kapazität von 100 Gbyte unkomprimierter Daten und eine Übertragungsgeschwindigkeit von bis zu 15 Mbps.
- LTO-2 – LTO-2 kann die doppelte Menge Daten, also 200 Gbyte, unkomprimiert sichern. Die Geschwindigkeit beträgt 40 Mbps.
- LTO-3 – Diese Technik ist die aktuellste, schnellste und teuerste Sicherungstechnik auf dem Markt. LTO-3 kann bis zu 400 Gbyte netto sichern.

Schlussendlich ist es Geschmacksache, welches Bandlaufwerk Sie kaufen wollen. Beide Technologien sind sich ähnlich und haben die gleichen Zukunftsaussichten. Die Wahrscheinlichkeit ist also sehr gering, dass eines der Systeme in den nächsten paar Jahren ausstirbt.

11.1.3 Autoloader und Libraries

Vor allem Unternehmen, die große Datenmengen in kleinen Datensicherungsfenstern sichern müssen, kommen um den Erwerb eines Autoloaders oder einer Library nicht herum. Der Unterschied zwischen Autoloader und Library ist folgendermaßen definiert: Viele Hersteller dieser Geräte bezeichnen Datensicherungsgeräte, die nur ein Laufwerk haben, aber mehrere Bänder lagern und selbstständig austauschen können, als Autoloader. Eine Library verfügt über viele Bänder und mehrere Bandlaufwerke, die gleichzeitig Daten sichern können. Die Spezialität von Autoloadern und Tape Libraries ist die schnelle Sicherung von großen Datenmengen ohne lästigen Bandwechsel. Die Bänder bleiben im Laufwerk in einem Magazin. Durch den Einsatz von Libraries haben Unternehmen den Vorteil, dass auch über das Wochenende große Datenmengen gesichert werden können und der Bandwechsel nicht vergessen wird.

Wenn Daten zurückgesichert werden müssen, ist der Vorteil von Libraries, dass der Administrator nicht Diskjockey spielen muss, sondern die Daten schnell und einfach wiederhergestellt werden können. Die häufigsten Wiederherstellungsvorgänge sind keine Desaster-Recoverys, sondern die Wiederherstellung einzelner Dateien, die versehentlich von Benutzern gelöscht oder falsch bearbeitet wurden. Zu diesem Zweck können auch die Schattenkopie-Dienste von Windows Server 2003 verwendet werden, die noch später in diesem Kapitel behandelt werden. Der große Nachteil eines Einzellaufwerks ist, dass pro Sicherungsvorgang nur die maximale Kapazität des Bandes ausgeschöpft werden kann. Wenn Sie aber zum Beispiel 200 Gbyte sichern müssen und Ihnen nur ein DLT VS 160 mit einer maximalen Kapazität von 80 Gbyte unkomprimiert zur Verfügung steht, haben Sie ein Problem bei der Vollsicherung. In diesem Fall sollten Sie einen

Autoloader oder eine Library einsetzen. Bei der Auswahl eines Autoloaders bzw. einer Library sind zwei wichtige Punkte zu beachten:

- die Anzahl der Bänder, die gleichzeitig im Gerät verbleiben können
- die Anzahl der Bandlaufwerke im Gerät, die gleichzeitig Daten sichern können

Weiterhin ist bei Autoloadern zu bedenken, dass die Datenmenge, die auf den Bändern gespeichert werden kann, für einen angemessenen Zeitraum ausreicht. Wichtig ist auch der Zeitraum, in dem die Datensicherung läuft.

Anzahl der Bandlaufwerke planen

Wenn ein einzelnes Bandlaufwerk eines Autoloaders nicht in der Lage ist, die Daten schnell zu sichern, sollten Sie sich den Kauf einer Library mit mehreren Bandlaufwerken, die gleichzeitig Daten sichern können, überlegen. Mit mehreren Bandlaufwerken können außerdem mehrere Sicherungsjobs parallel durchgeführt werden. Die Geschwindigkeit wird beim Einsatz mehrerer Bandlaufwerke nicht unbedingt verdoppelt, da die Datenübertragung über das Netzwerk und die Art der Dateien ebenfalls eine Rolle spielen. Beim Einsatz mehrerer Bandlaufwerke kann auch parallel zu einem Sicherungsvorgang ein Wiederherstellungsvorgang durchgeführt oder können ganze Bänder für die Archivierung kopiert werden. Ein weiterer Vorteil ist, dass beim Ausfall eines Laufwerks die Datensicherung mit dem zweiten Gerät fortgesetzt werden kann, sodass stets eine vollständige Datensicherung sichergestellt ist.

Anzahl der Bänder im Laufwerk planen

Die Auswahl der notwendigen Bandschächte ist ebenfalls ein wichtiger Punkt für die Auswahl der richtigen Library. Es sollten immer so viel Bänder zur Verfügung stehen, wie innerhalb eines Zeitraums zur Datensicherung benötigt werden. In einer Library sollten immer mindestens so viele Bänder eingelegt werden können, dass wenigstens eine Wochensicherung, besser zwei, durchgeführt werden kann, ohne das Magazin und die Bänder wechseln zu müssen. Beim Erwerb eines Autoloaders sollte darüber hinaus immer das Wachstum des Unternehmens berücksichtigt werden.

In Ihrem Unternehmen müssen 800 Gbyte in der Vollsicherung gesichert werden. Am Tag ändern sich etwa 40 Gbyte Daten, die gesichert werden müssen. Sie verwenden ein LTO-1-Laufwerk mit einer Kapazität von 100 Gbyte unkomprimierter Daten. Sie führen einmal in der Woche eine Vollsicherung durch und unter der Woche sichern Sie nur die geänderten Daten.

Rechenbeispiel

Zunächst benötigen Sie also acht Bänder für die Wochensicherung. Unter der Woche passen die Daten von zwei Tagen auf ein Band, wenn wir noch etwas Luft lassen. Das heißt, es werden noch einmal drei Bänder benötigt, damit auch Planungssicherheit herrscht, wenn die Datenmenge steigt. Ihre Library braucht daher mindestens elf Schächte, um die Sicherung einer Woche ohne Wechsel durchführen zu können. Wenn Sie beabsichtigen, die Datenmengen länger zu speichern, zum Beispiel für zwei Wochen, benötigen Sie in diesem Fall schon 22 Schächte. Wenn die ohne Bandwechsel erfolgte Sicherung vier Wochen aufbewahrt werden soll, benötigen Sie 44 Schächte. Wenn Sie jeden Tag eine Vollsicherung ohne Magazinwechsel durchführen und diese Daten zwei Wochen behalten wollen, benötigen Sie für jeden Wochentag schon acht Bänder. Bei sieben Tagen, wenn zum Beispiel bei Ihnen auch samstags und sonntags gearbeitet und gesichert werden muss, benötigen Sie folglich für eine Woche Vollsicherung 56 Bänder. Je mehr Bänder und Bandlaufwerke in eine Library eingebaut werden, umso teurer wird das Gerät. Sie sollten daher frühzeitig genau planen, wie Ihre Sicherungsstrategie aussieht, welche Datenmenge Sie sichern wollen und in welchen Intervallen die Bänder in der Library gewechselt werden sollen.

11.1.4 Backup-Server planen

Ein wichtiger Punkt, der bei der Serverstruktur berücksichtigt werden muss, ist die Konfiguration des Backup-Servers. Auf dem Backup-Server wird die Software zur Datensicherung installiert. Dieser Server verwaltet die Datensicherung. Bereits frühzeitig muss daher auch die Konfiguration dieses Servers geplant werden. Er benötigt ausreichend Arbeitsspeicher und Prozessorkraft sowie Netzwerkgeschwindigkeit, um die Daten der einzelnen Server sichern zu können. Wenn Sie beabsichtigen, parallel zur Datensicherung auf Band auch Daten auf Festplatten zu sichern, sollten Sie ebenfalls genügend Festplattenplatz auf dem Server bereithalten. Hier bietet sich wieder der gleiche Ansatz wie bei der Auswahl des Dateiservers an. Sie können die Daten über einen angeschlossenen Festplattenspeicher sichern (Direct Attached Storage) oder die Daten in einem SAN oder NAS ablegen. Der Server benötigt genügend Performance, um schnell und effizient auf die Festplatten zugreifen zu können. Setzen Sie daher auf einen Server mit SCSI-Festplatten und schnellen SCSI-Controllern. In jedem Fall sollte dieser Serverdienst nicht unbedingt auf einem Server installiert sein, der noch andere Aufgaben hat, zum Beispiel dem Dateiserver oder einem Domänencontroller.

11.1.5 Standort des Servers und des Bandlaufwerks

Auch der Standort des Servers ist frühzeitig einzuplanen. Da die Aufgabe des Servers und Ihres Bandlaufwerks die Sicherung Ihrer Daten ist, sollten beide nicht unbedingt zusammen mit den zu sichernden Servern in einem Serverraum stehen. Im Katastrophenfall, vor allem noch beim Einsatz einer Library, sind nicht nur die Daten verloren, sondern auch die Datensicherung. Idealerweise stehen ein Backup-Server und das Bandgerät im Keller des Gebäudes in einem brandgeschützen Raum oder besser einem gepanzerten Datensicherungsschrank mit Klimaanlage, der vor unberechtigten Zugriffen und Katastrophen geschützt ist. Viele Hersteller bieten mittlerweile erschwingliche Tresore an, die über eine interne Klimaanlage verfügen und bis zu 30 Minuten feuerfest sind.

11.2 Software zur Datensicherung

Was das Thema Software zur Datensicherung im Mittelstand betrifft, kommen im Grunde genommen vor allem zwei Lösungen zum Einsatz:

- Symantec Backup Exec
- CA Brightstore ArcServe

Am meisten verbreitet ist sicherlich Backup Exec. Symantec hat den Entwickler Veritas gekauft, der aus dem ursprünglichen Entwickler Seagate-Software hervorging. Auch das unten erwähnte *NetBackup* stammt von Veritas. NetBackup ist hauptsächlich für größere SAN-Umgebungen gedacht. Brightstore ArcServe ist ebenfalls weit verbreitet. An diesem Produkt scheiden sich die Geister. Während viele Unternehmen das Produkt effizient einsetzen, wechseln andere zu einer anderen Lösung, da ArcServe sehr kompliziert zu bedienen ist und einige Mängel aufweist. Die Einrichtung von Backup Exec ist recht einfach und das Produkt läuft stabil mit allen bekannten Bandlaufwerken. Es existieren natürlich noch andere Lösungen für die Datensicherung, aber diese drei decken den größten Teil des Marktes ab.

11 Datensicherung

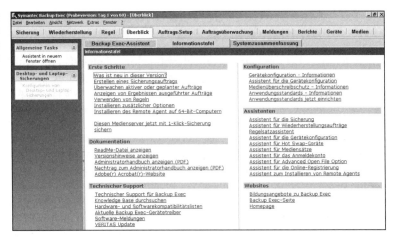

Abbildung 11.4:
Oberfläche von
Symantec Backup
Exec

In größeren Konzernen werden meistens andere Lösungen eingesetzt:
- Symantec (Veritas) NetBackup
- Legato Networker
- IBM TSM
- Hewlett Packard Dataprotector

Für Backup Exec stehen besondere Agents zur Verfügung, mit denen auch spezielle Daten wie Oracle Datenbanken, SQL-Server oder Exchange online gesichert werden können. Das heißt, Sie müssen keine Datenbankdienste beenden, damit die Sicherung durchgeführt werden kann. Wenn Sie sich für eine dieser Softwarelösungen entscheiden, sollten Sie die Lizenzkosten genau überprüfen und vergleichen. Sie benötigen für jeden zu sichernden Server eine Lizenz. Außerdem brauchen Sie für spezielle Server, deren Funktion Sie sichern, zusätzliche Agenten Diese Agenten werden in die Datensicherungssoftware integriert und auf die einzelnen Server verteilt.

Einsatz mehrerer Backup-Server
Bei der Datensicherung in größeren Unternehmen können die Daten meistens nicht über einen einzelnen Server gesichert werden: Es werden mehrere Backup-Server benötigt. Das Problem bei einer solchen Konstellation ist, dass auf allen Servern eine Backup-Lösung installiert werden muss, die keine zentrale Administration zulässt. Aus diesem Grund wird in größeren Unternehmen spezielle Datensicherungssoftware, wie zum Beispiel NetBackup, eingesetzt. Bei der Verwendung mehrerer Backup-Server gibt es Master-Server, welche die zentrale Administration aller Backup-Server verwalten, und es gibt Media-Server, an denen die Bandgeräte angeschlossen sind. Der Master-Server weiß immer, auf welchem Media-Server die Daten gesichert wurden, und hält den Katalog vor. Die Sicherung der einzelnen Server wird nur durch die Media-Server durchgeführt. Vor allem Unternehmen mit SANs verwenden Produkte wie NetBackup zum Sichern der einzelnen Server.

11.3 Sicherungsstrategien

Zu einem ordentlichen Datensicherungskonzept gehören mehr als nur ein Bandlaufwerk, ein Server und eine Software. Eine Sicherungsstrategie umfasst mehrere Möglichkeiten für jedes zu sichernde System und jeden Wiederherstellungsvorgang. Die meisten Unternehmen setzen auf mehrere Strategien parallel, um die Daten effizient zu sichern. Die Strategie zur Sicherung eines Dateiservers sieht anders aus als die Sicherung von Mail- oder Datenbankservern. Die Hauptaufgabe einer Datensicherung ist die mögliche Wiederherstellung von Daten. Meistens müssen Daten wiederhergestellt werden, weil Benutzer diese Daten versehentlich gelöscht oder überschrieben haben. Der Desaster-Fall tritt eher selten ein, muss aber dennoch berücksichtigt werden. Ein gutes Backup-Konzept enthält daher auch ein Wiederherstellungskonzept. Wenn Mitarbeiter im Unternehmen Daten aus der Sicherung benötigen, ist es sehr wichtig, dass keine Zeit verschwendet wird, sondern ihnen die entsprechenden Daten sofort zur Verfügung gestellt werden. Genau diese Planung muss zunächst in die Konzeption mit einbezogen werden.

11.3.1 Schattenkopie-Dienst (Volume Shadow Service, VSS)

Eine neue Funktionalität von Windows Server 2003 sind die *Schattenkopien*. Um die Wiederherstellung von Dateien zu erleichtern, Informationen schnell sichern und auf frühere Versionen von Dateien zurückgreifen zu können, unterstützt Windows Server 2003 so genannte *Schattenkopien*.

Mit Schattenkopie-Dienst (Volume Shadow Service, VSS) können Sie, wie bei SANs, Momentaufnahmen von Verzeichnissen anfertigen, auch wenn diese in Benutzung sind. Dabei werden die Daten während der Arbeitszeit mit dem Snapshot-Verfahren gesichert. Der aktuelle Stand des Verzeichnisses wird binnen weniger Sekunden in einem gesonderten Bereich gesichert. Die Momentaufnahmen können sowohl von Serveranwendungen als auch Backup-Software und Benutzern genutzt werden. Mit VSS können versehentlich gelöschte Daten schnell und effizient wiederhergestellt werden. Eine Schattenkopie oder Shadow Copy ist eine Kopie von Informationen auf einem freigegebenen Ordner, die zu einem bestimmten Zeitpunkt erstellt wird. Die Schattenkopien speichern nur die Änderungen, indem sie veränderte Teile der Dateien in einen gesonderten Speicherbereich kopieren.

*Abbildung 11.5:
Schattenkopien für
ein Laufwerk unter
Windows Server
2003*

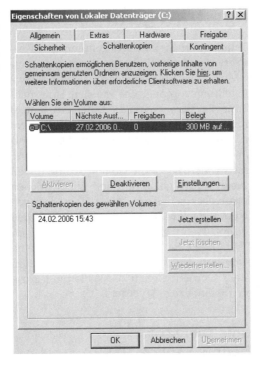

*Abbildung 11.6:
Gesicherter Ordner
einer Schattenkopie*

Sicherungsstrategien

Der hauptsächliche Nutzen von VSS liegt darin, dass versehentlich gelöschte Dateien sehr schnell wiederhergestellt werden können. Der VSS fertigt Kopien von veränderten Dateien in den einzelnen Verzeichnissen an. Wenn ein Benutzer den Administrator darüber informiert, dass eine Datei gelöscht oder fehlerhaft bearbeitet wurde, kann dieser mit wenigen Mausklicks ältere Versionen der Dateien wiederherstellen. Es muss kein Band in ein Laufwerk gelegt werden, es wird kein Sicherungsprogramm benötigt, sondern der Administrator braucht nur in den Eigenschaften des Verzeichnisses, in dem sich die besagte Datei befindet, eine ältere Version der Sicherung wiederherzustellen. Je nach Berechtigungsstruktur kann auch jeder Benutzer selbst seine Dateien wiederherstellen. In jedem Fall wird viel Zeit gespart und werden Nerven geschont. Die Schattenkopien belegen auch bei relativ großen Datenträgern nur eine begrenzte Menge Speicherplatz.

Planungspunkte zur Einführung von VSS

Bevor Sie VSS einführen, sollten Sie sich Gedanken über die folgenden Punkte machen:

- Schattenkopien werden immer für komplette Laufwerke erstellt. Komprimierte und verschlüsselte Dateien werden ebenfalls gesichert. Damit Sie VSS verwenden können, muss der Datenträger mit NTFS formatiert sein. Exchange-Datenbanken sollten nicht mit VSS gesichert oder wiederhergestellt werden.

- Wenn Sie VSS für ein Laufwerk aktivieren, werden standardmäßig 10 % des Datenträgers reserviert (was Sie auf der Registerkarte *Einstellungen* ändern können). Wenn diese 10 % belegt sind, werden die ältesten Versionen der gesicherten Dateien automatisch überschrieben.

- Während einer Sicherung reagiert die entsprechende Platte aufgrund von Schreibvorgängen eventuell etwas langsamer.

- Passen Sie den Zeitplan für die Erstellung der Schattenkopien Ihren Bedürfnissen an. Standardmäßig erstellt Windows Server 2003 an jedem Wochentag (Mo–Fr) um 07.00 Uhr und um 12.00 Uhr eine Schattenkopie. Je öfter Schattenkopien erstellt werden, umso mehr Versionen der Dateien stehen folglich zur Verfügung und können von Ihren Benutzern oder Administratoren wiederhergestellt werden. Maximal können 64 Schattenkopien eines Datenträgers hergestellt werden. Mit steigender Anzahl von Schattenkopien steigt auch der Speicherplatzbedarf.

11.3.2 Backup über das Netzwerk auf Band

Die am meisten verbreitete Backup-Strategie ist die Sicherung über das Netzwerk auf einen Backup-Server mit angeschlossenem Bandlaufwerk. Bei dieser Strategie werden alle Daten über das Netzwerk auf den Backup-Server gesichert. Dazu wird auf dem Backup-Server die Backup-Software und auf allen Servern, die gesichert werden sollen, eine Client-Software, *Agent* genannt, installiert. Außer den Standardagents, die das Dateisystem über das Netzwerk sichern, sind noch spezielle Agenten zur Sicherung von Spezialsoftware wie Datenbanken oder Mailserver erhältlich. Diese Agenten müssen zusätzlich zu den Standardagents gekauft werden. Sie werden auf dem Backup-Server in der Sicherungssoftware registriert und automatisch auf die einzelnen Server verteilt.

Die zentrale Datensicherung sorgt dafür, dass sich alle Daten auf einem Server, der zentral verwaltet werden kann, befinden. Wenn jedoch große Datenmengen über das Netzwerk gesichert werden müssen, kann das Netzwerk schnell zum Flaschenhals werden und die Sicherung unnötig verlängern. Für die zentrale Steuerung der Datensicherung wird nur eine Lizenz der Backup-Software und ein Bandlaufwerk bzw. eine Library benötigt. Der Bandwechsel gestaltet sich recht einfach, da nur an einem Server die Bänder gewechselt werden müssen. Wenn in einem Szenario mit einem Backup-Server und einem Laufwerk eines dieser Geräte ausfällt, ist keine Datensicherung mehr möglich. Aus diesem Grund sollte auch für einen Datensicherungsserver ein Ausfallkonzept erstellt werden. Wenn Sie parallel zur Sicherung auf einem Backup-Server weitere Strategien wie Schattenkopien oder Datensicherung auf Festplatten hinzuziehen, reduziert sich dieses Problem. Sie sollten sich niemals auf einen Datensicherungsserver und eine einzelne Sicherungsmaßnahme verlassen, egal wie gut das Konzept erscheint. Zusätzliche Maßnahmen oder die Kombination verschiedener Sicherungsstrategien sind auf jeden Fall sinnvoll.

11.3.3 Medienrotation

Die meisten Unternehmen führen die Datensicherung auf Band mit einem oder zwei Datensicherungsservern durch, die getrennte Server sichern und jeweils eigene Laufwerke verwenden.

Sicherungsstrategien

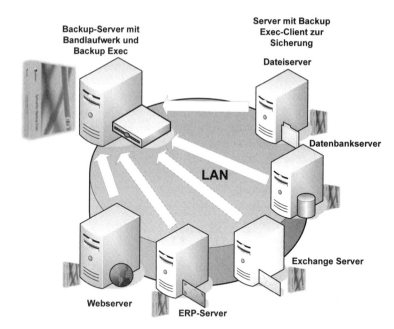

Abbildung 11.7:
Backup über das
Netzwerk

Die Medienrotation beschreibt, wann die Bänder im Laufwerk gewechselt, überschrieben oder gesichert werden sollen. Sie gehört zu den wichtigsten Planungspunkten der Datensicherung. Die Rotation muss die Zeitdauer der Wiederherstellung berücksichtigen. Ein gutes Backup-Konzept beinhaltet auch immer ein Konzept, in welchem Zeitraum Daten wiederhergestellt werden können. Unternehmen sind heutzutage nur noch wettbewerbsfähig, wenn Informationen schnell und effizient fließen. Zu einem effizienten Informationsfluss gehört auch die schnelle Wiederherstellung einzelner Dateien. Je einfacher die Medienrotation ist, desto einfacher lässt sie sich auch verwalten. Bei einer einfachen Medienrotation, die zum Beispiel jeden Tag eine Vollsicherung vorsieht, lassen sich Dateien sehr schnell wiederherstellen, ohne dass der Administrator viele Bänder wechseln muss. Beachten Sie dabei immer, dass die verwendeten Sicherungsbänder sensible Daten enthalten. Wer im Besitz dieser Bänder ist, kann die darauf befindlichen Daten auch ohne Beachtung der Zugriffsberechtigungen laden.

Tägliche Vollsicherung mit 14 Tagen Wiederherstellungszeit

Bei einer Vollsicherung werden alle Daten auf einmal gesichert. Die Vollsicherung hat den Vorteil, dass ein Administrator von jedem Tag, an dem eine Vollsicherung verfügbar ist, Daten uneingeschränkt und schnell wiederherstellen kann. Der Speicherplatz einer Vollsicherung ist natürlich um einiges größer als bei anderen Sicherungsvarianten. Die schnellsten Wiederherstellungszeiten erreichen Sie, wenn Sie jeden Tag eine Vollsicherung Ihrer Daten durchführen. In diesem Fall wissen Sie, dass jeder Mediensatz alle wichtigen Daten des Unternehmens enthält. Bei einer Vollsicherung sollte dennoch jeden Tag ein neues Band eingelegt werden bzw. in der Library genügend Kapazität zur Verfügung stehen, dass die Sicherung mindestens für eine Woche Platz hat. Am besten sollten Sie bei einem Konzept mit Vollsicherungen dafür sorgen, dass eine Vollsicherung mindestens 14 Tage zurückreicht. Dazu verwenden Sie für die erste Woche einen getrennten Mediensatz, der die Sicherungen der ersten Woche enthält, und ersetzen diesen Satz in der zweiten Woche. Wenn am Wochenende niemand arbeitet, brauchen zu diesem Zeitpunkt auch keine Daten gesichert zu werden. Sie sollten die Bänder immer so beschriften, dass sofort erkennbar ist, zu welchem Tag das Band gehört.

Tabelle 11.1: Medienrotation bei täglicher Vollsicherung

Woche	Mo	Di	Mi	Do	Fr	Sa	So
1	B1	B2	B3	B4	B5	B5	B5
2	B6	B7	B8	B9	B10	B10	B10
3	B1	B2	B3	B4	B5	B5	B5
4	B6	B7	B8	B9	B10	B10	B10
5	B1	B2	B3	B4	B5	B5	B5

Ideal bei einem Konzept, bei dem Sie zehn Bänder zur Verfügung haben und jeden Tag eine Vollsicherung durchführen können, die auf ein Band passt, ist eine Beschriftung mit Montag1, Dienstag1, Montag2 usw. In diesem Fall wissen Sie immer ganz genau, dass jedes dieser Bänder alle gesicherten Daten des speziellen Tages enthält. In diesem Beispiel können Sie die Daten taggenau bis zu 14 Tage zurück wiederherstellen. Wenn Sie eine Library mit 5 Schächten einsetzen, reicht es, wenn Sie am Ende der Woche bzw. am Montag der nächsten Woche vor der Sicherung ein neues Magazin laden oder die Bänder wechseln. Die Sicherungsbänder der ersten Woche sollten an einem sicheren Ort gelagert werden. Selbst bei einem Katastrophenfall, in dem der Datensicherungsserver im Keller abbrennt, sind so zumindest die Daten der letzten Woche noch verfügbar. Am Wochenende bleibt jeweils das Band vom Freitag im Laufwerk, da keine Sicherung stattfindet.

Tägliche Vollsicherung mit 14 Tagen Wiederherstellungszeit und Wochensicherung

Eine weitere Variante dieser Sicherung ist die Ausdehnung auf vier Wochen. Erfahrungsgemäß fällt es vielen Benutzern erst nach mehr als 14 Tagen auf, dass bestimmte Dateien kaputt sind oder fehlen. Wenn Ihre Datensicherung nur 14 Tage zurückreicht, lassen sich die fehlenden Daten nicht mehr herstellen. Sie können dieses Problem dadurch umgehen, dass Sie entweder das Freitagsband nur alle vier Wochen überschreiben lassen oder, noch besser, am Samstag eine wei-

Sicherungsstrategien

tere Sicherung durchführen, die nur alle vier Wochen überschrieben wird. In diesem Fall benötigen Sie zehn Bänder für die zweiwöchige tägliche Vollsicherung und vier weitere für die am Samstag durchzuführende Wochensicherung. Durch diese Variante können Sie zwar nicht genau auf einzelne Tage der letzten vier Wochen zurückgehen, aber zumindest zurück auf einen Tag der Woche. Sie können aber ohne weiteres für die letzten 14 Tage taggenau zurücksichern. Das Wochenendband für freitags oder samstags sollte nach der Art Woche 1, Woche 2, Woche 3, Woche 4 beschriftet werden. Wenn Sie eine Library einsetzen, können Sie jeweils montags die Bänder wechseln und das Band für den Samstag nur einmal im Monat überschreiben lassen.

Woche	Mo	Di	Mi	Do	Fr	Sa	So
1	B1	B2	B3	B4	B5	W1	W1
2	B6	B7	B8	B9	B10	W2	W2
3	B1	B2	B3	B4	B5	W3	W3
4	B6	B7	B8	B9	B10	W4	W4
5	B1	B2	B3	B4	B5	W1	W1

Tabelle 11.2: Medienrotation bei täglicher Vollsicherung mit Wochensicherung

Sie sollten bei dieser Rotation immer mindestens ein Band am Ende des Monats aufbewahren, um eine Monatsrücksicherung durchführen zu können. Diese Monatssicherung können Sie wieder an einem sicheren Ort aufbewahren. Bei einer Monatssicherung benötigen Sie daher nochmals 12 Bänder, für jeden Monat eins. Die letzte Verfeinerung wäre die Jahressicherung. In diesem Fall bewahren Sie das Band vom 31.12. auf und überschreiben es überhaupt nicht mehr. Vor allem dieses Band sollte sehr gut aufbewahrt werden, weil dann zumindest die Daten eines Jahres zurückgesichert werden können.

Sie können den Bedarf an Bändern noch etwas optimieren, weil eigentlich die Sicherung von W1 am Samstag genau der Sicherung der Woche am Freitag entspricht. Damit die Verwaltung aber nicht so kompliziert wird, keine Fehler beim Bandwechsel entstehen und aus der Beschriftung der einzelnen Bänder ihr Inhalt schnell erkannt werden kann, macht der Einsatz von mehreren Bändern durchaus Sinn. Unternehmen, die samstags nicht arbeiten und auch über keine Library verfügen, können auch jeweils die letzte Tagessicherung als Wochensicherung, Monatssicherung und Jahressicherung aufbewahren. Wenn Sie 14 Tage taggenau zurücksichern und weitere zwei Wochen zumindest wochengenau, benötigen Sie zehn Bänder. Sie benötigen vier Bänder für jede Tagessicherung und Woche und zusätzlich zwei für die Sicherung der letzten Woche. Das Freitagsband würden Sie dann nicht als Freitag 1 usw. bezeichnen, sondern als Woche 1, Woche 2, Woche 3, Woche 4. Immer freitags würden Sie das Band der laufenden Woche einlegen. Sinnvoll wäre noch die Beschriftung auf dem Band, wann die Sicherung gelaufen ist.

11 Datensicherung

Unabhängig von der Medienrotation sollten einige Bänder immer außer Haus gelagert werden. Es bietet sich an, die Wochensicherungen, zumindest die Monatssicherungen, außer Haus beim Geschäftsführer oder IT-Leiter zu lagern. Welchen Zeitraum Sie als Verlust akzeptieren, muss der Geschäftsführer entscheiden. Wenn einmal in der Woche ein Band mit nach Hause genommen wird, besteht immer noch die Gefahr, dass die Daten der restlichen Woche verloren sind.

Bei einem Konzept der Vollsicherung, wie es hier beschrieben wird, sollten folgende Voraussetzungen erfüllt sein:

- Die Daten der Vollsicherung sollten auf ein Band passen.
- Setzen Sie am besten einen Autoloader oder eine Library ein.
- Das Datensicherungsfenster sollte für die Vollsicherung ausreichen. Es ist nicht sinnvoll, wenn Mitarbeiter bereits morgens arbeiten, wenn die Sicherung noch läuft.
- Bei Datenmengen >200 Gbyte macht eine Vollsicherung so gut wie keinen Sinn mehr, da die Platzverschwendung im Vergleich zu den täglich geänderten Daten einfach zu groß ist.

Inkrementelle und differenzielle Sicherungen

Diese beiden Sicherungsvarianten sind vor allem in sehr großen Umgebungen weit verbreitet. Sie kommen zum Einsatz, wenn keine tägliche Vollsicherung durchgeführt werden kann. Inkrementelle und differenzielle Sicherungen komplizieren eine Medienrotation und sollten wenn möglich vermieden werden. Bei großen Datenmengen wird das nicht mehr möglich sein und Sie müssen ein Konzept zur effizienten Datensicherung erarbeiten.

- *Inkrementelle Sicherung* – Eine inkrementelle Sicherung sichert alle Daten, die sich seit der letzten Sicherung geändert haben. Unveränderte Daten werden nicht gesichert, da sich diese in einer vorherigen Sicherung befinden. Bei dieser Sicherungsart bauen die Datensicherungen aufeinander auf. Zu einem gewissen Zeitpunkt benötigen Sie eine Vollsicherung, zum Beispiel freitags. Am Montag werden alle Daten gesichert, die sich seit Freitag verändert haben. Am Dienstag werden alle Daten gesichert, die sich seit Montag verändert haben. Wenn Sie daher am Freitagmorgen eine vollständige Wiederherstellung durchführen müssen, werden erst die letzte Vollsicherung des letzten Freitags und dann alle Sicherungen bis zur aktuellen inkrementellen Sicherung benötigt. Der Vorteil dabei ist, dass jeder Sicherungsvorgang sehr schnell durchgeführt werden kann, da nur wenige Daten gesichert werden müssen. Der Nachteil ist, dass bei einer Wiederherstellung zahlreiche Bänder gewechselt und katalogisiert werden müssen. Wenn

Sicherungsstrategien

ein Band defekt ist, kann die Wiederherstellung fehlschlagen und die Daten des Tages, die dieses Band gesichert hat, sind unwiederbringlich verloren. Bei inkrementellen Sicherungen sollten Sie auf jeden Fall einmal in der Woche eine Vollsicherung durchführen.

▶ *Differenzielle Sicherung* – Eine differenzielle Sicherung sichert alle Daten seit der letzten Vollsicherung. Sie müssen daher für diese Strategie an einem gewissen Tag eine Vollsicherung machen. Da jede differenzielle Sicherung eine Vollsicherung voraussetzt, muss eventuell bei einer kompletten Wiederherstellung zunächst die Vollsicherung und dann die letzte differenzielle Sicherung wiederhergestellt werden. Der Nachteil von differenziellen Sicherungen im Vergleich zu inkrementellen ist, dass im Zeitraum nach der Vollsicherung die Datensicherung immer länger dauert, da immer mehr Daten gesichert werden müssen. Wiederherstellungsvorgänge lassen sich aber sehr viel schneller durchführen als mit inkrementellen Sicherungen. Bei einer differenziellen Sicherung sollten Sie einmal in der Woche (zum Beispiel sonntags) eine Vollsicherung durchführen und diese nur alle vier Wochen überschreiben lassen. An jedem Tag der Woche können Sie ein neues Medium verwenden, um die geänderten Daten seit Sonntag zu sichern.

11.3.4 Backup-Zeitfenster planen

Das Backup-Zeitfenster sollte ebenfalls bereits frühzeitig geplant werden. Die Datensicherung sollte zu Zeiten stattfinden, in denen kein Mitarbeiter mehr arbeitet. Die Datensicherung sollte auch nicht mehr als drei bis vier Stunden dauern. Länger dauernde Sicherungen deuten darauf hin, dass die Infrastruktur für die Datensicherung überlastet ist. Sie sollten genau prüfen, welche Server wie lange gesichert werden, damit Sie eventuelle Flaschenhälse frühzeitig erkennen. Wenn der Flaschenhals der Backup-Server selbst ist, da er die Daten nicht so schnell speichern kann, wie er sie über das Netzwerk bekommt, sollten Sie darüber nachdenken, einen zweiten Datensicherungsserver zu installieren und die Datensicherungsaufträge zwischen den beiden Servern aufzuteilen. Dauert die Datensicherung einzelner Server zu lange, wäre zu überlegen, diesen Servern ein eigenes Bandlaufwerk zur lokalen Speicherung ihrer Daten zu spendieren. Bandlaufwerke werden immer schneller. Im Backbone, dem Netzwerk der Server, sollten Sie dafür sorgen, möglichst ein Gigabit-Netzwerk aufzubauen, damit die Sicherung schneller über das Netzwerk durchgeführt werden kann.

11 Datensicherung

 Sie können davon ausgehen, dass in einem 100-Mbps-Netzwerk maximal 10 Mbps übertragen werden. Wenn Sie ein LTO-2-Laufwerk einsetzen, das bis zu 40 Mbps sichern kann, sehen Sie schnell, wo der Flaschenhals der Datensicherung liegt. Die Ursache für zu lange Sicherungen ist meistens in langsamen Netzwerkverbindungen zu suchen.

Beachten Sie, dass die Backup-Software einen Server nach dem anderen sichert. Es werden keine Server gleichzeitig gesichert. Wenn Sie also ein Backup-Fenster von 22:00 bis 06:00 festlegen und allein die Sicherung des ERP-Servers bis 05:00 dauert, werden Ihre anderen Server sicher nicht in der letzten Stunde gesichert werden können. In diesem Fall erscheint es sinnvoll, entweder einen eigenen Backup-Server für den ERP-Server zu verwenden oder ein Bandlaufwerk an den ERP-Server anzuschließen, damit er seine Daten selbst sichern kann. Wenn das Netzwerk ausgelastet ist, bringt in diesem Fall ein zusätzlicher Backup-Server auch nicht viel. Vor allem bei der Sicherung von vielen Servern empfiehlt es sich, möglichst immer ein Gigabit-Netzwerk zu verwenden.

Streaming-Modus von Bandlaufwerken

Bandlaufwerke können Daten am schnellsten sichern, wenn sie sich im *Streaming-Modus* befinden. In diesem Modus schreibt das Laufwerk kontinuierlich Daten auf das Band, ohne pausieren zu müssen. Sobald ein Band pausiert, dauert es erheblich lange, bis es wieder anläuft. Das Band spult bei der Pause zurück und dann wieder vor, bis der Schreibvorgang fortgesetzt wird. Dieses ständige Pausieren bremst eine Datensicherung erheblich aus. Aber nicht nur die Datensicherung wird verlangsamt, sondern auch das Bandlaufwerk wird durch zahlreiche Spulvorgänge erheblich belastet. Die Lese- und Schreibköpfe werden ständig neu positioniert, das Band wird hin- und hergespult und die Lebensdauer der Bänder wird stark beeinträchtigt. Aus diesen Gründen sollte möglichst vermieden werden, dass der Datenstrom zum Laufwerk abreißt. Bei schnellen Netzwerken und langsamen Laufwerken wird dies nur in Ausnahmefällen vorkommen. Da die Laufwerke aber immer schneller werden, kann es bei Hightechgeräten wie LTO-2-Laufwerken durchaus zu Problemen kommen, wenn die Daten über das Netzwerk langsamer beim Datensicherungsgerät ankommen, als sie geschrieben werden. Da ältere Laufwerke bis einschließlich DLT die Daten in maximal 12 Mbps schreiben, kommt es zumindest bei Gigabit-Netzwerken selten zum Engpass. Aber auch hier können Probleme bei der Datensicherung dazu führen, dass ein oder mehrere Server die Daten nicht schnell genug über das Netzwerk transportieren können. Wenn Sie

Sicherungsstrategien

ein Laufwerk einsetzen, das schneller schreiben kann, als es Daten über das Netzwerk bekommt, sollten Sie in der Anleitung nachsehen, ob seine Geschwindigkeit reduziert werden kann. So stellen Sie sicher, dass das Laufwerk wenigstens durchschreibt und nicht ständig pausiert. Eine solche Maßnahme kann aber nur eine vorübergehende Lösung sein, sollten Sie doch dafür sorgen, dass der Datenfluss zum Datensicherungsgerät so schnell wie möglich ist.

Eine weitere Möglichkeit ist die Kombination der Datensicherung über Band mit der Strategie *Backup-to-Disk*, die im nächsten Abschnitt behandelt wird. Sie können die Daten aller Server zunächst auf die Festplatten des Backup-Servers kopieren und danach diese Daten auf Band sichern. Da die Sicherung auf Band lokal ausgeführt wird, sollte das Bandlaufwerk schnell genug mit Daten versorgt werden. Die zusätzliche Speicherung auf Festplatte wäre ein weiteres Backup-Konzept zur Beschleunigung von Wiederherstellungsvorgängen. Diese Kombination von *Backup-to-Disk* und anschließender Sicherung auf Band wird als *Staging* bezeichnet.

11.3.5 Backup-to-Disk

Da die Kapazitäten der Festplatten immer mehr zunehmen, spielt die Datensicherung auf ihnen eine immer größere Rolle. Bei dieser Konzeption werden die Daten während des Sicherungsjobs nicht auf Band, sondern auf ein Festplattensystem kopiert. Damit der Kopiervorgang möglichst schnell durchgeführt werden kann, sollten Sie sicherstellen, dass das externe Plattengerät über genügend Performance verfügt. Sie sollten in diesem Fall nicht unbedingt ein RAID 5-System einsetzen, sondern eher RAID 10 oder sogar ein Stripeset (RAID 0). Bei der Konzeption von *Backup-to-Disk* können drei Varianten unterschieden werden:

▸ Backup mit einem Datensicherungsprogramm als normaler Datensicherungsauftrag, zum Beispiel in BackupExec

▸ Backup mit einem Zusatztool wie Robocopy aus dem Windows Resource Kit

▸ Backup mit speziellen Kommandozeilenprogrammen, Tools von Datenbanken oder Serversoftware

*Abbildung 11.8:
Backup-to-Disk mit
Backup Exec*

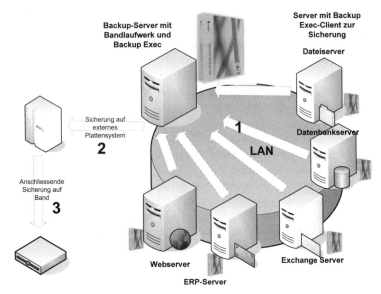

Backup mit Datensicherungssoftware

Backup Exec unterstützt die Datensicherung auf einen Festplattenordner. Sicherung und Lizenzierung laufen genauso ab wie bei der Sicherung auf Band. Die Datensicherung wird von Backup Exec auf der Festplatte im BKF-Format abgelegt und verwaltet. Nachdem Sie die Sicherung auf einen externen Plattenspeicher abgeschlossen haben, können Sie sie zusätzlich auf Band durchführen. Bei dieser Konfiguration würden Sie innerhalb von Backup Exec zwei unterschiedliche Aufträge erstellen: Der erste Auftrag sichert die Daten über die einzelnen Agenten auf den lokalen Festplattenspeicher und der zweite auf Band.

Damit Sie die Daten mit Backup Exec auf eine Festplatte sichern können, wird ein *Backup-to-Disk-Ordner* definiert, der in der Software als ganz normales Datensicherungsgerät konfiguriert und angezeigt wird. Sie können für verschiedene Aufträge auch verschiedene Backup-to-Disk-Ordner definieren. Die Daten werden als *.bkf*-Datei im Ordner abgelegt und können daher nur durch die Datenrücksicherung wiederhergestellt werden.

Sicherungsstrategien

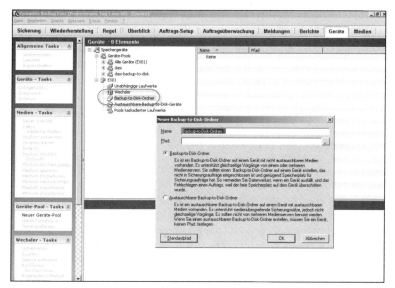

Abbildung 11.9: Definition eines Backup-to-Disk-Ordners in Backup Exec

Bei diesem Datensicherungskonzept haben Sie immer zwei Datensicherungen. Eine Datensicherung befindet sich auf der Festplatte, die zweite auf Band. Wenn Sie Daten eines Benutzers wiederherstellen müssen, können Sie die Wiederherstellung von den Daten auf der Platte durchführen. Der Zugriff auf Festplatte ist deutlich schneller als der Zugriff auf ein Bandlaufwerk. Außerdem müssen keine Bänder gewechselt werden.

Redundante Datensicherung durch Staging

Backup mit Robocopy

Alternativ können Sie die Daten eines Dateiservers auch mit dem kostenlosen Tool *Robocopy* auf einen externen Festplattenspeicher spiegeln lassen. Vorteilhaft bei der Wiederherstellung einer Datei ist, dass die Daten im gleichen Format vorliegen wie die ursprüngliche Datei. Die aktuelle Robocopy-Version ist nur unter Windows 2000, 2003, XP und NT4 lauffähig. Windows 95, 98 oder ME werden nicht unterstützt Auch die Verzeichnisstruktur ist identisch. Robocopy ist ein Kommandozeilen-Programm, das ähnlich wie *Xcopy* funktioniert, aber deutlich mehr Möglichkeiten bietet:

▸ Mit Robocopy können zwei oder mehr Verzeichnisse miteinander abgeglichen und repliziert werden.

▸ Es ist auch möglich, nur veränderte Dateien zu kopieren und gelöschte Dateien des Quell-Verzeichnisses im Ziel-Verzeichnis ebenfalls zu löschen. Mit diesen Möglichkeiten können kleinere oder auch mittlere Unternehmen ihren Fileserver schnell und leicht spiegeln und so Datenverlust vorbeugen, unabhängig von einem Datensicherungskonzept..

11 Datensicherung

▶ Robocopy kann Verzeichnisse mit Unterverzeichnissen kopieren. Einzelne Dateien können ausgeschlossen werden.

▶ Robocopy kann Zeitstempel der Dateien auslesen und demzufolge anhand des Erstellungs- oder Änderungsdatums Dateien kopieren oder auch löschen.

▶ Wenn Sie ständig ein Verzeichnis über das Netzwerk spiegeln wollen, können Sie mit Robocopy deutlich Zeit sparen, da Sie zum Beispiel nur veränderte Dateien kopieren müssen und bereits vorhandene einfach übergehen.

Wenn Sie mit Robocopy arbeiten, müssen Sie die Datei *robocopy.exe* auf den Server oder die Arbeitsstation kopieren, auf der Sie den Job erstellen wollen oder die Batchdatei liegt, welche Robocopy verwendet. Falls der Kopiervorgang einer Datei aus irgendwelchen Gründen fehlschlägt (weil zum Beispiel die Datei gerade benutzt wird oder der Zugriff verweigert wurde), versucht Robocopy innerhalb eines definierten Zeitraums einige Male, den Kopiervorgang noch erfolgreich abzuschließen. Robocopy wartet standardmäßig 30 Sekunden und 1 Mio. Versuche, um den Kopiervorgang durchzuführen. Diese beiden Werte lassen sich ändern und als neuer Standard in der Registry festlegen. Nach meiner Erfahrung verwenden die meisten Administratoren den Schalter */mir*, weil so schnell und einfach ein Spiegel eines Fileservers oder eines wichtigen Verzeichnisses angelegt wird. Auf diese Weise kommen Sie schnell an versehentlich gelöschte oder veränderte Dateien und müssen nicht zuerst mit Ihrem Datensicherungsgerät Bänder einlesen und komplizierte Wiederherstellungsvorgänge starten. Weitergehende Informationen zu Robocopy sowie eine Erläuterung sämtlicher Schalter finden Sie im Installationsverzeichnis des Resource Kits in Form eines Word-Dokuments. Das Dokument ist allerdings nur auf Englisch verfügbar.

Backup mit Zusatztools

Die meisten Datenbanken wie Oracle oder der SQL Server bieten die Möglichkeit, Daten mit einem integrierten Programm auszulesen und zu exportieren. Durch einen Export können Sie zusätzlich zu der Bandsicherung oder einer Backup-to-Disk-Sicherung weitere Datensicherungen anlegen, die schnell und einfach durchgeführt werden können. Sie können eigene Skripts schreiben, was bei Oracle-Datenbanken sehr einfach zu realisieren ist. Diese Skripts können zusätzlich die Datenbank in eine Backup-Datei, zum Beispiel auf einem Ausfallserver, sichern. Sie können eine Ordnerstruktur mit mehreren Tagen oder Wochen anlegen und mithilfe eines Skripts die Datenbank in spezielle Verzeichnisse sichern. Auch der Microsoft SQL Server und die meisten CRM- und ERP-Lösungen bieten eigene Exportmöglichkeiten zur zusätzlichen Sicherung an. Vor allem bei solchen unternehmenskritischen Lösungen sollten Sie niemals ausschließlich auf Bandsicherungen setzen, sondern parallel Skripts erstellen, welche die Datenbanken oder Serverlösungen exportieren und sichern. Wenn Sie parallel einen Testserver für dieses System aufbauen, können Sie sogar den Inhalt dieses Exports für Ihre Testzwecke verwenden.

11.3.6 Microsoft System Center Data Protection Manager (DPM) 2006

Microsoft hat in seiner neuen System-Center-Strategie ebenfalls ein Produkt veröffentlicht, das Daten zuverlässig auf Festplatte und danach auf Band sichern kann. Der Microsoft System Center Data Protection Manager 2006 ist unkompliziert in der Bedienung und setzt in einem Produkt die in diesem Kapitel erläuterten Strategien um. Die Spezialität des Microsoft System Center Data Protection Manager 2006 ist die zuverlässige Sicherung der Daten auf Festplatten oder ein SAN. Wenn Sie die Daten zusätzlich auf Band sichern wollen, benötigen Sie noch eine Sicherungssoftware, wie zum Beispiel Backup Exec. Unternehmen, die eine Datensicherung auf Festplatte einführen wollen, sollten den DPM testen. DPM nutzt die Schattenkopien, um zusätzliche effiziente Sicherungsmaßnahmen durchführen zu können. Der DPM kann Daten stündlich auf ein Festplattensystem replizieren und dadurch sicherstellen, dass alle Daten des Unternehmens jederzeit verfügbar sind. Der Hauptvorteil des DPM ist die Möglichkeit, dass die Anwender ihre eigenen Daten bei Verlust selbst wiederherstellen können. In Verbindung mit einer Bandsicherung und den Schattenkopien wird sich der DPM im Bereich der Datensicherung von Microsoft-Netzwerken sicherlich noch stärker durchsetzen.

11.4 Backup von Exchange Servern

Die Datensicherung eines Exchange Servers gehört sicherlich zu den wichtigsten Aufgaben eines Exchange-Administrators. Da die Kommunikation mithilfe von E-Mails in Unternehmen eine immer größere Rolle spielt, verlassen sich die Anwender immer mehr auf das Mailsystem. Bei Ausfall eines Servers oder einer Exchange-Datenbank sollten Sie rechtzeitig einen Plan ausarbeiten und testen, was bei einer Wiederherstellung zu tun ist. Auch das Zurücksichern einzelner E-Mails wird von vielen Benutzern inzwischen vorausgesetzt. Bei der Sicherung eines Exchange Servers müssen Sie immer an Murphys Gesetz denken: „Was schief gehen kann, geht schief", und zwar zum ungünstigsten Zeitpunkt. Seien Sie bei der Sicherung Ihres Exchange Servers immer sehr sorgfältig. Viele Unternehmen sichern zwar ihre Exchange-Daten, testen aber nie eine Rücksicherung. Wenn die Datensicherung irgendwann benötigt wird, weiß niemand im Unternehmen, was zu tun ist und ob die Rücksicherung überhaupt funktioniert.

Es existieren zwei Varianten der Datensicherung für Exchange-Datenbanken: die Online-Sicherung und die Offline-Sicherung. Da Exchange auf einer ESE-Datenbank aufbaut, die ständig online ist, werden zur Sicherung der Datenbank spezielle Exchange-Agenten benötigt. Sie sollten bei der Planung Ihrer Sicherung immer der Online-Sicherung den Vorzug geben, da diese die einzige professionelle Sicherungsmethode eines Exchange Servers ist. Sie benötigen zur Online-Sicherung Ihrer Exchange-Datenbank nicht unbedingt ein Tool eines Drittherstellers. Bei der Installation von Exchange wird das Windows-Datensicherungsprogramm *ntbackup* erweitert, damit es online die Exchange-Datenbanken sichern kann. Vor allem in einer Übergangszeit können Sie mit diesem Programm Ihre Exchange-Datenbank sichern. Die Datensicherung in Exchange 2003 wurde im Vergleich zu Exchange 2000 noch weiter verbessert. Es stehen Ihnen zum Beispiel neue Hilfsmittel wie der Volume Shadow Service (VSS), Exchdump,exe, das Mailbox Recovery Center und die Recovery-Speichergruppen zur Verfügung, um nur einige Neuerungen zu nennen. Im Folgenden werde ich ausführlicher auf diese und andere Punkte der Datensicherung und Wiederherstellung eingehen.

Achten Sie darauf, dass auf Ihrem Exchange Server immer genügend freier Plattenplatz zur Verfügung steht. Idealerweise ist auf dem Datenträger doppelt so viel Platz, wie Exchange bereits für seine Datenbanken benötigt. Dadurch haben Sie genügend Spielraum zum Kopieren von Daten, für die Datensicherung und andere Tools wie *eseutil.exe*.

11.4.1 Transaktionsprotokolldateien sichern

Exchange 2003 arbeitet mit Transaktionsprotokolldateien. Alle Aktionen, die Anwender durchführen und mit denen sie Änderungen in der Datenbank vornehmen, wie E-Mails schreiben, Termine planen, öffentliche Ordner erstellen usw., müssen von Exchange gespeichert werden. Damit dieser Speichervorgang jederzeit konsistent und performant ist, arbeitet Exchange ähnlich wie der SQL Server. Jede Änderung und jede Aktion wird zunächst in eine Datei geschrieben. Von dieser Datei arbeitet Exchange dann Änderung für Änderung ab und speichert sie in seiner Datenbank. Diese Dateien sind für den Betrieb eines Exchange Servers sowie zur Datensicherung unerlässlich. Jede Transaktionsprotokolldatei hat eine Größe von 5 Mbyte. Sobald eine Datei von Exchange voll geschrieben wurde, wird eine neue Transaktionsprotokolldatei angelegt. Dieser Vorgang geschieht automatisch. Informationsspeicher, die in derselben Speichergruppe angeordnet sind, verwenden jeweils dieselben Transaktionsprotokolle. Werden diese beschädigt, vor allem wenn die darin enthaltenen Änderungen noch nicht in der Datenbank gespeichert sind, werden alle Informationsspeicher dieser Speichergruppe beeinträchtigt beziehungsweise beschädigt.

> Löschen Sie auf keinen Fall manuell Transaktionsprotokolle. Wenn Sie eine Online-Sicherung Ihrer Datenbank mit einem Exchange-tauglichen Datensicherungsprogramm durchführen, werden diese Dateien gesichert und danach automatisch durch das Sicherungsprogramm gelöscht, ein manuelles Eingreifen ist nicht notwendig. Selbst wenn Ihnen die Datenbankdateien verloren gehen, können Ihre Exchange-Daten mit den Transaktionsprotokollen teilweise wiederhergestellt werden.

Sie sollten von Anfang an Ihren Exchange Server online sichern. Versäumen Sie das, besteht die Möglichkeit, dass die Partition, in der die Transaktionsprotokolldateien gespeichert sind, überläuft. Wenn Exchange keine neuen Transaktionsprotokolldateien anlegen kann, da kein Plattenplatz mehr vorhanden ist, stellt der Server seine Funktion ein und kein Benutzer kann sich mehr mit dem System verbinden.

Checkpoint-Datei und Soft-Recovery

Exchange speichert in einer speziellen Datei, der *Checkpoint-Datei*, welche Transaktionsprotokolle bereits in die Datenbank geschrieben wurden. Standardmäßig liegt die Checkpoint-Datei im selben Verzeichnis wie die Transaktionsprotokolle. Die Checkpoint-Datei hat die Syntax *E0n.chk*. Bei jedem Beenden oder Starten des Exchange Servers überprüft Exchange anhand der Checkpoint-Datei, welche Transaktionsprotokolle noch nicht in die Datenbank geschrieben wurden, und schreibt die restlichen Transaktionsprotokolle in die Datenbank. Das Herunterfahren eines Exchange Servers kann etwas dauern, wenn viele Transaktionsprotokolle zu verarbeiten sind. Wenn ein Exchange Server beim Herunterfahren und Schreiben in die Datenbank unterbrochen wird, führt er diesen Vorgang beim Starten durch. Wenn Sie die Checkpoint-Datei löschen, werden alle Transaktionsprotokolle, die dem Exchange Server zur Verfügung stehen, erneut in die Datenbank geschrieben. Prinzipiell können Sie mit einer leeren Datenbank und einem vollständigen Satz Transaktionsprotokolle Ihre Datenbank wieder vollkommen herstellen. Dieser Vorgang wird *Soft-Recovery* genannt, und der Exchange Server führt diese Aufgabe vollkommen selbstständig, also ohne Eingreifen eines Administrators, durch. Wenn Exchange beginnt, Transaktionsprotokolle während einer Soft-Recovery in die Exchange-Datenbank zu schreiben, wird folgendes Ereignis in das Anwendungsprotokoll geschrieben

```
Event Type: Information
Event Source: ESE
Event Category:
Event ID: 301
Date: 10/17/2003
Time: 5:52:11 AM
User: N/A
Computer: server_name
Description:
Information Store (1728) The database engine has begun
replaying logfile H:\Apps\Exchange\MDBDATA\E0014553.log.
For more information, click http://www.microsoft.com/
contentredirect.asp.
```

Listing _1.1: Event in der Ereignisanzeige beim Soft-Recovery

Diese Meldung weist darauf hin, dass der Exchange Server erkannt hat, dass die Datenbank nicht komplett ist, und er Transaktionsprotokolle in die Datenbank schreiben muss. Wenn die Überprüfung der Datenbank und deren GUID im Active Directory erfolgreich ist, wird mit dem Soft-Recovery begonnen, was mit folgender Meldung im Anwendungsprotokoll angezeigt wird:

```
Event Type: Information
Event Source: ESE
Event Category: (?)
Event ID: 204
Date: 10/17/2005
Time: 5:49:01 AM
User: N/A
Computer: server_name
Description:
Information Store (1728) The database engine is
restoring from backup. Restore will begin replaying
logfiles in folder H:\Apps\Exchange\TempLog\SG1\ and
continue rolling forward logfiles in folder H:\Apps\
Exchange\TempLog\SG1\.
```

Listing _1.2: Event in der Ereignisanzeige

Nachdem alle Transaktionsprotokolle in die Datenbank geschrieben wurden, wird eine letzte Meldung im Anwendungsprotokoll erzeugt, die darüber informiert, dass das Soft-Recovery abgeschlossen ist.

```
Event Type: Information
Event Source: ESE98
Event Category:
Event ID: 205
Date: 10/17/2005Time: 5:52:10 AM
User: N/A
Computer: server_name
```

Backup von Exchange Servern

```
Description:
Information Store (1728) The database engine has stopped
restoring.
```
Listing _1.3: Event in der Ereignisanzeige

11.4.2 Sicherungsarten von Exchange

Um Ihre Exchange-Daten zu sichern, stehen Ihnen drei Varianten zur Verfügung, die Online-Sicherung, die Offline-Sicherung und – neu in Exchange 2003 – die Schattenkopie-Sicherung (Shadow Copy Backup).

Online-Sicherung

Die Online-Sicherung ist eigentlich der einzige richtige und professionelle Weg der Datensicherung. Dabei werden die Exchange-Daten durch das Datensicherungsprogramm gesichert, während die Exchange-Dienste laufen. Anschließend wird die Datenbank als gesichert markiert. Die Online-Sicherung kann zwar auch vom Windows-Datensicherungsprogramm durchgeführt werden, Sie sollten dieses Programm allerdings nur in Ausnahmefällen oder übergangsweise verwenden. Auf Dauer sollten Sie nur Profitools, wie zum Beispiel Symantec Backup Exec für kleinere Firmen oder NetBackup für größere Systeme, verwenden. Symantec ist im Bereich Datensicherung unter Windows 2000, Windows 2003 und Exchange der Marktführer.

Während einer Online-Sicherung liest das Sicherungsprogramm jede einzelne Datenbanktabelle Stück für Stück aus. Da während der Online-Sicherung die Exchange-Dienste laufen, können unter Umständen Benutzer auf ihre Postfächer zugreifen. Dies wird allerdings nicht empfohlen. Die Datensicherung sollten Sie immer nachts durchführen. Da aber auch Änderungen in der Datenbank stattfinden können, wenn kein Benutzer angemeldet ist, muss ein weiterer Mechanismus der Datensicherung diese Daten erfassen, wenn die Tabellen von der Sicherung bereits auf Band geschrieben wurden. Exchange schreibt solche Änderungen in so genannte *Patch-Dateien* auf den Datenträger. Wenn alle Tabellen gesichert wurden, werden zum Schluss die Patch-Dateien mitgesichert, damit alle Änderungen in der Datensicherung berücksichtigt wurden. Zum Abschluss sichert das Datensicherungsprogramm zudem die Transaktionsprotokolle und löscht diese anschließend. Die Dateien werden nicht durch Exchange gelöscht und sollten auch unter keinen Umständen manuell gelöscht werden.

Ablauf einer Online-Sicherung

11 Datensicherung

Verschiedene Varianten der Online-Sicherung

Wenn Sie die Datensicherung konfigurieren, stellen Ihnen die Datensicherungsprogramme mehrere Varianten dazu zur Verfügung. Um eine vernünftige Sicherungsstrategie zu erarbeiten, sollten Sie sich mit diesen Möglichkeiten beschäftigen. Auch das Windows-Datensicherungsprogramm beherrscht diese verschiedenen Varianten.

Die *vollständige und normale Sicherung* ist die geläufigste und am meisten verwendete Art der Sicherung. Sie dauert sehr lange, da alle ausgewählten Daten gesichert werden. Da durch diese Sicherung alle Daten des Systems in einem Sicherungssatz vorliegen, kann eine Wiederherstellung aus diesem Sicherungssatz sehr schnell erfolgen. Die vollständige oder normale Sicherung benötigt zudem den meisten Platz auf dem Sicherungsmedium, da alle Daten gesichert werden. Die normale oder vollständige Exchange-Datensicherung sichert alle Datenbanken und Transaktionsprotokolldateien online. Die Transaktionsprotokolldateien werden nach der Sicherung gelöscht. Diese Sicherung ist dazu geeignet, einen Exchange Server zu sichern und Plattenplatz wieder freizugeben, ohne einen Datenverlust zu riskieren.

Kopie-Sicherungen sind vollständige oder normale Sicherungen, bei denen gesicherte Dateien nicht als gesichert markiert werden. Eine Kopie-Sicherung löscht zudem keine Transaktionsprotokolle. Die Kopie-Sicherung sollte aus diesen Gründen nicht in eine Datensicherungsstrategie integriert werden, sondern nur zum temporären Sichern von Daten dienen, wenn an einem Server Wartungsarbeiten oder Optimierungen durchgeführt werden. Dadurch werden die Sicherungsstrategien mit inkrementeller oder differenzieller Sicherung nicht beeinflusst. Da gesicherte Dateien nicht als gesichert markiert werden, kann auf der Kopie-Sicherung keine inkrementelle oder differenzielle Sicherung aufbauen. Und da die Transaktionsprotokolldateien nicht gelöscht werden, wird durch die Kopie-Sicherung auf dem Exchange Server auch kein Plattenplatz freigegeben.

Inkrementelle Sicherung eines Exchange Servers

Inkrementelle Sicherungen dienen zum Aufbau einer Datensicherungsstrategie. Damit Sie mit inkrementellen Sicherungen ein vernünftiges Datensicherungskonzept entwickeln können, müssen Sie einen Kompromiss zwischen Platzverbrauch durch die Datensicherung, Geschwindigkeit und optimale Wiederherstellung eingehen. Inkrementelle Sicherungen sollten nur zusammen mit vollständigen/ normalen Sicherungen verwendet werden. Die inkrementelle Sicherung eines Exchange Servers sichert keine Exchange-Datenbanken, sondern nur die Transaktionsprotokolldateien. Nach der Sicherung der Transaktionsprotokolldateien werden diese durch das Sicherungsprogramm gelöscht. Weil bei der inkrementellen Sicherung nur die Transaktionsprotokolldateien berücksichtigt werden, sind die Dauer und der Plattenverbrauch dieser Sicherung sehr gering. Da dadurch aber auch die Exchange-Daten auf verschiedene Sicherungssätze verteilt sind, dauert eine eventuell notwendige Rücksicherung viel länger als bei der normalen Sicherung. Die Wiederherstellung mit der inkrementellen Sicherung dauert am längsten, denn außer der letzten vollständigen Sicherung müssen alle inkrementellen Sicherungen wiederhergestellt werden. In regelmäßigen Abständen, zum Beispiel einmal pro Woche oder Monat, werden die Exchange-Datenbanken vollständig mit der normalen Sicherung gesichert. Im Zeitraum dazwischen werden die Datenbanken inkrementell gesichert. Dies ist ein guter Kompromiss zwischen Dauer und Platzverbrauch der Datensicherung und einer schnellen Datenwiederherstellung. Um mit einer solchen Strategie eine Wiederherstellung durchzuführen, muss zunächst die letzte vollständige Sicherung und danach die einzelnen inkrementellen Sicherungen wiederhergestellt werden. Bei der Umlaufprotokollierung wird immer derselbe Satz Transaktionsprotokolle verwendet. Dadurch steigt der Plattenverbrauch zwar nicht an, die Datensicherung ist jedoch deutlich eingeschränkt. Da bei der inkrementellen Sicherung die Transaktionsprotokolle gelöscht werden, kann diese bei aktivierter Umlaufprotokollierung natürlich nicht verwendet werden.

Bei der differenziellen Sicherung Ihres Exchange Servers werden wie bei der inkrementellen Sicherung keine Datenbanken gesichert, sondern nur die Transaktionsprotokolldateien. Im Gegensatz zur inkrementellen Sicherung werden die Transaktionsprotokolle nach der Sicherung nicht gelöscht. Auch die differenzielle Sicherung ist nur dann sinnvoll, wenn Ihre Exchange Server in regelmäßigen Abständen vollständig mit der normalen Sicherung gesichert werden. Sie können beispielsweise wöchentlich Ihre Datenbanken vollständig mit der normalen Sicherung sichern und an den Wochentagen differenziell. Dadurch werden einmal in der Woche die Transaktionsprotokolle gelöscht und unter der Woche geht die Sicherung sehr schnell, da lediglich die Transaktionsprotokolle gesichert werden. Der Plattenverbrauch von Exchange steigt zwar unter der Woche an, aber am Wochenende, während der normalen Sicherung, wird wieder Plattenplatz freigegeben. Mit der differenziellen Sicherung lässt sich eine Wiederherstellung viel schneller durchführen als mit der inkrementellen, da nur der letzte vollständige Sicherungssatz sowie der letzte differenzielle Sicherungssatz zurückgespielt werden müssen. Da die differenzielle Sicherung auf den Transaktionsprotokollen aufbaut, kann diese Sicherungsmethode nicht verwendet werden, wenn Sie für eine Speichergruppe die Umlaufprotokollierung aktiviert haben. Die tägliche Sicherung sichert alle Daten, die sich am Tag der Sicherung geändert haben. Die Daten werden nicht als gesichert markiert, die Transaktionsprotokolldateien nicht gelöscht. Sie sollten diese Sicherung nur in Ausnahmefällen verwenden.

Differenzielle Sicherung eines Exchange Servers

11 Datensicherung

Sicherung mit der Windows 2003-Datensicherung

Mit der Windows 2003-Datensicherung können Sie keine speziellen Features wie das Rücksichern einzelner E-Mails oder Postfachspeicher durchführen (*Brick-Level-Backup*), sondern nur ganze Speichergruppen wiederherstellen. Das Programm ist im Vergleich zu Profiprogrammen deutlich eingeschränkt. Wenn Sie die Exchange-Datenbank auf einem anderen Server als dem Exchange Server sichern wollen, müssen Sie auf dem Remoteserver die Exchange 2003-Systemverwaltungstools installieren. Diese erweitern die Funktionen des Windows 2003-Datensicherungsprogramms um die Möglichkeit, Exchange-Datenbanken online zu sichern. Beachten Sie aber, dass die Datensicherungsdatei von Exchange nicht gerade wenig Plattenplatz verbraucht. Auf der Partition, auf der Sie die Sicherung ablegen, sollte also genügend Plattenplatz zur Verfügung stehen. Das Sicherungsprogramm ist eine abgespeckte Version von Backup Exec. Performance und Stabilität sind gegenüber der Version in Windows NT 4.0 deutlich verbessert worden und eignet sich für die Datensicherung in kleineren Firmen sowie übergangsweise für größere Unternehmen. Wenn ein Postfachspeicher gesichert wurde, erhält er durch das Datensicherungsprogramm einen Zeitstempel. Diesen Zeitstempel können Sie im Exchange System-Manager in den Eigenschaften des jeweiligen Postfachspeichers im Register *Datenbank* einsehen.

Abbildung 11.10: Den Zeitpunkt der letzten Datensicherung im Exchange System-Manager überprüfen

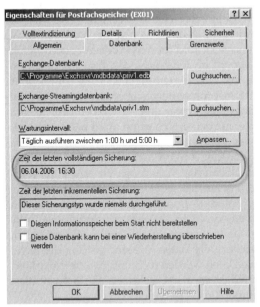

Sie können sowohl den Zeitpunkt der letzten Komplettsicherung als auch den Zeitpunkt der letzten inkrementellen Sicherung ersehen.

Offline-Sicherung eines Exchange Servers

Die Offline-Sicherung ist im Gegensatz zur Online-Sicherung kein Sicherungssystem, bei dem Transaktionsprotokolle gelöscht und Dateien als gesichert markiert werden. Eine Offline-Sicherung bedeutet das manuelle Kopieren des Exchange-Verzeichnisses in ein anderes Verzeichnis oder auf Band. Damit die Exchange-Datenbank kopiert werden kann, müssen Sie alle Exchange-Dienste beenden. Nach dem Beenden der Dienste können Sie die Exchange-Daten kopieren und danach die Dienste wieder starten. Sie sollten diesen Vorgang nur in Ausnahmefällen durchführen, keinesfalls aber in Ihre Sicherungsstrategie integrieren. In manchen Fällen, zum Beispiel bei Optimierungsarbeiten, Hardwareänderungen am Server oder Fehlerbehebungen, kann eine Offline-Sicherung sinnvoll sein. Bevor Sie eine Offline-Sicherung durchführen, sollten Sie einige Vorbereitungen treffen. Überprüfen Sie, ob für die Speichergruppe die Umlaufprotokollierung aktiviert wurde. Dies spielt zwar für die Offline-Sicherung direkt keine Rolle, wenn Sie aber eine Speichergruppe sichern, die für die Umlaufprotokollierung aktiviert wurde, können Sie später keine Transaktionsprotokolle in das Offline-Backup einspielen. Dieses Feature ist nur möglich, wenn die Umlaufprotokollierung deaktiviert ist. Die Konfiguration für die Umlaufprotokollierung nehmen Sie in den Eigenschaften der Speichergruppe im Exchange System-Manager vor. Als Nächstes sollten Sie überprüfen, auf welchem Datenträger und in welchem Pfad die einzelnen Datenbanken liegen. Auch der Speicherort der Transaktionsprotokolle und der CHK-Datei ist wichtig. Diese Informationen erhalten Sie, wie die Umlaufprotokollierung, in den Eigenschaften der Speichergruppe. Um später die Transaktionsprotokolle in ein Offline-Backup einzuspielen, müssen die beiden Dateien der Datenbank, die EDB- und die STM-Datei, in dasselbe Verzeichnis zurückgespielt werden, aus dem sie gesichert wurden. Wenn Sie den Pfad der Datenbank nach einem Offline-Backup ändern, müssen Sie zum Einspielen der Transaktionsprotokolle in die Datenbankdateien den Pfad wieder an den ursprünglichen Standort zurückverlegen. Sie können in einem solchen Fall nur die Transaktionsprotokolle zurückspielen, die vor dem Ändern des Datenbankpfads erstellt wurden. Die Transaktionsprotokolle können hingegen in einem beliebigen Pfad zurückgespielt werden. Dies liegt daran, dass die Transaktionsprotokolle zwar den Pfad zu den Datenbankdateien beinhalten, die Datenbankdateien den Pfad zu den Transaktionsprotokollen jedoch nicht kennen. Sie sollten sich ebenfalls den Pfad zur *e00x.chk*-Datei merken. In dieser Datei speichert Exchange, welche Transaktionsprotokolle bereits in die Datenbank geschrieben wurden. Wenn Sie nach einem Offline-Backup die Transaktionsprotokolle in die Datenbank spielen wollen, müssen Sie diese Datei löschen. Wenn die CHK-Datei fehlt, schreibt Exchange alle vorhandenen Transaktionsprotokolle in die Datenbank.

11 Datensicherung

Um einen einzelnen Postfachspeicher oder Informationsspeicher für öffentliche Ordner offline zu sichern, müssen Sie zunächst seine Bereitstellung aufheben. Sie brauchen nicht die Bereitstellung aller Datenbanken einer Speichergruppe aufzuheben oder gar den Informationsspeicherdienst zu beenden. Als Nächstes sollten Sie die beiden Datenbankdateien EDB und STM auf Konsistenz überprüfen.

11.4.3 Volume Shadow Service (VSS) und Exchange 2003

Eine Neuerung in Windows 2003 ist der Volume Shadow Service (VSS). Mit dieser neuen Sicherungstechnik lassen sich ganze Datenträger in wenigen Minuten sichern und wiederherstellen. Die Sicherung Ihrer normalen Dateien mit VSS wird mit dem Windows 2003-Datensicherungsprogramm bereits unterstützt. Ein großer Vorteil von VSS liegt in der Geschwindigkeit, mit der die Datensicherung durchgeführt werden kann, und der geringen Performance, die benötigt wird. Eine VSS-Sicherung ist ein Snapshot von bestimmten Daten zu einem genauen Zeitpunkt. Diese Sicherung ist immer konsistent. Exchange 2003 unterstützt die neue Sicherungstechnik VSS von Windows 2003. Sie können jedoch mit der VSS-Erweiterung des Windows 2003-Datensicherungsprogramms nur normale Dateien sichern, nicht aber die Exchange-Datenbanken online. Um die Exchange-Datenbanken mit VSS zu sichern, benötigen Sie das Tool eines Drittherstellers, zum Beispiel Backup Exec oder den Microsoft System Center Data Protection Manager 2006. Es werden nur die Sicherungsvorgänge *Normal* und *Kopie* unterstützt. Mit VSS können keine differenziellen oder inkrementellen Sicherungen angelegt werden.

11.4.4 Sicherung von speziellen Diensten von Exchange 2003

Außer der Exchange-Datenbank können und sollten Sie wichtige Dienste sichern. Zu diesen Diensten gehören zum Beispiel der Standortreplikationsdienst oder die IIS-Metabase. Der Standortreplikationsdienst (SRS) dient zur Verbindung von Exchange 2003 Servern mit Exchange 5.5 Servern in einer Exchange 5.5-Organisation. Die IIS-Metabase enthält wichtige Informationen zur Konfiguration des IIS eines Servers. Da Exchange 2003 große Teile seiner Konfiguration in der IIS-Metabase abspeichert, sollten Sie diese in regelmäßigen Abständen sichern.

Standortreplikationsdienst (SRS)

Der SRS wird für die Koexistenz und die Migration von Exchange 5.5 zu Exchange 2003 benötigt, aber nur, wenn Sie Exchange 2003 in einer Exchange 5.5-Organisation installieren. Bei einer reinen Exchange 2003-Organisation, auch mit Exchange 2000 Servern, wird der SRS nicht verwendet. Der SRS emuliert auf einem Exchange 2003 Server für die Exchange 5.5 Server in der Organisation einen Exchange 5.5 Server, damit die verschiedenen Serverversionen Informationen untereinander austauschen können. Dieser Dienst ist bei einer Koexistenz mit Exchange 5.5 ein sehr wichtiger Dienst, der nicht ausfallen darf. Die Sicherung des SRS gestaltet sich recht einfach. Wenn auf einem Server ein SRS erstellt wurde, erkennt das Datensicherungsprogramm automatisch seine Datenbank und bietet diese zur Online-Sicherung an. Lassen Sie diese Datenbank auf alle Fälle auf dem SRS-Server mit Ihrer Datensicherung mitsichern. Darüber hinaus müssen weder Dienste beendet noch besondere Konfigurationen vorgenommen werden.

Sie können auch für den SRS eine Offline-Sicherung durchführen. Beenden Sie dazu den Systemdienst Microsoft Exchange-Standortreplikationsdienst und kopieren Sie das Verzeichnis *SRSData* aus Ihrem Exchange-Verzeichnis. Dieses Verzeichnis enthält alle Daten des SRS.

Offline-Sicherung des SRS

IIS-Metabase

Wie bereits erwähnt, enthält die IIS-Metabase wichtige Konfigurationen und Informationen des IIS und von Exchange 2003. Die Exchange-Systemaufsicht repliziert in regelmäßigen Abständen Informationen von der Metabase in das Active Directory, allerdings nicht alle. Es ist daher sehr wichtig, diese Metabase in regelmäßigen Abständen zu sichern. Wenn Ihnen Informationen des IIS auf dem Exchange Server verloren gehen oder die Metabase beschädigt wird, kann dies auch einen Absturz Ihres Exchange Servers und eine notwendige Neuinstallation nach sich ziehen. Die Sicherung der Metabase ist kein komplizierter Vorgang, kann aber nicht ohne weiteres mit einem automatischen Task durchgeführt werden, sondern muss durch den Administrator manuell gestartet werden. Die Sicherung des IIS können Sie nur im Snap-In zur Verwaltung des IIS durchführen. Klicken Sie dazu mit der rechten Maustaste auf Ihren Server im Snap-In.

Abbildung 11.11: Sicherung der IIS-Metabase

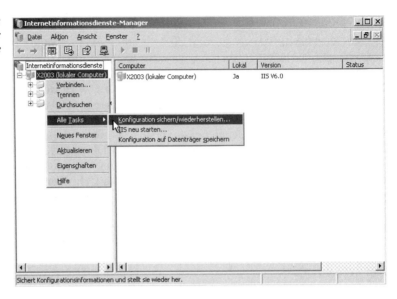

Wählen Sie aus dem Menü *Alle Tasks* aus. Zur Sicherung des IIS stehen Ihnen zwei Optionen zur Verfügung.

▶ *Konfiguration sichern/wiederherstellen* – Wenn Sie diese Option wählen, werden Sie feststellen, dass der IIS automatisch regelmäßig Sicherungen seiner Metabase durchführt. Sie können an dieser Stelle jederzeit manuell weitere Sicherungen durchführen und mit Kennwort versehen.

▶ *Konfiguration auf Datenträger speichern* – Mit dieser Option können Sie Sicherungen nach einer Konfigurationsänderung durchführen und gleich auf einen Datenträger auslagern. Diese Option steht jedoch nur zur Verfügung, wenn eine Konfigurationsänderung durchgeführt worden ist.

11.4.5 Wiederherstellung von Exchange

Die Wiederherstellung wichtiger Daten baut auf einer stabilen Sicherungsstrategie auf. Diese Strategie bestimmt, ob Sie Daten zurücksichern können, welche Daten das sind und wie lange diese Sicherung dauert und wie lange Sie auf frühere Datenbestände zurückgreifen können. Zu einer guten Datensicherungsstrategie gehören zudem Tests, um eine eventuelle Wiederherstellung zu überprüfen. Im Idealfall sollten diese Tests in regelmäßigen Abständen stattfinden, damit jederzeit gewährleistet ist, dass die Sicherungsstrategie funktioniert, keine Lücken aufweist und die Dauer der Wiederherstellung akzeptabel ist.

Wiederherstellung einzelner Postfächer

Die Wiederherstellung einzelner Postfächer kann notwendig werden, wenn Sie versehentlich einen Benutzer mit Postfach gelöscht haben. Dieser Fall wird relativ selten vorkommen. In vielen Unternehmen werden jedoch ausscheidende Mitarbeiter und ihre Postfächer gelöscht, obwohl die Daten der Postfächer eventuell noch benötigt werden. In Exchange 2000 und Exchange 2003 sind die Postfächer von Benutzern mit dem Benutzerobjekt im Active Directory verbunden. Wird das Konto des Benutzers aus dem Active Directory gelöscht, wird auch das entsprechende Postfach des Benutzers aus der Exchange-Datenbank gelöscht. Damit aufgrund dieser engen Verbindung von Postfach und Benutzer nicht versehentlich Daten gelöscht werden, hat Exchange einen eingebauten Mechanismus, der Postfächer vor einem Löschvorgang schützt. Wenn ein Benutzer mit Postfach gelöscht wird, bewahrt Exchange das Postfach des Benutzers standardmäßig weitere 30 Tage auf, bevor es endgültig aus dem System gelöscht wird. In diesem Zeitraum kann das Postfach jederzeit wieder mit einem neuen Benutzer verbunden werden. Der Benutzer, mit dem das Postfach verbunden wird, darf allerdings über kein Postfach verfügen, da in Exchange 2003 jedem Postfach genau ein Benutzer und umgekehrt zugeordnet werden kann. Sie können den Zeitraum eigenständig definieren, in dem Postfächer nach dem Löschen des zugeordneten Benutzers aufbewahrt werden sollen.

Das neue Tool *Wiederherstellung von Postfächern* oder auf Englisch *Mailbox Recovery Center* ist ein weiteres Beispiel für die oft sehr ungeschickte Übersetzung ins Deutsche. Ich verwende daher in diesem Kapitel durchgehend den englischen Begriff. Das Mailbox Recovery Center ist ein neues Tool in Exchange 2003. Sie können mit diesem Tool gelöschte Postfächer in Ihren Postfachspeichern schnell finden und wiederherstellen. Unter Exchange 2000 war dieser Vorgang bei vielen Postfachspeichern noch eine sehr undankbare Aufgabe. Das Mailbox Recovery Center ist eine der Neuerungen in der Datensicherung von Exchange 2003, die oft schon ein Update von Exchange 2000 und vor allem von Exchange 5.5 rechtfertigen würden. Mit dem Mailbox Recovery Center können Sie mehrere Postfächer gleichzeitig wieder verbinden oder in eine Datei exportieren. Die Wiederherstellung von Postfächern finden Sie im Exchange System-Manager unter dem Menü *Extras*.

Wiederherstellung von Postfächern/Mailbox Recovery Center

Abbildung 11.12: Neues Tool in Exchange 2003 zur Wiederherstellung von Postfächern

11 Datensicherung

Sie können mit dem Mailbox Recovery Center Postfächer auf allen Exchange Servern Ihrer Organisation wieder verbinden. Bevor Sie jedoch Postfächer wieder verbinden können, müssen Sie im Mailbox Recovery Center erst die entsprechenden Postfachspeicher hinterlegen lassen. Wählen Sie die Postfachspeicher aus, die Sie mit dem Mailbox Recovery Center verwalten wollen. Nach dem Hinzufügen der Postfachspeicher untersucht das Mailbox Recovery Center alle gewählten Postfachspeicher nach gelöschten Postfächern und zeigt diese im Suchfenster an. Wenn Sie versehentlich einen Benutzer gelöscht haben und wissen, in welchem Postfachspeicher sein Postfach gespeichert war, reicht es natürlich aus, wenn Sie nur diesen Postfachspeicher zur Untersuchung auswählen. Da im Suchfenster alle gelöschten Postfächer auf einmal angezeigt werden, haben Sie schnell einen Überblick und können sofort Maßnahmen zur Wiederherstellung ergreifen.

Wiederherstellung aus einer Online-Sicherung

Wenn Sie Postfächer mit der Windows 2003-Datensicherung wiederherstellen wollen, müssen Sie einen etwas komplizierteren Weg wählen, als mit professioneller Software wie Backup Exec möglich wäre. Um die Daten eines Postfachs wiederherzustellen, müssen Sie erst die gesicherte Exchange-Datenbank auf einem Testrechner wiederherstellen und das Postfach daraus extrahieren. Zunächst müssen Sie auf einem Testrechner ein Active Directory mit einer Exchange 2003-Organisation erstellen. Folgende Komponenten müssen dabei nicht die gleiche Bezeichnung haben wie in der Produktivumgebung:

▶ Die Windows 2003-Domäne und Gesamtstruktur darf einen anderen Namen haben.

▶ Die Bezeichnung des Servers muss nicht mit dem Originalnamen übereinstimmen.

Folgende Komponenten müssen mit der originalen Organisation und Umgebung identisch sein:

▶ Bezeichnung der Exchange-Organisation
▶ Bezeichnung der administrativen Gruppen
▶ Bezeichnung der Speichergruppen
▶ Bezeichnung der Postfachspeicher
▶ Die Laufwerkszuordnungen müssen mit dem Quellserver identisch sein.

Wiederherstellung einer Exchange-Datenbank

Sie können mit der Datensicherung auch einen kompletten Informationsspeicher wiederherstellen. Da bei einem solchen Vorgang ohnehin alle Postfächer wiederhergestellt werden, die sich in dieser Datenbank befinden, müssen Sie dazu weder einen neuen Server installieren noch eine Recovery Storage Group erstellen (siehe nächster Abschnitt). Sie können eine Datenbank sehr einfach mit der Win-

Backup von Exchange Servern

dows-Datensicherung auf dem Quellserver wiederherstellen. Die Vorgänge sind dabei analog zur Wiederherstellung auf einem dedizierten Wiederherstellungsserver, mit dem Unterschied, dass die Datenbank direkt auf dem Quellserver wiederhergestellt wird. Sie können eine Datenbank auch aus einer Offline-Sicherung wiederherstellen. Bei der Wiederherstellung einer Datenbank aus einer Online-Sicherung werden einige Vorgänge der Reihe nach abgearbeitet. Um einige davon müssen Sie sich als Administrator selbst kümmern, andere werden automatisch bei der Datensicherung durchgeführt.

Aelita Recovery Manager for Exchange

Wenn Sie öfters mal einzelne E-Mails oder ganze Postfächer wiederherstellen müssen, empfehle ich Ihnen das Zusatzprogramm Aelita Recovery Manager for Exchange von Quest. Mehr Informationen und Whitepapers zu diesem Programm finden Sie unter www.quest.com. Mit diesem Programm können Sie sehr einfach einzelne Elemente oder ganze Postfächer aus der Datensicherung zurückspielen.

Um zum Beispiel eine Wiederherstellung durchzuführen, sollten Sie Aelita auf einem Test-Exchange-Server in Ihrer Organisation installieren auf dem auch Outlook installiert ist. Aelita benötigt den MAPI-Zugriff von Outlook für die Wiederherstellung einzelner Objekte. Nach der Installation müssen Sie zunächst eine Quelle festlegen, aus der Aelita Daten wiederherstellen kann. Hier bietet sich eine Datei an, die Sie entweder mit dem Windows-Datensicherungsprogramm oder einem anderen Tool erstellt haben. Entweder Sie greifen mit Aelita direkt auf die Datensicherung zu oder erstellen parallel zu der produktiven Datensicherung regelmäßig eine Kopie-Sicherung (Erklärung siehe weiter vorne).

Sie können mit Aelita auch auf eine Offline-Sicherung zugreifen und Daten aus einer EDB-Datei wiederherstellen. Als Wiederherstellungsziel geben Sie entweder eine PST-Datei an, die später in Outlook importiert wird oder ein Postfach in das die Objekte, die wiederhergestellt werden sollen, direkt importiert werden. Organisationen, die auch Exchange Server einsetzen, sollten meiner Meinung nach dieses sehr günstige und extrem leistungsfähige Produkt verwenden. Mit Aelita können auch einzelne E-Mails sehr schnell wiederhergestellt werden.

11.5 Backup mit Imaging

Die Sicherung von Servern mit Imaging, also der kompletten Sicherung eines Servers dadurch, dass mit spezieller Software ein Abbild erzeugt wird ist für sich allein genommen kein ausreichendes Backup-Konzept. Als Zusatzlösung oder zumindest für einen Ausfall kann die Sicherung mit Images durchaus hilfreich sein. Noch vor einigen Jahren mussten Server heruntergefahren werden, um mit Images gesichert werden zu können, heutzutage unterstützen einige Applikationen das Imaging eines Servers im laufenden Betrieb. Die gängigsten Produkte in diesem Bereich sind:

- Symantec LiveState Recovery
- Acronis True Image

Beide Programme können Server in Echtzeit sichern. Die Sicherung der Server ermöglicht bei einem eventuellen Systemabsturz nicht nur die komplette Wiederherstellung des Servers und seiner Konfiguration. Da der Server komplett gesichert werden kann, können Sie aus den gesicherten Images auch die Daten komplett oder einzelne Dateien wiederherstellen.

11.5.1 Optimale Vorgehensweise zur Sicherung per Image

Die beste Vorgehensweise zur Sicherung des Betriebssystems auf einem Server besteht darin, in regelmäßigen Abständen ein Image erstellen zu lassen und dieses Image im Netzwerk abzulegen. Vor allem vor gravierenden Änderungen wie der Installation neuer Anwendungen oder Service Packs kann es sinnvoll sein, am Abend zuvor, natürlich automatisiert, ein Image zu erstellen. Sollte bei der anschließenden Installation der Software etwas schief gehen, kann der Server mithilfe dieses Images wiederhergestellt werden. Nach erfolgreicher Installation der Software ist die Erstellung eines weiteren Images sicherlich auch sinnvoll, um auch diesen Status im Notfall wiederherstellen zu können. Für jeden Server sollten mehrere Images verfügbar sein, um die einzelnen Softwarestände mithilfe einer Rücksicherung wiederherstellen zu können. Die Daten auf den einzelnen Servern können in regelmäßigen Abständen oder sogar täglich per Image gesichert werden. Erfahrungsgemäß ändert sich bei Servern der Stand des Betriebssystems und dessen Konfiguration nur selten. Die Daten auf dem Server werden allerdings häufiger geändert. Vor allem bei Datenbankservern und ERP-Systemen schadet es nicht, außer der Sicherung per Band und der möglichen Sicherung mit Zusatztools des Programms noch eine Sicherung per Image durchzuführen.

Sie sollten die Sicherung per Image auf jeden Fall der Sicherung von Servern über die Datensicherung vorziehen. Wenn Sie zum Beispiel einen Server mit der Backup Exec Intelligent Desaster Recover (IDR)-Option sichern, geht das zwar relativ schnell, aber die Wiederherstellung ist sehr umfangreich und funktioniert oft nicht. Bei der Rücksicherung eines Images benötigen Sie nichts außer der Start-CD des Image-Programms und einem Image, das Sie zurückspielen können. Bei der Wiederherstellung über ein Backup-Programm benötigen Sie die Bänder der Sicherung, eine Notinstallation des Betriebssystems, Treiber und viel Nerven, weil einem das Spulen von Bändern im Notfall länger vorkommt als normal. Acronis True Image und Symantec LiveState Recovery können nicht nur die Daten, sondern auch das Betriebssystem und den Bootdatenträger im laufenden Betrieb sichern, das gilt auch für Dateien, die in Benutzung sind.

Sie sollten vor der Erstellung von Images von Exchange Servern oder Datenbankservern wie dem MS SQL Server oder Oracle alle Dienste anhalten, welche die Datenbanken verwenden. Acronis True Image und Symantec LiveState Recovery können zwar geöffnete Dateien ebenfalls sichern, aber vor allem komplexe Datenbankanwendungen lassen sich dadurch besser sichern. Sie können vor der nächtlichen Erstellung eines Images per Batchjob die notwendigen Dienste herunterfahren und danach wieder starten lassen. Achten Sie jedoch darauf, dass Sie diese Vorgänge nicht im Zeitfenster der Online-Sicherung durch die Datensicherungssoftware durchführen, da unter Umständen sonst die Datensicherung fehlschlagen kann.

Acronis True Image und Symantec LiveState Recovery sichern immer ganze Partitionen und können von einer zentralen Verwaltungskonsole administriert werden. Sie können automatisiert regelmäßig Images erstellen lassen, sowie vor und nach jedem Image Skripts laufen lassen, um bestimmte Dienste zu beenden oder andere Aufgaben durchzuführen. Bei der Rücksicherung können Sie entweder das komplette Image oder einzelne Dateien aus dieser Sicherung wiederherstellen.

11.6 Fazit

Zu einem guten Backup-Konzept gehört sicherlich zunächst die Sicherung durch eine professionelle Software auf ein Bandlaufwerk. Auch die effiziente Implementation einer Medienrotation gehört dazu. Zusätzlich sollten Sie die Möglichkeiten der Datenbanken und ERP-Software zum Export der Daten ausnutzen und auch diese im Netzwerk speichern lassen. Für eine schnelle Wiederherstellung ist die Verbindung einer Bandsicherung mit Sicherung auf Festplatte

11 Datensicherung

ebenfalls sinnvoll. Imaging-Produkte ergänzen dieses Konzept um einen weiteren Schritt zur effizienten Datensicherung. Aus diesem Grund sollten Sie Images in Ihr Sicherheitskonzept mit einbeziehen, aber nicht ausschließlich darauf aufbauen.

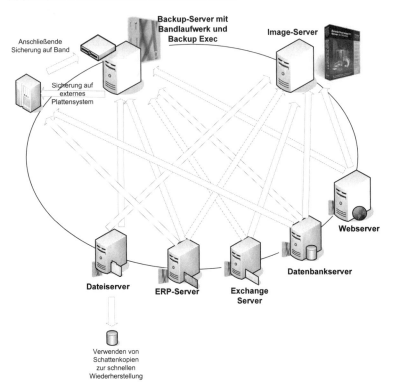

Abbildung 11.13:
Optimales Backup-Konzept

Abbildung 11.13 sieht zwar auf den ersten Blick etwas verwirrend aus, zeigt aber den optimalen Aufbau eines Backup-Konzepts mit folgenden Schritten:

- Backup – Täglich werden die Daten mit dem Agent der Datensicherung zunächst auf einen externen schnellen Plattenstapel auf dem Backup-Server gesichert.
- Backup – Nach erfolgreicher Sicherung auf den Plattenstapel werden die Daten aufgrund der Medienrotation auf Band gesichert.
- Backup – In regelmäßigen Abständen werden Images der Server mit Betriebssystem, Bootdatenträger auf den Image-Server gesichert. In kürzeren Abständen werden die Partitionen der Daten auf den Image-Server gesichert.
- Backup – Die Daten der Spezialserver wie ERP- oder Datenbankserver werden mit Skripts und kostenlosen Mitteln täglich exportiert und getrennt gesichert.

Fazit

Sie sehen an diesem Beispiel, dass nicht nur eine Backup-Stufe optimal ist, sondern im Idealfall gleich vier. Wenn Sie die Sicherung des Dateiservers mit Schattenkopien dazuzählen, sind es sogar fünf Schritte, die dafür sorgen, dass die Daten im Unternehmen nicht verloren gehen können und schnell wieder verfügbar sind, falls es zu versehentlichen Löschvorgängen kommt. Zum einen kann durch diese Sicherung gewährleistet werden, dass sich notwendige Daten auf Band befinden und diese regelmäßig außer Haus gelagert werden, zum anderen können Daten sehr schnell aus unterschiedlichen Ständen wieder den Benutzern zur Verfügung gestellt werden. Alle Maßnahmen lassen sich automatisieren und müssen nur durch Berichte regelmäßig überwacht werden. Was arbeitsintensiv ist, das sind die Konzeption und das einmalige Einrichten.

12 Terminalserver

Mit den Windows-Terminaldiensten ist es möglich, Windows-Anwendungen auf allen Arten von Geräten, unabhängig vom Betriebssystem, zu starten. Dabei läuft die eigentliche Anwendung auf dem Terminalserver, während der Benutzer mit einem Client Verbindung zu einer Sitzung auf einem Terminalserver aufbaut. Auf dem Client werden nur die Bildschirmänderungen angezeigt. Dies funktioniert ähnlich wie bei der Fernwartung mit PC Anywhere oder VNC, nur deutlich schneller.

12.1 Vorteile von Terminalservern

Durch einen Terminalserver lassen sich Anwendungen schnell in der Firma verteilen, da diese nur auf einem oder mehreren Terminalservern installiert werden müssen und Clients Verbindung zu diesem Server aufbauen können. Ein Terminalserver zeigt seine Stärken bei der schnellen Verteilung von Windows-basierten Anwendungen auf Rechner innerhalb eines Unternehmens, speziell auch von Anwendungen, die häufig aktualisiert werden oder schwer zu verwalten sind. In vielen Unternehmen hat eine Terminalserver-basierte Infrastruktur Einzug gehalten oder die IT-Verantwortlichen spielen gerade mit dem Gedanken, eine solche aufzubauen. Dabei stellen entfernte Standorte und Anwender und die schnelle Anwendungsbereitstellung die Hauptgründe für den Einsatz dar.

Ursprünglich hat Microsoft die Technik von Citrix gekauft und entwickelt das Produkt seitdem eigenständig weiter. Jeder neue Windows-Server bekommt somit erweiterte Funktionen, die bisher Citrix geboten hat. Wenn eine Anwendung auf einem Terminalserver und nicht separat auf jedem einzelnen Endgerät installiert werden muss, kann der Administrator sicher sein, dass Benutzer mit der aktuellsten Version der Anwendung arbeiten. Gerade die Nutzung von Terminalservern für das Ausführen von Anwendungen über Verbindungen mit geringer Bandbreite, wie Wählverbindungen oder gemeinsam verwendete WAN-Links, erweist sich als vorteilhaft, wenn auf große Datenmengen zugegriffen wird und diese Daten bearbeitet werden sollen. Hier werden nicht die Daten an sich übertragen, sondern nur die Bildschirmdarstellung. Der Einsatz eines Terminalservers steigert die Produktivität der Benutzer, da er ihnen die Möglichkeit bietet, an praktisch jedem Computer auf aktuelle Anwendungen zuzugreifen, auch wenn der Rechner von der Leistung her nicht dafür ausgelegt ist oder es sich um ein System handelt, das nicht auf Windows basiert.

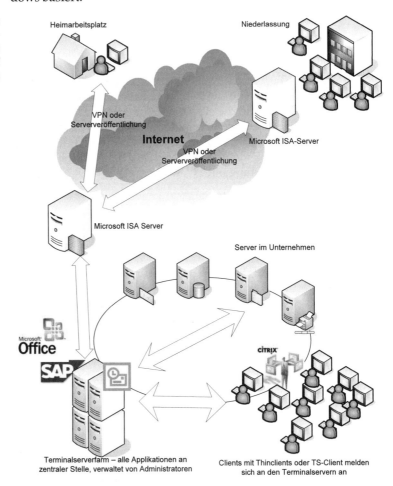

Abbildung 12.1: Terminalserver-Infrastruktur mit Niederlassung und Heimarbeitsplätzen

Generell wird für die Arbeit mit den Terminaldiensten unter Windows 2000 und Windows Server 2003 nicht unbedingt Citrix Metaframe benötigt. Citrix ist ein Add-On, das auf die Windows-Terminaldienste aufsetzt und diese um zahlreiche Features erweitert. Seit Windows 2000 werden die Terminaldienste standardmäßig mit dem Betriebssystem ausgeliefert und können jederzeit aktiviert werden. Unter Windows NT 4 gab es noch eine eigene Serverversion für den Terminalserver, die Windows NT 4 Terminal Server Edition. In Windows 2003 wurden die Terminaldienste von Windows 2000 stark verbessert.

Vorteile von Terminalservern

12.1.1 Wer profitiert von den Terminaldiensten?

Welche Benutzer profitieren von dieser Möglichkeit und welche Firmen können mit einer Terminalserverlösung einen Mehrwert erreichen? Zunächst lässt sich dazu sagen, dass alle Arbeitsplätze, die per remote angebunden werden, also mit einer schmalbandigen Leitung in Niederlassungen ohne Administrator bzw. von zu Hause, sehr stark von einem Terminalserver profitieren. Die beiden Protokolle RDP und ICA sind hauptsächlich für solche schmalbandigen Verbindungen optimiert und ermöglichen Remotebenutzern die Arbeit im Firmennetzwerk mit allen Programmen, die benötigt werden, mit einer guten Performance auszuführen. Wenn Benutzer Probleme haben, können sich Administratoren vom Supportplatz aus in die Sitzung des Benutzers schalten und schnell und effizient bei Problemen helfen. Auch Firmen, die schnell bestimmte Applikationen an möglichst viele Benutzer verteilen wollen, profitieren von Terminalservern. Aus diesem Grund setzen vor allem Unternehmen mit SAP oder anderen Warenwirtschaftssystemen immer mehr auf Terminalserver, da sich die Administrationskosten stark reduzieren lassen. Durch die Verwendung der Terminaldienste lassen sich zahlreiche Administrationsprobleme in Unternehmen optimal lösen:

- Neue Anwendungen, wie zum Beispiel die Microsoft Office-Pakete, verschlingen immer mehr Ressourcen und machen so eine Aufrüstung oder Neuanschaffung bei den Benutzer-PCs notwendig. Zu den dadurch entstehenden direkten Aufwendungen für die Hardware kommen noch weitere Kosten für die Installation, Verwaltung und den Aufbau der Systeme hinzu.
- Nach der Installation der Anwendungen müssen regelmäßig Updates eingespielt werden, um die Software funktionstüchtig zu halten. Dadurch erhöhen sich ebenfalls wieder Aufwand und Kosten für die Pflege des Systems.
- Auf manchen Arbeitsstationen werden andere Betriebssysteme eingesetzt als Windows, die Benutzer sollen jedoch Anwendungen nutzen, die nur für Windows verfügbar sind.
- Die PCs der Anwender, die eine bestimmte Anwendung benutzen sollen, befinden sich nicht im Verwaltungsbereich der für diese Anwendungen zuständigen Administratoren. Es handelt sich zum Beispiel um die Systeme von freien Mitarbeitern, die ihre Computer selbst installieren.

12 Terminalserver

Abbildung 12.2:
Zugriff auf Server
bei Infrastrukturen
ohne Terminalserver

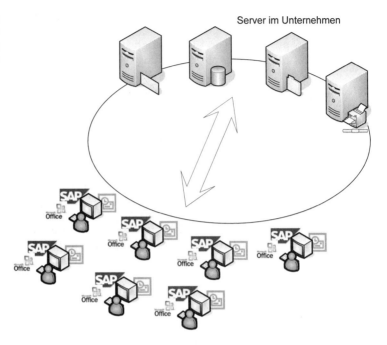

Windows Server 2003 kann als Terminalserver installiert werden und stellt zentral Anwendungen zur Verfügung, die von den Benutzern ausgeführt werden sollen. So erfolgt die Ausführung nicht mehr lokal auf den leistungsschwachen Anwender-PCs, sondern auf einem Terminalserver. Vergleicht man die Kosten für die Neuanschaffungen, ergibt sich häufig ein besseres Ergebnis zugunsten des Servers. Zudem sinken mittel- bis langfristig die Kosten für die Administration, da die Anwendungen nur noch auf den wenigen Terminalservern gepflegt und aktualisiert werden müssen statt auf sämtlichen einzelnen Anwender-PCs.

Zwar stellt Microsoft lediglich einen Terminalserverclient für Windows zur Verfügung, doch bestehen mehrere Möglichkeiten, auch von anderen Betriebssystemen wie Linux auf den Terminalserver zuzugreifen. Eine Möglichkeit ist die zusätzliche Installation von Citrix Presentation Server auf dem Terminalserver. Dieses Produkt nutzt ein anderes Übertragungsprotokoll für die Kommunikation zwischen Client und Server als der Microsoft-Terminalserver und für dieses Protokoll sind auch Clients für die oben genannten Betriebssysteme verfügbar. Für Anwender, die von außerhalb auf die Anwendungen auf dem Terminalserver zugreifen wollen, selbst aber keinen Terminalserverclient installiert haben, stellt Microsoft zusätzlich die Option zur Verfügung, einen webbasierten Client zu benutzen. Der Anwender muss dazu keine zusätzliche Software installieren, sondern verbindet sich lediglich mit einer Webseite, von der ein ActiveX-Control geladen wird, über das wiederum die Verbindung zum Server hergestellt wird. So muss von Seiten der Administratoren keine Installation der Software auf den PCs durchgeführt werden.

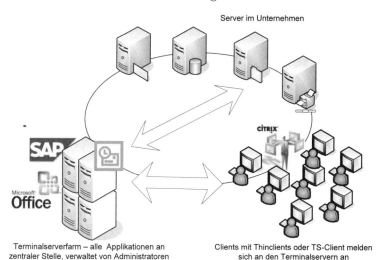

Abbildung 12.3:
Infrastruktur mit
Citrix oder Terminalservices

Terminalserverfarm – alle Applikationen an zentraler Stelle, verwaltet von Administratoren

Clients mit Thinclients oder TS-Client melden sich an den Terminalservern an

12.2 Planung der Clients

Beim Einsatz eines Terminalservers müssen nicht alle Anwendungen auf dem Server installiert werden. Der Einsatz erfolgt immer zusätzlich. Es ist daher ohne weiteres möglich, dass manche Anwender einzelne Applikationen auf ihrem PC installiert bekommen, während andere Applikationen auf dem Terminalserver laufen. Bei gut geplanten und umgesetzten Terminalservern bemerken die Anwender so gut wie gar nicht, wenn eine Anwendung statt lokal auf dem Terminalserver gestartet wird. Wenn auf einem PC mit Applikationen und zusätzlich mit einem Terminalserver gearbeitet wird, zum Beispiel für SAP oder ein anderes ERP-System, spricht macht von *Fat-Clients* für den Terminalserver. Wenn auf einem PC überhaupt keine Anwendungen installiert werden und nur auf dem Terminalserver gearbeitet wird, spricht man von *Thin-Clients*. Es gibt mittlerweile zahlreiche Hersteller solcher Thin-Clients. Der Vorteil ist, dass diese Clients sehr kompakt sind, so gut wie keinen Strom verbrauchen und keine Lizenzkosten verursachen, da im Hintergrund meistens Linux installiert wird. Der Anwender bemerkt die Linux-Installation auf dem Thin-Client nicht, da sofort nach dem Start die Anmeldung am Terminalserver durchgeführt wird. Diese Anmeldemaske sieht genauso aus wie die Anmeldung an einem normalen Windows-PC. Auf Thin-Clients muss darüber hinaus das Betriebssystem nicht gepflegt werden, da dieses meistens in ein kleines Speicherchip integriert wird. Ein bekannter Hersteller solcher Thin-Clients ist die Firma *Igel*. Unter *www.igel.de* können Sie sich näher über das Thema informieren. Sie können auch ohne weiteres Ihre vorhandenen PCs als Terminalserver-Clients weiter verwenden und nur nach und nach die defekten PCs durch Thin-Clients ersetzen.

12.3 Geschichte der Terminaldienste

Ursprünglich stammten auch die Windows-Terminaldienste von Citrix. Citrix hat auf der Basis von Windows NT 3.51 ein Programm entwickelt, mit dem es möglich war, auf einem Windows NT 3.51 Server mehrere Benutzersitzungen gleichzeitig zu öffnen. Dieses Programm hatte die Bezeichnung Winframe und war der direkte Vorgänger der heutigen Metaframe-Lösung von Citrix. In Winframe wurden die Prozesse der einzelnen Serversitzungen strikt voneinander getrennt, sodass Benutzer auch mit verschiedenen Berechtigungen auf einem Server arbeiten konnten. Microsoft hat nach der Entwicklung die Technologie erstmals in die *Windows NT 4 Terminal Server Edition* übernommen. Seit Windows 2000 sind die Terminaldienste Bestandteil des Basisbetriebssystems, es muss keine spezielle Windows Server-Version mehr gekauft werden. Inzwischen kennen diese Dienste zwei Arbeitsweisen: Remoteadministration und Terminaldienste. Bei der Remoteadministration können sich nur zwei weitere Benutzer auf einen Server zuschalten, diese Betriebsweise ist nicht lizenzpflichtig. Bei den Terminaldiensten können sich prinzipiell beliebig viele Benutzer auf den Server zuschalten, diese Dienste benötigen jedoch eine spezielle Terminalserverlizenzierung. Bei Windows 2003 ist die Remoteadministration standardmäßig installiert, die Terminaldienste müssen als Serverrolle hinzuinstalliert werden.

12.4 Funktionsprinzip der Terminaldienste

Wenn Benutzer mit einem PC arbeiten, werden ihre Tastatur- und Mauseingaben lokal wiedergegeben. Auch die Ausgabe des PCs erfolgt direkt auf dem Bildschirm und alle Daten werden lokal verarbeitet. Die Geschwindigkeit einer Anwendung ist von der Performance des PCs abhängig. Wenn Benutzer über einen Terminalserver arbeiten, werden die Tastatur- und Mauseingaben über ein Netzwerkprotokoll an einen Terminalserver übermittelt, der auch die Daten verwaltet. Die Bildschirmausgabe wird über das Netzwerk wieder an den Client übermittelt. Durch diese Arbeitsweise wird die Last der Datenverarbeitung auf einen Server ausgelagert und der Client-PC muss nur noch die Änderungen des Bildschirms anzeigen. Im Grunde

genommen funktionieren bei der Arbeit mit einem Terminalserver die
einzelnen Benutzer-PCs wie die Terminals aus früherer Zeit.

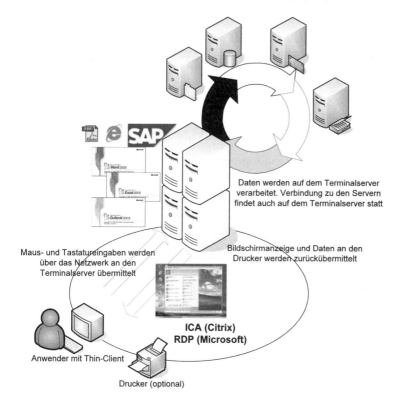

*Abbildung 12.4:
Datenübertragung
mit den Terminal-
diensten über ICA
oder RDP*

Je nach Konfiguration können die Drucker, die lokal am Client zur
Verfügung stehen, von den Anwendungen auf dem Terminalserver
verwendet werden.

 Das Netzwerkprotokoll, mit dem die Terminaldienste Daten mit
den Clients austauschen, wird RDP (Remote Desktop Protokoll)
genannt, das mittlerweile in Windows Server 2003 in der Version
5.2 vorliegt. Citrix arbeitet mit dem ICA-Protokoll (Independant
Computing Architecture).

12.5 Planen der notwendigen Hardware und Software

Viele Unternehmen verfolgen bei der Planung einer Terminalserverlösung einen falschen Ansatz. Oft steht die Kostenersparnis in den Bereichen Hardware und Lizenzierung im Vordergrund. Die Vorteile eines Terminalservers liegen in der Ersparnis an Administrationskosten, da diese deutlich vereinfacht wird und bei der Softwareverteilung. Natürlich besteht oft auch die Möglichkeit, bei Hard- und Software Kosten zu sparen, aber das ist nicht zwingend bei jedem Projekt möglich. Der größte Vorteil einer Terminalserverumgebung ist die schnelle Verteilung von Anwendungen und die niedrigeren Verwaltungskosten, da Applikationen zentralisiert zur Verfügung gestellt werden können.

Alle hier folgenden Überlegungen beziehen sich immer nur auf die Funktion als Terminalserver, bei der Funktion zur Remoteadministration werden für die reine Verwaltungsarbeit eines Servers keine zusätzlichen Ressourcen benötigt.

12.5.1 Konzeption eines Terminalservers

Die vom Benutzer auf dem Terminalserver ausgeführten Anwendungen laufen in einer eigenen untereinander isolierten Umgebung. Die vom Server zur Verfügung gestellte Arbeitsumgebung wird als *Terminalserversitzung* bezeichnet. Ein Anwender kann eine Sitzung starten und anschließend die Verbindung beenden, ohne die Sitzung selbst zu schließen. Seine Arbeitsumgebung bleibt damit auf dem Server erhalten und der Anwender kann sich später wieder mit der Sitzung verbinden. Da der Terminalserver die Arbeit vieler einzelner Anwender-PCs übernehmen muss, steigen natürlich auch die Anforderungen an die Hardware. Damit eine prozessorlastige Anwendung nicht den kompletten Server lahm legt, findet man in der Praxis häufig Mehrprozessorsysteme mit mehreren Gbyte RAM vor.

Eine Faustregel für die richtige Ausstattung gibt es leider nicht, hier müssen Sie von Fall zu Fall entscheiden, wie viel Rechen- und Speicherkapazität eine Anwendung benötigt. Da die Anwendungen selbst aber nur auf dem Server geladen werden müssen und dann von mehreren Anwendern gleichzeitig genutzt werden können, sinkt die relative benötigte Speichermenge bei zunehmender Benutzeranzahl. Dennoch sollten Sie einen Terminalserver ab 20 aktiven Benutzern besser mit einem Mehrprozessorsystem ausstatten.

Terminalserver grundsätzlich dediziert einsetzen

Der Terminalserver sollte grundsätzlich dediziert eingesetzt werden, das heißt, er wird ausschließlich für diese Funktion eingesetzt und nicht zusätzlich als Dateiserver oder für andere Serverdienste wie

Datenbanken oder E-Mail, da hierdurch die Leistung des Systems zu sehr reduziert würde. Ein Terminalserver ist kein Serverdienst, bei dem man Kompromisse eingehen sollte, indem noch andere Serverdienste auf dem Server betrieben werden.

12.5.2 Optimale Hardware für einen Terminalserver

Die Einbindung eines Terminalservers erfordert Investitionen in schnelle Hardware. Zunächst müssen Sie Hardware für die Terminalserver planen. Dabei müssen Sie davon ausgehen, dass die Prozessorlast und die Nutzung des Arbeitsspeichers mit steigender Benutzeranzahl stark ansteigt. Auf einem Terminalserver können nach meiner Erfahrung und je nach Anwendung maximal 50 bis 60 Mitarbeiter gleichzeitig performant arbeiten, bevor die Leistung in die Knie geht. Meistens werden weniger Anwender mit einem Terminalserver verbunden. Wenn Sie mehr Mitarbeiter anbinden wollen, benötigen Sie auch mehrere Server, vor allem auch aus Sicht der Ausfallsicherheit. Arbeitsspeicher ist ein wichtiger Punkt. Sie müssen damit rechnen, dass jeder Benutzer, der sich mit einem Terminalserver verbindet, mindestens 32 Mbyte RAM benötigt. Ein Terminalserver sollte also mindestens 1 Gbyte RAM, besser 2 Gbyte oder mehr installiert haben. Berücksichtigen Sie bei der Planung des Arbeitsspeichers nicht nur die Anzahl der Benutzer, sondern auch die Serverdienste des Terminalservers, die ebenfalls mindestens 256 Mbyte RAM benötigen, besser 512 Mbyte. Sobald mehr als 10 Anwender gleichzeitig mit einem Terminalserver verbunden sind und mit Applikationen arbeiten, reicht 1 Gbyte RAM nicht mehr aus.

12.5.3 Notwendige Lizenzen für einen Terminalserver

Außer der Hardware benötigen Sie für einen Terminalserver zusätzlich noch verschiedene Softwarelizenzen. Die Lizenzierung auf dem Terminalserver ist nicht trivial. Im Gegensatz zu anderen Produkten von Microsoft ist der Terminalserverlizenzierungsdienst sehr penibel. Wenn sich mehr Anwender mit dem Terminalserver verbinden wollen, als Lizenzen vorhanden sind, werden die Benutzer nicht mehr verbunden. Aus diesem Grund sollten Sie bereits in der Planung die richtige Anzahl Lizenzen berücksichtigen. Bedenken Sie dabei auch die steigende Anzahl der Benutzer.

Betriebssystemlizenzen

Sie benötigen für jeden Terminalserver eine Windows 2000 oder Windows 2003 Server-Lizenz. Abhängig vom Arbeitsspeicher des Servers benötigen Sie einen Windows 2000 Standard Server (bis 4 Gbyte

RAM und 4 Prozessoren) oder einen Windows 2000 Advanced Server (bis 8 Gbyte RAM und 8 Prozessoren). Wenn Sie Windows 2003 einsetzen, stehen Ihnen zwei verschiedene Servervarianten zur Verfügung. Windows Server 2003 Standard Edition unterstützt weiterhin 4 Prozessoren, 4 Gbyte RAM und die Terminaldienste. Windows Server 2003 Enterprise Edition unterstützt 8 Prozessoren sowie 32 Gbyte RAM.

Die Windows Server 2003 Web Edition unterstützt keine Terminaldienste, das gilt auch für den Small Business Server (SBS) 2003 und 2003 R2.

Serverlizenzen (CALs)

Wenn Sie einen Terminalserver lizenzieren, benötigen Sie für jeden Benutzer, wie bei normalen Serverzugriffen auf File- oder Printserver, eine entsprechende Clientzugriffslizenz auch CAL genannt. Diese CALs sind in kein Betriebssystem integriert, sondern müssen immer gesondert erworben werden. Weitere Informationen zu den CALs finden Sie in *Kapitel 2 »Microsoft-Betriebssysteme«*.

Terminalserver-Zugriffslizenzen (TS-CALs)

Bei einem Terminalserver benötigen Sie zusätzlich zu den Server-CALs noch für jeden Client, der sich mit dem Terminalserver verbindet, eine spezielle Terminalserver-Zugriffslizenz (TS-CAL). Diese Lizenz wird pro PC oder pro Benutzer vergeben und gilt also nicht *concurrent*, also pro gleichzeitigen Zugriff. Das heißt, Sie müssen nicht so viele Lizenzen kaufen, wie gleichzeitig Benutzer mit dem Terminalserver arbeiten, sondern so viele Lizenzen, wie Benutzer überhaupt mit dem Terminalserver innerhalb eines Zeitraums arbeiten. Wenn Sie nicht genügend Lizenzen einspielen, können Benutzer nur begrenzte Zeit mit einem Terminalserver arbeiten.

Neue Version

Bei Windows 2000 Professional und Windows XP Professional (nicht bei der Home Edition) ist bereits eine TS-CAL für Terminalserver unter Windows 2000 Server enthalten. Wenn Sie diese Betriebssysteme einsetzen, benötigen Sie keine zusätzlichen CALs unter Windows Server 2000. Für alle anderen Betriebssysteme, die Verbindung mit einem Terminalserver aufbauen, benötigen Sie dagegen eine TS-CAL. Diese Lizenzierungspolitik wurde unter Windows 2003 wieder geändert. Wenn Sie einen Windows 2003 Terminalserver einsetzen, sind keine Lizenzen für Windows XP oder Windows 2000 integriert. Diese müssen wie bei den anderen Betriebssystemen auch erworben werden.

Microsoft bietet für die Lizenzierung der TS-CALs die gleichen Lizenzierungsmöglichkeiten wie bei den normalen Server-CALs. Es gibt TS-Geräte-CALs und TS-Benutzer-CALs. Welche Lizenzierungsmethode für Sie die beste ist, müssen Sie aufgrund der Informationen aus *Kapitel 2 »Microsoft-Betriebssysteme«* für jedes individuelle Unternehmen getrennt konzeptionieren. Es gibt auch die bereits in *Kapitel 2* beschriebene *External Connector Lizenz* für TS-CALs. Bei dieser Lizenzierung können sich alle Geschäftspartner oder Lieferanten mit einem Terminalserver verbinden und benötigen keine zusätzlichen TS-CALs.

Citrix-Lizenzierung

Wenn Sie zusätzlich auf einem Terminalserver Citrix einsetzen, benötigen Sie darüber hinaus eine *Citrix Presentation Server*-Produktlizenz sowie Verbindungslizenzen für Citrix. Die Verbindungslizenzen bei Citrix sind *concurrent*. Sie müssen also nur so viele Lizenzen kaufen, wie sich Benutzer gleichzeitig mit dem Server verbinden. Wenn die Benutzer sich vom Terminalserver abmelden, wird die Lizenz wieder freigegeben. Das ist bei den Microsoft-Lizenzen nicht so. Diese Lizenzen bleiben auf dem Benutzer-PC erhalten, auch wenn sich der Benutzer vom Server abgemeldet hat.

Auch wenn Ihre Benutzer ausschließlich mit dem Citrix-Client per ICA auf den Terminalserver zugreifen, werden für alle Benutzer zusätzlich zu den Citrix-Lizenzen TS-CALs benötigt. Sie müssen daher den Einsatz von Citrix immer als Zusatzkosten sehen. Die Formel lautet:

Lizenzkosten beim Einsatz von Citrix Presentation Server =

(Betriebssystemlizenzen) + (MS Server-CALs) + (MS TS-CALs) + (Citrix-Produktlizenz) + (Citrix-Verbindungslizenz)

Lizenzen für installierte Applikationen

Zusätzlich benötigen Sie für jede installierte Applikation entsprechend der Benutzeranzahl Lizenzen. Auch wenn zum Beispiel Microsoft Office nur einmal auf einem Terminalserver installiert wird, benötigen Sie so viele Lizenzen, wie Benutzer mit dem Server arbeiten. Das gilt auch für alle anderen Applikationen. Manche Hersteller bieten besondere Terminalserverlizenzen an, die etwas günstiger sind. Diese Applikationen sind aber nicht sehr verbreitet. Darunter fallen zum Beispiel spezielle Applikationen, die über einen Druckertreiber Dokumente ins PDF-Format portieren. Manche Unternehmen legen die Lizenzierung so aus, dass durch eine einzige Lizenzierung von Microsoft Office alle Anwender auf dem Terminalserver damit arbeiten dürfen, aber das ist definitiv falsch. Auch die Server-CALs müssen Sie entsprechend lizenzieren.

12.6 Verbesserungen der Terminaldienste in Windows Server 2003

Microsoft hat in Windows Server 2003 zahlreiche Neuerungen in den Terminaldiensten mit eingebaut. Die Terminaldienste werden in Windows Server 2003 auf die gleiche Art und Weise installiert wie unter Windows 2000. Entweder wählen Sie bereits bei der Installation die Aktivierung der Terminaldienste aus oder installieren diese nachträglich. Außer den Verbesserungen des Clients für den Zugriff auf einen Windows 2003 Terminalserver wurden auch einige Komponenten des Servers an sich deutlich verbessert.

12.6.1 Remotedesktop für die Administration

Viele Unternehmen nutzen die Terminaldienste für die Administration ihrer Server. Wenn Sie unter Windows 2000 die Terminaldienste installieren, können Sie auswählen, ob diese im *Anwendungsservermodus* oder im *Remoteverwaltungsmodus* installiert werden sollen. Im Remoteverwaltungsmodus müssen keine Lizenzen installiert oder sonstige Maßnahmen durchgeführt werden. In diesem Modus können zwei Benutzer gleichzeitig Verbindung zu diesem Server aufbauen, um ihn remote zu verwalten. Wenn Sie auf einem Windows Server 2003 die Remoteverwaltung aktivieren wollen, rufen Sie die Eigenschaften des Arbeitsplatzes auf und wechseln zur Registerkarte *Remote*. Hier können Sie jetzt, wie bei Windows XP auch, bestimmten Benutzern erlauben, mit der Remotedesktopverbindung eine Sitzung auf dem Server aufzubauen. Standardmäßig dürfen nur die Mitglieder der lokalen Administratorengruppe eine Verbindung aufbauen.

Remotedesktop-Benutzergruppe

Anstelle Benutzer in eine Liste innerhalb der *Terminaldienste-Verbindungskonsole (Terminal Services Connection Configuration, TSCC)* einzutragen, können Sie diese nun einfach in die Gruppe der *Remotedesktop-Benutzer* (*Remote Desktop Users, RDU*) aufnehmen. Durch das Nutzen einer richtigen Domänengruppe in Verbindung mit dem Terminalserver ist es auch möglich, Gruppenrichtlinien für die Kontrolle der Zugriffe innerhalb einer Gruppe von Terminalservern zu erstellen

Verbesserungen der Terminaldienste in Windows Server 2003

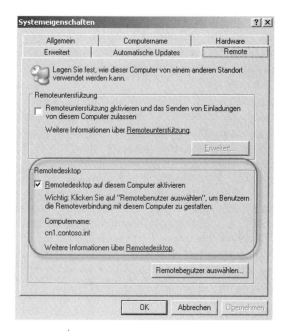

Abbildung 12.5:
Aktivierung des
Remotedesktops in
Windows Server
2003

Verwechseln Sie diese Remoteverwaltung nicht mit Programmen wie PC Anywhere, VNC oder Dameware. Diese Programme erstellen keine eigenständige Session, sondern verbinden den Benutzer direkt mit dem Desktop der Maschine. Wenn ein Benutzer bei dieser Maschine auf den Bildschirm schaut, kann er alle Eingaben des Administrators sehen. Die Remoteverwaltung mit den Terminaldiensten ist zum einen deutlich schneller als herkömmliche Verwaltungstools, verbindet den Administrator allerdings nicht mit dem Desktop, sondern macht eine unabhängige Sitzung auf.

Wenn sich ein Administrator mit einer Terminaldienste-Sitzung remote auf einen Server schaltet, kann man auf dem Bildschirm des Rechners keinerlei Eingaben erkennen. Eventuelle Fehlermeldungen auf dem Bildschirm werden in der Terminaldienste-Sitzung nicht angezeigt. Auch Programme sollten nicht in einer solchen Sitzung installiert werden, sondern besser direkt auf dem Server oder mit Dameware oder VNC.

12.6.2 Druckerverwaltung bei Terminalservern unter Windows Server 2003

Die Druckertreiberzuordnung wurde neu gestaltet, um eine bessere Zuordnung bei Ausfällen treffen zu können. Wenn keine Übereinstimmung bei den Treibern gefunden werden kann, können Sie andere Standarddruckertreiber bestimmen, die Sie für Ihre Terminalserver bevorzugen. Der Druckstrom wird komprimiert, um so eine bessere Performance für langsame Verbindungen zwischen Client und Server zu erzielen. Das Drucken aus den Terminaldiensten ist und bleibt ein Problem. Wenn Sie die Terminaldienste einsetzen, sollten Sie daher möglichst einheitliche Drucker verwenden.

Bei größeren Druckerproblemen auf Ihren Terminalservern sollten Sie für das Drucken auf zusätzliche Lösungen, wie zum Beispiel *Thinprint*, setzen. Bei dieser Lösung wird auf dem Terminalserver eine zusätzliche Software installiert und der Terminalserverclient der Anwender erweitert. Beim Einsatz größerer Terminalserverumgebungen mit vielen Druckern sollten Sie sich diese Lösung auf jeden Fall ansehen, um Probleme mit dem Ausdrucken von Dokumenten zu verhindern. Nähere Informationen finden Sie unter *www.thinprint.de*. Wenn Sie Thinprint einsetzen, muss auf dem Terminalserver kein Druckertreiber installiert werden. Die Druckjobs werden direkt auf den Client oder den Drucker geschickt. Ohne Thinprint müssen Sie auf dem Terminalserver für jeden eingesetzten Drucker einen kompatiblen Treiber installieren.

12.6.3 Richtlinien und Verschlüsselung

Standardmäßig wird die Verbindung mit einem Terminalserver über eine bidirektionale 128-Bit-RC4-Verschlüsselung gesichert. Voraussetzung ist, dass der Client 128-Bit-Verschlüsselung unterstützt (RDP nutzt 128-Bit-Verschlüsselung standardmäßig). Es besteht jedoch die Möglichkeit, mit älteren Clients zu arbeiten, die eine geringere Verschlüsselungstiefe nutzen. Die Softwareeinschränkungs-Richtlinie unter Windows Server 2003 erlaubt es Administratoren, die Einsatzmöglichkeiten von Terminalservern (bzw. von jedem anderen Windows Server 2003-basierenden Computer) zu beschränken, indem über Gruppenrichtlinien festgelegt wird, welche Programme durch spezielle Benutzer ausgeführt werden können.

12.7 Planung der Installation von Terminalservern

Um einen Terminalserver zu installieren, müssen Sie zunächst das Betriebssystem auf dem Server installieren. Sie können bereits während der Installation des Betriebssystems die Aktivierung der Terminalserverdienste auswählen.

Planung der Installation von Terminalservern

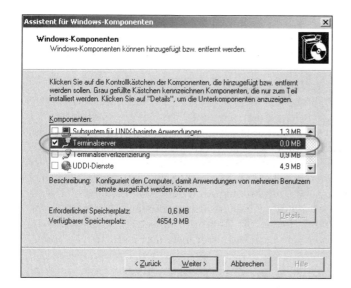

Abbildung 12.6: Installation der Terminaldienste unter Windows Server 2003

Wenn Sie die Terminaldienste unter Windows 2000 installieren, können Sie noch zwischen den Optionen *Anwendungsserver* und *Remoteverwaltungsmodus* auswählen. Wenn Sie diese Option bei der Installation von Windows Server 2003 auswählen, erscheint keine Abfrage, da die Installation der Terminaldienste unter Windows 2003 immer den Anwendungsmodus installiert. Anschließend müssen Sie noch die Sicherheitsstufe für diesen Terminalserver festlegen. Ältere Anwendungen haben oft Schwierigkeiten mit den strengen Sicherheitseinstellungen von Windows 2000 oder Windows 2003. Sie sollten aber nur in begründeten Ausnahmefällen die unsichere Variante wählen.

12.7.1 Lizenzierungsserver für die Terminaldienste

Wenn Sie die Terminaldienste installieren, müssen Sie zusätzlich auf einem Server in Ihrem Netzwerk die Terminalserverlizenzierung installieren.

Die Terminalserverlizenzierung kann aus der Systemsteuerung installiert werden. Wenn sich der Terminalserver in einem Active Directory befindet, sollten Sie die Terminalserverlizenzierung auf einem Domänencontroller installieren.

*Abbildung 12.7:
Terminalserverlizen-
zierung installieren*

Ein Terminalserver-Lizenzierungsserver unter Windows Server 2003 kann auch Terminalserver unter Windows 2000 mit Lizenzen versorgen. In diesem Fall benötigen Sie für Windows XP- und Windows 2000 Professional-PCs keine TS-CALs, solange sich diese Benutzer nur mit einem Windows 2000 Terminalserver verbinden. Ein Lizenzserver unter Windows 2000 Server kann allerdings keine Windows 2003 Terminalserver mit Lizenzen versorgen.

Sie haben grundsätzlich freie Auswahl, wo der Lizenzierungsserver installiert wird, technisch können Sie den Lizenzierungsdienst auch auf einem anderen Server als dem Domänencontroller installieren.

Die Terminaldienste laufen unter Windows 2000 90 Tage, ohne dass ein Lizenzierungsserver im Netzwerk zur Verfügung steht. Unter Windows 2003 haben Sie 120 Tage Zeit, bevor Sie den Lizenzierungsdienst auf einem Server installieren und aktivieren müssen.

Terminalserverlizenzierung

Die Terminalserverlizenzierung ist ein eigenes Verwaltungsprogramm, mit dem Sie die Lizenzierung von Terminalservern verwalten. Wie bereits erwähnt, sollte dieser Dienst auf einem Domänencontroller installiert werden. Es gibt zwar auch die Möglichkeit, die Terminalserverlizenzierung auf einem Memberserver in einer Windows-Domäne zu installieren, dies wird von Microsoft allerdings nicht empfohlen. Nach der Auswahl der Installation müssen Sie festlegen, ob der Lizenzserver für die gesamte Organisation, also das Active Directory, oder nur innerhalb der Domäne oder Arbeitsgruppe gültig ist. Wenn Sie den

Planung der Installation von Terminalservern

Lizenzserver auf einem Memberserver installieren, steht Ihnen die Option *Gesamte Organisation* nicht zur Verfügung. Wenn Sie die Option wählen, dass der Lizenzserver für die Arbeitsgruppe oder Domäne zuständig ist, können alle Terminalserver im gleichen Subnetz auf diesen Lizenzserver zugreifen. Bei der Auswahl für die gesamte Organisation können alle Terminalserver im gleichen Standort (Site) auf diesen Lizenzserver zugreifen. Ein Domänen-Lizenzserver hat für alle Terminalserver in der gleichen Windows-Domäne Gültigkeit. Wenn Sie einen Windows 2000-Lizenzserver updaten, werden alle Daten übernommen. Auch die ausgestellten Lizenzen sind daher weiterhin gültig. Sie müssen den Lizenzserver jedoch erneut aktivieren.

Nach der Installation des Lizenzierungsservers muss dieser noch telefonisch oder über das Internet bei Microsoft aktiviert werden. Die Aktivierung ist kostenlos. Auch wenn Sie nur Windows 2000 oder Windows XP einsetzen, die eigentlich keine TS-CALs benötigen, wird ein aktivierter Terminalserver-Lizenzierungsserver benötigt.

Ich persönlich bevorzuge die Aktivierung über das Internet, da dieser Weg deutlich schneller geht als telefonisch über das Microsoft Clearinghouse.

Verteilung der Lizenzen an die Clients

An alle Clients werden unter Windows 2003 temporäre Lizenzen ausgestellt, die 120 Tag gültig sind. Unter Windows 2000 werden allen Windows 2000- und XP Professional-Rechnern permanente Lizenzen ausgestellt und an die übrigen Betriebssysteme temporäre. Sie müssen vor Ablauf der 120 Tage bei Windows 2003 und der 90 Tage bei Windows 2000 Lizenzen einspielen. Sie können in der Management-Konsole feststellen, an welche Rechner Lizenzen ausgestellt worden sind. Wenn Sie einen Terminallizenzierungsserver unter Windows 2000 installieren, sollten Sie diesen unbedingt auf Service Pack 4 updaten, weil erst damit die Lizenzierung fehlerfrei läuft.

Überprüfung der Terminallizenzierung

Sie können nur sicher sein, dass die Terminallizenzierung funktioniert, wenn Sie diese getestet haben. Dazu stehen Ihnen verschiedene Möglichkeiten zur Verfügung. Wenn sich ein Benutzer mit einem Terminalserver verbindet, überprüft der Terminalserver, ob der Client bereits über eine ausgeteilte Lizenz verfügt. Hat der Client noch keine Lizenz, baut der Terminalserver Verbindung zum Lizenzierungsserver auf, ruft eine Lizenz ab und gibt diese an den Client weiter. Zunächst sollten Sie sich mit einem Client mit dem Server verbinden und überprüfen, ob die Verbindung reibungslos funktioniert.

12 Terminalserver

Abbildung 12.8:
Aktivierung eines Terminallizenzservers

Im nächsten Schritt sollten Sie in der Ereignisanzeige überprüfen, ob der verbundene Client eine Lizenz ausgestellt bekommen hat.

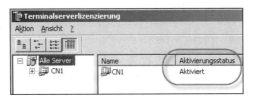

Abbildung 12.9:
Aktivierter Lizenzserver

Wenn ein Terminalserver keine Lizenz ausstellen kann, schreibt er eine entsprechende Meldung in die Ereignisanzeige.

Eine weitere Möglichkeit ist der *License Server Viewer* aus dem Windows 2000 oder Windows 2003 Resource Kit. Mit diesem Programm können Sie feststellen, ob der Terminalserver eine Verbindung zu einem Lizenzierungsserver aufbauen kann. Zusätzlich können Sie in der Registry eines Terminalservers festlegen, ob der Terminalserver immer einen bestimmten Lizenzierungsserver abfragen soll.

Verbindungsaufbau eines Terminalservers zum Terminallizenzserver

Ein Terminalserver überprüft zunächst über Registry-Einstellungen, ob die definierten Lizenzserver gefunden werden können. Sind diese nicht auffindbar, hängt es von der Installationsart des Lizenzservers ab, wie ein zuständiger Lizenzserver gefunden wird:

▶ Arbeitsgruppe oder Windows-Domäne ohne Active Directory. Wenn kein Lizenzserver gefunden wird, schickt der Terminalserver ein Broadcast und versucht, einen Lizenzserver im gleichen Subnetz zu finden.

▶ Wenn der Terminalserver in einem Active Directory installiert ist, wird auch hier zunächst versucht, einen Lizenzserver zu finden, der in der Registry definiert ist. Wird kein Lizenzserver gefunden, baut der Terminalserver Verbindung zu einem Domänencontroller auf und versucht mit einer LDAP-Abfrage, einen Lizenzserver zu finden. Zunächst werden alle Domänencontroller am selben Standort und dann in der gleichen Domäne abgefragt.

Ein Terminalserver versucht jede Stunde erneut, einen Lizenzserver zu finden. Nachdem ein Terminalserver einen Lizenzserver gefunden hat, schreibt er den Server in seine Registry als Cache. Erst wenn alle Lizenzserver in diesem Cache nicht mehr gefunden werden können, versucht der Terminalserver erneut, einen Lizenzserver zu finden. Der Cache befindet sich in der Registry unter folgendem Schlüssel:

```
HKLM\Software\Microsoft\MSLicensing\Parameters
```

Abhängig vom installierten Lizenzserver werden die Server in unterschiedliche Werte gespeichert:

- *EnterpriseServerMulti*. Hier werden alle Lizenzserver gespeichert, die für die gesamte Organisation gültig sind.
- *DomainLicenseServerMulti*. Hier werden alle Lizenzserver gespeichert, die für die Domäne zuständig sind.

Ausfallsicherheit für Lizenzserver planen

Wie Sie sehen, ist das Zusammenspiel von Lizenzserver und Terminalserver sehr wichtig. Wenn ein Terminalserver keine Lizenzserver finden kann, können unter Umständen keine Benutzer mit dem Terminalserver arbeiten. Sie sollten daher sicherstellen, dass jedem Terminalserver mindestens zwei verschiedene Lizenzserver zur Verfügung stehen. Den ersten Lizenzserver sollten Sie aktivieren und mit genügend Lizenzen versehen, damit er die Benutzer anbinden kann. Den zweiten Lizenzserver sollten Sie aktivieren, aber keine Lizenzen installieren. Fällt der erste Server aus, so kann der zweite temporäre Lizenzen ausstellen, bis der primäre wieder zur Verfügung steht. Läuft eine temporäre Lizenz ab, wird dem Client eine permanente Lizenz ausgestellt, sofern eine verfügbar ist. Wenn jedoch im Lizenzpool keine Lizenzen mehr zur Verfügung stehen, darf sich dieser Client nicht mehr neu verbinden.

Gruppenrichtlinien für die Terminalserverlizenzierung

Zusätzlich können Sie die Arbeitsweise des Lizenzservers mit Gruppenrichtlinien steuern. Wenn Sie die Gruppenrichtlinien aufrufen, finden Sie die Richtlinie für die Terminalserverlizenzierung unter dem Pfad

```
Computer Konfiguration\Administrative Vorlagen\Windows-Komponenten\Terminaldienste\Lizenzierung
```

Hier können Sie verschiedene Einstellungen vornehmen. Sie können zum Beispiel steuern, welche Terminalserver eine Lizenz durch den Lizenzserver erhalten sollen. Standardmäßig stellt ein Terminallizenzserver jedem Terminalserver, der deswegen anfragt, eine Lizenz aus. Das ist aber nicht unbedingt erwünscht. Wenn zum Beispiel eine Abteilung einen eigenen Lizenzserver kauft, hat sie nicht unbedingt

12 Terminalserver

Interesse dran, Lizenzen an andere Abteilungen des Unternehmens zu verschenken.

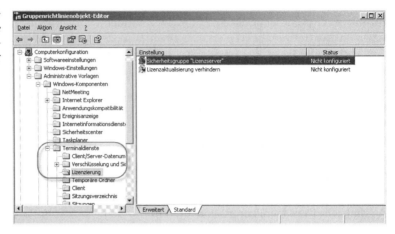

Abbildung 12.10:
Gruppenrichtlinie
für die Terminaldienstelizenzierung

Tools zur Verwaltung der Terminalserverlizenzierung

Zur Verwaltung Ihrer Terminallizenzierung stehen Ihnen verschiedene Tools zur Verfügung.

Terminalserverlizenzierungs-Tool

Das wichtigste Tool zur Verwaltung Ihrer Terminalserverlizenzen ist das Snap-In zur Verwaltung Ihrer Lizenzserver. Sie finden dieses Snap-In in der Programmgruppe *Verwaltung* auf Ihrem Lizenzserver. Damit können Sie alle erreichbaren Terminallizenzserver verwalten. Sie können Server aktivieren, Lizenzen installieren, ausgestellte Lizenzen überprüfen und widerrufen. Dieses Tool baut eine Verbindung zur Datenbank auf und zeigt alle ausgestellten und noch verfügbaren Lizenzen an.

Terminal Server License Tool

Das *Terminal Server License Tool (lsreport.exe)* ist Bestandteil des Windows 2000 und Windows 2003 Resource Kits. Mit diesem Kommandozeilen-Tool können Sie mittels verschiedener Schalter die Lizenzdatenbank überprüfen und analysieren.

Terminal Server Client License Test Tool

Mit diesem Tool können Sie detailliertere Informationen des Lizenz-Tokens auf einem Client abfragen.

12.7.2 Planung der Anmeldungsberechtigung für Benutzer

Sie können die Benutzergruppe, die die Berechtigung erhalten soll, sich auf einem Terminalserver anzumelden, in die lokale Gruppe *Remotedesktopbenutzer* auf dem Server aufnehmen. Unabhängig von der Konfiguration sollten Sie eine globale Domänengruppe planen, in der Sie Benutzer aufnehmen, die Berechtigungen erhalten, sich auf einem Terminalserver anzumelden.

Planung der Installation von Terminalservern

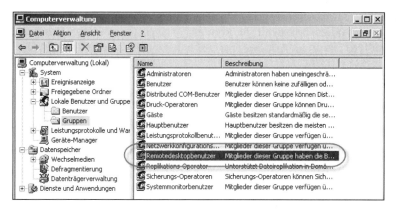

*Abbildung 12.11:
Remotedesktop-
benutzer auf einem
Terminalserver*

Wenn Sie diese globale Domänengruppe in die lokale Remotedesktopbenutzergruppe aufnehmen, können Sie über die Mitgliedschaft der globalen Domänengruppe steuern, wer mit dem Terminalserver arbeiten darf.

Remoteüberwachung der Terminalservernutzer

Administratoren haben die Möglichkeit, sich mit beliebigen Sitzungen anderer Benutzer zu verbinden. Diese Möglichkeit wird Remoteüberwachung oder *Spiegeln* genannt. Um eine Benutzersitzung zu spiegeln, klicken Sie diese mit der rechten Maustaste in der Terminaldiensteverwaltung an und wählen *Remoteüberwachung*. Anschließend können Sie eine Tastenkombination auswählen, mit der Sie die gespiegelte Sitzung wieder verlassen können. Standardmäßig dürfen bei einer gespiegelten Sitzung beide verbundenen Benutzer Maus- und Tastatureingaben vornehmen. Spiegelungen können nur von Terminalserversitzung zu Terminalserversitzung durchgeführt werden.

Sie können keine Benutzer spiegeln, wenn Sie direkt an der Konsole arbeiten. Wenn Sie einen verbundenen Benutzer mit der rechten Maustaste anklicken, können Sie darüber hinaus weitere Maßnahmen ergreifen. So können Sie Benutzersitzungen trennen, getrennte Sitzungen zurücksetzen, also komplett vom Server entfernen, eine Nachricht an den Benutzer schicken oder getrennte Sitzungen neu mit dem Clientgerät verbinden. In der *Terminaldiensteverwaltung* werden Ihnen alle getrennten Sitzungen angezeigt. Getrennte Sitzungen werden zwar nicht mehr von Benutzern verwendet, kosten aber dennoch eine Lizenz, da diese auf dem Server bis zur Zurücksetzung verfügbar gehalten werden.

Bei Windows Servern 2003 können im Remoteverwaltungsmodus nur zwei Terminalsitzungen pro Server aufgebaut werden. Wenn ein Administrator seine Sitzung nur trennt und nicht beendet, darf sich nur ein weiterer Administrator verbinden. Gibt es auf einem solchen Terminalserver im Remoteverwaltungsmodus zwei getrennte Sitzungen, können sich Administratoren nicht mehr verbinden. Mithilfe der Terminaldiensteverwaltung können Sie auch von anderen Terminalservern Sitzungen von Servern entfernen, um sich neu zu verbinden.

12.8 Installation von Software auf einem Terminalserver

Bevor Sie den Einsatz eines Terminalservers planen, sollten Sie zunächst sicherstellen, ob die Applikationen, für die Sie einen Terminalserver einsetzen, überhaupt kompatibel mit dem Terminalserver sind. In jedem Fall sollten Sie vor der Anschaffung von Lizenzen und Hardware ein paar Testbenutzer mit den Applikationen in einer Testumgebung arbeiten lassen, um sicherzustellen, dass nach der Einführung die Arbeit mit den Terminalservern auch fehlerfrei funktioniert.

Wenn Sie Software auf einem Terminalserver installieren, sollten Sie immer über das Menü *Software* in der Systemsteuerung gehen, da nur dadurch der Terminalserver für die Installation der Software vorbereitet wird. Bei aktuellen Programmen müssen Sie ansonsten nichts mehr beachten, die Skriptbastelei der alten Versionen wird in der Praxis kaum mehr verwendet. Wenn Sie auf einem Terminalserver Office 97 installieren wollen, sollten Sie zuvor in der Microsoft Knowledge Base den Artikel *Q210213* lesen, bei Office 2000 den Artikel *Q224313*. Bei der Installation von Office XP oder Office 2003 müssen Sie nichts beachten, da bei diesen beiden Produkten bereits die Unterstützung für die Terminaldienste mit eingebaut wurde. Anstatt über die Systemsteuerung Software zu installieren, können Sie auch mit dem Befehl *change user* in der Kommandozeile arbeiten:

- *change user /install*. Mit diesem Schalter wird der Terminalserver in den Installationsmodus versetzt. Sie können diesen Befehl eingeben und danach die Software wie auf jedem anderen PC installieren.
- *change user /execute*. Mit diesem Schalter wird der Terminalserver wieder in den Ausführungsmodus gesetzt. Sie sollten *change user* mit diesem Schalter nach der Installation durchführen. Wenn Sie den Terminalserver durchstarten, befindet er sich immer im ausführenden Modus, auch wenn zuvor der Schalter *change user/install* ausgeführt wurde.
- *change user /query*. Gibt den aktuellen Status des Servers wieder.

12.9 Remotedesktopverbindung (RDC)-Client

Eine wesentliche Neuerung in Windows XP und Windows Server 2003 ist der neue Client, mit dem Sie Verbindung zu einem Terminalserver aufbauen können. Dieser Client hat die Bezeichnung Remotedesktopverbindung (eng.: Remote Desktop Connection, RDC). Unter Windows 2000 und anderen Betriebssystemen musste der Client für den Zugriff noch installiert werden. Mit diesem Client können Sie sowohl Verbindung zu einem Windows 2003 Terminal Server also auch zu Windows 2000 oder sogar Windows NT 4.0 Terminal Server aufbauen. Sie finden den Client in Ihrem Startmenü unter:

Zubehör/Kommunikation/Remotedesktopverbindung

Die Remotedesktopverbindung läuft auch unter Windows 2000 oder Windows NT 4 Workstation und ist ein deutlich besserer Terminaldiensteclient als der bei Windows 2000 mitgelieferte. Damit Sie mit der Remotedesktopverbindung unter Windows 2000 oder NT arbeiten können, müssen Sie lediglich die beiden Dateien *mstsc.exe* und *mstscax.dll* auf den Zielrechner kopieren. Sie finden die beiden Dateien im *system32*-Verzeichnis unter Windows XP oder Windows Server 2003. Mit einem Doppelklick auf die Datei *mstsc.exe* können Sie unter Windows 2000 mit diesem Client arbeiten.

Abbildung 12.12: RDC-Client für den Verbindungsaufbau

12.10 Benutzerverwaltung eines Terminalservers

Sie können in einer Active Directory-Umgebung in den Eigenschaften der Benutzer im Snap-In *Active Directory-Benutzer und -Computer* spezifische Einstellungen vornehmen. Ihnen stehen für die Eigenschaften eines Benutzers die vier folgenden Registerkarten zur Verfügung:

- Umgebung
- Sitzungen
- Remoteüberwachung
- Terminaldiensteprofil

Auf der Registerkarte *Remoteüberwachung* legen Sie fest, ob dieser Benutzer von Administratoren gespiegelt werden kann und mit welchen Optionen. Hier regeln Sie auch, ob sich Administratoren ohne Bestätigung durch den Benutzer auf die Sitzung spiegeln können. Auf der Registerkarte *Terminaldiensteprofil* geht es um das servergespeicherte Profil, das ausschließlich für die Terminalsitzungen dieses Benutzers verwendet wird. Zusätzlich können Sie hier angeben, ob dem Benutzer ein bestimmtes Netzlaufwerk zugeordnet werden soll. Auch diese Konfiguration hat nur bei der Anmeldung auf einem Terminalserver Gültigkeit. Hier finden Sie auch die Option, ob sich ein Benutzer überhaupt auf einem Terminalserver anmelden darf.

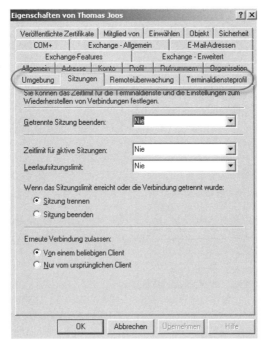

Abbildung 12.13: Verwaltung von Terminalserverbenutzern im Active Directory

12.10.1 Konzeption der Benutzerprofile auf einem Terminalserver

Nachdem Sie auf der Serverseite bereits definiert haben, welche Benutzer auf einem speziellen Terminalserver die Berechtigung zur Anmeldung haben, können Sie auf der Registerkarte *Terminaldiensteprofil* angeben, ob ein Benutzer überhaupt eine Anmeldung an irgendeinem Terminalserver durchführen darf.

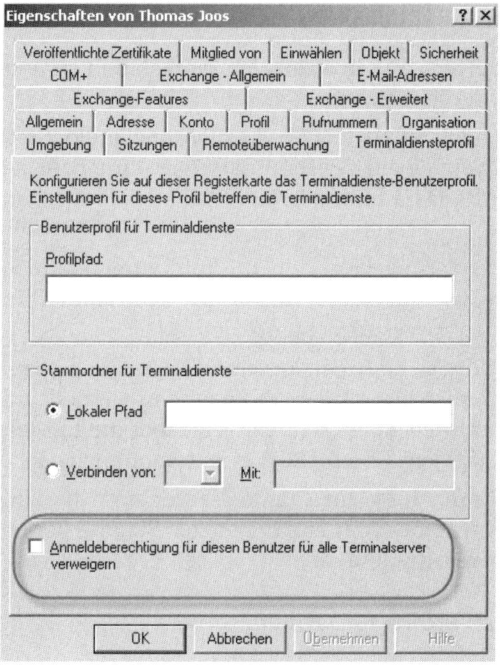

Abbildung 12.14: Anmeldung für Benutzer auf Terminalservern verweigern

In der Standardeinstellung dürfen sich Benutzer an einem Terminalserver anmelden, sofern sie in der lokalen Gruppe Remotedesktopbenutzer auf den Terminalservern Mitglied sind. Die Einstellung des Profilpfads erlaubt die Verwendung eines zweiten Benutzerprofils für die Nutzung mit dem Terminalserver, was aus zwei Gründen wichtig sein kann.

▶ Die Anwender benutzen nur lokal gespeicherte Profile, da sie sich immer an der gleichen Workstation anmelden und alle Dateien auf den Servern gespeichert sind. Um die Verfügbarkeit der Terminalserver zu erhöhen, wurden zwei Systeme installiert. Für die Anwender muss diese Umgebung allerdings transparent sein, sie dürfen also keinen Unterschied bemerken, egal auf welchem Server sie gerade arbeiten. Dazu muss aber auch gewährleistet sein, dass die Einstellungen, die ein Benutzer auf einem Server vornimmt, nach der Anmeldung auf dem anderen Server ebenfalls vorhanden sind. Das ist nur möglich, wenn das Profil, das der

12 Terminalserver

Anwender auf dem Terminalserver verwendet, nach der Abmeldung zentral gespeichert und bei der Anmeldung auf einem beliebigen Terminalserver von dort wieder geladen wird.

▶ Für die Workstations der Anwender werden zentral gespeicherte Profile verwendet. Die Anwender nutzen zudem mehrere Terminalserver, für die ebenfalls zentral gespeicherte Profile verwendet werden sollen.

Daraus ergibt sich jetzt aber ein Problem, das in den folgenden fünf Schritten dargestellt wird.

1. Der Anwender meldet sich an seiner lokalen Workstation an und sein Profil wird vom Server geladen.
2. Während der Anwender an seiner Workstation angemeldet ist, startet er eine Sitzung auf einem der Terminalserver (zum Beispiel für die Arbeit mit SAP). Daraufhin wird auch hier das Profil vom Server geladen.
3. Der Anwender hat Änderungen an seinem Profil vorgenommen und meldet sich nun wieder vom Terminalserver ab. Daraufhin wird sein Profil auf den Server zurückgeschrieben.
4. Nachdem der Anwender seine Arbeit an seiner Workstation beendet hat, meldet er sich auch hier ab. Sein Profil wird nun erneut auf den Server zurückgeschrieben, überschreibt jetzt aber die Einstellungen, die er zuvor auf dem Terminalserver vorgenommen hat.
5. Bei einer erneuten Anmeldung am Terminalserver sind die Einstellungen, die der Anwender während der letzten Sitzung vorgenommen hat, wieder verschwunden.

Definition eines zweiten Profils für Terminalserver

In beiden Fällen ist es sinnvoll, ein zweites Profil für die Verwendung auf dem Terminalserver zu definieren, das an einer anderen Stelle gespeichert wird. Ebenso kann ein anderer Basisordner für die Verwendung am Terminalserver angegeben werden, falls zum Beispiel der Terminalserver an einem anderen Standort steht. In diesem Fall würde der Zugriff auf das Heimlaufwerk über ein langsames Netzwerk erfolgen. Um die Geschwindigkeit des Systems nicht unnötig auszubremsen, wird nun ein Verzeichnis auf einem Server angegeben, das sich am selben Standort befindet wie der Terminalserver selbst, und somit erfolgen die Zugriffe wieder lokal. Wenn der Terminalserver nur verwendet wird, um eine einzige Anwendung zur Verfügung zu stellen, oder alle anderen Anwendungen über eine Startapplikation gestartet werden sollen, können Sie dem Anwender über die Registerkarte *Umgebung* statt des Windows-Desktops auch nur diese Applikation zur Verfügung stellen.

Benutzerverwaltung eines Terminalservers

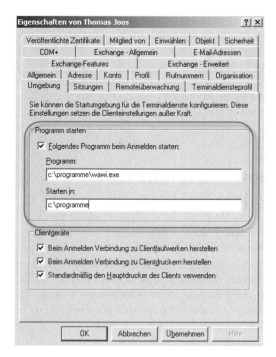

Abbildung 12.15: Starten eines speziellen Programms nach der Anmeldung auf einem Terminalserver

Aktivieren Sie dazu das Kontrollfeld *Folgendes Programm beim Anmelden starten* und geben Sie anschließend das zu startende Programm mit dem kompletten Pfad an. Unter *Starten in* können Sie zusätzlich definieren, in welches Verzeichnis vor dem Programmstart gewechselt werden soll.

Durch diesen Schritt müssen die Anwender beim Starten der Verbindung nicht noch ein Programm starten und können darüber hinaus keine Einstellungen auf dem Terminalserver verändern.

12.10.2 Anmeldeskripts auf Terminalservern

Sie können die Benutzerkonten so konfigurieren, dass die Laufwerke und deren Einstellungen mit Gruppenrichtlinien durchgeführt werden oder weiterhin wie bei normalen PCs ein Anmeldeskript durchgeführt wird. Wenn Sie für lokale Arbeitsstationen und Terminalserver das gleiche Anmeldeskript verwenden, sollten Sie im Skript für spezielle Abschnitte einen Schalter einbauen, der testet, ob das Skript auf einem Terminalserver oder einer lokalen Maschine durchgeführt wird. Ich erstelle immer auf dem Terminalserver eine neue leere Textdatei mit der Bezeichnung *tse.id*. Wenn ich im Skript jetzt eine Passage habe, die nur auf einem Terminalserver durchgeführt werden soll oder auf einem Terminalserver eher nicht, arbeite ich mit Sprungmarken innerhalb des Skripts. So können Sie zum Beispiel mit :TSE eine Sprungmarke in das Skript einbauen und mit goto tse zu dieser Marke springen. Dadurch ist es möglich, im Skript hin und her zu springen und gewisse Passagen auszulassen. Verwenden Sie dazu zum Beispiel die Syntax `if exist c:\tse.id goto tse`. Für alle Benutzer wird auf einem Terminalserver außerdem das lokale Skript *usrlogon.cmd* ausgeführt, welches sich im System32-Verzeichnis des Servers befindet. Sie können beliebige Zusätze zu diesem Skript hinzufügen oder Passagen entfernen. Effizienter ist es natürlich, spezielle Gruppenrichtlinien für Terminalserver zu verwenden.

12.11 Gruppenrichtlinien für Terminalserver planen

Neben der manuellen Konfiguration der Server- und Benutzereinstellungen ist auch eine Übernahme der Einstellungen durch Gruppenrichtlinien möglich. Die Einstellungen erfolgen dabei ebenfalls getrennt nach Servern und Benutzern. Öffnen bzw. erstellen Sie in der Verwaltungskonsole *Active Directory-Benutzer und -Computer* zunächst die Richtlinie für den Container, in dem sich die Serverobjekte befinden. Die Einstellungen für den Terminalserver finden Sie unter:

```
Computerkonfiguration/Administrative Vorlagen/Windows-
Komponenten/Terminaldienste
```

▸ „Keep-Alive"-Verbindungen – Der Terminalserver kann unter Umständen einen vom Server getrennten Client nicht immer korrekt erkennen und führt die Verbindung daher immer weiter als *aktiv*. Wenn der Benutzer versucht, sich mit dieser Sitzung wieder zu verbinden, scheitert er, da der Computer die Sitzung für nicht getrennt hält. Es wird daher eine neue Sitzung erstellt. Aktivieren Sie diese Option in solchen Fällen.

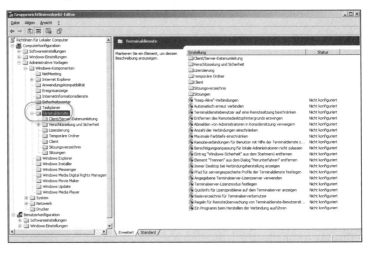

Abbildung 12.16: Gruppenrichtlinien für Terminaldienste

▷ **Entfernen des Remotedesktophintergrunds erzwingen** – Mit dieser Einstellung überschreiben Sie die Option des Terminalserverclients, dass Hintergrundbilder angezeigt werden sollen. Damit entlasten Sie den Terminalserver selbst sowie die Verbindung zum Client, da weniger Daten übertragen werden müssen und die zu übertragenden Ausschnitte schneller ermittelt werden können.

▷ **Abmelden von Administratoren in Konsolensitzungen verweigern** – Administratoren können sich mit der Verwaltungskonsole *Terminaldiensteverwaltung* direkt auf die Konsole eines anderen Terminalservers verbinden und einen anderen, dort gerade aktiven Administrator vom System trennen, solange diese Option nicht aktiviert ist.

▷ **Eintrag „Windows-Sicherheit" aus dem Startmenü entfernen** – Damit wird der Eintrag *Windows-Sicherheit*, der in Terminalserversitzungen im Startmenü erscheint, ausgeblendet. Benutzer können dadurch ihr Kennwort nicht mehr ändern.

▷ **Element „Trennen" aus dem Dialog „Herunterfahren" entfernen** – Um zu verhindern, dass Anwender ihre Sitzungen nicht beenden, sondern nur die Verbindung trennen, können Sie die Option *Trennen* für die Anwender entfernen.

▷ **Pfad für servergespeicherte Profile der Terminaldienste festlegen** – Mit dieser Einstellung stellen Sie sicher, dass alle Benutzer auf den Terminalservern servergespeicherte Profile verwenden. Geben Sie nach der Aktivierung der Option den Pfad für die Profile an, der Server fügt den jeweiligen Benutzernamen anschließend automatisch hinzu.

▷ **Basisverzeichnis für Terminalserverbenutzersitzungen festlegen** – Mit dieser Einstellung stellen Sie sicher, dass allen Benutzern auf den Terminalservern ein Basisverzeichnis zugewiesen wird. Geben Sie nach der Aktivierung der Option lediglich den Pfad für die Verzeichnisse sowie den zugeordneten Laufwerksbuchstaben an – der Server fügt den jeweiligen Benutzernamen anschließend automatisch hinzu.

▷ **Zeitzonenumleitung zulassen** – Sobald Sie diese Einstellung aktivieren, wird die lokal verwendete Zeitzone auf die Terminalserversitzung übertragen und der Anwender sieht lokal wie in der Sitzung immer die korrekte Ortszeit.

▷ **Keine Geräteumleitung für Smartcards zulassen** – In der Standardeinstellung können lokal an der Workstation angeschlossene Smartcard-Leser auch zur Anmeldung am Terminalserver verwendet werden. Deaktivieren Sie diese Option, wenn Sie nur eine manuelle Anmeldung erlauben wollen.

▷ **Clients bei der Verbindungsherstellung immer zur Kennworteingabe auffordern** – Die Optionen des Terminalserverclients erlauben es, das Kennwort für die Anmeldung vorzugeben und in der

Konfiguration zu speichern. Da dies eine Sicherheitslücke darstellen kann, aktivieren Sie diese Option, um die Anwender trotz der Einstellung im Client immer zur Passworteingabe zu zwingen.

▶ Sicherheitsgruppe „Lizenzserver" – In der Standardeinstellung teilt der Lizenzserver jedem Terminalserver Lizenzen zu, der sie anfordert. Sobald Sie diese Option aktiviert haben, müssen Sie die Computerkonten aller berechtigten Terminalserver der dann erstellten Sicherheitsgruppe Lizenzserver hinzufügen, bevor Sie eine Lizenz vom Lizenzserver anfordern können.

▶ Lizenzaktualisierung verhindern – Wenn Sie Terminalserver unter Windows 2000 Server und Windows Server 2003 einsetzen, vergibt der Lizenzserver einem Windows 2000-Terminalserver auch eine Lizenz, die eigentlich für einen Terminalserver unter Windows Server 2003 vorgesehen war, wenn keine Windows 2000-Lizenzen mehr vorhanden sind. Sobald Sie die Option aktivieren, verteilt der Lizenzserver in diesem Fall nur noch temporäre Lizenzen.

Die Einstellungen für die Benutzerkonten nehmen Sie im Abschnitt *Benutzerkonfiguration* der jeweiligen Gruppenrichtlinie unter *Administrative Vorlagen/Windows-Komponenten/Terminaldienste* vor. Hier gibt es allerdings keine Erweiterungen gegenüber den bisher vorgestellten Konfigurationsmöglichkeiten.

12.12 Citrix Presentation Server vs. Windows 2003 Terminaldienste

Wenn in einem Unternehmen ein Terminalserver eingeführt wird, stellt sich immer die Frage, ob die Funktionalitäten der Windows 2003 Terminaldienste ausreichen oder ob der Citrix Presentation Server gekauft werden muss. Bei dieser Entscheidung geht es nicht um ein Entweder-oder, sondern grundsätzlich um eine zusätzliche Anschaffung. Wenn Sie Citrix Presentation Server einführen wollen, müssen Sie alle Lizenzen von Microsoft kaufen, die auch ohne Citrix verwendet werden. Beim Einsatz von Citrix werden zusätzlich noch eine oder mehrere Produktlizenzen von Citrix und weitere Verbindungslizenzen benötigt. Aus diesem Grund sollten Sie sehr gründlich überlegen, ob dieser zusätzliche Mehraufwand lohnenswert ist.

Von großem Vorteil sind der Aufbau eines Serververbunds sowie die zentrale Administration des Servers. . Citrix Metaframe unterstützt nicht nur Windows NT 4, 2000 und 2003, sondern auch HP-UX, Sun Solaris und IBM AIX. Citrix unterstützt beliebige Clientgeräte und alle gängigen Netzwerkprotokolle wie TCP/IP, IPX, SPX, NetBEUI und RAS-Verbindungen. Die Client-Software kann automatisch vom Server an die Clients verteilt werden und wird ständig von Citrix weiterentwickelt. Die Spiegelung von anderen Sitzungen wird ebenfalls unterstützt. Metaframe hat außerdem eine eigene Weboberfläche, auf die Benutzer mit allen gängigen Browsern zugreifen können. Daten, die ständig zwischen Client und Server übertragen werden, können im Cache zwischengespeichert werden. Dadurch verringert sich der Bandbreitenbedarf deutlich. Metaframe bietet einen eigenen Lastenausgleich, damit Benutzer bei Ausfall oder Auslastung eines Servers ungestört weiterarbeiten können. In Tabelle 12.1 werden die grundlegenden Unterschiede zwischen den Terminaldiensten von Windows Server 2003 und Citrix Presentation Server aufgeführt:

Funktion	Windows 2003 Terminaldienste	Citrix Presentation Server
Server-Loadbalancing	x	x
Anwendungs-Loadbalancing		x
Serververfügbarkeitssteuerung		x
24-Bit-Farbtiefe	x	x
Client-Multimonitor-Unterstützung		x
Seamless Windows		x
Webinterface		x
Zugriff auf lokale Laufwerke	x	x
Zugriff auf lokale Drucker	x	x
Zugriff auf lokale Zwischenablage	x	x
Zugriff auf lokalen COM-Port	x	x
Audioweiterleitung	x	x
Spiegelung von Sitzungen	x	x
Verbindung nur zu einzelnen Anwendungen	x	x
Veröffentlichung von Anwendungen		x
Automatisches Update der Client-Software		x
Delegation der Administration	x	x
Gruppenrichtlinien	x	x
Zentralisierte Verwaltung	x	x
Integration in das Active Directory	x	
Verwendetes Netzwerkprotokoll	RDP	ICA
SSL-Unterstützung	x	x

Tabelle 12.1:
Citrix und Windows 2003 – Terminalserverfunktionen im Vergleich

12.12.1 Citrix-Serverfarmen vs. Windows 2003 NLB-Cluster

Der NLB-Cluster ist auf 32 Server beschränkt, wobei alle Server in einem Subnetz stehen müssen. Nach außen agiert der Cluster unter einer einzigen IP-Adresse. Wie der Name sagt, kontrolliert er die Verteilung der Terminalsitzungen anhand der Netzlast. Um die Hürde von 32 Servern zu überspringen, schlägt Microsoft den Einsatz von DNS-Round-Robin (DNSRR) vor. Unter einem DNS-Namen lassen sich verschiedene NLB-Cluster zusammenfassen. Anfragen wegen der DNS-Namen werden abwechselnd mit den Adressen der einzelnen Server des Clusters beantwortet, wobei der jeweilige NLB-Cluster den Anwender anhand der Netzauslastung auf einen Terminalserver verweist. Das Session Directory dient der Wiederaufnahme getrennter Sitzungen: Ein Mitarbeiter arbeitet an seiner Präsentation für den nächsten Tag. Nach drei Stunden Arbeit ohne zu speichern tritt ein Netzwerkfehler auf. Als Folge wird seine Terminalsitzung getrennt. Er startet seinen RPD-Client erneut und landet aufgrund des NLB-Clusters auf dem Server, auf dem die geringste Netzlast liegt. Unglücklicherweise ist dies ein anderer Server, so dass er seine bis dahin geleistete Arbeit nicht fortsetzen kann. Mit dem Session Directory wäre das nicht passiert, da dieser Dienst alle Anwender und Sitzungen protokolliert und eventuell getrennte Anwender wieder mit ihrem alten Server verbindet.

Das Session Directory arbeitet mit einer Jet-basierten Datenbank und kann mehrere NLB-Cluster unterstützen. Doch genau an diesem Punkt besteht auch ein Schwachpunkt einer reinen Windows-Terminalserver-Lösung. Die Lastverteilung basiert auf Netzwerkverkehr. Was passiert aber, wenn gerade wenig Netzkommunikation stattfindet, jedoch CPU oder Speicher extrem belastet sind? Unter der Aufsicht des NLB-Clusters werden weiterhin neue Anwender auf diesen Server gelenkt. In einer Terminalserverfarm sind es eher die CPU- und Speicherkomponenten, die für eine entsprechende Benutzerwahrnehmung und Performance sorgen. Da hinkt ein reines netzwerkorientiertes Loadbalancing hinterher. Sollte die Farm dann noch über 32 Server wachsen, kann man wirklich nicht mehr von einer vernünftigen Lastverteilung sprechen, da das DNSRR einfach einen NLB-Cluster nach dem anderen anspricht und nicht nach ihrer Auslastung schaut. In einer Citrix-Lösung hingegen können CPU, Speicherausnutzung, Subnetze und vieles mehr für die Lastberechnung eines Servers herangezogen werden. Wegen der Schwäche des DNSRR bietet sich eine Microsoft-basierte Lösung demnach nur an, wenn die Anzahl der Server 32 nicht übersteigt (maximale Anzahl eines NLB-Clusters). Bei angenommenen 50 Anwendern pro Server sind das immerhin 1 600 Benutzer, die man ohne Citrix unterstützen könnte.

12.12.2 Das Citrix ICA-Protokoll

Während die Microsoft-Terminaldienste mit dem Remote Desktop Presentation(RDP)-Protokoll arbeiten, wird das Citrix-Protokoll Independent Computing Architecture(ICA)-Protokoll genannt. Das ICA-Protokoll benötigt pro Sitzung eine Bandbreite von 10 bis 20 Kbps. Dabei werden wie bei RDP Maus- und Tastatureingaben vom Client auf den Terminalserver und Bildschirmänderungen sowie Audio- und Druckersignale zurück an den Clientrechner übertragen. ICA unterstützt bis zu 16,7 Mio. Farben und eine Auflösung von 2 700 x 2 700 Punkten. Es können für jeden Client auch mehre Monitore angeschlossen werden.

12.12.3 Anwendungsveröffentlichungen bei Citrix Metaframe

Ein weiterer Vorteil ist die Anwendungsveröffentlichung. Nur selten hat man eine so homogene Landschaft, dass man allen Anwendern den gesamten Desktop über Terminalserver zur Verfügung stellen kann. In vielen Fällen sind PCs im Einsatz, auf denen nur einzelne Applikationen laufen. Das ist beispielsweise häufig im SAP-Umfeld der Fall. In einer Microsoft-basierten Lösung hätten die Anwendungen zudem einen extra Rahmen und wären nicht frei skalierbar. Zusätzlich ist der Zugriff auf Anwendungen bei Citrix erheblich vielfältiger: Sie lassen sich automatisch in das Startmenü integrieren oder über einen Webbrowser aufrufen. Das Sahnehäubchen bei Citrix ist das *Secure Gateway*, mit dem man die Serverfarm sicher an das Internet anbinden kann. In Kombination mit Produkten von Drittanbietern wie *RSA-Security* kann man die Authentifizierung beispielsweise an eine Chipkarte binden und die Anmeldung damit effizienter absichern, da zur Anmeldung außer einer PIN auch eine Karte gehört. Eine reine Microsoft-Lösung bietet sich demnach nur an, wenn man über eine relativ einfache Anwendungsumgebung mit einer begrenzten Anwenderzahl verfügt. Ist die Integration von PCs oder die Integration in Webportalen für das Unternehmen wichtig, gehört Citrix noch dazu.

12.13 Multi User Interface Technology (MUI)

Die MUI ist ein Aufsatz für Windows-Server oder Client-Betriebssysteme, mit dem sich für verschiedene Sprachen so genannte *Language Packs* installieren lassen. Wenn sich auf einem Server oder einer Arbeitsstation verschiedene Benutzer aus unterschiedlichen Nationen anmelden, wird jedem Anwender der Desktop in seiner Muttersprache angezeigt. Um dieses Feature zu ermöglichen, werden auf einem englischen PC oder Server zusätzliche Dateien installiert, die beim Anmelden eines Benutzers die entsprechende Sprache laden.

12.13.1 Vorteile der MUI

Derzeit werden über 30 Sprachen unterstützt. Vor allem auf Terminalservern in internationalen Unternehmen kann die Installation des MUI durchaus Sinn machen, da nicht jeder Anwender unbedingt englisch oder deutsch versteht und nicht für jede Sprache Terminalserver in einem Unternehmen installiert werden können. Durch diese Technik können alle Terminalserver in einem Unternehmen mit einem einzigen Image erstellt werden und dennoch können alle Anwender in ihrer Muttersprache arbeiten. Auf einem Server können sich dadurch mehrere Benutzer mit unterschiedlichen Sprachen anmelden. Service Packs und Patches können gleichzeitig auf allen Servern installiert werden, da alle Server die gleiche Sprache, nämlich Englisch, verwenden. Administratoren können in ihrer Landessprache arbeiten, um Probleme schneller und effizienter zu lösen.

Abbildung 12.17: Installation der MUI

Unterstützte Betriebssysteme für Multi User Interface (MUI)

Derzeit unterstützt die MUI folgende Betriebssysteme, wobei der häufigste Einsatz auf Windows 2003 Terminalservern zu verzeichnen ist:

- Windows 2000 Professional
- Windows XP Professional
- Windows XP Tablet PC Edition
- Windows Server 2003
- Windows 2000 Server

Windows Vista wird ebenfalls unterstützt, allerdings nicht die Home-Version.

12.13.2 Einschränkungen der MUI

Es bestehen allerdings einige Unterschiede zwischen der MUI und lokalisiert installierten Servern oder PCs. Die Grundlage einer MUI-Installation ist immer die englischsprachige Version des Betriebssystems. Das Benutzerinterface ist vollkommen lokalisiert, hier gibt es keine Probleme. Patches und Updates können ausschließlich in englischer Sprache installiert werden. Bei der Installation unter Windows 2000 werden allerdings noch etwa 10 % der Menüs in Englisch angezeigt, zum Beispiel auch im Startmenü. Ab Windows XP und Windows Server 2003 wurden diese Probleme aber erheblich reduziert. Wenn Sie die MUI-Erweiterung auf einem Server installieren, wird mehr Plattenplatz benötigt als bei einer lokalisierten Version. Jedes Language Pack hat in etwa eine Größe von 150 Mbyte. Asiatische Language Packs haben eine Größe von etwa 250 Mbyte. Die MUI erweitert nur die Anzeige des Betriebssystems und nicht die der Anwendungen. Für Microsoft Office gibt es eine eigene MUI, die gesondert installiert und eingerichtet werden muss.

12.13.3 Verwenden der MUI

Sie können entweder nach der Installation festlegen, dass der Server automatisch feststellen soll, welcher Client sich anmeldet, oder die Einstellung *Benutzerspezifisch* in der Systemsteuerung in den Regional- und Sprachoptionen einstellen. Nach der Umstellung der Sprache müssen sich Benutzer zunächst abmelden und erneut anmelden, damit die lokalisierte Version angezeigt wird.

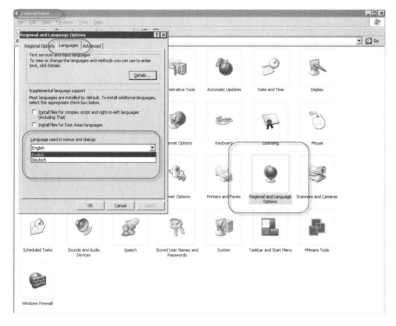

Abbildung 12.18: Spracheinstellungen eines Benutzers mit installierter MUI

MUI über Gruppenrichtlinien steuern

Sie können benutzerspezifische Gruppenrichtlinien erstellen, um die MUI-Einstellungen der Benutzer auf Ihren Terminalservern zu konfigurieren. Entweder steuern Sie die Einstellungen über eine Domänen-Gruppenrichtlinie oder konfigurieren auf jedem Terminalserver eine lokale Gruppenrichtlinie über *Start/Ausführen/gpedit.msc*. Sie finden die Einstellungen für die MUI an folgender Stelle:

```
Benutzerkonfiguration / Administrative Vorlagen /
Control Panel / Regional and Language Options
```

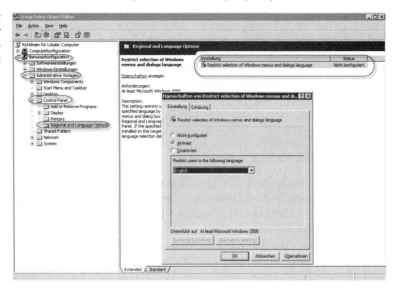

Abbildung 12.19: Konfiguration der MUI über Gruppenrichtlinien

13 Sicherheit in Microsoft- Netzwerken

Netzwerksicherheit zählt heutzutage zu den wichtigsten Aspekten in der Konzeption neuer Projekte. Die Sicherheit eines Unternehmens besteht nicht nur darin, eine Firewall und ein Virenschutzprogramm zu implementieren. Eine ausreichende Sicherheit bedeutet auch nicht zwangsläufig ausufernde Budgets. Alles hat seine Grenzen. Vielmehr ist Sicherheit eine Sichtweise, welche die komplette Infrastruktur eines Unternehmens auf Schwachstellen durchleuchten soll. Zu einem sicheren Microsoft-Netzwerk gehört zunächst ein ordentliches Internetzugangskonzept (siehe dazu *Kapitel 9 »ISA Server«*). Zusätzlich muss ein effizienter Virenschutz implementiert werden. Auch das Patchmanagement und das Security Hardening von Servern gehören dazu. Manche Unternehmen gehen noch weiter und bauen Verschlüsselungsinfrastrukturen, Anmeldungen mit RSA-Tokens und Intrusion Detection-Systeme in ihr Konzept mit ein.

Die Aufgabe eines Beraters oder IT-Leiters ist es, auf die möglichen Schwachstellen aufmerksam zu machen und Lösungsvorschläge zu unterbreiten. Ein Entscheider hat die Aufgabe, die sinnvollen und bezahlbaren Vorschläge herauszufiltern und das Budget dafür zu genehmigen. Viele Unternehmen geben sehr viel Geld für die Sicherheit aus, manche so gut wie gar nichts. Zumindest für eine Basisausstattung wie Virenschutz und Firewall sowie eine gut strukturierte Berechtigungsstruktur der Daten sollte gesorgt sein. Der Gesetzgeber hat mittlerweile einige heikle Gesetze verabschiedet, die speziell für IT-Verantwortliche in Unternehmen wichtig sind. Diese sollen verhindern, dass durch die lapidare Behandlung der Sicherheit eine ganze Firma insolvent wird. In diesem Kapitel werden die notwendigen Sicherheitsmechanismen in einem guten Preis-Leistungs-Verhältnis vorgestellt. Viele hier besprochenen Sicherheitsoptimierungen lassen sich bereits mit Bordmitteln oder kostenlosen Werkzeugen erreichen. Die notwendigen Applikationen, die gekauft werden sollten, halten sich kostenmäßig in Grenzen. Wenn Sie in Ihrem Unternehmen die hier beschriebenen Sicherheitsvorkehrungen implementieren, haben Sie schon einen großen Schritt nach vorne gemacht.

13.1 Sensibilisierung der Verantwortungsträger

Der erste Schritt bei der Einbindung eines Sicherheitskonzepts ist die Sensibilisierung der Verantwortlichen für das Thema. Wenn ein Geschäftsführer kein Budget für die Sicherheit bereitstellen will, nützt das beste Konzept nichts. Die Aufgabe eines Beraters liegt daher darin, einem Geschäftsführer zunächst die Risiken sowie die Kosten aufzuzeigen, die entstehen, wenn es infolge von Sicherheitslücken zu Serverausfällen kommt. Oft hört man dann Aussagen wie die folgenden, die in der Regel auf einer mangelhaften Einschätzung der Lage beruhen:

▶ *„Bei uns ist noch nie etwas passiert."* – Wenn in einem Unternehmen noch kein Virenschutz oder keine Firewall, zumindest noch nicht ausreichend, implementiert ist, hat vielleicht nur niemand einen Angriff mitbekommen. Ob etwas passiert, merkt man erst, wenn man passende Lösungen hat, welche die Sicherheit überhaupt erst erhöhen. Nicht alle Hacker oder Viren spezialisieren sich darauf, aufzufallen. Auch wenn noch nie etwas passiert ist, reicht es, wenn einmal etwas passiert.

▶ *„Wer will schon etwas von uns? Für uns interessiert sich doch kein Hacker!"* – In jedem Unternehmen können Sicherheitslücken im System früher oder später zu Problemen führen, sei es durch verärgerte Mitarbeiter oder durch puren Zufall. Die meisten Angriffe und Virenattacken sind heutzutage purer Zufall. Skriptkiddies suchen sich selten ein spezifisches Ziel aus, sondern wollen so viele wie möglich treffen. Wenn es ein Unternehmen trifft, ist es nur Zufall in Verbindung mit mangelnder Sicherheit.

▶ *„Bei uns ist alles sicher und perfekt eingerichtet."* – Solche Aussagen können in den einzelnen Bereichen nur topausgebildete Spezialisten machen und das auch nur nach einer ausführlichen Analyse. 100-prozentige Sicherheit gibt es nicht. Die Kunst besteht darin, so nahe wie möglich an diese 100 Prozent heranzukommen, ohne dabei den finanziellen Rahmen zu sprengen. Bei Unternehmen, die behaupten, dass bei ihnen alles sicher sei, finden Spezialisten meistens am schnellsten ein Sicherheitsloch. Dieses wird dann natürlich wieder mit einer der anderen Aussagen verharmlost.

▶ *„Unsere Mitarbeiter sind loyal und stellen nichts an. Bei uns arbeitet jeder 100-prozentig."* – Viele Geschäftsführer und Vorgesetzte würden sich wundern, was Mitarbeiter so alles anstellen. Auch die Statistiken sprechen an dieser Stelle eine andere Sprache. In jedem Unternehmen gibt es früher oder später schwarze Schafe. Nicht umsonst heißt es „Gelegenheit macht Diebe". Ich will niemandem etwas unterstellen. Aber in Unternehmen surfen sehr viele Mitarbeiter privat im Internet. Wer kann da garantieren, dass keine Seite dabei ist, die ein Virus enthält, oder dass einer auf einmal seine Liebe zu eBay entdeckt?

13.1.1 Strukturiertes Vorgehen bei der Planung der Sicherheit

Sicherheit kann nicht auf einmal hergestellt werden. Um die Sicherheit in einem Unternehmen zu erhöhen, ist es wichtig, ständig die Prozesse und die Arbeitsweise zu optimieren. Bei jedem Handeln innerhalb der IT gehört der Sicherheitsgedanke dazu. Auch die umgekehrten Fragen sensibilisieren oft für mehr Sicherheit:

- Welche Möglichkeiten gibt es im Unternehmen, um Missbrauch zu treiben? Welche Server sind ungeschützt? Was würde passieren, wenn gewisse Daten in die Hände von Unbefugten gelangen würden?
- Was hätte es für Auswirkungen, wenn einzelne Server ausfallen würden? Welche Abteilungen könnten nicht mehr arbeiten und was bedeutet das für das Unternehmen?

Nach meinen Beobachtungen fördert ein verstärktes Maß an Sicherheit auch das Vertrauen der Kunden in das Unternehmen. Sicherheitsdenken kann heute ebenso für Werbezwecke eingesetzt werden. Wer zeigt, dass ihm seine eigenen Daten wichtig sind, zeigt auch, dass ihm die Produkte wichtig sind, die er seinen Kunden verkauft.

13.1.2 Gesetzliche Vorschriften für die IT-Sicherheit

Oft ist den Verantwortlichen in Unternehmen die gesetzliche Lage nicht klar. Es gibt mittlerweile zahlreiche Gesetze, die Geschäftsführer von GmbHs und Vorstände von Aktiengesellschaften persönlich haftbar machen, wenn Daten durch mangelnde Sicherheit verloren gehen. Im Aktiengesetz steht zum Beispiel, dass ein Vorstand persönlich haftet, wenn er *„Entwicklungen, die zukünftig ein Risiko für das Unternehmen darstellen könnten, nicht durch ein Risikomanagement überwacht und durch geeignete Maßnahmen vorbeugt"* (§ 91 Abs. 2 und § 93 Abs. 2 AktG). Auch für Geschäftsführer von GmbHs gilt *„die Sorgfalt eines ordentlichen Geschäftsmannes"* (§ 43 Abs. 1 GmbHG). Diese Sätze hören sich für Nichtjuristen nicht schlimm an, wurden aber in der Vergangenheit von Juristen schon oft als definitive Verpflichtungen in Bezug auf Sicherheit ausgelegt. Sobald Patienten- oder Mandantendaten infolge mangelnder Sicherheit in unbefugte Hände gelangen, zum Beispiel bei Ärzten oder Steuerberatern, drohen laut Strafgesetzbuch sogar Haftstrafen. Auch die Banken achten bei der Kreditvergabe immer stärker auf die Sicherheit und verlangen sehr oft aufgrund des *Basel II*-Kreditratings eine genaue Dokumentation der Sicherheitsmaßnahmen, bevor ein Kredit gewährt wird.

13.2 Die häufigsten Mängel in der Sicherheit

In vielen Unternehmen werden bei der Konzeption der Netzwerksicherheit immer wieder die gleichen Fehler gemacht. Ein Netzwerksicherheitskonzept sollte zunächst die häufigsten und problematischen Sicherheitslücken schließen.

13.2.1 Mangelhafte Sicherheitsstrategie

Der schlimmste Fall von allen ist, wenn in einem Unternehmen überhaupt keine oder nur eine mangelhafte Strategie für die Sicherheit vorhanden ist. Es gibt nur sporadische Backups, keine Ausfallkonzepte, der Virenschutz ist nur lapidar. Im Allgemeinen wird in solchen Unternehmen der Sicherheit überhaupt keine Bedeutung beigemessen. Sicherheit wird nur als Feind und Kostenverursacher angesehen und jeder Euro in die IT-Sicherheit ist einer zu viel. Bei mangelhaften Sicherheitsstrategien existiert keine Dokumentation der einzelnen Sicherheitslösungen. Unter Umständen werden zwar in Einzelfällen Budgets für die Sicherheit ausgegeben, aber immer nur für das Notwendigste und ohne dass das gesamte Unternehmen berücksichtigt wird. Es werden dadurch zwar Sicherheitsinseln geschaffen, aber der grundlegende Schutz des Unternehmens verbessert sich nicht.

13.2.2 Falsch konfigurierte Systeme

Ein weiteres weit verbreitetes Problem ist die schlechte Konfiguration von Systemen. Es gibt vielleicht im Unternehmen ein Virenschutz, aber dieser ist unzureichend oder vielleicht sogar falsch konfiguriert. Die Berechtigungen im Active Directory werden oft auch viel zu locker vergeben. Anstatt nach dem Prinzip „So viel wie nötig", gilt oft das Motto „So viel wie möglich". Natürlich denkt niemand bei einer solchen Haltung an ein Sicherheitsproblem. Wenn aber Berechtigungen immer nach diesem Schema vergeben werden, steigt die Sicherheit im Unternehmen nicht oder nur wenig an. Viele Unternehmen glauben, dass sie die Sicherheit erhöhen, wenn sie ein bestimmtes Sicherheitsprodukt kaufen und irgendwie installieren. Das ist allerdings leider fast immer falsch. Um eine Firewall oder einen Virenscanner effizient und sicher einsetzen zu können, ist durchaus einiges Wissen gefragt. Sicherheit wird nicht durch das Freigeben von Budgets allein erreicht. Oft haben zu viele Mitarbeiter Zugriff auf bestimmte heikle Daten. Selbst wenn die Mitarbeiter den Zugriff nicht benötigen, erhalten sie ihn, weil vielleicht das Gruppenkonzept im Active Directory nicht gut geplant wurde.

13.2.3 Mangelhafte Wartung

Ebenfalls weit verbreitet ist die mangelhafte Wartung von Systemen. Wenn ein Server läuft, dann läuft er und wird nicht mehr beobachtet oder aktualisiert. Vor allem bei den Servern, welche die Virensoftware zentral verwalten, kann eine mangelhafte Überwachung dazu führen, dass keine Signaturen mehr heruntergeladen werden oder der Updatevertrag unbemerkt ausläuft. Zu einem effizienten Sicherheitskonzept gehört die ganzheitliche Überwachung aller Server und der dort installierten Dienste. Nur dadurch ist sichergestellt, dass die Lösung auch dauerhaft stabil arbeitet. Die Installation von notwendigen Sicherheitspatches wird ebenfalls oft verharmlost. Auch dadurch fallen viele Systeme aus. Unternehmen aller Größenordnungen sollten daher bereits frühzeitig auf ein konsequentes Patchmanagement setzen, zum Beispiel durch den weiter hinten in diesem Kapitel beschriebenen WSUS.

13.2.4 Kein Schutz vor physikalischen Schäden

Zwar werden die Server oft vor Viren und Angriffen aus dem Internet geschützt, aber der Serverraum ist weder abgeschlossen noch vor physischer Zerstörung bei Brand oder Einbruch geschützt. Der physikalische Schutz der Server sollte nicht der letzte, sondern der erste Schritt einer Sicherheitsstrategie sein. Sie finden im ersten Kapitel und in diesem Kapitel Empfehlungen und Maßnahmen, die in diesen Fällen getroffen werden sollten.

13.3 Physikalischer Schutz der Server

Der erste und wichtigste Schutz eines Unternehmens vor dem Ausfall seiner Serverinfrastruktur ist der physikalische Schutz der Server (siehe dazu *Kapitel 1.2.6 »Planung des Serverraums«*). Das beste Sicherheitskonzept bringt nichts, wenn jeder beliebige Mitarbeiter Zugang zum Serverraum hat und sogar externe Mitarbeiter wie Reinigungspersonal oder Handwerker ungestört in den Serverraum spazieren können. Der physikalische Schutz des Serverraums gehört daher zu den ersten und wichtigsten Aufgaben. Schlussendlich liegt es in der Verantwortung des Entscheiders, welche Schutzmaßnahmen getroffen werden. Aus diesen Gründen wurde die Planung des Serverraums gleich im ersten Kapitel behandelt. An dieser Stelle sollte nicht unnötigerweise gespart werden.

13.4 WLANs absichern

Eine der häufigsten Sicherheitslücken in vielen Unternehmen sind unverschlüsselte und ungesicherte Funknetzwerke (Wireless LANs). Dadurch stehen Hackern Tür und Tor offen, um den Internetzugang des Unternehmens zu nutzen oder sogar auf Daten zuzugreifen. Viele Unternehmen setzen diese Technologie ein, ohne über die Sicherheitsgefahren nachzudenken. Durch den Einsatz eines WLANs muss ein Angreifer nicht in Ihr Firmengebäude eindringen. In der Regel reicht die Sendeleistung eines WLANs über den gewünschten Abdeckungsbereich hinaus. Derzeit sind zwar fast alle gängigen WLAN-Geräte mit Sicherheitsmechanismen ausgestattet, doch haben diese erhebliche Sicherheitslücken oder sind in der Grundeinstellung der Geräte deaktiviert.

13.4.1 Die Folgen unerwünschter Zugriffe per WLAN

Zunächst sollten Sie sich darüber Gedanken machen, welche Möglichkeiten ein unerwünschter Teilnehmer Ihres WLANs hat. Hat es ein Angreifer geschaffft, sich mit Ihrem LAN zu verbinden, wird dieser grundsätzlich wie ein normales Netzwerkmitglied behandelt. Dies hat zur Folge, dass Informationen, die Sie anderen Benutzern im Netzwerk bereitstellen, eingesehen, manipuliert oder im schlimmsten Fall auch vernichtet werden können. Auch ohne eine direkte Teilnahme an Ihrem bestehenden Windows-Netzwerk wird es dem Angreifer aufgrund niedriger Sicherheitsstandards relativ einfach gemacht, auch auf nicht freigegebene Dateien zuzugreifen. Während einer Fahrt durch ein Industrie- oder Wohngebiet dauert es in der Regel nicht besonders lange, bis die ersten Netzwerke auf dem Bildschirm erscheinen. Am meisten wird für das Aufspüren von WLANs das kostenlose Programm *NetStumbler* (*http://www.netstumbler.com*) verwendet, das bei einem WLAN in Reichweite sofort mit einem akustischen Signal und detaillierten Informationen wie Access Point-Hardware, Feldstärke etc. zum gefundenen Netzwerk informiert.

13.4.2 Schutz von WLANs planen

Der selbst definierbare Name eines Access Points wird als SSID (Service Set Identifier) bezeichnet. Die Hardwarehersteller liefern die Access Points standardmäßig mit aktiviertem SSID Broadcast aus. Einen SSID Broadcast können Sie sich so vorstellen, dass der Access Point seinen Namen ständig im Netzwerk veröffentlicht. SSID Broadcasts sollten in der Praxis nur eingesetzt werden, wenn mehr als ein Access Point für das gleiche WLAN verwendet wird. In diesem Fall werden die Broadcasts für das Roaming genutzt. Bei eingeschaltetem SSID Broadcast kann jeder den Namen Ihres WLANs sehen – erwünschte, aber auch unerwünschte Teilnehmer. Um es einem Angreifer nicht zu einfach zu machen, sollten Sie unbedingt den vorgegebenen Netzwerknamen ändern. Lassen Sie bei der Vergabe des Netzwerknamens keinerlei Rückschlüsse auf die verwendete Hardware oder sonstige Informationen Ihres Netzwerks zu. Als Nächstes sollten Sie die Funktion *SSID Broadcast* deaktivieren. Einen Access Point mit ausgeschaltetem SSID Broadcast arbeitet im *Closed System Mode*. Leider bietet diese Methode der Absicherung keinen Schutz vor Angreifern. Allerdings sind drahtlose Netzwerke mit ausgeschaltetem SSID Broadcast für Angreifer wesentlich unattraktiver als völlig offene Netze.

Ein weiterer beliebter Schutzmechanismus, um drahtlose Netzwerke vor unbefugten Zugriffen zu schützen, ist die MAC-Adressenfilterung. Jedes Netzwerkgerät besitzt eine Kennnummer, die zur eindeutigen Identifizierung des jeweiligen Geräts dient. Beim Einschalten des Geräts wird die MAC(Media Access Control)-Adresse gesetzt, die in den meisten Fällen nicht verändert werden kann. Im Falle von Ethernet-Netzen besteht die MAC-Adresse aus 48 Bit. Die Adressen werden in der Regel als 12 hexadezimale Zeichen geschrieben. Hauptnachteil bei der Filterung von MAC-Adressen ist, dass ein Angreifer dem System eine falsche MAC-Adresse vorgaukeln kann. Hat der Hacker eine gültige MAC-Adresse im WLAN abgehört, ist es ein Leichtes für ihn, sich mittels einer gefälschten Adresse am WLAN anzumelden (Spoof-Angriff).

Für die Konfiguration der Access Points wird in der Regel eine Weboberfläche benutzt. Auf dem Access Point oder DSL-Router mit integriertem Access Point ist also ein kleiner Webserver installiert, über den das ganze System verwaltbar ist. Diese Verwaltungszentrale wird in der Regel durch die Eingabe von Benutzername und Kennwort geschützt. Gelingt es einem Angreifer, dieses Verwaltungsprogramm zu öffnen, ist er in der Lage, den Access Point zu konfigurieren und sich so einen Zugang zum Netzwerk einzurichten. Aus diesem Grund sollten Sie auch hier unbedingt darauf achten, ein komplexes Kennwort aus Buchstaben und Ziffern zu vergeben, und keinesfalls die herstellerseitig vorkonfigurierten Namen und Kennwörter verwenden.

WPA-Protokoll

Die bei Funknetzwerken verwendete Verschlüsselungstechnik *WEP (Wired Equivalent Privacy)* hat sich in der Vergangenheit als anfällig und nicht sicher genug herausgestellt. Um diesen Missstand zu verbessern, werden von *WPA (WI-Fi Protected Access)* ausgewählte Bestandteile genutzt. Durch die Verschlüsselung mit WPA oder WPA 2 werden alle Probleme von WEP behoben. Derzeit gelten mit WPA verschlüsselte Netze als nicht hackbar. Grund hierfür ist, dass die Schlüssel bei diesem Verfahren dynamisch gewechselt werden. WPA verwendet zwar auch die RC4-Verschlüsselung, ändert aber den Schlüssel in so kurzen Intervallen, dass einem Angreifer nicht genügend Zeit bleibt, diesen zu knacken.

13.4.3 Empfehlungen zu WLANs

Laden Sie sich *Netstumbler* aus dem Internet und testen Sie die Sicherheit Ihres Funknetzwerks sowie die maximale Ausdehnung, gehen Sie dabei immer davon aus, dass ein Angreifer eine bessere Antenne als Sie hat. Wenn Sie ein Funknetzwerk einsetzen, sollten Sie die Access Points so sicher wie nur möglich machen. Es würde den Rahmen dieses Buches sprengen, noch detaillierter auf die Sicherheit von WLANs einzugehen, aber ich denke, den richtigen Weg habe ich Ihnen gezeigt.

13.5 Berechtigungen im Netzwerk

Der nächste sehr wichtige Schritt zu einer effizienten Sicherheit ist die effiziente Planung und konsequente Umsetzung eines Konzepts für die Berechtigungen. Wer darf auf welchen Server in welcher Weise zugreifen? Wer darf neue Software installieren und wer genehmigt diese Installationen? Auch die Berechtigungen der Freigaben und Ordnerberechtigungen sind ein wichtiger Punkt. Für die wichtigsten Daten im Unternehmen, wenn nicht sogar für alle Freigaben, sollte eine Dokumentation erstellt werden, aus der schnell ersichtlich wird, wer auf welche Freigabe zugreifen darf. Diese Dokumentation sollte den entsprechenden Verantwortlichen zugänglich gemacht werden. Vor allem sensible Freigaben auf Dateiservern von heiklen Abteilungen wie

- Geschäftsführung
- Buchhaltung
- Controlling
- Personalabteilung

müssen sehr genau eingerichtet werden. In vielen Unternehmen haben noch nicht einmal die Administratoren Zugriff auf diese Freigaben und deren Daten. Auch die Serverdienste, die zum Beispiel im Fall von Backup Exec zur Datensicherung notwendig sind, brauchen bestimmte Berechtigungen und Kennwörter, die geplant und umgesetzt werden müssen. Für jeden Server und jeden Prozess, der auf die Server zugreift, müssen genaue Berechtigungsstrukturen festgelegt werden. Auch wenn diese Dokumentation lästig erscheint, ist sie doch ein wesentlicher Faktor bei der Absicherung eines Unternehmens. Bevor Sie sich Gedanken über einen effizienten Viren-, Spam- oder Internetschutz machen, sollten Sie sich daher um diese Grundlagen kümmern.

13.6 Sichere Kennwörter planen

Ein viel besprochenes Thema sind auch die Kennwörter der Benutzer. Das beste Berechtigungssystem nutzt nichts, wenn jeder die Kennwörter seines Kollegen kennt. Auch wenn die Kennwörter so einfach zu erraten sind, dass jeder sie nachvollziehen kann, ist ein Berechtigungskonzept nutzlos. In einem sicheren Netzwerk muss die konsequente Umsetzung einer Kennwortrichtlinie definiert werden. Bereits in den Gruppenrichtlinien können Sie leicht festlegen, welche Struktur die Kennwörter haben sollen. Falls die Kennwörter jedoch zu komplex sind und die Mitarbeiter sie aus diesem Grund auf Haftnotizen schreiben und diese an den Monitor oder – ganz geheim – unter die Tastatur kleben, bringt das Konzept auch nichts. Diese Haftnotizen sind allerdings heutzutage weniger schlimm als in früheren Zeiten, denn gegen die heutigen Angriffe über das Netzwerk ist ein solcher Zettel am Monitor immun. Wenn sich die Mitarbeiter also sicherer fühlen, spricht nichts dagegen, dass sie ihr Kennwort irgendwo notieren, sofern diese Notiz nicht achtlos herumliegt.

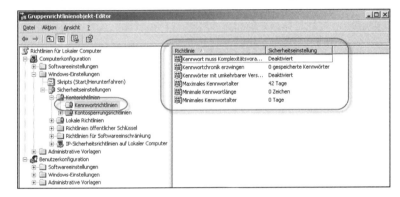

Abbildung 13.1: Kennwortrichtlinien in den Gruppenrichtlinien

Zur Konzeption von sicheren Kennwörtern sollte daher auch der Aspekt Benutzerfreundlichkeit hinzukommen. Auch die Schulung der Mitarbeiter, dass zum Beispiel Kennwörter niemals telefonisch durchgegeben werden sollen, gehört dazu.

13.7 Ganzheitliche Sicherheit im Unternehmen

Die Sicherheit zieht sich durch alle Bereiche von IT-Projekten. Außer den beschriebenen Punkten sollten Sie bei der Einführung jeder neuen IT-Lösung die Sicherheitsrisiken bedenken, die mit dieser Lösung einhergehen, und entsprechende Sicherheitsmaßnahmen treffen. Besser, man geht zu Beginn restriktiv vor und lockert Regelungen, als zu lapidar mit der Sicherheit umzugehen und Sicherheitslücken zu erschaffen. Die konsequente Beachtung der Sicherheit in Unternehmen gehört heutzutage zu jedem IT-Projekt als Planungspunkt dazu. Wenn zum Beispiel ein PC in einem öffentlich zugänglichen Bereich, zum Beispiel der Empfangshalle, eines Unternehmens positioniert wird, muss gut geplant werden, wie und ob überhaupt dieser an das hausinterne Netzwerk angeschlossen wird. Es gibt von Microsoft spezielle Zusatztools, mit denen sich solche PCs optimal absichern lassen. Auch die Planung von Bildschirmschonern auf den Arbeitsstationen der Anwender mit anschließendem automatischem Sperren des PCs gehört dazu. Wenn ein Mitarbeiter für 10 Minuten seinen PC verlässt und dieser angemeldet bleibt, kann jeder andere auf seine Daten zugreifen oder in seinem Namen Aktionen ausführen. Aus diesem Grund sollte die Benutzersitzung beim Verlassen des Arbeitsplatzes grundsätzlich automatisch gesperrt werden. Auch dieses Verhalten muss den Anwendern erst erklärt und mit ihnen konsequent umgesetzt werden. Es gibt auch die Möglichkeit das Sperren von Benutzersitzungen über Gruppenrichtlinien zu steuern.

13.8 Planen des optimalen Virenschutzes

Der Virenschutz ist eines der wichtigsten Sicherheitsthemen in einem Unternehmen. Es reicht allerdings nicht, einfach einen Virenschutz auf den Arbeitsstationen und den Servern zu installieren, sondern auch hier muss ein effizientes Konzept entwickelt werden. Wenn Sie einen Virenschutz im Unternehmen implementieren, sollten Sie sicher sein, dass alle Gefahrenquellen abgedeckt werden.

13.8.1 Virenschutz im Internet

Wenn Sie Ihr Unternehmen an das Internet anbinden, sollten Sie am Proxyserver auf jeden Fall einen Virenscanner einplanen, der den HTTP-Verkehr und den FTP-Verkehr scannt. Auf immer mehr Internetseiten werden Viren auf Rechner übertragen, und zwar unabhängig davon, ob eine Firewall im Einsatz ist oder nicht. Wenn Sie auf den Arbeitsstationen einen Virenscanner installieren, werden die Viren zwar höchstwahrscheinlich an dieser Stelle gestoppt, aber dennoch ist das Virus bereits im Netzwerk, auch wenn es noch keinen Schaden angerichtet hat. Viren sollten im Unternehmen immer möglichst früh blockiert werden. Wenn Sie Virenscanner mit Haustüren vergleichen, würden Sie in einem Wohnhaus auch nicht die Haustür auflassen und nur die Wohnungstür abschließen. Ein gutes Internetkonzept umfasst immer drei Punkte, die beachtet werden sollten:

Planen des optimalen Virenschutzes

- 2-stufiges Firewall-Konzept – Angriffe werden bereits frühzeitig blockiert und die zweite Firewall dient als Pufferzone.
- Proxyserver – Dadurch ist sichergestellt, dass die Clients keine direkte Verbindung mit dem Internet aufbauen, sondern die Seiten vom Proxyserver oder Webcache heruntergeladen werden.
- Virenschutz auf dem Proxyserver – Dadurch ist sichergestellt, dass Viren bereits beim Herunterladen aus dem Internet blockiert werden, nicht erst am Client oder auf dem Server.

Viele Unternehmen erhöhen die Sicherheit in diesem Bereich noch weiter und binden Inhaltsfilterungssysteme (Contenfiltering), Scannen von Skripts und weitere Sicherheitsmaßnahmen ein. Diese erhöhen den Schutz grundsätzlich. Solche Sicherheitsmaßnahmen sollten Sie allerdings erst dann planen, nachdem der Grundschutz des Unternehmens hergestellt wurde.

Testen Sie als Virenscanner für Proxys die *InterScan VirusWall* von Trend Micro. Diese Softwarelösung ist recht einfach zu implementieren, gut zu überwachen und filtert zuverlässig Viren heraus. Auch die Preise sind absolut moderat.

Achten Sie darauf, dass der Virenscanner auf dem Proxy entweder seine Updates selbständig aus dem Internet herunterlädt oder durch einen zentralen Server verwaltet wird. Außer Trend Micro gibt es für Proxyserver von so gut wie jedem Hersteller ein passendes Produkt. Ich persönlich und viele meiner Kollegen haben mit Trend Micro am ISA Server sehr gute Erfahrungen gemacht.

Dieser Tipp gilt nicht nur für den Virenscanner am Proxyserver, sondern für alle Virenscanner, die zentral verwaltet werden: Stellen Sie für das Update-Intervall, in dem im Internet beim Anbieter nach neuen Signaturen gesucht wird, einen möglichst kurzen Zeitraum zwischen 15 bis 45 Minuten ein. Wenn keine neue Signatur vorhanden ist, belastet das Suchen nach Updates nicht die Internetleitung. Wenn aber ein neues Update verfügbar ist, wollen Sie es sicherlich so schnell wie möglich im Einsatz haben. Durch die immer schnelleren Programmierzyklen der Virenprogrammierer reicht es heutzutage nicht mehr aus, einmal am Tag oder in der Woche nach neuen Signaturen zu suchen. Viele Hersteller von Antivirenprogrammen bieten entweder mehrmals am Tag neue Signaturen an oder stellen eine neue Signatur nach Bekanntwerden eines neuen Virus im Internet bereit. Bei einem möglichst kurzen Update-Zyklus können Sie sicher sein, dass Ihr Server immer mit aktuellen Signaturen versorgt wird.

Abbildung 13.2:
Virenschutz am Proxyserver durch Trend Micro InterScan VirusWall

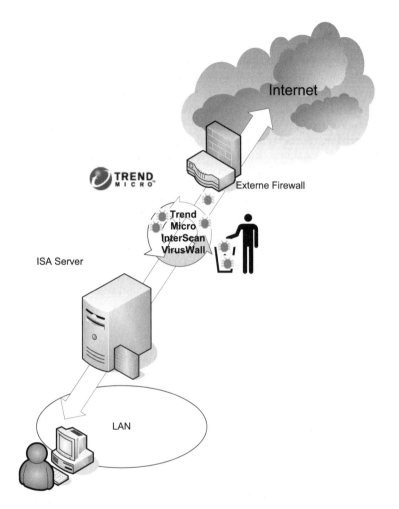

13.8.2 Virenschutz auf den Arbeitsstationen und Servern

Zwar an zweiter Stelle dieses Kapitels, aber nicht weniger wichtig ist die Konzeption einer zentralen Verwaltung eines Virenprogramms auf den Arbeitsstationen und Servern. Grundsätzlich sollte auf allen Arbeitsstationen und allen Servern ein Virenscanner installiert werden. Auch auf Servern, bei denen keine großen Änderungen im Dateisystem durchgeführt werden, sollten Sie für Virenschutz sorgen, damit sich an keiner Stelle des Unternehmens ein Virus festsetzen kann. Der Virenschutz in einem Unternehmen ist immer nur so gut wie seine schwächste Stelle. Wenn Sie auf einem Server, zum Beispiel Ihrem Warenwirtschaftsserver, keinen Virenschutz installieren, ist dieser Server die mögliche Schwachstelle, selbst wenn nur sehr wenige Personen von seiner Existenz wissen.

Zentrale Verwaltung des Virenschutzes

In großen Unternehmen schon lange Standard und mittlerweile auch in kleineren Unternehmen immer mehr verbreitet ist die zentrale Verwaltung des Virenschutzes. Viele Hersteller bieten Lösungen an, bei denen die Clients und Server von einem zentralen Server verwaltet werden. Dieser Server ist dafür zuständig, die Virensignaturen im Internet herunterzuladen und automatisch an die Clients und Server zu verteilen. Außerdem können Sie von diesem Server auf neue Client-PCs automatisch einen Virenscanner installieren lassen. Auf der Verwaltungsoberfläche des Servers sehen Sie darüber hinaus, ob auf allen PCs aktuelle Virensignaturen installiert sind oder ein Virus gefunden wurde. Die zentralen Verwaltungsstellen der Antivirenprogramme können auf den PCs gefundene Dateien, die durch Viren verseucht wurden, in einen Quarantänebereich verschieben, damit Administratoren bei ganz wichtigen Dateien eine Säuberung durchführen können. Im Quarantänebereich auf dem Server können die Viren keinen Schaden mehr anrichten. Durch die zentrale Verwaltung des Virenschutzes auf einem Server haben Sie zahlreiche Vorteile, die für den Virenschutz, auch in kleinen Unternehmen, unverzichtbar sind:

- Der Virenschutz aller PCs und Server des Unternehmens kann zentral verwaltet werden. Es ist ausgeschlossen, dass durch die fehlerhafte Konfiguration einzelner Arbeitsplätze eine Sicherheitslücke im Unternehmen entsteht.
- Optionen können global vorgegeben werden.
- Alle angebundenen PCs werden automatisch mit den neuesten Virensignaturen versorgt.
- Die Virensignaturen müssen nur einmal heruntergeladen werden, nicht durch jeden einzelnen PC.
- Die Berechtigungen für das Abschalten des Virenschutzes können den einzelnen Anwendern entzogen werden.
- Wird ein Virus gefunden, können die Administratoren automatisch per E-Mail benachrichtigt werden.
- Neu installierte PCs können durch eine automatische Installation des Clientprogramms sofort mit dem Virenschutz versorgt werden, ohne dass lokal auf der Maschine Installationen vorgenommen werden müssen.
- Der Virenstatus und Zustand aller PCs können an der zentralen Verwaltung überwacht werden.

Regelmäßig Scanvorgang durchführen lassen

Auch wenn Firmen-PCs einen guten Virenschutz genießen, melden die Scanner nur Alarm, wenn auf eine Datei zugegriffen wird, in der ein Virus enthalten ist. Viele Viren „schlafen" zunächst in Dateien und werden erst aktiviert, wenn der Benutzer die entsprechende Datei öffnet. Aus diesem Grund sollten Sie möglichst regelmäßig automatische Scanvorgänge an den Firmen-PCs vornehmen. In der zentralen Verwaltung der Antiviruslösung können Sie global für alle angebundenen Clients zu bestimmten Zeiten einen Scanvorgang starten. Auch bei Privat-PCs sollten regelmäßig Scanvorgänge durchgeführt werden, um sicherzustellen, dass kein Virus auf dem PC schlummert. Ein ausgefallener Privat-PC mit einem Virus verursacht sicherlich keinen so großen Schaden wie ein Virus auf einem Firmen-PC. Die Installation eines solchen zentralen Managementservers ist nicht gerade trivial, aber auch von IT-Spezialisten, die in diesem Bereich wenig oder keine Erfahrung haben, durchführbar, wenn sie die entsprechenden Anleitungen studieren. Falls Sie manuelle Scanvorgänge starten, sollten Sie einiges berücksichtigen:

- Sie sollten den Zeitpunkt möglichst auf die Mittagszeit legen. Zu dieser Zeit ist es am wahrscheinlichsten, dass viele Mitarbeiter zu Tisch sind und die PCs laufen. Sie sollten die Scanvorgänge nicht nachts starten und die PCs durchlaufen lassen, da es in diesem Fall Probleme mit der Brandschutzversicherung geben kann. Außerdem wird der Stromverbrauch unnötig erhöht.

- Sie sollten nur lokale Laufwerke nach Viren durchsuchen lassen, keine Netzlaufwerke. Da die Netzlaufwerke der Benutzer auf Servern liegen, werden diese durch den manuellen Scanvorgang auf den Servern bereits ausführlich überprüft.

- Sie sollten den Nutzern die Möglichkeit geben, den Scanvorgang abzubrechen. Da der PC in der Regel erheblich an Performance verliert, sollten Mitarbeiter, die mittags durcharbeiten, nicht bei ihrer Arbeit behindert werden. Falls möglich, sollten diese Scanvorgänge mit geringer Hintergrundpriorität laufen, um Anwendungen im Vordergrund wenig zu beeinträchtigen.

- Server sollten Sie nur manuell scannen lassen, wenn keine Datensicherung oder kein Benutzerzugriff stattfindet, da auch hier ansonsten die Performance deutlich sinkt.

Planen des optimalen Virenschutzes

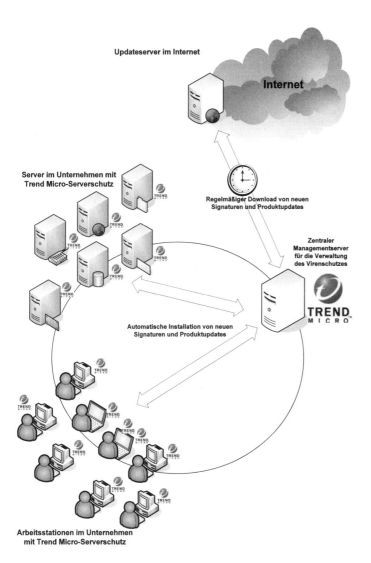

Abbildung 13.3: Zentraler Virenschutz in Unternehmen

 Bei der Einrichtung und Überwachung des Echtzeitschutzes sollten Sie auch bei einer zentralen Verwaltung des Virenschutzes darauf achten, dass Sie bei manchen Servern für einzelne Verzeichnisse den Virenschutz deaktivieren müssen. Vor allem Warenwirtschafts- und Datenbankserver reagieren sehr empfindlich auf den Echtzeitschutz. Die Wahrscheinlichkeit, dass gerade diese Verzeichnisse auf diesen Servern durch Viren verseucht werden, ist ohnehin sehr gering. Auch auf Exchange Servern sollten Sie die Überwachung der Datenbank und des Exchange-Verzeichnisses aus dem Echtzeitschutz unbedingt entfernen.

In diesem Bereich sind folgende Produkte am meisten verbreitet:
- Trend Micro Client/Server Security
- Symantec AntiVirus Corporate Edition

Es gibt natürlich noch viele andere Anbieter und Produkte. Mit diesen beiden habe ich bisher sehr gute Erfahrungen gemacht und Unternehmen aller Größenordnungen setzen diese Lösungen ein. Symantec lässt sich etwas leichter konfigurieren, Trend Micro ist dafür etwas günstiger. Beide sind sicher und belasten die Systeme auch nicht zu sehr.

13.8.3 Viren- und Spamschutz für Exchange oder Lotus Notes

Die meisten Viren kommen durch E-Mails in Unternehmen. Daher sollte auch beim Mailverkehr für einen guten Virenschutz gesorgt werden. In diesem Bereich sind zwei Varianten zu unterscheiden:
- SMTP-Virenschutz
- Virenschutz auf Datenbankebene

Erste und zweite Sicherheitsstufe des E-Mail-Virenschutzes

Der SMTP-Virenschutz scannt die E-Mails, während sie durch das Gateway zugestellt werden. Hier offenbart sich ein weiterer Vorteil des ISA Servers in Verbindung mit Trend Micro InterScan VirusWall. Bereits beim Zustellen der E-Mails durch den ISA Server und den installierten Scanner können Sie eine erste Stufe des Virenschutzes erreichen, indem die E-Mails zunächst durch den Nachrichtenfilter des ISA Servers laufen. Dieser Nachrichtenfilter löscht E-Mails beziehungsweise deren Anhänge aufgrund von Dateiendungen oder Schlagwörtern. Dieser erste Virenschutz ist zwar nicht der effizienteste von allen, aber in Verbindung mit der restlichen Struktur ein wertvolles Hilfsmittel. E-Mails, die Anhänge in der Form *.*exe*, *.*pif*, *.*vbs* oder *.*js* usw. enthalten, müssen nicht erst vom Virenscanner gescannt werden. Es ist klar, dass diese E-Mails nur Viren enthalten. Warum sollten sie also noch nach Viren durchsucht werden? Die restlichen E-Mails werden anschließend durch den SMTP-Virenscanner auf dem ISA nach Viren gescannt. Hier werden bereits die meisten Viren herausgefiltert, bevor die E-Mails auf dem Exchange Server zugestellt werden. Da Sie beim Internetverkehr ohnehin auf den ISA setzen sollten und unabhängig davon einen HTTP-Scanner benötigen, können Sie diese Option bedenkenlos in das Antiviruskonzept mit einbinden. Durch die Aktivierung dieses Schutzes erhöhen Sie die Sicherheit, müssen aber nicht zusätzlich investieren. Viele Unternehmen setzen in diesem Bereich auf die in *Kapitel 9 »ISA Server«* beschriebenen Appliances. Solche Hardware-Antivirusgateways werden von zahlreichen Herstellern angeboten. Die Anschaffung macht aber nur für Unternehmen Sinn, die am Tag mehrere tausend E-Mails bekommen und bei denen ein ISA Server mit Scanner allein überlastet wäre. Für die meisten Unternehmen reicht die hier beschriebene Lösung, also die Verbindung von ISA/Trend Micro, vollkommen aus.

Postfachscanner auf Exchange oder Lotus Notes

Ein weiterer sehr wichtiger Schutz ist ein Postfachscanner für den E-Mail-Server. Spezielle Postfachscanner sind dafür zuständig, E-Mails nach Viren zu scannen, bevor Sie dem Empfänger ins Postfach zugestellt werden. Postfachscanner können nicht das Dateisystem schützen. Die Aufgabe dieser Scanner ist es, sicherzustellen, dass keine Viren vom Exchange Server oder in die Postfächer des Exchange Servers oder Lotus Notes-Servers zugestellt werden. Dem Postfachscanner kommt beim Virenschutz im Unternehmen eine besondere Bedeutung zu. Er stellt sicher, dass an der größten Gefahrenquelle, den E-Mails, keine Sicherheitslücke entsteht.

Sie sollten niemals einen Exchange Server ohne Postfachscanner betreiben. Auf den SMTP-Virenschutz können Sie sich nicht vollständig verlassen und E-Mails, die von Dateianhängen in den Exchange Server gelangen, können von den Dateisystem-Virenscannern nicht mehr erfasst werden. Ein Virenschutz für Exchange und Lotus ist ein absolutes Muss, um die Sicherheit im Unternehmen in dieser Hinsicht gewährleisten zu können.

Diese Frage lässt sich leicht beantworten: *Sybari Antigen*. Die Firma Sybari hat eng mit Microsoft zusammengearbeitet, um die Virenschnittstelle von Exchange, *VSAPI*, zu optimieren. Bei Sybari Antigen handelt es sich ganz klar um den besten Virenscanner für Exchange, der zurzeit auf dem Markt erhältlich ist.

Welcher Scanner ist der beste Postfachscanner?

Der große Vorteil von Sybari ist, dass nicht nur eine eigene Scanengine verwendet wird, sondern das Unternehmen die Scanengines namhafter Antivirenhersteller lizenziert und in das Produkt eingebaut hat. Das hat folgende Gründe: Die Scanengines der einzelnen Hersteller haben bei den zahlreichen verschiedenen Dateianhängen Vor- und Nachteile. Die eine Scanengine kann besser *.exe*-Dateien erkennen, während die andere bei Word-Dokumenten leistungsfähiger ist. Die Kombination von mehreren Scanengines garantiert daher, dass die Nachrichten so effizient wie möglich überprüft werden können. Ein weiterer Vorteil besteht darin, dass die Hersteller Virensignaturen unterschiedlich schnell bereitstellen. Wenn zum Beispiel ein neues Virus im Umlauf ist, aber Trend Micro noch keine Signaturen für dieses Virus bereitstellt und der Dateianhang auch nicht vom Nachrichtenfilter des ISA gefiltert wird, kann es problemlos in das Netzwerk eindringen. Wenn auch auf den Arbeitsstationen Trend Micro installiert ist, erkennen diese natürlich das Virus auch nicht und schon haben Sie – trotz effizienten Virenschutzes – ein Virus im Unternehmen. Sybari setzt als Scanengine derzeit folgende Hersteller ein:

- Norman Data Defense
- Sophos
- Computer Associates
- VirusBuster
- Kaspersky Labs
- Uthentium Command Antivirus

Durch diese multiplen Scanengines wird sichergestellt, dass kein Virus ohne weiteres am Scanner vorbeikommt.

Wenn Sie Sybari Antigen einrichten, sollten Sie die Updatesuche der einzelnen Scanengines zu unterschiedlichen Zeitpunkten starten. Auf diese Weise erhöht sich die Wahrscheinlichkeit, dass zumindest eine Scanengine bei einem Virusangriff aktuell ist.

Sybari Antigen, das mittlerweile von Microsoft gekauft wurde, gibt es auch für SharePoint, da die Daten der SharePoint Services und des SharePoint Portal Servers, die in einer SQL-Datenbank liegen, nicht durch den Virenscanner auf dem Dateiserver geschützt werden. Wenn Sie den Einsatz von Sybari planen, sollten Sie auch hier gefährliche Dateianhänge komplett ausfiltern. Dateianhänge wie *.vbs*, *.js*, *.pif*, *.com*, *.bat* und *.exe* enthalten selten wichtige Informationen, sondern meistens nur Viren.

Spamschutz für Exchange

Sie sollten bereits frühzeitig einen Spamschutz einplanen. Mittlerweile enthalten Spammails nicht nur nervige Werbung, welche die Mitarbeiter von der Arbeit abhalten, sondern oft auch Viren oder Trojaner. Diese werden zwar meistens bereits ausgefiltert, aber dennoch sollten Sie den Einsatz einer entsprechenden Lösung planen. Einen gewissen Schutz erreichen Sie bereits mit Bordmitteln, die Sie in Ihrer Planung mit einbeziehen sollten. Microsoft hat in Exchange 2003 einiges zum Schutz gegen Spam und Viren getan und mit dem Service Pack 2 für Exchange 2003 die Möglichkeiten der Spambekämpfung weiter verbessert. Der Spamschutz mit Bordmitteln ist nicht so effizient wie mit einem guten Antispamtool, und mittlerweile gibt es viele recht gute Softwarelösungen in diesem Bereich. Microsoft hat zudem in Outlook 2003 eine automatische Spambekämpfung integriert, die mit dem Service Pack 2 für Office 2003 noch verbessert wurde. Abhängig vom Spamaufkommen Ihres Unternehmens können Sie mit Exchange 2003- und Outlook 2003-Bordmitteln Ihren Schutz vor Spam deutlich erhöhen. Trotzdem sollten Sie keinesfalls auf einen vernünftigen Postfachvirenscanner auf Ihrem Exchange Server verzichten.

Planen des optimalen Virenschutzes

Microsoft setzt bei der Spambekämpfung auf diesen neuen Ansatz. Die Unterstützung von SCL wurde in Exchange 2003 und in Outlook 2003 integriert. Bei SCL wird einer E-Mail beim Eingang auf den Exchange Server ein Wert zwischen 0 und 9 zugeteilt. Microsoft hat bisher keine Auskunft darüber erteilt, wie der SCL einer Mail genau berechnet wird. Microsofts Freemail-Dienst Hotmail, Outlook 2003 und Exchange 2003 arbeiten mit SCL-Filtern. Die Technologie, die hinter der SCL-Klassifikation steht, ist SmartScreen, ein von Microsoft entwickelter Mechanismus. Hauptsächlich werden Inhalt, Kopfzeile und Betreff überprüft. Der SCL einer Nachricht wird beim Speichern in der Datenbank an die Nachricht angehängt. Ein Administrator kann auf dem Exchange Server aufgrund des SCL definieren, was mit einer Nachricht passieren soll, die einen gewissen Grenzwert überschreitet. Ein Exchange Server, der nur als Gateway funktioniert, kann so konfiguriert werden, dass er alle Nachrichten mit einem SCL ab 7 löscht, während er E-Mails mit einem geringeren SCL-Wert zum Postfachspeicher weiterleitet.

SCL (Spam Confidence Level)

Im Zusammenspiel mit Outlook 2003 kann ein Administrator daraufhin entscheiden, dass E-Mails mit einem Wert höher als SCL 5 direkt in den Junk-Mail-Ordner in Outlook geschoben werden. Benutzer können dann wiederum in Outlook basierend auf dem SCL gewisse Maßnahmen vornehmen und Nachrichten mit bestimmten SCL-Werten sofort löschen lassen. Microsoft führt die Behandlung von Nachrichten aufgrund einer SCL-Filterung mit dem *Intelligent Message Filter (IMF)* durch. Bei der Installation von Exchange 2003 Service Pack 2 wird automatisch Version 2 des IMF auf dem Exchange Server installiert.

Unter Umständen kann es passieren, dass der Alias einer Verteilerliste im Internet bekannt wird. Schickt ein Spamversender an den Alias dieser Verteilerliste eine E-Mail, bekommen alle Mitglieder dieser Liste die E-Mail zugestellt. Sie können diese Gefahr allerdings recht schnell beseitigen, indem Sie in den Eigenschaften Ihrer Verteilerlisten das Kontrollkästchen *Nur von authentifizierten Benutzern* aktivieren. Ab diesem Moment nimmt diese Liste keine E-Mails mehr von Benutzern außerhalb des Active Directorys an.

Geschützte Verteilerlisten in Exchange verwenden

Exchange 2003 verfügt im Gegensatz zu seinen Vorgängern über zahlreiche Möglichkeiten, Nachrichten oder Verbindungen von anderen E-Mail-Servern detailliert zu steuern. Durch diese Steuerungsmöglichkeiten ergibt sich zum einen ein optimaler Schutz vor Spam und Viren, zum anderen werden auch die Angriffsmöglichkeiten auf Exchange immer weiter eingeschränkt. In Exchange 2003 mit installiertem SP2 sind folgende Filtermöglichkeiten vorhanden:

Filterfunktionen in Exchange 2003

13 Sicherheit in Microsoft-Netzwerken

- Filterung der Nachrichtengröße und Anzahl der Empfänger
- Absenderfilterung
- Reverse-DNS-Auflösung. Es wird überprüft, ob der absendende E-Mail-Server auf der MX-Liste der Domäne steht. Spam- und Virenabsender verwenden oft gefälschte Adressen und/oder offene Relays im Internet.
- Empfängerfilterung
- Verbindungsfilterung (Sperrlisten für einzelne E-Mail-Server, die auf RBL-Listen stehen)
- Absenderkennungsfilterung (SenderID). E-Mails werden nur von Absendern angenommen, die verifiziert werden können. Dieser neue Mechanismus wurde mit Exchange 2003 SP2 eingeführt. Mit der SenderID soll verhindert werden, dass Spam- und Virenabsender, die E-Mails mit einer gefälschten Mailadresse abgesendet haben, von Exchange akzeptiert werden.
- Intelligent Message Filter 2.0 auf der Basis des SCL-Levels

Reverse-DNS-Lookup Beim Reverse-DNS-Lookup löst Exchange mithilfe von externen DNS-Servern die E-Mail-Domäne von empfangenen Nachrichten auf. Danach wird überprüft, ob der absendende Server in der MX-Liste dieser Domäne steht. Ist das der Fall, können Sie recht sicher sein, dass es sich bei dieser Mail um keine Spammail handelt.

Intelligent Message Filter (IMF) 2.0 Mit Exchange 2003 Service Pack 2 wird auf einem Exchange Server auch die neue Version von Intelligent Message Filter installiert. Diese auf SCL basierende Antispamerweiterung ist ab dem SP2 integraler Bestandteil des Exchange Servers.

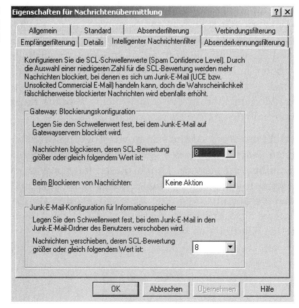

Abbildung 13.4: Nachrichtenfilterung in Exchange 2003

Planen des optimalen Virenschutzes

Mit dem neuen IMF 2.0 ist es Administratoren auch möglich, eine benutzerdefinierte Gewichtung von Spammails durchzuführen. Für die Konfiguration dieser Gewichtung gibt es (noch) keine Benutzeroberfläche. Wenn Sie eine benutzerdefinierte Gewichtung durchführen wollen, müssen Sie eine XML-Datei bearbeiten. Diese Datei wird bei der Initialisierung des IMF eingelesen. Wird die Datei verändert, werden diese Änderungen in den IMF eingelesen.

Absenderkennungsfilterung (SenderID)

Dieses neue Feature, das mit Exchange 2003 SP2 installiert wird, reduziert die Möglichkeit, dass Ihr Exchange Server E-Mails von gefälschten E-Mail-Adressen entgegennimmt. Dabei überprüft Exchange anhand von DNS, ob Absenderdomäne und ausgehender Mailserver übereinstimmen. Wenn Sie die Absenderkennung innerhalb Ihres Unternehmens einsetzen wollen, können Sie alle Mailserver hinterlegen, bei denen Exchange keine Absenderkennung durchzuführen braucht. Diese Server müssen nicht unbedingt Exchange Server Ihrer Organisation sein, sondern können auch Mailserver von Drittherstellern sein, die E-Mail-Domänen innerhalb Ihres Unternehmens verwalten.

Verbindungsfilterung

Die Verbindungsfilterung wird verwendet, um Exchange beim Annehmen von E-Mails aus dem Internet so zu konfigurieren, dass Verbindungen von Mailservern, die auf einer Black List stehen, nicht angenommen werden. Dazu wird Exchange so konfiguriert, dass es mit bestimmten RBL-Listen zusammenarbeitet und diese abfragen kann. Auch hier können Sie wieder Ausnahmen definieren.

Empfängerfilterung und Absenderfilterung

Eine weitere Option zur Bekämpfung von Spam ist die Empfängerfilterung. Mithilfe dieser Registerkarte können Sie E-Mails, die an bestimmte User innerhalb Ihres Unternehmens geschickt werden, blockieren. Alternativ können Sie E-Mails ablehnen, wenn die E-Mail-Adresse in Ihrem Unternehmen nicht vorhanden ist. Die Absenderfilterung existiert schon länger in Exchange. Mit dieser Methode können Sie einzelne Absender von Mails filtern lassen. Sie kann sinnvoll sein, wenn Sie immer wieder vom gleichen Absender Spammails erhalten. Die manuelle Pflege dieser Liste mit mehreren Adressen ist nicht besonders effizient, kann aber eine weitere Stufe sein, um die Effizienz Ihres Spamschutzes zu erhöhen.

Um einen effizienten Viren- und Spamschutz zu planen, sollten Sie diese Punkte berücksichtigen. Viele Filterfunktionen des Exchange Servers sind zwar nicht so leistungsfähig wie die Produkte von Drittherstellern, aber dafür kosten sie auch nichts und gehören zum Lieferumfang des Produkts.

13.8.4 Empfehlungen für ein Antiviruskonzept

Gerade im Bereich Virenschutz sollten Sie eine ideale, aber auch bezahlbare Infrastruktur aufbauen (siehe *Abbildung 13.5*). In dieser Abbildung sehen Sie, dass ein Unternehmen optimal durch ein 3-Stufen-Konzept vor Viren geschützt werden kann:

- Stufe 1 – Die erste Stufe schützt das Unternehmen direkt am Internet-Gateway, an der Schnittstelle zum Internet, vor Viren.
- Stufe 2 – Sollte ein Virus in einer E-Mail die erste Stufe durchbrechen, wird es auf dem Exchange Server durch den 4- bis 8-stufigen Virenschutz von Sybari herausgefiltert.
- Stufe 3 – Die letzte Bastion des Virenschutzes ist schließlich der Client selbst. Wenn ein Virus nicht per E-Mail am System ankommt, sondern über das Internet oder einen Datenträger (CD, Diskette, USB-Stick), wird es hier entfernt. Im Normalfall sollten bis zu dieser Stufe überhaupt keine Viren mehr durchkommen, sondern bereits zuvor gefiltert sein.

Holen Sie sich ein Angebot über die einzelnen Lösungen ein. Die Produkte, die Sie für diesen optimalen Virenschutz kaufen müssen, sind:

- Microsoft ISA Server
- Trend Micro InterscanViruswall
- Trend Micro Client/Server Suite
- Sybari Antigen

Diese Lösung ist sicherlich für alle Unternehmen bezahlbar und sorgt für ausreichenden Virenschutz.

Vergessen Sie bei der Planung des Virenschutzes auch keinesfalls Testrechner oder sonstige PCs, die nicht regelmäßig mit dem Netzwerk verbunden sind. Auch Heimarbeits-PCs, die sich per VPN verbinden, sollten ausreichend geschützt sein. Arbeiten Sie bei VPN-Einwahlen mit der VPN-Quarantäne und erstellen Sie Firewall-Richtlinien mit dem ISA Server, auf welche Server eingewählte Benutzer zugreifen dürfen. Viele Unternehmen wurden schon lahm gelegt, weil ein Test-PC oder Heimarbeitsplatz versehentlich mit dem Netzwerk und dem Internet ohne Schutz verbunden wurde und ein Virus auf diesem PC gewartet hat.

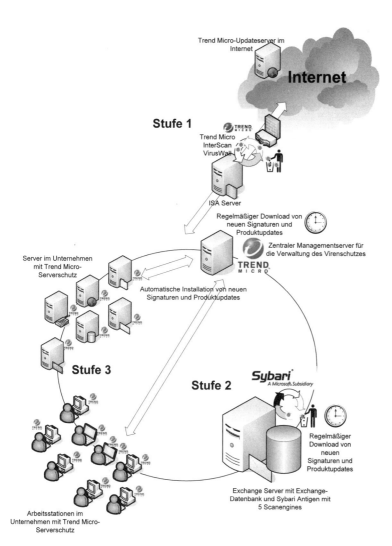

Abbildung 13.5:
Optimales Antiviruskonzept

13.9 Patchmanagement – Windows Server Update Services (WSUS)

Zusätzlich zum Virenschutz ist es für ein Unternehmen sehr wichtig, dafür zu sorgen, dass die PCs im Unternehmen immer mit den aktuellen Sicherheitspatches versorgt sind. Das Patchmanagement ist heutzutage für Firmen jeder Größe Pflichtprogramm. In Microsoft-Produkten gibt es aus verschiedenen Gründen zahlreiche Sicherheitslücken, die von dem Softwarehaus ständig geschlossen werden. WSUS ist eine vollständige Patchmanagement-Software, die mit zahlreichen Funktionen hierzu eine Lösung anbietet.

Abbildung 13.6: Patchmanagement mit dem WSUS

WSUS ist der Nachfolger der *Software Update Services (SUS)*. Die SUS war jedoch stark eingeschränkt und konnte nur systemkritische Betriebssystemupdates verteilen. WSUS kann viel mehr. Durch die wachsende Zahl der Sicherheitslücken und die damit ständig aktualisierten Hotfixes ist das manuelle Updaten von PCs für Unternehmen nicht mehr durchführbar. Microsoft hat aus diesem Grund vor einigen Jahren SUS entwickelt und diese zum WSUS ausgebaut. Mit dem WSUS können Patches automatisch von Microsoft heruntergeladen und an die Arbeitsstationen verteilt werden, ohne dass ein Administrator sich darum kümmern muss. WSUS ist kostenlos, erhöht aber die Sicherheit in einem Unternehmen erheblich. Es können Patches für alle Microsoft-Betriebssysteme, SQL Server, Exchange und Office heruntergeladen und installiert werden.

13.9.1 Voraussetzungen zum Einsatz des WSUS

Der Einsatz des WSUS setzt einige Dinge voraus, die Sie im Vorfeld abklären und einplanen sollten:

- Auch wenn der WSUS keine riesigen Systemressourcen verbraucht, sollte er auf einem Server mit mindestens 1 GHz und 1 Gbyte RAM installiert werden. Falls diese Voraussetzungen nicht erfüllt werden, macht die Installation keinen Sinn.
- Auf dem Server muss der IIS 6 installiert sein. WSUS unterstützt auch den IIS 5 von Windows Server 2000, aber nach meiner Erfahrung ist hier die Installation nur in Ausnahmen sinnvoll.

- Auf dem Server muss mindestens Microsoft .NET-Framework 1.1 installiert sein. Sie können das Framework von Microsoft herunterladen oder über Microsoft Update beziehen.
- Die Partition, auf der der WSUS installiert werden soll, muss mit NTFS formatiert sein.
- Der Server, auf dem Sie den WSUS installieren, muss über mindestens 10 Gbyte freien Festplattenplatz verfügen, richtig Sinn macht er erst ab 30 circa Gbyte freien Festplattenplatz. Auf diesem Datenträger werden später die heruntergeladenen Patches gespeichert. Aktuell (Frühjahr 2006) benötigen die Patches pro verfügbarer Sprache etwa 10 Gbyte.
- Der Client kann auf Systemen ab Windows 2000 SP3 sowie auf Windows XP und Windows Server 2003 laufen. NT 4-Rechner werden nicht unterstützt. Der WSUS selbst kann nicht auf den 64-Bit-Versionen von Windows Server 2003 installiert werden, aber Patches für diese Versionen bereitstellen.

13.9.2 Einführung des WSUS

Der WSUS ist nicht Bestandteil von Windows 2003, auch nicht der R2-Version. Sie müssen sich zunächst bei Microsoft kostenlos online registrieren und können dann die 125 Mbyte große Datei herunterladen. Nach dem Download können Sie die Installation mit Doppelklick starten. Beachten Sie jedoch, dass vor der Installation des WSUS auf dem Windows 2003 Server der IIS installiert werden muss. Bei WSUS handelt es sich um eine webbasierte Applikation, die ohne den IIS nicht installiert werden kann. Da der WSUS keine großen Systemressourcen benötigt, können Sie ihn auch auf einem Domänencontroller oder auch einem SBS installieren. Die Konfigurationsinformationen des WSUS werden in einer SQL-Datenbank gespeichert. Wenn Sie bereits einen SQL Server im Einsatz haben, können Sie eine Datenbank auf diesem verwenden. Ansonsten können Sie auch die Desktop-Engine des SQL Servers, die Microsoft kostenlos zur Verfügung steht, verwenden, die mit dem WSUS-Setup auch automatisch installiert wird. Sie sollten den WSUS am besten auf einem Server installieren, der sonst keine Webanwendungen hostet, um sicherzustellen, dass er die anderen Webapplikationen nicht beeinträchtigt. Microsoft erneuert ständig die Liste der Programme, die der WSUS aktualisieren kann. Derzeit werden folgende Produkte unterstützt:

- Microsoft Exchange 2000 und 2003
- Microsoft Office XP und 2003
- SQL Server
- Microsoft Small Business Server 2003
- Windows 2000
- Windows Server 2003
- Windows XP

13.9.3 Planung der Internetverbindung für den WSUS

WSUS muss zum einen mit dem Internet kommunizieren können, zum anderen mit den Clients, um Updates zu verteilen. Wenn Sie eine interne Firewall einsetzen bzw. der WSUS in einer DMZ steht, müssen Sie den Port 80 (HTTP) zu diesem Server öffnen, damit sich Clientcomputer mit dem Server verbinden können. Der WSUS muss zusätzlich mit den beiden Ports 80 und 443 Verbindung ins Internet aufnehmen können. Wenn Sie WSUS nur auf die Seiten einschränken wollen, welche die Updates enthalten, können Sie Ihre Firewall so konfigurieren, dass der WSUS nur zu den folgenden Seiten Verbindung aufnehmen kann:

- http://windowsupdate.microsoft.com
- http://*.windowsupdate.microsoft.com
- https://*.windowsupdate.microsoft.com
- http://*.update.microsoft.com
- https://*.update.microsoft.com
- http://*.windowsupdate.com
- http://download.windowsupdate.com
- http://download.microsoft.com
- http://*.download.windowsupdate.com

Alle anderen Seiten können Sie blockieren. Der WSUS benötigt nur diese Seiten für einen reibungslosen Betrieb.

13.9.4 Planung der Patchverteilung

Die nächste wichtige Aufgabe ist die Konfiguration der Synchronisierung. Bei diesem Vorgang wird der WSUS zum Downloaden der Microsoft-Patches konfiguriert. Sie müssen festlegen, ob die Patches komplett heruntergeladen und lokal gespeichert (empfohlen) oder nur genehmigte Patches heruntergeladen werden sollen. Außerdem steuern Sie, welche Sprachvarianten der WSUS downloaden soll. Achten Sie darauf, dass beim ersten Synchronisierungsvorgang mehrere Gigabyte(!) heruntergeladen werden. Überprüfen Sie also zuvor, welche Kosten Ihnen entstehen. Der Einsatz des WSUS ist sicherlich mit einer Flatrate am besten oder mit einem Volumenvertrag, der 10 Gbyte und mehr pro Monat abdeckt. Wenn sich der WSUS einmal synchronisiert hat, wird zwar das Datenvolumen nicht mehr so groß sein, aber ein paar Gigabyte sind schnell zusammen, wenn wieder ein neues Service Pack erscheint und Sie gleich noch mehrere Sprachen herunterladen lassen.

Wenn der WSUS die Updates heruntergeladen hat, kann er diese jedoch nicht automatisch auf die Clients „pushen". Die Arbeitsstationen müssen so konfiguriert werden, dass sie sich mit dem Server verbinden, um die Updates vom WSUS lokal herunterzuladen. Das gilt natürlich auch für Ihre Server. Sie können die Konfiguration über Gruppenrichtlinien oder manuell per Registry steuern. Am besten erstellen Sie OUs für die verschiedenen automatischen Update-Optionen und verschieben die jeweiligen Arbeitsstationen oder Server in die OU. Generell sollten Sie folgende Unterschiede beachten:

- automatischer Download von Patches, aber keine automatische Installation (optimal für Server)
- automatischer Download und automatische Installation (optimal für Arbeitsstationen)

Sie können nach dem Verschieben der Server und Arbeitsstationen in die entsprechende OU Gruppenrichtlinien auf diese OU legen, um die automatischen Updates zu steuern.

Gruppenrichtlinien für automatische Updates

Nachdem Sie alle Server und Arbeitsstationen, die Sie mit dem WSUS mit Patches versorgen wollen, in die OUs verschoben haben, können Sie Gruppenrichtlinien definieren, die das Updateverhalten der Clients und Server steuert. Legen Sie ein neues Gruppenrichtlinienobjekt (GPO) auf die OUs an. Die wichtigste Option ist *Internen Pfad für Microsoft Updatedienst angeben*. Hier legen Sie fest, zu welchem WSUS-Server sich die Clients verbinden. Die zweite wichtige Option ist das Updateverhalten, welches Sie über *Automatische Updates konfigurieren* erhalten:

- *Vor Download und Installation benachrichtigen*. Mit dieser Option wird ein angemeldeter Administrator vor dem Download und vor der Installation der Updates benachrichtigt.
- *Automatisch downloaden, aber vor Installation benachrichtigen*. Mit dieser Option wird das Downloaden von Updates automatisch begonnen, und anschließend wird ein angemeldeter Administrator vor dem Installieren der Updates benachrichtigt.
- *Automatisches Downloaden und laut Zeitplan installieren*. Wenn automatische Updates für eine geplante Installation konfiguriert sind, müssen Sie auch den Tag und die Uhrzeit für die geplante Installation angeben.
- *Lokalen Administrator ermöglichen, Einstellung auszuwählen*. Mit dieser Option lassen Sie zu, dass lokale Administratoren mithilfe der Option *Automatische Updates* in der Systemsteuerung eine gewünschte Konfigurationsoption auswählen. Sie können z. B. einen Zeitpunkt für eine Installation nach Zeitplan auswählen. Lokale Administratoren können die automatischen Updates nicht deaktivieren.

Hier können Sie zum Beispiel für die Server-OU festlegen, dass die Patches zwar automatisch vom WSUS-Server heruntergeladen werden sollen, aber nicht automatisch installiert werden. In diesem Fall erscheint in der Taskleiste eine Meldung, wenn neue Patches verfügbar sind, und Sie können diese bei Bedarf installieren lassen. Bei Arbeitsstationen können Sie die Option so einstellen, dass Updates heruntergeladen und sofort installiert werden. Alle anderen Optionen sind selbsterklärend. Auf der Registerkarte *Erklärung* von jeder Richtlinie finden Sie nähere Informationen dazu. Nach der Erstellung der Gruppenrichtlinie kann es eine Weile dauern (bis zu einer Stunde und mehr), bis die Arbeitsstationen und Server sich mit dem WSUS verbinden.

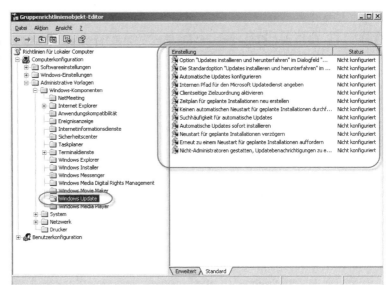

Abbildung 13.7: Gruppenrichtlinien für automatische Updates

Konfiguration von Computergruppen auf dem WSUS

Computergruppen sind eine neue Option im WSUS, die es bisher auf dem SUS noch nicht gegeben hat. Sie können mithilfe von Computergruppen automatische Updates auf dem WSUS steuern. Standardmäßig sind die Gruppen *Alle Computer* und *Nicht zugeordnete Computer* bereits angelegt. Sie können eigene Computergruppen erstellen, um die Verteilung von automatischen Updates zunächst auf speziellen Testmaschinen zu testen, bevor alle Arbeitsstationen und Server mit den Patches versorgt werden. Sobald Ihre Server und Arbeitsstationen im WSUS angezeigt werden, können Sie diese entsprechenden Gruppen zuordnen. Wie bereits erwähnt, kann das Anzeigen der Server und Computer in der Konsole durchaus eine Weile dauern.

Genehmigung von Updates

Der WSUS lädt zwar alle Patches von Microsoft herunter, installiert diese aber nicht sofort automatisch an die angebundenen Rechner. Die Patches müssen zunächst durch einen Administrator genehmigt werden, bevor sie anhand der Regel automatisch verteilt werden.

Weitere Hinweise zum Betrieb eines WSUS

Eine sehr gute Quelle für Informationen und Hilfestellungen zum Betrieb eines WSUS finden Sie im Internet unter folgender Adresse:

http://www.wsus.info/forums/

13.10 Absichern von mobilen Benutzern

Zu einer effizienten Sicherheitsplanung im Unternehmen gehört auch der Schutz der mobilen Anwender.

13.10.1 Virenschutz für mobile Mitarbeiter

Auch auf den Notebooks und Heimarbeitsplätzen der mobilen Mitarbeiter muss immer ein aktueller Virenschutz installiert sein, der sich automatisch mit den notwendigen Virensignaturen versorgt. Die meisten Lösungen der Softwarehersteller erlauben es, auch die Notebooks an die zentrale Verwaltung anzubinden. Sie sollten die Client-Software auf den Notebooks so konfigurieren, dass diese Virensignaturen im Internet herunterladen, wenn sie nicht in einer Niederlassung am Netzwerk angeschlossen sind. Wenn ein mobiler Mitarbeiter mehrere Wochen nicht in der Firma ist, muss dennoch sichergestellt sein, dass der PC optimal vor Viren geschützt ist. Idealerweise sollten mobile Mitarbeiter auch keine Rechte besitzen, Software auf ihrem Notebook zu installieren. Berücksichtigen Sie daher recht frühzeitig bei der Planung des Virenschutzes die Verwaltung der Notebooks im Unternehmen.

13.10.2 Schutz der Daten bei Diebstahl

Notebooks sind natürlich prädestiniert dazu, gestohlen zu werden. Sie sollten darauf achten, dass im Falle eines Diebstahls sensible Daten nicht in die falschen Hände geraten. In diesem Bereich gibt es kostenlose Bordmittel, die zwar nicht so effizient funktionieren wie die Produkte von Drittherstellern, aber dennoch einen gewissen Schutz bieten.

Encrypting File System (EFS)

Dieses Dateisystem erlaubt die Verschlüsselung von Informationen auf der lokalen Festplatte. Es ist nur unter sehr hohem Aufwand möglich, an diese Informationen zu gelangen. Das EFS kann lokal eingesetzt werden. In diesem Fall reicht es aus, wenn der Benutzer definiert, dass Dateien verschlüsselt werden sollen. Es kann auch in verteilten Umgebungen eingesetzt werden. In diesem Fall muss mit einer PKI gearbeitet werden, da die Verschlüsselung über digitale Zertifikate gesteuert wird. Die Verschlüsselung und der Zugriff auf die Informationen erfolgen transparent für die Anwender. Der Nachteil von EFS ist, dass der Schutz durch den Ausbau der Festplatte aus dem Notebook ausgehebelt werden kann. Der Einsatz von EFS bietet zwar einen gewissen Schutz, aber eine vollständige Garantie, dass die verschlüsselten Daten nur von berechtigten Personen entschlüsselt werden können, erhalten Sie nur von Drittherstellerprodukten, wie dem nachfolgend beschriebenen Safeguard von Utimaco.

Utimaco Safeguard

Diese Lösung von Utimaco ist in sehr sicherheitsbewussten Unternehmen weit verbreitet, um die Daten auf Notebooks vor dem Zugriff unberechtigter Personen zu schützen. Safeguard schützt die Daten auf der Festplatte selbst dann, wenn die Platte ausgebaut und in ein anderes Gerät eingebaut wird. Die Verschlüsselung auf dem Notebook wird automatisch ausgeführt. Die Anwender müssen nicht geschult werden, da Utimaco die Daten ohne Interaktion mit dem Anwender selbständig verschlüsselt. Safeguard ist im Bereich der Festplattenverschlüsselung von Notebooks weltweit Marktführer. Wenn die mobilen Mitarbeiter des Unternehmens wichtige Informationen auf den Notebooks speichern müssen, sollten Sie diesen Schutz auf jeden Fall mit einplanen. Die Verteilung von Safeguard kann zentral vorgenommen werden, sodass keine Installationsaufgaben anfallen.

13.11 Security Hardening von Servern

Als Security Hardening bezeichnet man das extreme Absichern von einzelnen Servern. Bei diesem Vorgang werden, außer den üblichen Sicherheitsaktionen, nicht benötigte Dienste beendet oder Berechtigungen gesetzt, die verhindern sollen, dass der Server erfolgreich angegriffen wird. Sie müssen nicht alle Server abhärten, aber der extreme Schutz einzelner Server kann durchaus sinnvoll sein. Zu einem Security Hardening gehört allerdings zunächst ein Grundschutz des Unternehmens, der sicherstellt, dass Angriffe nicht über ungehärtete Systeme stattfinden können.

13.11.1 Absichern der Infrastruktur

Im ersten Schritt sollten Sie einen Plan aufstellen, welche Administratorgruppen in Ihrem Unternehmen Zugriff auf die einzelnen Server haben. In manchen Unternehmen sind die Administratoren für das Active Directory nicht unbedingt auch für die Exchange Server zuständig. Wenn Sie mit mehreren Administratorgruppen arbeiten, können Sie die Server in OUs aufteilen und mithilfe der Objektzuweisung die Verwaltung delegieren. Verwaltet bei Ihnen nur eine Admin-Gruppe die Server, verschieben Sie alle Server in eine OU, die Sie durch spezielle Gruppenrichtlinien schützen lassen. Belassen Sie die Domänencontroller in Ihrer Standard-OU. Auf dieser OU liegt bereits die *Domain Controller Policy*, mit der Sie Ihre DCs weiter absichern können. Wenn Sie mehrere Servergruppen einsetzen, zum Beispiel WINS, DHCP oder Exchange Server, können Sie auch eine OU für die Server und unter dieser OU weitere OUs für jede Servergruppe anlegen. Starten Sie den Delegations-Assistenten für die entsprechende OU und geben Sie der entsprechenden Admin-Gruppe den vollen Zugriff. Sinn dieser Maßnahme soll sein, dass die Server in einer OU sind, die ausschließlich für diese Gruppe zugreifbar ist. So ist zumindest im ersten Schritt eine logische Trennung der Serverkonten von den Computerkonten erreicht und entsprechende Benutzergruppen haben ausschließlich Rechte auf die Server. Sie können, wie bereits erwähnt, für diese Server-OU eine eigene Gruppenrichtlinie erstellen und Sicherheitseinstellungen so optimieren, dass die Server besser abgesichert werden. Sie können für die neu erstellte Gruppenrichtlinie auch die Option *Kein Vorrang* konfigurieren. So ist sichergestellt, dass die von Ihnen vorgenommenen strengeren Richtlinien nicht von einer übergeordneten Richtlinie überschrieben werden.

13.11.2 Absichern eines Servers

Im ersten Schritt sollten Sie überprüfen, ob der lokale Administrator umbenannt und seine Beschreibung gelöscht ist. So ist sichergestellt, dass Hackertools, die über die Beschreibung des Administrators nach seinem Konto suchen, ausgebremst werden. Diese Vorgaben können Sie über Gruppenrichtlinien steuern. Sie sollten sicherstellen, dass alle Updates auf dem Server installiert sind. Alles, was nicht gebraucht wird, kann deaktiviert oder gelöscht werden. Sie sollten alle nicht benötigten Dienste auf dem Server deaktivieren. Dokumentieren Sie die Deaktivierung, damit Sie später bei Problemen entsprechende Dienste wieder aktivieren können. Im nächsten Schritt sollten Sie die Zugriffsberechtigungen der einzelnen Verzeichnisse überarbeiten. Standardmäßig liegen auf den Verzeichnissen schon Berechtigungen, allerdings sind diese recht locker. Ändern Sie die NTFS-Berechtigungen für die Ordner so ab, dass nur noch Domänen-Administratoren und das lokale System vollen Zugriff haben. Lassen Sie diese Berechtigung auch für die Unterordner übernehmen. Ich kann nur immer wieder wiederholen, wie wichtig eine Dokumentation des Zustands ist, damit Sie später die Einstellungen wieder zurücksetzen können, wenn Probleme auftauchen.

Sicherheitskonfigurations-Assistent (Security Configuration Wizard, SCW)

Mit dem Service Pack 1 für Windows Server 2003 führt Microsoft neben einer Firewall für Windows auch den SCW ein.

Abbildung 13.8: Sicherheitskonfigurations-Assistent des Windows 2003 SP1

Mit diesem Programm können Sie über einen Assistenten Server extrem abhärten lassen. Der SCW aktiviert die Windows-Firewall und bearbeitet die Registry. Er deaktiviert Dienste und sorgt dafür, dass der Server nur für die Dienste lauffähig ist, welche Sie ausgewählt haben. Bevor Sie den SCW verwenden, müssen Sie Windows 2003 Service Pack 1 oder Windows 2003 R2 installieren. Sie können den Assistenten auf einem Server durchlaufen lassen und die Einstellungen auf Server mit der gleichen Konfiguration importieren. Die Änderungen werden erst am Ende des Assistenten durchgeführt, wenn Sie diese übernehmen wollen. Da das Tool kostenfrei ist, aber einen Server hervorragend vor Angriffen aus dem internen Netz schützen kann, sollten Sie den Einsatz für Ihr Netzwerk vorsehen. Es reicht, wenn sich ein Virus oder Wurm an Ihren Virenscannern vorbeischmuggelt und intern Server lahm legt. Wird der Server entsprechend abgehärtet, sinkt die Wahrscheinlichkeit, dass ein Eindringling den Server zum Absturz bringen kann. Auch beim Schutz von Servern innerhalb der DMZ kann der SCW wertvolle Hilfe leisten. Steht ein Server in einer DMZ, ist er zwar vor Angriffen aus dem Internet geschützt, aber nicht vor Angriffen durch andere Server aus der DMZ.

Der SCW arbeitet bei der Absicherung von Servern über Sicherheitsrichtlinien. Wenn Sie auf einem Server eine Richtlinie erstellt und abgespeichert haben, können Sie diese mithilfe des SCW auf einen anderen Server importieren. Der SCW definiert Serverrollen für verschiedene Aufgaben und erleichtert Ihnen so später die Auswahl, welches System Sie schließlich absichern wollen. Auch die Serverrolle eines Exchange Servers ist in den Assistenten integriert und kann ausgewählt werden. Nachdem der Server gescannt wurde, können Sie sich Informationen über die einzelnen Serverrollen ansehen. Sie sollten genau verstehen, was der Assistent alles absichern wird, damit Sie später leichter analysieren können, wenn ein bestimmter Serverdienst nicht mehr funktioniert.

Der SCW aktiviert nicht nur die neue Windows-Firewall und schließt damit nicht mehr benötigte Ports, sondern deaktiviert auch Systemdienste sowie Webdienste des IIS, greift in Protokolle wie SMB und LDAP ein und definiert Sicherheitsrichtlinien. Die Basis für die erstellten Sicherheitsrichtlinien bilden XML-Dateien, in denen alle Absicherungsmaßnahmen gespeichert werden. Auch notwendige Registry-Änderungen, die der SCW durchführt, werden in dieser XML-Datei gespeichert.

Am besten erstellen Sie ein Image mit Symantec Ghost oder Acronis True Image, bevor Sie eine Richtlinie auf einem Server anwenden. Da die Zuordnungen trotz der Hilfe nicht immer eindeutig sind, halte ich es für sehr sinnvoll, in einer Testumgebung die genaue Konfiguration eines produktiven Servers abzubilden und die einzelnen Schritte zur Absicherung ausführlich zu dokumentieren. Dann können Sie sehr einfach in Ihrer produktiven Umgebung den gleichen Zustand herstellen und schon etwas sicherer sein, dass auch alles wie zuvor funktioniert. Außerdem kann die Geschäftsführung von einer solchen Dokumentation Gebrauch machen, um Banken oder dem Aufsichtsrat das Sicherheitskonzept des Unternehmens zu verdeutlichen.

13.12 Aufbau einer Public Key Infrastructure (PKI)

Einer der Kernbegriffe beim Thema Sicherheit ist die *Public Key Infrastructure*, kurz PKI. Einige Programme und Funktionen in Windows Server 2003 setzen eine PKI voraus oder können damit zusammenarbeiten:

- Smartcard Logon
- das verschlüsselnde IPSec-Protokoll
- das HTTPS-Protokoll – SSL-Verbindungen des Webservers

- das verschlüsselnde Dateisystem EFS
- das Layer 2 Tunneling Protocol (L2TP)
- verschlüsselte S/MIME-SMTP-Verbindungen bei der Active Directory-Replikation
- Remote Access Logon über EAP
- Dateisignaturen für Treiber, Systemdateien und Softwarerichtlinien

Um diese Funktionen nutzen zu können, müssen Sie Zertifikatdienste einrichten, Zertifikate ausstellen und vor allem verstehen, worum es bei Zertifikaten, Signaturen und Verschlüsselung geht.

13.12.1 Verschlüsselungsverfahren

Es gibt zwei Arten von Verschlüsselungen, die symmetrische und die asymmetrische Verschlüsselung. Am Beispiel der Nachrichtenverschlüsselung für E-Mails werden diese Techniken im Folgenden erläutert. Bei der symmetrischen Verschlüsselung wird die Nachricht mit dem gleichen Schlüssel kodiert und wieder dekodiert, d. h., es muss ein Austausch des Schlüssels zwischen Absender und Empfänger stattfinden. Dies ist ein Sicherheitsproblem, da der Schlüssel beim Austausch in falsche Hände geraten kann. Bei der asymmetrischen Verschlüsselung werden zwei Schlüssel verwendet, ein öffentlicher und ein privater Schlüssel. Die Nachricht kann nur vom passenden Gegenschlüssel Ihres Schlüssels wieder dekodiert werden. Auf diese Weise kann der eine Schlüssel öffentlich bekannt sein (Public Key), solange der andere Schlüssel privat bleibt. Dieser so genannte *Private Key* kann nicht aus dem *Public Key* errechnet werden. Den öffentlichen Schlüssel kann der Absender dem Empfänger zur Verfügung stellen. Damit die Echtheit dieses Schlüssels gewährleistet ist, kann sich der Absender diesen von einer dritten Stelle zertifizieren lassen. Er erhält ein Zertifikat für den Schlüssel. Da der öffentliche Schlüssel jedem zur Verfügung steht, kann auch jeder die E-Mails des Senders lesen. Auf diese Weise ist also die Übertragung nicht sichergestellt, sondern nur, dass diese E-Mail auch vom Absender kommt, dem der öffentliche Schlüssel gehört. Dies ist quasi die digitale Unterschrift des Senders – seine Signatur. Der Absender kann aber auch die E-Mail mit dem öffentlichen Schlüssel des Empfängers verschlüsseln. Der Empfänger kann dann mit seinem privaten Schlüssel diese E-Mail wieder entschlüsseln, sonst niemand. Es ist nicht möglich, eine E-Mail mit dem öffentlichen Schlüssel zu verschlüsseln und dann wieder zu entschlüsseln.

Aufbau einer Public Key Infrastructure (PKI)

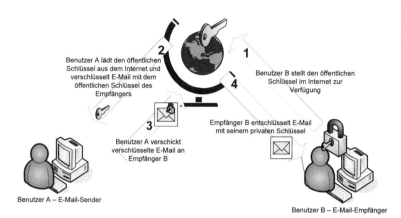

Abbildung 13.9: Verschlüsselung von E-Mails

Sie können also durch eine Kombination dieser beiden Verschlüsselungen sicherstellen, dass nur der gewünschte Empfänger die E-Mail auch lesen kann, und der Empfänger kann sicher sein, dass diese E-Mail auch vom richtigen Absender kommt. Heutzutage läuft diese Verschlüsselung allerdings ein bisschen anders ab. Der Grund ist, dass die Public Key/Private Key-Verschlüsselung sehr rechenaufwendig ist.

Um hier effizienter zu arbeiten, wird mit einer speziellen symmetrischen Verschlüsselung ein Einmalschlüssel erzeugt und nur dieser erzeugte Schlüssel mit dem öffentlichen Schlüssel des Empfängers verschlüsselt. Dieses Verfahren hat hauptsächlich Vorteile, wenn eine E-Mail an mehrere Empfänger geschickt werden soll. Diese Verschlüsselung wird nach dem DES-Standard durchgeführt, also nach dem Zufallsprinzip. Alle Empfänger erhalten alle Schlüssel der anderen, können aber nur ihren eigenen wieder entschlüsseln. Wegen des mathematischen Aufwands der Schlüsselgenerierung und der verwendeten Algorithmen ist die Public Key-Verschlüsselung um ein Vielfaches langsamer als die symmetrische Verschlüsselung und wird normalerweise nicht zum Verschlüsseln großer Datenmengen benutzt. Meist werden in der Praxis, wie bereits erwähnt, beide Verfahren kombiniert. Der Datenstrom selbst wird mithilfe eines symmetrischen Verfahrens geschützt. So muss nicht der ganze Datenstrom das langsame asymmetrische Verfahren nutzen, sondern nur der Schlüsselaustausch beim Verbindungsaufbau. Um die Sicherheit auch auf Dauer aufrechtzuerhalten und so genannte Replay-Attacken (Abspielen eines vorher aufgezeichneten Datenverkehrs) zu verhindern, wird meist in regelmäßigen Abständen oder nach einer gewissen Anzahl von Bytes automatisch ein neuer symmetrischer Schlüssel generiert und wieder durch asymmetrische Verfahren gesichert ausgetauscht. Mithilfe eines

13 Sicherheit in Microsoft-Netzwerken

solchen Verfahrens kann beispielsweise das IPSec-Protokoll trotz 100-prozentiger Verschlüsselung immer noch eine gute Performance und optimale Datensicherheit gewährleisten.

E-Mail-Verschlüsselung

Die Kommunikation per E-Mail hat in den letzten Jahren deutlich zugenommen. Immer mehr wichtige Geschäftsbriefe werden über E-Mail verschickt. Unternehmen tauschen untereinander Daten aus, bei Lieferanten wird per E-Mail bestellt und Bestellbestätigungen kommen per E-Mail zurück. Dies sind nur sehr wenige Beispiele, wie viel Kommunikation über das Medium E-Mail abgewickelt wird. Gerade aus diesem Grund wird es für Unternehmen immer wichtiger, dieses Medium zu schützen. Dabei muss sichergestellt werden, dass E-Mails auch vom richtigen Absender kommen bzw. nur vom beabsichtigten Empfänger gelesen werden können. Microsoft hat daher in die Bordmittel von Windows 2003 und Exchange 2003 alle Funktionen eingebaut, die zur digitalen Unterschrift (Signatur) oder zur Verschlüsselung gehören.

PGP – Pretty good Privacy Bei PGP gibt es keine Zertifikate, sondern Sender und Empfänger tauschen ihre Schlüssel untereinander aus. PGP ist ein Verschlüsselungsprogramm für E-Mails und Dateien aller Art. Außerdem können Sie mit PGP elektronisch unterschreiben. Als selbstentschlüsselndes Archiv können Sie auch ganze Verzeichnisse sichern und weitergeben, ohne dass der Empfänger PGP haben muss. PGP ist sehr weit verbreitet, da es für Privatpersonen und gemeinnützige Organisationen kostenlos ist. Die käufliche Version bietet ein hervorragendes Werkzeug zum Verschlüsseln kompletter Festplatten. Dank der grafischen Oberfläche ist PGP leicht zu bedienen und bietet darüber hinaus mit Plug-Ins die Möglichkeit, direkt in den gewohnten Programmen (z. B. Outlook) zu arbeiten. PGP bietet eine enorme Sicherheit mit sehr ausgefeilten Funktionen. Es ist zum Beispiel möglich, Dateien so zu verschlüsseln, dass sie nur von zwei Personen gemeinsam entschlüsselt werden können. Selbst wenn Ihre Daten nicht von höchster Brisanz sind, lohnt sich der Einsatz von PGP, denn je mehr Mails verschlüsselt sind, desto schwerer wird die Spionage für Geheimdienste. Je weiter PGP verbreitet ist, desto wahrscheinlicher ist es, dass der Empfänger einer vertraulichen Nachricht auch mit diesem Programm arbeitet. Der große Vorteil ist, dass öffentliche Schlüssel untereinander getauscht werden und der Ablauf der Verschlüsselung so deutlich vereinfacht wird. Um die Echtheit der Schlüssel zu gewährleisten, gibt es mittlerweile von vielen Verlagen und Universitäten Schlüsselserver für PGP. Bekannt ist beispielsweise die Krypto-Kampagne des Heise Verlags (c't; iX).

Bei S/MIME wird der bekannte MIME-Standard um die Sicherheit erweitert. S/MIME steht für *Secure Multipurpose Internet Mail Extension*. MIME wiederum ist ein Protokoll, das ursprünglich dazu gedacht war, per E-Mail verschickte Dateien anhand ihrer Dateinamenerweiterung zu erkennen und vor dem Verschicken mittels eines Headers zu kennzeichnen, um sie dann beim Empfänger mit der richtigen Software darzustellen bzw. wiederzugeben.

S/MIME

S/MIME steht in direkter Konkurrenz zu PGP. Microsoft hat sich entschieden, diesen Verschlüsselungsstandard in Exchange 2003 zu integrieren. PGP kann nur durch Drittherstellertools mit Outlook verwendet werden, während S/MIME auch in Outlook Web Access unterstützt wird. Mittlerweile gibt es die Version 3 von S/MIME, die sich als Quasistandard im Bereich der Nachrichtensicherheit etabliert hat. S/MIME unterstützt die Möglichkeit, sowohl mit digitalen Signaturen zu arbeiten als auch E-Mails zu verschlüsseln. In der Version 3 von S/MIME können E-Mails dreifach verschlüsselt werden. Dadurch wird eine weitere Sicherheitsstufe der Nachrichtensicherheit erreicht. Bei einer dreifach verschlüsselten E-Mail wird diese zunächst digital signiert, danach verschlüsselt und dann noch einmal digital signiert. S/MIME ist der neuere Standard im Bereich der Verschlüsselung und arbeitet im Gegensatz zu PGP ausschließlich mit Zertifikaten.

Wie auch OpenPGP verwendet S/MIME eine hybride Verschlüsselungstechnologie, also schnelle symmetrische Verschlüsselung der eigentlichen Nachricht mit einem Sitzungsschlüssel und anschließende asymmetrische Verschlüsselung des Sitzungsschlüssels mit dem öffentlichen Schlüssel des Nachrichtenempfängers. Die Microsoft-Zertifikatdienste stellen öffentliche Schlüssel zur Verfügung, die Sie mit Exchange nutzen können.

Den optimalen Aufbau einer PKI sollten Sie gut planen. Es würde den Umfang dieses Buches sprengen, ausführlicher auf den Aufbau einer PKI einzugehen. Da die Zertifikatdienste zum Lieferumfang von Windows Server 2003 gehören und in der Enterprise Edition einen erweiterten Funktionsumfang haben, sollten Sie sich mit diesem Thema ausführlich beschäftigen. Die Zertifikate dieser PKI können Sie zum Beispiel für die Veröffentlichung von Outlook Web Access oder Exchange ActiveSync verwenden. Auch die Absicherung der Nachrichtensicherheit oder der Aktivierung von EFS auf Notebooks erfordern Zertifikate. Sehr ausführliche Informationen über die Planung einer PKI finden Sie auf der Internetseite *www.microsoft.com/pki*. Neben Konzepten und umfassenden Erläuterungen zum Thema werden hier zahlreiche Schritt-für-Schritt-Anleitungen angeboten.

13.12.2 Implementation einer Zertifikatsstelle

Sollten Sie noch keine CA (*Certification Authority*) bei sich eingerichtet haben, können Sie dies jederzeit nachholen. Sie können die CA ohne Probleme auf einem Domänencontroller installieren oder eine eigene Serverinfrastruktur mit Hilfe der Anleitung unter *www.microsoft.com/pki* aufbauen. Die Zertifikatdienste gehören zum Lieferumfang von Windows 2000 und Windows 2003. Um eine Zertifizierungsstelle zu definieren, müssen Sie die Zertifikatdienste über die Systemsteuerung als Windows-Komponente hinzufügen. Sie benötigen dazu die Windows-Installations-CD. Wählen Sie in den Optionen die Installation einer *Stammzertifizierungsstelle* des Unternehmens (*Enterprise Root CA*). Mit dieser Einstellung werden die Zertifikate in das Active Directory integriert.

Listing 13.1:
Installation der
Zertifikatdienste

Nach Festlegung der CA-Variante müssen Sie noch einen Namen wählen. Am besten verwenden Sie hier den Namen Ihrer Firma, damit Zertifikate immer eindeutig zugewiesen werden können. Sie definieren auch, wie lange die ausgestellten Zertifikate gültig bleiben. Welchen Zeitraum Sie einstellen, bleibt Ihnen überlassen, standardmäßig wird der Server auf fünf Jahre Gültigkeit definiert. Sie sollten die Installation nicht unbedingt zu Zeiten durchführen, in denen Benutzer auf dem Server mit IIS oder Exchange arbeiten. Nach der Installation werden diese Dienste wieder gestartet, ein Neustart des Servers ist nicht erforderlich. Die Zertifizierungsdienste stehen sofort zur Verfügung. Um einem Server ein Zertifikat zuzuordnen, rufen Sie zunächst von diesem Server aus die Webseite der Zertifikatdienste mit folgender URL auf:

http://SERVERNAME/Certsrv

Der Server baut nach Abfrage von Benutzername und Kennwort eine Verbindung zu den Zertifikatdiensten auf. Da es sich bei Zertifikaten, die zur digitalen Signatur bzw. zur Nachrichtenverschlüsselung verwendet werden, um benutzerspezifische Zertifikate handelt, müssen Ihre Anwender an dieser Stelle auch ein Benutzerzertifikat anfordern.

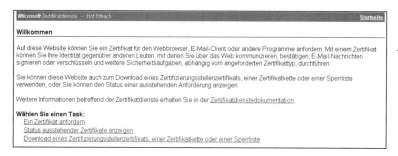

Abbildung 13.10: Webseite der Zertifikatdienste

Alle Zertifikate, die Benutzer von dem Zertifikatsserver innerhalb des Active Directorys anfordern und installieren, werden dem Benutzerobjekt im Active Directory hinzugefügt. Wenn Sie das Snap-In *Active Directory-Benutzer und -Computer* öffnen, können Sie auf der Registerkarte *Veröffentlichte Zertifikate* alle angeforderten und ausgestellten Zertifikate dieses Benutzers einsehen. Es besteht ein großer Unterschied zwischen den beiden gespeicherten Zertifikaten eines Anwenders. Das Zertifikat im Zertifikatsspeicher des lokalen Rechners enthält den öffentlichen und den privaten Schlüssel. Das Zertifikat im Active Directory enthält hingegen nur eine Kopie des öffentlichen Schlüssels. Damit Sie als Anwender Ihr ausgestelltes Zertifikat überhaupt benutzen können, müssen Sie es in Outlook einbinden. Die technische Umsetzung dieses Prinzips ist nicht Bestandteil dieses Buches.

Zertifikate für Webserver

Ehe sie einen Webserver über das HTTPS-Protokoll ansprechen können, benötigen Sie ein Serverzertifikat für diesen Rechner. Sofern Sie Ihre eigene CA betreiben, müssen Sie diese Zertifikate nicht mehr von einem externen Anbieter (zum Beispiel *Verisign*) kaufen, sondern können diese selbst ausstellen. Alle Webserver, die Teil ihres Active Directorys sind, können hierbei die Anfrage nach einem Zertifikat direkt online zur Enterprise CA übermitteln. Auch hier ist die genaue technische Umsetzung nicht mehr Bestandteil dieses Buches, sie wird aber ausführlich in der Online-Hilfe behandelt.

14 Ausfallkonzepte

Ausfallkonzepte sollen verhindern, dass im Notfall, also beim Ausfall eines oder mehrerer Server, Mitarbeiter im Unternehmen nicht mehr arbeiten können. Ausfallkonzepte sind ein wichtiger Punkt bei der Konzeption eines Netzwerks, der leider viel zu oft vernachlässigt wird. Im Falle eines Serverausfalls sollte eine Dokumentation verfügbar sein, in der genaue Anleitungen stehen, welche Aufgaben erledigt werden müssen, damit die Funktion des Servers wiederhergestellt oder kompensiert werden kann. Ein Ausfallkonzept soll verhindern, dass Panikmaßnahmen und Schnellschüsse die Situation verschlimmern. Zu einem guten Microsoft-Netzwerk-Konzept gehört auch ein Ausfallkonzept für jeden einzelnen Server und eine ausführliche Dokumentation. Ein gutes Ausfallkonzept baut auf einer soliden Netzwerkplanung auf.

14.1 Grundlagen für ein Ausfallkonzept

Der erste Schritt eines Ausfallkonzepts besteht darin, bereits frühzeitig Einflüsse zu erkennen, die den Ausfall eines Servers begünstigen könnten. Der erste und wichtigste Schritt eines Ausfallkonzepts ist, einen Ausfall zu verhindern. Dazu gehört eine effiziente Planung des Netzwerks und der einzelnen Server, wie es in diesem Buch dargelegt wurde. Ein solches Konzept beinhaltet aber auch eine vernünftige Sicherheits- und Berechtigungsstruktur. Natürlich enthält es auch die Planung und konsequente Umsetzung eines optimalen Serverraums sowie der Stromversorgung. Die letzte notwendige Voraussetzung für ein effizientes Ausfallkonzept ist eine gut geplante Datensicherung mit allen Möglichkeiten, um Dateien schnell und effizient wiederherzustellen. Erst wenn alle Voraussetzungen erfüllt sind, wird als letztes ein Ausfallkonzept erstellt. Wenn Sie in einem Unternehmen alles unternommen haben, damit die Server möglichst nicht ausfallen, dass Daten schnell wiederhergestellt werden können und dass niemand unberechtigt Einfluss auf die Daten nehmen kann, dann können Sie sich an die Erstellung eines Ausfallkonzepts machen. Ein Ausfallkonzept soll Ihnen helfen, falls unvorhergesehene Ausfälle passieren. Eine gute Netzwerkplanung soll vorhersehbare Ausfälle verhindern. Wenn Sie sich bereits Gedanken über einen Serverausfall machen, der noch gar nicht eingetreten ist, bleibt Ihnen genügend

Zeit, notwendige Gegenmaßnahmen zu planen, ohne unter Zeitdruck zu stehen. Wenn einer oder mehrere Server ihre Funktion eingestellt haben, können keine Gegenmaßnahmen getroffen werden, sondern es wird nur reagiert und mit allen möglichen Mitteln versucht, den Server wieder ans Laufen zu bringen.

14.2 Dokumentationen für das Ausfallkonzept

Der Aufbau eines Ausfallskonzepts muss sehr strukturiert durchgeführt werden. Sehr wichtig dabei ist die Berücksichtigung wirklich jedes erdenklichen Problemfalls. Ein Ausfallkonzept macht keinen Sinn, wenn Sie sich zu einem großen Teil darauf verlassen, dass schon nichts schief gehen wird. Das Ausfallkonzept jedes Servers wird in einem Ordner aufbewahrt, der alle notwendigen Informationen enthält. Dieser Ordner muss an bekannter Stelle gelagert werden, damit er für den notwendigen Personenkreis zum Zugriff bereitsteht.

14.2.1 Dokumentation der Server

Eine gute Dokumentation gehört eigentlich nicht speziell zu einem Ausfallkonzept, sondern ist eine Selbstverständlichkeit für ein Netzwerkprojekt. Eine Dokumentation kann durchaus in elektronischer Form vorliegen. Im Falle eines Netzwerkausfalls werden Sie allerdings an eine elektronische Dokumentation möglicherweise nicht mehr herankommen. Daher sollten Sie parallel alle Dokumente für den Ausdruck optimieren, ausdrucken und in Ordner ablegen. Für jeden Server sollte eine Dokumentation angefertigt werden, die alle notwendigen Informationen über ihn enthält. Folgende Informationen gehören zum Beispiel in die Dokumentation eines Servers:

- Dokumentation des Standorts des Servers, zum Beispiel in welchem Serverraum und an welcher Stelle des Racks er eingebaut wurde.

- Genaue Dokumentation der eingebauten Hardware in verständlichen Worten und schnell überschaubar (am besten Kopie des Angebots oder der Rechnung, falls alles draufsteht).

- Telefonnummern der Ansprechpartner im Notfall, also Support und Techniker, notfalls IT-Administratoren.

- Soweit vorhanden, Servicenummer, Kundennummer und Kaufdatum, die Sie angeben müssen, wenn Sie den Herstellersupport verständigen. Er ist sehr ärgerlich, wenn die entsprechenden Daten bei einem Ausfall erst gesucht werden müssen.

Dokumentationen für das Ausfallkonzept

- Dokumentation des Betriebssystems und der installierten Treiber. Bei Aktualisierungen muss auch dieser Teil der Dokumentation ständig aktuell gehalten werden.
- Dokumentation der installierten Software mit genauem Softwarestand. Ideal in diesem Fall sind Screenshots und die genaue Beschreibung der Installation jeder einzelnen Anwendung. Sie müssen nicht jedes Fenster dokumentieren. Aber zum Beispiel bei der Installation von Oracle-Datenbanken oder ERP-Systemen, die nicht jeden Tag durchgeführt werden, kann bei einer späteren Wiederherstellung eine lückenlose Dokumentation sehr wichtig sein.
- Dokumentation der Besonderheiten wie Partitionierung, spezielle RAID-Einstellungen oder aller Maßnahmen, die bei der Installation vorgenommen wurden und sich von der Norm unterscheiden.
- Dokumentation der Systemeinstellungen wie IP-Adresse, Domänennamen, Servername, angelegte lokale Benutzer und Kennwörter (nur unter Verschluss).
- Dokumentation, welche Abteilungen und Mitarbeiter im Unternehmen bei Ausfall des Servers nicht mehr arbeiten können, damit diese informiert werden können.
- Aufkleber auf dem Server, der die wichtigsten Informationen enthält (Servername, IP-Adresse, Servicenummer, die meistens auf der Rückseite steht).
- Gegenseitige Abhängigkeiten des Servers von anderen Servern oder Serverdiensten. Zum Beispiel kann ein ERP-Server ohne einen Oracle-Datenbankserver nicht mehr funktionieren.
- Dokumentation der Dienste des Servers (lässt sich in der Kommandozeile mit `net start >c:\dienste.txt` in eine Textdatei dokumentieren).

Ihnen werden sicherlich noch einige weitere Punkte einfallen, die für Ihre Dokumentation notwendig sind. Auch wenn es oft lästig erscheint, Softwareinstallationen genau zu dokumentieren, sollten Sie an dieser Stelle so genau wie möglich vorgehen. In dem Moment, in dem Sie eine Änderung vornehmen, wissen Sie, warum Sie dies getan haben. Wenn Sie später im Notfall den Server neu installieren oder wiederherstellen müssen, vor allem noch unter Zeitdruck, werden Sie dankbar dafür sein, wenn Sie nicht nachgrübeln müssen, sondern anhand der Anleitung nachvollziehen können, was bei der Installation durchgeführt wurde.

Empfehlungen für die Dokumentation

In eine Dokumentation sollten Sie so genau wie möglich vom Standard abweichende Informationen aufnehmen. Irrelevante Informationen wie etwa die Bestätigung von Standardfenstern verwirren nur und lenken von den wirklich wichtigen Dingen ab. Solche standardmäßigen Vorgänge müssen nicht dokumentiert werden. Eine Dokumentation sollte hinsichtlich spezieller Installationen und Einstellungen präzise sein und alle notwendigen Informationen enthalten.

Sobald Sie etwas an einem Server ändern, sollten Sie diese Änderung in die Dokumentation aufnehmen und erläutern, was genau geändert oder installiert wurde, wann und von wem. Auch eine Beschreibung über den Grund der Änderung oder Installation kann sehr hilfreich sein. Eine Dokumentation ist nur brauchbar, wenn sie aktuell gehalten wird. Eine veraltete Dokumentation bringt im Notfall überhaupt nichts.

14.2.2 Archivierung der notwendigen Software

Der nächste Schritt sollte darin bestehen, dass Sie jede Software und jeden Treiber, den Sie auf dem Server installieren, in einem eigenen Verzeichnis im Netzwerk aufbewahren. Wenn sich ein Treiber oder eine Software ändert oder hinzugefügt wird, sollten Sie auch diese Änderung in dem Verzeichnis aufnehmen und die alte Version löschen. In einem solchen Verzeichnis sollten sich darüber hinaus auch alle Seriennummern und notwendigen Informationen befinden, die Sie zur Installation benötigt haben. Auch die Dokumentation des Servers in elektronischer Form sollte hier, zumindest in Kopie, abgelegt werden. Kopieren Sie den Inhalt dieses Verzeichnisses auf mindestens zwei CDs oder DVDs und bewahren Sie diese zwei Datenträger in einer Plastikhülle im Dokumentationsordner auf – zwei Datenträger aus dem Grund, weil dann die notwendige Software wirklich immer verfügbar ist. Nach Murphys Gesetz geht schief, was schief gehen kann. Folglich wird die CD in der Dokumentation sicher defekt sein, wenn Sie diese brauchen, daher machen zwei Kopien durchaus Sinn. Im Dokumentationsordner befindet sich daher nicht nur die ausführliche Dokumentation, sondern er enthält auch zwei Datenträger mit allen Treibern und die Dokumentation in elektronischer Form. Halten Sie diesen Stand immer aktuell, auch wenn es lästig erscheint. Beim Ausfall des Servers werden Sie dankbar sein, nicht erst Software zusammensuchen oder herunterladen zu müssen.

Dokumentationen für das Ausfallkonzept

Sie sollten zusätzlich jede Software, die Sie auf einem Server installieren, lokal auf den Server kopieren. Das hat den Vorteil, dass Sie diese Software sofort verfügbar haben, wenn Sie diese auf dem Server nachinstallieren müssen oder auf einem anderen, neuen Server der gleichen Art benötigen. Vor allem eine Kopie der Windows 2003-CD auf dem Server erspart Administratoren den Gang zum Serverraum und den CD-Wechsel. Bei den Kapazitäten der heutigen Festplatten fallen diese paar Gigabyte kaum ins Gewicht. Wenn der Festplattenplatz trotzdem knapp werden sollte, müssen Sie die Datenträger ohnehin erweitern und bei Bedarf können Sie dieses Verzeichnis immer noch löschen. Ich kopiere vor jeder Installation einer Applikation die Software erst auf den Server, zum Beispiel in das Verzeichnis *c:\install*, und installiere dann die Applikationen von diesem lokalen Verzeichnis aus.

Notfalldiskette ablegen

Sie können mit dem Windows-Backup-Programm eine Notfalldiskette für das Betriebssystem erstellen, die im Notfall zu dessen Wiederherstellung benötigt wird. Diese Notfalldiskette sollten Sie ebenfalls im Dokumentationsordner ablegen. Die Erstellung macht keine große Mühe und kann im Notfall extrem hilfreich sein. Zusätzlich können Sie aus der Diskette ein Image erstellen und dieses Image im Netzwerk oder im Intranet ablegen. Programme, um Images von Disketten zu erstellen, werden in großer Zahl kostenlos im Internet angeboten.

14.2.3 Dokumentation der Netzwerkinfrastruktur

Mindestens genauso wichtig wie die Dokumentation der Server ist die Dokumentation der Netzwerkinfrastruktur. Diese sollte am besten mit Microsoft Visio oder einem anderen Grafikprogramm angefertigt werden. Die Dokumentation sollte visuell den Serverraum mit allen Servern sowie deren Namen und IP-Adressen enthalten. Auch die angeschlossenen USVs und Switches sowie die Anbindung der Niederlassungen mit Routern und Firewalls sollten lückenlos aufgezeichnet und die IP-Adressen der Routingtabellen genau dokumentiert werden. Am besten lassen Sie sich diese Zeichnung auf DIN A0 ausplotten oder drucken und hängen sie an die Wand. Je mehr Niederlassungen und physische Netzwerke ein Unternehmen hat, umso wichtiger ist die ausführliche Dokumentation der Leitungen und Wege, welche die IP-Pakete durchlaufen müssen.

Die Dokumentation der einzelnen Netzwerkgeräte und deren Konfiguration sollte ebenfalls in schriftlicher Form vorliegen. Wer schon einmal eine schlecht dokumentierte Konfiguration eines Cisco-Routers übernommen hat, weiß, wovon ich rede. Die Dokumentation der

Netzwerkinfrastruktur sollte daher grafisch erfolgen, aber auch schriftlich, was die Konfiguration der einzelnen Geräte betrifft. Wenn Sie einen ISA Server einsetzen, sind auch die Erstellung der Regeln und Einstellungen genau zu dokumentieren und am besten bereits während der Einstellung mit Screenshots nachzuverfolgen. Die Informationen über die Netzwerkinfrastruktur sollten möglichst lückenlos sein. Auch auf Switches, Router und Hardware-Firewalls sollten Aufkleber mit IP-Adressen und Servicenummern vorne am Gerät angebracht sein. Auf diese Weise sind die wichtigsten Informationen sofort greifbar. Der entsprechende Ordner zur Dokumentation der Netzwerkinfrastruktur sollte ebenfalls die Notrufnummern des Supports beinhalten und genauso ausführlich sein wie die Dokumentation für die Serverinstallation. Zwar enthalten die meisten Netzwerkgeräte kein installiertes Betriebssystem mit Treibern und Software, aber dafür ist die Konfiguration, vor allem bei Routern, deutlich komplexer. Da die meisten Router eine Konfiguration in Form einer Textdatei bieten, sollten Sie diese im Netzwerk abspeichern, gegebenenfalls auch zeitlich gestaffelt in mehreren Versionen, um später noch einen Überblick über erfolgte Änderungen zu haben.

14.3 Workflow für Änderungen auf den Servern

Damit Sie sicher sein können, dass die Dokumentationen Ihrer Server immer so aktuell wie möglich sind, sollten Sie für Änderungen auf den Servern und den damit einhergehenden Änderungen der Dokumentation und archivierten Software einen Workflow definieren, den Sie zum Beispiel in den SharePoint Services ablegen können. In diesem Workflow wird definiert, was genau bei Änderungen an den Servern durchgeführt werden muss. Administratoren und Supportmitarbeiter müssen sich an diesen Workflow halten. Dieser hält in einfachen Schritten fest, in welcher Reihenfolge die einzelnen Aufgaben der Aktualisierung durchgeführt werden müssen. Ein Workflow sollte mindestens folgende Informationen enthalten:

▷ Vor der Installation beim Anbieter der bereits installierten Software nach der Kompatibilität erkundigen (sehr wichtig vor der Installation von Service Packs auf Warenwirtschaftsservern).

▷ Genehmigung einholen, wenn es ein Change Management im Unternehmen gibt. Auch ohne Change Management muss trotzdem ein Verantwortlicher über die Installation und deren möglichen Folgen informiert werden. Einfach etwas zu installieren und damit einen Ausfall zu provozieren hat schon manchen Administrator den Arbeitsplatz gekostet. Jede Installation ist ein potentielles Risiko, das genau abgewogen und genehmigt werden muss. Es muss begründet werden, warum eine Aktualisierung

Workflow für Änderungen auf den Servern

stattfinden soll, und erläutert, was im schlimmsten Fall passieren kann. Eventuell Zeitrahmen für die Installation mit den betroffenen Mitarbeitern abstimmen.

▶ Vor der Änderung eine Datensicherung des Servers durchführen, am besten sogar ein Image mit den in *Kapitel 11 »Datensicherung«* beschriebenen Image-Programmen.

▶ Vor der Installation sicherstellen, dass das Ausfallkonzept auf dem aktuellen Stand ist (ein guter Administrator ist immer paranoid und geht vom Schlimmsten aus).

▶ Die notwendige Software auf den Server und das Archivierungsverzeichnis der installierten Software ins Netzwerk kopieren.

▶ Installation auf dem Server durchführen und lückenlos dokumentieren.

▶ Dokumentation aktualisieren, dazu kann zum Beispiel in den SharePoint Services ein Formular hinterlegt werden, in die nur noch alle wichtigen Informationen eingetragen werden müssen. Falls ein solches Formular vorhanden ist, können Sie davon ausgehen dass bei der Aktualisierung der Dokumentation alle notwendigen Informationen erfasst werden und einzelne Punkte nicht vergessen werden können.

▶ Dokumentation ausdrucken und im entsprechenden Ordner ablegen, überholte Dokumentation entfernen oder als ungültig kennzeichnen.

▶ Datenträger für das Softwarearchiv in der Dokumentation aktualisieren, alte Datenträger archivieren oder vernichten.

▶ Nach zwei bis drei Wochen veralteten Treiber oder Software aus dem Archivierungsverzeichnis im Netzwerk löschen, wenn sichergestellt ist, dass die neue Version funktioniert.

Dieser Ablauf ist natürlich nur sehr grob gehalten, zeigt aber nichtsdestotrotz, wie wichtig es ist, bei Veränderungen strukturiert vorzugehen. In Zeiten, in denen die IT für ein Unternehmen lebensnotwendig geworden ist und ein Ausfall zur Insolvenz führen kann, ist es nicht mehr angebracht, mal eben ein Service Pack zu installieren und zu hoffen, dass danach alles wie gehabt funktioniert. Wenn nie Probleme auftauchen, funktioniert dieses Vorgehen natürlich. Allerdings reicht oft ein einziges Problem nach einer Softwareinstallation, damit ein Unternehmen unnötig Daten verliert oder Mitarbeiter längere Zeit nicht mehr arbeiten können. Definieren Sie den Workflow, wie es für Ihr Unternehmen notwendig erscheint, und lassen Sie sich diese Vorgehensweise von der Geschäftsleitung oder den Verantwortlichen genehmigen bzw. ergänzen.

14.4 Welche Ausfälle kann es geben?

Der nächste Schritt eines Ausfallkonzepts besteht darin, genau zu überlegen, was alles passieren kann. Hier sollten Sie so detailliert wie möglich vorgehen. Wenn Sie auch hier auf Murphys Gesetz vertrauen, wird nämlich genau das schief gehen, was Sie nicht beachtet und berücksichtigt haben. Setzen Sie sich mit allen Kollegen in der IT zusammen und führen Sie ein Brainstorming durch. Lassen Sie Ihrer Fantasie freien Lauf und schreiben Sie alle Probleme auf, die auftreten können. Dieser Vorgang bildet die Basis eines Ausfallkonzepts. Wenn Sie an dieser Stelle etwas vergessen, fehlt später genau für diesen Bereich das entsprechende Ausfallkonzept. Bei dieser Auflistung sollten Sie zunächst zwischen physischen Ausfällen der Netzwerkinfrastruktur und Ausfällen der Software oder der Server selbst unterscheiden.

14.4.1 Ausfall der Netzwerkinfrastruktur

Die erste Überlegung bezieht sich auf den Ausfall der Infrastruktur. Hier gilt es zu berücksichtigen, was alles ausfallen kann – ohne die Server einzubeziehen. Erfahrungsgemäß sollten bei diesen Punkten folgende Sachverhalte berücksichtigt werden:

- Der Strom kann ausfallen (Stichwort USV).
- Ein Einbrecher kann in den Serverraum eindringen und den Raum beschädigen.
- Ein Switch kann ausfallen.
- Eine oder alle Leitungen zu den Niederlassungen können ausfallen.
- In den Niederlassungen kann ein Switch ausfallen oder ein Einbrecher die Netzwerkgeräte oder Server entwenden.
- Die Router zu den Niederlassungen können ausfallen.
- Bei Funknetzwerken können einzelne oder alle Access Points ausfallen.
- Ein Brand kann im Unternehmen ausbrechen.
- Ein oder mehrere Netzwerkdrucker können ausfallen (zwar nicht lebensnotwendig, aber im Rechnungslauf der Buchhaltung sicherlich problematisch).
- Ein Bandgerät zur Datensicherung kann ausfallen.
- Durch Umbauarbeiten werden die Netzwerkkabel in einem Stockwerk beschädigt.

Welche Ausfälle kann es geben?

Sie können sich noch weitere mögliche Probleme ausdenken. Was die Netzwerkinfrastruktur betrifft, haben sicherlich die Netzwerkkabel und die Switches das größte Gefahrenpotential. Sie können das beste Ausfallkonzept für die Server erstellen, wenn aber die Netzwerkswitches nicht mehr funktionieren, kann niemand mehr arbeiten. Erfassen Sie alle möglichen Ausfälle und welche Probleme sich aus ihnen ergeben können. Ein Beispiel ist der Einbrecher im Serverraum, der die Switches und Router entwendet (Server werden erst später berücksichtigt).

14.4.2 Ausfall einzelner Server einplanen

Neben der Netzwerkinfrastruktur sollten Sie für jeden Einzelnen Ihrer Server erfassen, was alles passieren kann. Beispiele können sein:

- Das Netzteil eines Servers funktioniert nicht mehr.
- Die Hauptplatine oder Arbeitsspeicher eines Servers kann defekt sein.
- Ein oder mehrere Datenträger können beschädigt sein.
- Die Internetverbindung kann getrennt werden.
- Eine Software oder ein Dienst kann nicht mehr starten (zum Beispiel nach Absturz oder Installation eines Updates).
- Die Exchange-Datenbank kann zerstört sein.
- Der Server fällt aus unbekannten Gründen komplett aus.
- Eine Netzwerkkarte funktioniert nicht mehr.
- Das Betriebssystem startet nicht mehr (Bluescreen).
- Ein RAID-Controller wird defekt.
- Ein SAN kann Probleme beim Zugriff bereiten.
- Ein Server wird zerstört oder gestohlen.
- Alle Server oder mehrere fallen auf einmal aus, zum Beispiel durch Wasserschaden oder einen Brand.
- Ein Server in den Niederlassungen startet nicht mehr.
- Ein oder mehrere Server müssen abgeschaltet werden, um die thermische Belastung zu verringern (extremer Hochsommer oder Ausfall der Klimaanlage).

Auch diese Liste lässt sich fortsetzen. Denken Sie genau nach, welcher einzelne Server bzw. welche Komponenten des Servers bei Ihnen ausfallen können. Gehen Sie so lückenlos wie möglich vor und fassen Sie potentielle Probleme zusammen. Im Anschluss daran liegt ihnen eine schriftliche Dokumentation aller möglichen Ausfälle vor, die als Basis für das Ausfallkonzept dient.

14.5 Folgen für das Unternehmen abschätzen

Als nächstes erfassen Sie, welche Probleme die Ausfälle im Einzelnen bewirken und welche Abteilungen betroffen sind.

14.5.1 Auswirkungen auf die einzelnen Abteilungen

Angenommen, der Server, auf dem die Buchhaltungssoftware installiert ist, fällt aus. Das heißt, die Buchhaltung kann nicht mehr arbeiten. Setzen Sie sich mit der Buchhaltung zusammen und halten Sie genau fest, was der Ausfall für diese Abteilung bedeutet und welche Arbeitsprozesse des Unternehmens gestört werden. Im Fall der Buchhaltung können das Lohnzahlungen, Rechnungszahlungen, Monatsabschlüsse etc. sein. Sie müssen davon ausgehen, dass der Ausfall immer zum schlechtesten Zeitpunkt kommt, ein weiteres Gesetz von Murphy. Diese Schritte müssen Sie für jeden Server durchführen. Wenn zum Beispiel der Exchange Server nicht mehr funktioniert, kann niemand im Unternehmen mit E-Mail arbeiten. Aber was heißt das für die einzelnen Fachabteilungen? Für jede Abteilung muss dokumentiert werden, welche Prozesse gestört werden. Es geht hier noch nicht darum, eine Lösung zu finden, sondern nur darum, sämtliche Auswirkungen der einzelnen Ausfälle festzustellen.

14.6 Maximale Ausfalldauer festlegen

Hier geht es darum, mit sämtlichen Abteilungsleitern festzulegen, für welchen Zeitraum diese Prozesse maximal unterbrochen sein dürfen. Hierbei gilt es realistisch festzulegen, welchen maximalen Ausfall das Unternehmen verkraften kann. Wenn zum Beispiel der Einkauf nicht mehr funktionsfähig ist und keine Ware bestellen kann, könnte unter Umständen auch der Verkauf die Kunden nicht mehr beliefern. Jede Abteilung hat solche Prozesse, die teilweise von einem oder mehreren Servern abhängen. Sie werden recht schnell erkennen, wie abhängig ein Unternehmen von der IT ist und wie fahrlässig es ist, kein Ausfallkonzept zu haben. Nachdem Sie diese maximale Ausfalldauer festgehalten haben, ist es sehr wichtig, mit Verantwortlichen im Unternehmen, im Mittelstand normalerweise der Geschäftsführer, bei Aktiengesellschaften der CIO (Chief Information Officer), eine definitive Aussage und Entscheidung herbeizuführen, wie lange ein Ausfall genehmigt werden kann. Natürlich werden auch an dieser Stelle oft wieder Forderungen nach 100-prozentiger Verfügbarkeit laut, die aber oft nach ersten Kostenschätzungen für gespiegelte Rechenzentren, SANs und Cluster schnell wieder zurückgenommen werden.

Wichtig an dieser Stelle ist, dass der Verantwortliche im Unternehmen die Gefahren, die Sie erfasst haben, und die Auswirkungen auf die Prozesse kennt. Es ist die Aufgabe des Geschäftsführers, eine schriftliche Anweisung zu geben, welche der genannten Prozesse für einen fest definierten Zeitraum ausfallen können. Auch der maximal mögliche Datenverlust der einzelnen Server muss festgelegt werden. Erst nachdem ein Verantwortlicher im Unternehmen genau vorgegeben hat, was er akzeptiert und was nicht, natürlich schriftlich, kann ein seriöses Ausfallkonzept erstellt werden. Dem Geschäftsführer muss klar sein, dass an dieser Stelle investiert werden muss. Aus diesem Grund kann es hilfreich sein, wenn Sie vor dem Gespräch mit dem Geschäftsführer aufgrund der Informationen der Abteilungen und der Abteilungsleiter ganz grob Preise schätzen und Maßnahmen erarbeiten, die durchgeführt werden können. Nach Festlegung der Ausfallzeiten durch den Geschäftsführer muss ein Konzept mit einem genauen Budgetplan erstellt werden, auf dem das Ausfallkonzept beruht. Diese maximalen Ausfallzeiten müssen von den Abteilungsleitern ebenfalls gegengezeichnet werden, damit bei einem Ausfall sichergestellt ist, dass der Abteilungsleiter mit dem Ausfall eines Prozesses für zum Beispiel zwei Tage auch einverstanden war. Oft legt der Abteilungsleiter für einen Prozess eine kürzere maximale Ausfallzeit fest als der Geschäftsführer. Der Abteilungsleiter muss daher über die Entscheidung des Geschäftsführers informiert werden. Am sinnvollsten ist eine Besprechung der IT-Abteilung, der Abteilungsleiter und des Geschäftsführers. Dabei wird gemeinsam eine Entscheidung getroffen und anschließend das Ergebnisprotokoll an alle Teilnehmer verschickt.

Ein IT-Leiter oder Berater sollte niemals selbständig solche Entscheidungen treffen, sondern immer den Verantwortlichen des Unternehmens in die Pflicht nehmen. Nur dadurch ist im Notfall sichergestellt, dass die Abteilungsleiter oder der Geschäftsführer genau informiert sind, welche Maßnahmen zu ergreifen sind. Über maximale Ausfallzeiten kann nur der Geschäftsführer oder der CIO bestimmen, keinesfalls ein Berater oder IT-Leiter, der an seinem Job hängt.

14.7 Erstellen eines Ausfallkonzepts

Inzwischen haben Sie ein stabiles Fundament, auf dem Sie Ihr Ausfallkonzept aufbauen können. Sie haben alle möglichen Ausfallszenarien mit den IT-Spezialisten des Unternehmens definiert. Sie haben mit den Fachabteilungen die Folgen und die möglichen Auswirkungen auf die Abteilung und das Unternehmen besprochen. Schließlich hat ein Entscheider im Unternehmen festgelegt, welche maximalen Ausfallzeiten und Datenverluste akzeptiert werden. Erst dann und mit diesem Fundament können Sie beginnen, ein seriöses Ausfallkonzept zu erarbeiten.

14.7.1 Festlegen der Ausfallzeiten für einzelne Komponenten und Server

Der nächste Schritt besteht darin, dass Sie die Definition der maximalen Ausfallzeiten für die einzelnen Prozesse im Unternehmen bis auf die beteiligten Server und die Infrastruktur herunterbrechen.

Beispiel: Wenn in der Planung des Ausfalls der Geschäftsführer festlegt, dass der Rechnungszahlungslauf in der Buchhaltung maximal um drei Tage verzögert werden darf, müssen Sie alle Komponenten, die diesen Prozess betreffen, so absichern können, dass eine maximale Ausfallzeit von drei Tagen zusammenkommt. Das können zum Beispiel für diesen Server folgende Komponenten sein:

- Ausfall eines Switch
- Ausfall des Netzwerkdruckers, der die Rechnungen ausdruckt
- Ausfall der Software oder des ganzen Servers der Buchhaltung
- Ausfall der Domänencontroller, sodass sich niemand mehr anmelden kann
- Stromausfall im Unternehmen
- Totalzerstörung des Buchhaltungsservers

Das sind nur einige Beispiele, die Sie für diesen Prozess berücksichtigen müssen. Von den Netzwerkswitches hängen natürlich noch weitere Prozesse ab. Wenn zum Beispiel einer dieser Prozesse nur für einen Tag ausfallen darf, müssen Sie die Switches innerhalb eines Tages wieder ans Laufen bringen. Durch diese konsequente Analyse der einzelnen Prozesse und damit verbundenen Geräte haben Sie am Ende eine Auflistung darüber, welche Geräte, welche Server und welche Software für welchen Zeitraum ausfallen darf. Diese könnte auszugsweise zum Beispiel so aussehen:

Erstellen eines Ausfallkonzepts

Netzwerkgerät	Maximale Ausfallzeit
Switches	½ Tag
Exchange Server	3 Tage
Buchhaltungsserver	3 Tage
Internetleitung	1 Tag
Domänencontroller	3 Stunden
DHCP-Server	3 Stunden
Netzwerkdrucker BuHa	1 Tag
Oracle-Datenbankserver	1 Tag
ISA Server	1 Tag
...	...

Tabelle 14.1: Auszug einer Tabelle für Maximalausfälle in einem Unternehmen

Anhand dieser Informationen müssen Sie für jeden einzelnen Server, jedes Netzwerkgerät, jeden Drucker, eben für alles, was einen Ausfall dieses Prozesses bewirken kann, einen Ausfallplan entwickeln. Wenn zum Beispiel ein Server nur halbe Tage ausfallen darf, macht ein Servicevertrag, bei dem ein Techniker erst am nächsten Arbeitstag kommt, keinen Sinn. In diesem Fall benötigen Sie einen Techniker nach maximal vier Stunden, besser früher. Daher muss auf dieser Basis eine exakte Aufgabenliste erstellt werden. Nachdem die Aufgaben genau definiert sind, welches Gerät in welchem Zeitraum wiederhergestellt werden muss, geht es an die Konzeptionierung der Ausfallsicherheit. Sie sollten die Geräte physisch nur so weit herunterbrechen, wie es möglich ist.

Beispiel: Beim Server eines Markenherstellers müssen Sie nicht den Ausfall jeder einzelnen Komponente berücksichtigen und Ersatzteile kaufen, da dieser Service durch den Technikersupport abgedeckt wird. Sie sollten sich aber bei den Komponenten, auf die Sie Einfluss haben, frühzeitig absichern. Bei Servern sind das:

- doppelte Netzteile
- doppelte Netzwerkkarten
- mehrfache RAID-Controller
- RAID-Datenträger

Dem Ausfall des Arbeitsspeichers und der Hauptplatine können Sie nicht entgegenwirken.

Vor allem bei der Planung einer Ersatzteilliste für Ihre Infrastruktur sollten Sie beim Hersteller Ihres Servers nachfragen, in welchem Zeitraum eine neue Hauptplatine oder ein neuer Arbeitsspeicher geliefert werden kann. Wenn Sie einen Supportvertrag mit vier Stunden Reaktionszeit abschließen, heißt das nur, dass nach vier Stunden eine Reaktion erfolgt, aber nicht automatisch eine Problemlösung. Die Servicetechniker haben oft auch keine Ersatzteile dabei, sondern müssen Hauptplatinen oder RAID-Controller erst bestellen. Wenn dieser Bestellvorgang länger als die maximale Ausfalldauer ist, müssen Sie den Ausfall des Servers zusätzlich absichern.

Sobald Sie eine vollständige Liste haben, welche Komponenten bei Ihnen ausfallen dürfen, können Sie auf dieser Grundlage für eine Notfallkonzeption sorgen. Zunächst benötigen Sie jedoch die Aufstellung dieser einzelnen Komponenten.

14.7.2 Erstellen des Ausfallkonzepts für die einzelnen Komponenten

Im Anschluss daran legen Sie fest, wie Sie die einzelnen Komponenten innerhalb des definierten Zeitraums wieder zum Laufen bringen. Hierbei können Sie nach vier Gesichtspunkten vorgehen:

- Ausfall einzelner Geräte der Netzwerkinfrastruktur oder sonstiger Hardware
- Ausfall eines kompletten Servers
- Ausfall von Software
- mehrere Ausfälle infolge von Katastrophen wie Wasserschaden, Brand, Einbruch oder Vandalismus

Ein Ausfallkonzept baut immer auf diesen vier Punkten auf. Sie sollten daher Ihre Maßnahmenliste entsprechend aktualisieren und genau aufteilen.

Beispiel: Wenn es sich bei Ihrem Buchhaltungsserver um einen Server mit nur einem Netzteil, einer Netzwerkkarte, ohne RAID und Service handelt, müssen Sie für entsprechende Ersatzteile, neue Serviceverträge oder einen neuen Server sorgen. Bei Katastrophen, bei denen der ganze Serverraum betroffen ist, hilft nur die Auslagerung der Server, ein gespiegeltes Rechenzentrum oder ein SAN. Wenn eine Software auf einem Server nicht mehr läuft, helfen keine Ersatzteile, sondern die Software muss so schnell wie möglich wieder ans Laufen gebracht werden. Genau um diese Aufteilung geht es hier. Sie müssen entscheiden, welche Probleme Sie durch Lagerung von Ersatzteilen lösen, für welche Sie größere Investitionen vornehmen müssen (Spiegelung eines Rechenzentrums zum Beispiel) und welche durch Ausfallserver, Datensicherung oder Schulung abgefangen werden können.

Ausfall einzelner Geräte abfangen

Alle physikalischen Ausfälle können Sie leicht beeinflussen. Wenn ein Switch in Ihrem Unternehmen ausfällt und Sie nicht genügend Steckplätze auf den anderen Switches freihaben, vielleicht sogar nur einen einsetzen, dann sollten Sie schleunigst einen zusätzlichen Switch planen, der zur Ausfallsicherheit dient. Idealerweise verteilen Sie die Anschlüsse auf die beiden Switches, damit Sie auch sicher sein können, dass beide Switches im Notfall funktionieren. Beim Ausfall eines Switch müssen Sie nur die gesteckten Anschlüsse in den anderen Switch stecken und alle können wieder arbeiten. Genau nach dieser Vorgehensweise müssen Sie überprüfen, welche Ausfälle Sie auf einfache Art abfangen können. Switches können so geplant werden, dass der Ausfall eines Switch durch die anderen abgefangen werden kann. Auch beim Ausfall einer USV kann so verfahren werden, indem die Server auf mehrere USVs verteilt werden. Selbst gebaute Server erfordern entsprechende Ersatzteile der Komponenten am Lager. Aus diesem Grund sind Markenserver mit Supportverträgen bei Ausfallkonzepten längerfristig sehr viel sicherer und günstiger. Überlegen Sie genau, welche Hardware Sie einfach doppelt kaufen können, um dadurch einen Ausfall zu verhindern. Auch der Ausfall einer Klimaanlage im Serverraum gehört zu einem Ausfallkonzept. Statt einer großen Klimaanlage sollten Sie besser zwei mittlere installieren. Fällt eine aus, wird zwar die Temperatur nicht mehr so niedrig sein wie vorher, aber auf jeden Fall deutlich niedriger als ohne. Auch Rauchmelder sollten immer doppelt vorhanden sein. Ihnen fallen sicherlich noch weitere Geräte ein, die Sie in Ihre Vorsorgemaßnahmen einbeziehen können. Fällt erst einmal ein Gerät aus und Sie bekommen in angemessener Zeit kein neues, ist der Ärger vorprogrammiert. Daher lieber in die Zukunft investieren und die Kosten kalkulierbar halten.

Ausfall von Servern

Dieser Part ist im Grunde genommen der wichtigste von allen. Sie müssen genau festlegen, was zu tun ist, wenn ein einzelner Server komplett ausfällt. Der erste und wichtigste Schritt in dieser Situation ist, dass Sie die Supportverträge überprüfen und abklären, in welchem Zeitraum ein Techniker vor Ort ist und wie lange die Bestellung von Ersatzteilen dauert. Wenn Sie nicht hundertprozentig sicher sein können, dass die Hardware nach entsprechender Zeit wieder lauffähig ist, müssen Sie das in Ihre Planung mit einbeziehen. Beachten Sie, dass bei einem Server nicht nur ein Teil der Hardware ausfallen kann, sondern er unter Umständen neu installiert werden muss und alle Daten der Datensicherung zurückgespielt werden müssen. Aus diesem Grund ist auch die genaue Festlegung des maximalen Datenverlustes wichtig.

14 Ausfallkonzepte

Wenn Sie zum Beispiel nachts um 22:00 Uhr die Daten auf verschiedenste Weise sichern und dabei ein ideales Datensicherungskonzept verwenden, ist so weit alles in Ordnung. Aber was ist, wenn der Server um 21:00 Uhr komplett ausfällt? Im schlimmsten Fall müssen Sie den Server neu installieren und die Datensicherung zurückspielen. Allerdings geht in diesem Beispiel die Arbeit eines ganzen Tages vollständig verloren, da Sie nur die Datensicherung des Vortages zurückspielen können. Wenn die Geschäftsführung sagt, das sei kein Problem, und Ihnen das schriftlich gibt, ist von Seiten der IT alles in Ordnung. Wenn allerdings festgelegt wird, dass maximal ein halber Tag verloren gehen darf, müssen Sie in Ihr Datensicherungskonzept eine Sicherung des Datenbankservers um die Mittagszeit einplanen. Diese Sicherung wird zwar das System ausbremsen, aber mittags werden sicherlich nicht viele Mitarbeiter arbeiten. Wenn die Sicherung nur wenige Minuten dauert, wäre es eventuell auch sinnvoll, die Dienste für diese Datensicherung währenddessen nicht zur Verfügung zu stellen. Aber auch das muss ein Geschäftsführer erst genehmigen. Wenn überhaupt keine Daten verloren gehen dürfen, hilft nur der Einsatz eines gespiegelten Datenspeichers in Echtzeit und ein gespiegeltes Rechenzentrum mit verteiltem Cluster oder eine sonstige Hochverfügbarkeitslösung. Da im Fall eines Ausfallkonzepts für Server oft ein zusätzlicher Server gekauft werden muss oder sonstige Investitionen vorgenommen werden müssen, sollten Sie innerhalb des Konzepts immer drei Möglichkeiten anbieten:

- Günstige Variante, die sehr wenig oder gar nichts kostet, dafür aber längere Ausfallzeiten und höhere Datenverluste nicht abfangen kann. Allerdings ist eine solche Lösung immer noch besser als gar keine.
- Mittlere Variante, bei der Ausfallzeiten und Datenverlust kalkulierbar bleiben und die Kosten nicht so hoch sind. Bei einem Warenwirtschaftsserver könnte das ein zweiter Server sein.
- Hochverfügbarkeitslösung, bei der die geforderte Sicherheitsstufe maximal eingehalten werden kann, zum Beispiel ein gespiegeltes Rechenzentrum oder ein SAN. Auch bei einer hochverfügbaren Lösung sollten Sie sich keine unnötige Arbeit machen und Vorschläge ausarbeiten, von denen Sie bereits bei der Erstellung wissen, dass sie nicht genehmigt werden. Sie sollten festlegen, was Sie als Unternehmer maximal ausgeben würden und was sich die Firma überhaupt leisten kann. Ein Mittelstandsunternehmen mit 200 Mitarbeitern wird nur selten ein gespiegeltes Rechenzentrum in einem atombombensicheren Keller aufbauen können.

Am Ende muss wieder der Geschäftsführer entscheiden, für welche Server er welches Ausfallkonzept genehmigt. Generell lässt sich sagen, dass der beste und bezahlbarste Ausfallschutz für Server einfach eine Verdoppelung ist. Wenn Sie nur einen Exchange Server haben, sollten Sie zwei einsetzen. Bei diesem Szenario können bei Ausfall eines Ser-

Erstellen eines Ausfallkonzepts

vers zumindest noch 50 % der Mitarbeiter arbeiten. Setzen Sie drei ein, sind es schon 66,66 %. Genau in diesem Rahmen sollten Sie in Bezug auf alle Server denken. In *Kapitel 8 »Planen einer Exchange Server-Infrastruktur«* wurde die Ausfallsicherheit von Exchange in einer Cluster-Umgebung beschrieben. Cluster können Sie auch für andere Zwecke einsetzen. Allerdings ist der pure Einsatz eines Clusters noch lange kein Garant dafür, dass der Server nicht ausfällt. Einen hundertprozentigen Schutz erreichen Sie durch einen Cluster auch nicht.

Ausfall von Software auf den Servern

Ein Server muss nicht unbedingt komplett ausfallen, sondern es ist auch möglich, dass nur einzelne Serversoftware beeinträchtigt ist. Im Fall von Exchange kann es durchaus passieren, dass der Server noch läuft, aber die Exchange-Dienste nicht mehr starten, weil die Datenbank defekt ist. Auch für diesen Fall muss festgelegt werden, wie lange Exchange als Funktion und wie lange die Datenbank mit den E-Mails und den Kalendereinträgen oder öffentlichen Ordnern nicht zur Verfügung stehen darf. Vor allem der Ausfall eines Exchange Servers kommt recht oft vor. In diesem speziellen Fall kann die Reparatur der Datenbank durchaus unkalkulierbar lange dauern. Als Ausfallsicherheit kann an dieser Stelle nur helfen, die Benutzer auf möglichst viele Datenbanken (nur bei der Exchange 2003 Enterprise Edition möglich) und möglichst viele Server zu verteilen. Vor einer korrupten Datenbank hilft auch kein Cluster. Es muss in der Ausfallkonzeption festgelegt werden, wie hoch der Datenverlust auf dem Exchange Server sein darf. Hier gilt die gleiche Problematik wie bei dem bereits beschriebenen Ausfall des Datenbankservers, mit dem Unterschied, dass es für Exchange keine Exportskripts gibt.

Zwischen dem Zeitpunkt der Datensicherung und dem Ausfall können E-Mails verloren gehen, zum Beispiel von Kunden oder Lieferanten. Daher sollte bereits frühzeitig an eine Ausfallsicherheit von Exchange gedacht werden. Durch den Outlook 2003-Caching-Modus, bei dem die E-Mails vom Server in eine lokale Datei kopiert werden, besteht die Möglichkeit, dass die Mitarbeiter weiterhin mit Outlook offline arbeiten können, auch wenn der Exchange Server nicht zur Verfügung steht. Eine hundertprozentige Garantie, dass niemals E-Mails verloren gehen, gibt es nicht, aber durch Vorsorge, eine konsequente Datensicherung und die Verteilung der Nutzer können Sie Ausfällen entgegenwirken.

Ausfall einzelner Serversoftware kann auch dadurch abgefangen werden, dass die Images zurückgespielt werden, die dank des Workflows für Serveraktualisierungen vor einer Softwareaktualisierung angelegt wurden. Meistens fällt Serversoftware nur dann aus, wenn etwas am Server verändert wird. Aus diesen Gründen ist die Erstellung eines vorherigen Images mit Tools wie Symantec LiveState Recovery oder Acronis True Image, die in *Kapitel 11 »Datensicherung«* erwähnt wurden, sehr wertvoll.

Auch der Einsatz eines zweiten Servers, auf dem die Software parallel installiert wurde, kann einem solchen Ausfall entgegenwirken. Vor allem beim Einsatz von ERP-Servern kann es sinnvoll sein, einen zweiten Ausfallserver zu betreiben, auf dem die Software parallel zur Verfügung gestellt wird. Dieser Server kann zum einen als Testserver für neue Softwarestände dienen und zum anderen als Ausfallserver, mit dem die Mitarbeiter beim Ausfall des Hauptservers arbeiten können. Auf dem Ausfallserver muss dazu lediglich die Datensicherung zurückgespielt werden und es geht maximal ein halber Tag verloren. Diese Beispiele lassen sich unendlich fortsetzen. Sie sehen, worauf ich hinauswill. Überlegen Sie in allen Einzelheiten, wie Sie für jeden einzelnen Serverdienst und Server einen Ausfall in angemessener Zeit kompensieren können.

Katastrophenfälle absichern

Die Absicherung von Katastrophenfällen können sich meistens nur sehr große Unternehmen leisten, da die Kosten leicht in die Höhe schnellen. Um den kompletten Ausfall eines ganzen Serverraums durch Brand, Wasserschaden, Einbruch oder Vandalismus zu verhindern, können alle Server auf zwei verschiedene Rechenzentren in verschiedenen Gebäuden aufgeteilt werden. Für jeden Server muss es einen oder mehrere Ausfallserver geben, die im jeweils anderen Rechenzentrum stehen. Auch die Daten werden mithilfe von gespiegelten SANs zwischen den Rechenzentren verteilt. Ideal ist in einem solchen Fall auch der Einsatz eines Clusters, bei dem die Knoten ebenfalls im gespiegelten Rechenzentrum verteilt werden. Kleinere Katastrophen können dadurch abgesichert werden, dass der Serverraum so gut es geht vor diesen Gefahren geschützt wird und der Server für die Datensicherung im Keller in einem speziellen Datentresor steht.

14.7.3 Genehmigung und Umsetzung des Konzepts

Nachdem Sie für alle Komponenten Ausfallkonzepte erstellt haben, müssen die Verbesserungen von entsprechender Stelle genehmigt werden. Sie sollten sich hier die Mühe machen und eine Präsentation erstellen, damit auch Geschäftsführer ohne starken IT-Bezug verstehen, warum Sie welche Vorschläge unterbreiten. Sie sollten Ihre Meinung äußern, welches Konzept Sie warum für das beste halten. Im Anschluss daran werden die Konzepte genehmigt und Sie können sich nach und nach an deren Umsetzung machen. Nach der Fertigstellung sollten Sie eine zweite Präsentation für die Abteilungsleiter und Geschäftsführer erstellen. Auf diese Weise werden alle darüber unterrichtet, wie die einzelnen Prozesse im Unternehmen durch die IT geschützt werden und wie die einzelnen Ausfallzeiten aussehen.

Ein gut gemachtes Ausfallkonzept in einer schönen Präsentation professionell dargestellt, überzeugt Geschäftsführer und später die Banken davon, dass ein Unternehmen alles unternimmt, um seine IT so sicher und stabil wie möglich zu machen.

Zu einem guten Ausfallkonzept gehören natürlich eine effiziente Datensicherung und Sicherheitsstrategie des Unternehmens. Sehr wichtig ist hier, dass Sie nochmals ausführlich dokumentieren, für welche Prozesse welche maximalen Ausfallzeiten angestrebt sind. Auch den maximalen Datenverlust bei einem Ausfall sollten Sie in der Präsentation festhalten und noch einmal mit den Abteilungen und Geschäftsführern abschließend besprechen. Ganz ohne Datenverlust wird der komplette Ausfall eines Servers oder einer Exchange-Datenbank selten ausgehen. Allerdings lässt sich eine solche Problematik bereits frühzeitig planen und durch geeignete Maßnahmen umgehen. Vor allem die regelmäßige Datensicherung, stabile Server mit gut dokumentierten Änderungen, eine ganzheitliche Sicherheitsstrategie, ein guter Virenschutz mit sicherer Internetanbindung und ein durchdachtes Notfallkonzept helfen Unternehmen, Probleme in der IT möglichst effizient zu bewältigen.

15 Server-virtualisierung

Die Servervirtualisierung ist seit Jahren ein Thema in der IT, hat aber in den letzten Jahren an Bedeutung gewonnen. Immer mehr Unternehmen haben das Problem, dass die Anzahl ihrer Server immer weiter zunimmt. Unternehmen, die Ausfallkonzepte erstellen, haben darüber hinaus noch das Problem, dass sie für jeden Server noch einen Ausfallserver benötigen.

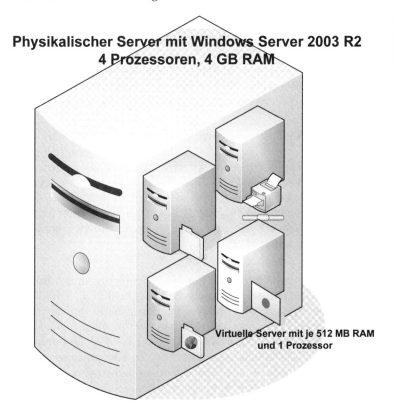

Abbildung 15.1: Physikalischer Server mit 4 virtuellen Servern

In den letzten Jahren haben Unternehmen wie VMWare oder Microsoft die Preise für Virtualisierungssoftware deutlich gesenkt und damit marktfähig gemacht. Der Einsatz von virtuellen Servern ist nicht mehr nur Unternehmen vorbehalten, die immer die neuesten Technologien einsetzen, sondern mittlerweile für jedes Unternehmen eine Möglichkeit, Kosten zu sparen und die Ausfallsicherheit der Server im Unternehmen zu erhöhen.

15.1 Ausfallsicherheit und Serverkonsolidierung – die Vorteile von virtuellen Servern

Der Vorteil von virtuellen Servern liegt vor allem darin, dass es nicht mehr notwendig ist, für jeden Serverdienst einen eigenen Server zu kaufen, sondern dass der Kauf einer großen Servermaschine ausreicht, auf der eine Virtualisierungssoftware installiert wird. Viele Unternehmen installieren auf einer Serverhardware verschiedene Serverdienste. Das ist allerdings nicht optimal. Ein Windows-Server läuft immer am stabilsten, wenn nur ein Dienst auf ihm installiert ist. Hier liegen die Hauptvorteile von virtuellen Servern. Auf einer physikalischen Servermaschine können mehrere Dienste mit Virtualisierungssoftware zusammengefasst werden. Um einen Ausfall der Hardware von virtuellen Servern vorzubeugen, genügt es einfach, die Dateien des virtuellen Servers auf eine andere physikalische Maschine zu kopieren. Sie können also mit dem Kauf von zwei gut ausgestatteten Servern ein Rechenzentrum perfekt vor einem Ausfall schützen, da die Serverdienste auf virtuellen Servern laufen.

> Ein weiterer sehr großer Vorteil ist die Lizenzierung. Microsoft erlaubt bei Windows Server 2003 R2 Enterprise Edition die Installation auf mehreren virtuellen Servern mit einer Lizenz. Wenn Sie auf einem Server Windows 2003 R2 Enterprise Edition installieren, dürfen Sie mit einer Lizenz noch zusätzlich vier virtuelle Server erstellen. Sie sparen daher beim Einsatz von virtuellen Servern nicht nur Hardware-, Energie- und Administrations-, sondern auch Lizenzierungskosten.

Virtuelle Server verhalten sich in Bezug auf Benutzung und Administration wie ganz normale physische Server. Alle Tätigkeiten, die Sie auf normalen Servern durchführen, werden genauso auf virtuellen Servern erledigt. Der große Vorteil liegt in der schnellen Ausfallsicherung, dem günstigen Einsatz und der Übersichtlichkeit der Infrastruktur. Durch den Einsatz von virtuellen Servern können Unternehmen die Zahl ihrer physikalischen Server deutlich reduzieren. Statt vieler leistungsschwacher Server können sie wenige sehr leistungsstarke Server einsetzen. Dank dieser Technologie ist es möglich, mit einem geringeren Maß an Hardware – was mit einem enormen Einsparpotential einhergeht – jedem Dienst einen eigenen Server zur Verfügung zu stellen.

15.2 Welche Produkte zur Virtualisierung gibt es?

Derzeit sind zahlreiche Lösungen für Servervirtualisierung erhältlich. Weit verbreitet sind vor allem:

- VMWare Server (Nachfolger von GSX-Server)
- VMWare ESX-Server
- Microsoft Virtual Server 2005 R2
- Xen (Linux basierend)

Der *VMWare Server* wird mittlerweile von VMWare kostenlos zur Verfügung gestellt. Microsoft hat hier reagiert und bietet seinen Virtual Server 2005 R2 Enterprise Edition ebenfalls kostenlos an. Sie können sich beide Produkte von der Homepage der Anbieter herunterladen.

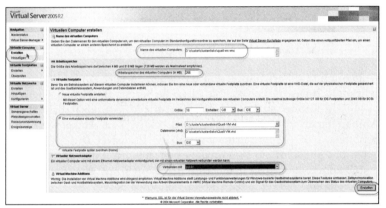

Abbildung 15.2: Verwaltungsoberfläche des Microsoft Virtual Server 2005 R2

Die oben beschriebenen Produkte decken im Bereich Servervirtualisierung den größten Teil des Marktes ab. Sie sollten sich beim Einsatz von virtuellen Servern für eines dieser Produkte entscheiden, wobei der ESX-Server, wie später noch erläutert wird, nur für größere Projekte eingesetzt wird.

15 Servervirtualisierung

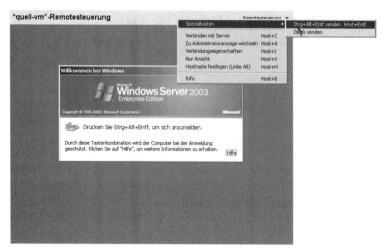

Abbildung 15.3:
Anmeldebildschirm
eines virtuellen
Servers

15.3 Funktionsweise von virtuellen Servern

Bedienung und Verwaltung von virtuellen Servern sind mittlerweile sehr einfach geworden. Wie Sie virtuelle Server einsetzen, sehen Sie in diesem Kapitel auch an den Abbildungen. Grundsätzlich ist der Aufbau einer virtuellen Serverinfrastruktur kein Hexenwerk. Sie benötigen einen ganz normalen physischen Server (*Host*, *Gastgeber* genannt), auf dem Sie Windows Server 2003 R2 Enterprise Edition installieren sollten. Die Installation geht auch mit Windows Server 2003 Standard Server, aber erst ab Windows Server 2003 R2 Enterprise Edition genießen Sie die Vorteile der Lizenzierung von fünf Servern mit einer Lizenz. Anschließend müssen Sie die Software installieren, welche die Servervirtualisierung erst ermöglicht. Die Aufgabe dieser Software besteht darin, die physikalisch vorhandene Hardware des Servers auf die verschiedenen virtuellen Server aufzuteilen. Wenn Sie mit Windows Server 2003 R2 als Host-Betriebssystem arbeiten, stehen Ihnen derzeit für die Servervirtualisierung zwei verschiedene Applikationen zur Verfügung:

▹ VMWare Server

▹ Microsoft Virtual Server 2005 R2 Enterprise Edition

Beide Applikationen sind kostenlos und können nach dem Download und der Installation sofort eingesetzt werden. Nach der Installation der Virtualisierungssoftware können Sie damit virtuelle Server erstellen und ihnen Arbeitsspeicher und CPU-Prioritäten zuweisen. Wenn Sie die virtuelle Hardware des Servers definiert haben, können Sie ihn in der Verwaltungsoberfläche von Virtual Server starten. Auch die Größe des Festplattenplatzes legen Sie fest. Alle Daten des Servers, einschließlich seiner Festplatten, basieren auf Dateien in einem bestimmten Verzeichnis. Wenn Sie diese Dateien kopieren, zum Beispiel auf einen anderen Server, haben Sie ein vollständiges Image dieses virtuellen Servers mit allen Daten erstellt. Durch diese einfache Technologie können Sie virtuelle Server auf verschiedene physikalische Servermaschinen kopieren oder sichern.

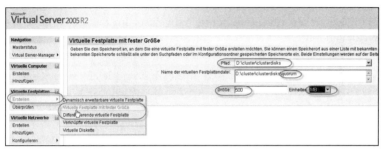

Abbildung 15.4:
Erstellen einer virtuellen Festplatte mit Virtual Server 2005 R2

Nachdem der Server gestartet ist, müssen Sie auf ihm, wie bei einem physikalischen Server auch, das Betriebssystem installieren und die notwendigen Serverdienste einrichten. An dieser Stelle unterscheidet sich ein virtueller Server in keiner Weise von einem physikalischen Server. Sie können auf einer physikalischen Servermaschine beliebig viele virtuelle Server erstellen. Ab einem gewissen Punkt wird natürlich die CPU-Last des Servers so hoch sein, dass die einzelnen Server zu langsam werden. Die Einrichtung und Verwaltung dieser Server ist einfacher, als viele denken. Wer sich an das virtuelle Modell gewöhnt hat, wird zukünftig ungern darauf verzichten, da im Grund keinerlei Nachteile entstehen. Der Kauf einer etwas leistungsfähigeren und damit teureren Hardware wird durch die Einsparungen an Support, Verwaltung und Energiekosten in Verbindung mit der deutlich verbesserten Ausfallsicherheit mehr als ausgeglichen.

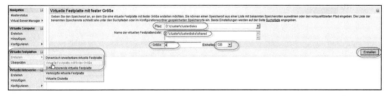

Abbildung 15.5:
Erstellen einer virtuellen Festplatte

Da die virtuellen Festplatten der virtuellen Server in einem Verzeichnis und einer Datei gespeichert werden, können Images durch einfaches Kopieren dieser Datei hergestellt werden.

Abbildung 15.6:
Virtuelle Festplatten eines Servers als Dateien auf dem physikalischen Server

15 Servervirtualisierung

Umgang und Verwaltung der virtuellen Festplatten auf dem virtuellen Server unter Windows Server 2003 R2 unterscheiden sich in keiner Weise von der Verwaltung physikalischer Festplatten. Sie müssen die erstellten virtuellen Festplatten auf dem virtuellen Server partitionieren, formatieren und ihnen einen Laufwerksbuchstaben zuweisen. Nachdem ein virtueller Server erstellt und ein Betriebssystem installiert wurde, können Sie im Nachhinein beliebig weitere virtuelle Festplatten erstellen und dem Server zuweisen. Im Betriebssystem des virtuellen Servers müssen Sie danach auch diese neuen Festplatten partitionieren und formatieren.

Virtuelle Server sind daher extrem flexibel und leicht zu erweitern. Sie können auch den Arbeitsspeicher von virtuellen Servern jederzeit erweitern oder zusätzliche Netzwerkkarten hinzufügen. Allerdings können Sie allen virtuellen Servern auf einem physikalischen Server nur so viel Arbeitsspeicher insgesamt zuordnen, wie dem Server physikalisch zur Verfügung steht.

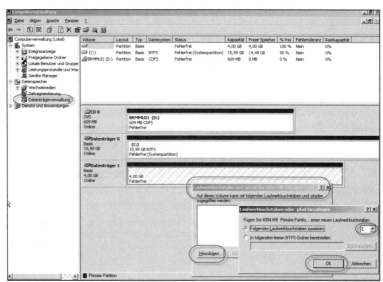

Abbildung 15.7: Verwalten einer virtuellen Festplatte auf dem virtuellen Server

Der Netzwerkverkehr aller virtueller Server auf einem physikalischen Server wird über die eingebauten Netzwerkkarten des physikalischen Servers abgewickelt. Achten Sie daher bei der Virtualisierung von netzwerklastigen Servern darauf, dass die Netzwerkkarte genügend Performance bietet. In einen Server, der mehrere virtuelle Server hostet, sollten Sie daher möglichst mehrere Servernetzwerkkarten einbauen, die im Load-Balancing-Modus die Last zwischen sich aufteilen.

Funktionsweise von virtuellen Servern

Abbildung 15.8: Mehrere virtuelle Netzwerkkarten in einem virtuellen Server

Solange die physikalische Hardware eines Servers ausreichend dimensioniert ist, können Sie ohne weiteres mehrere virtuelle Server auf der physikalischen Maschine betreiben.

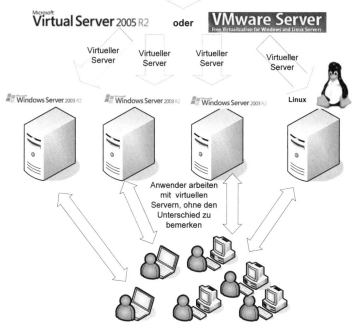

Abbildung 15.9: Aufbau einer Infrastruktur mit virtuellen Servern

Seien Sie sich jedoch darüber im Klaren, dass bei Ausfall des physikalischen Servers auch die virtuellen Server nicht mehr zur Verfügung stehen. Daher sollten Unternehmen, die virtuelle Server installieren, dafür sorgen, dass für die physikalische Hardware genügend Ausfallsicherheit geschaffen wird.

Die Anwender bekommen von einer Virtualisierung nichts mit. Das Betriebssystem auf einem virtuellen Server verhält sich nicht anders als das Betriebssystem auf physikalischen Servern, mit dem Unterschied, dass Sie einen virtuellen Server sehr schnell auf andere Hardware verschieben können.

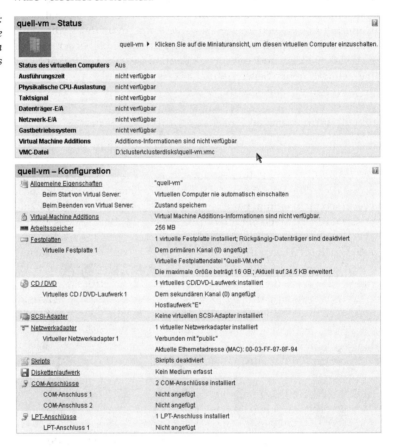

Abbildung 15.10: Virtuelle Hardware eines virtuellen Servers

Auf einer physikalischen Maschine können Sie unabhängig davon, ob Sie Microsoft Virtual Server 2005 R2 oder VMWare Server installiert haben, parallel Windows-Server, aber auch Linux-Server einsetzen. Beide Applikationen unterstützen Linux. Das ist vor allem beim Microsoft Virtual Server 2005 R2 bemerkenswert.

15.3.1 Optimale Einsatzmöglichkeiten

Unternehmen, die den Einsatz von virtuellen Servern planen, müssen keine großen Hürden überwinden. Ein optimaler Einstieg wären zum Beispiel kleinere Server in Unternehmen, die keine zentralen Dienste zur Verfügung stellen. Darunter fallen zum Beispiel Antivirusserver, WSUS oder auch der Server für Buchhaltung oder Banking. Gerade Server, die keine direkten Auswirkungen auf die Geschäftsprozesse eines Unternehmens haben, werden selten durch optimale Hardware abgesichert. Für diese Server gibt es meistens auch kein Ausfallkonzept. Sie können ohne weiteres auf normaler Standardhardware mit einem Prozessor und 1 Gbyte RAM zwei virtuelle Server installieren. Im Internet finden sich zahlreiche Anleitungen zur Installation und Konfiguration virtueller Server. Sobald die ersten Server virtuell umgesetzt werden und erfolgreich laufen, besteht bei zukünftigen Projekten und neuen Servern durchaus die Möglichkeit, auch wichtigere Server zu virtualisieren.

Beispiele für den ersten Einsatz von virtuellen Servern

Wenn in Ihrem Unternehmen beispielsweise mehrere Server existieren, die eine eher untergeordnete Rolle spielen und für die Sie noch keine Ausfallsicherheit hergestellt haben, besteht die Möglichkeit, dass Sie diese Server auf neue Hardware portieren. Sie müssen diese Server noch nicht einmal neu installieren. Es gibt Tools, um physikalische Server in virtuelle Server zu portieren, zum Beispiel das Virtual Server 2005 Migration Toolkit von Microsoft. Unter Umständen können Sie auch ein Image des physikalischen Servers auf einen virtuellen Server zurückspielen, auch das funktioniert oft. Die beste Möglichkeit, sich von den Vorteilen einer virtuellen Infrastruktur zu überzeugen, besteht darin, einfach mal Server auf virtuelle Server zu portieren. Um diese Server ausfallsicher zu machen, sichern Sie die Dateien der virtuellen Festplatten nach der Einrichtung auf einen externen Datenträger oder einen anderen Server und können die virtuellen Server dadurch auf einer neuen Hardware wieder starten.

Die virtuelle Hardware eines virtuellen Servers ist nicht abhängig von der physikalischen Hardware. Sie können zum Beispiel auf zwei vollkommen unterschiedlichen physikalischen Servern den gleichen virtuellen Server durch Kopieren der Dateien wiederherstellen. Dadurch resultiert der Ausfall von physikalischen Servern nicht mehr in der Neuinstallation und -einrichtung von Serverdiensten.

Eine weitere Möglichkeit ist die Installation eines Grundbetriebssystems auf einem virtuellen Server. Nach der Installation fertigen Sie eine Sicherung der Dateien des virtuellen Servers an. Sie können auf

Basis dieser Dateien jetzt weitere virtuelle Server erstellen, ohne jedes Mal das Betriebssystem neu installieren zu müssen. Sie brauchen die Dateien nur zu kopieren.

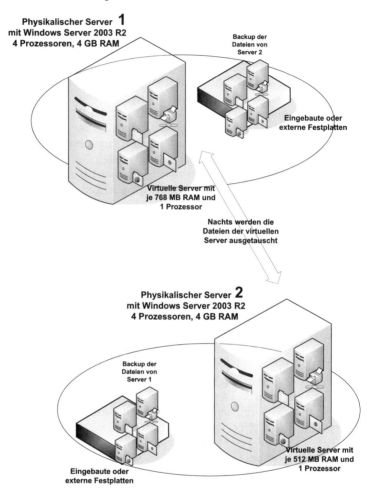

Abbildung 15.11:
Ausfallkonzept mit virtuellen Servern

Ein weiteres Beispiel ist die Installation eines neuen Service Packs auf einem virtuellen Server. Bevor Sie das Service Pack oder die Softwareinstallation durchführen, kopieren Sie die Datei der virtuellen Festplatte des Servers. Wenn bei der Installation etwas schief geht, kopieren Sie die zuvor kopierte Datei einfach wieder zurück – Sie haben dann den gleichen Stand wie vor der Installation. Da virtuelle Festplatten nichts anderes sind als Dateien, können diese auch ohne weiteres auf einem SAN betrieben werden. Dadurch ist sichergestellt, dass bei Ausfall eines physikalischen Servers nicht die Daten aller virtuellen Server verloren gehen. Wenn Sie einen großen Server mit einem Fibrechannelcontroller an das SAN anschließen, profitieren auch alle virtuellen Server von diesem schnellen Anschluss.

Szenarien für den Ausfallschutz

Wenn Sie ein Ausfallkonzept erstellen, wie es in *Kapitel 14 »Ausfallkonzepte«* ausführlich behandelt wird, sollten Sie den Einsatz von virtuellen Servern zur Absicherung der physikalischen Server in die Planung mit einbeziehen.

Wenn Sie ohnehin neue Server kaufen müssen, um die vorhandenen Server abzusichern, macht der Erwerb einer leistungsfähigeren Maschine durchaus Sinn. Auf dieser Maschine können Sie mehrere virtuelle Server betreiben und erhalten eine deutlich bessere Ausfallsicherheit als mit physikalischen Servern. Ein Rechenzentrum lässt sich bei geeigneter Planung mit zwei richtig leistungsstarken physikalischen Servern durchaus sehr effizient ausfallsicher machen. Nachts können die virtuellen Server der jeweils anderen Maschine kopiert werden und bei Ausfall eines physikalischen Servers können sie auf den nicht ausgefallenen physikalischen Server wieder gestartet werden. Dazu muss natürlich entsprechende Hardware verfügbar sein (siehe *Abbildung 15.11*). Eine mögliche Datensicherung von virtuellen Servern könnte darin bestehen, dass Sie die Dienste für die virtuellen Server auf dem physikalischen Server beenden, danach das Verzeichnis der virtuellen Festplatten auf einen anderen Server kopieren und schließlich die Dienste wieder starten. Sollte der physikalische Server ausfallen, können Sie die virtuellen Server recht schnell auf einem anderen Server wieder starten, da die Festplatten zur Verfügung stehen. Im Grunde genommen funktioniert diese Technik wie die Erstellung von Images, mit dem Unterschied, dass Sie sich das Erstellen von Images durch einfaches Kopieren sparen können. Wenn in Ihrem Unternehmen kleinere Niederlassungen mit mehreren Servern ausgestattet sind, besteht die Möglichkeit, statt mehrerer kleiner Server einen richtig leistungsfähigen Powerserver zu kaufen und darauf die virtuellen Server der Niederlassung zu betreiben.

Weiterführende Projektplanung für eine große virtuelle Serverumgebung – VMWare ESX-Server

Unternehmen, die nach dem erfolgreichen Testen von virtuellen Servern mit der Struktur vertraut sind und die Umstellung ihrer Serverstruktur zu einem größeren Teil auf virtuelle Server planen, können beliebig viele zusätzliche physikalische Server ins Netz integrieren, auf denen mehrere virtuelle Server installiert werden können. Auch für diesen Einsatz könnte sich die Implementierung des VMWare Servers oder eines Microsoft Virtual Servers 2005 R2 lohnen. Allerdings gibt es für virtuelle Infrastrukturen, die viele virtuelle Server hosten, stärkere und effizientere Lösungen. Microsoft ist trotz Virtual Server noch nicht richtig in diesen Bereich vorgedrungen. In diesem Umfeld hat VMWare mit dem ESX-Server die Nase vorne. Der ESX-Server basiert als Host-Betriebssystem nicht auf Windows-Servern, sondern als Grundlage für den ESX-Server wird ein spezielles Linux-System verwendet. Der ESX-Server ist darauf optimiert, auf extrem leistungsfähigen Servern viele virtuelle Server zu verwalten. Beim ESX-Server handelt es sich um ein Enterprise-Produkt, er kommt hauptsächlich dann zum Einsatz, wenn leistungsfähige oder hochverfügbare Server virtualisiert werden sollen.

Server-Sizing für virtuelle Server

Der Ausbau des physikalischen Servers hängt von der Anzahl und dem Einsatz der darauf installierten virtuellen Server ab. Wenn Sie ein Notfallkonzept planen, wie in *Abbildung 15.11* gezeigt, müssen Sie einkalkulieren, dass einer der physikalischen Server nicht nur seine eigenen vier virtuellen, sondern auch noch die virtuellen Server des zweiten physikalischen Servers betreiben muss. Sie sollten bei der Planung eines physikalischen Servers für die Virtualisierung auf folgende Punkte achten:

- Achten Sie darauf, dass der physikalische Server über genügend Prozessorkraft verfügt, um die virtuellen Server performant zur Verfügung zu stellen. Auch wenn Sie auf einem physikalischen Server vier leistungsschwache virtuelle Server betreiben, sollten Sie besser zwei Prozessoren vorsehen. Wenn ein physikalischer Server virtuelle Server bereitstellen soll, die eine höhere Prozessorlast verbrauchen, sollten Sie eine 4-Prozessor-Maschine oder schneller berücksichtigen. Sie können aber auch ohne weiteres auf kleinerer Hardware den Einsatz von virtuellen Servern testen.

- Hauptspeicher können Sie in einen solchen Server nie genug einbauen. Vor allem wenn Sie ein Ausfallkonzept erstellen wollen, sollten Sie mindestens 4 Gbyte, besser 8 Gbyte RAM verwenden. Wenn Sie einen physikalischen Server zu Testzwecken für zwei bis drei kleinere virtuelle Server betreiben, reichen auch 1 bis 2 Gbyte RAM aus, darunter macht der Einsatz allerdings keinen Sinn mehr.

- Sie sollten über genügend Festplattenplatz verfügen, damit der Inhalt der virtuellen Festplatten ohne Probleme anwachsen kann. Bemessen Sie den benötigten Festplattenplatz der einzelnen virtuellen Server und statten Sie den physikalischen Server mit so viel Platz aus, dass auch eine Datensicherung der virtuellen Server erfolgen kann. Am besten verwenden Sie einen leistungsstarken externen Plattenstapel oder ein SAN. Sie sollten mindestens den dreifachen Festplattenplatz berücksichtigen, wie er von den virtuellen Servern benötigt wird. Achten Sie darauf, dass die Festplatten auf dem Host-System (dem physikalischen Server) durch ein RAID geschützt werden.

15.4 Weiterführende Informationen

Wenn Sie sich intensiver mit der Virtualisierung von Rechenzentren beschäftigen wollen, finden Sie abgesehen von den Herstellerseiten auf einigen anderen Internetseiten sehr gute und ausführliche Informationen. Auch der Besuch der folgenden Internetseiten ist sehr hilfreich, um Antworten auf Fragen zur Virtualisierung zu bekommen:

- *http://www.virtual-strategy.com*
- *http://www.vmaschinen.de*
- *http://about-virtualization.com*
- *http://vmware.itst.org*
- *http://vmware-forum.de/*
- *http://sanbarrow.com*
- *http://www.virtualization.info*
- *http://www.run-virtual.com*
- *http://www.vmachine.de*
- *http://de.wikipedia.org/wiki/Virtuelle_Maschine*
- *http://www.cl.cam.ac.uk/Research/SRG/netos/xen*
- *http://linuxwiki.de/Xen*

16 Überwachen, Verwalten, Inventarisieren

Zum Management eines Rechenzentrums und der Konzeption einer Infrastruktur gehören auch Konzepte zur Überwachung, Verwaltung und Inventarisierung. Die IT-Abteilung sollte ständig über den aktuellen Zustand der Server informiert sein. Es sollten ausreichende Verwaltungswerkzeuge zur Verfügung stehen, und es muss bekannt sein, welche Hard- und Software im Unternehmen im Einsatz sind. Vor allem in diesem Bereich existieren unendliche Möglichkeiten und die Kosten kennen nach oben keine Grenzen.

16.1 Überwachen eines Microsoft-Netzwerks

Mit der Anzahl der Server steigt auch die Unübersichtlichkeit. Wenn ein Unternehmen mehr als zehn Server einsetzt, ist ihre lückenlose Überwachung fast nicht mehr möglich. Natürlich können Administratoren täglich anhand einer Liste die Ereignisprotokolle und Dienste überwachen. Erfahrungsgemäß reicht das allerdings nicht aus, um die Stabilität eines Netzwerks zu gewährleisten. Unternehmen, die größeren Wert auf Stabilität legen und lieber agieren, als bei Problemen zu reagieren, sollten Lösungen einsetzen, mit denen ein Netzwerk überwacht werden kann. Hierbei handelt es sich um automatische Serverdienste, die alle Server und deren Hard- und Softwarekomponenten sowie die Dienste im Netzwerk ständig überwachen. Bei dieser Überwachung werden nicht nur Ereignisprotokolle der Server überprüft, sondern auch spezielle Serverdienste und Funktionen überwacht. Die am meisten verbreiteten Systeme am Markt sind derzeit:

- IBM Tivoli
- HP OpenView
- Microsoft Operations Manager 2005
- Servers Alive (*www.woodstone.nu*, deutlich kostengünstiger als die anderen Varianten)

Diese Lösungen überwachen die einzelnen Server im Unternehmen und können bei definierten Problemfällen automatische Aktionen durchführen. Bei diesen Aktionen kann es sich zum Beispiel um das automatische Durchstarten eines Servers, das Starten eines Skripts, das Senden einer E-Mail oder SMS an den Support und die Administratoren handeln. Die Überwachungsserver sind für die Verfügbarkeit von Diensten, die Hardware der Server und zum Beispiel auch den verfügbaren Festplattenplatz oder die Warteschlangen des Exchange Servers zuständig.

16.1.1 Microsoft Operations Manager (MOM) 2005

Das Serverprodukt Microsoft Operations Manager (MOM) 2005 dient ausschließlich der Überwachung Ihrer Server. Die Administratoren bekommen auf einer Oberfläche den Status aller Server angezeigt und können sofort Probleme lösen, wenn bestimmte Fehler auftauchen. Auf einer anderen Oberfläche, der Administratorkonsole (siehe *Abbildung 16.1*), werden die einzelnen Aufgaben des Überwachungsservers konfiguriert.

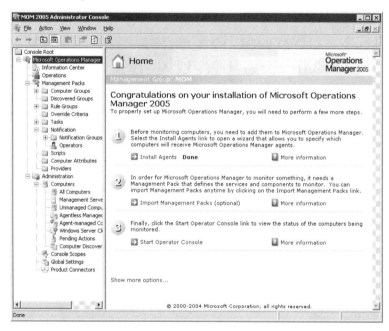

Abbildung 16.1: Oberfläche des Microsoft Operations Managers

Ohne eine automatisierte Überwachung würden Fehler erst auffallen, wenn zum Beispiel die Benutzer keine Verbindung mehr mit ihrem Postfach aufbauen können. Die konsequente Überwachung ist einer der Bausteine, welche die Stabilität und Ausfallsicherheit eines Netzwerks gewährleisten. Der Microsoft Operations Manager verwaltet mit speziellen Agenten, ähnlich der Datensicherung, die auf den zu überwachenden Servern installiert werden, alle Server Ihres Unternehmens, die Sie an das System anbinden. Die Installation der Agenten sowie deren Konfiguration kann durch den Microsoft Operations Manager vollkommen automatisiert durchgeführt werden.

Überwachen eines Microsoft-Netzwerks

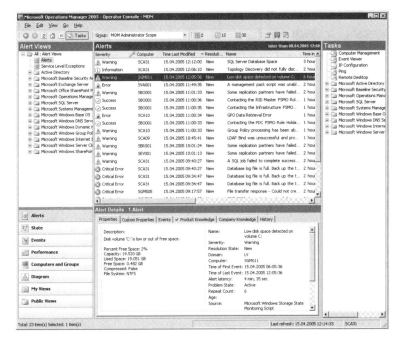

Abbildung 16.2:
Ansicht der Fehlermeldungen im Microsoft Operations Manager

Sobald ein neuer Server in das Netzwerk integriert wird, erkennt das der Server und installiert den Agenten automatisch auf dem Server, wenn Sie diese Option aktiviert haben. Für den Microsoft Operations Manager sind Dutzende so genannter *Management Packs* erhältlich. Sie erweitern die Funktion des MOM, die einzelnen Dienste auf einem Server noch detaillierter und spezifischer zu überwachen, zum Beispiel die WINS-Server-Datenbanken, Exchange-spezifische Aufgaben oder sogar die Hardware der Server. Die meisten von ihnen werden von den Server-Herstellern und von Microsoft kostenlos zur Verfügung gestellt. Für nahezu jedes Microsoft-Serverprodukt werden auf den Internetseiten von Microsoft kostenlose Management Packs zum Download angeboten. Auf der folgenden Seite finden Sie eine detaillierte Auflistung der verfügbaren Management Packs:

http://www.microsoft.com/management/mma/catalog.aspx

Folgende Packs sollten zur besseren Überwachung der einzelnen Dienste in jeden MOM eingebunden werden:

- SQL Server 2000, 2005
- Exchange Server 2000, 2003
- Windows Base OS (Server) 2000, 2003
- Operations Manager (MOM) 2005
- Windows DNS Server Service 2000, 2003
- Windows Internet Information Services (IIS) 2000, 2003

- Windows Server Clusters (MSCS) 2000, 2003
- System Center Data Protection Manager (DPM) 2006
- Windows Server 2003 Performance Advisor (SPA) Management Pack
- Microsoft Windows Server 2003 Performance Advisor
- Exchange Server Best Practices Analyzer 5.5, 2000, 2003
- Windows Active Directory 2000, 2003
- Windows Base OS (Desktop) NT4.0, 2000, 2003
- Application Center (AC) 2000
- Systems Management Server (SMS) 2003
- Virtual Server 2005
- Windows DFS Service 2000, 2003
- Windows DHCP Server Service 2000, 2003
- Windows File Replication Service (FRS) 2000, 2003
- Windows Print Server 2000, 2003
- Windows Terminal Services 2000, 2003
- Windows Routing and Remote Access Service (RRAS) 2003
- Office Project Server 2003
- Windows SharePoint Services (WSS) 2003
- Internet Security and Acceleration (ISA) Server 2000, 2004
- SharePoint Portal Server (SPS) 2003
- Windows Group Policy 2003
- Windows Internet Name Service (WINS) 2000, 2003

Voraussetzungen für die Verwendung des Microsoft Operations Managers 2005

Wenn Sie mit den Funktionen des MOM Ihr Netzwerk überwachen wollen, sollten Sie zuvor überprüfen, ob auch die Voraussetzungen für seinen Einsatz gegeben sind.

- Sie sollten den MOM auf einer dedizierten Hardware installieren. Es wird also ein neuer Server benötigt.
- Auf dem Server sollte Windows Server 2003 als Betriebssystem installiert werden.
- Sie benötigen einen Microsoft SQL Server, in dem MOM seine Daten, Abfragen und Berichte speichern kann.
- Ihr Netzwerk sollte zum größten Teil aus Microsoft-Servern bestehen. MOM kann ohne weiteres auch NT 4 und Windows 2000 Server überwachen. Allerdings ist die Überwachung von Linux- oder Unix-Servern nicht gerade eine Spezialität von MOM.

Interne Knowledge-Datenbank mit dem MOM

Wenn Administratoren für ein Problem eine Lösung finden, können sie diese Lösung auf dem MOM hinterlegen. Tritt dieses Problem noch einmal auf, weist der MOM auf die mögliche Problemlösung hin. So müssen andere Administratoren nicht jedes Mal aufs Neue eine Fehlersuche beginnen, sondern erhalten schon beim Auftauchen des Fehlers eine entsprechende Hilfe durch den MOM.

Verfügbare MOM-Versionen

Es existieren zwei Versionen des Microsoft Operations Manager 2005:
- Microsoft Operations Manager 2005
- Microsoft Operations Manager 2005 Workgroup Edition

Die Workgroup Edition ist hauptsächlich für Unternehmensnetzwerke bis maximal zehn Server gedacht. Sie unterstützt keine Berichte auf der Basis des SQL Servers. Diese Berichte dienen beim MOM hauptsächlich dazu, Statistiken zu erstellen, zum Beispiel die größten Postfächer einer Exchange-Organisation, oder Dokumentationen der Verfügbarkeit. Kleinere Unternehmen benötigen aufgrund der geringen Anzahl Server keine ausführlichen Berichte. Nach meiner Erfahrung spielen auch bei größeren Unternehmen die Berichte eine eher untergeordnete Rolle, da vor allem in Enterprise-Umgebungen eine effiziente Überwachung der Server eine höhere Priorität hat. Ansonsten werden in der Workgroup Edition die gleichen Überwachungsfunktionen unterstützt wie in der uneingeschränkten Version des Microsoft Operations Managers.

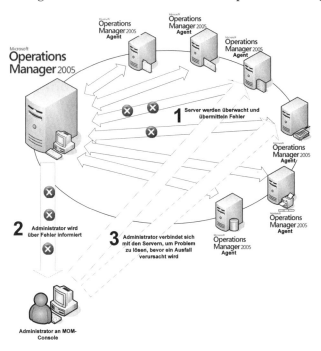

Abbildung 16.3: Überwachung eines Netzwerks mit dem Microsoft Operations Manager

Verringerung von Ausfallzeiten

Der Microsoft Operations Manager hilft Unternehmen, Ausfallzeiten von Servern zu vermeiden. Größere Probleme, die zu Abstürzen oder Datenverlust führen können, sind bei einer genauen Beobachtung eines Servers bereits frühzeitig erkennbar. Da der Systemadministration häufig die Zeit fehlt, jeden Server gründlich zu überwachen, laufen frühe Warnungen meistens ins Leere, da die entsprechenden Protokolle oder Dienste nicht regelmäßig überwacht werden. Sobald der MOM auf einem Server ein Problem erkennt, wird er sofort aktiv und informiert die verschiedenen Administratoren. Er führt unter Umständen bei bestimmten Fehlern auch selbständig Aktionen aus, wenn diese vorher durch die Administratoren festgelegt wurden.

Komponenten des MOM planen

Für die effiziente Überwachung stellt MOM verschiedene Konsolen zur Verfügung, die jeweils zur Steuerung von verschiedenen Aufgaben dienen. Durch diese Aufteilung in verschiedene Konsolen ist sichergestellt, dass keine Informationen untergehen, da in jeder Konsole nur die jeweils benötigten Informationen angezeigt werden:

- *Administratorkonsole* – Diese Konsole dient dazu, den MOM selbst zu administrieren und Einstellungen an seinen Überwachungsregeln festzulegen. Management Packs können über die Administratorkonsole in den MOM integriert werden.

- *Operatorkonsole* – Diese Konsole ist für die Überwachung des Netzwerks gedacht. In der Konsole zeigt MOM den Status der Server an. Wenn Fehler auf einem Server auftreten, informiert MOM den Administrator darüber und dieser kann die genaue Fehlerbeschreibung einsehen. Falls ein Lösungsansatz vorhanden ist, schlägt MOM diesen aus der Microsoft Knowledge Base oder der firmeninternen Knowledge-Datenbank automatisch vor. Die Aufgabe dieser Konsole ist die effiziente Überwachung der Server und die schnelle Entdeckung von Fehlern. Administratoren erhalten eine Zusammenfassung verschiedener Fehler und den Status aller Servergruppen, zum Beispiel Exchange Server, ISA Server, SQL Server usw. Zusätzlich kann der Netzwerkzustand grafisch angezeigt werden.

- *Webkonsole* – Mithilfe der Webkonsole können Unternehmen auf der Basis des Software Development Kit (SDK) eine eigene webbasierte Konsole programmieren. An der Webkonsole lassen sich, wie bei der Operatorkonsole, Fehler und Ereignisse der Server anzeigen.

- *Berichtkonsole* – Die Berichtkonsole dient der Darstellung aller hinterlegten Berichte des MOM. Es können beliebig viele neue Berichte erstellt oder vorhandene Berichte abgeändert werden.

Überwachen eines Microsoft-Netzwerks

Management Packs enthalten vordefinierte Regeln, Grenzwerte und Skripts, die speziell für ein Produkt entwickelt wurden. MOM zeigt nicht alle Fehler an, um Administratoren zu verwirren, sondern ermittelt Grenzwerte und Prioritäten. Fehler werden in der Priorisierung angezeigt, in der sie für das Unternehmen kritisch sind. Die meisten Management Packs enthalten darüber hinaus noch Informationen und Tipps für die Fehlerbehebung einzelner Probleme, die automatisch angezeigt werden, wenn der MOM auf einem Server einen entsprechenden Fehler findet. Durch den MOM werden daher oft zeitraubende Recherchen im Internet eingespart.

Management Packs für MOM

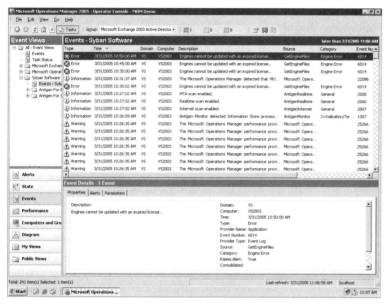

Abbildung 16.4: Erweiterung des MOM durch das Sybari Antigen Management Pack

16.1.2 Planen der MOM-Infrastruktur

Eine MOM-Infrastruktur lässt sich schnell implementieren. Allerdings sollten Sie vor der Einführung, wie für jedes Microsoft-Serverprodukt, eine detaillierte Planung erstellen. Gehen Sie sehr sorgfältig vor, da die spätere Überwachung der Infrastruktur durch den MOM eine saubere Implementierung voraussetzt. Wenn Sie MOM in Ihr Netzwerk integrieren wollen, sollten Sie zunächst ein Team einteilen, das für die Implementation des Produkts hauptsächlich verantwortlich ist. Ein sensibles Produkt wie MOM sollte niemals nur nebenher eingeführt werden.

Ausführliche Dokumentation der Infrastruktur

Der erste Schritt für eine ganzheitliche Planung eines Überwachungssystems hat grundsätzlich nichts mit dem Microsoft Operations Manager zu tun. Sie benötigen eine genaue Dokumentation Ihres Netzwerks, Ihrer Infrastruktur und Ihrer Server. Erst wenn feststeht, was alles automatisiert überwacht werden soll, kann eine effiziente Planung erfolgen. Da eine Netzwerkdokumentation für viele Bereiche notwendig ist, verschwenden Sie damit auch keine Zeit. Halten Sie in der Dokumentation alle Dienste und Server fest, die durch den Operations Manager überwacht werden sollen.

Planen der Zugriffsberechtigungen

Mit Hilfe der bisher beschriebenen unterschiedlichen Konsolen und Ansichten besteht die Möglichkeit, die Überwachung einzelner Server und Dienste an spezielle Mitarbeiter zu delegieren. Berücksichtigen Sie daher bereits bei der Planung, welche Administratoren und Supportmitarbeiter später mit dem MOM arbeiten sollen und welche Server überwacht werden. Diese Überlegungen führen schließlich zu einer detaillierten Sicherheits- und Berechtigungskonzeption, in der der Zugriff dieser Mitarbeiter auf bestimmte Server festgelegt wird.

Planen der Management Packs und Connectoren

Nachdem Sie dokumentiert haben, welche Server und Dienste in Ihrem Netzwerk durch den MOM überwacht werden sollen, besteht der nächste Schritt darin, zu recherchieren, welche Management Packs zur Verfügung gestellt werden. Viele werden von den Herstellern kostenlos zur Verfügung gestellt, andere sind kostenpflichtig. Erweitern Sie Ihre Dokumentation durch eine detaillierte Liste über die verfügbaren Management Packs, damit später klar ist, welche zusätzlichen Produkte in den MOM integriert werden müssen.

Planen der Agenten und der Datenmenge

Mit dem MOM können Server mit und ohne die Installation von Agenten überwacht werden. Bei der Überwachung ohne Agenten können nicht so viele Informationen abgefragt werden wie mit einem Agenten. Da die Installation eines Agenten einen Eingriff in das zu überwachende System darstellt, muss auch dies geplant werden. Wenn nicht alle Funktionen eines bestimmten Servers überwacht werden müssen, ist unter Umständen auch die Installation von Agenten nicht notwendig. Untersuchen Sie für die einzelnen Server, ob die Installation von Agenten erforderlich ist oder nicht. Alle Daten, die von den überwachten Servern übermittelt werden, verursachen Netzwerkverkehr und die Informationen müssen in der SQL-Datenbank des MOM gespeichert werden. Haben Sie die Dokumentation der zu überwachenden Server und der zu installierenden Management Packs und Agenten fertig gestellt, können Sie relativ genau berechnen, welche Datenmenge bei der Überwachung aufkommt. MOM sammelt grundsätzlich vier verschiedene Datenmengen:

- Leistungsdaten – Leistungsdaten verursachen nur eine kleine Datenmenge von wenigen hundert Byte pro Übertragung.
- Ereignisse auf überwachten Servern – Ein Ereignis auf einem Server verursacht in etwas 3 Kbyte Datenverkehr zwischen dem überwachten Server und dem MOM.
- Warnungen auf den Servern – Eine Warnung auf einem Server verursacht in etwa 6 Kbyte Datenverkehr.
- Attribute und Dienste der einzelnen überwachten Server – Die ermittelten Attribute können vernachlässigt werden, da nach dem ersten Scannen nur sehr geringe Datenmengen übertragen werden.

Bei der Überwachung eines Netzwerks mit einem MOM-Server sind Sie an gewisse Grenzen gebunden. Die Größe der SQL-Datenbank, in der MOM seine Daten speichert, ist auf 30 Gbyte begrenzt, pro Server können etwa 2 000 Computer oder Server mit Agenten überwacht werden, aber nur zehn Server ohne Agenten.

Verfügbarkeitsplanung einer MOM-Infrastruktur

Wie bei allen Microsoft-Serverprodukten sollten Sie bei der Planung die Verfügbarkeit des MOM-Systems einbeziehen. Bei einer hohen Verfügbarkeit benötigen Sie mehrere MOM-Server sowie ein lückenloses Ausfallkonzept. Je mehr Server mit dem MOM überwacht werden, desto mehr MOM-Verwaltungsserver werden benötigt. Beim Ausfall eines Servers können die überwachten Server von einem anderen MOM-Verwaltungsserver übernommen werden. Für die Hochverfügbarkeit der MOM-SQL-Datenbank können Sie die Cluster-Fähigkeit des SQL Servers ausnutzen.

Planung der Konfiguration

Im nächsten Schritt können Sie die Konfiguration der MOM-Infrastruktur planen. In diese Planung sollten auch die Server in den Niederlassungen und die dazwischengeschalteten Firewalls einbezogen werden. Wenn MOM die Server durch eine Firewall hindurch überwachen soll, müssen Regeln in den Firewalls unter Umständen geändert werden. Eine Niederlassung kann auch durch einen zentralen MOM überwacht werden. Stehen in einer Niederlassung jedoch viele zu überwachende Server, ist es sicherlich sinnvoll, eine eigene Verwaltungsgruppe und einen Verwaltungsserver für diese Niederlassung zu planen. Bei der Überwachung durch einen zentralen MOM-Server muss sichergestellt werden, dass die WAN-Leitung über die notwendige freie Kapazität verfügt, um die zu übermittelten Daten

16 Überwachen, Verwalten, Inventarisieren

an den MOM zu senden. Zwischen diesen einzelnen MOM-Komponenten sollten möglichst keine WAN-Leitungen liegen:

- Verwaltungsserver
- MOM-Datenbank
- Administrator- und Operatorkonsole

Wenn in einer Niederlassung überwachende Server stehen und Sie Administratoren in den Niederlassungen beschäftigen, sollten diese über einen eigenen MOM-Server verfügen.

16.1.3 Planung mit dem System Center Capacity Planner 2006

Die Planung einer Infrastruktur mit dem Microsoft Operations Manager 2005 erfordert viel Gründlichkeit und Know-how. Der bereits in *Kapitel 8* beschriebene *System Center Capacity Planner 2006* unterstützt Unternehmen nicht nur bei der effizienten Planung einer Exchange-Struktur, sondern auch bei der Planung der Überwachung mit dem Microsoft Operations Manager 2005.

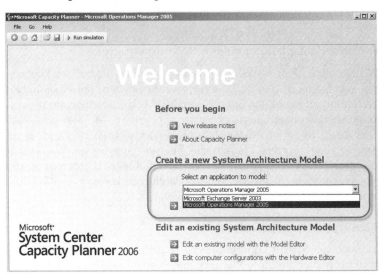

Abbildung 16.5: MOM-Infrastruktur mit dem System Center Capacity Planner planen

Vor allem in Umgebungen, in denen viele Server überwacht werden müssen, sollte die Infrastruktur mit dem System Center Capacity Planner geplant werden. Mit diesem Tool können Sie nicht nur effizient planen, sondern auch das Verhalten der geplanten Struktur simulieren. Hinzu kommen die Möglichkeiten, auch das Server-Sizing zu erstellen und nachträglich noch problemlos Serverhardware zu ändern oder die Struktur anzupassen.

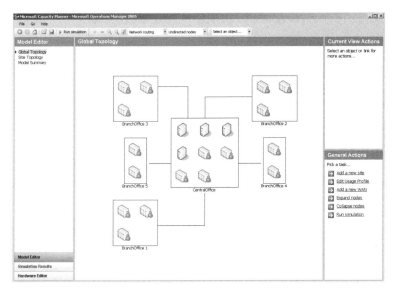

Abbildung 16.6:
Visuelle Darstellung einer MOM-Infrastruktur mit dem System Center Capacity Planner 2006

16.2 Clients verwalten mit dem Systems Management Server (SMS)

Ein weiteres Tool, das Microsoft in das so genannte Paket *System Center* integriert hat, ist der *Systems Management Server (SMS) 2003*. Mit diesem Server können Unternehmen ihre PCs einfacher und effizienter verwalten als mit herkömmlichen Bordmitteln wie den Gruppenrichtlinien. Der SMS dient hauptsächlich zur Anwendungsverteilung, Inventarisierung und Unterstützung der Supportabteilung. Der Zweck des SMS besteht darin, die Netzwerkclients verwaltbar zu machen, damit Administratoren keine Zeit damit verbringen müssen, Software zu installieren oder Inventurlisten manuell zu führen. Mit dem SMS lassen sich die Lizenzen in einem Unternehmen sowie die Softwareverteilung hervorragend realisieren. Ein weiterer Vorteil des SMS ist die nahtlose Integration in das Active Directory. Mit dem SMS lassen sich darüber hinaus auch Clients in den Niederlassungen des Unternehmens effizient verwalten. Dadurch besteht die Möglichkeit, alle PCs in einem Unternehmen an einer zentralen Stelle einheitlich und effizient zu verwalten.

16.2.1 Softwareverteilung mit dem SMS

Die Hauptaufgabe des SMS besteht darin, Applikationen automatisiert an die Arbeitsstationen in Ihrem Unternehmen zu verteilen. Dazu werden die Installationsdateien der Applikationen im Netzwerk abgelegt und auf dem SMS Regeln definiert, die aufgrund von Abfragen Applikationen automatisch auf den erforderlichen PCs installieren. Diese Verteilung wird darüber hinaus nicht nur in der Zentrale ausgeführt, sondern kann auch an Remotestandorten erfolgen. Die Installation der Anwendungen erfolgt unbeaufsichtigt und vollkommen automatisiert. SMS kann installierte Anwendungen auch wieder automatisiert entfernen, wenn ein Benutzer zum Beispiel nicht mehr in der entsprechenden Windows-Gruppe ist.

Durch die automatisierte Softwareverteilung kann ein Unternehmen sicherstellen, dass alle Mitarbeiter mit genau den Applikationen arbeiten, die auch benötigt werden, ohne dass Administratoren ständig Installationen oder Deinstallationen durchführen müssen. Auf dem SMS werden Regeln für die automatische Installation der Anwendungen festgelegt. Sie können zum Beispiel in einem Unternehmen, das eine Windows-basierte CAD-Lösung einsetzt, eine automatisierte Installation dieser Anwendung ausführen lassen, wenn ein angemeldeter Benutzer in der Windows-Gruppe „CAD-Benutzer" aufgenommen wird. Wenn sich die Softwareinstallation an PCs orientieren soll, können Sie eigene OUs anlegen, auf deren Basis der SMS Anwendungen automatisiert installiert. Wenn Sie zum Beispiel eine OU „CAD-PCs" einrichten, können Sie auf dem SMS eine so genannte *Sammlung* anlegen, die alle PCs in dieser OU umfasst. Aufgrund dieser Sammlung installiert der SMS automatisch die CAD-Lösung, sobald sich der PC in der entsprechenden OU befindet.

16.2.2 Hard- und Softwareinventur mit dem SMS

Vor allem in Unternehmen mit mehreren hunderten oder tausenden PCs ist es für die IT-Verantwortlichen unerlässlich, ständig den Überblick darüber zu behalten, welche PCs im Unternehmen mit welcher Hardwareausstattung installiert sind. Auch die Anzahl der lizenzierten Programme muss jederzeit feststellbar sein. Nur anhand reeller Zahlen ist es möglich, dass ein Unternehmen rechtzeitig darüber informiert wird, wann PCs ausgetauscht werden müssen, weil zum Beispiel die Hardware nicht mehr ausreicht. Auch die Anzahl der installierten Programme muss bekannt sein, damit beim Einkaufen von neuen Lizenzen nur so viele genommen werden, wie auch gebraucht werden. In Verbindung mit der Softwareverteilung des SMS kann eine IT-Abteilung hundertprozentig dafür sorgen, dass jeder Mitarbeiter nur mit den Applikationen arbeitet, die er benötigt, dass nur die Anzahl Lizenzen gekauft werden muss, die auch tatsächlich auf den PCs eingesetzt werden, und dass der aktuelle Stand der Hardware im Unternehmen genau überblickt wird.

16.2.3 Softwaremessung mit dem SMS

Die dritte wichtige Funktion des SMS ist das Messen des Nutzungsverhaltens Ihrer Applikationen. Bei der Softwaremessung sammelt der SMS Informationen über den Einsatz der Applikationen auf den Benutzer-PCs. Wenn Sie beispielsweise auf den PCs einer Niederlassung 100-mal Office Professional installiert haben, aber nur 53 Anwender Access innerhalb eines Jahres aufrufen, sollten Sie darüber nachdenken, die Lizenzierung von Office Professional in dieser Niederlassung entsprechend zu ändern.

16.2.4 Administration der Clients-PCs mit den SMS-Remotetools

Die vierte Funktion unterstützt die Administratoren oder die Supportabteilung bei der Fernwartung von Client-PCs. Die IT-Mitarbeiter können sich direkt über die SMS-Konsole per Fernwartung auf die PCs der Anwender schalten, um bei Problemen schnell helfen zu können. Mit den Remotetools können die Supportmitarbeiter nicht nur eine Fernwartung der Clients-PCs ausführen, sondern auch in Echtzeit mit den Anwendern kommunizieren (chatten). Zusätzlich können von der SMS-Clientconsole auf den angeschlossenen Clients Programme remote gestartet, eine Diagnose und ein Ping-Test zwischen Remoteclient und Standortserver durchgeführt werden.

16.2.5 Serverrollen des SMS

Damit Sie alle Clients in Ihrem Unternehmen effizient verwalten können, sollten Sie mit einer zentralisierten SMS-Umgebung arbeiten. Sie können eine SMS-Infrastruktur so planen, dass auch die Niederlassungen von einer zentralen Stelle über den SMS mit Applikationen versorgt und in der Inventur für Hard- und Software berücksichtigt werden. Dazu können die SMS-Server in verschiedene Rollen aufgeteilt werden.

In mittleren Umgebungen ist es nicht unbedingt notwendig, alle Rollen auf verschiedenen Servern zu installieren. Grundsätzlich kann ein SMS-Server mehrere oder auch alle Funktionen erfüllen. Allerdings muss in diesem Fall die Hardware des Servers entsprechend ausgelegt sein.

Clientzugriffspunkt (Client Access Point, CAP)

Der CAP verbindet die so genannten Legacy-SMS-Clients mit der Infrastruktur. Legacy-Clients sind die installierten SMS-Clients von älteren PCs, die nicht alle Funktionen des SMS beherrschen, zum Beispiel Windows NT 4.

> Mit einem SMS-Server können zwar auch ohne weiteres Windows NT 4-Clients verwaltet werden, allerdings werden die Vorteile einer zentralisierten Clientverwaltung erst durch Windows 2000-, XP- oder Vista-Clients erreicht. Nur diese unterstützen alle SMS-Funktionen.

Verteilungspunkt

SMS-Server, die als Verteilungspunkt fungieren, haben die Funktion, die Installationspakete der Applikationen für die Clients, zum Beispiel in den Niederlassungen, zu speichern. Verteilungspunkte erhalten von den zentralen Servern die notwendigen Dateien zur Softwareinstallation. Wenn Sie zum Beispiel in einer kleinen Niederlassung mit 20 Mitarbeitern ebenfalls eine zentralisierte Softwareinstallation durchführen wollen, können Sie dort einen kleinen SMS-Server installieren, der die Installationsdateien und Regeln vom zentralen Standort erhält. Die automatisierte Softwareinstallation erfolgt daraufhin von diesem Server. Wenn Sie dort keinen SMS installieren, sondern die einzelnen PCs an den zentralen Standort anbinden, werden die Installationsdateien anstatt einmal auf den SMS bis zu 20-mal auf die Clients übertragen. Diesen Punkt sollten Sie bei der Planung berücksichtigen.

Verwaltungspunkt

SMS-Server mit dieser Funktion dienen zur Verbindung der erweiterten SMS-Clients mit dem SMS. Erweiterte SMS-Clients sind Windows 2000, XP oder Vista-PCs. Über die Verwaltungspunkte werden die erweiterten Clients in die Inventur mit eingeschlossen und Applikationen können automatisiert installiert werden. Ein Verwaltungspunkt muss über einen installierten IIS verfügen. Dieser Aspekt muss bei der Planung berücksichtigt werden, damit Verwaltungspunkt-Server entsprechend im Netzwerk abgesichert werden. Der Verwaltungspunkt ist für die erweiterten Clients quasi das Gleiche wie der CAP für die Legacy-Clients.

Serverlocatorpunkt

Der Serverlocatorpunkt verbindet die einzelnen Clients mit der SMS-Infrastruktur. Er unterteilt bei der Anmeldung die Legacy-Clients und die erweiterten Clients. Legacy-Clients werden mit einem Clientzugriffspunkt verbunden, die erweiterten Clients mit einem Verwaltungspunkt.

16.2.6 Standortkonzepte des SMS

Wie bereits erwähnt, dient der SMS zur zentralen Steuerung der Clients eines Unternehmens in allen Niederlassungen. Aus diesen Gründen sind gewisse Aspekte bei der Planung der Implementation eines SMS-Servers zu berücksichtigen. SMS-Server werden bereits bei der Installation Standorten zugewiesen, ähnlich wie die Unterteilung des Active Directorys. Die SMS-Standorte werden durch Subnetze voneinander getrennt. SMS-Server können auch auf Basis von Standorten des Active Directorys zugewiesen werden. Es werden fünf Standorttypen in der SMS-Hierarchie unterschieden:

- primäre Standorte
- sekundäre Standorte
- übergeordnete Standorte
- untergeordnete Standorte
- zentrale Standorte

Primäre Standorte

SMS speichert seine Konfigurationsdaten sowie die Informationen der Inventuren und Softwaremessungen auf einem SQL Server. Ein primärer Standort ist ein Standort innerhalb der SMS-Infrastruktur, der über einen eigenen SQL Server verfügt. In der SQL-Datenbank werden alle Informationen des primären Standorts und der untergeordneten sekundären Standorte dieses primären Standorts gespeichert. Ein primärer Standort kann über mehrere sekundäre Standorte verfügen, die Daten an den SMS-Server im primären Standort über das Netzwerk senden.

Sekundäre Standorte

Ein sekundärer Standort verfügt über keine SQL-Datenbank und sendet alle Informationen der Clients über das Netzwerk oder das WAN zu seinem übergeordneten primären Standort. Diesen Sachverhalt sollten Sie bei der Planung berücksichtigen, da das Senden der Daten einigen Netzwerkverkehr verursacht.

Übergeordnete und untergeordnete Standorte

Neben der Unterscheidung in primäre und sekundäre Standorte gibt es zusätzlich übergeordnete und untergeordnete Standorte. Ein übergeordneter Standort ist immer auch ein primärer Standort, der über eine SQL-Datenbank verfügen muss. Sie können eine Hierarchie aufbauen, in der ein primärer Standort einem weiteren primären Standort untergeordnet ist, um dadurch eine Berechtigungshierarchie aufzubauen. Sobald einem primären Standort ein untergeordneter Standort zugewiesen wird, unabhängig davon, ob dieser ein primärer oder sekundärer Standort ist, wird der Standort automatisch zum übergeordneten Standort. Übergeordnete Standorte erhalten von ihren untergeordneten Standorten Informationen über Inventurdaten der Clients und den SMS-Status der untergeordneten Standorte (siehe *Abbildung 16.7*).

Da ein übergeordneter Standort immer auch ein primärer Standort sein muss, setzt er die Installation eines SQL Servers voraus.

Untergeordnete Standorte, die Informationen zu ihren übergeordneten Standorten senden, können darüber hinaus primäre oder sekundäre Standorte sein. Wenn ein untergeordneter Standort wiederum weitere untergeordnete Standorte verwaltet, muss er natürlich ein primärer Standort sein.

Zentraler Standort

Der zentrale Standort ist der erste SMS-Server in einer SMS-Hierarchie. Ihm sind alle anderen Standorte untergeordnet. Eine einzelne SMS-Hierarchie kann immer nur über einen zentralen Standort verfügen. Der zentrale Standort ist daher immer ein primärer Standort. Die SQL-Datenbank des zentralen Standorts enthält alle Informationen aller anderen SMS-Standorte, also alle Inventurdaten und den Status aller SMS-Server. Der zentrale Standort befindet sich meistens an der zentralen Stelle des Unternehmens, die alle Niederlassungen verwaltet.

Wenn Sie beabsichtigen, eine automatisierte Softwareverteilung in Ihrem Unternehmen einzuführen, sollten Sie einen SMS-Server auf jeden Fall in Ihre Überlegungen mit einbeziehen. Der SMS-Server ist zwar ein kompliziertes Produkt, aber trotzdem einfacher zu erlernen als manch andere Lösung. Laden Sie sich zur Vertiefung in das Thema die beiden Handbücher von Microsoft herunter. Den genauen Link finden Sie auf den SMS-Seiten von Microsoft.

Clients verwalten mit dem Systems Management Server (SMS)

- System Management Server 2003 - Konzepte-, Planungs- und Bereitstellungshandbuch
- System Management Server 2003-Betriebshandbuch

Diese beiden Handbücher bieten auf fast 2 000 Seiten eine detaillierte Planungs- und Administrationshilfe für den SMS.

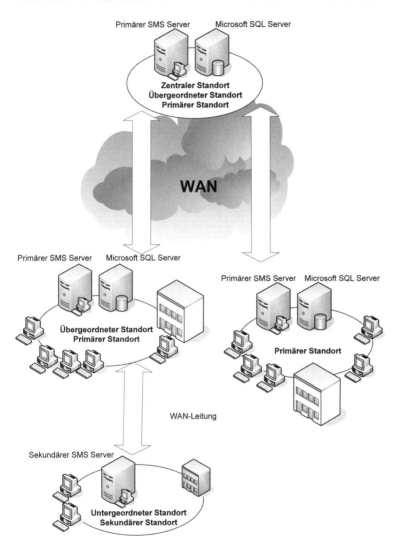

Abbildung 16.7: SMS-Hierarchie in einem Unternehmen

16.3 Inventarisierung in kleineren Unternehmen

Mittelständische oder kleinere Unternehmen, denen die Anschaffung eines SMS zu teuer wäre, können auf andere, ebenfalls sehr gute, Lösungen ausweichen. Für die Inventarisierung von Computersystemen und Software empfehle ich das Tool *LOGINventory* (*http://www.loginter.net*). Dieses Tool gewinnt regelmäßig Preise von Fachzeitschriften und kann ebenfalls sehr detaillierte Inventuren durchführen. Der Preis beträgt einen Bruchteil dessen, was ein SMS oder eine andere Anwendung.kosten

 Wenn Sie beabsichtigen, eine Inventarisierungslösung in Ihrem Unternehmen einzuführen, beschäftigen Sie sich erst einmal mit *LOGINventory* und testen Sie das Programm, bevor Sie eine teure Lösung kaufen.

Stichwortverzeichnis

Symbols
/MIME 396

Numerics
19 Zoll-Server 32
64bit-Versionen 47

A
Abfragebasierte Verteilergruppen 247
Absenderfilterung 526
Absenderkennungsfilterung 526
Access Control Entrie 143
Access Control List 78, 143
ACE 143
ACL 78, 143
Acronis True Image 466
Active Directory 71, 73, 179
Active Directory Application Mode 41
Active Directory Connector 240, 325, 333
Active Directory Federation Services 46
Active Directory Migration Tool 148
Active Directory und Exchange 2003 285
Active Directory-integrierte Zonen 182
Active Directory-Migrationsprogramm 152
Active Directory-Standorte und -Dienste 103, 123
ActiveServerSync 288
ActiveSync 265, 399
ActiveX 369
ADAM 41
ADC 240, 333
ADFS 46
adm 169
Administrative Gruppen 230, 239, 305, 337
Administrative Vorlagen 166
Administratorkonsole 586
ADMT 148
ADMT 3.0 42
ADNAUTODRC 340
Adressierung 78
ADS 42
ADSI Edit 232
Advanced Intelligent Tape 430
Advertising 120
AIT 430
Always-Up-To-Date 299
Ändern 209
Anmeldeinformationen 193
Anmeldeseite 394
Anmeldeskripte 497
Anmeldungsberechtigung 490
Antigen 523
Antiviruskonzept 528

Anwendungsserver 65
Anwendungsservermodus 482
Anwendungsveröffentlichungen 503
Appliance 405
Application Pools 43
Arbeitsprozesse 20
ArcServe 435
Array 361
Asymmetrisch 540
Athlon 47
Attribute 73
Aufbau 74
Auschecken 422
Ausfallkonzepte 547
Ausfallschutz 577
Ausfallsicherheit 489, 568
Ausfallzeiten 586
Ausgangslage 18
AUTD 299
Authentifizierungsverfahren 109
Autoloader 432
Automated Deployment Services 42

B
Backendserver 286, 383
Backup Domänen Controller 81
Backup to disk 447
BackupExec 435
Backup-Fenster 445
Backup-Server 434
Bandbreite 97
Bandbreitennutzung 266
Bandlaufwerke 426
Bandroboter 425
Bandtechnologien 427
Basisdatenträger 204
Baumstruktur 78
BDC 81
Benutzer-CALs 53
Benutzerinformationen 116
Benutzerkonfiguration 166
Benutzerkonfigurationseinstellungen 164
Benutzerüberwachung 375
Benutzerverwaltung 300, 397, 494
Berechtigungen 147, 212, 514
Berechtigungsstruktur 232
Berichtkonsole 586
Besprechungsanfragen 413
Besprechungsarbeitsbereich 413
Betriebsmodus 128, 339
Bibliotheken 408
Bidirektional 88

Stichwortverzeichnis

Bild-Bibliotheken 408
Bildergalerien 411
Bildschirmausgabe 476
bkf 448
Blattobjekte 78
Brick-Level-Backup 458
Bridgehead-Server 102, 283
Brightstore ArcServe 435
Broadcast 189–190, 488
Buffer Overflows 43
Builtin 122

C
Cache-Modus 264
Caching-Modus 390
CAL 53, 107, 199
CAP 594
Capacity Planner 306
Categorizer 248
Certsrv 395
Challenge 110
Change Management 552
change user 492
Chat 326
Checkpoint-Datei 453
Child-Domänen 84, 100
Citrix 481
Citrix Presentation Server 481, 500
Client Access Licenses 53
Client Access Point 594
Clientzugriffslizenzen 53
Clientzugriffspunkt 594
Cluster 40, 243, 264, 345
Clustering 261
Cluster-Unterstützung 49
CMPNENTS 159
Cold-Backups 56
common name 79
Computergruppen 534
Computerkonfiguration 165
Computerkonfigurationseinstellungen 164
Computerkonto 126
Computerverwaltung 204
Connection Agreements 334
Container 78, 85
Contentfiltering 517

D
DAS 201
DAT 428
DAT24 429
DAT40 429
DAT72 429
Data Execution Protection 44
Data Protection Manager 451
Dataprotector 436
Dateiausführungsverhinderung 44
Dateiprüfungen 222

Dateiprüfungsverwaltung 221
Dateiserver 197
Dateiserver-Migrationstoolkit 223
Dateiserververwaltung 223
Dateisystem 210
Datenbank 316
Datenbankgröße 263
Datenbankreparaturen 265
Datendateien 125
Datenschutz 396
Datensicherung 317, 425
Datensicherungssoftware 448
Datenspeicher 198
Datenspeicherung 202, 409
Datenträger 197
Datenträgerkontingente 208
Datenübertragung 257
Datenverkehr 101
Dcdiag 119
DCOM 44
dcpromo.exe 142
DDS 428
DDS3 429
DDS4 429
DDS5 429
Dedizierte Server 62
Default Domain Policy 127, 163
Delegation 114, 117, 164, 184, 237
Demilitarisierte Zone 364
DEP 44
Designänderungen 264
Device-CALs 53
DFS 45, 215
DFS-Stamm 215
DHCP 179, 190
Dienstkonto 240
Differenziell 444, 457
Digital Data Storage 428
Digital Linear Tape 430
Direct Attached Storage 201
Direct Push 299
Disk Quotas 208
Diskussionen 408
Distinguished Name 78
Distributed File System 45, 215
DLT 430
DMZ 364
DN 78
DNS 179
DNS-Abfragen 187
DNS-Namensauflösung 367
DNS-Round-Robin 187, 297
DNS-Server 180
DNS-Suffix 126
Dokumentationen 548
Dokument-Bibliotheken 408
Dokumentenmanagementsystem 407
Domain Controller Diagnose 119

Stichwortverzeichnis

Domain Controllers Policy 127, 163
domain local 130
Domain Name System 179
Domain Rename Tools 42
domainprep 158, 241
Domänen-Admins 118, 150
Domänen-Benutzer 151
Domänencontroller 66, 105
Domänenerweiterung 241
Domänenfunktionsebene 129
Domänenkennung 94
Domänenlokal 130
Domänenmodell 80
Domänennamen 179
Domänennamenskontext 232
DPM 451
Druckerverwaltung 483
DSAccess 292
DSProxy 292
Dual-Channel 28
Dynamische Datenträger 204
Dynamische DNS-Aktualisierung 193
DynDNS 383

E

EAS 299, 399
ECC 265
Echtzeitkommunikation 261
eDirectory 74
EFS 536
Eigenbau 22
Einheitlicher Modus 339
Einsatzmöglichkeiten 575
EM64T 47
E-Mail-Routing 272
E-Mail-Virenschutzes 522
Empfangen als 238
Empfängeraktualisierungsdienst 292
Empfängerfilterung 526
Empfehlung 68, 550
Encrypting File System 536
Enterprise Agreement 59
Entscheidungsgrundlagen 70
Erotik 370
Ersatzteile 23
ESX-Server 569
Evaluation 62
Exchange 227, 563
Exchange 2003 Service Pack 2 262
Exchange 2003 System-Manager 335
Exchange ActiveSync 399
Exchange Domain Servers 241
Exchange Enterprise Servers 241
Exchange Features 300
Exchange Server 451
Exchange Server 2003 Enterprise Server 255
Exchange Server 2003 Standard Server 255
Exchange Server Load Simulator 2003 309
Exchange Server Performance Troubleshooting Analyzer 312
Exchange Stress und Performance Tool 252
Exchange System-Manager 234
Exchange-Datenbanken 315
Exchange-Hochverfügbarkeits-Lösungen 341
Exchange-Organisationen 268
exchsync 273
Execute Disable Bit 44
ExPTA 312
Extended Support 37
External Connector Lizenz 54
Externer Datenspeicher 198

F

Failover 352
Fallback-Strategie 64
FAT16 206
FAT32 206
Faxablage 251
Festplattenspeicher 315
File Replication Service 120, 145
File Server Migration Toolkit 41
File Server Resource Manager 46, 219
Filterfunktionen 525
Finanzen 18
finjan 369
Firewall 20, 44, 297, 362
Firewallclient 376, 380
Flexibilität 72
Floating Single Master Operations 91
ForeignSecurityPrincipals 122
Forest 75, 82
forestprep 233
Forward-Zone 181
Frei/gebucht-Zeiten 293
Freigabe 126, 208
Frontend/Backend-Architektur 289
Frontendserver 286, 383
FRS 120, 145
frssysvol 120
FSMO 91, 98
FSRM 46, 219
Funktionsprinzip 476

G

GAL 271
Gateway Address Routing Table 275
GC 95
Geräte-CALs 53
Geräteverwaltungslizenz 56
Gesamtstruktur 75, 82, 135
Gesamtstrukturebene 130
Gesamtstrukturübergreifende Vertrauensstellungen 89
Geschützte Verteilerlisten 525
Gesetzliche Vorschriften 509
Gigabit 30

Stichwortverzeichnis

GINA 109
Global 130
Global Catalog 91, 95
Globaler Katalog 95, 125
GPMC 41, 163
GPO 162
gpresult 174
GPRS 245
Graphical identification and authentication component 109
GRE 401
Grenzwerte 246
Group Policies 161
Group Policy Management Console 41, 163
Group Policy Object 162
Grundlagen 60
Grundsicherung 320
Gruppenkontakte 250
Gruppenrichtlinien 84, 156, 161, 489, 498, 533
Test 168
Gruppenrichtlinienergebnisse 163
Gruppenrichtlinien-Managementkonsole 41
Gruppenrichtlinienobjekt 162, 164
Gruppenrichtlinienverknüpfungen 114
Gruppenrichtlinienverwaltungskonsole 163
GSX-Server 569
GWART 275

H

Hacker 43, 508
Hardware 425
Hardwarefirewall 356
Heimarbeitsplätze 472
Helpdesk 114
Hewlett Packard 436
Hochverfügbarkeits-Lösungen 341
Höhere Gewalt 35
HotPlug 27
HotSpare 27
HP 22
HP OpenView 581
http.sys 43
Hybrid 189

I

IAS 403
IBM 22, 436
IBM Tivoli 581
ICA 503
IDE 426
Identity Integration Feature Pack 42, 80
Identity Integration Feature Pack for Windows Server Active Directory 269
Igel 475
IIS 6.0 42
IIS-Metabase 461
Images 466
Imaging 466

IMAP 287, 388
IMF 526
IMF 2.0 265
inetinfo.exe 43
Informationsspeicher 315
Infrastructure Master 92
Infrastruktur 30
Inhaltsfilterung 370
Inhaltsfilterungssysteme 517
Inkrementelle 444, 456
In-Place 141
InPlace 326
In-Place-Migration 63
In-Place-Update 65
Installation 243
Instant Messaging 326
Integration 127
Integrität 65
Intelligent Message Filter 526
Internet Authentication Service 403
Internet Security and Acceleration 73
Internetabsicherung 362
Internetverkehr 367
Internetzugang 355
Internetzugriff 371
Interorg Replication Utility 272
Interscan VirusWall 386, 522
Inventarisieren 581
Inventarisierung 598
IP-Subnetze 105
ISA 2004 Enterprise Edition 361
ISA 2004 Standard Edition 361
ISA 2006 359
ISA Server 73
ISA-Appliances 405
ISA-Server 355
ISA-Server und Exchange 357
iSCSI 200
Ist-Analyse 16
Itanium 47
IT-Projekte 19
IT-Sicherheit 509

J

JET-Datenbank 80
Jetstress 307
Junk-E-Mail-Filterung 264

K

Katastrophenfälle 564
KCC 107, 188
kccevent 120
KDC 110
Kein Vorrang 171
Kennwörter 115, 155, 515
Kerberos 110, 267
Key Distribution Center 110
Klassen 78

Stichwortverzeichnis

Knowledge Consistency Checker 107, 121
Knowledge-Datenbank 251, 585
KnowsOfRoleHolders 120
Koexistenz 261
Kommunikation 65
Kompatibilität 22
Komponenten 22
Komprimierung 207
Konfigurationsnamenskontext 232
Konsistenzprüfung 331
Kontakte 422
Kontingentverwaltung 220
Konzeption 17, 60, 478
Kostenstruktur 20
Kundenzufriedenheit 20
KVM 32
KVM over TCP/IP 32
KVM-Switch 32

L

L2TP 401
Lastbedarf 31
Lastverteilung 187
Layer 2 Tunnel Protocol 402
Layout 423
LDAP 74–75, 97, 248
Lease 193
Leasedauer 193
Leasen 58
Legacy-SMS-Clients 594
Legato Networker 436
Leistungsdaten 589
Leistungsmerkmale 48
Lesen 209
Libraries 432
Licensing Site Settings 107
Lightweight Directory Access Protocol 75
Line-Interactive-USV 30
Listen 408, 422
Live Communications Server 261
Lizenz 72, 479
Lizenzierung 46, 51, 72, 322, 360
Lizenzierungscomputer 107
Lizenzierungseinstellungen 107
Lizenzierungsmodelle 52
Lizenzierungs-Server 485
Lizenzkosten 245
Lizenzprogramme 57
lmhosts 189
lmhosts.sam 329
Load Balancing 297
LoadSim 309
loadsim 252
Local Security Authority 109
LOGINventory 598
Lokal 130
Lokale Richtlinien 213
LSA 109

lsreport.exe 490
LTO 430

M

Mailbox Recovery Center 259, 463
Mainstream Support 37
Management Packs 587
Mängel 510
MAPI 266
Maßnahmen 18
Masterdomänen 143
Medienrotation 440
Meta Directory 79
Metabase 291, 461
Metaframe 503
Microsoft Exchange Server
 Load Simulation Tool 252
Microsoft Identity Integration Server 79
Microsoft Identity Integration Server 2003 269
Microsoft Operations Manager 582
Microsoft Operations Manager 2005 585
Microsoft Operations Manager 2005
 Workgroup Edition 585
Migration 141, 324, 327
 von Dateiservern 223
Migrationsverfahren 62
Migrationsvorbereitung 62
MIIS 42, 79, 269
Millenium Edition 50
Mischmodus 339
Mixed 190
Mobile Clients 262
Mobile Dienste 262
Mobile Endgeräte 301
Mobile Information Server 257, 326
MOM 56, 582
MOM-Datenbank 590
MOM-Infrastruktur 587
MSI-Paket 176
MUI 503
Multi User Interface Technology 503
Multimaster-Domänencontroller 90
Multimaster-Modell 101
Multi-Year Open License 58
MX-Records 386

N

Nachrichtenfilter 381
Nachrichtenfluss 248
Nachrichtengröße 244
Nachrichtenrouting 274
Namensauflösung 149, 189, 327
Namenskontexte 232
Namensraum 83, 135
Namensstruktur 304
NAS 48, 198
Nbtstat 330
NCSecDesc 119

Stichwortverzeichnis

NDR 275
net accounts 126
NetBackup 436
NetBIOS 190
NetBios-Namen 84
Netlogon 120, 145
NetStumbler 512
Network Attached Storage 198
Network Information Service 46
Network Load Balancing 345
Netzlast 131
Netzwerkinfrastruktur 551
Netzwerkstruktur 252
Netzwerkverkabelung 30
Netzwerkzugriff 156
Neuerungen 45, 255
Neustrukturierung 146
NIS 46
NIS-Master-Server 46
NLB 345, 361
nltest 124
nltest /dclist 124
nltest /dsgetsite 124
non delivery report 275
Norman Data Defense 524
Notfalldiskette 551
Novell Groupwise 264
Nslookup 122
NT4 50
NT-Domänenmodell 80
NTDS Settings 98, 108, 125
ntdsatrb 332
ntdsutil.exe 100
NTFS 206
NTLM 109
NX-Prozessor-Feature 44

O

OAB 265
ObjectsReplicated 120
Objekt 73
Objektverwaltung 114
   zuweisen 237
Objektzugriffsversuche 214
OEM 52
Öffentliche Ordner 249
Office 97 492
Offline Adressbuch 265
Offline-Adressbuch-Generator 292
Offline-Adresslisten 239, 287
Offline-Sicherung 459
Offline-USV 30
Online-Sicherung 455
Online-Support 37
Online-Wartung 317
Open License 58
Open Subscription License 58
openLDAP 74

OpenView 581
Operations Manager 56
Operatorkonsole 586
Opteron 47
Ordnerinhalt 209
Organisation 19
Organisationseinheiten 78, 84, 114
Organisatorische Mängel 35
Organizational Units 78, 84
OUs 78, 84
Outlook Cached Mode Protocol 266
Outlook Mobile Access 300
Outlook Performance Monitor 267
Outlook Web Access 256, 295, 393
owngrade 56

P

Paket 176
Partitionen 75
Pass Through-Authentifizierung 296
Passwortsynchronisierung 46
Patchmanagement 529
Patchverteilung 532
PDC 81
PDC/BDC-Modell 90
PDC-Emulator 92
Peer 189
Pentium 47
per seat 55
per server 55
Performance 65
PGP 542
Physische Trennung 100
PKI 539
Planung 16, 60, 104
Planungshorizont 18
Platzierung 286
PMC 46
pm-handbuch 21
Point to Point Tunnel Protocol 401
POP3 287, 388
Postfachscanner 523
Postfachserver 286
Postfach-Verwaltung 293
Post-Setup Security Updates 44
PPTP 401
Premium Edition 69
Pretty good Privacy 542
Primäre Standorte 595
Primäre Zone 182
Primärer Namensserver 180
Print Management Console 46
Priorisierung 16
private key 540
Pro Arbeitsplatz 55
Pro Prozessor 55
Pro Server 55
Projektmanagement 21

Stichwortverzeichnis

Projektplanung 21, 577
proventia 370
Proxy-Adresse 276
ProxyInspector 375
Proxy-Server 356
Prozessoren 49
PSSU 44
public key 540
Public Key Infrastructure 539
pwdmig 157

Q

Queues 259
Quorum 352
Quotas 208

R

R2 69
RADIUS-Server 403
Rahmenbedingungen 17
RAID 23, 204
RAID 0 25
RAID 1 24
RAID 10 26
RAID 5 24, 205
RAID-Controller 28
Raritan 32
RBL 526
RDC 45, 218, 493
receive as 237
Rechenzentrum 343
Rechtliche Situation 18
Recipient Update Service 292
Recovery-Speichergruppe 260
Redundante Datensicherung 449
Reihenfolge 66
Relayserver 278
Remote Differential Compression 45, 218
Remotedesktop-Benutzer 490
Remotedesktop-Benutzergruppe 482
Remotedesktop-Verbindung 493
Remotespeicherdienste 225
Remoteüberwachung 491
Remoteverwaltungsmodus 482
Replications 119
Replikation 101, 108, 180
Replikationsintervall 105
Reservierungen 193
Response 110
Ressourcendomänen 143
Ressourcen-Manager für Dateiserver 219
Ressourcenplanung 251
Ressourcenpostfächer 332
Restriktion 144
Restrukturierung 144
Resultance Set of Policies 174
Reverse-DNS-Lookup 526
Reverse-Proxy 356

Reversezonen 181
Richtlinien 484
Richtlinienvererbung deaktivieren 171
RID 94
RID-Master 92
RID-Pool 94
Risikoeinschätzungen 16
Risikomanagement 509
Robocopy 447
Rollenwechsel 100
root 75
Root-Domäne 75
Round-Robin 187
Router 379
Routinggruppen 279, 305
Routinggruppenconnectoren 282
Routingtopologie 281
RPC 44, 109
RPC über HTTP 303
RPC über HTTP(s) 266, 389
RSOP 174
RUS 292

S

S/MIME 256, 543
SAM 81, 142, 144
SAN 198
SAP 473
SATA 426
SBS 71
SBS 2003 263
Scalable Linear Recording 430
Schattenkopien 437
Schattenkopier-Dienst 437
Schattenverzeichnis 337
Schema 76
Schema-Administratoren 93, 233
Schemaerweiterung 233
Schema-Master 92
Schemanamenskontext 232
Schlüsselverteilungscenter 110
Schlüsselverwaltung 326
Schlüsselverwaltungsdienst 261
Schnittstellen 426
Schreiben 209
SCL 525
SCSI 426
SCW 44, 538
SDLT 430
seccli 173
SecureNAT-Client 376
Security Account Manager 81
Security Client 173
Security Configuration Wizard 44, 538
Security Hardening 536
Sekundäre Standorte 595
Select License 59
send as 237

Stichwortverzeichnis

Senden als 238
SenderID 264, 526
Serverfarm 409
Servergespeicherte Profile 155
Server-Hardware 22
Serverkomponenten 291
Serverkonfiguration 181
Serverkonsolidierung 568
Serverlocatorpunkt 595
Servernamen 305
Serverplanung 305
Serverraum 33, 511
Serverrollen 593
Serverschrank 32
Serversizing 132, 312, 578
Serververwaltung 181
Servervirtualisierung 567
Service 23
Service Pack 1 43
Sharepoint 407
Sharepoint Administrator-Gruppe 418
Sharepoint Portal Server 424
Sharepoint Services 2.0 45, 407
Sharepoint-Zentraladministration 410
Sharing 278
Sicherheit 42, 112, 507
Sicherheitseinstellungen 118, 166, 213
Sicherheitsgruppe 173
Sicherheits-ID 94
Sicherheitskonfigurationsassistent 44, 538
Sicherheitskontext 230
Sicherheitsmodell 348
Sicherheitsplanung 320
Sicherheitsstrategie 510
Sicherungsstrategien 437
SID 94, 143, 154
Siemens 22
Simulieren 168
single sign on 46, 424
Sitzungen 494
sizing 305
Skalierbarkeit 31
Skript-Objekte 167
Skripts 167
SLR 430
Small Business Server 69
Small Business Server 2003 R2 70
Smartphones 287, 298
SMB-Verbindungen 49
SMS 56, 591
SMS-Hierarchie 595
SMTP 109
SMTP-Connector 275, 283
SMTP-Virenschutz 522
Soft-Recovery 453
Software Assurance 57
Softwareinventur 592
Softwaremessung 593

Softwareverteilung 175, 592
Soll-Zustand 17
Sophos 524
Spam Confidence Level 525
Spamabwehr 320
Spamschutz 263, 522
Speicherberichtverwaltung 222
Speicherkonzept 316
Spiegeln 491
SQL 2005 70
squidguard 371
SRS 336, 461
SRV-Records 127, 179
SSL Bridging 390
SSO 46
Staging 449
Stammhinweise 186
Standard Edition 69
Standardcontainer 122
Standardeinstellungen 123
Standardgateway 377
Standorte 98, 100, 165
Standortkonzept 181
Standortplanung 285
Standortreplikationsdienst 336, 461
Standortverbindungen 103
Standortverknüpfung 104
Standortverknüpfungsbrücke 104
Storage 199
Storage Area Network 198
Storage Manager für SANs 46
Storage Server 48
Strategie 18
Streaming-Modus 446
Stromverkabelung 34
Struktur 75
stsadm.exe 418
Subdomänen 179
Subnets 105
Subnetz 103, 365
Subscription 59
Support-Lifecycle 37
Support-Tools 119, 232
Switches 30
Sybari Antigen 523
Symantec Backup Exec 435
Symantec LiveState Recovery 466
Symmetrisch 540
Synchronisierung 272
System Attendant 292
System Center Capacity Planner 2006 306, 590
Systemaufsicht 292
Systemrichtlinien 145, 161
Systems Management Server 56, 591
Systemverfügbarkeit 65
Sysvol 126

Stichwortverzeichnis

T
Tablet PC Editi 51
TargetAdress 276
Taskwiederholungsassistent 152
Technisches Versagen 35
Terminal Server License Tool 490
Terminal Services Connection Configuration 482
Terminaldienste 72, 476
Terminaldiensteprofil 494
Terminaldiensteverwaltung 491
Terminalserver 49, 471
Terminalserverlizenzierung 485
Terminalserverlizenzierungs-Tool 490
Terminalserversitzung 478
Terminalserver-Zugriffslizenzen 480
Terminkoordination 413
Testen von Gruppenrichtlinien 168
TGS 111
TGT 111
Thin-Clients 475
Thinprint 484
Ticket Granting Service 111
Ticket-genehmigendes Ticket 111
Tivoli 581
Toplevel 252
Topologischer Aufbau 279
Transaktionsprotokolldateien 452
Transaktionsprotokolle 318
Transitiv 135
Transitive Vertrauensstellungen 88
Tree 75, 83
Trend Micro 517
Trend Micro Client/Server Suite 528
Trendmicro 386
True Image 466
TS-CALs 480
TSM 436

U
Übergeordnete Standorte 595
Überprüfung 119
Überwachen 581
Überwachung 213, 406
Überwachungsrichtlinien 213
Ultrium 430
Umgebung 494
Umlaufprotokollierung 319
Umschaltzeit 30
UMTS 245
Universal 130
Universale Gruppen 131
Unix 46
Unterbrechungsfreie Stromversorgung 30
Untergeordnete Standorte 595
Upgrade 142
USB 428
User-CALs 53

userenv 173
Userenvironment 173
usrmgr 151
USV 30–31
Utimaco Safeguard 536

V
Verbindungsfilterung 527
Verbindungsinformationen 275
Verbindungsstatus 276
Verbindungstyp 104
Verbindungsvereinbarungen 334
Vererbung 118, 171, 212
   deaktivieren 174
Verfügbarkeit 20, 228
Verfügbarkeitsplanung 589
Verlegen 99
Veröffentlichen 359
Veröffentlicht 175
Verschieben von Postfächern 272
Verschlüsselung 484
Verschlüsselungsverfahren 540
Versionierung 422
Versionsvergleich 46
Versteckte Freigaben 213
Verteilerlisten 247
Verteiltes Dateisystem 215
Verteilung 97
Verteilungspunkt 594
Vertrauensstellungen 87, 112, 150, 329
Verwalten 581
Verwaltung 163
Verwaltungskonsole 85
Verwaltungsmodell 244
Verwaltungspunkt 594
Verwaltungsserver 590
Verweigern 212
Verzeichnisreplikation 340
Verzeichnisse 73
VFD 30
VFD-USVs 30
VFI 30
VI 30
Videoüberwachung 34
Virenprüfung 246
Virenschutz 320, 368, 405, 516
Virtual LANs 366
Virtual Server 2005 R2 569
Virtuelle Exchange-Server 351
Virtuelle HTTP-Server 398
Virtuelle Server 418
Vista 50
VLANs 366
VMWare Server 569
Vollsicherung 441
Vollzugriff 209
Volume Shadow Copy Service 260

Volume Shadow Service 437, 452, 460
Volumenlizenz 52
Volumenlizenzprogramme 57
Voraussetzungen für DFS 217
Vorgehensweise 21, 133, 148
Vorlagen 421
Vorsätzliches Handeln 35
VPN Quarantäne 44, 403
VPN Quarantine Control 403
VPN-Server 358, 400
VSAPI 265, 523
VSS 260, 437

W
WAN 95
Warnungen 589
Warteschlangen 259
Webcache 357
Webfilter 370
Webkonsole 586
Webpart 415
Webproxyclient 376
Websitegruppen 415
Websites 411
Websitesammlung 411
Websiteübergreifende Gruppen 416
Weiterleitungen 186
Wiederherstellung 463
Windows 2003 R2 45, 159
Windows 2003 Storage Server 199
Windows 95 50
Windows Mobile 2003 50
Windows Mobile 5 50
Windows Mobile 5.0 245
Windows Server 2003 SP1 158
Windows Sever Update Services 529
Windows Starter 2007 50
Windows XP Tablet PC Edition 50
Winframe 476
WinFS 206
WINS 179, 183, 188
WINS-Forward-Lookup 183
WINS-Server 188
Wissensaufbau 62
WLANs 512
WMSDE 409
WPA 513
WSUS 43, 167, 529

X
X.400-Connector 255
X.500 74
Xen 569
Xeon 47

Z
Zeitplan 105
Zeitplanung 61
Zentraladministration 410
Zentrale Standorte 595
Zertifikate 390
Zertifikatsdienste 49
Zertifikatsstelle 395, 544
Zieldefinition 19
Ziele 18
Zombie-Einträge 331
Zone 180
Zugewiesen 175
Zugriffsberechtigungen 114, 143, 169, 209, 588
Zugriffskontrollliste 78
Zugriffssteuerungslisten 143
Zweistufiges Firewall-Konzept 362

THE SIGN OF EXCELLENCE

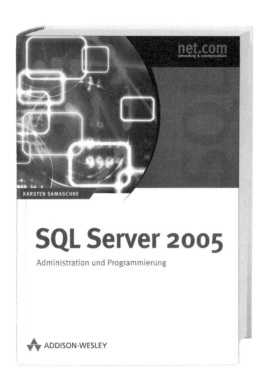

Der SQL Server 2005 wartet mit zahlreichen neuen Features und Tools auf, die die Arbeit erleichtern. Doch vor deren Verwendung kommt das Wissen um die Möglichkeiten: .NET-Integration, Sicherheit, Replikation, Administrationswerkzeuge, Reporting Services, T-SQL oder auch Architektur und Installation sind nur einige der Themen, die in diesem Buch praxisnah aufbereitet und erläutert werden. Administratoren erhalten hier das notwendige Know-how, um SQL Server 2005 im täglichen Einsatz zu verwalten und zu beherrschen.

Karsten Samaschke
3-8273-2287-1
49.95 EUR [D]

www.addison-wesley.de

THE SIGN OF EXCELLENCE

Der Bestseller zu Windows Server 2003 jetzt aktuell zur Version R2! Die detaillierte Beschreibung von Active Directory, Gruppenrichtlinien, Windows NT-Domänenupgrade, TCP/IP-Diensten und Sicherheitsmerkmalen ermöglicht Unternehmen einen optimalen Einsatz. Clustering, E-Mail-Server, GPMC, Terminaldienste, Remotedesktop und Webverwaltung, Volumen-Schattenkopie sowie die Smartcard-Integration und sichere Wireless-LAN-Unterstützung stellen weitere Highlights dieses Buches dar. Ebenfalls berücksichtigt werden WSUS sowie 64-Bit-Computing.
Exklusiv: 180-Tage-Testversion von Windows Server 2003 R2 auf zwei CDs.

Eric Tierling
3-8273-2463-7
49.95 EUR [D]

www.addison-wesley.de

THE SIGN OF EXCELLENCE

Aktuell zum Small Business Server R2! Mit diesem Buch kann jeder Administrator sein individuelles SBS-System installieren, konfigurieren und betreiben. Eine klare Gliederung in die Themen Betriebssystem, Server und Troubleshooting ermöglichen eine schnelle Orientierung. Ein besonderer Schwerpunkt ist auf die Vermittlung von Hintergrundwissen gelegt, denn nur wer weiß, wie und warum etwas funktioniert, ist vor bösen Überraschungen gefeit.

Stephanie Knecht-Thurmann
3-8273-2359-2
49.95 EUR [D]

www.addison-wesley.de

THE SIGN OF EXCELLENCE
Sicherheits-Risiko #1 - Rootkits

Mit einem Rootkit erlangt ein Angreifer vollständige Kontrolle über ein System - und das unentdeckt!

Hoglund und Butler zeigen detailliert, wie sich die Kernel von Windows XP und Windows 2000 unterwandern lassen, und vermitteln dabei Wissen, das sich ohne weiteres auf nahezu jedes moderne Betriebssystem übertragen lässt - sei es Windows Server 2003 oder Linux und Unix. Anhand zahlreicher herunterladbarer Beispiele erläutern sie Techniken zur Programmierung von Rootkits, die breiten Einsatz finden - von Sicherheitstools über Betriebssystemtreiber bis zu Debuggern.
Unser Online-Tipp: www.rootkits.com

James Butler; Greg Hoglund
3-8273-2341-X
39.95 EUR [D]

www.addison-wesley.de